D1641316

Orientalische Religionen in der Antike

Ägypten, Israel, Alter Orient

Oriental Religions in Antiquity

Egypt, Israel, Ancient Near East

(ORA)

Herausgegeben von / Edited by

Angelika Berlejung (Leipzig)
Joachim Friedrich Quack (Heidelberg)
Annette Zgoll (Göttingen)

28

Erhard S. Gerstenberger

Theologie des Lobens in sumerischen Hymnen

Zur Ideengeschichte der Eulogie

Mohr Siebeck

Erhard S. Gerstenberger, geboren 1932; Studium der Ev. Theologie in Marburg, Tübingen, Bonn, Wuppertal; 1961 Promotion (Bonn); 1970 Habilitation (Heidelberg); 1965–75 Pfarrer in Essen-Frohnhausen; 1975–81 Professor für Altes Testament an der EST in Sao Leopoldo, Brasilien; 1981–85 Professor für Altes Testament in Gießen, 1985–97 in Marburg; 1997 Pensionierung; seitdem Lehraufträge, Vorträge, Seminare, Publikationen und Promotion im Fach Altorientalistik (Marburg).

ISBN 978-3-16-155658-6 / eISBN 978-3-16-155925-9
DOI 10.1628/978-3-16-155925-9

ISSN 1869-0513 / eISSN 2568-7492 (Orientalische Religionen in der Antike)

Die Deutsche Nationalbibliothek verzeichnet diese Publikation in der Deutschen Nationalbibliographie; detaillierte bibliographische Daten sind im Internet über *http://dnb.dnb.de* abrufbar.

Das Buch wurde von Gulde Druck in Tübingen auf alterungsbeständiges Werkdruckpapier gedruckt und von der Großbuchbinderei Spinner in Ottersweier gebunden.

Printed in Germany.

Zum Gedenken an meine frühen Lehrer in der Altorientalistik:
Albrecht Goetze, William W. Hallo, Franz Rosenthal
und mit herzlichem Dank an ihre Nachfolger:
Walter Sommerfeld, Rosel Pientka, Ingo Schrakamp

Vorwort

Der Wunsch, mehr über Geschichte, Literatur und Religionen Alt-Mesopotamiens zu erfahren, geht auf meine Studien- und Lehrzeit an der Yale University zurück (1959–1964). Meine Lehrer in der Altorientalistik waren Albrecht Goetze, William W. Hallo, Franz Rosenthal. Besonders dem Erstgenannten habe ich viel zu verdanken. Er führte mich nicht nur ins Akkadische und Hethitische ein, sondern verschaffte mir für das zweite Jahr des Auslandsaufenthaltes ein Stipendium. Wäre es nach seinem Willen gegangen, hätte ich 50 Keilschrifttafeln der Yale Babylonian Collection ediert und damit Voraussetzungen für eine Promotion geschaffen. Ich beharrte aber auf einem einjährigen Studium ohne Abschluss. Albrecht Goetze ging widerstrebend darauf ein. Er besuchte mich Anfang 1961 freundlicherweise im Krankenhaus, sprach zum ersten Mal deutsch mit mir, und ertrug es, dass ich weitere drei Jahre als Dozent an der Yale Divinity School blieb, obwohl ich doch sein Promotionsangebot mit der Begründung ausgeschlagen hatte, meine Rückkehr nach Deutschland sei zwingend notwendig. Albrecht Goetze war ein väterlicher Lehrer. Bill Hallo, bei dem ich die ersten Versuche im Sumerischen unternahm, wurde zum Freund.

Mein Berufsleben als Pfarrer in Essen und Dozent für Altes Testament in São Leopoldo, Brasilien, Gießen und Marburg ließ mir dann wenig Raum für altorientalische Studien. Also begann ich nach meiner Pensionierung ein neues Studium dieses Faches. Und damit es nicht unverbindlich dahin plätscherte, beschloss ich in Absprache mit Walter Sommerfeld, eine Dissertation zu schreiben. Das Thema legte sich nach jahrelanger Beschäftigung mit den alttestamentlichen Psalmen nahe. Über die Spezialthematik hinaus ist es faszinierend, die Denk- und Glaubenswelten der kulturellen Vorfahren kennen zu lernen und sie mit den heute gängigen Parametern zu vergleichen.

Zahlreiche Menschen haben mir beigestanden, mein Dank ist keine Pflichtübung. Er kommt von Herzen. Ich wagte 1998 den Einstieg in die mesopotamische Geisteswelt im Institut für Altorientalistik der Philipps-Universität Marburg. Walter Sommerfeld war der *spiritus rector*, unter seinen Mitarbeiterinnen ragt Rosel Pientka hervor, meine erste deutsche Sumerisch-Lehrerin. Ingo Schrakamp war noch Mit-Student, er übernahm später Lehraufträge für die Literatur des 3. und frühen 2. Jahrtausends. Phänomenal waren die kleinen Seminargruppen: Sie nahmen Maria, die italienische Seniorin, und mich umstandslos als ihresgleichen auf. Für Pensionäre ist das ein aufbauendes Glücksgefühl. Wir diskutierten semesterlang Sprache und Literatur, Geschichte und Religion der Sumerer und Akkader. Die Promotion war die sinnvollste Form, das Studium abzuschließen, weil sie die Konzentration auf ein Thema ermöglichte: die sumerische Hymnik. Die Erinnerung an Albrecht Goetze hat wohl auch mitgespielt.

Die Dissertation ist dann langsam unter den Augen und mit dem guten Rat Walter Sommerfelds gewachsen. Im Examensprozess kam Frau Prof. Dr. Annette Zgoll als zuverlässige und behutsame Beraterin hinzu. Die positiven Gutachten von Walter Sommerfeld und Annette Zgoll ebneten mir den Weg durch das Examen. Herzlichen Dank! Prüfungsausschuss und Fachbereichsrat des Fachbereichs 10 der Philipps-Universität Marburg übernahmen die Voten der Gutachter, und ich bekam im November 2014 die Würde eines Doktors der Philologie zugesprochen: eine seltene Ehre für einen alten Mann. Dr. Alexa Bartelmus und Katharina Ibenthal haben das Manuskript kritisch gelesen. Danke! Ebenso den Herausgeberinnen und Herausgebern der Reihe „Orientalische Religionen in der Antike“! Meiner Frau Rita gilt mehr als das übliche Lob für „ausdauernde Geduld“ mit einem Schreibtischtäter. Technische Hilfe bei der Erstellung der Druckvorlage leistete unser Sohn Dr. Björn Gerstenberger. Beiden bin ich bleibend verbunden. Die Herrn Dr. Henning Ziebritzki und Klaus Hermannstädter und ihr Expertenstab, voran Frau Dominika Zgolik, stellten das ansehnliche Endprodukt her. Ich danke ihnen. Als Fazit kann ich für mich festhalten: Sumerische Theologen haben schon in der Frühzeit der Geschichte sehr viel zur Welt-, Menschen- und Gotteserkenntnis beigetragen.

Inhaltsverzeichnis

Die Umschrift der Keilschriftzeichen

Ich folge in der Regel dem im ETCSL gebrauchten System, einschließlich der Vollschreibung von Verbalstämmen. Wenn sumerische Namen oder Begriffe im Deutschen als Fremdwörter verwendet werden, kann die syllabische Lautwertwiedergabe wegfallen. In Zitaten bleiben die verwendeten Transliterationen grundsätzlich unverändert.

Abkürzungsverzeichnis

Je nach Fachgebiet sind die Abkürzungen in der Regel aus folgenden Verzeichnissen entnommen: Wolfram von Soden, Akkadisches Handwörterbuch (AHw), 3 Bde., Wiesbaden 1965–1981; Reallexikon der Assyriologie (RlA), Berlin/Leipzig 1932ff. (Abkürzungen online bearbeitet von Anna Yordanova 2009); Theologische Realenzyklopädie (TRE), Abk. hg. von Siegfried Schwertner, Berlin [2]1994.

Häufig verwendete und fachübergreifende Veröffentlichungen

AHw	Akkadisches Handwörterbuch (s. oben)
ASJ	Acta Sumerologica, Hiroshima 1979ff.
AsocRev (ASR)	American Sociological Review, Los Angeles 1936ff.
BDTNS	Base de Datos de Textos Neosumerios, Madrid 1996ff.
BZAW	Beihefte zur Zeitschrift für die Alttestamentliche Wissenschaft, Berlin 1950ff.
CAD	Chicago Assyrian Dictionary (s. Literaturverzeichnis)
CDLI	Cuneiform Digital Library Initiative (s. Literaturverzeichnis)
DNMS	Digitale Nah- und Mittelost-Studien (s. Literaturverzeichnis)
EncRel	Encyclopaedia of Religion (s. Literaturverzeichnis)
ETCSL	Electronic Text Corpus of Sumerian Literature (s. Literaturverzeichnis)
exuz	Exegese in unserer Zeit, Münster 1995ff.
GWU	Geschichte in Wissenschaft und Unterricht, Offenburg 1950ff.
K(N)LL	Kindlers (Neues) Literatur-Lexikon, München 1965ff.
LXX	Septuaginta, hg. von Alfred Rahlfs, Göttingen [5]1952
MSL	Materialien zum Sumerischen Lexikon (s. Literaturverzeichnis)
OBO	Orbis Biblicus et Orientalis, Fribourg/Göttingen 1973ff.
RlA	Reallexikon für Assyriologie und Vorderasiatische Archäologie (s. oben)
SAHG	Sumerische und Akkadische Hymnen und Gebete, s. Falkenstein 1953
ŠL	Sumerisches Lexikon (s. Literaturverzeichnis)
ThWAT	Theologisches Wörterbuch zum Alten Testament, Stuttgart 1973-1995
TRE	Theologische Realenzyklopädie, Berlin 1977-2004
TUAT	Texte aus der Umwelt des Alten Testaments (s. Literaturverzeichnis)
WiBiLex	Das Wissenschaftliche Bibellexikon im Internet, Stuttgart 2004ff.
ZRGG	Zeitschrift für Religions- und Geistesgeschichte, Köln 1948ff.

Tabellenverzeichnis

A. Einführung: Sumerische Literatur und ihre Interpretation

1. Die Bedeutung der sumerischen Literatur

Seit rund 150 Jahren haben – insbesondere im Zweistromland – Ausgräber und „Raubgräber"[1] hunderttausende von Keilschrifttafeln (oder Fragmente davon)[2] aus drei vorchristlichen Jahrtausenden ans Licht gebracht. Die Texte enthalten Aufzeichnungen aus allen möglichen Lebensbereichen in mehreren Sprachen und Dialekten. Zusammen genommen ist der Informationswert aller Schriftzeugnisse für die Kenntnis der orientalischen Kulturen, Religionen, der Geschichte sowie das Alltagsleben der Menschen und Völker jener vergangenen Zeit außerordentlich hoch. Allein auf Grund der keilschriftlichen Hinterlassenschaften konnten die Erforscher der antiken Kulturen die bis dato nur durch Bibel und altgriechische Historiker vermittelte Kenntnis der nah- und mittelöstlichen Geschichte über die Achämenidenzeit[3] hinaus um ca. 2000 Jahre „nach rückwärts" erweitern. Damit ist ein wichtiges Stück geschichtlicher und kultureller Entwicklung der Menschheit neu entdeckt worden, ein geistesgeschichtliches Ereignis, das nicht hinter dem Auftauchen von paläontologischen Hominiden in Afrika, steinzeitlichen Höhlenmalereien in Südfrankreich oder vorgeschichtlichen Donaukulturen zurücksteht. Zugleich ist dieser früheste schriftliche Nachlass der alten Mesopotamier nach dem Ermessen vieler Fachleute definitiv mit zur Grundlage auch der eigenen, sogenannten abendländischen Zivilisation zu zählen. Die Altorientalistik sollte mithin als eine wissenschaftliche Bemühung um menschheitliche Selbstfindung im globalen Rahmen in hohem Ansehen stehen und kräftige Unterstützung erfahren. Eine gründliche Erforschung aller vorhandenen archäologischen sites, das intensivierte Bemühen

[1] Die letzteren zeichnen sich vor allem durch die zerstörerische Planlosigkeit aus, mit der sie die Ruinenhügel des Nahen und Mittleren Ostens durchpflügen und nach vermarktbaren Fundstücken suchen. Zu Beginn der Forschungsaktivitäten (18. bis erste Hälfte des 19. Jhs.) waren allerdings die werdenden Archäologen nach ihrer Arbeitsweise ebenfalls „Raubgräber".

[2] Eine Übersicht über das vorhandene Material bietet Streck 2010, 35–58. „Das Sumerische ist [mit 3.076.000 geschätzten Wörtern, a.a.O., 53] nach dem Akkadischen die zweitbest belegte Keilschriftsprache; … Das literarische Textkorpus des Sumerischen ist aber größer als das des Akkadischen" (a.a.O., 55).

[3] Die frühpersische Periode ist vor allem durch altgriechische Historiker und Schriftsteller wenigstens rudimentär im Westen bekannt geblieben. Doch waren auch den wissensdurstigen Griechen die mittelöstlichen Vorgängerstaaten und -reiche so gut wie unbekannt. Die Altorientalistik als neue Wissenschaft setzt dann mit der Entzifferung achämenidischer Inschriften ein: Grotefend (1802); Rawlinson (1846 – Behistun-Inschrift); vgl. Gerstenberger 2006.

um die Erschließung der schon inventarisierten Tafeln und die breit angelegte Diskussion über das alte Kulturgut sowie seine Einbeziehung in die Geschichtslehrpläne der Schulen könnten darum selbstverständlich sein (oder werden), wenn die dafür erforderlichen Mittel und Einrichtungen zur Verfügung stünden. Bestrebungen, den gesamten Schatz der keilschriftlichen Überlieferung und konsequenter Weise auch die Ruinenhügel des Nahen und Mittleren Ostens durch die UNESCO zum Weltkulturerbe erklären zu lassen, können momentan nicht zum Erfolg führen.[4] Ein hoher Anteil der hinterlassenen Aufzeichnungen steckt noch in den weitgehend ungeschützten Tells des Nahen und Mittleren Ostens; jährlich kommen aus legalen und illegalen Schürfungen hunderte von Schrifttafeln hinzu, lohnende Objekte für viele Forschungsspezialisten.

Der Inhalt der Keilschrifttexte ist so vielfältig, wie es das Leben der Menschen vom 3. bis zum 1. Jt. v.u.Z. im Zweistromland und seinen Randgebieten war. Unter anderem haben die Tafeln, die heute auf eine Anzahl von Museen der Welt und Privatsammlungen verteilt sind, auch eine reiche, lange begrabene und vergessene Literatur zum Vorschein gebracht, deren Ursprünge weit hinter die griechisch-römischen, biblischen, altpersischen und altvedischen schriftlich fixierten Überlieferungen zurück reichen und deren Bedeutung als Weltliteratur heutzutage breit anerkannt wird.[5] Es liegt jedoch in der Natur der Sache, dass die Definition des Begriffs „Literatur" auch

[4] Die UNESCO unterhält seit 1992 neben lokal definierten Stätten des Weltkulturerbes ein Programm zum Schutz von menschheitsgeschichtlich wichtigen Dokumenten („Memory of the World"). Die Keilschrifttafeln von Bogazköy sind 2011 darin registriert worden (www.unesco.org, Aufruf am 12.4.2016).

[5] Vgl. z.B. Kindlers Literatur Lexikon (1. und 2. Aufl.: München; 3. Aufl.: Stuttgart. Abkürzung: KLL), ein Standardwerk in seinem Bereich. Die erste Auflage, erschienen 1965–1972, enthielt neben der Besprechung von Einzelwerken im siebten Band auch schon eine Reihe von Sammeldarstellungen nationaler oder völkischer Literaturen. Die zweite, erheblich erweiterte Auflage (1988–1996: „Kindlers Neues Literatur Lexikon", KNLL) bringt im 19. Band nicht nur einen wichtigen Gesamtüberblick von Adam Falkenstein, „Die altorientalischen Literaturen" (a.a.O., 853–866), sondern auch (a.a.O., 574–606) die konzentrierte Besprechung von sumerischen Einzelwerken und literarischen Gattungen aus der Feder von Dietz O. Edzard und Claus Wilcke. Die dritte, neu bearbeitete Auflage erschien mit 18 Bänden im Sept. 2009. Sie hat ihren Horizont noch einmal – bei verringertem Gesamtvolumen! (18 statt 22 Bände) – erweitert: „Abgebildet werden soll die gesamte Geistesgeschichte, was einen drastisch erweiterten Literaturbegriff bedeutet. Zu finden sind jetzt nicht nur geistes- und naturwissenschaftliche Schriften von Plinius bis Heisenberg und Blumenberg, sondern auch … Comics und einige Popsänger wie Björk oder Bob Dylan. Was vor zwei, drei Jahrzehnten für Aufregung gesorgt hätte … wird nun erleichtert als Ausweis moderner Zeitgenossenschaft aufgenommen" (Jörg Plath, in: Frankfurter Rundschau vom 17.12.2009, 34). Die altorientalische Literatur ist nun auf knappem Raum zusammengedrängt (wie manche anderen Literaturen auch). Gonzalo Rubio stellt die „Sumerische", Beate Pongratz-Leisten die „Akkadische Literatur" vor (KLL online hat keine Band- und Seitenangaben; es ist nur unter dem Titel zu erreichen, Zugriff hier am 28.12.2009 und am 26.8.2012: www.kll-online.de). Außerdem gibt es noch zwei Verweisartikel „Gilgamesch-Epos" und „Weltschöpfungsepos" (*Enuma elisch*) von Pongratz-Leisten. Allerdings ist das Bewusstsein von dieser neu erschlossenen „vorklassischen" Geschichte noch längst nicht Allgemeingut geworden, wie ein Blick in deutsche (oder andere) Schulgeschichtsbücher oder auch in den Katalog der Wissenschaftlichen Buchgesellschaft, Darmstadt, zeigt: „Altertumswissenschaft" beschränkt sich fast ausschließlich auf die griechisch-römische Antike.

im Bereich der Altorientalistik unscharf und diskussionsbedürftig bleibt.[6] Dasselbe gilt für die Wissenschaft von neueren Literaturen, wenngleich sich die Schwierigkeiten, konzeptionelle Klarheit zu schaffen, durch den geschichtlichen Abstand und die sprachliche und kulturelle Fremdheit zwischen dem heutigen Europa und dem damaligen Sumer stark erhöhen können. – Es stellt sich die Frage, was „Literatur“ einmal im antiken Lebensgefüge und andererseits im heutigen Wissenschaftszusammenhang überhaupt ist, bzw. wie sie konzeptionell gefasst wird. Was die Jetztzeit angeht, herrscht eine weit verbreitete Unsicherheit im Blick auf Definition von und Umgang mit „Literatur“. Nach strukturalistischen Entwürfen und einer Phase des „Dekonstruktivismus“ versuchen Literaturtheoretiker in Richtung auf umfassendere Kultur- und Medientheorien wieder festeren Boden zu gewinnen.[7]

Exkurs: Theoriendschungel und Theorienmischung

Literatur-, Kultur- und Geschichtswissenschaften erleben in der neuesten Zeit mancherlei Umbrüche und Aufbrüche. Skeptiker neigen dazu, die häufigen Perspektivwechsel auch auf die akademische Notwendigkeit zurückzuführen, um der Etablierung neuer Projekte, Graduiertenkollegs, Sonderforschungsbereiche und Studiengänge willen neue Wege erfinden zu müssen.[8] Die Vielzahl der Annäherungen an das Objekt „Literatur“ (bzw. „Geschichte“, „Kultur“, „Religion“ u.a.) entspricht aber durchaus auch der tatsächlichen Verunsicherung der Geisteswissenschaften und dem Reichtum an möglichen Facetten, die in der geschichtlichen Fortbewegung alles Existierenden je nach „Lichteinfall“ immer neu und unerwartet aufblitzen. Es gilt, im Trubel der modernen und postmodernen, strukturalistischen, konstruktivistischen und destruktivistischen Philosophien die neuen Sichtweisen auch im Blick auf antike Literaturen zu testen, so weit das sachlich angemessen erscheint. Denn wir dürfen nicht naiv von Leitlinien der Interpretation ausgehen, die auf einem anderen Boden als dem des 21. Jh.s gewachsen sind. Aus der Vielfalt heutiger Sichtweisen und Methoden haben wir geeignete Denk- und Ordnungsmodelle auszuwählen, welche die ältesten literarischen Denkmäler der Menschheit möglicherweise verständlicher machen. Das große Angebot an Hypothesen darf uns nicht verwirren. Der selektive Gebrauch von Theorien und Methoden muss erlaubt sein. Nach meinem Dafürhalten

---

[6] Eine Übersicht über den Stand der Fachdiskussion bis etwa 1998 gibt Römer 1999, 195–234 (Lit.). Sehr intensiv hat sich den literaturwissenschaftlichen Fragen in der Sumerologie Black 1998, 3–64 gestellt, allerdings speziell im Blick auf das Lugalbanda-Epos (a.a.O., 58–184). Wertvolle Übersichten über die sumerischen Werke geben außerdem Wilcke 1975b; Joachim Krecher, Sumerische Literatur, in: Röllig 1978, 101–150; Veldhuis 2003; Edzard 2004, 481–640; Rubio 2009a und Pongratz-Leisten 2009a (beide s.o. Anm. 5); Edzard 1987–1990, 35–48; Vanstiphout 2006; Rubio 2009c, 11–76.

[7] Die traditionelle Literaturwissenschaft in Deutschland vor den starken Erschütterungen der sechziger und siebziger Jahre wird z.B. von Wolfgang Kayser, Das sprachliche Kunstwerk (1948), Bern [16]1973, [20]1992 repräsentiert; vgl. auch das amerikanische und in Deutschland weitverbreitete Standardwerk von René Wellek und Austin Warren, Theory of Literature (New York [3]1956); es wurde 1959 ins Deutsche übersetzt: Theorie der Literatur, Berlin.

[8] Vgl. Oliver Simons, Literaturtheorien zur Einführung, Hamburg 2009; Achim Geisenhanslüke, Einführung in die Literaturtheorie. Von der Hermeneutik zur Medienwissenschaft Darmstadt [4]2007; vgl. auch Uta Klein, Katja Mellmann, Steffanie Metzger (Hg.), Heuristiken der Literaturwissenschaft. Disziplinexterne Perspektiven auf Literatur, Paderborn 2006; Doris Bachmann-Medick, Cultural Turns, Neuorientierungen in den Kulturwissenschaften, Reinbek 2006; Thomas Anz, Emotional Turn? Beobachtungen zur Gefühlsforschung, www.literaturkritik.de/public/inhalt.php?ausgabe =200612#toc_nr433 (24.4.2015).

sind folgende Grundregeln der heutigen Wissenschaftshermeneutik bedingt auf die sumerische und andere antike Literaturen anwendbar. Sie werden im Laufe der Untersuchung immer wieder einmal angesprochen:

a) Literatur spiegelt in jedem Fall die Entstehungssituationen, d.h. die sozialen, kulturellen und religiösen Verhältnisse ihres Ursprungs und ihrer kommunikativen Verwendung wieder. „Entstehungssituation" ist dabei von der in den Texten „dargestellten Situation" zu unterscheiden. Wir dürfen nicht in den historistischen oder positivistischen Fehler verfallen, literarische Aussagen über Sachverhalte oder Geschehnisse eins zu eins für die Wirklichkeit zu halten.[9]

b) Neuzeitliche, aber schon lange angezweifelte Vorstellungen von der Prägekraft der antiken Text-„Verfasser", ihren individuellen Anschauungen und Aussageintentionen sind mit großer Vorsicht zu behandeln. Antike Literaturen kennen den heutigen Begriff des „Autors" nicht. Vielmehr muss man mit anonymen, kollektiven Kräften rechnen, die – auch bei individueller, letzthandlicher Verfasserschaft – antike Literatur entscheidend geprägt haben. Anstelle der modernen „Leserschaft" sind eher kommunitäre, rituelle Gebrauchsmodelle anzunehmen.[10]

c) Antike Literaturen, auch die in Sprache, Struktur, Vorstellungswelt so „exzentrische" sumerische Poesie,[11] sollten bei aller Fremdheit und Ferne genügend Informationen über die vorausgesetzten gesellschaftlichen Verhältnisse und Denkweisen liefern, so dass uns mindestens ein annäherndes Verständnis der angesprochenen Themen ermöglicht wird. Dass viele Einzelheiten der sumerischen Literatur im Dunkeln bleiben bzw. erst nach mühseliger Kleinarbeit eine Erklärung finden können, beweist jede Textausgabe eines Schriftstückes durch seine Fragezeichen und rätselnden Kommentare. Das verstehbare Vorhandene aber lohnt die fortgehende Bemühung um Klärung.[12]

d) Alle in den heutigen Sprach- und Literaturwissenschaften an beliebige Texte gestellten Fragen sind theoretisch auch zur Erforschung der sumerischen Literatur brauchbar. Von der Wortbildung und der Grammatik über Semantik, Textstruktur, Poetik bis hin zur Anthropologie und Theologie eines Textes ist alles der Erkundung wert. Naturgemäß sind unsere Fragen mit den heutigen Denkmustern und Vorstellungen belastet, wir besitzen ja keine anderen. Sie müssen sich deshalb so weit wie irgend

---

[9] Die unten näher erörterte Loslösung der Literatur von ihren geschichtlichen Haftpunkten in einigen Theorieansätzen ist damit in Frage gestellt (s.u. Exkurs: Auf dem Weg zum Leser). Das Bewusstsein von der „Andersartigkeit" sumerischer Literatur ist in den letzten Jahrzehnten gewachsen, vgl. Wilcke 1975b; Michalowski 1981; Vanstiphout 1986/87; Piotr Michalowski, Sumerian Literature: An Overview, in: Sasson 1995, 2279–2291; Black 1998; Römer 1999, 195–234; Rubio 2009.

[10] Eine selbstkritische Trennung von landläufigen Autor- und Leservorstellungen und der gegenwärtigen Buch- und Medienkultur mit ihren anthropologischen Stereotypen fällt manchmal noch schwer, selbst im akademischen Bereich, vgl. Edzard 2004, 570f. Er wehrt sich gegen die neuzeitlichen Theorien, nach denen Literatur auch kollektiv erzeugt werden kann. „Gefragt ist nach den Schöpfern, die Individuen gewesen sein müssen …" (a.a.O., 570). Die Individualität der Poeten darf nicht angezweifelt werden. „Wir würden sonst die große geistige Leistung des Einzelnen, dessen die Fortschrittsgeschichte der Menschheit bedarf, auf ein unverdientes Minimum zurückschrauben." (a.a.O., 571). Es ist „sachfremd" anzunehmen, ein Werk sei „durch das Mitwirken von immer neuen Beitragenden entstanden" (a.a.O., 571). Klarer kann man seine traditionelle Position, die in der Literaturwissenschaft schon lange überwunden ist, nicht zum Ausdruck bringen (vgl. Geisenhanslüke 2007, 7–12, s.o. Anm. 8). – Rubio spricht zumindest für „Hymnen, Wehklagen und Lieder" vom „Performanzkontext", in den sie jeweils gehören (ders. 2009a, 1). Wenig später verweist er die beiden einzigen namentlich genannten Urheber-Personen in das Reich der Fiktion: es sind Fälle „überlieferter, nicht historischer Verfasserschaft" (a.a.O., S. 3; s.u. Anm. 45).

[11] Die linguistische Sonderstellung des Sumerischen darf allerdings auch nicht ideologisch verabsolutiert und zum unüberwindlichen Verständigungshindernis hochstilisiert werden.

[12] Hier meine ich nicht den unten besprochenen Rückzug von aller „Objektbindung" und die Hinwendung zu Leser-orientierten Sinnkonstruktionen, vgl. Exkurs: Auf dem Weg zum Leser.

möglich an den durch die sumerischen Texte vorgegebenen Verhältnissen, Wirklichkeiten, Rastern orientieren.[13]

e) Die moderne, „westliche" Literaturwissenschaft zeichnet sich bei aller Theorienvielfalt durch eine in der Regel stark subjektivierende Grundeinstellung aus.[14] Das gilt besonders von der allseitig herangezogenen Erkenntnistheorie. Die literarisch gestaltete Welt ist Produkt individueller Erfahrungen. Der Gelehrte (Künstler) setzt daraus sein Universum zusammen. Dass Blick, Sinn, Verstand und Geist die Umwelt „persönlich", d.h. Person-bezogen, wahrnehmen, ist eine alte philosophische Erkenntnis (Descartes). In der Moderne kommt spätestens seit Aufklärung und Barockzeit das autokreative und imaginative Moment hinzu, das zunächst auf ein Ganzes zielt. Heute spielen Literaturtheoretiker nicht mehr mit Universalien; sie erwarten aber von Literaten Teilkonstruktionen von Welt, die im Virtuellen verharren können. Wirklichkeit wird zum Konstrukt oder Diskurs.[15] Das naive Gegenüber von erkennendem Subjekt und erkannten Gegenständen und Ereignissen spukt nur noch in akademischen Nischen herum. Erkenntnistheoretisch gehen wohl alle Geisteswissenschaften davon aus, dass Menschen in der noetischen und kognitiven Aufnahme ihrer Umwelt diese selbst erst konstituieren.[16] „Welt-an-sich" gibt es ebenso wenig wie das Kantische „Ding-an-sich". Trotzdem, so werden die meisten westlichen Denkerinnen und Denker argumentieren, „gibt es etwas", nur bleibt das wirkliche „Etwas" ein Geheimnis. Vor allem macht sich als äußere Wirklichkeit der Fluss der Veränderung überdeutlich bemerkbar. Dem geschichtlichen Wandel kann niemand entgehen. Die Frage ist, wie weit antikes Weltverständnis sich aus dieser Perspektive überhaupt fassen lässt.

Viel hängt davon ab, welche Kriterien man für das Phänomen „Literatur" damals und heute gelten lassen will. Nicht einmal die Schriftlichkeit kann ausschließlicher Maßstab sein, denn längst sind auch „orale Literaturen" anerkannt.[17] Das gehobene Sprachniveau mag man gegen Alltags-, Berufs-, Mediensprachen absetzen. Im modernen Denken sind oft Autoren und Rezipienten entscheidend. Funktion und Verwendung von Schriftdokumenten können eine Rolle spielen. Und die Untersuchung der antiken, „toten" Literaturen verkompliziert sich weiter, weil jeder direkte Zugang zur damaligen Produktion, Rezitation, Lektüre der alten Literatur fehlt.

---

[13] Festlegung auf eine bestimmte Theorie und Methode ist wegen der modischen Fluktuationen unmöglich; ein pragmatischer und selektiver Umgang mit modernen Theorien ist ratsam.

[14] An Stelle umfangreicher Belege nur dieses Zitat: „Literatur spricht mit jedem Menschen einzeln – sie ist Privateigentum, das im Kopf bleibt." … „Nichts sonst spricht so eindringlich mit uns selbst wie ein Buch. Und erwartet nichts dafür, außer dass wir denken und fühlen." (Herta Müller anlässlich der Überreichung des Literatur-Nobelpreises am 10.12.2009; aufgezeichnet vom Berliner ‚Tagesspiegel' Nr. 20469, Samstag, 12.12.2009, S. 27).

[15] „… bis zur vollständigen Auflösung des Sinns in den Begriffen der sprachlichen Differenz, der Macht des Diskurses oder den Aufschreibesystemen technischer Medien reichen die heterogenen und miteinander widerstreitenden Ansätze der Literaturtheorie" (Geisenhanslüke 2007, 142).

[16] U.a. hat Michel Foucault die Probleme auf den Punkt gebracht (vgl. ders., Les mots et les choses. Une archéologie des sciences humaines, Paris 1966 [deutsch: Die Ordnung der Dinge, Frankfurt 1974]; ders., L'ordre du discours, Paris 1971 [deutsch: Die Ordnung des Diskurses, München 1974]; ders., L'archéologie du savoir, Paris 1969 [deutsch: Archäologie des Wissens, Frankfurt 1981]). Ansätze zur Subjektivierung und kollektivierenden Normierung von Erkenntnis hat es natürlich schon früher gegeben, vgl. z.B. Arthur Schopenhauer, Die Welt als Wille und Vorstellung (Bd. 1: 1819; Bd. 2: 1844), Köln 2009 (= Nachdruck der Auflage ^{3}1859); Peter L. Berger und Thomas Luckmann, The Social Construction of Reality (1973), deutsch: Die gesellschaftliche Konstruktion der Wirklichkeit: eine Theorie der Wissenssoziologie, Frankfurt ^{5}1977.

[17] Die in den 90er Jahren in Groningen arbeitende „Mesopotamian Literature Group" hat in zwei Tagungen die Frage nach Oralität und Schriftlichkeit aufgegriffen, vgl. Vogelzang 1992; dies. 1996.

Da können Missverständnisse, Fehldeutungen und handfeste Skandale nicht ausbleiben. Auch sie helfen uns, die Bedeutung der antiken Literaturen für die späteren Generationen bis in unsere Zeit richtig einzuschätzen. Als die „Assyriologie" im 19. Jh. anfing, ihre Erkenntnisse zu verbreiten, wehrten sich vor allem konservativ kirchliche Kreise gegen die Weitung des Geschichts- und Denkhorizontes. Für sie war die Bibel der einzige Zugang zu der „geoffenbarten" Wahrheit über Erde und Menschheit. Die Naturwissenschaften hatten zuerst die kirchlichen Angriffe zu ertragen; herausragend war die Debatte um Darwins Evolutionstheorie, welche die Erdgeschichte weit über das von theologischer Doktrin behauptete Jahrtausende-Modell von Schöpfung und Weltende hinaus ausdehnte. Und weil die Bibel scheinbar eine lückenlose Darstellung der Ereignisse seit dem ersten Tag der Schöpfung gab,[18] war im kirchlichen Weltbild kein Platz für die neu entdeckte, vor-biblische Geschichte der Sumerer, Akkader, Babylonier und ihrer Nachbarvölker. Der Konflikt um die Bedeutung der neu entdeckten Kulturen kulminierte 1902 im Babel-Bibel-Streit, der selbst Kaiser Wilhelm II. nicht unbehelligt ließ.[19] Er schwächte sich im Laufe des 20. Jhs. ab, schwelt aber in fundamentalistischen Religionsgemeinschaften bis heute weiter. So ist selbst die bigotte Ablehnung weiterführender Erkenntnis ein starkes Zeichen für die Wichtigkeit der sich anbietenden Dokumente: Sie werden ja indirekt von selbstgerechten Dogmatikern als echte Konkurrenz gewertet.

Ganz so krass wie im Fall der doktrinären Bibelgläubigkeit ist die Konfrontation mit den antiken Keilschriftkulturen an anderen Stellen nicht, auch wenn hier und da ein Klang von Selbstgerechtigkeit nachhallt. Es fällt nämlich Manchen schwer, altorientalische Welt- und Menschenbilder als „Bein von unserem Bein" anzuerkennen.[20] Der enorme geschichtliche, soziale, kulturelle Abstand zwischen dem dritten nach- und dem dritten vorchristlichen Millennium, verstärkt durch die Inkompatibilität der jeweiligen Sprachsysteme belastet unser Verstehen und begrenzt unser Empathievermögen. Bruno Meissner (1868–1947), bis in die 30er Jahre eminenter Assyriologe in Breslau und Berlin, konnte von einem naiven Fortschrittsglauben aus die Rückständigkeit babylonischer Wissenschaftler und die Verhaftung der Religion in Aberglauben und Magie geißeln.[21] Benno Landsberger (1890–1968), führender Assyriologe, und Adam Falkenstein (1906–1966), Eminenz der deutschen Sumerologie, begannen, vorsichtig-kritisch nach der Eigenständigkeit der mesopotamischen Geisteswelt zu

---

[18] Unbegreiflicherweise hängen viele moderne Astrophysiker (etwa Stephen Hawking, Eine kurze Geschichte der Zeit, Hamburg 1988) noch immer wie gebannt an der angeblich biblischen Vorstellung (sie ist aber in den Schöpfungstexten keineswegs vorgegeben) vom Nullpunkt des Daseins, der im „Urknall" die Weltgeschichte aus sich herauslässt. Diese wiederum endet in einem universalen Kollaps. Es wäre an der Zeit, das Universum vorurteilslos ohne Anfang und Ende denken zu lernen, vgl. Angehrn 2007, darin: Gottfried Boehm, Kein Anfang. Kein Ende. Der Mythos der Stunde Null, a.a.O., 275–288.

[19] Vgl. Lehmann 1989; Johanning 1988.

[20] Wie die Ironie der Geschichte es will, spuken unerkannte altorientalische Vorstellungen von der Wirksamkeit der Gestirne noch massenhaft als „Horoskop-Beratung" herum, weil die „Sterne nicht lügen".

[21] Vgl. Meissner 1925, bes. 198–323.

fragen, die nicht einfach mit der unseren kommensurabel gemacht werden könne.[22] Samuel Noah Kramer (1897–1990), verdienstvoller amerikanischer Sumerologe, legte großen Wert auf die Kontinuität der Geistes- und Religionsgeschichte und glaubte mit Kollegen und Schülern an einen unmittelbaren Zugang zur antiken Denkwelt und die geradlinige Weiterwirkung der antiken Erkenntnisse und Errungenschaften.[23] Die genannten Forscher und Lehrer stehen für drei mögliche Positionen gegenüber den „vorklassischen" Kulturen. Man kann sie stichwortartig und *de modo grosso* beschreiben mit: Abwertung und Überlegenheitsgefühl – Distanzierung und Bewusstsein der geschichtlichen Brüche – Assimilation mesopotamischer Kultur als Wurzelgrund unserer eigenen Zivilisation. Die erste Option gilt heute als überholt, sie ist Geschichte geworden. Zeitgenössische Sumerologen in allen Ländern, die sich die (wirtschaftlich nicht renditefähige) wissenschaftliche Forschung an der Keilschriftliteratur leisten, werden sich auf dem Boden der zweiten und dritten Konzeption bewegen, also von geschichtlichen, kulturellen und religiösen Umbrüchen ausgehen, aber dabei die vorhandenen Zusammenhänge nicht vergessen. Eine andere Grundfrage der „Altertumswissenschaften" ist: Kann man in den heutigen, „westlichen" Zivilisationen mehr Nachwirkungen aus der ägyptischen oder den mesopotamischen Hochkulturen antreffen? Die Option für Ägypten hat durch Napoleons Forschungsexpedition von 1798–1800 ein Jahrhundert Vorsprung gegenüber der mesopotamischen Variante erhalten und prägt bis heute das Orientbild mancher europäischer Wissenschaftler.[24] Die seit Mitte des 19. Jhs. wieder zugänglich und mit der abendländischen Geisteswelt vergleichbar gemachte Keilschriftliteratur dürfte ein mindestens ebenbürtiges Gewicht haben.

Aus dem bisher Gesagten müssen wir eine erste Schlussfolgerung ziehen, die artikuliert, was – provisorisch und arbeitstechnisch – als sumerische „Literatur" gelten soll. Nach Lage der Dinge ist eine lockere, pragmatische Definition empfehlenswert: Die erste „Literatur" der Menschheit liegt in Keilschrifttexten vor, von denen oft mehrfache und räumlich verbreitete, d.h. nicht an einen Ort gebundene und über längere Zeiträume belegte Abschriften existieren. Die Texte sind nicht administrativer Art. Diese sehr formalen Bestimmungen unterscheiden sie von den weitaus zahlreicheren Tafeln, die – in einfacher oder doppelter Ausfertigung – unmittelbar dem praktischen Leben (Verwaltung, Wirtschaft, Rechtseinrichtungen, Kommunikation usw.) dienten und in Archiven abgelegt wurden. Literarische Texte haben eine inhaltlich und formal große Bandbreite (vgl. die einschlägigen Studien o. Anm. 5): „Mythen", Epen, Lob-

---

[22] Vgl. Landsberger 1965; Falkenstein 1992, 853–866, bes. 854–857; Wilcke 2007.

[23] Ein einflussreiches Buch Kramers mit sprechendem Titel war: „History Begins at Sumer: Thirty Nine Firsts in Recorded History", Philadelphia 1956. In Kramers Fußstapfen traten z.B. auch Oppenheim 1964 (interessant Kap. IV: „Nah ist – und schwer zu fassen der Gott", a.a.O., 171–227) und Jacobsen 1976. Vgl. auch Sallaberger 2003.

[24] Vgl. Heinrich August Winkler, Geschichte des Westens, Bd. 1, München 2009, 25–30; Jan Assmann, Moses der Ägypter: Entzifferung einer Gedächtnisspur, München 1998; ders., Die mosaische Unterscheidung oder der Preis des Monotheismus, München 2003; ders., Monotheismus und die Sprache der Gewalt, Wien 2006.

und Klagelieder, Streitgespräche, Spruchsammlungen, Beschwörungen usw. stehen in sumerischen Katalogen[25] oft nebeneinander.

Es gibt „Textsorten", welche vielleicht eine Rand- oder Zwischenposition hinsichtlich ihrer „literarischen Qualität" einnehmen. Wie steht es um die zahlreichen lexikalischen Listen der sumerischen schriftlichen Überlieferung? Sind nicht auch bestimmte Briefe mehrfach und zeitübergreifend kopiert worden und stehen damit in literarischem Rang? Wie steht es um Königs- und Weihinschriften? Und „Gesetzes"texte? Ein ganz klares Bild ergibt sich also nach der formalen Unterscheidung von einmalig und mehrfach angefertigten Kopien nicht. Wenn man ein zweites Kriterium mit heranzieht, gewinnt man möglicherweise schärfere Konturen. Die Qualität der Sprache spielt auch in der Moderne bei der Bestimmung von literarischen Texten eine gewisse Rolle. Selbst die Tatsache vorausgesetzt, dass die sumerische Sprache uns ihre „literarischen" Charakteristiken nicht leicht offenbart, lassen sich doch allerlei Eigenarten erkennen, welche anspruchsvollere, also „literarische" Texte auszeichnen.[26] Mit diesen beiden Etikettierungen – Tradierung und Sprachästhetik literarischer Werke – können wir weiter arbeiten. Als drittes Kriterium kommt eine existenzielle Komponente hinzu, die Frage nämlich, wie sich überlieferte sumerische Literatur zur Lebensorientierung der Rezipienten verhielt, und wie weit wir darin Analogien zu heutiger „Literatur" erkennen können (vgl. u. die soziale Verortung der Hymnen).

Es wäre reizvoll, an dieser Stelle eine Studie über die, meist nicht bewusst wahrgenommenen, Nachwirkungen altorientalischer Geschichte und Kultur in den westlichen Zivilisationen einzufügen. Aber das wäre ein Projekt eigenen Rechts. Darum mögen einige Hinweise genügen: Sporadisch tauchen auch an der Oberfläche unserer eigenen Umwelt sehr wohl Hinweise auf die entfernte, halb-östliche[27] Vorvergangenheit auf, ohne dass man sich der genetischen Beziehungen zu dieser Welt wirklich bewusst ist. Ein Teil solcher Nachklänge ist durch die Bibel vermittelt. Figuren wie Nebukadnezar,

---

[25] Vgl. Joachim Krecher, Kataloge, literarische, RlA 5, 1980, 478–485; Edzard 2007; Delnero 2010. A. Zgoll wendet ein: „‚Mythen' sind nach C. Zgoll 2014, 153–179 (dort Definition von Mythos) *Stoffe*, d.h. keine Gattung; wenn man dem zustimmt (alles andere führt m.E. in Aporie), dann könnte man von mythischen Epen oder Epen mythischen Inhalts neben anderen Epen schreiben, nicht aber von ‚Mythen' neben ‚Epen'"; vgl. A. Zgoll 2013.

[26] Vgl. z.B. Wilcke 1979. Edzard plädiert immer wieder für die ästhetischen Werte (ders. 2004): „Der Verfasser ist kein Literaturwissenschaftler oder -kritiker, … sondern Liebhaber schöner Sprache" (a.a.O., 485). „Werke, … die … durchaus von sprachlicher Eleganz und strukturellem Raffinement geprägt sein können" (a.a.O., 487); zu Gilgameš: „eines der schönsten und mächtigsten Werke der altorientalischen Literatur überhaupt … sprachliche Herrlichkeit" (a.a.O., 499); die „schöne Sprache des Originals muß auch in schöner Sprache auf unserer Seite übersetzt werden" (a.a.O., 561) u.ö. – Rubio fasst formale und stilistische Gesichtspunkte, auch im Anschluss an Wilcke, zusammen: „Literarische Texte zeichnen sich durch eine Vorliebe von Konnotationen gegenüber Denotionen aus, durch einen Reichtum an Tropen sowie durch Intertextualität. Rhythmische Elemente schlossen gelegentlich rein phonetische Elemente wie Alliteration und Reim ein. Prosodie charakterisiert wahrscheinlich Lieder, deren Musikbegleitung gewöhnlich den Wechsel sowohl von langen und kurzen Silben (Quantitäten) als auch von betonten und unbetonten Silben (durch Metrum inklusive Synkopierung und Pausen markiert) erzeugte" (ders. 2009, 1).

[27] Die Vorstellung vom „Osten" ist mit allerlei bedrohlichen, aber auch erlösenden Vorzeichen behaftet, vgl. Franz Altheim, Gesicht vom Abend und vom Morgen, Frankfurt 1954; ders., Zarathustra und Alexander, Frankfurt 1960; Justus Cobet, Europa und Asien – Griechen und Barbaren – Osten und Westen. Zur Begründung Europas aus der Antike, in: GWU 47, 1996, 405–419.

Bel, Adam, Baal und Ortsnamen wie Ur, Babylon, Ninive gehören zum allgemeinen Erinnerungsschatz. Die Geschichte vom „Turmbau zu Babel“ (Gen 11) hat als Gleichnis für menschliche Hybris noch deutliche Konturen im Allgemeinbewusstsein, das Gleiche gilt von Hiob, dem Inbegriff des leidenden Dulders, der aus dem östlichen Land Uz kommt, oder dem Menetekel aus Dan 5. Wer tiefer in die Traditionsgeschichte vorstößt, wird auf vielerlei motivliche Verbindungen zwischen der vorderorientalischen und der biblischen Welt stoßen.[28]

Ins öffentliche Bewusstsein dringt die altorientalische Literatur seit ihrer Wiederentdeckung auch ohne Hilfestellung der Bibel. Gilgameš, Enkidu, Utnapištim, Inana, Ereškigal, Sargon von Akkad, das sind nur einige Namen, denen man in der Gegenwartsliteratur begegnen kann und die eventuell sogar in die Bestsellerlisten kommen.[29] Der Alte Orient wird in Geschichtsbüchern der allgemein bildenden Schulen wohl erwähnt, wenn menschliche Frühgeschichte zur Debatte steht, doch meistens nur als Vorstufe der griechischen und römischen Klassik.[30] Filmindustrie und Audiovisionsmedien haben das Thema „Alter Orient“ ebenfalls entdeckt. Museen ziehen Hunderttausende in die aufwändig installierten Ausstellungen über die Schätze mesopotamischer Königsgräber, Schrifttafeln, Rollsiegel, Kultbilder.[31] In der modernen bildenden Kunst sind altorientalische Motive wohl eher rar.[32] Doch ist

---

[28] Gelehrte wie Hugo Gressmann; James Pritchard; Otto Kaiser; Walter Beyerlin; William W. Hallo haben altorientalische Dokumente herausgegeben, die inhaltliche Bezüge zu den hebräischen Schriften erkennen lassen. Grundlegende Besinnungen bietet etwa Hallo 1996; ders. 2010. Eine große Zahl von wissenschaftlichen und populären Veröffentlichungen aller Art widmet sich den altorientalischen Kulturen als Hintergrund biblischer Anschauungen. Vgl. auch die allgemeinverständliche Serie „Welt und Umwelt der Bibel“, Stuttgart seit 1996.

[29] Die Suche im Katalog der Deutschen Nationalbibliothek zu Gilgameš ergibt über 200 Titel, die diesen Namen enthalten (bei Google 233000 Treffer, beide Recherchen vom 19.09.2012). Burkhard Pfister verfasst eine „Graphic Novel“ in zwölf Heften: „Gilgameš“, Gesamtausgabe Halle 2010; Einzelband z.B. „Gilgameš Tafel 9: Der Weg an das Ende der Welt“ (Halle 2009). Heinrich Waegner behandelt den Stoff in einem Theaterstück: Gilgameš, der König, der nicht sterben wollte, Weinheim 2008; Wolfgang Witzenmann als Oratorium: Christus und Gilgameš, aufgeführt in Pforzheim 2007. Vgl. auch Stephen Grundy, Gilgameš, Herr des Zweistromlandes, 1999 (Roman); Raoul Schrott, Gilgameš (Drama), 2001. Inana ist eine besonders in der feministischen Literatur gewürdigte Gottheit. Der Eintrag „Göttin Inanna“ erbringt bei Google 21100 Treffermeldungen (19.09.2012). Auch Asterix kommt mit dem Alten Orient in Berührung: René Goscinny und Albert Uderzo, Astérix chez Rahàzade (Asterix vol. 28), Stuttgart 1988.

[30] Katja Gorbahn u.a. (Hg.), Alte Geschichte und ihre Vermittlung. Schulen – Hochschulen – Medien, Münster 2004; Justus Cobet, Literaturbericht ‚Alter Orient‘, in: GWU 55, 2004, 532–550. Schwerpunkte der Alten Geschichte scheinen überall in Deutschland die griechische und römische Kultur zu sein. Gegenbewegungen gibt es u.a. in Berlin: Eine Arbeitsgemeinschaft der FU, SMB, HTW und der Robert Bosch Stiftung entwickelt Lehrprogramme über den Alten Orient (vgl. www.edubba.de „Keilschrift macht Schule“). Vgl. Eva Cancik-Kirschbaum, Keilschrift macht Schule. „Edubba“, ein Brückenschlag zwischen Schule und Wissenschaft, in: Berliner Tagesspiegel vom 20.11.2005; Veldhuis 2014.

[31] Nur als Beispiel sei die große Berliner Ausstellung „Babylon. Mythos und Wahrheit“ (Juni bis Oktober 2008) genannt, wenngleich sich dieses epochale Gemeinschaftsprojekt dreier großer Museen (Paris, London, Berlin) auf die Stadt konzentriert und mit einem fragwürdigen „Wahrheits“begriff spielt. Die Katalogbände stellen die Entwicklung der babylonischen Kultur und Religion breit dar, sie beleuchten vor allem die westliche Rezeption jenes „mittelöstlichen“ Ursprungs (Wullen 2008).

[32] Vgl. Brigitte Pedde, Altorientalische Tiermotive in der mittelalterlichen Kunst des Orients und Europas, Weimar 2009; dies., Orient-Rezeption II. Vorderasien/Kunst, in: Der Neue Pauly 15/1, Stuttgart 2001, 1210–1222.

wahrscheinlich die Drachen- und Chaos-Ikonographie über die Jahrtausende bis in unsere Comic- und Science-Fiction-Welt quer durch die Kulturen in sich vernetzt.[33]

Am wichtigsten sind aber wohl die geistes- und religionsgeschichtlichen Impulse, die speziell vom antiken Mesopotamien ausgegangen sind und die wir heute noch in uns tragen. Es geht dabei nicht um punktuelle und faktenbezogene Kontakte zwischen den vorderorientalischen und späteren europäischen Lebenswelten, sondern um Geisteshaltungen, Einstellungen zum Leben und Erklärungsmuster für die Welt. In der Tat wurden nach unseren Kenntnissen grundlegende Denkweisen und Vorstellungen von den Sumerern eingeführt. Das Sexagesimal-System mit seinem mathematischen Ordnungswillen stammt von ihnen, Lust und Liebe zur Schriftkultur, der Mondkalender, die monarchische Gesellschaftsordnung (vielleicht auch gewisse basisdemokratische Elemente, z.B. der Ältestenrat?), das Konzept der „einen", universalen Welt, und, was möglicherweise schwerer wiegt, gerade im Vergleich mit fernöstlichen Welterklärungen: der Glaube an einen Anfang der Kultur, die Entfaltung der Geschichte, eine dichotomische Weltordnung des Konflikts zwischen „Gut" und „Böse", Eingriffe von Gottheiten und „Schicksalsbestimmungen" in den Lebensablauf, Personhaftigkeit und Individualität der Lebewesen, menschliche Mitverantwortung für das Geschehen, Privat- wie Staatswirtschaft, die Idee der sozialen Gerechtigkeit, Rechtsprozeduren, Gedanken zur Geschlechteropposition und -zusammenarbeit und anderes mehr.[34] In einem Zeitalter, das die Genanalyse zu nie erahnten Erfolgen geführt hat, wäre es nicht vermessen, auch die erbbiologischen Zusammenhänge zwischen nahöstlichen und europäischen Bevölkerungen zu untersuchen.[35] Die Weitergabe kultureller Eigenheiten und mentaler Strukturen ließe sich auf diese Weise anschaulich machen. Die Keilschrifttexte reden aber auch von sich aus eine deutliche Sprache: Es bestehen Verbindungslinien zwischen den mesopotamischen und europäischen Geisteswelten. Die griechisch-römische Klassik, welche vor der Wiederentdeckung der Keilschriftliteratur als der absolute Anfangspunkt der Zivilisation galt, ist dabei gar nicht ausgegrenzt. Sie gehört vielmehr mit in den gedachten Traditionsstrom hinein.[36]

In summa: Die Motivation zur Erforschung der ältesten literarischen Hinterlassenschaften der Menschheit und das Verständnis des Wesens und der Funktionen von Literatur überhaupt sind eng miteinander verwoben. Im heutigen globalen, enorm komplexen Lebenszusammenhang vermehren sich die unlösbar erscheinenden Prob-

[33] Sheila R. Canby: Drachen, in: John Cherry (Hg.): Fabeltiere. Von Drachen, Einhörnern und anderen mythischen Wesen, Stuttgart 1997, 19–67.

[34] Literatur nur auswahlsweise: Vgl. Dalley 1998; Streck 2002; Eva Cancik-Kirschbaum, Wissenschaften im Alten Orient – eine Einleitung, in: Wullen, Bd. 2, 2008, 367–392; Hallo 1996; ders. 2010.

[35] Eine jüngst durchgeführte Untersuchung erwies, dass die heute im Harz lebende Bevölkerung zu einem signifikanten Teil mit den in der Bronzezeit dort ansässigen Menschen genetisch verwandt ist. Aus der Lichtensteinhöhle bei Osterode geborgene Knochen und Schädel des 2. Jt.s v.u.Z. machten den Vergleich möglich, vgl. S. Flindt und C. Leiber, Kulthöhlen und Menschenopfer im Harz, Ith und Kyffhäuser, Holzminden 1998; dpa-Bericht, abgedruckt in der Süddeutschen Zeitung vom 5.7.2007: „Anthropologie: 3000 Jahre alte Familien-Bande": „Bewohner des Sösetales können direkte Nachfahren von Menschen der Bronzezeit sein, deren Skelette man im Harz gefunden hat."

[36] Vgl. Walter Burkert, Die Griechen und der Orient, München 2004.

leme wie Buschfeuer. Lösungsversuche verschlimmern gelegentlich die Situation. Wissenschaftliche Prognosen (Klima; Ressourcen; kriegerische Konflikte; demographische Entwicklung; physische und psychische Gesundheit usw.) klingen nicht gerade optimistisch im Blick auf die Zukunft der Menschheit. Not tut eine Kulturen und Nationen übergreifende Besinnung auf den Sinn menschlichen Tuns und die Wege zum gemeinsamen Überleben. Diese Standort- und Zielbestimmungen sind ohne eine Verarbeitung der geschichtlichen Traditionen, soweit wir ihrer habhaft werden können, nicht durchführbar. Denn Menschen sind keine Eintagsfliegen. Sie werden sich, bewusst oder unbewusst, in Auseinandersetzung mit dem, was in ihnen geschichtlich und kulturell angelegt ist, nach vorn bewegen. Es sind nicht nur die berühmten Sachzwänge, welche uns bestimmen; die Vergangenheit lenkt die Geschicke der Menschheit mit, zum Guten oder zum Bösen. Darum ist eine kritische Auseinandersetzung mit den überkommenen Bildern, Werten und Denkkategorien der Altvorderen dringend notwendig. Der Einzelmensch kann ohne seine Vergangenheit nicht vernünftig leben. Genau so geht es der Menschheit und ihrer kollektiven Erinnerung: Sie formt in jedem Fall gegenwärtiges Denken und Handeln mit.[37] Der Pool kultureller (einschließlich religiöser) Konzepte und Traditionen enthält einmal die Paradigmen, welche für gegenwärtige Zustände, Sozialstrukturen, Handlungsstrategien verantwortlich sind, ist also als Verstehenshilfe für heutige Befindlichkeiten unentbehrlich. Zweitens bietet er Wertskalen, Orientierungsmuster, Konflikt-Lösungs-Mechanismen, die sich in der Geschichte als brauchbar erwiesen haben. Sie müssen im Licht heutiger Zustände und Entwicklungen auf den Prüfstand gestellt und dürfen keinesfalls übersehen werden. Die traditionellen Richtungweiser entsprechen der jeweiligen kulturellen Identität, sind aber heute global abzugleichen.[38]

Die ersten greifbaren Zeugnisse einer geistigen Beschäftigung mit den Grundfragen des Lebens sind die sumerischen literarischen Texte. Also können sie uns als Signale für die im 3. bis Anfang des 2. Jts. v.u.Z. gängigen Einstellungen der Menschen im Zweistromland zu Macht, Ordnung, Sinn des Daseins dienen.[39] Und wir sind in der Lage, aus zeitlich fortgerückter Perspektive abzuschätzen, wie tragfähig die alten Erkenntnisse und Werte im Vergleich zu den „modernen“ gewesen sein mögen. Eine solche Konfrontation mit den Vorstellungen und Entwürfen auch der mesopotamischen Urahnen unter Berücksichtigung der heutigen Welt„parameter“ gehört zur notwendigen Sinnstiftung und Globalplanung unserer Zeit hinzu. Nur im Vergleich mit

---

[37] Vgl. Christoph Türcke, Philosophie des Traums, München ^{2}2009. Natan Sznaider, Gedächtnisraum Europa, Bielefeld 2008. Das „Erinnern“ spielt heute eine starke, oft brisante Rolle, und das Stichwort „Erinnerungskultur“ ruft im Internet hunderttausende von Eintragungen auf. Ängste und Traumata, Sehnsüchte und Hoffnungen bilden den Untergrund des Erinnerns (s.o. Anm. 24).

[38] Man kann den Begriff „Narrativ einer Gesellschaft“ auch auf gewisse sumerisch-akkadische Diskurse des 3. Jt.s v.u.Z. anwenden, vgl. Gérard Genette, Die Erzählung, Berlin ^{3}2010.

[39] Das Fazit Wolfgang Rölligs (ders. 1992, 67) trifft den Kern der Sache: „Auch babylonischer Religion gelang es also nicht, die tiefen Rätsel menschlicher und göttlicher Existenz zu lösen. … Viele uns vertraute Fragen wurden dabei erstmals formuliert, manches noch uns gewärtige Verhalten zum ersten Male nachweisbar eingeübt. So kann uns selbst die Beschäftigung mit einer räumlich und zeitlich sehr fernen Kultur und ihrer Religion dazu anregen, über unsere eigene Position zu Gerechtigkeit, Kultus und Frömmigkeit nachzudenken.“

früheren Modellen von Welterklärung und -gestaltung lassen sich Grund und Folgen menschlichen Tuns abschätzen und eigenverantwortete Konstruktionen in die Zukunft hinein bauen. Museale Haltungen gegenüber der Vergangenheit reichen nicht aus, das Erbe der Menschheit zu aktivieren. Es gehört dazu eine betroffen machende Aneignung der alten literarischen Überlieferungen.

Als Beispiel möge die Vorstellung von der Rolle und den Funktionen des Menschen in der Welt dienen.[40] Aus sumerischen, alt-akkadischen und babylonischen Mythen, Gebeten und Hymnen lässt sich erschließen, dass dem Menschen als „Diener" der Gottheiten eine besondere Stellung im Kosmos zugemessen war. Er hatte göttliche Qualitäten in sich, er konnte unter Umständen in übermenschliche Sphären aufsteigen. Aber ihm fehlten auch Eigenschaften und Attribute, die ihn zum ebenbürtigen Gegenüber der großen Gottheiten machen würden. Vielleicht ist diese mittlere Position die Tragik der Menschheit, aus der allerlei Probleme erwachsen. In jedem Fall bekommen die Menschen, und das sind in den alten Texten meistens die „Schwarzköpfigen", d.h. die Sumerer selbst, für ihre Erd- und Kulturarbeiten die Hilfestellung der Gottheiten. In kultischen Texten tritt der Mensch als Bittsteller und als Partner der Götter auf. Das Nachdenken der Weisen bringt Einsicht in die Ordnung und das untergründig Chaotische der Welt. Allen literarischen Schichten liegt die Überzeugung zu Grunde: Der Mensch ist ein selbstverantwortliches Wesen, das mit einer vorgegebenen Ordnung zurechtkommen muss und z.T. seinerseits mit seiner beträchtlichen, überschießenden Energie eben diese Ordnung in Frage stellen kann. Kurzum, schon die erste Literatur der Menschheit stellt unseresgleichen in seiner Ambivalenz vor Augen: mit einer Ahnung des Göttlichen und manchen Kräften versehen, und doch todverfallen, von Leid und Frust gepeinigt. Der Mensch, *homo faber* und abhängiger Sklave! Wer kann das Rätsel lösen, die Widersprüche überbrücken? Es lohnt sich, mit den Vorfahren vor vier Jahrtausenden darüber zu philosophieren, mögliche Wege zu einer Humanisierung des Lebens und zur Realisierung einer guten Ordnung zu finden, dabei Irrwege vermeidend. Unter diesem Gesichtswinkel betrachtet, ist die sumerische Literatur und ihr mesopotamisches Nachleben als die mündlich oder schriftlich über erhebliche Zeiträume tradierte und ständig neu rezipierte Textmasse (verteilt auf tausende von Einzeltexten in unterschiedlicher zeitlicher und örtlicher Konzentration; wir haben begrenzten Verstehenszugang!) zu sehen, welche den Hörerinnen und Hörern, vermutlich

---

[40] Zur sumerischen Anthropologie: Das RlA bringt in Bd. 8 keinen Artikel „Mensch", doch lassen sich die angenommenen sumerischen Vorstellungen zur Sache zusammentragen. Einige Beispiele: Erich Ebeling, Frau, RlA 3, 1971, 100–104 (das Lemma „Mann" fehlt! Vielleicht sollte man stattdessen seine reichen Beiträge zu „König" etc. lesen? RlA 6, 1983, 51–173 [!]); ders., Familie, RlA 3, 1971, 9–15; ders., Freund und Feind, RlA 3, 1971, 113f.; F.A.M. Wiggermann, Sexualität (sexuality), A. In Mesopotamien, RlA 12, 2011, 410–426; Annette Zgoll, Religion, A. In Mesopotamien, RlA 11, 2008, 323–333; dies. 2012. Ferner: Pettinato, Menschenbild 1971; Marten Stol und Sven P. Vleeming, The Care of the Elderly in the Ancient Near East, SHCANE 14, Leiden 1998; Loretz 2003; Kim 2007; Elke Mader, Anthropologie der Mythen, Wien 2008; Steinert 2012; vgl. weiter: Andreas Wagner (Hg.), Anthropologische Aufbrüche: Alttestamentliche und interdisziplinäre Zugänge zur historischen Anthropologie, Göttingen 2009; Christoph Antweiler, Heimat Mensch: Was uns alle verbindet, Hamburg 2009; Eike Bohlken u.a. (Hg.), Handbuch Anthropologie: Der Mensch zwischen Natur, Kultur und Technik, Stuttgart 2009.

überwiegend in ihrer urbanen Kollektivität Sinn und Orientierung vermittelte, das Gute und Böse identifizierte, bzw. die auch damals erforderliche geistige Arbeit zur Gewinnung menschlicher Erkenntnis in Gang hielt. Unsere Gegenwartsliteratur können wir unter den veränderten Bedingungen der technisierten und individualisierten Gesellschaft[41] analog als Agens der persönlichen und gemeinschaftlichen Bewusstseinsbildung verstehen. In ihrer Funktionalität sind antike und „moderne" Literaturen durchaus vergleichbar – und das kann von Fall zu Fall getestet werden –, obschon die besagten Lebensfunktionen in verschieden konstruierten Umwelten ablaufen. Am Ende lässt sich vielleicht sagen: Die Welt kann insgesamt als „Buch" verstanden werden,[42] und die Aufgabe der Menschen ist es zu allen Zeiten, die Schriftzüge dieses gewaltigen Atlanten zu entziffern. „Literatur" ist dann seit Erfindung des graphischen Mediums das weitergebbare Resultat von menschheitlichen Versuchen, aus der unübersehbaren Menge von Weltphänomenen und -informationen ein kohärentes Bild zu gewinnen. Das Schreiben selbst ist wie andere Kulturleistungen – Musik, bildende Kunst, Architektur, Medienkommunikation, technische Errungenschaften – monumentales Zeugnis des menschlichen Gestaltungswillens (*homo faber*!), seiner Erfolge wie seines Scheiterns. Als erste sprachliche Hinterlassenschaft überhaupt und sogleich von beträchtlichem Umfang gewinnt die sumerische Literatur ein besonderes Gewicht im gegenwärtigen Bemühen um kollektive Selbsterkenntnis.

Wir müssen die Unzulänglichkeit unserer Denkkategorien bei der Erfassung antiker Geisteswelten noch einmal gründlicher bedenken. Jeder Absolutheitsanspruch, der die eigene mentale Verfassung und damit eine bestimmte, nämlich die unsrige(!) Wahrheitserkenntnis zur alleinigen Norm macht, ist damit vom Tisch. In Wissenschaft und Religion kann es nur zeit-, orts- und traditionsgebundene Erkenntnis geben.[43] Darunter fallen auch unsere Vorstellungen von „Literatur", die eindeutig von der abendländisch-griechisch-christlichen Denkweise bestimmt sind, wenn wir denn überhaupt stimmige und konsensfähige Kategorien aufstellen können. Die Grundeinsicht in die Relativität alles Erkennens, in Philosophie und Naturwissenschaften oft schon traktiert,[44] befreit aber auch von selbst auferlegten Zwängen zur Uniformität und Endgültigkeit von wissenschaftlichen Aussagen. Wir können (und müssen) mit der Vorläufigkeit der Wahr-

[41] Die unterschiedlich konstruierten Weltbilder mit allen ihren zugehörigen Konnotationen und Parametern machen allerdings manche Direktübertragungen von Sinn unmöglich: So war etwa die babylonische Astronomie (die wir heute geringschätzig als „Astrologie" bezeichnen) im gedachten, lebendigen Kosmos der personhaften Stern- und Himmelskräfte völlig logisch. Ebenso lag die damalige Medizin mit ihren Reinigungen, Exorzismen, Sühnehandlungen usw. ganz innerhalb des erkannten und gelebten Weltzusammenhangs und der angenommenen menschlichen Anatomie. Hebt man heute die Texte und Riten aus ihrem antiken Umfeld heraus, um sie in unserem wissenschaftlich fundierten Weltgehäuse zu verwenden, entsteht ein unauflösbarer Widerspruch zwischen Text und „modernem" Kontext. Darum sind nur die menschlichen Denk-, Gefühls- und Handlungsmuster vergleichbar, nicht aber die jeweils konstruierten Weltbilder.

[42] Vgl. Hans Blumenberg, Die Lesbarkeit der Welt, Frankfurt 1986.

[43] Vgl. Gerstenberger 2001a.

[44] Sogar die „exakten" Naturwissenschaften haben seit Werner Heisenbergs Beschreibung der „Unschärferelation" (1927) mit Relativierungen der „objektiven" Erkenntnis zu rechnen, vgl. auch Einsteins „Relativitätstheorie" (1905 und 1916).

heitsfindung vorlieb nehmen. Bei der Definition von „Literatur“ genügt eine Skizze von Arbeitsbegriffen, deren Situationsbedingtheit uns bei der Interpretation sumerischer Quellen bewusst bleibt.

Also versuchen wir zuerst, den eigenen Standort zu bestimmen und einen brauchbaren Arbeitsbegriff von „Literatur“ in Umrissen festzulegen. Dieser grundlegende Schritt sollte bei jeder wissenschaftlichen Untersuchung, die sich ihrer Relativität und eigenen Kontextualität bewusst ist, getan werden (was außerordentlich selten geschieht). Mir scheinen für die heute gängigen Literatur-Konzeptionen nach den oben angedeuteten Grundlinien die folgenden Hauptmerkmale konstitutiv zu sein: Autorschaft (Einzel- und Teamwork, selten anonym) – Papierdruck (seit kurzem ergänzt durch digitale Versionen und Hörbücher) – Massenverbreitung – individuelle Lektüre (weniger stark: Vorlesung und Verlesung von Texten) – gehobenes Sprachniveau (Grenzziehungen sehr umstritten) – Fiktionalität, Fantasie, Kreativität (gilt für „schöne“ oder „klassische“ Literatur) – Information, Sachkunde, Innovation (gilt für wissenschaftliche und technische Werke) – Ziele: Unterhaltung, Erbauung, Erkenntnisgewinn, Verbesserung von Mensch und Gesellschaft. Die genannten Momente lassen sich ergänzen, abwandeln, in andere Beziehung zueinander setzen – eins steht fest: Jede mögliche Charakterisierung des heutigen Literaturbegriffes erweist die gemeinte Größe als ein Produkt der technisierten, literarisch gebildeten, demokratischen Buch- und Lese-Gesellschaft des 21. Jhs. Kaum eins der genannten Stichwörter lässt sich als tragendes Moment einer antiken, in unserem Fall der sumerischen Literatur wahrscheinlich machen, ganz zu schweigen von der Tatsache, dass es in den sumerischen Texten keinerlei Begriffsbildung von oder theoretische Reflexion über „Literatur“ gibt. Gehen wir die oben herausgegriffenen Charakteristika im Blick auf die vorhandenen Keilschrifttexte, speziell der hymnenartigen Literatur, ihrer inneren Dynamik entsprechend durch.

Die Entstehung der sumerischen „Literatur“ hat wenig mit Willen und Neigung von namentlich bekannten Autoren oder Autorinnen[45] zu tun. Die Schulschreiber[46] haben gelegentlich auch eigene Texte verfasst,[47] waren aber im Wesentlichen Kopisten von allerlei „kanonischer“ Literatur und Verfasser (nach vorgegebenen Mustern) von Verwaltungs- und Rechtsurkunden, Briefen usw. Literarische Begabung war kaum (und höchstens schulintern) der Rede wert, Drucktechniken kamen nur bei Siegelung von Dokumenten zur Anwendung, und die ganze Abzweckung von schriftlich niedergelegten Literaturwerken jedweder Gattung zielte nicht auf die persönliche Erbauung von Leserinnen und Lesern, sondern eher auf die Stärkung von Kommunitäten. Das gilt selbst für den unwahrscheinlichen Fall, dass die in Schreiberschulen oder -häusern

---

[45] Seltsamerweise ist eine der wenigen bekannten, mittlerweile aber auch umstrittenen „Schriftsteller“persönlichkeiten Altsumers die (akkadische) Prinzessin Enḫeduana, Tochter Sargons, Hohepriesterin in Ur; vgl. Zgoll 1997, bes. 118f. Rubio 2009, 3 weist sie und Lú-Inana, den angeblichen Autor der „Tummal-Chronik“ (a.a.O., 11), in die Kategorie der rückwirkend zu Verfassern erklärten Persönlichkeiten. – Pongratz-Leisten sieht in der akkadischen Literatur das „Konzept der Überlieferung“ als vorrangig gegenüber dem auch vorhandenen „Konzept der Autorschaft“ an (dies. 2009).

[46] S.u. Exkurs é-dub-ba-a (in Kap. 6.2.1 [Lit.!]).

[47] Eine selbstreflektive „Schulliteratur“ gestattet uns gute Einblicke in den inneren Betrieb dieser sumerischen Bildungsstätten, vgl. Römer 1999, 197–199; s.u. Exkurs é-dub-ba-a (Kap. 6.2.1).

gefundenen Tafeln sämtlich nur für den Eigengebrauch der *professionals* hergestellt worden sind. Denn die kommunale, rezitative Verwendung des Textes, auch oder gar vorwiegend in mündlicher Form, lässt sich unabhängig vom Tafelarchiv aus Sprache und Inhalt der Texte erschließen. Vor allem dienten literarische Werke vermutlich religiösen Ritualen oder öffentlicher Unterhaltung (bei der geringen Verbreitung von Lese- und Schreibfähigkeiten muss man an Vorlesungspraktiken denken).[48] Ganz anders als heutige Literatur wuchs also das sumerische literarische Schaffen aus kommunitären und hierarchischen Strukturen heraus und war auf die Bedürfnisse dieser sozialen und religiösen Organismen abgestellt. Die Schreiber waren mehr oder weniger nur Werkzeuge des kulturellen Gesamtprozesses.[49] Wahrscheinlich lag die Verwendungs- und Deutehoheit über die traditionellen Texte bei Priestern, Ministern und anderen Verantwortlichen, nicht bei den Schreibhandwerkern, obgleich sie sich gelegentlich ihrer hohen Verantwortung für die Überlieferung und Bewahrung der schriftlichen Tradition bewusst zeigen. – Sehen wir die beiden unterschiedlichen Literaturkonzepte der Antike und der Neuzeit nebeneinander, wohl wissend, dass wir von unseren eigenen westlichen Vorstellungen nie vollständig loskommen können, dann empfiehlt sich ein pragmatisches Arbeitskonzept für unsere Untersuchungen der sumerischen, vor allem der hymnischen Literatur. Es wird sich auf die Eigenarten der antiken Überlieferungen so weit als möglich einlassen müssen. Das heißt, unter „sumerischer Literatur" seien alle Texte und Textgruppen verstanden, welche über längere Zeiten hinweg vermutlich zum gemeinen Wohl bei öffentlichen Anlässen und/oder in Ritualen gebraucht und auch darum in Schreiberschulen kopiert worden sind. (Der Eigenbedarf an Übungsliteratur für auszubildende Kopisten steht auf einem anderen Blatt.)

2. Hymnen als Literatur und Kultdichtungen

Die „Hymnen"-Literatur Altsumers ist als einheitliche Gattung nicht darstellbar; sie gehört als ein wichtiges Stück des literarischen Schaffens zum Gesamtkorpus überlieferter Texte. In den Schreiberschulen kopierte man (und dichtete auch im Auftrag von Priestern, Königen oder Beamten? Vgl. die Hymne Šulgi E, ETCSL 2.4.2.05, unten Kap. 6.3.1.6) fleißig die überkommenen Lobpreisungen auf Gottheiten, Tempel, Köni-

[48] Der Grad und das Ausmaß der performativen Verwendung literarischer Texte sind in der Sumerologie stark umstritten. Rubio 2009, 2 etwa konstatiert: „Die meisten narrativen, mythologischen und der Weisheitsliteratur zugehörigen Werke wurden nicht öffentlich rezitiert. … Tatsächlich blieben wohl viele literarische Kompositionen auf die Kreise der Schreiber beschränkt ... ." Pongratz-Leisten 2009, scheint für die akkadische Literatur derselben Meinung zu sein: Die in der „Schule" „hergestellten >kulturellen Texte< dienten der Schreiberausbildung und bezogen sich auf die normativen und formativen Grundeinstellungen der Kultur." Rubio macht aber eine bedeutsame Ausnahme: „Dagegen wurden die meisten hymnischen Kompositionen höchstwahrscheinlich aufgeführt" (a.a.O., 2); vgl. auch Wilcke 2012.

[49] Ihre Bedeutung scheint mir in der Fachliteratur z.T. stark überhöht, vgl. z.B. Visicato 2000, 233: „Scribes headed the institutional organizations of power." Der Autor kann das nur behaupten, nachdem er die sumerische Titulatur s a n g a schon für den frühen Schreiberberuf reklamiert und den d u b s a r auf unerklärliche Weise zu dessen Nachfolger erklärt hat (a.a.O.).

ge, wohl nicht nur zur Übung, sondern auch zum kontinuierlichen Gebrauch in religiösen Zeremonien. Die sumerische Spezies von Lobgesang ist ebenso wenig mit unseren Vorstellungen von Hymnus zur Deckung zu bringen, wie die eben genannten unterschiedlichen Konzeptionen von „Literatur". Versuchen wir darum, zuerst unsere eigene „westliche" Begrifflichkeit zu klären. Die kritische Bewusstmachung unseres zeit- und kontextgebundenen Standortes und die daraus folgende Relativierung der eigenen konzeptionellen Parameter sind eine wichtige Bedingung, andere Interpretationssysteme zu verstehen.

Der griechische, von hellenistischen Juden und später den Christen aufgenommene Terminus „Hymnos" bedeutet nichts anderes als „Lobgesang", „Ode" auf Götter oder Heroen. Er wird schon in der Septuaginta für fünf verschiedene hebräische Ausdrücke verwendet, und zwar an 28 Stellen, davon 11 Mal im Psalter.[50] Die hebräischen Begriffe sind mithin dem griechischen Ausdruck nicht gerade kongruent zu nennen. Wir konstatieren: Griechische Vorstellungswelt ist über die biblischen Texte in die christlichen Konzeptionen von „Lobgesang" eingeflossen; die ursprünglich jüdische Begrifflichkeit (*tehillah, šir*)[51] wurde in der frühen Kirche der Dominanz von „Hymnos" untergeordnet. Die hebräische Wurzel *hll* umspannt alle Arten des profanen und religiösen Rühmens und Lobens; lautmalend beschreibt sie im Piel das Freudengeschrei. Das Nomen *tehillah* wird oft mit Possessiv-Suffix versehen und kann dann sowohl die vom Lobenden ausgehende Eulogie bedeuten wie auch den dem Geehrten zukommenden oder ihm schon anhaftenden Preis.[52] Das Deutsche Wörterbuch von Jacob und Wilhelm Grimm hat für „Hymnus" übrigens nur vier Zeilen übrig und definiert u.a.: „lobgesang, jubelgesang, … wol erst seit dem 18. Jahrh. in dieser form und bedeutung aufgenommen." … Im Mittelhochdeutschen „galt ymne und imps" … als „kirchlicher lobgesang".[53] Dieser nun wird ausgiebig in kirchlichen Standardwerken abgehandelt,[54] weitgehend jedoch unter der Prämisse, die Gattung sei selbstverständlich bekannt und erfordere keine Erklärungen.[55] Das ist indessen in keiner Weise der Fall. In allen Arten von hymnischen Präsentationen spiegeln sich auch in der „westlichen" Moderne bestimmte und durchaus ambivalente Einstellungen zum Ich, zur Gemeinschaft, zum großen, ganzen Weltzusammenhang.

Überblickt man nur die Geschichte des christlichen Hymnengesanges von Ephraim, dem Syrer (ca. 306–373), bis zu Friedrich Gottlieb Klopstock (1724–1803), von Amb-

---

[50] Nach Edwin Hatch und Henry A. Redpath, A Concordance to the Septuagint (1897), Nachdruck Graz 1975, Bd. 2, 1405. Die fünf hebräischen Wurzeln bzw. Lexeme sind: *hll*, piel; *neginah*; *šir*; *tehillah*; *tepillah*. Am nächsten kommt dem griechischen ὕμνος noch das hebräische *tehillah*, ein von *hll* abgeleitetes Nomen (vgl. LXX Ps 39,3; 64,1; 99,4; 118,171; 148,14, Neh 12,46).

[51] Vgl. G. Brunert, M. Kleer, G. Steins, U. Dahmen, *šir*, ThWAT 7, Stuttgart 1993, 1259–1295.

[52] Vgl. Helmer Ringgren, *hll* I und II, ThWAT 2, Stuttgart 1977, 433–441.

[53] Jacob und Wilhelm Grimm, Deutsches Wörterbuch Bd. IV/2, Leipzig 1877, Sp. 2002.

[54] Vgl. z.B. Patrick Gerard Walsh und Christian Hannick, Hymnen, TRE 15, 1986, 756–770; Markus Jenny, Hymnologie, TRE 15, 1986, 770–778; Karl F. Müller (Hg.), Leiturgia, Bd. 4, Die Musik des Evangelischen Gottesdienstes, Kassel 1961; J. R. Watson, The English Hymn: A Critical and Historical Study, Oxford 1999.

[55] Vgl. Michael Lattke, Hymnus: Materialien zu einer Geschichte der antiken Hymnologie, NTOA 19, Göttingen 1991.

rosius von Mailand (339–397) bis John Milton (1608–1674) und Percy Bysshe Shelley (1792–1822)[56] – und darüber hinaus zu den religiösen und säkularen Hymnen der Neuzeit,[57] dann stellt man einerseits fest, wie gemeinschaftsgebunden lobpreisendes Verhalten ist, andererseits aber ist auch das persönliche und immer mehr in den Vordergrund tretende Engagement aller Teilnehmer an Lob-Veranstaltungen deutlich erkennbar. Wie im traditionellen Bereich christlicher Überlieferung zunehmend die Person des Autors auch bei poetischen Hymnen hervortritt, so scheint immer stärker die individuelle, emotionale Komponente des Preisens an Gewicht zu gewinnen. Bei den säkularisierten Formen des Lobgesangs könnte eine rückläufige Bewegung vorliegen, die allerdings die Individualisierung der Künstlerschaft nicht aufhebt, sondern eher vorantreibt. Doch die Massen der Zuhörerinnen und Zuhörer geben offensichtlich bei Großveranstaltungen gerne ihre Individualität ab und verschwimmen im ausdrucksstarken Gefühlsmeer. Zunächst: Welche Struktur des hymnischen Geschehens kommt in der breiten Überlieferung zum Ausdruck?

Insgesamt ist das Grundgerüst hymnischen Redens, Singens und Handelns in der abendländischen Tradition zweipolig angelegt, wenngleich deutlich mit Schwerpunkt auf der einen, sich artikulierenden Seite: Es drängt die menschliche Stimme, aus dem Individuum und der Gemeinschaft heraus sich positiv auf eine übergeordnete Wesenheit hin zu äußern. Das tonangebende Ich oder Wir reagiert auf ein großes, begeisterndes, mit Ehrfurcht, Dankbarkeit erfüllendes Gegenüber: „Ich singe dir mit Herz und Mund, Herr, meines Herzens Lust"; „Wir betreten freudetrunken, Himmlische, Dein Heiligtum." Der Lobpreis kommt explosiv aus tiefster Seele und entzündet eine ganze Gemeinschaft. Nach unserem Verständnis liegt auf der subjektiven Äußerung des Lobes ein Hauptnachdruck. Lachen und Freudenrufe stecken an. Positive Äußerungen wirken auf bestimmte Zonen des Gehirns, ziehen eventuell den Empfänger dieser Signale in die Freudenstimmung hinein. Eine jubelnde, singende Gemeinde, auch säkularer Art, wie in Sönke Wortmanns Film „Sommermärchen" (2008) eindrucksvoll dargestellt, sucht und gewinnt im Lobpreis vor allem Selbstbestätigung und Identifikation. Psychologische Untersuchungen des Jubelphänomens sprechen vom Glück, seinen Bedingungen und Auswirkungen,[58] auch von Lust, Wohlbefinden und Zufriedenheit. Musiktherapeuten erkennen die heilende Wirkung des Gesangs; Literaturhistoriker bemühen sich um die wechselnde und oft schwer zu fassende Gattungsgeschichte der „Hymnen", die sich nach vorherrschender Meinung nur in bestimmten Phasen aus

---

[56] Viele Namen müssten – allein im deutschen Sprachraum – zusätzlich erwähnt werden: z.B. Friedrich Hölderlin (1770–1843); Friedrich von Hardenberg (Novalis: 1772–1801); Rainer Maria Rilke (1875–1926); Georg Trakl (1887–1914).

[57] Die religiöse Praxis des Hymnengesanges, z.B. bei charismatischen Gruppen und Konfessionen in der gottesdienstlichen „Lobpreiszeit", und die säkularisierten Formen bei Fußball-Fangruppen, Rockkonzerten, esoterischen Veranstaltungen und tausenden von „Laudationen" auf Personen wie erinnerungswürdige Ereignisse ähneln einander häufig in Gestik, Stimmung, musikalischem Volumen. Vgl. Aron Affolter, Fangesänge im Fussballstadion, Norderstedt 2011; Isabelle Ewald, Fangesänge beim Fußball, Norderstedt 2013.

[58] Vgl. Philipp Mayring, Psychologie des Glücks, Stuttgart 1991; ders. und Dieter Ulich, Psychologie der Emotionen, Stuttgart 2003.

dem gottesdienstlichen, liturgischen Kontext lösen.[59] Theologen schließlich werten den Hymnengesang Israels und der Kirchen als von Gott inspirierte „Antwort“ auf heilsgeschichtliche Führungen und Interventionen der höchsten Autorität.[60] Das heißt: Obwohl unter protestantischen Exegeten die dogmatische Tendenz vorherrscht, Gott als die eigentliche *causa* menschlichen Handelns hervor zu heben,[61] kann im Fall des hymnischen Überschwangs niemand die menschliche Aktivität ignorieren. So sind die alttestamentlichen Hymnen dann gemeinhin auch „Festgesänge“, „Bekenntnisse zu Jahwe“, „Gemeindelieder“ und eben auch, wie gesagt, menschliche „Antwort“ an die Gottheit. Die Konzentration auf die menschlichen Urheber des Freudengesangs ist besonders seit dem 18. Jh. zum bevorzugten Deutungsmaßstab geworden.

Der andere Pol, das besungene Gegenüber, wird schon seit der Antike variabel konzipiert. Überall da, wo persönliche, theistische Wesenheiten vorausgesetzt sind, ergeht der Lobgesang natürlich an eine namentlich genannte, oft direkt angeredete,[62] aber auch als neutral in der dritten Person charakterisierte Gottheit. Dann sind die Groß- und Wohltaten des oder der Gepriesenen in Natur und Geschichte das vorherrschende Thema. Doch gibt es schon seit alters auch hymnische Preisungen an göttlich gedachte Kräfte, Wesenheiten, Orte, Wirkmittel, die das grundsätzliche Unvermögen aller theologischen Artikulation verraten, den Gott oder die Göttin präzise zu erfassen. In der Moderne wird solche Unsicherheit verstärkt bewusst. Die neuzeitlichen Hymnen zeichnen sich durch eine große Bandbreite an Zielrichtungen aus, von der „Nacht“ des Novalis, der „Freude“ Schillers/Beethovens, dem „Tremendum“ und „Faszinosum“ Rudolf Ottos, dem „Universum“ Ernesto Cardenals, bis zu „Liebe“, „Glück“, „Wohlstand“, „Erfolg“, „Vaterland“, „Fan-Verein“ usw. vieler profaner Hymnentexte. *In summa* lässt sich sagen: Anlass zum Loben geben nach unserem Verständnis die mannigfachen Erfahrungen einer übermächtigen, begeisterungsfähigen Kraft oder Wesenheit. Sie löst die im Menschen angelegte Fähigkeit aus, Lob und Bewunderung zu artikulieren, sich dankbar zu zeigen und dem großen Gefühl einer seligen Geborgen-

[59] Vgl. Burkhard Meyer-Sickendiek, Affektpoetik: eine Kulturgeschichte literarischer Emotionen, Würzburg 2005, darin: Der Enthusiasmus in der Hymne (a.a.O., 77–114: „Das Paradigma von Enthusiasmus und Hymnik stellt … das älteste, ja archaischste dar …“, a.a.O., 77. Meyer-Sickendiek will nach Klopstock die hymnische Begeisterung des Einzelnen von der „sanften Andacht“ der lobenden Gemeinde unterscheiden, a.a.O., 78). Ein Beispiel: Franziskus von Assisi erweitert in seinem Hymnus „*Laudes Domini de Creaturis*“ (1225) den traditionellen Themenkreis der liturgischen Lobgesänge und „inspiriert … die gesamte Renaissance-Dichtung … .“ „Die Hymne löst sich in der Neuzeit also aus dem liturgischen Zusammenhang und gewinnt als rein literarische Gattung Eigenständigkeit …“ (a.a.O., 99f.). Kritisch zur Affekt„mode“: Thomas Anz, Emotional Turn? Beobachtungen zur Gefühlsforschung, online-Journal www.literaturkritik.de Nr. 12, Dezember 2006.

[60] Vgl. Gerhard von Rad, Theologie des Alten Testaments, Bd. 1, München 1957, 353–367; Hermann Spieckermann, Heilsgegenwart, Göttingen 1989, bes. 284–292.

[61] Das Hebräische „ …‚bekennen‘, ‚bejahen‘ … bezieht sich immer auf ein vorausgegangenes göttliches Faktum“ (von Rad, a.a.O., 354).

[62] In der alttestamentlichen Wissenschaft sind die Formen der Adressierung eines Preisliedes schon mehrfach untersucht worden, vgl. Gunkel 1933, 32–94, bes. 33–59; von Gott „wird … gewöhnlich in dritter Person gesprochen … . Sehr selten beherrscht die zweite Person das ganze Gedicht“ (a.a.O., 47). Frank Crüsemann, Studien zur Formgeschichte von Hymnus und Danklied, Neukirchen-Vluyn 1969, 95–126; 285–294.

heit oder Auferbauung hinzugeben und damit wesentliche Qualitäten des Menschseins überhaupt zu realisieren. Der gewünschte Seiteneffekt oder gar die Voraussetzung des Lobens ist zweifellos in vielen Fällen bis heute das Zugehörigkeitsgefühl zu einer gleich gestimmten Gruppe, also eine Profilierung des Subjekts. Im Laufe der Zeit scheint mir diese individuelle Erfahrung des Preisens mit ihrer Stabilisierung und Glorifizierung des eigenen Ichs das entscheidende Moment im „westlichen" Konzept des Lobens geworden zu sein. Nicht umsonst sind auf säkularer Ebene die Nationalhymnen der Staaten nicht nur gruppendynamisch wirksam, sondern auch bewegende Augenblicke im Leben von Olympiasiegern, bei Treffen von Kriegsveteranen und ähnlichen Anlässen.

Eine andere typische Dimension des Lobgesanges jüdisch-christlicher Prägung tut sich auf, wenn wir nach der dimensionalen Erstreckung der Hymnen fragen. Sie schließt Ziel und Absicht der Lobpoesie ein. Westliche, aber möglicherweise auch östlich-orthodoxe Hymnik besingt ganz überwiegend die Taten Gottes in der Vergangenheit, die auf die Gegenwart ausstrahlen. Eine beliebte Lobthematik ist die Schöpfung: Sie wird ganz natürlich in der jeweiligen zeitgenössischen Naturbetrachtung anschaulich. Biblische Geschichte kann zum Gegenstand der Hymnendichtung werden, wobei häufig auch die kanonischen Psalmen der Bibel direkt nachempfunden und nachgestaltet sind. Das besungene Gegenüber ist in jedem Fall, ob geistlich oder weltlich konzipiert, von überwältigender Größe, Schönheit, Weisheit oder Macht. Auch wenn in materieller Form vorhanden, wie Gebirge, Meer, der Kosmos, wird es in seiner geistigen Dimension geschaut und staunend geehrt. Wesentlich aber ist: Das wunderbar Große wirkt sich wohltuend auf die Hymnensänger aus. Es strahlt und fällt segnend und stärkend auf den empfänglichen Menschen. Wenn es in der Antike möglich war, Hymnen in unmittelbaren, liturgischen Zusammenhang mit Elendsschilderungen und Bittgebeten zu stellen,[63] so scheint sich die christliche Tradition viel mehr in die Richtung des „reinen", durchweg positiven Lobliedes entwickelt zu haben.[64] Negative Stimmungen wurden *per se* ausgeschlossen, die Verwendungen von Hymnen im Bittritual als Lobhudelei denunziert.[65] Ferner verengt sich in der christlichen Überlieferung der zeitliche Rahmen des Hymnengesanges weitgehend auf geschichtliche, d.h. biblische Heilsereignisse, welche die Gegenwart vergolden. Der eschatologische Hymnus, in der Bibel und in zukunftsorientierten Gruppen noch lebendig, verschwindet mit der Aufgabe unmittelbarer Endzeitstimmung. Wo er in Spuren vorhanden ist (man vergleiche die Gesangbuchlieder: „Jerusalem, du hochgebaute Stadt ..." von Johann Matthäus Meyfart, 1626 und „Wachet auf, ruft uns die Stimme ..." von Philipp Nicolai, 1599, sowie einige Pfingst- und Adventschöre), ist er nur noch Ausdruck

[63] Babylonische Beschwörungen (= Heilungs- und Rehabilitationsrituale) enthalten oft hymnische Elemente; das Phänomen ist auch aus alttestamentlichen Psalmen bekannt, vgl. Gerstenberger 2008.

[64] Vgl. William S. Morrow, Protest against God. The Eclipse of a Biblical Tradition, Sheffield 2006.

[65] „Der Babylonier wünscht damit [d.h. Nennung von hymnischen „Ehrennamen" der Gottheit] das Ohr seiner Götter günstig zu stimmen oder schmeichelt ihnen wohl gar und sucht sie so zu überreden, dass sie tun, was er begehrt. Der Israelit steht anders zu Jahve. Er hat zu ihm von vornherein das Vertrauen, dass er ihn erhören werde, und verzichtet auf das äußerliche Mittel schmeichlerischer Überredung" (Gunkel und Begrich 1933, 213).

unbestimmter Sehnsucht, nicht Gewissheit des Weltendes. Damit konzentriert sich der christliche Hymnus eigentlich auf die Gegenwartserfahrung; er rechnet vor allem nicht damit, durch reine Hymnik die Welt verändern zu können. Die biblische Tradition des Schlachtenhymnus, der Feinde besiegt (vgl. 2 Chron 20,1–30) und des „Lobgesangs der drei Männer im Feuerofen", welcher aus äußerster Not rettet,[66] hatte unter den Märtyrern im Römischen Reich noch Anhänger, wurde aber später in der kirchlichen Praxis fallen gelassen. Hymnus war reine, liturgische Anbetung. Die sich daraus entwickelnden säkularisierten Formen des Massengesanges lassen stark den Machtcharakter erstrebter Größe aufscheinen. Künstlerische Preisungen verherrlichen die Ästhetik des Besungenen, Jubelfeiern und Laudationen zelebrieren vergangene aber gegenwartsrelevante Erfolge. Allen hymnischen Äußerungen ist auch von saisonaler Platzierung und erwünschtem Effekt her die Festigung und Überhöhung der eigenen Position ein unterschwelliges Hauptanliegen. Wir halten also fest: Westliches Hymnenverständnis konzentriert sich auf die emotionale Beteiligung individueller Mitwirkender am kollektiven Lobpreis. Es konstruiert innere Teilhabe an Macht- und Segensereignissen der Vergangenheit, welche auf die Gegenwart ausstrahlen und intensives Glücksgefühl erzeugen. Der laute, musikalisch und poetisch arrangierte Ausbruch von überwältigter Bewunderung schafft Gemeinschaft und Identität unter der Feiernden.

Eine Nachbemerkung. Wie immer man das heutige Bild vom menschlichen Gesang für die übermenschlichen Mächte bewertet: Wir stehen vor einem Grundmodell von Spiritualität und theologischer Reflektion.[67] Ähnliches kann man gewiss auch von der Gattung Bittgebet sagen, die nach manchen religionswissenschaftlichen Theorien sogar den sachlichen Vorrang vor dem Lobpreis hat.[68] Manche Theologen legen dage-

[66] Nur in der LXX-Überlieferung von Dan 3 erhalten; die biblische Tradition lebte weiter, vgl. Katrin Bock, Judenverfolgung im Protektorat: http://www.radio.cz/de/artikel/9377 (Aufruf vom 27.03.2017); Levi Avtzon, Singt, meine Kinder, singt! (www.de.chabad.org/library/article_cdo/aid/1607443/jewish/Singt-Meine-Kinder-Singt/htm, Aufruf vom 27.03.2017). Die Holocaust-Hymne ‚Ani Ma'amin' stammt von Rabbi Azriel David Fastag aus Treblinka. Das einfache Lied zitiert den 12. Satz des jüdischen Glaubensbekenntnisses und bekräftigt die Erwartung des Messias. Es wurde von Menschen gesungen, die von den Nazis in die Gaskammern geschickt wurden. ‚Ani Ma'amin' hält in der jüdischen Welt die Erinnerung an den Holocaust lebendig. (Text im Internet unter *ani ma'amin*).

[67] Vgl. Teresa Berger, Theologie in Hymnen? Zum Verhältnis von Theologie und Doxologie am Beispiel der „Collection of Hymns for the use of the people called Methodists", 1780, Altenberge 1989.

[68] So rangiert z.B. bei Friedrich Heiler das „naive Beten des primitiven Menschen" als erster Haupttyp des Gebets, und der besteht aus „Anrufung, Klage und Bitte", während der „Hymnus" erst nach dem „rituellen Gebet" an dritter Stelle erscheint (ders., Das Gebet [1919] Nachdruck der fünften Auflage von 1923, München 1969, 38–132; 157–190). Anfangs steht weiter die Bitte im Zentrum, meint Heiler, um die sich Lobpreis zu ihrer Unterstützung rankt. Erst allmählich wird der wirklich poetische Hymnus selbständig gegenüber dem Bittgebet (a.a.O., 160f). Hermann Gunkel hat seine schon genannte „Einleitung in die Psalmen" zwar mit einem grandiosen Paragraphen über die Hymnen beginnen lassen (ders. 1933, 32–94), doch auch er hält die „Klage des Einzelnen" für ursprünglicher, volksnäher als die „gehobene" Hymnenliteratur (a.a.O., 172–265). Aber es gibt für ihn keine Prioritäten. Die einfachen, kleinen Hauptgattungen sind parallel aus immer schon vorhandenen, unterschiedlichen Lebenssituationen entstanden (a.a.O., 27f.). Eine theologische Vorrangstellung wird den Hymnen oft im Gefolge Gerhard von Rads eingeräumt, vgl. ders. 1957, 353: „Unablässig

gen, wie gesagt, Wert darauf, den Hymnengesang als das dominante Phänomen im Alten Testament hinzustellen, doch ist der Streit um Prioritäten müßig. Der „lobende" ist wie der „bittende" Mensch ein typisches Gattungsexemplar. Jedwede lobende Äußerung in Richtung auf die Welt und ihre positiven Erscheinungsweisen ist ein Stück „Doxologie". Der uns am besten vertraute Typ von Preisung, der christliche in seiner „westlichen" Ausprägung mitsamt seinen säkularisierten Ausläufern, ist in der skizzierten Weise in unser Denken eingeschrieben.

Was ist nun im Gegenzug über die Konzeption von Hymnus, Hymnengesang, Liturgik des Lobpreises im alten Sumer auszumachen? Vor allem muss klar sein, dass heutiges „westliches" Verständnis nicht die Blaupause für das dritte Jt. v.u.Z. sein kann. Andererseits mögen wir trotz des kulturellen Abstandes möglicherweise auch stimmungsmäßige, konzeptionelle oder institutionelle Ähnlichkeiten entdecken, die Anknüpfungspunkte für unser Verstehen bieten. Und, wie immer wir bei der Beschreibung der literarischen Phänomene verfahren, wir kommen nicht darum herum, eigene, heute gebräuchliche Begriffe und Raster zu verwenden.

Sumerologen tun sich schwer, das umfangreiche keilschriftliche Hymnenmaterial übersichtlich und überzeugend zu ordnen. Das liegt, wie wir gesehen haben, ganz in der Natur der Sache. Die sich zunächst anbietenden sumerischen Bezeichnungen der Loblieder in Unterschriften und liturgischen Rubriken erweisen sich schnell als untauglich. Sie passen nicht zu unseren hymnisch-lyrischen Gattungsvorstellungen, denn sie sagen offenbar nichts über Textsorten aus, sondern haben eher eine performative Bedeutung.

Exkurs: Eigenbezeichnungen in sumerischen Lobtexten

Die verschiedenen, meist am Ende eines Textes und nach Teilabschnitten auftretenden musikalisch-technischen Anmerkungen sind offenbar Regieanweisungen für die Aufführung des Dichtwerkes. Ihre Bedeutungen und Funktionen sind schon mehrmals untersucht worden, am intensivsten von Claus Wilcke und Dahlia Shehata,[69] so dass wir uns auf einige spezielle Fragen konzentrieren können. Auffällig sind jene Titulaturen, die auf ein Musikinstrument verweisen: tigi, „Pauke", adab, „Trommel", balag, „Leier" [?], eršemma, (šem = „Trommel", also: „Klage der šem-Trommel"). zà-mí soll ursprünglich ebenfalls „Harfe oder Leier" bedeutet haben.[70] Wenn nun, wie

hat Israel Jahwe Lobpreis dargebracht"; Walter Brüggemann, Israel's Praise: Doxology against Idolatry and Ideology, Minneapolis 1988; ders., The Psalms and the Life of Faith, Minneapolis 1995.

[69] Lit.: Kilmer, Musik, RlA 8, 1997, 463–482; Krecher 1966, 18–36; ders., Sumerische Literatur, in: Röllig 1978, 101–150; Falkenstein 1950, 80–150, besonders 83–105; ders. 1953, 18–37; Wilcke 1974, bes. 252–292; Shehata 2009, 247–306. Vgl. weiter: Rubio 2009. Das Ergebnis der bisherigen Forschungen ist unisono die Beobachtung, dass die sumerischen Designationen sich unserer literarischen Systematik nicht anbequemen wollen. „Bei Unterschriften, die Texte verschiedener Haltung klassifizieren, ist es von vornherein ausgeschlossen, dass sie eine Gattung bezeichnen. Aber auch bei *a-da-ab*, *bal-bal-e* und *tigi* lässt sich keine für die jeweilige Unterschrift typische Gattung feststellen" (Wilcke 1974, 262). Über Unterschriften und Rubriken sagt er generell: „... ihre exakte Bedeutung und klassifizierende Funktion ist ... weitestgehend unklar" (Wilcke, a.a.O., 257). Im Einzelfall möchte Wilcke aber wenigstens eine „lyrische Haltung" durch die Unterschrift gekennzeichnet sehen (a.a.O., 262).

[70] So Falkenstein und von Soden 1953, 18: „Dieses Wort meint von Haus aus ein Musikinstrument, die Harfe oder Leier. In einer Bedeutungsentwicklung, die der des griechischen psalmos paral-

auf der Hand liegt, unterschiedliche Lieder mit ein und demselben Instrument begleitet wurden, dann ist die Bezeichnung des Textes gattungsneutral – bis auf zà-mí, das für den Lobgesang markiert ist? Aber die Bezeichnung zà-mí wird nie in einer Unterschrift als Etikett für das Gedicht verwendet, in dem Sinne von: „Das ist ein Harfenlied." Wilcke bezieht zwar zà-mí prophylaktisch in die Unterschriften mit ein,[71] hält sich aber mit seinem Urteil über die spezifische Bedeutung des Ausdrucks zurück. Offenbar ist er nicht von der Gleichrangigkeit der Schlussdoxologie und der „Instrumental"-Unterschriften überzeugt.

Ein zweiter Punkt sind die „Rubriken" der Dichtwerke, d.h. liturgische Unterteilungen des Textes, die häufig durch Refrains oder eine gestaffelte Struktur ausgezeichnet sind und meistens an wirklichen Textzäsuren stehen.[72] Erstaunlich ist für uns, dass die Lieder mit zà-mí-Schluss verhältnismäßig selten eine Rubrizierung aufweisen, das ergeben auch die tabellarischen Übersichten Wilckes.[73] Sollte die zà-mí-Klassifikation doch den Ausnahmefall darstellen, nach dem ein Instrument fest mit einer bestimmten Textsorte verbunden gewesen wäre? Der Überblick über die Vorkommen der einfachen zà-mí-Doxologie (s.u. Tabelle 6) überzeugt uns sofort: Die Doxologie beschließt sehr unterschiedliche Textsorten, ist also definitiv kein „Gattungsmerkmal". Es ist also nicht sachgemäß, von zà-mí-Hymnen als einer spezifischen Gattung zu reden.

Drittens stellt sich die Frage: Warum sind allgemeine Bezeichnungen für „Loben", „Preisen", „Dank sagen" wie šir, meteš, ár oder auch endu, „Lied" in keiner Weise als gattungsspezifische Ausdrücke gebraucht worden? Wilcke untersucht sorgfältig einige lexikalische Listen, in denen gehäuft Lexeme der Lied-Unterschriften und -Rubriken vorkommen, so Proto-LÚ, einen Jenenser Katalog und einen dritten aus Assur (KAR Nr. 158).[74] In diesen Texten fehlen generische Wörter für Lied oder Gedicht. Nur in der Hymne Šulgi E, Zeile 52–60, die sehr viele Informationen zur Entstehung und Verwendung von Preisgedichten enthält, ist endu den anderen genannten Liedarten als zusammenfassender Begriff übergeordnet. Auch šir scheint gelegentlich in dieser Kapazität vorzukommen. Dieses letztere Lexem erscheint im ETCSL gegenüber endu deutlich in der Überzahl (136 zu 60 Vorkommen). Außerdem sind acht mit šìr gebildete Spezialausdrücke bezeugt, darunter šir-gidda (etwa „langes Lied", 12 Mal) und šir-namšub (vielleicht „Los-Lied", 14 Mal).[75] Heinz-Josef Fabry rechnet mit einer Wanderung des Wortes šir über das Akkadische *šērum*, „Gesang" in

lel geht, wurde es zum ‚Lied unter Leierbegleitung', schließlich zum ‚Preislied' und ‚Lobpreis'." Anne D. Kilmer schließt sich dieser Meinung voll an: „The ZÀ-MÍ = *šammu* instrument (the lyre) figures most prominently in the musicological texts … and gives its name to the ‚Doxology' that concludes many ‚praise hymns'" (RlA 8, 1997, 463). Michalowski bespricht die relevanten Stellen, versucht aber keine etymologischen Beziehungen zwischen „Harfe" und „Preis" herzustellen (ders., 2010, 215, 218–225, 228f: „homonymous with ‚praise'", „not bull-headed lyre", 218–220). Vgl. auch Gabbay 2010; ders. 2011; Wasserman 2005.

[71] Wilcke 1974, 257 nimmt zà-mí in Tabelle 258 auf, weil der Ausdruck für einige, ungenannte Experten ein „den übrigen Unterschriften vergleichbarer Schluss" ist.

[72] Vgl. Wilcke 1974, 252–254. Rubio (ders. 2009, 2) charakterisiert die auch für zà-mí-Kompositionen wichtigen Rubriken kirugu und gišgigal wie folgt: „Ein >kirugu< (ki-ru-gú, vielleicht >Ort des Umstimmens<), ins Akkadische übersetzt mit *širu šanû* (zweites Lied), bezieht sich auf eine Texteinheit, die nicht durch eine feste Anzahl von Versen definiert wird, sondern eher durch performative Elemente. Ein >gišgigal<, akkadisch *miḫru* (entgegengesetzt, Antiphon), ist ein Abschnitt von ein bis zwei Zeilen, der einen Refrain oder >ritornello< als antiphone Erwiderung auf ein >kirugu< bildet."

[73] Wilcke 1974, 263–292.

[74] Wilcke 1974, 255–261.

[75] Beide Deutungsvorschläge stammen von Falkenstein und von Soden 1953, 21.

den ugaritischen und hebräischen Sprachgebrauch.[76] In jedem Fall ist die vielfältige und weit verbreitete Verwendung des Wortes ein Anzeichen für seine generalisierende Grundbedeutung.

Schon Adam Falkenstein bemerkt in seiner Einleitung zur Sammelausgabe von 1953 (SAHG) im Blick auf die relevanten Texte: Die Gattungsbezeichnung „hängt somit nicht ... von inhaltlichen Gegebenheiten ab. Das ordnende Prinzip ist vielmehr die Beziehung zu bestimmten musikalischen Vortragsweisen".[77] Und deren Bedeutung entzieht sich schlicht unserer Kenntnis. Bei dieser Feststellung ist es bis heute geblieben. Sowohl das Team des ETCSL wie andere Fachleute (Römer; Wilcke; Edzard; Kramer; Hallo usw.) ziehen es vor, versuchsweise eine „inhaltliche" Ordnung der sumerischen Loblieder zu schaffen, für die es keinerlei originale Anhaltspunkte gibt. Man unterscheidet zwischen Gedichten, die vorwiegend auf Gottheiten, Könige, Tempel, eventuell auch Kultgegenstände ausgerichtet sind, stellt einigermaßen erstaunt die Äußerungen göttlichen oder königlichen Selbstlobs in der Ich-Form daneben und kann am wenigsten etwas mit Doxologien in scheinbar gattungsfremden weisheitlichen oder mythologischen Texten anfangen.

Andere mögliche Unterscheidungskriterien helfen auch nicht weiter. Welches Personal mit den literarischen Texten in sumerischer Zeit rezitativ umzugehen hatte, ist gerade für „hymnische Werke" nicht eindeutig auszumachen, wir haben die Wahl zwischen Kopisten und mutmaßlichen „Dichtern" über priesterliche Sänger und Kultbeamte bis hin zu manchen Königen. Die generellen Ausdrücke für „Lobgesang" wie šir, meteš, ár decken sich nicht mit dem, was wir unter „Hymne" verstehen, und sie werden nie in den Originaltexten als Gattungsnamen gebraucht. Die literarischen Merkmale – Sprache, Stil, Fachausdrücke – der uns hymnisch erscheinenden sumerischen Lyrik sind uns schwer verständlich und eben nicht auf Götter- und Königslieder begrenzt. Es ist grundsätzlich schwierig, in der uns so wenig fassbaren alten Poesie die damals gültigen Stilmittel überhaupt zu erkennen.[78] Was klang den Sumerern gut in

---

[76] Heinz-Josef Fabry, ThWAT 7, 1993, 1261 mit Verweis auf AHw. 1219; dort ist diese Herleitung mit Fragezeichen versehen. Vgl. generell auch Mankowski 2000.

[77] Falkenstein und von Soden 1953, 18.

[78] Wie Jeremy Black (s.u.) haben auch andere Experten sich viel Mühe gegeben, sumerische Poesie auf ihre inneren Bildungsgesetze hin zu durchleuchten, vgl. Herman L.J. Vanstiphout, Repetition and Structure in the Aratta Cycle, in: Vogelzang 1992, 247–264; ders., 1993, 305–329; Piotr Michalowski, Orality and Literacy and Early Mesopotamian Literature, in: Vogelzang 1992, 227–245; ders., Ancient Poetics, in: Vogelzang 1996, 141–153. Dass europäische literarische Kategorien ungeeignet zur Erfassung sumerischer Literatur sind, hat sich als theoretische Erkenntnis durchgesetzt. Aber die z.B. von Wilcke (ders. 1975b) benutzten „formalen Begriffe" wie Bildersprache, Redefiguren, Vers, Metrum, Strophe usw. stammen ebenfalls sämtlich aus der Rüstkammer moderner westlicher Literaturexperten. Und wenn Wilcke dann im Vertrauen auf Wolfgang Kayser, den „Literaturpapst" der frühen Nachkriegszeit, dessen „Haltungsbegriff" unkritisch in die Debatte um sumerische Dichtung einführt, dann ist er immer noch stark im westlichen Denken befangen. Wilcke konstatiert: „Die drei dichterischen Grundhaltungen, das Lyrische, das Epische und das Dramatische, sind in der sumerischen Literatur nicht gleichmäßig vertreten" (ders. 1975b, 248). „Die sumerische Epik verwendet mit besonderer Vorliebe die wörtliche Rede ..." (a.a.O., 249). W. Kayser seinerseits definiert Lyrik als „monologische Aussprache eines Ichs" (a.a.O., 249). Wilcke schließt nahtlos daran an: „Die drei lyrischen Grundhaltungen, Nennen, Ansprechen und liedhaftes Sprechen ... finden sich auch in den sumerischen Gedichten" (a.a.O., 250; mit Verweis auf Wolfgang Kayser, Das sprachliche

den Ohren? Wie bewerteten sie Wortfluss, Alliterationen, Homophonien, Wortspiele, Versmaße, Satzbau, Bildworte, alle möglichen sprachlichen Kunstmittel? Weil wir nicht einmal die genaue Aussprache der Wörter sicher ermitteln können, bleibt uns vieles verborgen. Nur tastend lassen sich Vermutungen über die poetische Ästhetik der damaligen Schöpfer und Benutzer von Lobliedern aufstellen. Auch der „Sitz im Leben" und die literarische Motivik der Texte ergeben keine verlässlichen Indikatoren für eine zu erwartende sumerische Gattung „Hymnus": Für den Augenblick kann man mit guten Gründen eher an verschiedene Kulthandlungen als an literarische Gattungen, also an die „Lebenssituationen" denken, in denen das Lobsingen oder Lobspenden eine Rolle gespielt haben mag. Doch kommen in der Lob-Poesie auch längere narrative, weisheitliche, dialogisierende Passagen vor, die wir nicht so leicht mit kultischem Zeremoniell verbinden. Damit ist auch der zweite Punkt angesprochen: Hymnisch erscheinende Stücke enthalten eine große Palette literarischer Formen und Motive. Von litaneiartigen Rufen, direkten Preisaussagen in der 2. P. Sing., ebensolchen im neutralen Er-Stil, Präsentationen der geehrten Gottheiten oder Heroen über erzählende, ordnende, ermahnende Rede, bis zur Häufung von gloriosen Attributen, dem Gebrauch von exquisitem Vokabular usw. finden sich außerordentlich diverse Gestaltungsmittel in Texten, die wir gerne als Hymnen ansprechen würden. Diese literarisch-formgeschichtlichen Phänomene sind noch nicht umfassend untersucht worden.

Es kann indessen kein Zweifel daran bestehen, dass im alten Sumer Loblieder oder preisende Texte auf Gottheiten, Könige und heilige Objekte komponiert und aufgeführt oder vorgetragen worden sind. Zahlreiche Hinweise in vielerlei Texten zeigen den Brauch an. Nur wissen wir leider nicht, nach welchem inneren Koordinatensystem und in welchen Kommunikationssituationen das Lob inszeniert, verstanden und gewertet wurde. Unser westliches Modell eines zweipoligen Lobgeschehens, das in der Vergangenheit verankert ist und auf die erhebende Erfahrung der Lobspender zielt, muss nicht auch den Sumerern vorgeschwebt haben. Ein Ausweg aus dem Dilemma der strukturellen Verständnislosigkeit könnte sein, auf eine generische Fixierung bestimmter literarischer Gattungen ganz zu verzichten und sachrelevante sprachliche Wendungen, die unserem „Loben" und „Preisen" nahe kommen, durch unterschiedliche Verwendungen in einer repräsentativen Anzahl von Texten zu verfolgen. Dann kann es vielleicht gelingen, eine innere Schau von Doxologie in sumerischen literarischen Texten zu rekonstruieren, ohne diese Poesie von Anfang an auf die unseren Vorstellungen entsprechenden Formen einzuschnüren. Wir machen mit anderen Worten eine „Lobstimmung",[79] die als „anthropologische Konstante" quer zu menschlichen Kultur-

Kunstwerk, Bern [16]1973, 338–343). Mindestens die lyrischen Attributionen sind m.E. für die sumerische Literatur völlig unbrauchbar. Vgl. auch Zgoll 2003c, eine umfassende Untersuchung zu den Bittgebeten an Inana (neueste Lesung Innana)/Ischtar.

[79] Das Stichwort „Stimmung" führt heute geradewegs zur Individualpsychologie: Eine deutsche, klassische Untersuchung ist die von Otto F. Bollnow, Das Wesen der Stimmungen, Frankfurt 1941, [7]1988. Mittlerweile forscht man pragmatisch und marktorientiert nach der Manipulierbarkeit schlechter, positiver, extrovertierter, anteilnehmender etc. Stimmungen: Holger Schramm, Mood Management durch Musik, Köln 2005; Maja Dshemuchadse, Einfluss von Stimmungen auf kognitive Parameter, Saarbrücken 2009; Paola-Ludovica Coriando, Affektenlehre und Phänomenologie der Stimmungen: Wege einer Ontologie und Ethik des Emotionalen, Frankfurt 2002. Emotionale Gruppen-

differenzen angesehen werden kann,[80] zur Richtschnur für diese Untersuchung. Das Loben und Preisen von Wesenheiten ist, an der Häufigkeit von hymnischen Ausdrücken in der sumerischen Literatur gemessen, ein wesentlicher Teil der antiken mesopotamischen Welterklärung und Weltgestaltung, d.h. jener interpretierenden und konstruierenden, typisch menschlichen Auseinandersetzung mit den Daseinsmächten.

Um das Problem noch einmal von der Textseite her klar zu stellen: Als sehr späte Leserinnen und Leser sumerischer Lobpoesie haben wir es zunächst nur mit antiken Keilschriftzeichen zu tun. Sie müssen erschlossen, d.h. transkribiert, philologisch durchleuchtet und übersetzt werden, dann erst entfaltet sich ein Teil ihrer Bedeutung. Aber damit ist der Verstehensvorgang nicht abgeschlossen. Wörter und Sätze haben in ihrem Ursprung, zumindesten in jenen Jahrtausenden, einen Handlungsrahmen um sich, der zur Vermittlung der Inhalte und Emotionen unumgänglich hinzugehört. Die Texte wurden stimmlich artikuliert, musikalisch getragen, rituell inszeniert. Alle diese Einkleidungen sind keine abtrennbare Ornamentik, sie stellen den (Klang-; Sinn-; Bedeutungs-) Körper der gesprochenen Worte dar. Wir können auf dieses substantielle „Beiwerk" der überlieferten Sprachäußerungen nicht verzichten. Aber woher nehmen wir es? Zur Verfügung stehen nur beschreibende Passagen, Kultindizien und evtl. Analogieschlüsse aus verwandten alten Kulturen, oder aus kulturanthropologisch vergleichbaren heutigen Lebenssituationen bzw. Kultveranstaltungen. Alles dies mag unzureichend aussehen, doch gestatten solche sekundären Zugänge zu „toten" Texten einen Einblick in die Performanz von Preisliedern, -erzählungen und -gedichten.

Ich habe für das Vorhaben, die „Macht des Lobens" in der sumerischen Literatur darzustellen, die einfache doxologische Formel GN zà-mí (älteste Form: ZAG.ME, s.u.) und ihre Variationen als Einstieg gewählt. Sie erscheint in einer signifikanten Zahl und Streuung innerhalb der erhaltenen sumerischen Literatur. Formeln gehören zu den Urbestandteilen von „gelebter Literatur"; sie sind oft vorliterarisch und gehen in Ritualen z.T. auf archaische Ausrufe zurück.[81] Mithin transportieren solche Äuße-

---

phänomene gehören in die Sozialwissenschaften, vgl. Heinz-Günter Vester, Emotion, Gesellschaft und Kultur. Grundzüge einer soziologischen Theorie der Emotionen, Opladen 1991; Randall Collins, The Role of Emotion in Social Structure, in: Paul Ekman u.a. (Hg.), Approaches to Emotion, Kap. 18, Hillsdale 1984; Jonathan H. Turner, Towards a Sociological Theory of Motivation, ASocRev 52, 1987, 15–27; ders., On the Origins of Human Emotions, Stanford 2000; ders. und Jan E. Stets, The Sociology of Emotions, Cambridge 2005; Katrin Döveling, Emotionen – Medien – Gemeinschaft: eine kommunikationssoziologische Analyse, Wiesbaden 2005.

[80] Ob menschliche Emotionen universell einheitlich ausgedrückt werden, etwa durch Mimik und Gestik, wird kontrovers diskutiert. Lange Zeit war man von der Universalität der elementaren menschlichen Gefühle und ihren physiognomischen Erscheinungsformen überzeugt. Neuere Forschungen des Max-Planck-Instituts für Psycholinguistik bezweifeln das, vgl. Gunter Senft, Sind die emotionalen Gesichtsausdrücke des Menschen in allen Kulturen gleich? Jahrbuch 2009 des genannten Instituts (nur digital, ohne S.). Allerdings scheint das Lachen nach Senft quer durch alle Ethnien ein Zeichen für Freude zu sein! Vgl. auch Gunter Senft und Ellen B. Basso (Hg.), Ritual Communication, Oxford 2009; Zgoll 2009b, dies. 2014.

[81] Vgl. C. Maurice Bowra, Primitive Song, Cleveland/New York 1962; Dale E. Elliot, Toward a Grammar of Exclamatives, Foundations of Language 11, 1974, 231–246; Magdalena Roguska, Exklamation und Negation, Berlin 2008 (Diss. Freie Universität 2007, zugänglich unter http://deposit.d-nb.de/: nur Ausrufesätze); vgl. u. Kap. 6.2.1.

rungen vorgeschichtliches Traditionsgut, und zwar gerade im Bereich menschlicher Emotionen und Reaktionen, notwendiger Arbeit, Bewältigung von Gefahren und Herausforderungen. So besteht berechtigte Aussicht, in die innere Dynamik des Preisens einzudringen, allgemein menschliche Züge im Lobvorgang, aber auch die spezifisch sumerischen Charakteristika zu entdecken.

3. Verfügbare Quellen und ihre Nutzung

Die sumerische Literatur ist seit den ersten, einen Meilenstein setzenden französischen Ausgrabungen von Girsu (heute Tello; Beginn: 1877) nur allmählich bekannt geworden.[82] Die Vielsträngigkeit der archäologischen Bemühungen und die damit gegebene dezentrale Aufbewahrung der gefundenen Dokumente in zahlreichen Museen und Privatsammlungen brachten es mit sich, dass verstreut immer wieder Fragmente sumerischer Literatur veröffentlicht wurden und in internationaler Kooperation schon publizierten Teilstücken zugeordnet werden mussten. Die in den letzten Jahrzehnten verstärkt unternommenen Versuche, Zusammengehöriges zu vereinen oder Gesamtausgaben von Textgruppen zu erstellen, sind sehr förderlich. Sie bleiben aber hinter den Neufunden und deren versprengten Publikationen zurück, wenn nicht gar groß angelegte Projekte wieder aufgegeben werden. Neben begrenzteren Texteditionen und -kommentierungen[83] sind besonders die im Internet zugänglichen Datenbanken CDLI (Cuneiform Digital Library Initiative), ETCSL (Electronic Text Corpus of Sumerian Literature) und ETCSRI (Electronic Text Corpus of Sumerian Royal Inscriptions), sowie das BDTNS (Base de Datos de Textos Neosumerios)[84] für diese Arbeit interessant. Sie stellen die umfangreichsten, wenn auch keineswegs vollständigen Editionen sumerischer Texte dar. Die von der University of California at Los Angeles, der Universität Oxford und dem Max Planck Institut für Wissenschaftsgeschichte in Berlin geförderte Sammlung CDLI will alle Keilschrifttexte Mesopotamiens erfassen und bietet derzeit die Keilschrifttafeln von 35 bedeutenden Sammlungen an.[85] BDTNS, die

[82] Vgl. Johannes Renger, Die Geschichte der Altorientalistik und der Vorderasiatischen Archäologie in Berlin von 1875–1945, in: Willmuth Arenhövel u.a. (Hg.), Berlin und die Antike, Berlin 1979, 151–192; Selz 2005, 9f.; Black 2004, L–LXIII; Sabine Mangold, Eine „weltbürgerliche Wissenschaft“: Die deutsche Orientalistik im 19. Jahrhundert, Stuttgart 2004; Markus Hilgert, Altorientalistik im 21. Jahrhundert, MDOG 142, 2010, 5–12; Huh 2008, bes. 23–220 (Tello/Girsu). In der Mitte des 19. Jh.s gefundenen Bibliothek Assurbanipals kamen etliche akkadisch-sumerische Bilinguen zu Tage, vgl. Jagersma 2010, 10.

[83] Für die Hymnenliteratur besonders wichtig sind z.B.: Falkenstein und van Dijk 1959/1960; Römer 1965; Castellino 1972; Klein 1981; Cohen 1981; Ludwig 1990; Zgoll 1997; Flückiger-Hawker 1999; Wilcke 2006.

[84] Das Projekt wird vom Consejo Superior de Investigaciones Científicas (CSIC), der staatlichen Forschungseinrichtung in Madrid getragen und will 95700 z.T. unveröffentlichte Urkunden der Ur III-Zeit aus einigen Museen digital zugänglich machen (s. Bibl. „BDTNS“, Aufruf vom 1.05.15).

[85] Die Herausgeber der CDLI (gegenwärtig Robert K. Englund, Jürgen Renn: 1. 05. 2015) veröffentlichen Bestände von Museen und Privatpersonen mit Bestandsnummern, Tafelbeschreibung und Photo oder Handzeichnung (s. Bibl. „CDLI“). Textgattungen, weitgehend nach ETCSL definiert, können aufgerufen werden. Forschungsliteratur wird in Serienaufsätzen zugänglich gemacht, enzyk-

von Manuel Molina Martos geleitete und auf Verwaltungsurkunden der Ur III-Zeit spezialisierte spanische Datensammlung, ist an die CDLI angelehnt. Das Oxford Corpus ETCSL beschränkt sich dagegen bewusst auf „literarische“ Zeugnisse.[86] Außerdem ist es, was Transliteration und Übersetzung angeht, weiter entwickelt als CDLI. Darum erscheint es für unsere Zwecke von Anfang an – auch unter Berücksichtigung seiner Schwächen – als pragmatisch geeigneter. Das soll den vergleichenden oder komplementierenden Gebrauch von CDLI und BDTNS sowie der in Druck- oder Digitalform zugänglichen Einzeltexte natürlich nicht ausschließen. Die letzteren müssen in jedem Fall, weil sie eventuell einen aktuelleren Forschungsstand repräsentieren, als Korrektiv dienen. ETCSRI, seit 2008 betreut von Gábor Zólyomi in Budapest, ist auf Königsinschriften des 3. Jt. spezialisiert (s. Bibl. „ETCSRI“) und eng an das Netzwerk ORACC (Open Richly Annotated Cuneiform Corpus) angegliedert, das seinerseits vor allem grammatische Analysen bietet. Geleitet wird das Institut von Eleanor Robson, Steve Tinney, dem Begründer, und Niek Veldhuis. Es integriert zurzeit 14 Forschungsprojekte. – In unser Blickfeld sollte – wegen thematischer und struktureller Affinitäten – auch das neuere, von der Hebrew University in Jerusalem und der Universität Leipzig seit 2005 betriebene Projekt SEAL (Sources of Early Akkadian Literature) treten. Bisher sind in den Sektionen „Epics“, „Hymns and Prayers“, „Lamentations“ und „Love Lyrics“ einige wenige hymnenartige Stücke in akkadischer Sprache veröffentlicht.[87] – Alle diese umfassenden Editionsvorhaben sind nur durch digitale Technik möglich geworden.

Das ETCSL entstand 1997 unter Leitung von Jeremy Black.[88] Leider lief das Projekt 2006 aus, obwohl seine Ziele längst nicht erreicht waren. Der Mitarbeiterstab hatte alle bekannten sumerischen Schriftzeugnisse, die sich sprachlich und sachlich von Alltagsdokumenten aus Wirtschaft, Recht, Wissenschaft abheben ließen, in dieser der „Literatur“ (über die Ambiguitäten des Begriffs s.o. Kap. 1) gewidmeten Sammlung vereinen wollen. Ende 2006 fehlten aber noch etliche vorgesehene Texte,[89] und bis heute sind weitere relevante Zeugnisse der sumerischen Literatur aufgetaucht, welche nicht mehr in das Korpus Eingang fanden. Außerdem hatte die Arbeit an den

---

lopädisches Wissen aufbereitet. An Transliterationen und Übersetzungen wird fortlaufend gearbeitet, häufig verweisen links auf schon bestehende Bearbeitungen im ETCSL, vgl. J. Cale Johnson, Corpus-Driven Models of Lexicography and Mesopotamian Cultural Heritage Preservation at the CDLI, in: Biggs 2008, 69–74.

[86] Ein sprechendes Suchergebnis (Mai 2015) für beide Editionen ist: zà-mí hat im CDLI 58 Treffer, dagegen im ETCSL 154 in ca. 70 verschiedenen Kompositionen. In dieser Divergenz spiegelt sich die verschiedene Textauswahl der jeweiligen Korpora.

[87] Die Herausgeber, Michael P. Streck und Nathan Wasserman, verwenden bewährte Editionen literarischer Texte aus dem 3. und 2. Jt. v.u.Z. und verzichten damit bewusst auf die Erstellung eines regelrechten Text-Korpus (s. Bibl. „SEAL“). Das Projekt wird von der German Israeli Foundation for Scientific Research and Development (G.I.F.) gefördert.

[88] Der Mitarbeiterstab bittet um die folgende Zitationsweise: Black, J.A., Cunningham, G., Ebeling, J., Flückiger-Hawker, E., Robson, E., Taylor, J., and Zólyomi, G., *The Electronic Text Corpus of Sumerian Literature*, Oxford 1998–2006 (s. Bibl. „ETCSL“).

[89] Vgl. Graham Cunningham, A Catalogue of Sumerian Literature, in: Ebeling 2007, 351–412. In dieser von Miguel Civil erstellten Liste (hier 353–391) sind die bei ETCSL noch nicht aufgenommenen Dichtungen mit einem Sternchen versehen, etwa 155 an der Zahl, meist fragmentarische Stücke.

vorliegenden Kompositionen im Emesal-Dialekt noch gar nicht begonnen.[90] Das ambitionierte Vorhaben hat also rein von der Anlage, d.h. seinem geplanten Volumen her, seine Grenzen. Dennoch stellt es für unser Vorhaben die größte sachlich relevante Textmasse dar, die es zurzeit gibt. Mit seinen rund 400 ganz oder teilweise erhaltenen, z.T. außerordentlich umfangreichen Texten (vgl. die beiden zusammengehörigen Gudea-Zylinder mit mehr als 1200 Zeilen) ist im positiven Sinn eine kritische Menge erreicht. Sie bietet dem Forscher im Blick auf Wortfrequenzen, mögliche Querbeziehungen in Motivik, Sinngehalt, Theologie der hymnischen Aussagen eine relativ verlässliche Grundlage. Dabei ist zu berücksichtigen, dass die erhaltenen Texte aus einem Zeitraum von mehreren Jahrhunderten (etwa 2100 bis 1500 v.u.Z.) stammen und die in den Texten zu Wort kommende hymnische Tradition mehr als ein Jahrtausend (2600 bis 1500 v.u.Z.) umfasst. Fehlurteile, die sich bei schmaler schriftlicher Überlieferung leicht einstellen (z.B. unzulässige Generalisierungen), sind auf diese Weise einigermaßen zu vermeiden. Allerdings sollten wir uns bewusst bleiben, dass fast das ganze Textmaterial des Korpus in Abschriften der altbabylonischen Zeit erhalten ist. Kopien aus den frühdynastischen Perioden mesopotamischer Geschichte sind bis jetzt nur selten gefunden worden, vor allem in Fāra und Abū Ṣalābīḫ. Die Akkadzeit ist bislang noch spärlich, die neusumerische Restaurationsperiode (Ur III-Zeit) etwas häufiger vertreten.[91] Der über den Gebrauch des Sumerischen als Umgangssprache hinausgehenden Verwendung des Idioms in Kult und Wissenschaft ist es zu verdanken, dass altbabylonische Schreiberschulen die Texte aus dem 3. Jt. v.u.Z. weiter abschrieben, ja, dass weit in das 2. Jt. v.u.Z. hinein in rein akkadisch sprechenden Gesellschaften neue Kompositionen in der Prestigesprache entstanden. Die späte Datierung der vorhandenen Schriftzeugnisse muss bei der Interpretation in Rechnung gestellt werden, sind doch durch die lange Überlieferung und die überwiegend altbabylonische Fixierung der Texte mit Sicherheit bewusste und unbewusste zeitgenössische Übermalungen älterer Sinngehalte oder Zusammenhänge geschehen.

Nun ist aber die moderne Zusammenstellung von antiken Texten zu einem Text-„Korpus“ schon in sich ein Problem, und das nicht nur in der Altorientalistik, sondern auch in der allgemeinen Literaturwissenschaft und der Linguistik.[92] Die von heutigen Wissenschaftlern vereinigten Texte sind aus unserer modernen Perspektive zu einem in der Ursprungssituation nicht vorhandenen Einheitsgebilde vereinigt. Sie werden gleichsam in einem Zwangskorsett literarisch gleichgeschaltet. Konkret haben die Bearbeiter der ETCSL-Texte vorwiegend auf die von Miguel Civil erstellte Liste sumerischer Literaturwerke zurückgegriffen.[93] Trotz mancher antiker Kollationen verschiedener Schriftzeugnisse auf großen Sammeltafeln (deren Ordnungsprinzip wir nicht verstehen) ist festzuhalten, dass moderne Korpora eben unserer Einbildungskraft

---

[90] Ein Bericht über Bearbeitungstand und Zielsetzung der Textsammlung findet sich auf der Homepage des Projekts unter „publication history“.

[91] Einen Überblick über Datierungen, Werke und Fundstätten bietet Rubio 2009a, 4–6.18.

[92] Vgl. Martin Wynne (Hg.), Developing Linguistic Corpora: A Guide to Good Practice, Oxford 2005; Jarle Ebeling, Corpora, Corpus Linguistics, and the Electronic Text Corpus of Sumerian Literature, in: ders. 2007, 33–50.

[93] Vgl. Graham Cunningham, A Catalogue of Sumerian Literature, in: Ebeling 2007, 351–412.

und sumerische Sammlungen dem damaligen Gestaltungswillen entspringen bzw. entsprangen. Unsere Sammlungen alter Texte haben keine Grundlage in den textgemäßen Lebenssituationen und Anschauungen. Da sind verschiedene „Literatur"teile zusammengewachsen, die definitiv im Ursprung nicht zusammen gehörten.[94] Ist mit einem solchen Konglomerat Staat zu machen? Kann es als die wissenschaftliche Basis für unsere Untersuchungen dienen? Die Frage ist umso berechtigter, je mehr wir die unterschiedlichen Entstehungszeiten und Verwendungszwecke der zusammengestellten sumerischen Werke bedenken. Dennoch ist der Gebrauch von neuzeitlichen „Korpora", besonders auch elektronisch verfügbarer Zusammenstellungen, in verschiedener Hinsicht vertretbar. Die linguistische Forschung kann aus einer Masse von digital recherchierbaren Texten zuverlässigere Informationen gewinnen als aus isolierten Einzelexemplaren. Dasselbe gilt nicht nur für die Erforschung von Lexemen und ihren Bildungselementen, sondern auch für Sprach- und Stilformen, poetische Strukturen, Gattungsmuster. Alle diese literarischen Phänomene unterliegen über die Jahrhunderte hin Veränderungen, das darf nicht vergessen werden. Doch erweisen sich in der Sprachforschung wie bei literaturhistorischen Vergleichen einzelne Formen und Überlieferungen auch immer wieder als erstaunlich beharrlich. Bei gebührender Vorsicht im Umgang mit unzweifelhaften diachronen Veränderungen[95] können wir auch langlebige Konstanten und Grundkonturen feststellen. Sie machen eine Verwendung künstlich zusammengestellter Texte eigentlich erst sinnvoll. Die Erkenntnis antiker literarischer und lebensweltlicher Vorgänge ist in jedem Fall nur dann möglich, wenn die kognitive Wahrnehmung in unserem eigenen Koordinatensystem erfolgt. Zu denken, wie die Sumerer es getan haben, oder ein antikes Referenzsystem und antike Vorstellungen wie das Ihre zu benutzen, ist uns schlicht versagt. Also ist auch die Verwendung von (durch uns fremdbestimmten) „Korpora" sumerischer Literatur in entsprechenden, unseren Gewohnheiten und Parametern folgenden Studien angemessen.

Die spezifischen Schwierigkeiten der Digitalisierung antiker Texte wollen wir beiseite lassen: Darum sollen sich Programmierer und Hardwarehersteller kümmern. Ein zweites, uns Interpreten angehendes Problem der Oxforder ETCSL-Ausgabe ist die Wiedergabe von Text, Umschrift und Übersetzung der ausgewählten Stücke. Im Gegensatz zu CDLI fehlen Fotos und Nachzeichnungen der Keilschriftoriginale. Benutzer oder Benutzerinnen können also die lediglich in Transliterationen vorgestellten Texte nicht am Original kontrollieren (wobei die eigentliche, authentischste Form der Kon-

---

[94] Eine Gegenprobe: Es gab „Schultexte" in der altbabylonischen Kultur, die in der Schreiberausbildung eine Rolle spielten, darunter eine Zusammenstellung von zehn Literaturwerken, die sog. „Dekade": „... the clearest example we have of a curricular grouping of Sumerian literary compositions" (Black 2004, 299). Die Herausgeber bringen den vollen Text aller zehn Dichtwerke (a.a.O., 304–352). Vgl. auch Delnero 2010.

[95] Die Herausgeber sind sich der Sprachveränderungen besonders in der bis 2000 v.u.Z. aussterbenden sumerischen Alltagssprache sehr bewusst, befürworten sogar zeitlich gegliederte Spezialgrammatiken z.B. für Schriftstücke, die von Schreibern mit akkadischer Muttersprache ausgefertigt wurden, vgl. Jeremy Black und Gábor Zólyomi, Introduction to the Study of Sumerian, in: Ebeling 2007, 1–32, bes. 5–24; Sallaberger 2004, 108–140. Von hier aus gesehen scheinen die mit der Corpus-Erstellung gegebenen elektronischen Suchfunktionen – weil sie das heterogene Material nivellieren – doch wieder bedenklich, s.u.

trolle, nämlich an den Museumstafeln selbst, von vornherein illusorisch ist). Wer die Notwendigkeit spürt, den keilschriftlichen Wortlaut, die tatsächliche Schreibweise zu Rate zu ziehen, muss – so weit vorhanden – andere (Print) Ausgaben eines gegebenen Textes heranziehen. Das ist praktisch (bei guten Bibliotheks- und Fernleihverhältnissen) machbar. Es fehlen die grammatischen Analysen des ORACC. Weiter haben sich die Herausgeber des ETCSL darauf verständigt, in der Regel einen Komposittext aus den vorhandenen Abschriften herzustellen. Nur gelegentlich nehmen sie besonders interessante Varianten auf. Der Vergleich von Textvarianten und -traditionen ist also sehr beschränkt und der Willkür der Herausgeber unterworfen. Die andere Möglichkeit wäre gewesen, eine Textpartitur aus allen erhaltenen Textbelegen herzustellen, wie das bei zahlreichen, sorgfältigen Editionen auch Usus ist. Es liegt auf der Hand, dass eine Partitur-Wiedergabe von Texten die Möglichkeit bietet, bis zu einem gewissen Grad die Überlieferungsgeschichte einzelner Werke geographisch und in der Zeitachse zu verfolgen. Das ETCSL-Team hat bewusst darauf verzichtet, vielleicht aus finanziellen oder werktechnischen Gründen, vielleicht aber auch, um die Arbeit am Gesamtkorpus (z.B. Suchfunktionen) zu erleichtern. Denn die unvermeidbar ungleiche, weil durch Fundzufälle bedingte Menge von Textbezeugungen macht statistische Kompilationen aller handschriftlichen Varianten wertlos. Doch scheint die genannte herausgeberische Praxis des ETCSL-Teams ein Hauptbedenken mancher Sumerologen gegen das Korpus zu sein. So stellt D.O. Edzard in seiner wichtigen Darstellung der „altbabylonischen Literatur" (die sumerische und akkadische Elemente enthält)[96] kurz und prägnant – aber ohne auf das ETCSL einzugehen – seine Vorstellung von „richtiger" Edition von Keilschrifttexten dar: Die traditionelle Methode, nämlich „Haupttext und Variantenapparat sollte … nur noch bei Texten benutzt werden, bei denen starke Monotonie und generelle Variantenarmut gegeben ist."[97] Wissenschaftliche Genauigkeit im Blick auf kleine und kleinste Textbestandteile ist sicherlich ein hohes Gut und leuchtendes Ziel. Darum sind in der Tat Partitureditionen unerlässlich. (Doch sollte man wirklich an dieser Stelle zwischen wertvolleren, schöneren etc. Texten und [wissenschaftlich?] langweiligen unterscheiden?). Wenn diese aber vorhanden sind und nicht vernachlässigt werden, wird man die Möglichkeiten einer vereinfachten, digitalisierten Korpusausgabe nutzen dürfen.

Schließlich ist hier, wie auch an anderen Stellen unserer Begutachtung der ETCSL Ausgabe, die Zielgruppe zu nennen, welche die Herausgeber ins Auge fassten und die weit über die eng begrenzte sumerologische Fachwelt hinausreicht: „One of the main aims of the ETCSL project has been to meet the need for a coherently and systematically published, universally available textual corpus."[98] Auch wegen dieser „reduktio-

---

[96] Edzard 2004.

[97] Edzard, a.a.O., 568. Vorher erklärt er den Unterschied zwischen dem traditionellen Komposit-Verfahren („Haupttext") und den drei Varianten der Partitur-Darstellung (a.a.O., 567f.).

[98] http://etcsl.orinst.ox.ac.uk/edition2/general.php unter dem Stichwort „Aims". Gleich im Anschluss an den zitierten Satz findet sich die detailliertere Erklärung: „Sumerian literature is a considerable and sophisticated ancient literature which is still so far unfamiliar to scholars in other fields. Historically, a rich stream of survivals flowed on through Babylonian literature and, mediated by translations into other languages and by oral transmission, into ancient Indian, Arabic and Greek civilisation, and from there into the European tradition. Potentially, this interdisciplinary interest

nistischen" Sicht der sumerologischen Arbeit, die auf eine interdisziplinäre und publikumswirksame Öffnung des Spezialgebietes hinaus will, wird das ETCSL teilweise von Fachleuten gering geschätzt. Mangelnde Sachkenntnis kann man aber den Autorinnen und Autoren des Projektes keinesfalls vorwerfen. Ihre „Vereinfachungen" in der vorgelegten Edition sind im Zweifelsfall durch die Konsultation anderer, genauerer Textpublikationen aufzufangen. Sie sind auch nicht so gravierend, dass sie die Wissenschaftlichkeit des Korpus in Frage stellen würden, und stehen im Dienst einer begrüßenswerten Idee: Informationen über die erste fassbare Literatur der Menschheit in breitere Wissenschafts- und Laienkreise zu bringen. Kurzum: Die schon mehrfach herangezogenen, selbstkritischen Darlegungen von Jarle Ebeling und Graham Cunningham bieten einen überzeugenden Unterbau für das ETCSL.[99] Willkommene Ergänzungen der Bibliographie zu einzelnen sumerischen Werken für die Zeit nach 2006 bietet Pascal Attinger auf seiner Website.[100]

Zu den Problemen der Transliteration sumerischer Texte und den vom ETCSL-Team adoptierten Regeln hat Jeremy Black 2004 kurz Stellung genommen.[101] Das Team arbeitet mit 21 lateinischen Buchstaben, von denen drei durch diakritische Zeichen besonders gekennzeichnet sind (ĝ; ḫ – obwohl einfaches h genügt! – und š). Sie treten also in zwei Lautvarianten auf: g und nasaliertes ĝ; h und identisches ḫ; die unterschiedlichen Sibilanten s und š. Unsere lateinischen Buchstaben c, f, j, o, q, v, x werden für die Umschrift des Sumerischen nicht benötigt. ETCSL versucht weiter, revidierte Lautwerte einzelner Keilschriftzeichen zu berücksichtigen, und benutzt konsequent die wenigen bisher bekannten Langformen der (verbalen) Basen. „There are two basic reasons for this. First, using the long form actually helps to disambiguate certain words. For example, the three different words zi 'life', zig$_3$ 'to rise', and zid 'right, just' are all written with the same sign ZI, which can have the readings zi, zig$_3$, or zid. By transliterating differently in each case the meanings are clear and the words can be lemmatised automatically. The second reason is a pedagogical one. If students learn the long readings from the first, they will be able to differentiate the lemmata and avoid errors in the identification of bases."[102] Dieses Verfahren erleichtert das Verständnis der präsentierten Texte und die Digitalisierung: auch der Computer versteht die Transliterationen besser. Leider sind die Langwerte der Verbalbasen nur zum kleinsten Teil textlich gesichert. Weil ich mich in dieser Arbeit aber in der Hauptsache auf den Textbestand des ETCSL stütze, ist es sinnvoll, das Umschriftsystem des Korpus zu übernehmen. Ausnahme ist lediglich das h; es wird im ETCSL meist mit ḫ wiedergegeben, braucht aber im Sumerischen keinerlei diakritische Zeichen, und bei der Kennzeichnung des zweiten und dritten Lautwerts homophoner Zei-

---

extends to those working in comparative literature and history of religion. Beyond this, there is a great interest in ancient literatures from a wide general public, who are as much drawn to their exotic and alien character as struck by their undeniable connection to the modern tradition" (a.a.O.).

[99] Ebeling 2007.

[100] Attinger 2012.

[101] Vgl. http://etcsl.orinst.ox.ac.uk/edition2/pdf/transliterationprinciples.pdf, aktualisiert 2016.

[102] Black, a.a.O., http://etcsl.orinst.ox.ac.uk/edition2/pdf/transliterationprinciples.pdf, 2f. Zur sumerischen Orthographie und den Umschriftproblemen vgl. Jagersma 2010, 15–29; Attinger 1993, 129–139.

chen: Statt der Zahlen 2 und 3 setze ich in altmodischer Weise die Akzente *aigu* und *grave* (z.B. mí, zà). Wo immer ich aber Umschriften anderer Bearbeiter aus Print- oder Internetquellen zitiere, passe ich die Transliteration nicht an das ETCSL-System an, sondern folge dem jeweiligen Herausgeber.

Zu beachten ist bei den Transliterationen des ETCSL-Teams allerdings, dass eine vollständige Eindeutigkeit auf Grund der unterschiedlichen Texttraditionen und mancher fehlender Informationen nicht erreicht werden kann: „Thus as far as possible, the values of Sumerian signs are assigned on the basis of the pronunciation glosses in Proto-Ea and Proto-Diri. Occasionally the information in the manuscript sources of these lists is discrepant. There are some other sources which are used where Proto-Ea and Proto-Diri are not preserved. Sometimes pronunciations are given in other, later sign lists. Sometimes glosses are taken from other sources, and in certain literary contexts some words are spelled out phonetically.“[103] Auch hier gilt: In der Sumerologie ist, fundamentaler als in anderen Sprachen, wegen lokaler Besonderheiten und diachroner Veränderungen, weder volle linguistische noch komplette epigraphische Klarheit zu gewinnen. Ich behandle folglich alle Umschriften des ETCSL als zitierten Text, in den ich nicht korrigierend eingreife, und übernehme diese Orthographie so weit wie möglich in meine eigenen Ausführungen.

Wohin man auch sieht, es scheint in der Sumerologie mehr Unsicherheiten als Gewissheiten zu geben. Von der Entstehung und Verwendung der antiken Keilschrifttexte, einschließlich der verwendeten Zeichensysteme, von der Zuordnung des beteiligten Personals, der konkreten Zielsetzung der poetischen Kompositionen und den rituellen Abläufen, in die Texte eingebettet waren, bis zu den tiefen Fragen nach der Hermeneutik uralter Tradition, der Kompatibilität antiker und moderner Weltdeutungen und dem unvermeidlichen Eigeninteresse der modernen Interpreten bleibt den heutigen Forschern kein Problem literatur-, geistes- und religionswissenschaftlicher Art erspart, manches erscheint gegenüber der Arbeit an klassischen Literaturen verstärkt. Grundsätzlich aber ist trotz gegenteiligen Augenscheins festzuhalten: Die Sumerologie steht im Vergleich zu anderen Altertums- und Literaturwissenschaften nicht vor qualitativ neuen, auswegslosen Sackgassen. Wir haben uns der sumerischen Literatur in dem Bewusstsein zu nähern, dass an keiner Stelle ideale Verhältnisse herrschen, weder im Bereich der Quellen, noch im Umfeld der Menschen, die sich damals und heute bemühen, (re)produzierend, rezitierend, interpretierend die Texte zu verstehen und anderen zu vermitteln. Derartige Unzulänglichkeiten auf allen Ebenen gehören zum wissenschaftlichen Geschäft. Sie sollten uns stets bewusst bleiben lassen, dass menschliches Erkennen und Gestalten immer Stückwerk ist, auf weitere Forschung und Verbesserung der Ergebnisse angelegt.

So kann das Unternehmen ETCSL, hier und da ergänzt und korrigiert durch andere Veröffentlichungen relevanter sumerischer Texte, trotz seiner grundsätzlichen und akzidentiellen Schwächen als Grundlage für eine Erforschung der sumerischen „Hymnen“literatur dienen. Die Vorteile, welche es gegenüber anderen, unzusammenhängenden Texteditionen bietet, liegen nach dem Gesagten auf der Hand. a) ETCSL bietet (immer noch) die weitaus größte Sammlung literarischer, speziell „hymnischer“,

[103] Black, a.a.O., http://etcsl.orinst.ox.ac.uk/edition2/pdf/transliterationprinciples.pdf, 3.

psalmenartiger Dichtungen in sumerischer Sprache aus dem 3. Jt. und bis weit in die altbabylonische Periode hinein. b) Das Korpus ist digital organisiert und damit für neuzeitliche Wort-, Stil- und Gattungsforschung mittels Suchfunktionen geeignet.[104] c) Gattungsheterogenität (von Proverbien über Briefliteratur und weisheitlicher Dialogdichtung bis hin zu Götter-, Königs- und Tempelliedern) ist ein Vorteil der Sammlung. Sie verhindert eine vorschnelle Festlegung auf bestimmte Textsorten. d) Die zeitlich weite Erstreckung der „hymnischen" sumerischen Tradition über ein Jahrtausend mit den angedeuteten diachronen Veränderungen kann eine gewisse Kohärenz und Kontinuität der hymnischen Stimmungen und Motivationen nicht verdecken. Gattungs- und traditionsgeschichtlich lassen sich besonders in antiken Literaturen formale und inhaltliche Motive mit starkem Beharrungsvermögen nachweisen. Formelhafte Rede, stilistische und liturgische Ausdrücke, poetische Strukturen verändern sich nicht mit jedem geschichtlichen oder kulturellen Umbruch. Verhaltensforscher stellen fest, dass Gestik und Mimik oft phylogenetisch festgelegt sind, auch wenn sie Veränderungen unterliegen, wie etwa das Lachen, das von einer Drohgebärde zur Freundschaftsäußerung mutierte. Anthropologinnen und Anthropologen entdecken speziell in der Ritualforschung die nachhaltig sinngebende Kraft zeremonieller Veranstaltungen. Hirnforscher schreiben dem menschlichen Gehirn über lange Zeiträume gleich bleibende Funktionen zu. Kulturphilosophen haben geistige Erbschaften in der Moderne entdeckt, welche bis in vorgeschichtliche Zeiten zurückreichen müssen.[105] e) Das Leitfossil für unsere Untersuchung sind die doxologische Formel GN zà-mí und ihre liturgischen/literarischen Abwandlungen. Wir wollen der in ihnen angeschlagenen Lobstimmung nachspüren. ETCSL hat die meisten Texte, die eine zà-mí Formulierung aufweisen, sei es in der Schlusszeile oder im Hauptteil des Textes. Über eventuelle Schreiberzusätze von Doxologien muss in einigen Fällen *ad hoc* entschieden werden. Jedenfalls können wir uns grundsätzlich auf das ETCSL-Korpus stützen, auch wenn einige Defizite der Oxforder Ausgabe bewusst bleiben müssen.[106]

Die Zusammenstellung eines Korpus sumerischer Dichtungen mehr oder weniger „literarischen" Charakters[107] kann also die Augen öffnen nicht nur für Schönheit und Dynamik sumerischer Literatur, sondern auch für die Fremdheit und möglicherweise (hoffentlich!) für die andauernde menschliche Aktualität vieler der in ihnen angeschlagenen Themen. Die Nachbarschaft heterogener Texte schärft den Blick für Be-

[104] Jarle Ebeling gibt in seinem Essay „The Vocabulary of Literary Sumerian: a Corpus-Driven Investigation," in: ders. 2007, 51–69 ein Exempel für kluge Nutzung des Gesamtkorpus durch Programm- Suchfunktionen. Die darauf folgenden Fallstudien für einzelne sumerische Lexeme oder Morpheme, unter Berücksichtigung sprachgeschichtlicher Veränderungen (von Graham Cunningham; Paul Delnero; Jarle Ebeling; Laura Feldt; Eleanor Robson; Bálint Tanos; Jon Taylor; Gábor Zólyomi), tun ein Übriges, die Möglichkeiten der „corpus-driven" Exegese aufzuzeigen.

[105] Vgl. Christoph Türcke, Philosophie des Traumes, München [2]2009, 88–98 (Gilgameš-Traum).

[106] Wegen des Kompositcharakters der ETCSL-Editionen können zà-mí -Varianten fehlen; vgl. die Keš-Hymne (ETCSL 4.80.2): Die Fragmente aus Tell Abū Ṣalābīḫ sind nicht gesondert ausgewiesen. vgl. auch Wilcke 2006, s.u. Kap. 6.3.2.3.

[107] Jeremy Black erwägt neben den sprachlichen Qualitäten auch ein sehr einfaches, formales Kriterium, das „Literatur" mitbestimmen könnte: Alle mehrfach vorhandenen Schreibertexte wären dann literarisch (ders. 2004, XL–XLVII). Und wenn Schüler Wirtschaftstexte mehrfach kopieren mussten?

sonderheiten von und eventuelle Affinität zwischen verschiedenen Texttypen. Wortverbindungen, auffällige Morpheme, syntaktische Bildungen und poetische Strukturen können uns wertvolle Aufschlüsse über einzelne Texte und Textgruppen geben.

4. Theorien, Methoden, Arbeitsweisen

Jeder Exeget, jede Exegetin braucht literarhistorische Theorien, durchdachte Methodenvorstellungen und praktische Richtlinien für die Arbeit an antiken Texten. Welches Rüstzeug wird für diese Arbeit vorausgesetzt und tatsächlich angewendet? Wie weit können moderne Ansichten über Kunst und Literatur (wie o. Kap. 1 skizziert) als Hilfskonstruktionen zum Verständnis antiker Dichtungen dienen? – Grundsätzlich möchte ich einer sozialgeschichtlichen Interpretation besonders der frühen Literaturen das Wort reden, denn jedes moderne Autoren-zentrierte Literaturverständnis scheitert bei den altorientalischen Werken an mangelnden Informationen über die Dichtungen und an deren anders gelagerten Funktionen in der Gesellschaft. Die sozialgeschichtliche Fragestellung ist keine geschlossene und exklusive Theorie.[108] Sie kann – was zu zeigen sein wird – unterschiedliche literarische und historische Annäherungen unter ihre Fittiche nehmen. Die Besinnung auf die tatsächlich angestrebten theoretischen und methodischen Positionen bringt es mit sich, dass die oben in Kap. 1 erörterten literarischen Grundfragen noch einmal aus anderem Blickwinkel angesprochen und weiter verarbeitet werden.

Das bedeutet im Blick auf die theoretische Grundlegung dieser Arbeit: Bei grundsätzlich analoger Bewertung heutiger und antiker Literaturproduktion und -verwendung sind in der Moderne – historisch-kritisch betrachtet[109] – signifikante neue Kräfte im Spiel, von denen wir im Verstehensprozess alter Literaturen abstrahieren, bzw. deren Vorhandensein wir relativierend berücksichtigen müssen (s.o. Kap. 1 mit Exkurs: Theoriendschungel und Theorienmischung). Der geschichtliche Abstand kann nicht ästhetisch, strukturalistisch oder postmodern überspielt werden, bei aller Anerkennung der anthropologischen Konstanten. Seit der Erfindung des Buchdrucks im 15. Jh. und der Etablierung eines ungeheuren informativen und kommunikativen Internetmarktes Ende des 20. Jh.s haben sich die Literaturprodukte weitgehend von ihren gesellschaftlichen Verwendungssituationen im kollektiven, *face-to-face* und *down-to-earth* „Handlungsspiel" gelöst und sind frei – meistens individuell – verwendbar ge-

---

[108] Vgl. Gerstenberger 1988 und 2001, dazu mehrere Aufsätze zum Thema „Sitz im Leben" alttestamentlicher Literatur, frei zugänglich in: Eisen und Maier 2012; Erhard S. Gerstenberger und Ulrich Schoenborn (Hg.), Hermeneutik – sozialgeschichtlich, exuz 1, Münster 1999.

[109] Die historische Kritik ist ein Kind der Aufklärung. Sie hat zweifellos zu einer riskanten „Verobjektivierung" der Geschichte geführt. Andererseits sind die geistigen und materiellen Differenzen zwischen den Epochen nicht wegzudeuten. Sie müssen vielmehr in Rechnung gestellt werden, damit wir zu einer tragfähigen gemeinsamen, lebensweltlichen Plattform kommen, auf der literarische Werke vergleichbar sind.

worden.[110] Mündliche, aber auch handschriftlich fixierte Übermittlung von Textinhalten setzte vor der Erfindung des Buchdrucks das persönliche Gegenüber von Sprecher und Hörer in einem örtlich und zeitlich eng begrenzten Rahmen voraus. Die Massenproduktion von Texten entgrenzte zunehmend die Kommunikation und legte sie dem lesekundigen Einzelnen in den Schoß, bis hin zu der solipsistischen, virtuellen, durch keine realen Personenbeziehungen mehr gestörte Zwiesprache des heutigen Internetkonsumenten mit seinem Bildschirm. Dadurch verflüchtigten sich der gesellschaftliche Bezug zur realen Welt und naturgemäß der direkte Einfluss, den soziale Organismen auf Entstehung und Verwendung von Literaturerzeugnissen haben.

Anders in den Zeiten vor der Massenherstellung von Texten. Als es noch keinerlei Schriftsysteme zur Aufzeichnung literarischer Werke gab (etwa vor 2700 v.u.Z.), konnten auch komplexe Wort- und Ritualüberlieferungen nur mündlich gebraucht und weitergegeben werden. Das war viele Jahrtausende lang Brauch. Anthropologen können heute noch in schriftlosen Stammesgesellschaften beobachten, wie Kulturgut erlernt, verwendet und tradiert wird.[111] Es ist bemerkenswert, dass sich schriftlose Sozietäten oft sogar gegen die Verschriftung vor allem heiliger Texte zur Wehr setzen: Der Übergang von mündlicher zu schriftlicher Überlieferung nach Erfindung der Schrift war im religiösen und kultischen Lebensbereich keinesfalls leicht, auch nicht in Mesopotamien. Besonders die Hüter mündlicher Kulttraditionen (Schamanen, Priester etc.) fürchteten um ihre Privilegien und erahnten den Missbrauch ihrer heiligen Texte.[112]

---

[110] Vgl. Roland Burkart, Kommunikationswissenschaft, Grundlagen und Problemfelder, Wien ^{4}2006; Rainer Schützeichel, Soziologische Kommunikationstheorien, Konstanz 2009; Klaus Beck, Kommunikationswissenschaft, Konstanz ^{2}2010.

[111] Zwei Beispiele: Reo F. Fortune, The Sorcerers of Dobu, New York 1932; Gladys A. Reichard, Navaho Religion. A Study of Symbolism, Princeton 1950; dies., Prayer: the Compulsive Word, Washington 1944. Thematisiert wird Schriftlosigkeit durch Ethnologen (vgl. Dagmar Wagner-Robertz, Welten- und Lebensraum im Verständnis schriftloser Völker, Icking 1972) oder Literaten (vgl. Durs Grünbein, Warum schriftlos leben? Frankfurt 2003). Der Anthropologe Leland C. Wyman gibt Einblick in komplexe Navaho-Rituale: ders., Navajo Ceremonial System, in: Alfonso Ortiz (Hg.), Handbook of North American Indians, Bd. 10, Washington 1983, 536–557.

[112] Vgl. Wilcomb E. Washburn (Hg.), Handbook of North American Indians, Bd. 4, Washington 1988. Herman L. J. Vanstiphout ist überzeugt, dass die Schriftlichkeit sehr schnell und durchgreifend die Herrschaft über die sumerische Literatur übernommen hat, vgl. ders., Memory and Literacy in Ancient Western Asia, in: Sasson Bd. 4, 1995, 2181–2196. Er überschätzt m.E. die Bedeutung des Schreibmediums und verzeichnet gründlich dessen Verhältnis zur mündlichen Überlieferung: „Unequivocally, oral literary systems – and there are remarkably few of those – teach us that oral literature uses at best only about half a dozen clearly discriminate types of discourse and that to a large extent originality and creativity is a factor of the recreative performance of existing pieces, and much less of the conception and construction of 'original' work. With literacy the constraints of immediate performance fall away; the text is divorced from its occasion; it becomes truly autonomous precisely because it is fixed as such. … The possibilities for refining und discriminating among different kinds of discourse and for reserving well-defined types for sundry intentions become virtually infinite, since, although some kind of public performances remains important and must be presumed for most of our material, the moment and the circumstances of such performance are deferred and can thereby no longer wholly or for the most part dictate the construction of the piece" (a.a.O., 2193). Außer dem Satz: "although some kind of public performance …", trifft wohl nichts auf die sumerische Literatur zu, weil die Vorstellung von Literaturwerdung und -autonomie modernistisch ist.

Nach Einführung der Schrift in den Stadtkulturen des Alten Orients wurden literarische Texte weiter im engen Kontakt mit den gemeinschaftlich zelebrierten Lebensvollzügen und noch lange nicht für eine private Leserschaft aufgeschrieben. Außerdem waren die Keilschrifttafeln als Gedächtnisstützen für Liturgen und Moderatoren gedacht; sie wurden wohl kaum nach heutiger Manier während der Kommunikation als Agenden oder Gebetbücher in der Hand gehalten und abgelesen. Eine Literaturtheorie, die auf vormoderne Verhältnisse passen soll, muss also erstens eingestehen, dass antike Literaturen, besonders kultischer und religiöser Provenienz, als Stütztexte verbunden mit den Orten rituellen und religiösen Geschehens entstanden sein können. Das bedeutet automatisch: Selbst wenn einzelne, in der Regel unbekannte Autoren letztendlich z.B. Lieder und Gebete verfassen, tun sie das im „vorklassischen" Altertum weithin nach den Regeln und Vorgaben, Erwartungen und Ängsten jener Gruppen (einschließlich ihrer Funktionäre und Protagonisten), die das Dichtwerk aktiv benutzen. Der kommunale oder kollektive Anteil an der Entstehung und den Inhalten jedes altorientalischen religiösen Textes sollte darum bei der Interpretation gebührend berücksichtigt werden (s.o. Kap. 1). Moderne Vorstellungen von Autorschaft sind mithin neben anderen neuzeitlichen Ideen von Büchern, Medienwelten und individuellem Leseverhalten fehl am Platze, wenn es um die hier zu verhandelnden Lob- und Preisgedichte geht.

Wie oben angemerkt, wird die Bedeutung der Schreiber hoch eingeschätzt: Sie haben schließlich die Texte meist als Auftragsarbeiten auf Tontafeln und Zylindern angefertigt, viele Exemplare sollen schlicht Übungen von Schreiberlehrlingen sein.[113] Manche Texte zeigen die Schrifthandwerker auch schriftstellerisch aktiv.[114] Wer kann abschätzen, in welchem Maße sie beim Kopieren kreativ in den Wortlaut eingreifen konnten? Mir scheint allerdings, dass die sumerisch/akkadischen Schreiber gerade hinsichtlich religiöser und kultischer Kompositionen eher ausführende Handwerker und nicht beamtete Dichter waren, heutigen Druckern und Verlagslektoren vergleichbar (s.u. Kap. 6.2.1, Exkurs é-dub-ba-a). In jedem Fall sind an verschiedenen Stellen des Korpus die Urheber von Lobgesängen sehr wohl von Schreibern als auch von Sängern abgehoben.[115] Schreiber kann man sich, bei der Vielzahl der Wissensgebiete im Alten Sumer, auch schlecht als *allround*-Experten vorstellen. Das rituelle und kultische Spezialwissen, welches die sumerischen Hymnen, Beschwörungen, Mythen durchscheinen lassen, lag vermutlich bei verschiedenen Priestern oder auch schamanistischen Beschwörern. Sie sind für die Durchführung von kultischen Handlungen

---

[113] Vgl. Black and Zólyomi, in Ebeling 2007, 3: „Most of the literary sources we have are their (discarded) exercises".

[114] Vgl. Edzard, Literatur, in: Charpin 2004, 531–539: „Schulsatiren"; Rubio 2009, 2: Es „… blieben wohl viele literarische Kompositionen auf die Kreise der Schreiber beschränkt"; Laurie E. Pearce, The Scribes and Scholars of Ancient Mesopotamia, in: Sasson Bd. 4, 1995, 2265–2278.

[115] Vgl. die Hymne Šulgi E (ETCSL 2.4.2.05), Z.20: um-mi-a gur$_4$-gur$_4$! ĝar-ĝar-ĝu$_{10}$-ne: „My scholars and composers of … have composed …"; Z.249: nar-e dub-sar hé-en-ši-túm igi hé-en-ni-in-bar-re „The scribe should it bring to the singer, and can let him look at it." In dem an Šulgi E angelehnten Lied Išme-Dagan A+V (ETCSL 2.5.4.01) scheint der „Gelehrte" enger an den „Sänger" heranzurücken (vgl. a.a.O., Segm. A, Z.333,375; Segm. C, Z.7). Die Bezeichnung um-mi-a, „Gelehrter" ist im ETCSL 19 Mal vertreten.

verantwortlich gewesen. Es gibt m.W. keinen einzigen sumerischen Text, der die Schreiber wirklich mit ritueller Verantwortung betraut.

Als korrelierende Überlegung sei angefügt: Wenn unsere individualistische Epoche mit ihrer stark ausgeprägten Buch- und Lesekultur noch Kulturwissenschaftler kennt, die eine enge Verbindung von Literatur und Gesellschaft konstatieren,[116] dann ist es für die antiken Kulturen unter den damals herrschenden kulturellen, technischen und sozialen Verhältnissen sicher sachgemäß, von einer engen Verquickung der (religiösen) Literatur mit äquivalenten Gruppierungen zu sprechen. Die sumerischen Texte lassen erkennen, dass bestimmte Dichtungen in der Umgebung von Königshöfen zu Hause sind, andere verraten (monarchische?) Tempelorganisationen, wieder andere volkstümliche Feste und Krisensituationen. Schon in Stammesreligionen wurden und werden lebenswichtige *rites de passage* professionell durchgeführt, das wird in den sumerischen und akkadischen Stadtkulturen ebenso gewesen sein. Die Heilungsexperten maš-maš (akkad. *mašmaššu* oder *āšipu*) und der weniger mit Riten arbeitende a-zu („Wasserkundiger" = akkad. *asû*) waren mit der Linderung der Not im Volk betraut. Festrituale wurden von verschiedenen, nicht immer zu identifizierenden Priesterklassen durchgeführt. Klagefeiern oblagen den gala-Priestern.[117] – Wir können als erstes Element einer für den Alten Orient geltenden Literaturperspektive festhalten: Unter Berücksichtigung der antiken Lebensverhältnisse (Stand der Technik; Welterklärung; literarische Bildung usw.) war die (religiöse, kultische, hymnische) Literatur der Sumerer im Zusammenhang mit mündlicher Rezitation ein gesellschaftliches Gebrauchsgut, das wesenhaft in den Kontext ritueller Kommunikation gehörte. Das moderne Interesse an individueller Autorschaft und privatem Lesevergnügen vereinzelter, literarisch Gebildeter mit Hausbibliothek war in der vorindustriellen Welt nachrangig. Hermeneutisch und methodisch gelten also uns relativ fremde Grundgegebenheiten.

Ein zweites Motiv mag mehr im Hinblick auf berichtende Erzählungen oder die Historiographie (gehört sie zur „Literatur"? kann sie Lob befördern?) wichtig sein, ist jedoch ebenfalls relevant für die hier anstehenden Interpretationsprozesse. Die unterschiedlichen Literaturtheorien der Gegenwart, seien es strukturalistische, dekonstruktive, diskursanalytische, postmoderne oder andere Denkansätze, treffen sich in der außerordentlichen Wertschätzung des Botschaften aussendenden und empfangenden, in jedem Fall vereinzelten Subjekts. Literatur wird von Einzelnen gemacht und von Einzelnen aufgenommen. Der Einzelne lebt je seine fragmentierte Existenz; systemische, soziale Geschlossenheit ist heute nicht mehr erreichbar. Der jeweilige Standort von Schriftstellern und Rezipienten (die manchmal mit dem Autor interagieren) spielt eine entscheidende Rolle. Gemeinsamer Nenner vieler Theorien ist die Subjektivität und Eigendynamik des schriftstellerischen Werkes, die zu einer hermeneutischen Re-

---

[116] Überwiegend handelt es sich um Theoretiker, die auch marxistische Vorstellungen vom Verhältnis „Gesellschaft" – „Kunst", „Literatur" aufnehmen, wie z.B. Walter Benjamin, Georg Lukács, Theodor W. Adorno u.a. Vgl. weiter Peter Dinzelbacher (Hg.), Europäische Mentalitätsgeschichte, Stuttgart [2]2008; Volker Sellin, Einführung in die Geschichtswissenschaft, Göttingen [2]2008; Clifford Geertz, Dichte Beschreibung, Beiträge zum Verstehen kultureller Systeme (1987), Frankfurt [5]2003.

[117] Vgl. Sallaberger 2005; ders., Ritual, A. In Mesopotamien, RlA 11, 2007, 421–430; Cynthia Jean, Priester (Alter Orient), in: Bauks und Koenen 2011; Catherine Bell, Ritual. Perspectives and Dimensions, New York 1997; Shehata 2009.

flexion über die Bedingtheiten von Werk und Leser führen muss. Dieser hermeneutische Ansatz ist ein Geschenk der heutigen Literaturtheorien an die Fachgenossen der Altertumskunde. Denn die positivistische Einstellung früherer Generationen, dass jeder Literat für sich mit der objektiven Realität hantieren könne und jeder Leser, jede Leserin geradewegs auf die Wirklichkeit zugreifen dürfte, ist spätestens seit dem zweiten Weltkrieg verloren gegangen.[118] Das heißt: Heutige Betrachter und Erforscher alter sumerischer Schriftstücke stehen vor einer doppelten, wenn nicht dreifachen Relativierung. Die antiken Texte sind in sich Ausdrücke bestimmter, geschichtlich und kulturell (weniger persönlich!) geprägter Stimmungslagen. Die Interessen der Redaktoren und Rezipienten müssen erkannt und bedacht werden, z.B. in den Aussagen über Götter, Feinde, Freunde, Wirkkräfte. Weiter ist es unabdingbar notwendig, den eigenen Standort als Interpret der alten Lieder oder Fabeln gebührend zu sondieren, damit wir uns ein möglichst unbefangenes Bild von der uns fremden Denkart unserer Vorfahren machen können. Von vornherein steht fest: Das wird nur spurenweise gelingen, aber der Einsatz lohnt sich. Schließlich ist die Subjektivität in einer unendlich komplex gewordenen Welt nicht mehr in ein Ganzes integrierbar. Überkommene Sozialstrukturen geben der Einzelperson keinen ausreichenden Halt.[119] – Als weiteren Bestandteil einer pragmatischen Interpretationstheorie für das Alte Sumer fügen wir an: Beim Verstehen der alten Dichtungen bleiben wir unausweichlich in Denkmustern verhaftet, welche uns, unserer postmodernen Zeit und Gesellschaft gemäß sind. Sie wirken auch in ihrer Fragmentiertheit wie ein Korsett, das uns einzwängt, aber auch Sinn verspricht. Das Glück des Einzelnen ist der Leitgedanke unserer Zivilisation, damit das ersehnte Ideal von Wirklichkeit. Ziel wissenschaftlicher Arbeit ist es, die denkerischen und emotionalen Zwangsjacken der damaligen wie der unsrigen Zeit zu erkennen und nie in dem Bemühen nachzulassen, kleine Fenster in eine andere mögliche Welt aufzustoßen. Der Position des Individuums in seinem antiken Umfeld (soziale Gruppe) wird darum auch unsere besondere Aufmerksamkeit gelten. Welche Perspektiven und Fragestellungen gestatten uns den besten Einblick?

Drittens: Es gibt über Brüche und Bruchzonen der Menschheitsgeschichte hinweg geschichtliche und kulturelle Verbindungen zwischen Antike und Neuzeit. Die Literatur der Sumerer gehört (s.o. Kap. 1) anamnetisch zu unserer eigenen Geschichte, zumal sich über griechische und biblische Traditionen auch direkte Nachwirkungen des

[118] Vgl. Achim Geisenhanslüke, Einführung in die Literaturtheorie, Darmstadt [4]2007.

[119] Vgl. Ulrich Beck: „Es gibt so viele Feldzeichen auf den virtuellen Kampfplätzen der Weltinnenpolitik, dass selbst die Anführerinnen und Anführer offenbar die Übersicht längst verloren haben" (Frankfurter Rundschau vom 5./6.12.2009, 30); vgl. ders., Risikogesellschaft. Auf dem Weg in eine andere Moderne, Frankfurt 1996. Die allgemeine Ratlosigkeit beschreibt Beck treffend als eine systemimmanente Widersprüchlichkeit, die antiken Denkern nach Ausweis der altorientalischen skeptischen Weisheitsliteratur allerdings auch bekannt war: „das schmutzige kleine Geheimnis ist, dass die Dinge, die die Welt in den Abgrund stürzen, alle legal sind. Alles, was heute droht oder zerstört, wurde von den Regierungen im Zusammenwirken mit einschlägigen Expertengruppen und dem Segen der Demokratie in Gang gesetzt! Das gilt für die laufende Klimakatastrophe ebenso wie für den Finanz-Crash. … Der reiche Westen sah sich bislang als Modell für die Welt – nun muss er erkennen, dass er ein Weltuntergangsmodell entwickelt und zur Grundlage seiner Modernisierungsmission weltweit gemacht hat" (ders., Frankfurter Rundschau vom 5./6.12.2009, 31).

Alten Orients nachweisen lassen.[120] Wir untersuchen also nicht das absolut Fremde, das wäre hoffnungslos, weil wir mangels Gemeinsamkeiten und Anknüpfungspunkten rein gar nichts verstehen könnten, wie etwa von „Aliens“ einer anderen Galaxie. Oder ließen sich über den einen Kosmos auch da Verwandtschaften konstruieren? Amerikanische Assyriologen wie Samuel Noah Kramer, A. Leo Oppenheim, Thorkild Jacobsen, Albrecht Goetze, William W. Hallo u.a. waren Vorreiter einer Öffnung der Altorientalistik auf unsere Gegenwart hin: Sie erkannten, dass unsere existentiellen Fragen nach Gott, Mensch und Welt, also nach dem Sinn des Welttheaters, schon in den antiken Literaturen zur Sprache kommen.[121] Anstelle von vielen relevanten Studien sei nur ein neueres Beispiel für die Einbeziehung sumerischer Poesie in den literargeschichtlichen Diskurs heute näher dargestellt.[122]

Exkurs: Der Weg zum Leser (Jeremy Black)

Jeremy Black, der früh verstorbene Oxforder Sumerologe (1951–2004), war ein Vordenker in der literaturgeschichtlichen und hermeneutischen Debatte um das Verständnis und die heutige „Aneignung“ sumerischer Poesie. Er erkennt die „Fremdheit“ der alten Werke und die allgemeinen Schwierigkeiten, Literatur, ihren Sitz im Leben und ihre Nutzung verbindlich zu definieren, voll an. Gleichzeitig setzt er sich betont vom „positivistischen“ Verständnis von Literaturwerken ab, nämlich von der Auffassung: „...that any knowledge not entirely based on factual, historical and extrinsic evidence can be dismissed as fruitless speculation.“[123] Stattdessen bezieht er seinen Standort an der Seite der modernen Literaturkritik, vor allem in der Nähe der „Prager Schule“ (im Gefolge des russischen Formalismus) und des angelsächsischen „New Criticism“ (Reader-Response-Theorie).[124] Beide Theorie-Richtungen hatten ihre „Hoch“zeit zwischen 1920 und 1970, scheinen also heute relativ veraltet. Aber das ist nicht der Grund für die notwendige kritische Betrachtung des Blackschen Standortes. Vielmehr geht es um die Sache: Wie kann man unseren Zeitgenossen plausibel machen, dass sumeri-

---

[120] Die Altorientalistik und die Geschichtsforschung schlechthin werden sich allmählich dieser Sachlage bewusst, vgl. z.B. die Arbeiten von Black, Maul, Vanstiphout, Veldhuis, Zólyomi, u.a.

[121] Vgl. Kramer 1956; Oppenheim 1964; Jacobsen 1987; Goetze 1957; Hallo 1996; ders. 2010. Frühere religionsgeschichtlich (und nicht dogmatisch-christlich) motivierte Forscher hatten die altorientalische Literatur, noch ohne Kenntnis der sumerischen Texte, eher in ein geschichtliches Entwicklungskorsett eingespannt, als Zeugnis „primitiver“ Anschauungen, die zeitgenössisch längst überwunden waren, z.B. William Robertson Smith (1846–1894), Lectures on the Religion of the Semites, London 1894; Julius Wellhausen (1844–1918), Prolegomena zur Geschichte Israels, Berlin 1899; Johannes Pedersen, Israel, its Life and Culture, 2 Bde., London 1926 und 1940; Heinrich Zimmern, Beiträge zur Kenntnis der babylonischen Religion, Leipzig 1901. Einflussreich war auch die Verknüpfung von vorgeschichtlicher europäischer und orientalischer Archäologie durch V. Gordon Childe (1892–1957), New Light on the Most Ancient East, London 1934.

[122] Black 1998, besonders 20–41.

[123] Black 1998, 6. Für ihn gehören alle extratextuellen Hinweise oder Bezüge z.B. auf Textentstehung, Sitz im Leben, Intention des Autors, linguistische und Gattungsgeschichte zu diesen positivistischen Merkmalen, a.a.O., 6f.

[124] Herausragende Vertreter dieser für die Autonomie jeder echten „Literatur“ eintretenden Denkrichtungen sind Roman O. Jakobson, Vilém Mathesius u.a., vgl. Hans-Werner Eroms, Der Beitrag der Prager Schule zur Textlinguistik, in: Klaus Brinker u.a. (Hg.), Text und Gesprächslinguistik/Linguistics of Text and Conversation, Teilband 1, Berlin 2000, 36–43; Leroy F. Searle, New Criticism, in: Michael Groden u.a. (Hg.), The Johns Hopkins Guide to Literary Theory, Baltimore ^{2}2005, 691–698.

sche Literatur Menschen des 21. Jhs. – aus einem geschichtlichen Abstand von 4000 Jahren – überhaupt etwas zu sagen hat (s.o. Kap. 1)?

Jeremy Black geht von einigen, nicht weiter diskutierten, aber deutlich präsenten Voraussetzungen aus: a) Er sieht die Menschheitsgeschichte mit ihren kulturellen Überlieferungen als eine große Einheit. b) Weil das so ist, spielt das ganze geistige Erbe eine kontinuierliche Rolle. c) Die „Literatur" der Menschheit ist für alle Menschen interessant und wichtig. Warum?[125] d) Was Literatur ist, kann relativ leicht anhand der gehobenen, poetischen Sprache und Inhalte bestimmt werden. e) Sumerische Literatur ist poetisch, darum Teil der Weltliteratur.[126] So weit, so gut. Aber es tun sich bei der Lektüre sumerischer Werke für heutige Leser und Leserinnen Verstehensabgründe auf. Zusammengefasst: Die Weltkonstruktion, in welcher sich die Sumerer als ihrem eigenen geistigen Gehäuse bewegten, ist uns unverständlich; ihre Sprache (morphologisch, semantisch, ideologisch), Referenzsysteme, Wert- und Glaubensvorstellungen sind und bleiben uns weitgehend fremd.[127] Es gibt in den Texten keine Spur einer sumerischen Literaturtheorie, mit der wir uns auseinandersetzen könnten, und die Texte selbst sind oft auch noch fragmentarisch oder durch Abschreiber entstellt. Wie sollen wir bei so vielen Blockaden einen ertragreichen Zugang zu der alten Literatur bekommen?

Die „neue literaturwissenschaftliche Theorie", an welche Black sich anlehnt, hat den Zauberschlüssel bereit. Sie löst ja die schönen poetischen Werke der menschlichen Frühzeit von den Ursprungsdaten und macht auch die sumerischen Gedichte zu „reiner Literatur", die frei aus sich und durch sich allein spricht. Das sind zweifellos geschichtslose, strukturalistische Überlegungen, aber sie befreien von allen positivistischen Bindungen und Fremdbestimmungen. So sehr dabei auch, nach Black, die wissenschaftliche Erkenntnis von Wort und Text in der Urform ein hohes Desiderat bleibt, so kann man die „Objekt"bindung der Gedichte doch nicht absolut nehmen. Leser und Leserin heute dürfen, weil sie mitschöpferisch an der Sinngebung der antiken Literatur beteiligt sind, auch an fragmentarischen und sogar missverstandenen Textaussagen ihr Kunsterlebnis feiern. „Reception theory, as an approach to ancient literature, offers special insights, not least because, owing to the 2,000 year gap in interpretation, it encourages us to take account of our own historical situation .... According to the position taken by Wolfgang Iser, the text allows for a range of different meanings, while at the same time restricting the possibilities as the reader is guided by the literary codes or 'instructions' inherent in the text."[128] „But insofar as we expect Sumerian, or any other exotic, literature to provide a 'readerly' experience, which in the end must be the justification for our interest in it as literature rather than a historical evidence, it is clear that no complete escape from subjectivity is possible."[129] Black hat also einen Weg gezeigt, wie wir den Anschluss an die antiken Literaturen finden können. Nur bleibt ein leiser Zweifel, ob das wirklich auch im Sinne der alten Dichter und Schreiber ist: „Even though ‚future' hearers or readers are addressed by the royal authors of Mesopotamian monumental inscriptions ..., nevertheless it is certain that we in the twentieth century AD cannot be the

---

[125] Offenbar, weil Literatur immer zur Selbstfindung beiträgt, aber das wird von Black nicht diskutiert. Vgl. Black 1998, 47: „... I take for granted, that they [i.e. Ancient Near Eastern literatures] are literatures belonging to the same general category as any other literature, absorbable in the same sorts of ways and subject to the same sorts of criticism as other literatures ... ." „Insofar as a work survives into a continuing tradition, or is resurrected into a discontinuous, later modern tradition, it is the reception and impact it has on modern audiences that is my principal concern here" (a.a.O., 28).

[126] Seit dem 3.12.1872, so Black, hat die sumerische Literatur ihren Platz in der Weltliteratur gefunden: Damals stellte George Smith der Society of Biblical Archaeology in London unter Beisein des Ministerpräsidenten Gladstone das neu entzifferte Gilgamešepos vor. Dieses Epos wurde dann durch die englische Ausgabe von N.K. Sandars zum Aushängeschild mesopotamischer Poesie schlechthin, vgl. Black 1998, 4.

[127] Vgl. Black 1998, bes. 20–42.

[128] Black 1998, 48, mit Anm. 143, Verweis auf Wolfgang Iser, The Act of Reading, Baltimore 1974.

[129] Black 1998, 49.

‚listener' or ‚listeners' to whom that literature was explicitly or implicitly addressed. But through a series of historical events and accidents we have become its audience."[130]

(Hier sei der Einwand erlaubt: Ganz so brüchig oder inkohärent ist das geistige Kontinuum nicht, das uns mit den Sumerern verbindet. Neben der von Black angeführten griechischen Traditionsschiene steht die von ihm völlig vernachlässigte biblische: Die hebräischen Schriften sind Teil der altorientalischen Literatur, geistesgeschichtlich verbunden mit mesopotamischen und ägyptischen Überlieferungen, vom Chaoskampf bis zur (kosmischen) Gerechtigkeit, vom Menschenbild bis zu Gottesvorstellungen, von ethischer Orientierung bis zu Heiligkeitstabus. Nicht als exotische Aliens suchen wir Zugang zur sumerischen Geisteswelt, eher als ferne Abkömmlinge dieser imposanten alten Kultur.)

Der von Jeremy Black entwickelte, hermeneutisch reflektierte Zugang zur sumerischen Literatur ist bemerkenswert; er sollte weiter durchdacht und angewendet werden. Einige grundsätzliche Teilbedenken veranlassen mich, einen etwas anderen Weg zu versuchen: Blacks Entgeschichtlichung (oder: Entobjektivierung) der wahren „Literatur" wird weder den alten Texten noch der heutigen Situation gerecht. Sie kann außerdem leicht die wissenschaftliche Bemühung um die Originalkompositionen unterminieren, jene schwer verständlichen Texte der lange vergangenen Welt mit ihren eigenartigen Lebensvollzügen und Weltdeutungen. Und Black selbst hat doch auch in seiner besprochenen Studie und durch seine Lebensarbeit insgesamt auf die Klärung von Sachfragen aller Art hingewiesen, ohne die wir hinter dem möglichen besseren Verständnis der Texte zurückbleiben.[131] Die modernen Weltsichten und poetisch-geistigen Vorstellungen andererseits dürfen ebenso wenig ausgelöscht oder nivelliert werden. In sie hinein hat ja die Interpretation der antiken (oder weniger fernen) Literaturen zu erfolgen. Wir werden also ein anderes Theorie- und Methodenmodell für das Verstehen sumerischer Hymnen zu entwickeln haben, das die von Black aufgewiesenen traditionellen Fehleinschätzungen vermeidet, aber auch seine eigenen Parameter kritisch untersucht.

Was folgt aus dem Streifzug durch literaturgeschichtliche Theorieansätze für die in dieser Arbeit erstrebte Methode? Bei der Vielfarbigkeit und Vielgestaltigkeit sumerischer Literatur und der erstaunlichen Wandlungsbereitschaft und Experimentierfreude moderner Literaturgeschichtler ist es unmöglich, sich auf nur eine bestimmte Interpretationsweise fest zu legen. Black und andere Sumerologen empfehlen ein pragmatisches und eklektisches Vorgehen, das die sozialen und kulturellen Kontexte, in denen Texte wachsen, ständig mit berücksichtigt. Von einigen Grundlagen bisheriger altorientalistischer Textforschung (philologisch-historische Methode) möchte ich indessen nicht abgehen. Das gilt vor allem für die historisch-kritischen und formgeschichtlichen Analysen, aber auch die theologischen Interpretationen, die sich mit gewissen Wand-

[130] Black 1998, 49, Anm. 147 führt als Beleg Erwin Wolff, Der intendierte Leser, Poetica 4/2, 1971, 141–166 an.

[131] Z.B. Black 1998, 5; „... the aim of this essay will be to see if it is possible by extended reflection to create a coherence for certain written literature which is, ..., the most alien imaginable to us ... ." Partielles Verstehen sumerischer Sprache, Bilderwelt und Argumentationsmuster ist für ihn schon ein Gewinn, nach dem Wissenschaft streben muss: „... ignorance of the precise meaning of a word will circumscribe our understanding of a line of poetry, although it need not prohibit it altogether" (a.a.O., 21). Heutige Fachleute müssen aus den vorhandenen Fragmenten einen von ihnen zusammen gebauten, so niemals existenten Komposittext erstellen, der durch die Auflistung von Varianten (Textpartitur; engl: ‚score text') stellenweise verdeutlicht werden kann, aber nie dem imaginären „Original" entspricht (a.a.O., 28–38). Dieser Notbehelf ist die Grundlage für literarische Interpretation: „... for practical purposes it is precisely to the editor's composite text or composite translation (supplemented by the additional information of the score) that the critic will turn" (a.a.O., 37). Bezeichnend auch die Feststellung: „... the potential importance of all contextual and historical detail, where recoverable, cannot be stressed too highly" (Black 1998, 46).

lungen über die letzten zwei Jahrhunderte vor allem in der (christlichen) Bibelwissenschaft entwickelt und behauptet haben. Alle philologischen Praktiken sind in das Werkzeugpaket der Interpreten eingeschlossen. Der Akzent liegt allerdings auf der Berücksichtigung historisch (kulturell; religiös; gesellschaftlich) gewachsener Entstehungs- oder Hintergrundsituationen für gegebene literarische Werke, die sich deutlich von dem heutigen, durch Wissenschaft, Technik und globale Ökonomie bestimmten Weltverständnis unterscheiden. Antike und Moderne sind Schauplätze mit unterschiedlich geprägten Aktanten oder Protagonisten. Vor allem die wissenschaftlich-technische Umgestaltung der Welt seit der europäischen Aufklärung hat aus den alten Agrargesellschaften und ihrem Milieu eine industriell geprägte Landschaft gemacht. In ihr haben wiederholt Revolutionen statt gefunden (Elektrizität; Verkehr; Kommunikation; Medizin; Chemie; Raumfahrt usw.), welche Lebensweisen und Weltanschauungen der Menschen oft sprunghaft veränderten. Im Kern bleiben zwar, wie schon gesagt, wesentliche menschliche Befindlichkeiten, geistige und seelische Kapazitäten und Reaktionsweisen relativ konstant erhalten. Liebe und Hass, Angst und Glück werden sich im 21. Jh. ähnlich äußern wie in der Bronze- oder Steinzeit, aber doch unter den Bedingungen der jeweiligen Epoche und des gegebenen Kontexts. Das spezifische Umfeld, die Lebenswelt, wird sich auch auf die vorhandenen menschlichen Emotionen und ihre Bewertung, auf spirituelle Haltungen und Planungen auswirken. Die praktische Konsequenz aus solchen Überlegungen ist einfach die: Der Zugang zum Menschsein unserer Altvorderen erfolgt über ihre schriftlichen und archäologisch feststellbaren Hinterlassenschaften – weitere Quellen gibt es nicht. Daraus sind die unterschiedlichen Kontexte sorgfältig zu erheben und miteinander zu vergleichen.

Methodisch gesehen bedeutet das: Unter der übergreifenden, sozialgeschichtlichen Fragestellung nach dem antiken Text in seinem gesellschaftlich-kommunikativen Lebenszusammenhang ist die historisch kritische Erforschung der materiellen und geistigen Hintergründe ein notwendiger erster Arbeitsschritt zur Analyse sumerischer Literatur.[132] Philologische, linguistische Kleinarbeit an allen bisher gefundenen Schriftstücken mit den heute zur Verfügung stehenden Mitteln und Theorien wird folgen müssen. Dann stellt sich die Aufgabe, die zu untersuchende „Literatur“ unter den oben beschriebenen, recht unsicheren Definitionsvorgaben, aber in dem Bewusstsein zu erfassen, in ihr mit-menschliche, geistige Weltgestaltung zu erleben, die uns unmittelbar angeht (s.o. Kap. 1). Weil sumerische literarische „Gattungen“ mit modernen Textsorten nicht zur Deckung zu bringen sind, werden wir frei nach Hermann Gunkel und Sigmund Mowinckel[133] und durch die Wahl des „emotional aufgeladenen“ Lob-Themas begünstigt, versuchen, die „Stimmungen“ der Texte, d.h. nicht ihrer Verfasser, Redakteure oder Kopisten, sondern der Textbenutzer (bei meist mündlicher Rezi-

---

[132] Die als „Annäherungen“ gekennzeichneten Studien (OBO 160,1–5) zur Einführung in bestimmte Epochen der Keilschriftüberlieferung, hg. von Pascal Attinger und Markus Wäfler, belegen das Bemühen, der sumerologischen Forschung eine (vorläufig) feste, archäologisch und historisch gesicherte Grundlage zu geben. Erschienen sind unter dem Gesamttitel „Mesopotamien“ die Bände: Bauer, Englund, Krebernik 1998; Sallaberger, Westenholz 1999; Charpin, Edzard, Stol 2004; Veenhof, Eidem 2008.

[133] Vgl. Gunkel und Begrich 1933; Mowinckel 1962.

tation) zu ergründen und das Dichtwerk möglichst in seinem ritualisierten Gebrauch zu verstehen. Ein Hauptaugenmerk soll sich also auf den „Sitz im Leben“ der Doxologien und Preislieder richten. Was für die biblische Tradition gilt, trifft auch für Keilschriftliteraturen zu – obwohl die Tafeln einen langen Dornröschenschlaf hinter sich haben: „Überliefertes Wortmaterial bleibt in einer gewissen Spurbreite menschlicher, d.h. gesellschaftlicher Anwendung gefangen. … jeder tradierte Text hat zu jedem beliebigen Zeitpunkt seinen gesellschaftlichen Haftpunkt – oder er existiert nicht mehr. Mit der Zweckbestimmung von Worten … ist auch ihre Bindung an bestimmte Kommunikationsgelegenheiten und damit Menschengruppen gegeben.“[134] Daraus folgt zwingend: Die Interpretation antiker Texte kann auf sozialwissenschaftliche und kulturanthropologische Fragestellungen, Arbeitsmethoden und Forschungsergebnisse nicht verzichten.[135] Auch und gerade die Literaturen des Alten Orients lassen sich nur begreifen, wenn ihre gesellschaftlichen, institutionellen, zeremoniellen Wurzelgründe erforscht werden. Die heute reichlich vorhandenen Instrumentarien der Humanwissenschaften stehen uns wie keiner Forschergeneration zuvor zur Verfügung.

Das ist nun ein in der Altorientalistik nicht unumstrittenes Verfahren. Mit Recht weisen Fachleute immer wieder darauf hin, dass alles, was wir in den Händen haben, Texte auf Tontafeln sind, welche mit Sicherheit in Schreiberschulen, und zwar von Berufskopisten aufgezeichnet wurden (s.u. Kap. 6.2.1, Exkurs: é-dub-ba-a). Mit gleicher Sicherheit lässt sich aber sagen, dass die schriftliche Fixierung literarischer Texte kein Selbstzweck war. Man kann kaum annehmen, sämtliche ans Tageslicht gekommenen Keilschriftkopien seien lediglich Übungsexemplare für die Schreiberausbildung gewesen.[136] Wie immer man in dieser Frage urteilt, es kann kein Zweifel daran bestehen, dass die erhaltenen literarischen Kompositionen nicht aus Launen oder nach Gutdünken der Schreiber entstanden sind. Es handelt sich um Kopieraufträge für außenstehende Kunden. Parallele oder gleichzeitige mündliche Verwendung derselben Texte ist anzunehmen, so dass von einem einmaligen schriftlichen „Ur-Text“ gar nicht die Rede sein kann.[137] Und die Auftraggeber haben offenbar besonders mit den doxologischen, hymnenartigen Texten etwas anderes im Sinn, als sie für private Erbauung, d.h. persönliche Lektüre zu nutzen. Die sumerische Kultur war nicht im modernen Sinn „schriftbasiert“. Schreib- und Lesefähigkeit waren auf einen Bruchteil der Bevölkerung beschränkt. Also waren geschriebene Texte zur Unterstützung mündlicher Kommunikation[138] und für den kollektiven Gebrauch gedacht. Bei der Lob- und Preisliteratur liegt es nahe, zunächst an rituelle, speziell auch im weiteren Sinne kultische Vorgänge zu denken. Kommunikative Riten sind nicht stumm. Methodisch geht es um die Auffindung der wahrscheinlichen „Sitze im Leben“ für Einzeltexte oder Textsorten, wobei das letztere wegen der dargestellten Schwierigkeiten mit großer Vorsicht zu

[134] Gerstenberger und Schoenborn 1999, 4f. (bibl. Angaben s.o. Anm. 108).

[135] Vgl. Erhard S. Gerstenberger, Social Sciences and Form-Criticism, in: Timothy Sandoval u.a. (Hg.), Relating to the Text, London 2003, 84–99 (auch in: Eisen und Maier 2012, 419–431).

[136] Black 1998 spricht von einem großen Anteil von Schüler- oder Testkopien unter den ausgegrabenen literarischen Tafeln, die darum als besonders fehleranfällig gelten müssen (113, Anm. 48).

[137] So mit Recht Black 1998, 28–42.

[138] Vgl. den schon zitierten Sammelband von Vogelzang 1992, darin vor allem J. G. Westenholz 1992, 123–154 und Michalowski 1992, 227–245.

geschehen hat. Aber es lassen sich in der sumerischen Preis-Literatur selbst Hinweise darauf finden, wie die Nutzer der Texte sich selbst verstanden und in welchem liturgischen oder kultischen Kontext sie die relevanten Kompositionen zu Gehör brachten.

Bei der Analyse der doxologischen Formeln und Dichtungen in den folgenden Kapiteln 5 und 6 möchte ich pragmatisch und eklektisch vorgehen, was die verwendeten theoretischen Perspektiven und die daraus folgenden methodischen Prozeduren angeht. Die sumerischen Texte sind vielgestaltig und voller thematischer Überraschungen. Methodische Flexibilität, die sich an den konkreten Dichtungen orientiert, kann nur von Gewinn sein. Moderne Ansätze sind sämtlich an zeitgenössischen Texten entwickelt worden. Darum ist die blinde Anwendung von heutigen literarischen Methodenregeln sowieso höchst riskant.[139] Wir haben im Einzelfall abzuschätzen, welche Interpretationswege dem Text angemessen sind. Das übergeordnete Ziel soll jedenfalls sein, die im ETCSL vorhandenen (und so weit wie möglich die darüber hinaus auffindbaren) doxologischen Aussagen sumerischer Texte auf ihre innere Dynamik, prägende Kraft und ihren theologischen Gehalt zu untersuchen.

Wie kann das geschehen? Ich habe es bislang bewusst unterlassen, die sumerischen Dichtwerke nach Gattungen zu ordnen und z.B. den biblischen Hymnen gegenüber zu stellen. Aus den schon erwähnten Gründen ist ein solches Vorgehen unsachgemäß. Stattdessen soll der folgende zweite, vorwiegend analytische Teil (Abschnitt B) in einem ersten Abschnitt („Formkritik", Kap. 5) der Verwendung des Ausdrucks zà-mí, „Harfe" (?), „Preis" nachgehen, angefangen mit dem einfachen, formelhaften, archaisch anmutenden Abschlussruf GN zà-mí („GN sei gepriesen!") bis zu komplexeren Wort- und Satzbildungen. Sodann folgen im zweiten, umfangreicheren Teil („Literar- und Gattungskritik", Kap. 6) Studien über die Verwendungen von zà-mí-Ausdrücken im Korpus eines Gedichts einschließlich suffigierter und nicht-suffigierter Nominal- oder Verbalausdrücke. Hier kommt das Lob in der Dichtung selbst zu Gehör, nicht nur als Abschluss eines Preistextes. Jeweils der ganze Text soll von seinen Lobaussagen her verstanden werden (ab Kap. 6.2.2). Das bedeutet: Vollständige Kompositionen werden mit dem Ziel analysiert, ihre innere Struktur im Blick auf das Lobgeschehen zu erfassen. Moderne Theorieansätze sind je nach konkreter Textgestalt pragmatisch und auswahlsweise zu verwenden. Wo immer möglich und sachlich geboten, hat die Reflexion bei den heutigen Zugangsmöglichkeiten zu den antiken sumerischen Aussagen oder Problemstellungen einzusetzen. Die analysierten und interpretierten Beispieltexte sind bewusst nicht chronologisch oder nach unseren (ohnehin nicht zutreffenden) Gattungsvorstellungen ausgesucht oder angeordnet. Vielmehr gelten als Auswahlkriterien einmal der Erhaltungszustand der Dichtwerke – das Textende ist z.B. wegen der charakteristischen zà-mí-Doxologie äußerst wichtig –, zum anderen Position und Ausformung der zà-mí-Ausdrücke innerhalb des Textkorpus. Die Frage nach dem möglichen performativen „Lebenssitz" bestimmter Dichtungen steht immer im Hintergrund. Tabellarische Aufstellungen, Wortstudien und Exkurse,

[139] „... critical theory is not the same as critical method. While the two necessarily interact, most readers will feel that, in order to be convincing, the practice of criticism must be sensitive to the particular circumstances of the work which it is dealing with" (Black 1998, 42). „This underlines the necessity to relativise one's dealings with any literary theory ..." (a.a.O.).

die zum großen Teil durch die digitale Korpusform der versammelten Quellentexte und die damit gegebenen Suchfunktionen des Computers möglich werden, ergänzen die Studie. Zwischenergebnisse sollen den Fortgang der Arbeit dokumentieren.

Der dritte Hauptabschnitt (C = Kap. 7–11) ist einer theologischen Würdigung der sumerischen Lob-Texte gewidmet. Unter dem doppelten Gesichtspunkt der inhärenten Affinität und Fremdheit sumerischer Literatur gegenüber westlich-christlicher Tradition, sollen nach Möglichkeit die Konturen des Gottes- und Schicksalsglaubens der Altvorderen, so weit sie sich von der doxologischen Stimmung her abzeichnen, neu beschrieben werden. Theologische Würdigungen der sumerischen Literatur sind selten, jedenfalls solche, die Verbindendes und Unterscheidendes zur biblischen Religion darstellen wollen. Versuche in dieser Richtung haben eher einen religionsgeschichtlichen Charakter. Unter der Kapitelüberschrift „Nah ist – und schwer zu fassen der Gott" (Hölderlin) begann A. Leo Oppenheim seinen Versuch einmal mit dem skeptischen Unterabschnitt: „Why a ‚Mesopotamian Religion' should not be written".[140] Seither haben verschiedene Expertinnen und Experten gehaltvolle Darstellungen der Götterwelt und Glaubenshaltungen der Sumerer bzw. der Sumerisch-kundigen Akkader im dritten Jahrtausend und bis in die altbabylonische Zeit hinein vorgelegt.[141] Bei aller zu konstatierenden Ferne und Fremdheit der sumerischen Religion und trotz der unvermeidbaren Fehlinterpretationen und Missverständnisse aus heutiger Sicht lässt sich erahnen, dass die Wurzeln auch der abendländischen Weltanschauungen bis in jene Epoche der ersten dokumentierten Literaturschöpfung zurück reichen. Aus der heute wie damals angemessenen globalen Sicht einer umfassenden Menschheits- und Weltgeschichte erweisen sich sumerische und abendländische Modelle von Weltgestaltung als verwandte und vergleichbare Bemühungen um das Mysterium der göttlichen und menschlichen Kreativität.

---

[140] Oppenheim 1964, 171–183: Seine beiden Hauptargumente sind: Dürftige Quellenlage und Unzugänglichkeit der (polytheistischen) religiösen Konzeptionen. Das letztere scheint ihm die Hauptbarriere zu sein: „This conceptional barrier, in fact, is more serious an impediment than the reason usually given, the lack of data and specific information. Even if more material were preserved, and that in an ideal distribution in content, period, and locale, no real insight would be forthcoming – only more problems. Western man seems to be both unable and, ultimately, unwilling to understand such religions except from the distorting angle of antiquarian interest and apologetic pretenses. For nearly a century he has tried to fathom these alien dimensions with the yardsticks of animistic theories, nature worship, stellar mythologies, vegetation cycles, pre-logical thought, and kindred panaceas, to conjure them by means of the abracadabra of mana, taboo, and orenda. And the results have been, at best, lifeless and bookish syntheses and smoothly written systematizations decked out in a mass of all-too-ingenious comparisons and parallels obtained by zigzagging over the globe and through the known history of man" (a.a.O., 183). Das ist eine resignierte Absage an jede geisteswissenschaftliche Erkenntnis. Wenn wir allerdings davon ausgehen, dass in den antiken vorderasiatischen Religionen auch die Anfänge unserer heutigen „westlichen" Anschauungen verborgen sind, dürfte auch der Pessimismus Oppenheims zu überwinden sein.

[141] Vgl. Groneberg 2004; Mander 1995; Edzard 2004; Krebernik 2012.

B. zà-mí -Formeln und -Strukturen

5. Formkritik

5.1 Schreibung und Lautwerte

Die Zeichenkombination ZAG.ME (gelegentlich auch ME.ZAG) ist aus vorsargonischen Dokumenten bekannt, und seit Biggs' Hinweisen im Jahre 1966[1] wird sie im sumerologischen Diskurs fast unisono mit der späteren, d.h. seit altakkadischer (besonders dann altbabylonischer) Zeit gebräuchlichen Schreibung zà-mí identifiziert und in hymnischen Zusammenhängen als „Preis, Loblied" gedeutet. Es finden sich seit dem von Biggs nicht weiter begründeten Vorschlag nur sehr knappe Auslassungen über die doxologische Formel.[2]

Das Piktogramm ZAG stellt vielleicht zwei durch einen Kanal getrennte und von einem rechtwinklig angelegten Kanal durchflossene, einander spiegelbildlich gegenüber liegende Felder dar. Die Hauptbedeutungen „Grenze", „Seite", „rechte Seite", „Front", „Grenze", „Territorium" wären darum verständlich.[3] Von diesem semantischen main-stream scheinen sich andere akkadische Äquivalente zu entfernen: *emūqu* („force"; Labat 1988, Nr. 332)[4]; *tāmītu* („Orakelanfrage"; Borger 2003, 359, Nr. 540) und *aširtu* („Heiligtum"; a.a.O., 358, Nr. 540).[5] Das CAD führt 4 akkadische Entsprechungen für ZAG an: *aširtu* („sanctuary"; CAD 1, Teil 2, 436–439), *imnu*, *imittu* („right hand side"; CAD 7, 120–123), *paṭu* („edge, border"; CAD 12, 305–310), *pūtu* („forehead, front"; CAD 12, 547–553).

Das Zeichen ME besteht schon in präsargonischen Dokumenten lediglich aus zwei rechtwinklig zueinander geordneten Keilen, ursprünglich als hochgestellte Waagerechte, an der die Senkrechte hängt, nach der Drehung um 180 Grad beginnend mit der Senkrechten, von der mittig die Waagerechte ausgeht (Labat 1988, Nr. 532; Borger 2003, Nr. 753; Fossey Nr. 30613–30654 = S. 931f.). Diese anscheinend auf abstraktere

---

[1] Robert D. Biggs, JCS 20, 1966, 80 mit Anm. 48; ders., RA 60, 1966, 176, Anm. 6: „j'ai propose de voir dans ZAG.ME une graphie pour zà-mì 'louange'".

[2] Vgl. d'Agostino 1988; Wilcke 1972, 539; ders. 1974, 246–248; Attinger 1993, 755–761; vor allem Krebernik 1994. Die Kontroverse Hruška gegen Sollberger ist eine Episode geblieben, vgl. u. Anm. 16 und Kap. 6.2.1.

[3] So die Zeichenlisten, vgl. z.B. Labat 1988, Nr. 332; Borger 2003, Kap. III, Nr. 540; Fossey 1926, Nr. 21208–21336 (= S. 643–647); Mittermayer 2006, Nr. 206 (S. 81). Green 1987, Nr. 615 (S. 310) hat 16 Belege für die Uruk IV/III Zeit. Deimel 1922 erkennt eine „Hütte".

[4] AHw. 216 verzeichnet als Belegstellen CT 11, 41a Rs. 19 und 12, 18 I 23.

[5] Borger verweist auf Labat 1965, 148f: Kann ZAG für zag-gar-ra *„aširtu, eširtu"* stehen? Vgl. Borger 2003, Nr. 540. Die Langform ist gut bezeugt: AHw 80, CAD 1, Teil 2, 436.

Konzepte verweisende Darstellung erinnert an die einfachen, einkeiligen Zeichen AŠ und DIŠ = (Numeral) eins und suggeriert eine Kombination beider, wie im Fall des Zeichens LAL (Labat 1988, Nr. 481). Die rechtwinklige Anordnung der Keile bei ME signalisiert möglicherweise den Gedanken der Ordnung; Senkrechte und Waagerechte mögen für himmlische und irdische Dimension stehen. So scheint das Ideogramm von Anfang abstrakte Sachverhalte anzudeuten. Die späteren akkadischen Äquivalente tragen dem Rechnung: *parṣu* = „rite", „prescription" nennt Labat (1988) zuerst und an zweiter Stelle *têrtu* = „oracle", „décision" (Nr. 532). Borger (2003) belegt die sumerischen Lautwerte išib, me, tuba usw. (Nr. 753, S. 197) und verzeichnet die akkadischen Entsprechungen: das Plural- und Zahlzeichen (= Numeral 100), die Lesungen *išippu* („ein Priester") sowie *sippu* (Terminus der „extispicy"; Nr. 753, S. 419f.; nach AHw. 1049 = „Rand des Leberteils *bāb ekallim*"). Das CAD weist umfangreich die Vorkommen von *išippu* (CAD 7, 242f), *parṣu* (CAD 12, 195–202; vgl. AHw. 835f.) und *sippu* (CAD 15, 300–303) nach. Selten erscheint sumerisch me („göttliche Kraft") als Lehnwort im Akkadischen (CAD 10, 156f.; AHw. 664f.: *mû* II). Die gängigste akkadische Wiedergabe ist die oben genannte durch *parṣu* = „Amt; Kult(ordnung)". Die Übergänge zur Bedeutung „göttliche Kraft" sind fließend (AHw. 836). Dass me auch das Verbum „sein" ausdrücken kann, weist wohl auf einen nicht näher verbalisierten gedanklichen oder emotional empfundenen Zusammenhang mit den göttlichen me hin.[6]

Betrachtet man die beiden Grundelemente des Kompositnomens zà-me (ZAG.ME),[7] so ist der Zusammenhang mit der Welt des Kultischen und der Religion eigentlich eher beim zweiten Element me von vornherein klar.[8] Die Lesung me = göttliche Kraft (oft Plural!) ist gerade in der mythologischen und kultischen Literatur des 3. Jts. und der anschließenden altbabylonischen Zeit hundertfach belegt. Es geht immer um die den einzelnen Gottheiten zur Verfügung stehenden Ordnungs-Mächte, welche die Existenz von Welt, Natur und Menschheit ermöglichen und in harmonischen Bahnen halten. Eine wichtige Frage wird sein, ob Menschen nach sumerischem Verständnis den ME und darüber hinaus den göttlichen Schicksalsentscheidungen hilflos ausgeliefert sind oder wie weit sie eventuell in das Zusammenspiel der Gotteskräfte eingreifen können. – Das erste Wort der Kombination zà-me hingegen hat im Ursprung offensichtlich überwiegend rein profane Konnotationen. Die in MSL veröffentlichten lexikalischen Listen zeigen umfangreiche Aufstellungen für ZAG in der

---

[6] Vgl. Thomsen 2001, § 535–546. Das akkadische *bašûm* = existieren (AHw. 112–114) hat keine Verbindung zu ME. Wie weit die akkadische Kopula *-ma* in Nominalsätzen linguistisch mit sumerischem me verwandt sein kann, bleibt unklar (vgl. Gragg 1968). Funktional ist sie vergleichbar (vgl. Soden 1995, § 126e). Zu etymologischen Fragen und Theorien vgl. Gertrud Farber, me (ĝarza, *parṣum*), RlA 7, 1990, 611f. (§2).

[7] Die Bedeutung zusammengesetzter Nomina ist ein Grundproblem sumerischer Grammatik (vgl. Jagersma 2010, § 6.5 (S. 116–135). Danach gehört ZAG.ME zu den „left-headed noun-noun compounds", they „occur more frequently and their pattern is productive" (a.a.O., § 6.5.2 = S. 117–119, Zitat 118).

[8] Vgl. Gertrud Farber, RlA 7, 1990, 610–613; dies. (G. Farber-Flügge), 1973, 97–164.

Bedeutung z.B. von „Abgabe", „Anteil"[9]; „Grenze"[10]; „Vertrag" (*riksu*), „Eid" (*tāmītu*), „Zuweisung" (*isḫu*), „Kopf" (*rēšu*), „Erbarmen" (*rēmu*), „Geheimnis" (*pirištu*), „Honig" (*dišpu*) usw.[11] Es kommt auch das akkadische Synonym *ašaridu* = *ašarēdu* („Vornehmster") vor,[12] das eine Affinität zum Begriff „göttlich", „heilig" hat (CAD 1, Teil 2, 416–418; AHw. 78).[13] Das lässt sich z.B. auch für „Vertrag" und „Eid" sagen, weil in der integralen, einlinigen Sicht der Welt alle Lebensbereiche und Handlungen, Gegenstände und Lebewesen unmittelbar mit den göttlichen Mächten verbunden sind oder an ihnen Anteil haben. Doch kann man trotz dieser Weltbetrachtung spezifisch auf Religion, Kult und Ritus bezogene Tatbestände und Begriffe unterscheiden. Bei den Hymnen drückt eine stattliche Anzahl von Wörtern, Redewendungen und Formeln im engeren Sinn das Loben der Gottheit aus (s.u. Kap. 6).

Schreibung und Lesung von ZAG.ME haben sich schon im 3. Jt. erkennbar verschoben. Es herrscht Einmütigkeit in der Annahme, dass ZAG spätestens in den Hymnen von Abū Ṣalābīḫ den Lautwert zà hat.[14] Die etwa gleichzeitigen archaischen Fragmente der Hymne von Keš weisen leider die Zeilen nicht aus, in denen nach der altbabylonischen Kopie zà-mí vorkommt.[15] Schwieriger wird die Sache bei ME = mì = mí (?). Die Texte von Abū Ṣalābīḫ meinen eindeutig noch ME = me. Die Wiedergabe als mì (so Biggs 2003 und Nachfolger) ist wegen der allgemeinen Lautgleichheit von e und i im Sumerischen gerechtfertigt. Aber ist die spätestens seit der altbabylonischen Periode zu beobachtende Schreibung mit SAL = mí nachzuvollziehen? Wann ist sie eingeführt worden? In der altakkadischen Periode? Ist dieser etwas merkwürdige Übergang von mì zu mí nur ein phonetisches Phänomen, oder steckt dahinter ein Bedeutungswandel der Zeichengruppe? Möglicherweise deuten ZAG.ME und zà-mí aber auch auf ganz unterschiedliche Sachverhalte und dürfen nicht – wie traditionell üblich – einfach gleichgesetzt werden!?

Will man diese Fragen beantworten, ist zuerst zu klären, wann, wo und in welchen Kontexten die Schreibung zà-mí erstmalig auftaucht. In den bis dato veröffentlichten vorsargonischen Texten (also etwa zwischen 2600 und 2300 v.u.Z.) hat die Zeichengruppe durchgehend die Gestalt ZAG.ME Die erwähnten Hymnen aus Abū Ṣalābīḫ sind dafür die besten Zeugen, aber auch Einzeltexte wie Urnanše Nr. 49, III,5.9[16] und

---

[9] MSL I, 1937, Tf. IV, Kol. II, Z.58–72 (Serie ana ittišu, a.a.O., S. 58f.; Kommentare S. 109–252). Vgl. Zgoll 1997, 66–75.

[10] MSL V, 1957, Tf. II, Z.255–258 (Serie ḪAR-ra = ḫubullu, S. 70); MSL XIII (Serie izi Boghazköy, Tafel A, S. 140f.; Serie izi = *išātu*, Tafel R, S. 223f.).

[11] MSL XIII, Serie izi-*išatu*, tablet R, Kol. I, Z.30–39 (S. 223–225).

[12] A.a.O., Z.30.

[13] Weitere lexikalische Gleichungen, die oft erst sehr spät entstanden sind, bei Gertrud Farber, me (ĝarza, *parṣum*), RlA 7, 1990, 610–613, bes. 612f.

[14] Biggs 1966, 80.

[15] Vgl. Biggs 1971, 193–207 mit Gragg 1969, 155–188. Im altbabylonischen Text erscheint die Formel dreimal, in Z.9 und 131f. Eine umfassende inhaltliche Würdigung bei Zgoll 1997, 66–75.

[16] Nach Sollberger, RA 45, 1951,109. In dieser Erstveröffentlichung liest er interessanterweise nicht ZAG.ME, sondern zaĝ išib = „sanctuaire de l'exorciste" bzw. „prince des exorcistes".

Tafeln aus Ebla.[17] Vom Akkadreich sind anscheinend keine relevanten hymnischen Originaltexte erhalten. Auch die Enḫeduana zugeschriebenen Lieder liegen nur in altbabylonischen Kopien vor. Sie zeigen durchgehend die Schreibung zà-mí. Gudea von Lagaš allerdings (um 2100 v.u.Z.) lässt auf seinen Tonzylindern schon original zà-mí schreiben.[18] Die Königshymnen der III. Dynastie von Ur sind ebenfalls überwiegend aus altbabylonischen Abschriften bekannt[19] und darum nur für die zeitgenössische Schreibung aussagekräftig. Der Übergang zur neuen Orthographie, welche danach konstant bis in die Spätzeit sumerischer Literatur durchgehalten wird, muss also in der Akkadzeit oder wenig später geschehen sein. Er betrifft die aus der vorsargonischen Epoche bekannten analogen hymnischen Texte. Vor allem in der „neusumerischen" Periode der Ur III-Herrscher und daran anschließend der Isin-Larsa-Dynastien kommt das alte zà-me bzw. zà-mì nicht mehr vor. Verbirgt sich hinter dem Wechsel der Schreibweise eine Veränderung von Bedeutungen, Konzepten, religiösen oder kultischen Inhalten?

Das Zeichen MUNUS = munus („Frau"; ŠL Nr. 554; Borger 2001, Nr. 883) bildet das weibliche Schamdreieck ab und hat die abgeleiteten Bedeutungen „fein", „dünn", „sanft", „schön" (= mí; sal; šal; auch die Lesung mim/mím ist bezeugt). Als Adjektiv und verbale Komponente wird das Wort vielfach verwendet.

Die Zeichenkombination ZAG.MÍ hat an manchen Stellen die konkrete Bedeutung „Leier" (^{giš}zà-mí = *sammû*, = Leier? So Borger 2001, 359, Nr. 540). Damit ist das kultische Begleitinstrument für bestimmte, nicht näher definierte rituelle Handlungen gemeint. Belegbar ist diese Bedeutung erst nach der Akkadzeit. Das ETCSL verzeichnet für die hymnischen Texte sieben Vorkommen; CAD 15, 1984, 118–120 s.v. *sammû* hat ca. 30 Belegstellen. Anne D. Kilmer nimmt an, dass der Begriff zà-mí, „Preis" von ^{giš}zà-mí abhängig ist[20]: Die Schreiber hätten mit ZAG.ME zunächst das „schöne" oder „sanfte" Instrument gemeint und dann die von ihm begleiteten Gebete und Lieder als zà-mí-Stücke bezeichnet. Die jetzt übliche Herleitung des Ausdrucks zà-mí aus zà-me setzt identische Bedeutungen voraus. Danach wäre das alte zà-me als „Lobpreis" auf Gottheiten und Tempel zu verstehen und in der nachsargonischen Zeit nur durch die Schreibung mit -mí ersetzt worden. So viel scheint klar: Es ist schwierig bis unmöglich, die Bedeutung des zusammengesetzten Nomens aus seinen Elementen zu eruieren, denn die Regeln der Wortkomposition sind nur annähernd erschließbar.[21] Die relative Häufigkeit von zà-mí, „Lob" in allen Überlieferungsphasen spricht eher für die Priorität dieses Begriffs.Hinzu kommt die Evidenz der mit za-

[17] Edzard 1984, Nr. 6, XVIII, 2f: ^{d}UTU [ZÀ].M[E], s. Kommentar: „Doxologie" S. 30; a.a.O., Nr. 7 schließt mit ^{d}NISABA ZÀ.ME „Nisaba (sei) Preis" (col. XIV 2'; S. 31).

[18] Edzard 1997: Gudea Cyl. A XXX,14: ^{d}nin-ĝir-su zà-mí = „praise be to Ninĝirsu"; Cyl. B XXIV,15: ^{d}nin-ĝir-su zà-mí = „praise be unto Ninĝirsu!" Z.16: [é]-^{d}nin-ĝir-su-[k]a dù-a 17: [z]à-mí egir-bi = „(This) is the end of the praising hymn of (the composition) 'Ninĝirsu's House having been built.'"

[19] Vgl. Flückiger-Hawker 1999, 9.

[20] S.o. Anm. A 70; vgl. Schmidt-Colinet 1981.

[21] Vgl. Jagersma 2010, § 6.5.2.

me und zà-mí gebildeten Personennamen.[22] Die aus dem 3. Jt. bekannten Komposita hängen einen Lobaufruf (!?) an das zu preisende Objekt (Gottheit; König): GN-za-me (bzw. -zà-mí). So wird der Mondgott (^{d}nanna-za-me, bzw. ^{d}nanna-za-me-en oder ^{d}nanna-zà-mí) oder der Stadtgott von Umma, Šara, (^{d}šara-za-me bzw. ^{d}šara-za-me-en oder ^{d}šara-zà-me; einmal: inim-^{d}šara-za-me) verherrlicht. Auch die Göttin Lisin erscheint in Personennamen, dagegen fehlen bisher die in den Hymnentexten oft genannten Gottheiten Enki, Enlil, Inana, Nisaba usw. Kombinationen mit lugal oder nin verschweigen die spezielle Identität des Numens. Wichtig ist: Die mit zà-mí zusammengesetzten Personennamen bezeugen den o.g. Wechsel der Schreibweise und funkionieren offensichtlich als Wunschformen ganz ähnlich wie einige formelhafte Wendungen der Hymnentexte (s.u. Kap. 5.3.1 und 6.2).

Als Randnotiz sei hinzugefügt: Auch in späteren Abschriften finden sich auffällige Schreibweisen, die aber wohl Verschreibungen oder Schreibereigenarten darstellen. In der Hymne Šulgi B, Z.130 taucht mí-ĝu$_{10}$ auf, vermutlich eine verkürzte oder defektive Schreibung („Praise for me because of my reliable judgments is on everyone's lips“, ETCSL 2.4.2.02; anders Castellino[23]). Bei Samsu-iluna H, Z.13 ist der verkürzte Ausdruck zà-am-zu dùg-ga („it is sweet to praise you!“, ETCSL 2.8.3.8). Und in Samsu-iluna F, Segment B, Z.7 erscheint za-am-me-en-zu dùg-ga („it is sweet to praise you“, ETCSL 2.8.3.6). Alster und Walker stellen jeweils nur lakonisch die Äquivalenz von za-am-me-en-zu und zà-am-zu mit zà-mí-zu fest.[24]

5.2 *zà-mí mit und ohne Suffix*

Es geht nun darum, die formgeschichtlichen und literarischen Dimensionen des Begriffes zà-mí in den Hymnentexten selbst zu untersuchen. Ich gehe dabei von der Annahme aus: Bei dem häufig in dieser Literatur auftauchenden Ausdruck handelt es sich um eine formelhafte Wendung, die weit über konkrete literarische Vorkommen hinaus auf einen (liturgischen) Sitz im Leben schließen lässt. Ein derartiges Rückschlussverfahren vom Text auf bestimmte Lebenssituationen, in denen charakteristisch geprägte „Formen“ entstanden sind, ist zuerst von Hermann Gunkel für die alttestamentliche Exegese (und im Zusammenhang der so genannten „religionsgeschichtlichen Schule“) entwickelt worden.[25] Redeformen werden danach entscheidend durch den kommunikativen Gebrauch bestimmt. Einmal im (gerade auch mündlichen, neben- oder vorschriftlichen) Traditionsprozess geprägte Wendungen behalten ihre „Form“ selbst in der individuellen Sprache von Verfassern und Überlieferern oft zäh bei. Die Analyse der Redeformen und die Frage nach möglichen Gebrauchssituationen sind darum geeignet, größere Gattungszusammenhänge zum Vorschein zu bringen. „Gattungen“ sind in diesem Kontext komplexere, aus „Formeinheiten“ zusammengesetzte Texte, welche wiederum in bestimmte „Rituale“ eingebettet zu denken sind. Die form-

---

[22] Hinweis von W. Sommerfeld. Bislang gibt es ca. 20 Belege, darunter zwei aus frühdynastischer, drei aus der Akkade-, der Rest aus der Ur III-Zeit (zugängl. über „Digitale Nah- und Mitteloststudien“, akk. und sum. Texte, Ur III), vgl. Andersson 2012, 161. Zum akkadischen Onomastikum vgl. u. Anm. 378.

[23] Castellino 1972, 27ff.; vgl. Hall 1985, 412f.; Krispijn 1990, 1–27.

[24] Vgl. Alster 1989, 15 und 17.

[25] Vgl. Gunkel 1933; Ute E. Eisen u.a. (Hg.), Hermann Gunkel revisited, exuz 20, Münster 2010.

geschichtliche Analyse zielt also in letzter Instanz auf eine Erhellung der kommunikativen, oft rituell gestalteten Lebenssituationen, die „hinter" den tatsächlich vorhandenen literarischen Kopien liegt.

Unbestreitbar ist indessen, dass die vorhandenen Abschriften von sumerischen Hymnen oder verwandten Texten in der Regel aus Schreiberwerkstätten stammen und nicht unbedingt originalgetreu die Gebrauchssituation der Werke spiegeln. Zwar gibt es in den erhaltenen Hymnen eine Fülle von kompositorisch-liturgischen Anmerkungen, z.B. zur Stropheneinteilung, Musikbegleitung, zu zeremonieller Ausgestaltung, doch sind ebenfalls allerlei distanzierende Bemerkungen zu beobachten, welche die Position des Verfassers oder Schreibers verraten und eben nicht eine rituell eingebundene Textverwendung. Darum muss die formgeschichtliche Erörterung durch eine literarische Untersuchung ergänzt werden. Sie soll klären, ob innerhalb der literarisch überlieferten Textkorpora stabilere Gattungen von Lobgesängen festzustellen sind. Im vorliegenden Abschnitt geht es zunächst um die Frage, wie weit der formelhafte Gebrauch von zà-mí auf eine spezielle Art des Gotteslobes hinweist.

Als geeignete Textmasse für eine solche flächige Untersuchung bietet sich das Oxforder „Electronic Text Corpus of Sumerian Literature" an (s.o. Kap. 3), weil es eine Großzahl von Texten für die Durchsuchung aufbereitet hat. Zwar sind die Mängel in Kauf zu nehmen: Das Oxforder Korpus ist nicht vollständig. Es fehlen etwa die in Emesal überlieferten Dichtungen und solche Texte, die relevant sein könnten, deren Zugehörigkeit zur sumerischen „Literatur" aber strittig ist, so die sumerischen Bau- und Weihtexte, Königsinschriften etc. Ferner ist die Einteilung des Materials beim ETCSL in „Literarische Kataloge" (Nr. 0), „Erzählungen und Mythen" (Nr. 1), „Königslieder und Kompositionen mit geschichtlichem Hintergrund" (Nr. 2), „Briefe und Gottesbriefe" (Nr. 3), „Hymnen und Kultlieder" (Nr. 4), „andere Literatur" (Nr. 5) und „Sprichwörter" (Nr. 6) zu hinterfragen. Dennoch besitzt die vergleichende Forschung mit dieser relativ neuen Edition ein wichtiges Hilfsmittel.

Ausgehend von den verwendeten, statistisch erfassbaren Wortformen sollen zunächst die kleineren Redeeinheiten erschlossen werden. Sie verraten oft eine erhebliche Konstanz in der Ausdrucksweise, weil sie formelhaft konserviert über Generationen hinweg gebraucht worden sind. Das gilt sehr stark für kultisch-rituelle Formeln. Als Beispiel sei die Geschichte des hebräischen Ausrufs „Halleluja" genannt.[26] Die im Liedgut Altisraels geborene Exklamation hat sich durch kontinuierlichen Gebrauch in unterschiedlichen Kontexten und inhaltlich sowie dem „Lebenssitz" nach diversifiziert bis heute erhalten. Solche Veränderungen müssen also im Blick bleiben, die Begrifflichkeit bleibt nie statisch. Formal bleiben besonders kleine Redewendungen jedoch bemerkenswert konstant und dienen so der literarischen Anamnese.

Es ist ratsam, mit einer Untersuchung des Ausdrucks zà-mí im engsten Wortverband zu beginnen, und dann weitere syntaktische Einbindungen darzustellen. Der Begriff verrät eine gewisse Eigenständigkeit; alle Sprachen kennen ja Wörter mit eigenartiger Autonomie, vor allem auf dem Gebiet menschlicher Gefühlsausdrücke,

---

[26] Der liturgische Ruf „Lobt Jahwe!" hat auch in der modernen Musik- und Medienwelt neu Karriere gemacht; bei „Google" finden sich z.Zt. mehr als 41 Millionen Verweise (3.10.2012).

darin wiederum im linguistischen Bereich der Ausrufe.[27] Liturgische Formeln sind noch einmal ein Sonderfall.

Die Aufschlüsselung der vorkommenden Wortformen für zà-mí ergibt folgendes Bild (es geht um die bloße Morphologie der Ausdrücke):

zà-mí kommt nur in den folgenden vier von sieben Literaturkategorien des ETCSL vor:

1. narrative and mythological compositions
2. royal praise poetry and compositions with historical background
4. hymns and cult songs
5. other literature

Frei von zà-mí sind Gruppe 0 (ancient literary catalogues), 3 (litrary letters and letter-prayers), 6 (proverbs).

Tabelle 1: zà-mí ohne und mit Possessivsuffixen

zà-mí	Kategorien				*gesamt*
	narrativ (1)	königlich (2)	hymnisch (4)	sonstige (5)	
ohne Suff.	23	26	26	11	*86*
mit 1. P.Sg.	1	10	--	--	*11*
mit 2. P.Sg.	12	16	22	1	*51*
mit 3. P.Sg. personal	--	--	--	--	--
mit 3. P.Sg. unpersönlich	--	5	--	--	*5*
gesamt	*36*	*57*	*48*	*12*	*153*

Die Auswertung der Tabelle zeigt Folgendes: Überwiegend erscheint zà-mí ohne Suffix oder mit dem Suffix der 2. P. Sing. Formen mit der 1. P. Sing. sind selten; sie können nur im so genannten „Selbstlob" (Kategorie 2) verwendet werden. Das einzige Beispiel aus der „Erzählliteratur" (Kategorie 1) entstammt einer Selbstlobsituation. Dass auch die 3. P. Sing. als Possessivsuffix fast vollständig fehlt, erstaunt, sind doch die suffixlosen, mehrheitlichen Vorkommen sämtlich auf eine dritte Person oder Sache bezogen. Die fünf Vorkommen von 3. P. Sing. *inanimate* (unpersönlich, -bi) sind als Ausnahme untersuchenswert, sie erscheinen nur in der 2. Textkategorie:

Šulgi B (ETCSL 2.4.2.02, Z.4): á-na zà-mí-bi-im kalag-ga-na šìr-bi-im („... the praise poems of his power, the songs of his might"). In dem Vorspruch auf das große Selbstlob des Königs (Z.1–10) sind die beiden Suffixe auf das als unbelebt konstruierte Nomen bzw. Adjektiv á (Kraft) und kalag (mächtig) bezogen. Im Verlauf des langen Gedichtes tauchen dann auch gattungskonform Suffixe der 1. P. Sing. mit Bezug auf den König auf (Z.130; 384). Die Parallelisierung von zà-mí und šìr in Z.4 ist höchst signifikant.

Šulgi O (ETCSL 2.4.2.15, Segment B, Z.6) enthält anscheinend eine ähnliche Aussage; leider ist der Text unsicher. Das Suffix -bi bei zà-mí ist lesbar; danach taucht eventuell dùg („gut") auf, gefolgt von šìr. So scheinen beide Ausdrücke für „Preis(lied)" wieder parallel.

[27] Vgl. z.B. Peter Schlobinski u.a. (Hg.), Jugend und „ihre" Sprache, Opladen 1998, 33. Sprachgeschichtlich mag die menschliche Entwicklung überhaupt mit „Urschreien" angefangen haben (Interjektionstheorie). Vgl. Anton Batliner, Der Exklamativ, in: Hans Altmann (Hg.), Intonationsforschungen, Tübingen 1988, 243–271; Inger Rosengren, Zur Grammatik und Pragmatik der Exklamation, in: ders. (Hg.), Satz und Illokution 1, Tübingen 1992, 263–306; Frank Liedtke, Grammatik der Illokution, Tübingen 1998, 176–200.

Rīm-Sîn B (ETCSL 2.6.9.2, Z.56) enthält einen Bezug auf den grammatisch *inanimate* konstruierten Abzu: en an ki lugal abzu-a zà-mí-bi maḫ-a („Lord of heaven and earth, king of the abzu, its praise is august").

Zwei weitere Verwendungen von zà-mí mit Suffix der 3. P. (unpersönlich) beim Begleitnomen in den Gudea-Zylindern (ETCSL 2.1.7, Z.814 und 1361) sind technischer Art, siehe weiter unten. Alle fünf Fälle von *inanimate* Suffixen sind also aus dem Textzusammenhang zu erklären.

Aus der schematischen Übersicht in Tabelle 1 lässt sich erkennen: Das Schwergewicht aller Vorkommen von zà-mí liegt durch alle ETCSL-Kategorien sumerischer Literatur einmal auf dem suffixlosen Gebrauch (86 Fälle), zum anderen beim Ausdruck mit Suffix der 2. P. Sing. (51 Mal „dein zà-mí"). Daneben halten die im „Selbstlob" erscheinenden suffigierten Formen mit Suffix der 1. P. Sing. eine schwache dritte Position (10 Fälle). Über die Hälfte aller Vorkommen (86 von 153) zeigen die Absolutform! Das sagt noch nichts über ihre tatsächliche Verflechtung in den jeweiligen Kontext. Aber es eröffnet sich doch die Möglichkeit, dass zà-mí ein relativ eigenständiger Ausdruck ist. Ein Vergleich mit synonymen Nomina (etwa: ár = Lobpreis; èn-du = Eulogie; šìr = Lied, Hymne usw.) könnte die Vermutung von starker, autonomer Verwendung (Exklamation!) unterstützen oder fragwürdig machen.

Eine kurze Prüfung der drei genannten Lemmata im ETCSL ergibt folgendes Bild: ár kommt 48 Mal vor, davon zeigen 18 keinerlei morphologische Zusätze. èn-du ist 60 Mal vertreten, mit 16 absoluten Wortformen; šìr hat die häufigste Frequenz: 136 Fälle brutto stehen 77 absoluten Formen gegenüber. Damit kommt nur das letzte Wort auf ein ähnliches Verhältnis von reinen zu affigierten Formen wie zà-mí. Das Lemma šìr eignet sich aber seinem semantischen Gehalt nach kaum zur exklamativen Verwendung. Sein häufiger autonomer Gebrauch wird darum andere Gründe haben.

Die gleich folgende Untersuchung der unabhängigen und suffigierten Formen von zà-mí wird weiter klären, was von der zà-mí-Formel zu halten ist. Hier soll nur noch auf die zweite auffällige Tatsache hingewiesen werden: Formen von zà-mí mit dem Suffix der 2. P. Sing. – und nur sie, die 3. P. fehlt als suffigierte Bezugsgröße! – bilden den signifikanten zweiten Block der Belege. Das deutet auf eine Verankerung von zà-mí in einem anderen literarischen und gattungsgeschichtlichen Zusammenhang. Denn die unpersönliche Rede in einem „objektiven" Bezugssystem ist von dem an ein persönliches Gegenüber, sei es fiktiv, virtuell oder real, gerichteten Diskurs zu unterscheiden. Die oben eruierten Ausdrücke von der Art „dein zà-mí" führen unmittelbar in die dialogische und liturgische Sprache hinein. Die Letztere erfährt in den direkt eine Gottheit anredenden Lobpsalmen eine spezifische Ausgestaltung. Eine ausgedehnte Diskussion der unterschiedlichen „Sprechrichtungen" und Zuhörerszenarien hat es schon vor längerer Zeit in der alttestamentlichen Psalmenforschung gegeben.[28]

5.3 Kombination mit Bezugsgrößen

Ob mit oder ohne Suffix, zà-mí steht in den Texten nie völlig isoliert da, selbst wenn es als Ausruf verwendet wird. Der Ausdruck ist besonders häufig mit Götternamen

---

[28] Vgl. Claus Westermann, Lob und Klage in den Psalmen, Göttingen [5]1977; Frank Crüsemann, Studien zur Formgeschichte von Hymnus und Danklied in Israel, WMANT 32, Neukirchen-Vluyn 1969.

und verehrenswürdigen Größen verbunden, und zwar einmal in der nicht-suffigierten, absoluten, aber auch in der suffigierten Form. Darum sind nacheinander diese Varianten zu beachten: Kap. 5.3.1 behandelt nichtsuffigierte, 5.3.2 suffigierte Formen, jeweils in Verbindung mit preiswürdigen Gottheiten, Personen oder Objekten.

5.3.1 Nichtsuffigiertes zà-mí

Es gilt, einen Überblick über die nominalen Bezugsgrößen und ihre Verbindung zu zà-mí zu gewinnen. Dazu seien zunächst die Quellen in der Reihenfolge und Nummerierung des ETCSL vorgestellt. Wie schon aus Tabelle 1 ersichtlich, handelt es sich überwiegend um absolutes zà-mí mit nominalem Bezug. Auch die suffigierten Formen sind syntaktisch auf eine Bezugsfigur, meistens eine Gottheit, ausgerichtet.

Tabelle 2a: zà-mí und Bezugsnomina (Namen etc.)

Bezugsnomina (GN; TN etc.) (mit Zusätzen wie en; a-a; sikil)	narrativ (1)	königlich (2)	hymnisch (4)	sonstige (5)	*gesamt*
Absolutes zà-mí ohne Nomen: 2.1.7, Z.814 (Gudea A 30.16) / 2.1.7, Z.1363 (Gudea B 24.17)	--	2	--	--	*2*
Person (anonym): en (Priesterin) 2.4.2.02, Z.134 (dat.!)	--	1	--	--	*1*
Tier: áb (Kuh) 4.13.06, Z.36	--	--	1	--	*1*
Gottheiten (Namen)					
Nisaba 1.3.2, Z.184 / 1.6.2, Z.723 / 1.8.1.5, Z.202 / 1.8.2.4, Z.283 / 2.1.2, Z.200 / 2.4.2.01, Z.102 / 2.4.2.02, Z.385 / 2.4.2.24, Z.160 / 4.29.2, Z.78 / 4.80.1,Z.542 / 5.1.3, Z.74 / 5.3.1, Z.196 / 5.5.4, Z.109 / 5.6.1, Z.280	4	4	2	4	*14*
Enki 1.1.1, Z.281 / 1.1.3, Z.85 / 1.1.3, Z.139 / 1.1.3, Z.472 / 1.1.4, Z.129 / 4.06.1 Segm. C, Z.70 / 4.19.1, Z.34 / 4.19.1, Z.36 / 4.27.03, Z.82 / 5.3.2, Z.193 / 5.3.5, Z.190	5	--	4	2	*11*
Enlil 1.2.1, Z.154 / 1.3.2, Z.183 / 1.3.3, Z.310 / 4.27.03, Z.80 / 5.3.3, Z.318 / 5.3.6 Segm. I, Z.12	3	--	1	2	*6*
Inana 1.3.2, Z.183 / 1.3.3, Z.310 / 2.1.5, Z.281 (OB vers.) / (2.5.3.1, Z.217) / 4.07.2, Z.154 / 4.07.a, Z.123	2	1 (1)	2	--	*6*
Nanna, Suen (Ašimbabbar) 2.4.2.24, Z.159 / 2.4.5.4 Segm. B, Z.15 / 4.13.06, Z.45	--	2	1	--	*3*

Ningirsu 2.1.7, Z.813 (Gudea A30.14) / 2.1.7, Z.1361 (Gudea B 24.15)	--	2	--	--	*2*
An 4.29.1 Segm.D, Z.20	--	--	1	--	*1*
Ašgi 4.80.2, Z.132	--	--	1	--	*1*
Kusu 4.33.2, Z.41	--	--	1	--	*1*
Ningišzida 2.4.1.1, Z.240 (vers. Nibru)	--	--	1	--	*1*
Ninisina 4.22.1, Z.135	--	--	1	--	*1*
Nintur 4.80.2, Z.133 (dat.!)	--	--	1	--	*1*
Ninurta 2.4.2.20, Z.27	--	--	1	--	*1*
Nungal 4.28.1, Z.121	--	--	1	--	*1*
Utu 4.06.1 Segm. C, Z.69	--	--	1	--	*1*
Personen (Namen)					
Enkidu 1.8.1.5, Z.201 / 1.8.1.5, Z.202 (var.)	2	--	--	--	*2*
Enmerkar 1.8.2.3, Z.104 (c. dat.!)	1	--	--	--	*1*
Gilgameš 1.8.1.5, Z.201 (Var. m í d u g$_4$ - g a)	1	--	--	--	*1*
Lipit-Eštar 2.5.5.2, Z.63	--	1	--	1	*2*
Lugalbanda 1.8.2.2, Z.417	1	--	--	--	*1*
Šulgi 2.4.2.01, Z.102 (var.)	--	1	--	--	*1*
gesamt	*19*	*14*	*20*	*9*	*63*

Die Zusammenstellung in Tabelle 2a ergibt eine starke Konzentration der absoluten z à - m í - Vorkommen in der Kombination mit vier Namen von Gottheiten (Nisaba; Enki, Enlil, Inana), deren spezifische Bedeutung zu ergründen ist. Ansonsten tauchen 19 weitere heilige Wesen, meistens Gottheiten, auf, denen das z à - m í in irgendeiner Weise gelten soll. Die Verteilung der Stellen auf die einzelnen Textgruppen ist nicht auffällig. In der fünften, zahlenmäßig abfallenden Gruppe befinden sich überhaupt weit weniger Texte als in den drei relevanten anderen. Am wichtigsten in unserem Zusammenhang ist die Beziehung des Begriffs zu den durchweg voran stehenden Namen bzw. Nomina. Die zwei Fälle ohne Anlehnung an ein solches Nomen in den Gudea-Zylindern fallen nicht ins Gewicht, sind aber in anderem Zusammenhang (s.u.) bedeutsam.

In aller Regel weisen die zusammengehörigen Lexeme (Nomen + z à - m í) keinerlei grammatische Anzeichen ihrer Verbindung auf. Sie stehen asyndetisch nebeneinander. Das ist in der sumerischen Grammatik kein unbekanntes Phänomen, kann diese Wortfolge doch aufzählende, attributive oder synthetisierende Funktion haben.[29] Hier allerdings ist keine der genannten Bedeutungen einsichtig. Wie sollte ein Gottesname mit folgender zà-mí-Formel zu verstehen sein? Womöglich helfen die Stellen, an denen das bloße Nebeneinander der Wörter aufgegeben und eine dativische oder ähnliche Beziehung angedeutet ist, weiter. Es sind in der obigen Aufstellung lediglich drei von 60 Belegen (die durch wenige andere Fälle aus den folgenden Tabellen ergänzt werden können, s.u. Tab. 2b):

> en-ra zà-mí = „for eulogy of the en-priestess" (2.4.2.02, Z.134: Šulgi B)
> kèš^{ki} mí dug$_4$-ga ^{d}nin-tur$_5$-ra zà-mí = „Praise be to cherished Keš and Nintur!" (4.80.2, Z.133: Keš temple hymn; Zgoll: „Der, die Keš gepriesen hat, Nintu[r] sei zà-mí!")
> za-ra en-me-er-kár dumu ^{d}utu zà-mí = „Praise be to you, Enmerkar, the son of Utu!" (1.8.2.3, Z.104)

Der erste Beleg stammt aus der berühmten Hymne Šulgi B, einem für unsere Ohren ungeheuerlichen Selbstlob, in dem der psalmenfreudige zweite König der dritten Dynastie von Ur seine unverzichtbare Bedeutung und Kraft für das Staatswesen, als Agent oder Personifikation der Göttin Nintur, darlegt. Der Abschnitt, welcher das obige Zitat enthält (Z.131–149), erklärt Šulgis zentrale Bedeutung für das Ritualwesen. Der König selbst inspiriert und dirigiert die Aktivitäten verschiedener sakraler Fachleute, darunter auch die der „en-Priesterin"[30]. Ihr kommt ein besonderes Preislied zu. – Im zweiten Beleg ist der Dativ ebenfalls nach dem Gottesnamen Nintur geschrieben. Bezieht sich das zà-mí auf diese Göttin *und* die heilige Stadt Keš?[31] Dann müsste die Stadt als Personenklasse aufgefasst worden sein. Zgoll erkennt hier eine einzige dativische Nominalphrase, so dass das Preislied nur auf die Göttin zu beziehen ist: „Der, die Keš gepriesen hat, Nintur sei zà-mí!" Viele Stellen mit weiteren Angaben, Epitheta usw. zur gepriesenen Person sprechen für diese Interpretation, u.a. die Gilgameš-Stelle ETCSL 1.8.1.5, Z.201 oder die Schlussdoxologie von Inana B (ETCSL 4.07.2; s.o. Kap. 6.2.2.4) und andere mehr (vgl. auch ETCSL 4.06.1 Segm. C, Z.69). Der richtungweisende Dativ -ra bei zà-mí -Ansagen gehört eher zum narrativen und nicht zum poetisch-liturgischen Ausrufstil. Jedenfalls soll der (göttlichen) Bezugsfigur an beiden Stellen zà-mí zukommen, ihr soll mit zà-mí gehuldigt werden. – Die dritte Aussage gehört nur formal hierher. Tabelle 2a enthält ja die „objektiven", absoluten Ausdrücke von zà-mí, doch bei 1.8.2.3 („Enmerkar and the Lord of Aratta"), Z.104 handelt es sich um eine direkte Anrede an den Gepriesenen oder Geehrten. Catherine Mittermayer findet in den Textzeugen keine Spur des selbständigen

---

[29] Jagersma legt in seiner Grammatik (s.o. Anm. 7) großen Wert auf die syntaktischen Funktionen aller Wörter und Wortkombinationen, vgl. ders. 2010, § 5 (S. 87–100: The noun phrase and its parts); § 11 (S. 285–308: Verbs and verbal clauses); § 27 (S. 583–626: The complex sentence); § 29 (S. 677–714: Copular clauses); § 30 (S. 715–718: Nominal clauses); vgl. auch Edzard 2003, Kap. 4 (S. 23–27: The ‚Word' in Sumerian, Parts of Speech); Thomsen 2001, § 44 (S. 51f.: Word Order).

[30] Vgl. Klein 1981a; Sallaberger 2005, 617–640, besonders 623–628: en bezeichnet eine Vorrangstellung im Blick auf die Hauptgottheit. „Die Aufgabe der Hohepriesterin lässt sich in Analogie zur Ehefrau als dauernde Betreuung des Gottes verstehen" (a.a.O., 627); Krispyn 1990.

[31] Vgl. die Kommentare von Gragg 1969, 155–188; Edzard 1974, 103–113; Wilcke 2006, 201–237.

Personalpronomens (dies. 2009, 164) und liest Z.104 so: [XXX] ⸢AN?⸣ [X] en-me-er-kára dumu ᵈutu zà-mím (a.a.O., 69; Dativ am Eigennamen).

Offen bleibt die Frage, ob solche vereinzelten Lesehilfen ausreichen, das Gesamtvorkommen an absoluten, asyndetisch nebeneinander gestellten Wortclustern nach dem Schema „Nisaba/ Enki/ Enlil/ Inana usw. zà-mí" zufriedenstellend zu erklären. Es handelt sich um mindestens 55 klare Fälle. Dabei sind die Bezugsgrößen, die nicht völlig allein stehen, sondern in sich mit nominalen Attributen oder Genetiven „behaftet", d.h. erweitert sind, eingeschlossen. Denn solange keine Verbalausdrücke zum Bezugswort hinzutreten, bleibt das Wortcluster eine kompakte Sinngröße, die ganz dem folgenden zà-mí zugeordnet ist. Also sind kurze Ausdrücke wie „Enki zà-mí" für unsere Zwecke den erweiterten von der Form ᵈen-ki en an ki zà-mí („Enki, Herrscher, Himmel, Erde zà-mí", 1.1.3, Z.139) gleichzustellen. Im Prinzip ist es sogar unerheblich, wenn ganze nominalisierte, das Bezugswort verdeutlichende Wortgruppen dem zà-mí vorausgehen, wie z.B. in 4.06.1 Segm. C, Z.69: á mah niĝir-ra-ke$_4$ mí dug$_4$-ga šul ᵈutu zà-mí („Praise be to the youthful Utu, who has kindly supported the excellent power of the Herald").

Der Eindruck, den die Masse der Belegstellen vermittelt, ist überwältigend der: Hier steht ein Ehrfurcht gebietendes Wesen, ein Aktant größten Gewichtes (das kann auch von Städten, heiligen Tieren, Sakralfunktionären und mythischen Herrschern gelten) im Raum, und diesem Wesen wird zà-mí entgegengebracht. In der Zusammenschau mit später darzulegenden literarischen Eigenheiten (s.u. Kap. 6.2 und 6.3) lässt sich der Schluss nicht umgehen, dass absolut gebrauchtes zà-mí in der Zuordnung zu einem (göttlichen) Gegenüber ein preisender Ausruf sein muss. „Lob dem (der) ...!", wobei über Inhalt und Wirkung der Exklamation noch nichts gesagt ist. Vielleicht sollten wir Ausdrücke wie ᵈnisaba zà-mí mit „Nisaba, Hoch!" oder „Nisaba, Harfenmusik!" oder „Nisaba, Heil!" übersetzen. Die inhaltliche Füllung wird sich im weiteren Verlauf der Untersuchung ergeben. Linguisten, vor allem Sprechakttheoretiker,[32] halten Ausrufe des Erstaunens, der Hingabe und der Würdigung für uralte Äußerungen menschlicher Weltgestaltung.

5.3.2 *Suffigiertes zà-mí*

Die unten vorwiegend in den Tabellen 3 und 4 zur Sprache kommenden suffigierten und selbst durch Adjektive oder Verbalaussagen bestimmten Formen von zà-mí sind meist von Bezugsnomina abhängig oder auf sie hingerichtet. Die Suffigierung impliziert, dass zà-mí nicht als Ausruf, sondern als Aussage verwendet ist. Hier soll nur geprüft werden, ob sich ein den absoluten zà-mí-Vorkommen vergleichbares Verhältnis zu der vorangestellten (göttlichen) Figur abbildet und wie häufig es erscheint.

---

[32] Vgl. John L. Austin, Zur Theorie der Sprechakte, bearb. von Eike von Savigny, Stuttgart ²1975; John R. Searle, Sprechakte, deutsch von R. und R. Wiggershaus, Frankfurt ³1988; ders., Eine Klassifikation der Illokutionsakte, in: Paul Kussmaul (Hg.), Sprechakttheorie, Schwerpunkte Linguistik und Kommunikationswissenschaft 17, Wiesbaden 1980, 82–108.

Tabelle 2b: zà-mí-zu (-ĝu₁₀; -bi) und Bezugsnomina

Bezugsnomina Götter- bzw. Tempelname	narrativ (1)	königlich (2)	hymnisch (4)	sonstiges (5)	*gesamt*
GN / TN unmittelbar vor z.	8	6	14	1	*29*
GN / TN 1 bis 3 Wörter entfernt	3	5	6	-	*14*
GN / TN weiter als 3 Wörter	2	12	2	-	*16*
andere Nomina	-	13	-	-	*13*
gesamt	*13*	*36*	*22*	*1*	*72*

Die Ergebnisse der Auszählung sind mit etwas Vorsicht zu genießen. In einigen Beispielen, in denen zà-mí ein Suffix der 1. P. Sing. hat, erscheint der Bezugsname zwar direkt vor unserem Begriff, aber er hat nicht die absolute Form, sondern ist durch die enklitische Kopula und Personalpronomen erweitert: ur-^{d}namma-me-en zà-mí-ĝu$_{10}$ … („Urnamma bin ich, mein Lob …"; 2.4.1.3, Z.115). Diese Konstellation trifft auf drei Stellen[33] zu, die damit von der Gesamtzahl 29 der beschriebenen Fälle abgezogen werden müssen. Denn in solchen Wortverbindungen ist die Ich-Aussage relativ eigenständig und der zà-mí-Ausdruck verbindet sich eher mit dem folgenden Adjektiv. Damit ergibt sich ein anderes Sprachgebilde, das mit den asyndetisch nebeneinander gestellten Lexemen (s. Tab. 2a) nicht vergleichbar ist. Der Unterschied ist deklamatorisch, nicht semantisch, auch bei ungeschriebenem aber gedachtem Dativ.

Ähnliches lässt sich von den in Tabelle 2b an dritter und vierter Stelle aufgelisteten Formulierungen („GN; TN weiter als 3 Wörter entfernt; andere Nomina") sagen. Der enge Bezug zu einem Gottesnamen wird durch zwischengeschaltete Satzelemente unterbrochen bzw. ist im Fall anderer Bezugsgrößen für zà-mí gar nicht vorhanden. Für dieses letztere Phänomen noch einige Beispiele, sie konzentrieren sich aus unerfindlichen Gründen in der zweiten Gruppe des ETCSL-Korpus: zà-mí gal-gal dug$_{4}$-ga[ab Z.34: dug$_{4}$-ge] du$_{7}$-ĝu$_{10}$ šìr-re-éš ḫé-em-e-ne „Let them tell in song [šìr-re-éš] a perfect recital of all my praiseworthy deeds".

Der Refrain kommt in Šulgi C insgesamt 8 Mal als Strophenabschluss vor (2.4.2.03, Segm. A, Z.20,34,52,84,114,145; Segm. B, Z.19,74). Hier hat zà-mí gal-gal offenbar die Bedeutung „Großtaten" („großer Ruhm"? „Superlob"?);[34] der Ausdruck ist in den verschachtelten Satz integriert, dessen plurale Prekativform (ḫé-em-e-ne) den eigentlichen Nachdruck trägt. – Interessant im Blick auf einen Bedeutungswandel von zà-mí sind auch die beiden schon angesprochenen Stellen aus Gudea, Zylinder A und B. Jeweils am Ende des Textes erscheint der kolophonartige Vermerk zà-mí mu-ru-bi-im (2.1.7, Z.814 = Schlusszeile von A: „This is the middle of the hymn")

[33] Es handelt sich um ^{d}en-ki-me-[en] zà-mí-ĝá … (1.1.3, Z.101; Enki and the World Order); ur-^{d}namma-me-en zà-mí-ĝu$_{10}$ … (2.4.1.3, Z.115; Urnamma C); šul-gi-me-en zà-mí-ĝu$_{10}$ … (2.4.2.05, Z.257; Šulgi E). Eine erweiterte Form der Ich-Aussage findet sich in 2.5.5.1, Z.107f. (^{d}li-pí-it-eš$_{4}$-tar dumu ^{d}en-líl-lá-me-en zà-mí-ĝu$_{10}$). Sie ist in der obigen Tabelle 2b in der Rubrik „1–3 Wörter entfernt" verzeichnet.

[34] Vgl. auch Šulgi B (2.4.02, Z.378), Išme-Dagan A (2.5.4.01, Segm. A., Z.403): Hinweis A. Bartelmus. Ein Refrain in der Hymne Šulgi F belegt diese Bedeutung: Z.57: „Das Lob meiner gewaltigen, übergroßen Kraft soll dieses Lied hervorbringen" [zà-mí ˹á˺ maḫ gal-˹gal˺-la-ĝa ˹sèr-re ḫu-mu-pà-dè˺] (Lämmerhirt 2012, 56; könnte auch das Lied die Lobmacht kreieren?)

bzw. zà-mí eĝer-bi (2.1.7, Z.1363 = Schlusszeile von B: „This is the end of the hymn"). Der Ausdruck zà-mí mutiert anscheinend zu einem literarischen oder kultischen, verobjektivierenden Fachterminus. Doch ist der evtl. originalere Gebrauch des Wortes (Exklamation!) ebenfalls im Gudea-Text vorhanden: Nur zwei Zeilen vor dem Schluss von Zylinder B steht: ^{d}nin-ĝír-su zà-mí („Ningirsu [sei] Preis!").

Die suffigierten Formen von zà-mí sind weit entfernt von der absoluten Variante, die sich an eine meist namentlich (Götter; Heroen usw.) genannte Größe anlehnt und exklamative Funktion hat. Ist zà-mí ein Suffix beigegeben, orientiert es sich auf folgende Attributionen. Ein voran stehender Name hat dann eine grundlegend andere Bedeutung. Er markiert bei Suffixen der 1. P. Sing. den Sprecher, bei Suffixen der 2. P. Sing. den Adressaten des Textes. Die letztere Konstellation weist den Lobgesang als „direkt die Gottheit ansprechenden Text" aus. Selbst in der literarischen Gestalt reflektiert der Anrede-Stil eine kultische Praxis.

5.4 Qualifikation durch Adjektive/Nomina

Die vorstehenden Beobachtungen zeigen, dass zà-mí mindestens in der altbabylonischen Zeit ein breiteres Bedeutungsspektrum hatte: Resultat einer sprach- und kultgeschichtlichen Entwicklung. Frühere Erklärungen, kurze, „primitivere" Formen bildeten den Ausgangspunkt, sind zu simpel. Wie verbindet sich zà-mí mit meist attributiv gebrauchten Wörtern wie Adjektiven oder Verbalnomina, aber auch finiten Verben (Grenzen der Wortarten fließend!)? Hier genügt eine grobe Unterscheidung von attributiven und prädikativen Wortverbindungen. Die Verteilung von dùg („gut") und dug$_4$ („sagen", meist in nominalisierter Form) auf zwei Tabellen hat eher praktische als grammatische Gründe. Es geht um die Satzelemente, die auf zà-mí folgen, während bisher voran stehende Namen diskutiert worden sind. Die auf zà-mí folgenden Elemente dürften Licht auf Bedeutung und Funktion des Ausdrucks werfen und so Abgrenzungen von den in Tabelle 2a untersuchten Formulierungen ermöglichen:

A) zà-mí ohne Suffixe

2.4.2.02, Z.378 (Šulgi B): ki-tuš nam-lugal-ĝá zà-mí gal-gal-la-kam („my royal residence is above all praise .."; oder, Vorschlag A. Zgoll: „der Wohnort meines Königtums ist <der [Wohn]ort> der großen Preislieder.")

B) zà-mí mit Suffix der 1. P. Sing.

2.5.4.01, Segm. A, Z.335f. (Išme-Dagan A+V): a-da-ab tígi šumun-ša$_4$ ma-al-ga-tum šìr-gíd-da <zà>-mí nam-lugal-ĝu$_{10}$ šag$_4$-bi níĝ til-la („adab, tigi, šumunša, malgatum, širgida, [my, *Einfügung d. Verf.*] royal praise poems perfect in content"). [Suff. 1. P. Sing. am Zweitnomen!]

2.4.1.3, Z.115 (Ur-Namma C): [sipad] ur-^{d}namma-me-en zà-mí-ĝu$_{10}$ dùg-ga-àm („Sweet is the praise of me, the shepherd Ur-Namma.")

2.4.2.02, Z.384 (Šulgi B): zà-mí-ĝu$_{10}$ dùg-ga-àm („It is good to praise me.")

2.4.2.03, Segm. A, Z.20+34+52+84+114+145; Segm. B, Z.19+44 (Šulgi C; Refrain 8 Mal):

zà-mí gal-gal dug$_4$-ga du$_7$-ĝu$_{10}$ šìr-re-eš ḫé-em-e-ne („Let them tell in song a perfect recital of all my praiseworthy deeds!" Besser: „Sie mögen im Lied sagen die großen Preislieder auf mich, die vorgetragen [lit: gesagt] wurden, die perfekten": A. Zgoll)

2.5.4.01, Z.403 (Išme-Dagan A+V): ^{d}nin-líl-[ra] ... zà-mí gal-gal-ĝu$_{10}$ ud šú-šè ḫu-mu-na-X („My great praise songs shall be performed to Ninlil daily")

2.5.5.1, Z.108 (Lipit-Eštar A): zà-mí-ĝu$_{10}$ dùg-ga-àm („mein Preis ist gut")

C) zà-mí mit Suffix der 2. P. Sing.

1.1.2, Z.141 (Enki und Ninmaḫ): a-a [d]en-ki zà-mí-zu dùg-ga Enki, dein Preis ist gut"; „es ist gut, dich zu preisen"). [Übersetzungen wegen Redundanz nun meist weggelassen].

1.3.4, Segm. C, Z.37 (Inana and Gudam): zà-mí-zu dùg-ga-àm (Inana)

1.3.5, Segm. D, Z.62 (Inana and An): ki-sikil [d]inana zà-mí-zu maḫ-àm

1.4.1, Z.412 (Inana's descent to the nether world): zà-mí-zu dùg-ga-àm (Ereškigal)

1.6.1, Z.207 (Ninurta's return): nir-⌜ĝál⌝ [a]-a ugu-na zà-mí-zu dùg-ga-àm

1.6.2, Z.725 (Ninurta's exploits): [nir]-ĝál a-a ugu-na zà-mí-zu dùg-ga-àm

1.7.3, Z.90 (Ningišzida's journey): kug gal [d]ereš-ki-gal-la zà-mí-zu dùg-ga-àm

1.8.1.1, Z.115 (Gilgameš and Aga): zà-mí-zu dùg-ga-àm (Gilgameš)

1.8.1.2, Segm. D, Z.59 (Gilgameš and the bull of heaven): gud an-na ug$_5$-ga kug [d]inana-ke$_4$ zà-mí-zu dùg-ga.....

1.8.1.3, another vers. from Nibru, Z.42 (Death of Gilgameš): [d]gilgámeš [en] kul-aba$_4$[ki]-ka zà-mí-zu dùg-ga-àm

1.8.1.3, vers. from Me-Turan, Segm. K, Z.12 (Death of Gilgameš): [d]ereš-ki-gal ama [d]nin-a-zu-ke$_4$ zà-mí-zu dùg-ga

1.8.1.4, third vers. from Urim, Z.17 (Gilgameš, Enkidu and the nether world): zà-mí-zu dùg-ga-àm (Gilgameš)

2.4.1.4, vers. of unknown provenance, Z.40 (Ur-Namma D): zà-mí-zu dùg-ga-àm

2.4.1.4, vers. from Urim, Z.40 (Ur-Namma D): zà-mí-zu dùg-ga

2.4.5.2, Segm. C, Z.11 (Ibbi-Suen B): zà-mí-zu dùg-ga-àm (Mešlamtaea u. Lugalera)

2.5.3.1, Z.222 (Iddin-Dagan A): zà-mí-zu dùg-ga-àm (Inana)

2.5.4.03, Z.13 (Išme-Dagan C): zà-mí-zu dùg-ga-àm (Nibru)

2.5.6.2, Z.47 (Ur-Ninurta B): ... zà-mí-zu dùg-ga-àm (Enki)

2.6.9.2, Z.57 (Rīm-Sîn B): ... zà-mí-zu dùg-ga (Enki)

2.8.3.6, Segm. B, Z.7 (Samsu-iluna F): [d]en-líl-lá za-am[sic!]-me-en-zu dùg-ga („Enlil, it is sweet to praise you")

2.8.3.8, Z.13 (Samsu-iluna H): ... zà-am[sic!]-zu dùg-ga (Samsu-iluna)

4.03.1, Segm. D, Z.3 (Damgalnuna A): saĝ íl nam-nin-a zà-mí-zu? X („Outstanding among ladies, your praise ...?") (Damgalnuna)

4.05.1, Z.171 (Enlil A): ... zà-mí-zu maḫ-àm („... your praise is sublime") (Enlil)

4.07.3, Z.274 (Inana C):... zà-mí-zu dùg-ga-àm (Inana)

4.08.33, Z.33 (Dumuzid and Enkimdu): ... zà-mí-zu dùg-ga-àm (Inana)

4.12.1, Z.59 (Martu A): zà-mí-zu dùg-ga-àm (Martu)

4.14.1, Z.256 (Nanše A): ... zà-mí-zu dùg-ga-àm (Nanše)

4.14.3, Segm. E, Z.20 (Nanše C): zà-mí-zu dùg-ga-àm (Nanše)

4.15.2, Z.57 (Nergal B): zà-mí-zu dùg-ga-àm (Lugalera / Nergal)

4.16.1, OBvers., Z.57 (Nisaba A): zà-mí-zu dùg-ga-àm (Enki)

4.19.2, Z.24 (Ninĝišzida B): ... zà-mí-zu dùg-ga-àm (Ninĝišzida)

4.19.3, Z.5 (Ninĝišzida C): ... zà-mí-zu dùg-ga-àm (Ninĝišzida) XX ... (5x, par. šìr)

4.19.3, Z.13: ... zà-mí-zu dùg-ga šìr-re-eš ... (Ninĝišzida)

4.19.3, Z.22: ... zà-mí-zu dùg-ga-àm (Ninĝišzida) XX

4.19.3, Z.29: ... zà-mí-zu dùg-ga šìr-re-eš ... (Ninĝišzida)

4.19.3, Z.38: ... zà-mí-zu dùg-ga šìr-re-eš ... (Ninĝišzida)

4.21.1, Segm. B, Z.11 (Ninimma A): zà-mí-zu dùg-ga-àm (Ninimma)

4.22.4, Segm. B, Z.22 (Ninisina D): zà-mí-zu dùg-ga-àm (Ninisina)

4.22.6, Segm. D, Z.12 (Ninisina F): zà-mí-zu dùg-ga-àm (Ninisina)

4.27.01, Segm.B, Z.22 (Ninurta A): ... zà-mí-zu dùg-ga-àm (Ninurta) (vgl. o. 1.6.1; 1.6.2)

4.29.1, Segm. D, Z.24 (Nuska A): ... zà-mí-zu dùg-ga-àm (Nuska)

4.29.2, Z.5 (Nuska B): ... zà-mí-zu dùg-ga-àm ku$_7$-ku$_7$-da (Nuska)

4.33.1, Segm. B, Z.5 (Sadarnuna A): zà-mí-zu dùg-ga-àm (Sadarnuna)

5.6.3, Z.111 (Farmer's Instruction): zà-mí-zu dùg-ga-àm (Ninurta, „your praise be good.")
D) zà-mí mit Suff. der 3. P. Sing. (unbelebt; 3. P. Sing. Personenklasse fehlt!)
2.6.9.2, Z.56 (Rīm-Sîn B): en an ki lugal abzu-a zà-mí-bi maḫ-a („Lord of heaven and earth, king of the *abzu*, its praise is august.")

Tabelle 3: zà-mi mit Adjektiven oder sonstigen Attributen

Wortform	Adjektive				*gesamt*
	gal (groß)	dùg (gut)	maḫ (majestätisch)	sonstiges	
A) zà-mí	1	-	-	1	*2*
B) zà-mí-ĝu$_{10}$	9	3	-	-	*12*
C) zà-mí-zu	-	40	2	1	*43*
D) zà-mí-bi	-		1		*1*
gesamt	*10*	*43*	*3*	*2*	*58*

Absolut gebrauchtes zà-mí hat, wie gehabt, mit nachfolgenden Adjektiven etc. so gut wie nichts zu tun. Die beiden einzigen, an erster Stelle angeführten Belege (o. Tab. 3) enthalten ein Suffix der 1. P. Sing. am Abstraktnomen „Königtum". Wenn man dieses Suffix auf zà-mí beziehen könnte – was mindestens im zweiten Beispiel möglich erscheint –, dann würden auch diese Belege noch wegfallen. Die Formen mit Suffixen der 1. P. Sing., 12 an der Zahl, können nur in Selbstaussagen (Selbstlob) verwendet werden (Gruppe 2). Offensichtlich liegt der Schwerpunkt von adjektivischer Begleitung bei jenen zà-mí-Formen, die ein Suffix der 2. P. Sing. bei sich haben. Die 43 von 58 Stellen machen rund 74% des ganzen Bestandes aus. Bevorzugt ist dùg („gut"), das nur selten in verbaler Funktion, gern aber als Prädikatsnomen auftritt. gal („groß") und maḫ („majestätisch") nehmen in der Statistik nachrangige Plätze ein. Ansonsten gibt es keine notorischen Begleit-Adjektive, vgl. die größere Auswahl verbaler Basen in Tab. 4. Sie haben etwas mit den genannten Adjektiven gemeinsam, doch treten bei ihnen die „transitiven" Aspekte kräftiger in Erscheinung.

Es lohnt sich also, in erster Linie auf die Verbindung von zà-mí-zu mit dem Adjektiv dùg einzugehen. Die Symbiose mit maḫ erscheint synonym zu dùg, nur ist dieses so prominent, dass man zà-mí-zu dùg-ga für formelhaft halten kann. Das Adjektiv bekommt oft die enklitische Partikel, so dass der Ausdruck ein Eigengewicht hat: „GN zà-mí-zu dùg-ga-(àm) / maḫ-a-(àm)" = „GN, dein zà-mí ist (sei) gut/schön/." Sprecher oder Sprecherin nehmen offenbar eine gewisse Distanz zum Akt des Lobens ein. Sie geben ein Urteil über den Lobpreis ab oder wollen ihn als Wunsch vorantreiben. Sie üben im Sprechakt nicht das Gesagte aus, sondern beschreiben einen Vorgang. zà-mí, das dominante Nomen, wird durch das Adjektiv dùg qualifiziert, wohingegen es in der absoluten Form (Tab. 2a) auf einen vorgeordneten Namen ausgerichtet und ihm untergeordnet war. dùg hat eine Bedeutungsskala von „gut", „schön" (akkad. *ṭâbu*, CAD 19, 19–34: „good, sweet" usw.) bis „süß" (so vorzugsweise im ETCSL). Das Wort kommt im ETCSL-Korpus 828 Mal vor, davon 114 Mal in seiner Emesal-Gestalt zé-eb. Die hohe Frequenz allein bezeugt die Bedeutung von dùg. Das Adjektiv kann sich auf alle möglichen Größen oder Vorgänge beziehen. Schätzungsweise 20% der Vorkommen sind verbal angelegt, d.h. dùg erscheint als *verbum finitum*. Überwiegend wird es als (prädikatives) Adjektiv verwendet.

In der Umgebung von zà-mí dùg-ga-(àm) finden sich relativ häufig synonyme, etwa mit šir und mí zusammengesetzte Wendungen. Sie können zur Klärung des Sinngehaltes beitragen. Beide Nomina sind jedoch selten in der Art von zà-mí mit Adjektiven verbunden, vielmehr stehen sie in der Regel in einer festen Verbindung mit einem finiten Verb. Darin erweist sich die Sonderstellung des letzteren Lemmas. Ein Beispiel ist der in Ninĝišzida C fünf Mal vorkommende Refrain: en ^{d}nin-ĝiš-zid-da zà-mí-zu dùg-ga šìr-re-eš àm-mi-ni-in-ne „Lord Ninĝišzida, your praise is sweet. They praise you in song." (4.19.3, Z.13)[35]

Offenbar sind beide Ausdrücke weitgehend parallel, so dass man übersetzen könnte: „Herr Ninĝišzida, dein Lob ist gut. Sie vollziehen es in ihrem Gesang." Damit wäre die erste Aussage durch die zweite interpretiert und präzisiert. zà-mí kann den Kultgesang bedeuten. -mí besagt dann: „loving care", „fürsorgliche Zuwendung", es wird ja auch mit dem Zeichen MUNUS bzw. SAL geschrieben. In dem zusammengesetzten Verb mí dug$_4$ hat es oft die technische Bedeutung „preisen".[36] In der Textgruppe 2 des ETCSL („Royal praise poems etc.") findet sich diese Kombination z.B. über 50 Mal, bei einem Gesamtvolumen von gut 60 Stellen. Wo also mí dug$_4$ parallel zu zà-mí erscheint, konnotiert es ebenso „Preis" für diesen Ausdruck.

5.5 Einbindung in Verbalaussagen

Die Verknüpfung von zà-mí mit Verbalausdrücken kann den letzten Beweis dafür liefern, dass das Lemma mindestens seit der altbabylonischen Zeit im Sinne von Lobpreis verwendet wurde, allerdings in spezifischen Formeln und kultischen Wendungen, die keine genaue Entsprechung bei synonymen Wortclustern haben. Die Zahl der verwendeten Basen ist größer als bei den (intransitiven) adjektivischen Bestimmungen. Doch konzentriert sich die verbale Einbindung von zà-mí auf dug$_4$, „sagen, rezitieren".[37] Hier eine Übersicht mit selektiven Übersetzungen:

A) zà-mí ohne Suffixe

1.1.3, Z.82 (Enki and the world order): nun gal-e ní-te-ni zà-mí mi-ni-in-dug$_4$-ga-ta (Enki?) („after the great prince had eulogized himself ...")

1.1.3, Z.85 (Enki and the world order): eš-bar kíĝ-ĝá zà-mí dug$_4$-ga ... (Enki) („he who takes decisions is praised")

1.2.1, Z.153 (Enlil and Ninlil): zà-mí dug$_4$-ga ama ^{d}nin-líl-lá-šè (Ninlil)

1.8.1.1, Z.56 (Gilgameš and Aga): lugal-a-ni-ir zà-mí mu-un-na-ab-bé („spoke in admiration to his king" = Gilgameš)

1.8.2.3, Z.57 (Enmerkar and the lord of Aratta): ĝe$_{26}$-e abzu-ta zà-mí dug$_4$-ga-ĝu$_{10}$-ne (Enmerkar)

1.8.2.3, Z.88 (Enmerkar and the lord of Aratta): za-e abzu-ta zà-mí dug$_4$-ga-zu-ne („When in the *abzu* you utter praise", Enmerkar)

---

[35] Die anderen vier Belege finden sich a.a.O., in den Zeilen 5, 22, 29, 38 jeweils am Schluss eines ki-ru-gú, jedoch sind nicht alle Wörter erhalten. Das sechste ki-ru-gú fehlt ganz.

[36] Vgl. Attinger 1993, 603–618. „mi$_2$ étant probablement une interjection marquant l'affection'. ... Avec un personnel: 'Parler aimablement de/a', 'faire l'eloge de' " (a.a.O., 609); vgl. Jacques 2006.

[37] Attinger 1993 wird im Folgenden ausgiebig zu Rat gezogen.

2.4.2.16, Segm. C, Z.21 (Šulgi P): ... nam-lugal-lá-za zà-mí ma-ra-ni-in-dug$_4$ („... praises you who are surpassing [?] in kingship"; A. Zgoll: „auf dein Königtum hat er dir das Preislied gesagt")

2.5.3.1, Z.217 (Iddin-Dagan A): nin-ĝu$_{10}$ zà-mí an ki-ke$_4$-ne zà-mí ma-ni-in-dug$_4$ („They praise my lady on my behalf [?] with the hymns of heaven and earth." K. Ibenthal: „Er pries meine Herrin für mich mit(?) diesen(?) Preisliedern von Himmel und Erde")

2.5.4.01, Segm. A, Z.368 (Išme-Dagan A+V): zà-mí ki di-bi mu-zu-a („that 'I' know the occasions when praise songs are to be sung" = dug$_4$)

4.05.1, Z.166 (Enlil A): [Ninlil] zà-mí kur gal-la-ka mí dug$_4$-ga (Ninlil „is honoured in the praise of the Great Mountain")[38]

4.13.10, Z.32 (Nanna L): zà-mí dug$_4$-ga šul ^{d}suen-na a-a ^{d}nanna-[kam] („Praise be to youthful Suen, to father Nanna")

4.14.3, Segm. A, Z.18 (Nanše C): ^{d}nanše nin$_9$ zà-mí [dug$_4$-ga] ^{d}a-nun-na-[ke$_4$-ne] („Nanše, sister, praised by the Anuna")

4.22.1, Z.29 (Ninisina A): eš-bar kíĝ-ĝá zà-mí mi-rí-in-dug$_4$ („you will be praised for your diagnoses")

4.29.2, Z.73 (Nuska B): zà-mí 7(IMIN) XX ⌜zid⌝ri-in-ne (... The Anuna „all honour you with due praise")

4.29.2, Z.76 (Nuska B): zà-mí dug$_4$-ga kingal ^{d}nuska („Praise be to Nuska, the leader of the assembly")

4.80.2, Z.9 (The Keš temple hymn): ^{d}en-líl-le kèš^{ki} zà-mí àm-ma-ab-bé („Enlil spoke in praise of Keš")

4.80.2, Z.38 (The Keš temple hymn): é an-né ki ĝar-ra ^{d}en-líl-le zà-mí dug$_4$-ga („House founded by An, praised by Enlil")

5.5.4, Z.11 (The song of the hoe): ^{d}en-líl-le ^{ĝiš}al-a-ni zà-mí ba-an-dug$_4$ („Then Enlil praised his hoe"; K. Ibenthal: „derjenigen [Nisaba (Z.109)], die für die Hacke Preis gesprochen hat").

5.5.4, Z.32 (The song of the hoe): ^{d}en-ki-ke$_4$ ^{ĝiš}al-a-ni zà-mí ba-an-dug$_4$ („Now Enki praised Enlil's hoe")

5.5.4, Z.108 (The song of the hoe): ^{ĝiš}al-e zà-mí dug$_4$-ga („the renowned hoe")

B) zà-mi mit Suffix der 1. P. Sing.

1.1.3, Z.101 (Enki and the world order): ^{d}en-ki-me-[en] zà-mí-ĝá ši-im-ma-súg-súg-ge-[eš] („I am Enki! They stand before me, praising me [wörtl.: für mein Lob].")

2.4.2.02, Z.130 (Šulgi B): mí-ĝu$_{10}$ di níĝ-gen$_6$-na-ka ka-ga$_{14}$ mu-ši-ĝál („Praise for me because of my reliable judgments is on everyone's lips"; wörtl.: „mein Preis ist im Mund wegen ..."; vgl. 2.4.2.05, Z.240)

2.4.2.05, Z.15 (Šulgi E): ^{d}šul-gi-me-en šùdu zà-mí-ĝá silim-éš ga-dug$_4$ („I, Šulgi ... intend to be praised in my prayers and songs." Vgl. u. Kap. 6.3.1.6; K. Ibenthal: „Šulgi bin ich – ein Gebet meines Preises will ich sprechen zum [Zweck des] Wohlergehen[s]!" vgl. u. Anm. 262).

2.4.2.05, Z.257 (Šulgi E): šul-gi-me-en zà-mí-ĝu$_{10}$ dùg-ga mùš nam-ba-an-túm-mu („... let the sweet praise of me, Šulgi, be never ending")

2.5.4.01, Z.330 (Išme-Dagan A+V): ⌜zà⌝-mí-ĝu$_{10}$ ka-ka-⌜ga⌝ ḫé-ni-ĝar-ĝar („I made sure that my praise was spoken ...")

2.5.4.01, Z.377 (Išme-Dagan A+V): zà-mí-ĝá mi-ni-in-pàd-pàd-de-eš (composers „have declared in my hymns ...")

2.5.4.01, Segm. A, Z.403 (Išme-Dagan A+V): ^{d}nin-líl-[ra] [...] zà-mí gal-gal-ĝu$_{10}$ ud šú-šè ḫu-mu-na-X („My great praise songs shall be performed to Ninlil daily")

C) zà-mí mit Suffix der 2. P. Sing.

2.5.2.1, Z.28 (Šu-ilīšu A): ^{d}nergal zà-mí a-re-zu ní su zìg bar-re-dam („Nergal, your praise and renown are such as to unleash awe and terror")

---

[38] *Genetivus objectivus*: Das Lob, das an den „Großen Berg" (Titel Enlils) ergeht.

2.5.3.2, Z.52 (Iddin-Dagan B): zà-mí-zu ka-ga$_{14}$ i-ni-in-ĝál („he has placed your praise in all mouths") (Dagan für Iddin-Dagan)

2.5.4.03, Z.11 (Išme-Dagan C): nibru^{ki} zà-mí-zu níĝ ka-ge du$_7$-àm ka-ga$_{14}$ ḫé-en-ĝál („Nibru, your praise suits the mouth! May it be uttered by every mouth!")

2.5.5.2, Z.59 (Lipit-Eštar B): zà-mí-zu é-dub-ba-a-ka im mu-e-ni-dug$_4$-dug$_4$ ... („The tablets will forever speak your praise ...")

2.5.8.1, Z.182 (Enlil-Bāni A): (178: dub-sar) ... zà-mí-zu 183: ĝá-la 184: nam-ba-an-dag-ge („May the scribe ... not allow your praise to cease")

2.6.9.2, Z.54 (Rīm-Sîn B): lú šìr-ra-ke$_4$ zà-mí-zu ka-bi-a mi-ni-ib-dùg-ge-ne („The singers will make your praise resound sweetly in their mouths") (Rīm-Sîn)

2.6.9.2, Z.55 (Rīm-Sîn B): ^{d}ḫa-ìa lú šìr-ra-ke$_4$ zà-mí-zu ka-bi-a mi-ni-ib-dùg-ge-ne (s.o.) (Haja)

Tabelle 4: zà-mí mit Verbformen

Form	Verben									*ges.*
	dug$_4$	gal	gub	mùš...túm de$_6$[39]	ĝar	pàd	bar	ĝá-la dag	dùg	
z.	20	-	-	-	-	-	-	-	-	*20*
z.-ĝu	1 (1)	1	1	1	1	1	-	-	-	*6 (1)*
z.-zu	1	2	-	-	-	-	1	1	2	*7*
z.-bi	-	-	-	-	-	-	-	-	-	-
ges.	*22 (1)*	*3*	*1*	*1*	*1*	*1*	*1*	*1*	*2*	*33 (1)*

Bei den verbal eingebundenen zà-mí-Ausdrücken lassen sich im ETCSL neun verschiedene Verbstämme ausmachen. Zwei Drittel aller Belege entfallen auf das Allerweltsverb dug$_4$, „sagen", drei auf gal („groß sein/machen"), zwei auf dùg („gut sein/machen"), und je einer auf gub („stehen, stellen"), túm (mit mùš = „aufhören"), ĝar („hinstellen, platzieren", mit 1622 Vorkommen ein sehr häufiges Lexem im Textkorpus!), pàd („rufen, finden"), bar („öffnen, spalten, an die Seite stellen") und dag (zusammen mit ĝá-la = „aufhören"). Das Ergebnis ist einigermaßen verblüffend. Keins dieser Verben ist in einem originären Sinn charakteristisch für die kultische Rezitation eines Hymnus. Da wären der Parallelausdruck me-téš i-i („Lob hervorbringen": 37 Mal bei 125 Belegen für me-téš), der gängige Ausdruck mí dug$_4$ (Thomsen 2001, 301: „to care for, to flatter, to praise"; Attinger 1993, 603–619: u.a. „faire l'éloge") oder die schon genannten Redewendungen mit ár oder šìr schon eher Beispiele für eine kultische Fachterminologie, obwohl auch sie nicht sonderlich prägnant sind. Wie dem auch sei, zà-mí ist überwiegend mit dem Verb „sagen", „sprechen" verbunden. – Bemerkenswert sind die vielschichtigen Verortungen des Hymnengesangs (Dichter; Sänger; Schreiber; Tafeln; Jedermann) und das Fehlen eines objektivierenden Suffixes der 3. P. Sing. Alles zielt auf *performance*.

Das so häufig gebrauchte Wort dug$_4$ geht mit zà-mí eine Symbiose ein, welche das Wortgespann im Satzgefüge zu einer typischen Erscheinung macht. Ein „gesagtes / ausgesprochenes / gerufenes zà-mí" scheint in der vorhandenen sumerischen Literatur eine bekannte Größe zu sein, genau so wie „dein gutes zà-mí" (s.o. Tab. 3) for-

[39] Vgl. auch Vera Meyer-Laurin, Die *marû*-Basen der sumerischen Verben túm „hin-, wegführen" und re$_6$/de$_6$ „bringen, liefern", ZA 100/1, 2010, 1–14.

melhaften Klang hat. Die grammatische Konstruktion der verbalen Bildungen mit zà-mí(-zu) ist nicht leicht zu durchschauen und im Deutschen wiederzugeben. Da ist zunächst die nominalisierte Form vom Typ zà-mí dug_4-ga (vgl. 1.1.3, Z.85; 1.2.1, Z.153; 4.13.10, Z.32; 4.14.3 Segm.A, Z.18; 4.29.2, Z.76; 4.80.2, Z.38; 5.5.4, Z.108). Wie verhält sie sich zu ihrer Zielbestimmung (direktives -e!)? Bei sieben Vorkommen in unterschiedlichen Textsorten kann man von einer geprägten Wendung sprechen. zà-mí ist als rezitierfähige Größe bestimmt, die im zeremoniellen Rahmen einer Gottheit zugeeignet wird. Die beiden parallelen Belege aus „Enmerkar and the lord of Aratta" bieten eine willkommene Illustration zum rezitativen Gebrauch. Enmerkar soll im Heiligtum Enkis, dem Abzu, Lob sprechen: 1.8.2.3, Z.57: $\hat{g}e_{26}$-e abzu-ta zà-mí dug_4-ga-$\hat{g}u_{10}$-ne; 1.8.2.3, Z.88: za-e abzu-ta zà-mí dug_4-ga-zu-ne „When in the *abzu* I [you] utter praise." So wird er die Unterstützung Inanas gewinnen (1.8.2.3, Z.88–104). – Die beiden Stellen, in denen zà-mí ausnahmsweise durch Genetive ergänzt wird (2.5.3.1, Z.217 zà-mí an ki-ke_4-ne „in the hymns of heaven and earth" und 4.05.1, Z.166 zà-mí kur gal-la-ka „praise of the Great Mountain") unterstützen die vorgetragene Deutung. Der nominal ergänzte Begriff muss eine feste, gattungsmäßig bekannte Größe sein.

Die anderen verbalen Verbindungen von zà-mí sind am besten nach ihren Präfixketten zu differenzieren. Unter den 25 Fällen von Anbindung an ein *verbum finitum* sind 9, in denen das Konjugationspräfix mu- gebraucht ist. Die verwendeten Verben teilen sich wie folgt auf: 5 Mal dug_4; 2 Mal dùg; 1 Mal pàd; 1 Mal ĝál. Es kommt vor allem auf die beiden erstgenannten Verbalstämme an. In der Reihenfolge ihres Auftretens im ETCSL-Korpus sind folgende dug_4-Ketten feststellbar, dem Verb geht regelmäßig zà-mí voraus: 1. mu-un-na-ab-bé (1.8.1.1, Z.56: „he spoke in admiration"); 2: ma-ra-ni-in-dug_4 (2.4.2.16, Segm. C, Z.21: [Ninsumun: My father An] „praises you ..."); 3: ma-ni-in-dug_4 (2.5.3.1, Z.217: „they praise ... on my behalf"); 4: mi-rí-in-dug_4 (4.22.1, Z.29: „you will be praised"); 5: mu-e-ni-dug_4-dug_4 (2.5.5.2, Z.59: „they will speak your praise"). Außer dem erstgenannten Beleg, der offenbar einen *marû*-Stamm aufweist (imperfektisch), haben wir es mit *ḫamṭu*-Formen zu tun. Die pronominalen und direktiven Elemente in der Kette sind wichtig, natürlich auch das Konjugationspräfix. So viel erscheint sicher: In Nr. 2 und 4 deutet die 2. P. Sing. auf das Bezugsnomen, die Adresse des Preises hin. Das Konjugationspräfix mu- „is preferred before case prefixes referring to animate beings" (Thomsen 2001, § 342). Jagersma nennt es das „ventive prefix" mit der Bedeutung „here, hither" (ders. 2010, § 22, S. 497–509), in Richtung auf den Sprecher. Das „prefix {ra}" (Dativ) im Abschnitt „indirect-object prefixes" (Jagersma 2010, 405–408), das oben in Nr. 2 (ma-ra-ni-in-dug_4) erscheint, verstärkt den Hinweis auf den Angeredeten. Das gleiche gilt für das „prefix {ri}" (3. und 2. P. Sing.) im selben Kapitel (o. Nr. 4: mi-rí-in-dug_4; Jagersma 2010, 423–425).

Das zweithäufigste Verb mit einem mu-Präfix ist dùg = „gut, angenehm sein, machen". Die beiden Belege stammen aus der Hymne Rīm-Sîn B (ETCSL 2.6.9.2 Z.54/55 [gleichlautend!], insgesamt 58 Zeilen). Die Sänger werden Haias Preis „in ihren Mündern schön klingen lassen" (mi-ni-ib-dùg-ge-ne). Das Verb hat in seiner Präfixkette einen Bezug auf grammatisch „unbelebtes" oder „nichtpersonhaftes" zà-mí-zu (= -b-) und einen Lokativ -ni-. Das Lob soll „schön erklingen", das weist auf Gesangsvortrag vielleicht mit Musikbegleitung. Interessant, dass hier die so häufige, oben diskutierte nominal/adjektivische Wendung zà-mí dùg-ga in volle verbale Dynamik aufgelöst ist. – Bei den beiden restlichen Verben pàd und ĝál handelt es sich um erzählende Aussagen, die wenig über die kultische Praxis verraten.

Ob das Konjugationspräfix ba- noch etwas für unsere Fragestellung austrägt, ist fraglich. Denn zà-mí ist hier – bei aller Unterschiedlichkeit von mu- und ba- – nominaler Bestandteil des Verbs geworden:[40] 5.5.4, Z.11: ^{d}en-líl-le ^{ĝiš}al-a-ni zà-mí ba-an-dug$_4$ („Then Enlil praised his hoe"). 5.5.4, Z.32: ^{d}en-ki-ke$_4$ ^{ĝiš}al-a-ni zà-mí ba-an-dug$_4$ („Now Enki praised Enlil's hoe"). Bei allen diesen Überlegungen sollte bewusst bleiben, dass die Suche nach und die Feinbestimmung von grammatischen Objekten (direktes, indirektes, obliques usw.) einer Denkstruktur unseres Kulturkreises entspricht. Wir sind befangen in „transitiven" und „intransitiven" Handlungsmustern, die die Macht des Subjektes und die Gefügigkeit des Objektes betonen. Wie sumerisches Denken und sumerische Sprache funktionierten, bleibt uns weitgehend verborgen, weil niemand aus seinen geprägten Vorstellungsmustern aussteigen kann. „Das Sumerische als Ergativsprache legt den Fokus auf die Handlung" (Anmerkung W. Sommmerfeld).

Zusammenfassung: Die Untersuchung der Lexeme und Wortverbindungen um das Nomen zà-mí ergibt deutliche Spuren formelhafter Verwendung, vermutlich im kultischen Bereich. Diese Behauptung muss durch die literarische Analyse bestätigt werden. Eine grammatische Analyse deckt Entwicklungen im Begriff zà-mí auf. Während die mit dem Determinativ ĝiš herausgehobene Bedeutung „Harfe" oder „Leier" (7 Stellen, davon 4 in ETCSL 1.1.4) in der Masse des Korpus untergeht, hat der Sinn „Lobgesang" seinen festen Platz in der hymnischen Literatur. Er ist wie me-téš, šìr und ár ein übergeordneter Begriff, hat aber größeres formelhaftes Potenzial. Weil die meisten erhaltenen Texte aus der altbabylonischen Zeit stammen, kann man annehmen, dass die Standardbedeutung von zà-mí eben dann entstanden ist oder sich verfestigt hat. Liturgische Wendungen sind: zà-mí dug$_4$-ga und zà-mí dùg-ga sowie GN (TN) zà-mí. Geht man vom Jubelruf „GN (TN) [sei] gepriesen!" aus, kann man hypothetisch die zusammengesetzten Ausdrücke als Entfaltungen der alten Eulogie verstehen. Im Zuge dieser Verschiebung ist zà-mí dann zur Charakterisierung von kraftgeladenen Lobgesängen geworden, mit denen Götter und Menschen in die Dynamik des Lebens eingreifen. Bei dem Wort šìr ist die Entwicklung anders verlaufen. Seine Potenz kann nur durch qualifizierende Attribute dargestellt werden.

6. Literar- und Gattungskritik

Die verschiedenen formelhaften, mit zà-mí gebildeten Wendungen haben für die jeweiligen Textzusammenhänge erhebliche Bedeutung. Sie gliedern und klassifizieren, modellieren und werten den Text in unterschiedlicher Weise, d.h. sie sind nicht litera-

[40] Zur Funktion der Präfixe mu- und ba- vgl. Jagersma 2010, § 22 (S. 497–509); § 17.2.1 (S. 400f.). Dasselbe gilt auch für ETCSL 4.80.2, Z.9: Enlil „spoke in praise of Keš" (kèš^{ki} zà-mí àm-ma-ab-bé): Das vokalische Präfix a- (Jagersma 2010 § 24.3.3, S. 532–534) verschmilzt mit dem Präfix mu-. Die Verbform schließt das Nomen zà-mí semantisch ein. Anders in ETCSL 2.5.3.2, Z.52: zà-mí-zu ka-ga$_{14}$ i-ni-in-ĝál („he has placed your praise in all mouths"): zà-mí-zu wird zum direkten Objekt („dein Lob") des transitiven Verbs mit i-Präfix.

risches Füllmaterial, sondern echtes Gestaltungsmittel. Die Kernfrage ist, wie man das literarische Medium, den Schauplatz des Wortgeschehens, definiert (s.o. Kap. 2 und 4). Unreflektierte Rede von „Literatur" kann in Sackgassen führen. Das Problem ist ein Selbstgemachtes. Heutige literaturtheoretische, autor-, text- oder situationsbezogene Modelle können hemmend wirken.[41] Denn manche Theoretiker meinen, jedes Werk „spreche für sich selbst" und entwickle eine „Eigendynamik", die (auf Grund gleich bleibender Grundstrukturen menschlichen und gesellschaftlichen Lebens?) immer und überall unmittelbar nachvollziehbar sei. Geisteswissenschaftler sollten sich aber der geschichtlichen Distanzen und unvermeidlicher Brüche bewusst sein, die sich im Laufe der Geschichte ereignet haben. Diese Verwerfungen betreffen nicht nur die wissenschaftliche und technische Entwicklung, sondern auch die literarische Kunst und Weltsicht. Wir dürfen nicht voraussetzen, dass die Sumerer in ihrer „Literatur"produktion uns geläufige Parameter des literarischen Schaffens zugrunde legten. Ja, es ist durchaus möglich, dass schon die Einordnung sumerischer Texte unter den Oberbegriff „Literatur" das Verständnis des antiken Phänomens blockiert.[42] Waren die archivierten Tafeln denn als „Lese"stoff für die private Erbauung gedacht? Sollten sie nicht vielmehr, wie oben vermutet, in erster Linie das „Rezitations"material für gemeinschaftliche Begehungen, Zeremonien, Rituale absichern?

Die moderne Terminologie ist vorsichtig und eher uneigentlich zu gebrauchen, eingedenk der Tatsache, dass sumerische Texte auf unserem Erfahrungshintergrund von Lesekultur und Buchproduktion nur schwer oder überhaupt nicht zu fassen sind. Antike Schreibkunst diente vor dem Aufkommen der allgemeinen Lesekultur (Ansätze in der klassisch-griechischen und hellenistischen Periode[43]) überwiegend kollektiven

---

[41] Studien zur Sache sind unübersehbar vielschichtig und umfangreich (s.o. Kap. 2; 4); zusätzliche Titel: Ansgar Nünning (Hg.), Literaturwissenschaftliche Theorien, Modelle und Methoden (1995), Trier [4]2004; Jürn Gottschalk u.a. (Hg.), Was ist Literatur? Basistexte zur Literaturtheorie, Paderborn 2006; Umberto Eco, Die Bücher und das Paradies: über Literatur, München 2006; Gisela Brandt (Hg.), Soziofunktionale Gruppe und sozialer Status als Determinanten des Sprachgebrauchs, Stuttgart 2001; Marion Gymnich, Funktionen von Literatur: theoretische Grundlagen und Modellinterpretationen, Trier 2005; Jesús Zapata González, Sprachwissenschaft und Literatur: ein Einstieg in die Literaturtheorie, Berlin 2005; Anja Gerigk, Das Verhältnis ethischer und ästhetischer Rede über Literatur: eine historische Diskursanalyse, Heidelberg 2006; Maria E. Reicher (Hg.), Fiktion, Wahrheit, Wirklichkeit: Philosophische Grundlagen der Literaturtheorie, Paderborn 2007. Eine moderne Überlegung geht dahin, sich auf die Hauptgattungen Erzählung und Dichtung zu beschränken, die jeweils individuellem Gebrauch und Lustgewinn dienen. Die kollektive Bedeutung von Texten, die es auch heute noch gibt – man denke an Gesetzesbücher, Telefonlisten, Fahrpläne, Hand- und Lehrbücher usw. – wird damit ausgeschlossen. Librettos, Drehbücher und Dramen sind ebenfalls eher Randerscheinungen, ganz zu schweigen von Predigten, Gebeten, Katechismen usw. Vgl. Walter Jens in Kindlers Neues Literaturlexikon, Bd. 1, München 1996, XIX: „Die seit Goethe betriebene, jetzt wegen globaler Kommunikationstechniken ermöglichte Inszenierung der Weltliteratur'" zielt in jedem Fall auf den „Leser", der „sich mit [ihren Werken] identifizieren kann, oder … sie als Ungleichzeitiges …, Verletzung …, Provokation …, sozial-bedingte Restriktionen empfindet." Die Sakral- und Hymnenliteratur Mesopotamiens ist sicher nicht für eine allgemeine Leserschaft verfasst worden.

[42] Vgl. Landsberger 1965; Black 1998. In Zeiten hoher Alphabetisierung und schriftlicher Massenkultur versteht man vorliterarische, auf Zuhören angewiesene Gesellschaften nicht mehr.

[43] Indizien könnten sein das Aufkommen einer Roman-Literatur, die finanzielle Erschwinglichkeit von Texten, der zunehmende Individualismus; vgl. Hans-Joachim Griep, Geschichte des Lesens,

Zwecken. Man schrieb literarische Texte im Dienst von Gruppeninteressen, nicht so sehr im Blick auf Einzelleserinnen oder -leser.[44] Das Aufgeschriebene war, viel mehr als heute vorstellbar, zur Unterstützung des gesprochenen Wortes gedacht. Es war in seiner Ausrichtung performativ. Zum geschriebenen Wort gehörten wesentlich mündlicher Vortrag, Zeichen, Handlungen, Gesten, Dramaturgien, Inszenierungen, Rituale. Damit herrschten z.B. für das, was heute Erzählung heißt, ganz andere Bedingungen. Ein nur textlich konstruierter Spannungsbogen muss anderen stilistischen und kompositionellen Regeln folgen als ein „Drehbuch" für einen kultischen Ritus.[45]

Mit einem kultisch-rituellen Hintergrund muss man aber bei den hier zu untersuchenden Texten nach den obigen Beobachtungen (Kap. 5) rechnen. Damit ist noch keine Aussage über den Zweck der Niederschrift oder den tatsächlichen Gebrauch der archivierten Hymnentafeln gemacht. Die Texte selbst verweisen aber eindeutig auf ihre kultische Herkunft. Klar und deutlich sind die Verweise auf Kulthandlungen, Kultpersonal, Kultmusik. Weiter sind Sprache, Stil, Struktur der Hymnen mindestens Abschattungen einer rituellen Verwendung, auch wenn die vorhandenen Tontafeln nicht mehr im unmittelbaren Zusammenhang mit den lebendigen Zeremonien stehen sollten. Für diesen Fall sekundär niedergeschriebener Kulttexte, die möglicherweise aus Kultagenden stammen und in Handlungsanweisungen eingebettete Sprechpassagen darstellen,[46] gelten andere Interpretationsregeln als etwa für heutige erzählende oder lyrische Literatur.

Im Blick auf die altisraelitische, mündliche Tradition, der persönliche Autorschaft nicht viel galt, ist von Alttestamentlern die „form- und gattungsgeschichtliche Methode" entwickelt worden.[47] Bei der faktischen Anonymität[48] und Kultbezogenheit der heiligen Texte wollen Exegeten kultisch verankerte Sprachformen analysieren und mit den tatsächlich vollzogenen, zugehörigen Zeremonien zusammen denken. Erst eine Rekonstruktion des Textes auf seinen Handlungsrahmen hin, also die Vision einer lebendig vollzogenen rituellen Begehung, öffnet das Verständnis etwa für antike Hymnentexte.

Die Begründer dieser Methode, H. Gunkel und S. Mowinckel, waren stark religionsgeschichtlich interessiert. Obwohl sie z.T. eng mit Assyriologen ihrer Zeit zusammen arbeiteten – so z.B. Gunkel mit Heinrich Zimmern in Leipzig –, und altorientalistisch forschten – z.B. Hugo Gressmann – ist ihre

---

Darmstadt 2005. Stephan Busch rechnet für die griechische und noch die römische und frühmittelalterliche Kulturen mit hörbaren Lesegewohnheiten, vgl. ders., Lautes und leises Lesen in der Antike, RhMus. 145, 2002, 1–45 (auch: www.rhm.uni-koeln.de/145/Busch.pdf).

[44] Nur die Briefe des Alten Orients könnten sich bei uns vielleicht als zu lesende „Literatur" qualifizieren! Sie legitimierten die Boten. Vgl. Hymnentexte für Sänger: Zgoll 1997, 27; 147–150.

[45] Ein gutes Gespür für die grundverschiedenen Ausgangspositionen bei der Analyse sumerischer Poesie zeigen z.B. Hallo 1970; Wilcke 1974; Black 1998; Vogelzang und Vanstiphout mit der Groninger Gruppe (dies. 1992 und 1996), Veldhuis 2004.

[46] Vgl. die šu-íl-la und nam-búr-bi- Gebete, die z.T. mit Ritualanweisungen überliefert sind, exemplarisch Maul 1994, 39–113.

[47] Pioniere waren vor allem Hermann Gunkel (1862–1932) und Sigmund Mowinckel (1884–1965). Ihre Hauptwerke im Blick auf die Psalmeninterpretation sind: Hermann Gunkel, Die Psalmen, HK II,2, Göttingen, 1926 (^{5}1968); ders. 1933; Sigmund Mowinckel, Psalmenstudien I-VI, Kristiania 1921–1924 (Nachdruck Amsterdam 1961); ders. 1962.

[48] Sie gilt weitgehend auch für die sumerischen Psalmentexte; die Nennung Enḫeduanas als Hymnendichterin ist eine auffällige Ausnahme, die schon erhebliche Diskussionen hervorgerufen hat, vgl. Zgoll 1997, 38–46; Black 1998, 43–45, s.o. Anm. A 45.

Arbeitsweise in der Altorientalistik wenig genutzt worden. Dabei hat sie für antike, meist anonyme Texte eine hohe Plausibilität: Die Sprachformen, Textstrukturen, internen und externen Handlungsverweise verraten den „Sitz im Leben". Der kann aufgrund kontemporärer Bezeugungen rekonstruiert werden, das gilt besonders von Kulthandlungen. Weil anzunehmen ist, dass das ganze, kontextuelle Handlungs- bzw. Ritualgeschehen formal und inhaltlich eine prägende Kraft auf die Aussagen entfaltet, ist es als die eigentliche Motivation und Zielsetzung für die relevanten Texte anzusehen. Der „Sitz im Leben" wird mithin für die heutige Interpretation ein unentbehrlicher Referenzpunkt.[49] Die Gunkelsche Vision, die Literaturgeschichte eines „primitiven" Volkes entwickele sich hin zur Autororientierten und vom individuellen Willen bestimmten Schreibkunst, lässt sich freilich aus der Sicht des 21. Jh.s nicht mehr aufrecht erhalten.[50]

Sozialgeschichtliche Literaturtheorien ebenso wie diskurstheoretische Geschichtsforschung, kulturanthropologische Ritualanalyse und manche weltimmanente Philosophie verfolgen ein ähnliches Ziel: Nicht der Text als niedergeschriebenes Kondensat von Realität, sondern die gelebte Wirklichkeit, aus welcher er entstanden ist und in der er über längere Zeit gebraucht wurde, ist das Ziel der Interpretation. Denn jeder Text kann nur in seiner aktuellen Verwendung das Höchstmaß seines Sinnes[51] und seiner Bedeutung entfalten. „Tiefgefrorene", „konservierte", „archivierte" Worte sind tot. Wir sagen auch: Buchstaben sind tot. Menschliche Rede beginnt bei ihrer Verschriftung den Geist aufzugeben. Umso wichtiger ist es, antike Texte in ihrem eigentlichen, *prä-* und *praeter*schriftlichen „Sitz im Leben" und im Kontext der dort herrschenden Geistigkeit zu untersuchen. Der Status des geschriebenen Dokumentes hat seine eigene Bedeutung und ist von dem im „kommunikativen Handlungsspiel" (Kommunikationstheorie!) wohl zu unterscheiden. Mentalitäts- und Sozialgeschichte der Alten Welt geben den Hintergrund ab. In dieser Arbeit geht es primär um die Hymnentexte im antiken Lebensvollzug, d.h. in ihren kultischen und religiösen Zusammenhängen.

6.1 Überblick über das Material

Es ist unabdingbar, sich vor dem Einstieg in Einzeluntersuchungen erneut auf das zugrunde gelegte Material – jetzt speziell unter literarhistorischem Blickwinkel – zu besinnen. Ideal wäre es, die sumerischen Hymnen des 3. Jts. v.u.Z. vollständig und unversehrt in einer kritischen Edition untersuchen zu können, eine unereichbare Utopie! Weder sind alle in den hunderten von Tempeln des alten Zweistromlandes[52] verwendeten Hymnen je vollständig aufgeschrieben, noch sind sämtliche aufgezeichneten

[49] Vgl. Frank Crüsemann, Studien zur Formgeschichte von Hymnus und Danklied in Israel, WMANT 32, Neukirchen-Vluyn 1969; Gerstenberger 1988; ders., Canon Criticism and the Meaning of ‚Sitz im Leben', in: Gene M. Tucker u.a. (Hg.), Canon, Theology, and Old Testament Interpretation, Philadelphia 1988, 20–31; ders., Social Sciences and Form-Criticism: Towards the Generative Force of Life-Settings, in: Timothy J. Sandoval u.a. (Hg.), Relating to the Text, London/New York 2003, 84–99.

[50] Vgl. Erhard S. Gerstenberger, Vom Sitz im Leben zur Sozialgeschichte der Bibel, in: Thomas Wagner u.a (Hg.), Kontexte, Neukirchen-Vluyn 2008 (Abdruck in: Ute E. Eisen u.a. [Hg.], Gunkel revisited, exuz 20, Münster 2010, 53–70).

[51] Vgl. z.B. die Hermeneutik Paul Ricœurs, für den Texte durch den Akt der Interpretation an Sinn zugewinnen: ders., Le conflit des interpretations, Paris 1969; ders., Du texte à l'action, Paris 1986.

[52] Vgl. George 1993, mit den 1449 „zeremoniellen Tempelnamen" (a.a.O., 63–171).

Texte auch erhalten, wieder entdeckt und veröffentlicht worden. Die umfangreichste edierte Sammlung stellt das Textkorpus ETCSL des Oxforder „Oriental Institute" dar. Es ist mit einigen Nachteilen behaftet (vgl. o. Kap. 3): Die zugrunde gelegten Kriterien von „Literatur" und „Textsorten" sind einer Untersuchung der Hymnen (s.o. Kap. 2) nicht gerade dienlich. Sie führen zu einer Gliederung des Korpus in sieben uneinheitliche Gruppen. In der Kategorie „Ancient Literary Catalogues" (Gruppe 0) befinden sich tatsächlich 13 fragmentierte, formal homogene Listen von maximal 68 Zeilen Länge, welche *incipits* diverser Texte (Literaturwerke?) enthalten.[53] Wichtig ist: Keine dieser Listen schließt mit einem redaktionellen Lob- oder Preis-Statement ab. Es wäre ja denkbar, dass der Schreiber am Ende seiner Arbeit ein erleichtertes ^{d}nisaba zà-mí als Dank für göttlichen Beistand hinzugefügt hätte. Das Fehlen eines solchen an den Text angefügten Lobpreises ist auch bei den Proverbiensammlungen (Textgruppe 6 bei ETCSL) bemerkenswert, sind doch andere Textsorten durchaus mit diesem Kolophon ausgestattet (s.u. Kap. 6.2.1).[54] Die Abwesenheit des Schreiber-Endvermerks schließt natürlich nicht aus, dass die aufgeführten *incipits* lobenden Charakter haben, wie z.B. in ETCSL 0.2.01, der altbabylonischen Liste aus Nippur (N2) in Zeile 2: lugal mí dug$_4$-ga ..., ein Verweis auf das „Selbstlob Lipit-Eštars" (ETCSL 2.5.5.1). Dessen erste Zeile fährt dann fort: ... šag$_4$-ta numun zid-me-en, „I am a king, treated with respect, good offspring from the womb", oder sinngemäß: „Ein gut beleumdeter König, von adliger Geburt, bin ich." Der Titel kommt in drei weiteren Listen der Gruppe 0, jedoch an jeweils anderer Position vor (z.B. U2 = 0.2.04, Z.5). Auch diese Tatsache ist möglicherweise für die Hymnentexte relevant: Die im ETCSL vorangestellten „Literatur"-Listen enthalten viele der im Korpus versammelten Texte, jedoch ohne kanonische Rangfolge; die Bearbeiter des Korpus mussten ihre eigene Einteilung treffen. Scheinbare Ausnahmen sind die für die Schreiberausbildung standardisierten Sammlungen, am auffälligsten die sogenannte „Dekade" von Literaturwerken, die sich auf einigen, weit gestreuten Tafeln findet, auch in der Aufstellung aus Nippur (N2).[55] Die „Lehrtexte" sind, mit geringen Abweichungen, in gleicher Reihenfolge aufgelistet. Gemeinsam ist ihnen allen ein zà-mí-Abschluss, vier Mal wird Nisaba geehrt (ETCSL 2.4.2.01, Z.102 = Šulgi A; 5.5.4, Z.109 = Song of the Hoe; 1.3.2, Z.184 = Inana and Ebiḫ [nach Inana, Z.183!]; 1.8.1.5, Z.202 = Gilgameš and Huwawa [nach Gilgameš, Z.201!]). Das Doppellob in den letzten beiden Texten scheint zu belegen, dass Nisaba, die Göttin der Schreiberzunft, aus schulinternem Interesse mit dem zà-mí-Ruf bedacht wird.

---

[53] ETCSL Gruppe 0 bringt lediglich literarische Listen; vgl. Joachim Krecher, Literarische Listen, RlA 5, 1980, 478–485; Antoine Cavigneaux, Lexikalische Listen, RlA 6, 1983, 609–641; Edzard 1990, 35–48 und o. Anm. A 93 und 94;Veldhuis 2014.

[54] Dass auch in der Gruppe 3 („letters and letter-prayers") mit 43 Belegen keinerlei zà-mí-Vermerk auftaucht, könnte Zufall sein, denn die Briefschlüsse enthalten gelegentlich einen weitläufig verwandten Ausdruck: šag$_4$-zu ḫé-eb-dùg-ge, „... let your heart be glad", z.B. ETCSL 3.1.11, Z.20. – Schon in der Akkad-Zeit wird Nisaba in einem Kolophon ehrend (jedoch ohne zà-mí) erwähnt (so CDLI Nr. P217451; Hinweis von W. Sommerfeld).

[55] ETCSL 0.2.01, Z.1–10; vgl. Black 1998, 299–301; Tinney 1999b; Delnero 2010a; o. Anm. A 94.

Die Herausgeber haben mit Recht diese sumerischen Ansätze zu einer „kanonischen“ Zusammenstellung von Literaturwerken nicht für die Strukturierung ihres Korpus genutzt. Zu deutlich ist das Berufsinteresse der Kopisten an den Standardsammlungen, zu wenig geht es hier um eine Klassifizierung von Literatur. Das ETCSL-Team hat, – s.o. Kap. 3 – die Texte nach Maßstäben der heutigen Literatur- und Geschichtswissenschaft (ohne die hier insignifikanten Abteilungen 0 und 6) in fünf Gruppen zusammengeführt bzw. auseinander dividiert. Die Unterscheidung von „Erzählung – Hymnendichtung – Briefe – Weisheitsliteratur“ war der Leitgedanke, wobei die umfangreichste Textsorte der „Preisungen“ in zwei Abteilungen, nämlich Königs- (Gruppe 2) und Gotteslieder (Gruppe 4) aufgeteilt ist. In Gruppe 5 stellte man unter dem nichtssagenden Etikett „other literature“ allerlei (Streit-)Gespräche, Fabeln, Lehrerzählungen usw. zusammen. Die Durchsicht der Teile 1–5 ergibt folgendes Bild:

ETCSL „subcorpus“ 1 trägt den Titel: „Narrative and mythological compositions“; es vereinigt 36 Götter- und Heldenerzählungen[56] mit Hauptakteuren wie Enki, Inana, Gilgameš, Lugalbanda. Ihr narrativer Charakter hat die Herausgeber bewogen, sie als eigene Textsorte darzustellen. Besteht eine Beziehung zwischen diesen handlungsorientierten, meist im übermenschlichen Raum spielenden Geschichten und der Hymnenliteratur? Aus unserer Perspektive ist das kaum der Fall, aber zà-mí kommt in dieser Textgruppe massiv vor, und zwar in 21 der 36 Einzeltexte (59%), manchmal nicht allein in der Schlusszeile, sondern gleich mehrfach im Haupttext. Von den 15 restlichen Kompositionen sind 8 stark fragmentiert, die übrigen 7 literarisch uneinheitlich. Auffällig ist der exklamative Abschluss von „The marriage of Martu“ (akkad. Amurru; ETCSL 1.7.1, Z.142: [Inab] ú-lum a-lam-ma, „[die Stadt Inab] ulum[!] alam[!]“; vgl. Klein 1997). Das Ergebnis gibt zu denken. Obschon für unser Verständnis reine Erzählplots sich nicht leicht als „Hymnen“ qualifizieren, haben wir sie bei einer Untersuchung von zà-mí einzubeziehen. Vielleicht ergeben sich aus seinem Vorkommen in „Erzählungen“ wichtige Rückschlüsse für seine literarische Potenz, die Konsequenzen für die übrige Hymnenliteratur haben können.

Auf der zweiten und vierten Textgruppe liegt naturgemäß das Hauptaugenmerk. Denn beide Bündel enthalten das, was wir selbst gerne als „hymnische“ Gattungen einstufen – der Unterschied besteht für die Herausgeber nur in den Figurationen der Akteure. Wo immer ein Königsname oder ein historischer Bezug auftaucht (Gruppe 2: „Royal praise poetry and compositions with a historical background“), rechnen die Bearbeiter den betreffenden Text zu den „Königsliedern“.[57] Dort, wo nur Gottheiten angeredet werden, findet man die separate Gattung „Götterlieder“ (Gruppe 4: „Hymns and cult songs“).[58] Bei der überwiegend monarchischen Organisation sumerischer

[56] Eine andere Wertung der Gattungen „narrative“ und „myth“ veranlasst einige Experten, die Auswahl der Texte anders zu bestimmen, vgl. z.B. Falkenstein 1953, 59–219; Römer 1999, allgemein a.a.O., 195–234; speziell zu „Hymnen“ „Mythen“ a.a.O., 205–218 (vgl. Nr. 8–22). Römer verweist auf die Versuche literarischer Systematisierung, die sämtlich an der Unvereinbarkeit der undurchsichtigen sumerischen und der eigenen, „westlichen“ Begrifflichkeit kranken.

[57] Ähnlich hilflos verfahren seit jeher die alttestamentlichen Psalmen-Kommentatoren. Die „Königspsalmen“ im Alten Testament sind z.B. sehr heterogen.

[58] Die bipolar erscheinende Aufteilung in „Götter“- und „Königshymnen“ ist beliebt und erscheint sachgemäß, entstellt aber den theologischen Gehalt der entsprechenden Texte.

Stadt- und Territorialstaaten[59] besteht aber von vornherein eine hohe Wahrscheinlichkeit, dass schriftlich aufgezeichnete und erhaltene Hymnentexte mit königlichen Kultbegehungen verbunden waren. Also gehören beide Korpusteile eng zusammen. Der Gesamtbestand beider Gruppen beläuft sich bei ETCSL auf 245 vollständige oder fragmentierte Texte. Von diesen 245 Hymnenexemplaren weisen im jetzigen Erhaltungszustand 58 zà-mí-Formulierungen auf. Das sind nur 23,67%! Ein unerwartet niedriges Ergebnis, besonders wenn man den prozentualen Gebrauch von zà-mí in den weniger hymnenträchtigen Gruppen 1 (58,33%) und 5 (34,61%) dagegen hält. Die Ausbeute wird auch nicht viel größer, nimmt man die Exemplare, deren Schlusszeilen fehlen oder unleserlich sind, oder die nach unserem Verständnis gattungsfremden Klagelieder („laments" über die Zerstörung von Städten und Regionen: ETCSL 2.2.2 bis 2.2.6 = fünf Texte) heraus. Denn selbst in Untergangsklagen begegnen Lobformulierungen.[60] Also kann man feststellen, dass zà-mí in der sumerischen Hymnenliteratur nicht dominiert, aber doch signifikant in ihr vertreten ist.

Es bleiben die Textgruppen 3 und 5: Die erstere vereinigt „Literary letters and letter-prayers", der Briefstil – ein sendender Gesprächspartner wendet sich schriftlich (und durch den Briefüberbringer wohl auch mündlich) an eine empfangende Instanz – war also bei der Benennung dieses Teilkorpus das maßgebende Merkmal. Unter den 43 „Sendschreiben" befinden sich 6 „Gottesbriefe" (ETCSL 3.2.05; 3.3.10; 3.3.20; 3.3.21; 3.3.22; 3.3.39). So berechtigt es erscheint, Briefe mit Briefen, ohne Rücksicht auf die Empfänger, zusammen zu stellen, so sind doch formgeschichtlich und literarisch Unterschiede in der Kommunikation der Gesprächspartner vorhanden. Die Briefe von Mensch zu Mensch berücksichtigen in ihrer literarischen Anlage sowohl die soziale Stellung der Schreibenden und Adressaten wie auch das konkrete Anliegen der Botschafts-Sender. Das Gefälle zwischen König und Provinzgouverneuren oder sonstigen Regierungsbeamten spiegelt sich im Briefformular, der Wortwahl, der Exposition wider. Ebenso im Inhalt: Eine einfache Mitteilung ist anders verpackt als ein Bittgesuch oder ein Befehl. Bei den „Gottesbriefen" ist die Rangordnung stärker festgelegt. Der kräftemäßig unterlegene Mensch wendet sich an die (über)mächtige Gottheit, von deren Seite keine schriftliche Antwort zu erwarten ist. Der menschliche Bittsteller, auch der potente König!, tritt an seine persönliche oder die Stadt- bzw. Reichsgottheit heran. Was liegt dann näher, als sich in den Formen eines Bittrituals auszudrücken, wie es seit unvordenklicher Zeit geübt wurde und bis heute in vielen Kulturen und Religionen erstaunlich gleichförmig praktiziert wird?[61] Wesentliche Elemente dieses Rituals sind Anrufung der und Lobaussagen über die Gottheit, Klage (Notschilderung), Vertrauensäußerungen, Bitte, Gelübde. In den „Gottesbriefen" finden sich deutliche Spuren eines solchen zeremoniellen, agendarischen Stils. Darum verwundert es nicht, wenn die zwischenmenschlichen Briefe häufig mit geprägten Formeln abschließen wie: lugal-ĝu$_{10}$ ḫé-en-zu („may my lord know!") oder e-ma-ru-uk-ka

[59] Vgl. Untersuchungen zur sumerischen Kultpraxis: Sallaberger 1993; H. Sauren, Les fêtes néo-sumériennes et leur périodicité, CRRAI 17, Hamsur-Heure 1970, 11–29; Hallo 1970; Cohen 1981; Groneberg 1997; Bottéro 1998; Brisch 2006.

[60] Vgl. Gerstenberger 2008.

[61] Vgl. Gerstenberger 1980; Zgoll 2003b.

(„it is urgent") oder šag$_4$-zu ḫé-eb-dùg-ge („let your heart be glad"). Die Gottesbriefe dagegen laufen wie Gebete auf Bitten oder Gelübde aus, so z.B. in ETCSL 3.2.05 (Z.46: zi sù-ud-ĝál níĝ-ba-e-éš ba-mu-na-ab [„Bestow on me long life as a gift!"]), 3.3.10 (Z.24f.: ù-ba-sag$_9$-ge nin-ĝu$_{10}$ lú-kud-da du$_7$-du$_7$ / mu-zu ga-àm-mi-íb-sa$_4$ [„Furthermore after I have recovered I will name her, my lady, as ‚the healer of the crippled'". Variante Z.25: mu-šè ga-sa$_4$]). Z.19–25 sind ein langes Lobgelübde für den Fall der Heilung; die ETCSL-Übersetzung unterschlägt, dass der oben zitierte Text die Heilungsgöttin Nintinuga in der zweiten Person anredet: „... ich will dich ‚Heilerin der Verkrüppelten' nennen"). Die gattungsmäßige Unterscheidung von „Brief" und „Briefgebet" (oder: „Gebetsbrief", „Gottesbrief")[62] ist also berechtigt; sie ist ein schöner Beleg dafür, dass literarische Gattungen tunlichst unter Berücksichtigung ihres Sitzes im Leben, und liege er auch im Vorfeld des konkret zu analysierenden Textes, bestimmt werden sollten. Ferner ist die Beobachtung wichtig: Die „Gottesbriefe" bieten theoretisch die Gelegenheit, einen zà-mí -Schluss anzufügen. Das ist aber in den ETCSL-Exemplaren nirgends der Fall. Am nächsten kommt der zà-mí-Formel die an Nanna gerichtete Endzeile von ETCSL 3.3.22, Z.16: [an ki]-bi-ta lugal-bi za-e-me-en nam-bi ì-/tar-re\ („You are the king of heaven and earth, it is you who decide their fate." [oder „weil du entscheidest" ...]). Ein Gotteslob ist also ausgesprochen, nur scheint es nicht mit Gesang verbunden zu sein. Jedenfalls fehlt der zà-mí-Vermerk. Vielleicht ist das nur Zufall. Denn die sechs vorhandenen Exemplare dieser Gattung (bei zweien fehlt der Schluss, also bleiben nur vier echte Zeugen) können so wenig wie die 37 profanen Texte repräsentativ für die Brief- oder Gottesbrief-Form sein. Man wundert sich ohnehin, wie wenig sumerische „(Gottes-) Briefe" bisher gefunden wurden. Die vorhandenen 43 ETCSL-Texte stammen überwiegend[63] aus der Ur III-Zeit; allein die Könige Šulgi, Šu-Sîn und Ibbi-Sîn sind als Sender oder Empfänger mit 21 Texten vertreten. Geographische Streuung und zeitlicher Rahmen sind mithin begrenzt.

Die stiefmütterlich benannte Gruppe 5 des ETCSL-Korpus beherbergt heterogene Texsorten wie „Ratschlag", „Gespräch", „Lehre", „Fabel", „Trinklied" aus verschiedenen Perioden sumerischer Geschichte, doch fast durchgängig in altbabylonischen Abschriften; man könnte sie als „weisheitliche Redeformen" etikettieren. Insgesamt neun von 26 ausgewiesenen Texten (34,61%) haben einen zà-mí-Satz, einer sogar im Viererpack. Die Preisformel steht in aller Regel am Schluss einer Einheit, und weil etliche Kopien am Ende abgebrochen sind, könnte der wahre zà-mí-Anteil noch größer sein. Wie schon für Gruppe 1 zu konstatieren war, tauchen auch hier reine Schreiber-Zusätze auf, die von der Stimmung in der Schreiberschule (é-dub-ba-a) Zeugnis geben, aber nicht zum aufgezeichneten Text und seinem kommunikativen Sitz

[62] Vgl. Hallo 1981; ders. 1998; Rykle Borger, Gottesbrief, RlA 3, 1971, 575f.; Michalowski 2011, 21 („ ...more than 73 texts that have been qualified as Sumerian literary letters").

[63] Ich sehe im ETCSL nur eine Ausnahme: 3.3.20, ein Gottesbrief des Gudea an seinen persönlichen Gott, der mit einer Versöhnungsbitte endet: „My god, I am not one to be hostile. May you show sympathy towards me once again" (Z.10); vgl. Michalowski 2011, 14: Ebla und Urukagina liefern älteste Belege.

gehören müssen. Umso bemerkenswerter wäre es, auch in Gruppe 5 literarisch relevante zà-mí -Formulierungen zu finden (s.u. Kap. 6.2.1 und 6.2.2).

Nach dieser groben Übersicht ist die Frage unausweichlich, welche Texte für die geplante literarische Untersuchung der zà-mí-Formeln geeignet sind. Der Erhaltungszustand der Tafeln spielt eine wichtige Rolle, aber auch die Definition der literarischen Gattungen. Zum letzteren Problem ist klar zu sagen: Eine vorschnelle Ausgrenzung von Texten etwa mit dem Argument, sie enthielten zu starke narrative Passagen, muss vermieden werden. Damit würde nur ein vorgefasstes Hymnenverständnis in die alten Texte eingetragen und jeder Modifikation des eigenen Erkennens, d.h. jedem Lernprozess, der Weg verbaut. Die Tatsache, dass viele Texte nur stark fragmentiert überlebt haben, ist dagegen bei einer literarischen Untersuchung höchst hinderlich. Texte mit empfindlich reduzierter, intelligibler Masse und Texte, deren Schlusszeilen fehlen, werden weitgehend unberücksichtigt bleiben müssen. Weil zudem die Gruppen 0 und 6 keine Affinität zu den weit gefassten Begriffen von „Hymnus" und „kultischem Loben" haben und ihnen jedes zà-mí fehlt, bleiben auch die dort vereinten Texte außen vor. Positiv heißt das: Die insgesamt 350 Texteinheiten der ETCSL-Sammlungen 1 bis 5 stehen grundsätzlich für die literarische Untersuchung zur Verfügung, selbst wenn vielen Einheiten ein zà-mí-Satz abgeht. Aus praktischen Gründen bleibt aber etwa die Hälfte unberücksichtigt: Der erlittene Textverlust lässt die literarischen Strukturen nicht ausreichend erkennen. Aus dem Defizit kann man auch keine höhere Tugend machen, wie manche Literaturtheoretiker möchten.[64] Der im Leben verwurzelte Text muss zufriedenstellend rekonstruierbar sein, sonst ist seine Kommunikationspotenz gemindert und eine literarische Analyse erschwert.

6.2 Einfaches zà-mí (in Schlussposition)

Oben (Kap. 5) ist zà-mí nur in kurzen, formelhaften Wendungen ins Blickfeld gekommen. Sie ließen jedoch ihre literarische Bedeutung erahnen. Jetzt soll der Ausdruck in Bezug auf Texteinheiten untersucht werden, die Gattungscharakter haben oder doch Elemente einer Gattung darstellen.[65] Auffällig ist die häufige Endposition der zà-mí-Formeln. Sie schließen formelhaft einen Gesamttext oder einen Teilabschnitt, z.B. ein ki-ru-gú, ab. Aber das Nomen zà-mí kommt auch mitten im Text vor, offenbar in anderer Konnotation. Die formale Gliederung nach der Stellung im Textzusammenhang wird durch differenzierte Funktionsbestimmungen aufgeschlüsselt (Kap. 6.2.1 und 6.2.2) und weiter hinsichtlich der kultischen und literarischen Bedeutung ausgebaut (Kap. 6.3).

---

[64] Black 1998, 38–42 diskutiert die Fragmentiertheit sumerischer Poesie. Sicher haben auch Text-Bruchstücke einen Wert. Hier aber müssen Einheiten ins Auge gefasst werden, damit literarische Analyse stattfinden kann.

[65] Der Begriff „literarische Gattung" ist umstritten und keineswegs eindeutig. Ich verstehe darunter im Blick auf die „Hymnen"-Literatur umfangreichere, über „Formel" und „Motiv" hinausgehende Texteinheiten, die durch Lobdynamik Macht und Wohlstand mehren und sichern wollen.

6.2.1 Eigenständige Doxologien

Es sind zwei verschiedene Fälle denkbar: zà-mí kann, besonders in der Endposition, eigenständig sein, d.h. keine originäre Beziehung zur literarischen Einheit haben. Das wäre ein Schreibervermerk (Kolophon), der etwa die Befindlichkeit des Handwerkers zum Ausdruck bringen will, aber nicht das Literaturstück erhellt. Andererseits könnte die zà-mí-Formel eine Funktion für den auslaufenden Text haben. Beide Bedeutungen müssen sich bei einer Würdigung des Textganzen klar voneinander abheben.

Für die Unverbundenheit von zà-mí mit dem Text gibt es nicht allzu viele Zeugen, die eben darum wichtig werden. Die „Instructions of Šuruppak“[66], eines der ältesten Werke Sumers (ETCSL 5.6.1), sind Lehrreden (2. Pers. Sing.!) des paradigmatischen Weisen an seinen Sohn Ziudsura (auch Ziusudra). Sentenz reiht sich an Sentenz, z.T. gegliedert durch gestaffelte Auftritte (vgl. Z.76,146). So werden dem Heranwachsenden die gängigen Sozialnormen vermittelt. Diese Lebensregeln lassen die aus der altorientalischen Weisheitsliteratur hinreichend bekannte väterliche Pädagogik durchscheinen. Der Gesamttext hat eine erste, abschließende Zeile (Z.277): „These are the instructions given by Šuruppag.“ Dann aber folgt in Z.278–280 eine von der Unterweisung verschiedene und sich nicht auf den Weisheitstext beziehende Lobaussage:

> 277: na de$_5$ šuruppag^{ki} dumu ubara-tu-tu-ke$_4$ na e$_5$-ga 278: šuruppag^{ki} dumu ubara-tu-tu-ke$_4$ na de$_5$-ga 279: nin dub gal-gal-la šu du$_7$-a 280: ki-sikil ^{d}nisaba zà-mí 278–280: „Praise be to the lady who completed the great tablets, the maiden Nisaba, that Šuruppag, the son of Ubara-Tutu, gave his instructions!“ Genauer A. Zgoll: 279: „Der Herrin, 277: welche die Ratschläge, die Šuruppag, der Sohn von Ubar-Tutu, als Rat gegeben hat, 278: die Šuruppag, der Sohn von Ubar-Tutu, als Rat gegeben hat, 279: auf großen Tafeln vollendet hat, 280: der Jungfrau Nissaba sei Preis!“
>
> Alster 2005, 100: (andere Zeilennummerierung) 288: šuruppak^{ki} dumu ubar-tu-tu-ke na ri-ga 289: nin dub gal-gal-la šu du$_7$-a 290: ki-sikil ^{d}nisaba zà-mí (288: „[that] the man from Šuruppak, son of Ubartutu, gave as instructions. 289: The lady who perfects the big tablets, 290: praise be to the maiden Nisaba!“

Ähnlich steht es in der zweiten „Lehrrede“ (ETCSL 5.6.3: „The Farmer's Instructions“) über Landwirtschafttechniken. Uduluru, sagenhafter Urvater, unterweist seinen Sohn (Z.1); diese Sprechsituation ist bis Z.109 durchgehalten. Erst am Schluss wechselt der Akteur. Das ist ein interpretierender Eingriff des Schreibers oder Redaktors: 110: na de$_5$-ga ^{d}nin-urta dumu ^{d}en-líl-lá-ke$_4$ 111: ^{d}nin-urta engar zid ^{d}en-líl-lá zà-mí-zu dùg-ga-àm „Instruction of the god Ninurta, the son of Enlil – Ninurta, faithful farmer of Enlil, your praise be [besser: „ist“] good!“ (Z.110f.)

Anscheinend will der Schreiber den Anweisungen eine höhere Weihe geben: Die Bauernregeln stammen seiner Meinung nach nicht (nur) von einem menschlichen Urahnen, sondern direkt von der fachkundigen Gottheit. Kunstfertigkeiten gehören zu den göttlichen me! Das ist allgemeine Anschauung im Alten Orient. Handwerkliches Können ist den Menschen von den Göttern vermittelt. Selbst im Alten Testament taucht der Gedanke auf, und zwar hinsichtlich der bäuerlichen Feldbestellung: „So unterwies ihn sein Gott und lehrte ihn, wie es recht sei“ (Jes 28,26). In den sumeri-

[66] Vgl. Michael P. Streck, Šuruppag. A. Philologisch, RlA 13, 2012, 334–336; Alster 1974; ders. 2005.

schen Lehrtexten verlautet zunächst kein Wort von der göttlichen Urheberschaft. Die performativen Versionen von „Farmer's Instructions" und „Instructions of Šuruppag" hielten sich an das Standardformat „Vater unterrichtet Sohn"[67]. Erst der Schreiber bringt nach Abschluss des im Kommunikationsprozess gebrauchten, sozusagen „agendarischen" Textes seine theologische Meinung ins Spiel und weist lobend auf den göttlichen Urheber der Lebenslehre hin. Literar- und formgeschichtlich gesehen ist das eine gegenläufige Sprechrichtung, die sich darum als schriftlicher Zusatz erweist und von dem vermutlich ursprünglich mündlichen Text absetzt. Im Unterschied zu dieser additiven Verwendung von zà-mí (sie schließt einen religiösen Gebrauch der zà-mí-Formel im schulischen Bereich nicht aus!) hat die schlussendliche Lobaussage bei den gleich zu besprechenden (s.u. Kap. 6.2.2) Hymnen- und Erzähltexten einen Bezugspunkt in der jeweils voran stehenden Gebrauchsform des literarischen Stückes. – Die beiden Lehrgedichte haben den Blick für performative und schriftliche Textformen geschärft. Es gilt, das ETCSL auf diese Varianten hin durchzusehen.

Zunächst die ETCSL-Gruppe 1: Sie hat den höchsten prozentualen Anteil an zà-mí-Formulierungen und besteht im Wesentlichen aus mythischen Erzählungen. Die 36 dort gesammelten Beispiele sind (ohne unergiebige Bruchstücke) unterschiedlich lang: Ihr Umfang liegt zwischen 32 und 726 Zeilen, im statistischen Mittel um die 250 Zeilen. Auch das macht die Bedeutung der Texte deutlich. Die literarisch durchsichtigen und intakten Exemplare belaufen sich auf 20 Stück. Den 16 zurück zu stellenden Texten fehlt oft der für die zà-mí-Indikation so wichtige Schluss (9 Fälle), oder die ausreichende Textmasse, die zur Erkennung der literarischen Gattung nötig ist (7 Fälle). Auf fragmentierten Tafeln sind allerdings – wenn Abschlusszeilen erhalten blieben – auch fünf Texte mit zà-mí-Formeln auf uns gekommen (ETCSL 1.3.4; 1.3.5; 1.8.1.2; 1.8.1.3; 1.8.1.4), die durchaus einen Erkenntniswert haben können. Nur ist es wichtiger zu sehen, dass von den 20 „intakten" Texten erstaunliche 16 (= 80%!) zà-mí-Vorkommen aufweisen, die übrigen vier haben interessante analoge Schlussvermerke. Jedoch stehen zuerst die sekundären Schlusszeilen mit zà-mí zur Debatte. Bei zwei Exemplaren ist das offensichtlich der Fall, denn in beiden erscheint ein doppelter zà-mí-Abschluss, und in beiden ist die im vorhergehenden Text gar nicht erscheinende Göttin der Schreiber und Gelehrten, Nisaba, die Lobempfängerin.

Das gut erhaltene Gedicht „Inana and Ebiḫ" (ETCSL 1.3.2 = 184 Zeilen) beginnt mit einem Hymnus auf die Kriegerin Inana, erst in objektivierender 3. P., dann in der direkten Du-Anrede. Ihr kann niemand widerstehen, alle Mächte sind ihr untergeordnet. Der Dichter oder Liturg schließt die Einleitung mit einer persönlichen Ehrerbietung ab: 23: nin mè dumu gal ^{d}suen-na 24: ki-si-kil ^{d}inana me-téš-e ga-i 23f.: „I shall praise the lady of battle, the great child of Suen, maiden Inana."

Der Preis der Göttin im Textkörper ist in den Ausdruck me-téš i, „Lob hervor bringen" gefasst. Dann tritt Inana in Aktion. Sie berichtet von der Schmähung, die sie

[67] Von den Lebenslehren, wie sie aus der ägyptischen Überlieferung bekannt sind, handeln z.B. Bernhard Lange, Die weisheitliche Lehrrede, SBS 54, Stuttgart 1972; Hellmut Brunner, Das hörende Herz, OBO 80, Göttingen/Fribourg 1988.

im/durch das Gebirge Ebiḫ[68] erlitten hat und kündigt Strafe für das rebellische Gebiet an (Z.25–52). Eine wichtige Kriegsvorbereitung war im Alten Orient der Bittgottesdienst, der die heimischen Gottheiten zu Bundesgenossen gewinnen sollte (vgl. „Feldgottesdienst“ in christlicher Militärgeschichte). So verfährt auch Inana: Sie wendet sich mit förmlichem Gebet an den Göttervater An, trägt ihm ihre Verantwortung für den anonymen menschlichen König und den Kriegsgrund (Verachtung und Aufstand seitens Ebiḫ) vor und bittet um den gewünschten Erfolg. 111: ebiḫ^{ki} ka tar-ĝu$_{10}$ ḫé-si-il-le me-téš ḫu-mu-i-i 111: „May Ebiḫ give me honour and praise me.“

Der Göttervater An antwortet ausweichend (Z.112–130), Inana unterwirft trotzdem die Feinde und erzwingt ohne Ans Unterstützung deren Anerkennung (Z.131–181). Wieder tauchen ähnliche Formulierungen wie die beiden oben zitierten auf: 182: e-biḫ^{ki} ḫul-a dumu gal ^{d}suen-na 183: ki-sikil ^{d}inana zà-mí 182f.: „For destroying Ebiḫ, great child of Suen, maiden Inana, be praised.“

Die drei heraus gehobenen Lobformulierungen stehen, so unterschiedlich sie auch in sich sein mögen, untereinander in einem kommunizierenden, literarisch-kultisch zu deutenden Verhältnis, das später genauer zu untersuchen ist. Ganz aus diesem Rahmen heraus fällt jedoch die Schlusszeile: 184: ^{d}nisaba zà-mí 184: „Nisaba be praised.“ Ein weiteres klares Beispiel für den sekundären Gebrauch der zà-mí-Formel durch den Schreiber! Der Sprechtext endet mit zà-mí, das kunstvoll mit anderen Lobaussagen des Textkörpers verschränkt ist (Z.182f.). Es folgt ein Lobruf an die Göttin Nisaba, der in der Handlung völlig unbegründet ist. Die so gereihten zà-mí-Formeln sind von ganz unterschiedlicher literarischer Qualität. Die erste ist textimmanent, die zweite außenständig. Erstere konstruiert zusammen mit anderen sprachlichen Markierungen eine kollektiv zu inszenierende Texteinheit, die letztere scheint auf der schriftlichen Ebene lediglich der Stimmung eines einzelnen Handelnden Ausdruck zu geben.

Ähnliches lässt sich an einem zweiten Textbeispiel der Gruppe 1 beobachten: ETCSL 1.8.1.5 („Gilgameš and Huwawa, Version A“). Die Erzählung berichtet in einer von Version B (ETCSL 1.8.1.5.1) signifikant abweichenden Weise vom Libanon-Feldzug des Gilgameš: Vorbereitung – Durchführung – Sieg über das Gebirgsmonster – Verteilung von dessen „Schreckensgewalten“ (me-lem$_{4}$). Der am meisten interessierende Schluss des 202-zeiligen Werkes ist leider z.T. beschädigt und vor allem in Folge von zahlreichen handschriftlichen Variationen textlich unsicher.[69] Uns kommt es auf die drei letzten Zeilen an (Z.200–202), die nach der Oxforder Edition[70] so aussehen (angenommene Grundversion weicht von Handschriftenvarianten ab):

[68] Wahrscheinlich handelt es sich um eine politisch gemeinte Landschaftsbezeichnung, die den uralten Konflikt zwischen Schwemmland- und Gebirgsbewohnern spiegelt, vgl. Zgoll 2000.

[69] Vgl. die Anmerkung in ETCSL 1.8.1.5 Z.193: „The ms. tradition for lines 193–199 is extremely confused about the order in which the various auras are assigned ...“.

[70] Die abweichenden Bearbeitungen von Edzard 1991a; ders. 1993, sind heranzuziehen. Vgl. Raymond J. Tournay und Aaron Shaffer, L'épopée de Gilgamesh, Paris 1994; Gerd Steiner, ‚[Ḫ]uwawa' und sein ‚Bergland' in der sumerischen Tradition, ASJ 18, 1996, 187–215; George 1999; Maul 2012.

Komposit-Text	Varianten
200: [...]-⸢ma⸣ ní te-a-ni ba-an-TI 200: ... his terror ... (ní te)	200: (1. Var.) íb-taka$_4$ me-lem$_4$-⸢ma⸣ X [^{d}]gílgameš X X DU AB DA DU X X 200: ... the rest of the auras ... Gilgameš ...
201: kalag-ga ^{d}gílgameš {mí dug$_4$-ga} 201: mighty one, Gilgameš, who is cherished	201: zà-mí ^{d}en-ki-du$_{10}$ [zà-mí] 201 (2. Var.) ^{d}ḫu-wa-wa [...] 201: ... be praised, Enkidu be praised (2. Var. Huwawa [„der H. gemacht hat"?])
202: ^{d}nisaba zà-mí 202: Nisaba be praised.	202 (2. Var.) mí dug$_4$-ga en-ki-du$_{10}$ zà-⸢mí⸣ [...] 202: who is cherished, Enkidu be praised.

Die Zuordnung der Preis-Formeln ist wegen der vielschichtigen Überlieferung nicht zweifelsfrei möglich. Offenbar sollen die Hauptakteure Gilgameš und Enkidu am Ende der Dichtung gewürdigt werden. Ob auch dem Gebirgsdämon Huwawa in einer Traditionslinie ein Lob zugestanden wird, ist zweifelhaft, ja unwahrscheinlich. Auffällig ist dagegen die parallele und anscheinend austauschbare Verwendung von mí dug$_4$-ga und zà-mí. Vielleicht könnte man aus formgeschichtlichen Gründen in der ersten Variante einen doppelten Lobabschluss auf Gilgameš und Enkidu postulieren. Dann wären beide zà-mí-Formeln echte, zum literarischen Werk gehörende Elemente.

Auch in der zweiten, mit 138 Texten stärksten Gruppe variieren die literarischen Einheiten stark in ihrem Umfang. Eine Mardukhymne kommt mit 14 Zeilen aus (ETCSL 2.8.5.1), einige andere Gottes- oder Königslieder benötigen 20 bis 50 Zeilen, wenige Exemplare gehen über die 200 Zeilen-Marke hinaus. Nur die auf zwei Tonzylindern erhaltene Gudea-Inschrift über die Gründung des Ningirsu-Tempels in Girsu erreicht monumentale 1363 Zeilen. – Einige schreibtechnisch abgerundete Texte mögen „Exzerpte" aus größeren Kompositionen sein, die eventuell an heiliger Stätte deponiert oder als Talismane am Körper getragen wurden, so ETCSL 2.6.9.a mit neun und ETCSL 2.8.3.7 mit sechs Zeilen. Andere Auszüge waren vielleicht Schreibübungen. Diese extrem kurzen „literarischen" Belege bleiben aus der Untersuchung heraus. Ebenfalls unberücksichtigt sind, weil strukturell zu unbestimmbar, die zahlreichen undeutbaren Fragmente, so dass sich die Zahl der brauchbaren Stücke auf 61 reduziert. Das ist nur knapp die Hälfte aller in Gruppe 2 versammelten Kompositionen „mit historischem Hintergrund", d.h. überwiegend: mit Namensnennung eines Königs. Die 77 zu stark beschädigten Belege, denen großenteils der Schlussteil fehlt oder die eine zu geringe lesbare Textmasse besitzen, tragen immerhin noch 8 Mal zu den zà-mí-Vorkommen bei. Bei den „intakten" Gedichten beläuft sich die Zahl der zà-mí-Texte (einige Male Mehrfachnennungen) auf 20, das sind – wenn man das Ergebnis von Gruppe 1 mit 80% im Blick hat – immerhin fast 33%. Die beschädigten Kompositionen zeigen dagegen ein Verhältnis von 77:8 = 10,39% im Blick auf die zà-mí-haltigen Einheiten. Der Grund dafür mag sein, dass bei unvollständigen Exemplaren überwiegend der zà-mí-trächtige Schlussteil abhanden gekommen ist. Die Suche nach sekundären zà-mí-Anhängen an ein eigenständiges literarisches Gebilde zeitigt zum Teil schon bekannte, zum Teil aber auch neue Phänomene literarischen „Wachstums". Bekannt ist der doppelte Abschluss einer literarischen Einheit, wobei die zweite Lobaussage auf die Göttin der Schreiberzunft Nisaba geht (s.o. ETCSL 1.3.2). So auch in ETCSL 2.4.2.24, der Hymne „Šulgi X".[71] Der sangesmächtige Ur III-König bringt in der 160-zeiligen Komposition nacheinander Inana, Utu, Ninazu und Nanna-Suen Opfer und Gebet dar und empfängt Hilfszusagen. Höhepunkt und Abschluss (Z.141–158) sind die Beschreibungen der Segenskräfte, die durch göttliche „Schicksalsbestimmung" im Land Sumer wirksam werden und des königlichen Einsatzes im Sinne seiner Berufung: Diese letzteren Aktivitäten Šulgis sind Grund für das auslautende Lob: „… weil er Sumer und alle Fremdländer vor Freude Tag und Nacht tanzen lässt" (Z.158: ì-ti <ud> zal-la kalam-e kur-kur-re a-ne ḫ̮úl-la dug$_4$$^?$-dug$_4$): 159: en ^{d}aš-ím-bábbar zà$^!$-mí („[sei] der Herr Ašimbabbar gepriesen") 160: ^{d}nisaba zà-mí („Nisaba [sei] gepriesen").

Ašimbabbar (Nanna-Suen) ist eine der für Šulgi eintretenden hohen Gottheiten (Z.132–140). Der Aufruf, ihn zu loben, ist darum integraler Teil der Komposition. Man kann fragen, warum alle anderen vom König verehrten und um Hilfe angegangenen himmlischen Autoritäten nicht mit gleicher Münze bedacht werden. Der Preis für Nisaba dagegen hat keinen Bezug zu dem vorgeführten Handlungsgefüge oder rituellen Geschehen. Er zielt auf die Herrin der Schreiber und Patronin der Gelehrsamkeit.

Drei weitere Gedichte mit der Unterschrift ^{d}nisaba zà-mí kommen ins Visier. ETCSL 2.1.2 ist eine narrativ aufgefüllte Liste der Herrscher von Lagaš, vielleicht der sumerischen Königsliste (ETCSL 2.1.1) nachgebildet. Die Autoren (aus der Schreiberschule?) setzen nach der großen Flut an und bringen zuerst ein „Vorspiel im Himmel" (Z.1–16) und eine kleine Kulturgeschichte der Stadt Lagaš (Z.17–65); die folgenden 33 Zeilen fehlen allerdings. In der Lücke beginnt irgendwo die Abfolge der millenaren und säkularen Herrscherfiguren, der erste erkennbare Name ist der mythische Enakigalaguba (Z.103). Die letzten Könige stehen im Licht der Geschichte; sie bekommen menschenmögliche Regierungszeiten zugewiesen: Ur-Ninmarki, Ur-Ninĝirsu, Ur-Bau und Gudea (Z.192–199). Nach dem Beispiel anderer solcher Aufstellungen könnte der Text damit zu Ende sein. Die Gattung „Liste" an sich verlangt nicht nach einem abschließenden Lobruf (doch vgl. o. Kap. 6.1), genau so wenig wie die schon besprochenen Sprichwortsammlungen (Gruppe 6) oder die Lebenslehren (Gruppe 5, s.o.). Die hier zur Debatte stehende Liste der Herrscher von Lagaš aber hat eine entsprechende Schlusszeile (200): „Written in the school. Nisaba be praised!" (é-dub-ba sar-⸢ra⸣ ^{d}nisaba ⸢zà⸣-[mí]). Nun ist zwar die Göttin Nisaba kurz vorher (Z.193) als persönliche Göttin des Ur-Ninmarki erwähnt. Daraus lässt sich aber nicht folgern, sie sei am Ende der ausgedehnten Textkomposition als Hauptverantwortliche für die Herrscherdynastien in Lagaš benannt und geehrt worden. Auf diese Ehre hätte der Staatsgott Ningirsu weit mehr Anrecht gehabt. Der Vorspann zu dem Preisaufruf belegt mit seinem Hinweis auf die Schreiberschule den wahren Sitz im Leben der Anrufung Nisabas. Wenn man argumentieren will, die Herrscherliste komme aus einer performativen Schulsituation, dann ist immer noch darauf hinzuweisen: Kataloge (vgl. Gruppe 0) und Proverbiensammlungen bleiben – obwohl sie dem Schreibermilieu nahe stehen – generell ohne lobenden Schluss. Und über die tatsächliche Verwendung solcher Aufstellungen ist längst noch nicht das letzte Wort gesprochen. Die lange Überlieferung von Listen verschiedener Art lässt vermuten, dass es bei der Pflege dieser Gat-

---

[71] Bearbeitung durch Klein 1981a; vgl. Lämmerhirt 2012; vgl. o. Anm. 54.

tung um Auftragsarbeiten für einen öffentlichen oder herrscherlichen Zweck ging. Sie werden kaum ausschließlich für den internen Gebrauch und die Diskussion im é-dub-ba-a hergestellt worden sein.

Bei den Šulgi-Hymnen A und B liegen die Dinge wohl anders. Die beiden Kompositionen enden mit einem Nisaba-Lobruf (ETCSL 2.4.2.01, Z.101f. und 2.4.2.02, Z.385). Die erstgenannte Stelle ist grammatisch und textlich kompliziert. 101: {ᵈšul-gi dumu nir-ĝál an-na-ke₄ mí dug₄-ga 102: ᵈnisaba zà-mí}{(instead of lines 101–102, 1 ms. has:) [ᵈ]šul!-gi ⌜dumu?⌝ nir-⌜ĝál⌝ an-na zà-mí}. Die erste Version der beiden Schlusszeilen wird von ETCSL so wiedergegeben: „Šulgi, who is cared for by the respected child of An! Nisaba be praised!" Soll darin ein Bezug auf Nanna-Suen (Z.95ff.) stecken? Aber der Stadtgott von Ur wird gemeinhin als Sohn Enlils betrachtet (Z.101: An). Die Schlusszeile des Komposit-Textes wendet sich an die Schreibergöttin Nisaba. Kann man schon Z. 101 auf sie beziehen? „Šulgi, von der majestätischen Tochter Ans behütet, 102: Nisaba Heil!" Oder, wenn dumu nir-ĝál an-na-ke₄ ergativisch zu verstehen ist: „Šulgi, den die majestätische Tochter Ans behütet, Nisaba Heil!" A. Zgoll übersetzt: „Die Šulgi, das erhabene Kind des Himmels gepriesen hat, Nissaba (sei) Preis!" Sie erläutert: „Die übliche grammatikalische Ergänzung zu mim du₁₁(g) (= traditionell mí dug₄) ist mit Attinger 1993, § 647 entweder Absolutiv (so Textzeuge RR zur vorliegenden Stelle in Šulgi A, vgl. Klein 1981a, 202) oder Dativ oder Lokativ-Terminativ (so Textzeuge R). Die Syntax ist hier also analog zu vielen anderen Belegen, wo die gepriesene Person durch vorangestellte Epitheta unter dem Aspekt gezeigt wird, dem der Preis in besonderem Maße gilt. Dass Šulgi als ‚Kind des An' bezeichnet wird, ist nicht singulär, wie ein Hymnus auf Šu-Suen (ETCSL 2.4.4.a, Z.4) zeigt, der Šu-Suen als ‚Kind Ans' zeigt. Entsprechend ist auch in Šulgi A die Formulierung von Textzeugen CC, der Nissaba weglässt, also schreibt ‚Šulgi, erhabenes Kind des Himmels, (sei) Preis!' – Anders übersetzt ETCSL: ‚Šulgi, be praised (?) by An's respected child!'" Die englische Übersetzung ist schwierig. Es gibt keinen anderen Beleg im ETCSL, bei dem die zu preisende Person/Gottheit durch Nennung eines ausführenden Agenten von der zà-mí-Formel getrennt würde. Spekulativ ist auch das konjizierte dumu. Die Handschriftenvariante macht Šulgi zum zà-mí -Empfänger: [ᵈ]šul!-gi … zà-mí. Die eingeschobene Apposition bringt ihn in Verbindung mit An. Die Aussage: „Šulgi, majestätischer Sohn des An, sei gepriesen" ist nach sumerischem Verständnis nicht abwegig.[72]. Beide Textvarianten sind jedoch problematisch (s.u. Kap. 6.2.2.5).

Šulgi B ist mehr als dreimal so lang als Šulgi A. Das für unsere Ohren extrem hoch greifende Eigenlob kommt in beiden Hymnen durch starke Ich-Aussagen zum Tragen. Šulgi „rühmt" sich aller seiner übermenschlichen Fähigkeiten und Qualitäten und bemüht wie in Hymne A eine Vielzahl von großen Gottheiten, die seine Ambitionen unterstützen. Auch Nisaba hat ihren Platz in seinem Pantheon: „In the south, in Urim, I caused a House of the Wisdom of Nisaba to spring up in sacrosanct ground for the writing of my hymns; up country in Nibru I established another" (Z.308ff.).

---

[72] Sumerische Vorstellungen über die Gottessohnschaft von Königen folgen sicherlich ihren eigenen Denkvoraussetzungen. Besonders Šulgis Selbstpreisungen sind im Blick auf „Vergöttlichung" von Monarchen recht robust. In Šulgi B Z.40 nennt er z.B. Utu seinen „Bruder und Freund".

„For that house, I am the right man to step over the threshold. I am the man whose name has been chosen by Nanna. I am the steward of Enlil's temple, the domestic slave of An. I am Šulgi, and my house E-ḫursaĝ is the palace of palaces. My royal residence is above all praise; I made it tower up like a lapis-lazuli mountain. Inana, the queen of the gods, the protective deity of my power, has perfected the songs of my might – the foremost among kings – in respect of everything in the whole world. It is good to praise me. Praise be to Nisaba" (Z.374–385).

Der erste Lobruf ist der ganzen Hymne angemessen: zà-mí-ĝu$_{10}$ dùg-ga-àm, „Das Lob für mich ist gut." (Z.384). Der zweite und endgültige Aufruf könnte autonom sein: „Nisaba sei gepriesen" (Z.385). Dem steht möglicherweise entgegen, dass Nisaba, wie im Zitat oben belegt (Z.308ff.), für die Hymne eine gewisse Rolle spielt. Unter ihrer Obhut geschehen Texterarbeitung und liturgische Verwendung der Hymnen. Das „house of the wisdom of Nisaba" hat offenbar nicht nur die Qualitäten eines Archivs oder eines Gelehrten-Elfenbeinturms, sondern garantiert Komposition und angemessenen Kultgesang, der für die Existenz des Königtums und die bleibende Erinnerung an Šulgi eine große Bedeutung besitzt. Dennoch sollte man auch hier die Möglichkeit prüfen, das „praise be to Nisaba" als sekundäre Ergänzung aufzufassen. Die Knappheit des Ausdrucks im Vergleich zu der persönlicheren Formulierung „das Lob für mich ist gut!" fällt auf. Nisaba selbst hat in der Dichtung nicht die exponierte Rolle, die einen Lobruf am Schluss erklären könnte. Und last but not least: Der Preis Nisabas läuft dem Duktus des Gedichtes genau entgegen. Das alles gilt mit dem Vorbehalt, dass die Schreiberschule keine direkte Verantwortung für die Ausführung des Kultgesanges getragen hat.[73]

Ein weiterer Text der Gruppe 2 soll noch zu Wort kommen: Die in Kurzzeilen gefasste Hymne des Enlil-bāni (ETCSL 2.5.8.1).[74] Der gehörte zur ersten Dynastie von Isin und regierte etwa von 1860–1837 v.u.Z. Der Lobgesang auf den Herrscher in der beschreibenden 3. P. klingt grandios, man höre nur die Eingangsworte:

1–3: ^{d}en-líl-ba-ni lugal u$_4$ di nun-e-ne 4: šu dug$_4$-ga an-na 5: ^{d}en-líl-le íl-la 6: ^{d}utu-gin$_7$ 7: ud kur-kur-ra-ke$_4$ 8: nam-nun-šè tu-du 9: me šár gú è 10: zag an ki 11: ùĝ daĝal dúr-ru-na-bi-šè 12: igi du$_8$ ^{d}en-líl-lá 13: ^{d}nin-líl-le ĝiš tuku

11–13:„Enlil-bāni, wondrous king among the princes! Created by An, elevated by Enlil, like Utu the light of all lands, born to princedom, girded with all the divine powers, watched over by Enlil and listened to by Ninlil on account of the widespread people living at the boundary of heaven and earth!"

[73] Bemerkenswert ist auch, dass am Ende der dramatischen Komposition „The Cursing of Agade" (ETCSL 2.1.5) Inana für die Zerstörung der Stadt gepriesen wird (Z.281). Sie spielt zuvor als Stadtgöttin von Akkad (sie verlässt empört ihre Stadt) eine Rolle, die beklagte und gefeierte Vernichtung der Metropole aber geht auf Beschluss und Tat der hohen Götterversammlung zurück. Warum also am Ende die Hervorhebung Inanas? Von einem Schreibernachtrag oder -kommentar wird man jedoch kaum reden können. Dazu ist die Göttin zu fest im Text verankert. Vielleicht sind im „Fluch über Akkad" verschiedene, sich überlagernde und einander fortführende Traditionen zu erkennen, vgl. Attinger 1984a.

[74] Vgl. Joachim Krecher, Eigentümlichkeiten des dichterischen Stils, in: Röllig 1978, 117–135; Vanstiphout 1993; Vogelzang 1996; Tinney 1995.

Das Gedicht endet zunächst in einen Segenswunsch für den König (Z.169–177). Ich verstehe die verbale Aussage mí-dug$_4$ nicht als bloße Tatsachenfeststellung, sondern als wunschorientiert und analog zur zà-mí-Formel. Die Verbform (i-Präfix; *ḫamṭu*) könnte perfektisch zu verstehen sein (Attinger 1993, 267 ist an diesem Punkt skeptisch): 175: ub-<da> ⌜4-ba⌝-ke$_4$ 176: sizkur nam-lugal-la 177: mí i-ri-in-dug$_4$ 175–177: „The four quarters of the world praise you with royal offerings."

Dann aber folgt offenbar ein auf die Aktivität und Bedeutung der Schreiberschule gemünzter Ausklang: 178: dub-sar úmun ak 179: é-dub-[ba]-a 180: é na de$_5$ 181: kalam-ma-ka 182: zà-mí-zu 183: ĝá-la 184: nam-ba-an-dag-ge 178–184: „May the wise scribe in the scribal academy, the house which advises the Land, not allow your praise to cease!"

Mit ihrer direkten Anrede an Enlil-bāni folgen die Schlusszeilen der Dichtung dem im gesamten Text vorherrschenden Stil, der unmittelbar vorhergehende gute Wunsch ist dabei eingeschlossen. Stilistisch ist also kein Bruch festzustellen. Aber die jetzt zum Vorschein kommende „kultisch orientierte" Aktivität der Schreiber macht stutzig. Wie soll die „Schule" garantieren, dass der Lobgesang auf den König nicht abreißt? Ist die literarische Tradition gemeint, für die sie gewährleisten soll? Oder doch die kultische Rezitation relevanter Texte? Einige Grundüberlegungen zur Schreiberschule und ihren Funktionen bei der Hymnenüberlieferung sind angebracht.

Exkurs: é-dub-ba-a im alten Sumer

Erforscher der vorderorientalischen Kulturen haben sich schon länger gezielt den Schreiberschulen und ihren gesellschaftlichen und kulturellen Funktionen zugewendet.[75] Dabei sind die herkömmlichen Ansichten über das sumerische „Tafelhaus" stark differenziert worden. Denn bisher ging man davon aus: Die Schulen, denen wir die Masse der literarischen Überlieferung verdanken, seien streng an Königshöfe und/oder Tempelverwaltungen angeschlossen gewesen. Die geistige Elite der altorientalischen Welt habe für die politisch-religiösen Führungskräfte gearbeitet und von ihnen den Lebensunterhalt empfangen. Dass König Šulgi sich der Gründung von Schulen in Ur und Nippur, Zentren der sumerischen Bildung, rühmt, schien typisch für das Selbstverständnis der Herrscher schon im dritten Jt. v.u.Z. zu sein und nicht nur für seine Zeit zu gelten. Bei der Einschätzung der sumerischen „Schulen" und der Funktionen, die Lehrer und Schüler während der Ausbildungszeit übernehmen konnten, sind aber folgende Gesichtspunkte zu berücksichtigen: a) Man kann nicht davon ausgehen, das alte „Edubba" habe über Jahrhunderte hinweg dieselbe innere Struktur und Wirkungsweise gehabt (geschichtliche, gesellschaftliche, ideologische Veränderungen sind zu erwarten). b) Alle Antworten hängen von der Art des untersuchten Materials (archäologische Daten; Selbstzeugnisse des Personals; Fremdberichte über Schreiber und Schulen usw.) und von der Voreingenommenheit heutiger Betrachter ab (Bibelexegeten und Assyriologen haben z.B. unterschiedliche Blickwinkel).

[75] Bibelwissenschaftler sind inkluiert, weil sie altorientalische Zusammenhänge berücksichtigen, vgl. z.B. Philip R. Davies, Scribes and Schools, Louisville 1998; Joseph Blenkinsopp, Sage, Priest, Prophet, Louisville 1995; John G. Gammie und Leo G. Perdue (Hg.), The Sage in Israel and the Ancient Near East, Winona Lake 1990; Karel van der Toorn, Scribal Culture and the Making of the Hebrew Bible, Cambridge 2007; John van Seters, The Role of the Scribe in the Making of the Hebrew Bible, JANER 8; 2008, 99–129. Vgl. vor allem aber Åke W. Sjöberg, The Old Babylonian Eduba, in: Lieberman 1975, 159–179; Volk 2000, 1–30; ders. 2011, 269–299; Robson 2001; George 2005; Hartmut Waetzoldt und Antoine Cavigneaux, Schule, RlA 12, 2011, 294–309.

Die neuere Debatte über die sumerischen „Schulen" zeigt, dass man nur mit großer Vorsicht von „Akademien" im modernen Sinn (eigene Gebäude; professionelle Dozentenschaft; Gruppenunterricht; institutionelle Einbindung in Palast oder Tempel usw.) reden kann. Eleanor Robson, M. Tanret[76] u.a. haben durch sorgfältige Analysen der archäologischen Daten dieses herkömmliche Bild erheblich revidiert. Selbst in der sehr schreibaktiven altbabylonischen Periode ist nach Ausweis der Funde an Übungstafeln der Unterricht auf kleine Privathäuser beschränkt gewesen.[77] Andrew George nimmt diese Befunde auf[78] und verweist auf die Ur III-Zeit, in der anscheinend zum ersten Mal staatlich gesponsorte Ausbildungsstätten entstanden.[79] Das gloriose Bild von staatstragenden, gesellschaftlich prestige-trächtigen Ausbildungsstätten habe sich dann in den Köpfen, der „Schulliteratur" und leider auch im Vorurteil heutiger Forscher festgesetzt (dem z.B. Karel van der Toorn noch anhängt). Nach George haben im 3. Jt. höchstens in der Ur III-Dynastie (und im Nachklang dann in der Isin I-Periode) Zustände geherrscht, die Anlass zur elitären Überhöhung der Schreiber und ihrer Akademie gaben. Konrad Volk entzaubert ebenfalls den Mythos des „Tafelhauses"[80] und stellt nüchtern fest: „Es ist mir kein Ur III-zeitlicher oder altbabylonischer Beleg bekannt, in dem ein é-dub-ba-a im Zusammenhang eines Tempels genannt wird."[81]

Natürlich bleiben genug Probleme übrig. Die unmittelbare Einwirkung zumindest einiger Ur III- und Isin I-Regierungen auf die Komposition und Verwaltung hymnischen Gutes ist direkt bezeugt und wird nicht nur in der Phantasie der Nachkommen existiert haben. Dass die Masse von literarischen Texten, darunter zahlreiche Hymnen,[82] zumindest in Nippur und Ur im Bereich von Schreiber-Werkstätten gefunden worden sind, spricht Bände. Welche Funktionen hatten solche Einrichtungen? Welche Rolle spielten sie z.B. bei der Komposition und Inszenierung von Hymnen? Kooperation mit und Abgrenzung von den Priesterschaften sind vorauszusetzen. Schreiberschulen waren für mehrere Wissensgebiete zuständig, sie mussten auch Verwaltungsfachleute und Wissenschaftler, z.B. Mathematiker,[83] ausbilden, waren also nicht auf religiöse Stoffe beschränkt. Sie pflegten offenbar eine gewisse Spezialisierung, wenn man den in einzelnen „Lehrstätten" gefundenen Texten und den daraus erschlossenen Curricula vertraut.[84] Wenn sumerische Priester (zum Teil?) und Kultsänger schreibkundig und bei ihren Amtsgeschäften auf liturgische, zeremonielle Texte angewiesen waren, hatten sie dann auch ihre eigene, womöglich private Schreiberausbildung durchlaufen? Wie und wo bereitete sich der Priesternachwuchs auf den heiligen Beruf vor?

Noch wichtiger ist die Frage nach den in Schreiberschulen verwendeten „Lehrtexten" (vgl. o. Anm. A 94 die Dekade für Schreiber!), die entweder im „Grundkurs" Sumerisch oder für die professionelle Karriere „kanonische" Bedeutung hatten. Auf die Fundstätte „Schreiberwerkstatt" ist schon hingewiesen worden. Auch die mittelalterlichen Klosterschulen fertigten Abschriften religiöser und säkularer Werke an. Der Natur der Sache entsprechend müssen wir die Herkunft der Abschriften aus dem Schreibermilieu zur Kenntnis nehmen und zu erfassen versuchen, was dieser Überlieferungsweg für die Texte selbst bedeutet (z.B. Hinzufügung von Kolophonen). Doch ist aus allen altorientalischen

---

[76] Vgl. Robson 2001; Tanret 1981.

[77] Eleanor Robson etwa belegt diese Fakten am Beispiel des Hauses F in Nippur, in dem auf engstem Raum 1425 Tafeln und Tafelfragmente aufgefunden wurden (dies., RA 95, 2001, 39–66).

[78] „The owners of such houses were learned scholars who taught apprentice scribes to write, instructing them in their own homes" (George 2005, 131).

[79] Die Staats-Bürokratie hatte gesteigerten Bedarf an ausgebildeten Schreibern, „that could not be met by the small-scale operations of the private sector" (George 2005, 132; er verweist auf die Hymne Šulgi B, Z.13–20,318,329, a.a.O., 133).

[80] Die gängige Übersetzung „Haus der Tafeln" für é-dub-ba-a ist seines Erachtens (wegen des Suffixes -a) zugunsten von „Haus, das Tafeln zuteilt" aufzugeben (Volk 2000, 2f.).

[81] Volk 2000, 10;. vgl. jedoch Hilgert 2011.

[82] Vgl. die Tabellen bei Robson 2001, 53 und 56.

[83] Vielleicht für die höheren Verwaltungslaufbahnen? Vgl. Robson 2002, 325–365.

[84] Vgl. Tinney 1998; Robson 2001, 46–59; Maul 2010.

Überlieferungen wie auch durch kulturgeschichtliche Vergleiche klar: Die große Menge der im Tafelhaus entstandenen Texte ist nicht „Produkt" der Schule zu Übungszwecken,[85] sondern stellt authentisches, d.h. performatives Textmaterial dar, das aus anderen Lebenszusammenhängen kommt und parallel zur Verwendung im Unterricht in der Regel wohl auch weiter in seiner Gebrauchssituation verwendet worden ist. So wichtig die Untersuchung der Textzubereitung im Tafelhaus ist, so wenig können wir dabei stehen bleiben. Für das literarische und religiöse Verständnis ist die gründliche Analyse des „Lebenssitzes", also hier der Hymnen, unerlässlich. Die Frage nach jenem Text, der unabhängig von der Schreiberwerkstatt in anderen Lebensbereichen gebraucht wurde, ist hier zentral. Mit anderen Worten: Nicht das Abschreiben einer Hymne macht ihren Sinn aus, sondern die praktische Verwendung des aufgezeichneten Textes. Die Frage nach diesem Gebrauchstext hat selbst in dem unwahrscheinlichen Fall Berechtigung, dass eine Hymne als Eigenkomposition, evtl. aus Versatzstücken echter Götterlieder, von Schreiblehrern oder -schülern identifiziert werden sollte (vgl. u. Kap. 6.3.2.3; 6.3.2.6). Denn die überlieferten Texte gehen nicht auf in der professionellen Verschriftung. Wäre das so, dann müsste jeder Schreibfehler, jede Auslassung oder Ergänzung das Überlieferte zerstören. Text ist sicherlich auch etwas schriftlich Fixiertes, aber seine eigentliche Bedeutung ist das geistige Gewebe, das Vorstellungen und Botschaften erzeugt. Es ist der mit seinem kommunikativen (rituellen) Gebrauch sich einstellende Sinnzusammenhang. Jeder Text lebt nur in seinem soziokulturellen und in unserem Fall auch religiösen Umfeld. Gesprochenes und zur Vergewisserung aufgeschriebenes Wort realisiert seine Ausdrucksfähigkeit erst im Handlungs- und Kommunikationsvollzug. Die Interpretation der sumerischen Hymnen kann also nicht bei den Schreiberschulen und den Experten für die Tafelherstellung stehen bleiben, sondern muss zurück fragen nach den „Autoren", „Komponisten", „Sprechern" der Gebrauchstexte und ihrer lebendigen Verwendung in kommunikativer Handlung. Die Verschriftung der Hymnen spielt eine besondere Rolle in Šulgi E (Kap. 6.3.1.6); Enlil-bāni A (Kap. 6.3.2.5); Lipit-Eštar B (Kap. 6.3.2.6).

Als vorläufiges Ergebnis der Untersuchungen zum sekundären Gebrauch von zà-mí ist festzuhalten: Die Sonderstellung der zà-mí-Formel, d.h. ihre mangelnde Verwurzelung im Lied, wird deutlich an der Verdoppelung der Schlussformulierungen, der Einführung einer neuen Figur als Adressatin für das Lob, der Bevorzugung Nisabas, der gegenläufigen Zielrichtung in der Endzeile usw. Durchgehend sind die Schreiber des „Tafelhauses" als Urheber solcher Zusätze zu benennen. Damit erhebt sich die Frauge nach ihrer Rolle in der Traditionsbildung und -pflege überhaupt. Dass Schreiber in Personalunion auch amtierende Priester oder Sänger[86] (oder umgekehrt der Sänger bzw. Priester gleichzeitig Schreiber) gewesen sind, wird zwar in der Überlieferung immer wieder einmal behauptet, dürfte im Alten Orient bis zum Ende des 2. Jts. nicht das normale Paradigma derartiger Ämterstrukturen gewesen sein. Allgemeine und

---

[85] Texte, die Schreiber und Schule thematisieren, und Übungsvorlagen sind eben dort entstanden (vgl. Römer 1999, 197–201), etwa „Der Sohn des Tafelhauses" (Sjöberg 1975); vgl. Civil 2000.

[86] Sänger werden in den Hymnen vielfach erwähnt (ETCSL zählt 66 Vorkommen von nar, „musician"); ihr Funktionsbereich scheint sich teilweise mit dem der Priester zu decken, vgl. Claus Ambos, Sänger/Sängerin A. Philologisch, RlA 11, 2008, 499–503; Constanze Schmidt-Colinet, B. In der Bildkunst, a.a.O., 503–506, Anne Draffkorn Kilmer, Musik, A. In Mesopotamien, RlA 8, 1997, 463–482; Shehata 2009, 13–48; Pruzsinszky 2010, darin vor allem drei Aufsätze: Alhena Gadotti, The Nar and Gala in Sumerian Literary Texts, 51–65; Regine Pruzsinszky, Die königlichen Sänger der Ur III-Zeit als Werkzeug politischer Propaganda, 95–118; Michalowski 2010, 199–239. Besonders der letztere betont die Eigenständigkeit der Berufe: „music instruction was not a part of regular schooling in Old Babylonian times" (a.a.O., 203). Musiker/Sänger wurden bei Meistern des Fachs ausgebildet (a.a.O., 204f.,217); zum Konkurrenzverhältnis der Berufe vgl. Sjöberg 1973a; Römer, TUAT III, 77–91, bes. 85f.

spezielle Gründe sprechen dagegen: Das Priesteramt und auch die Sängerfunktion sind zweifellos älter als der Schreiberberuf. Sie hatten sich über Jahrtausende fest in Kultur und Religion etabliert, bevor das Kommunikationsmittel Schrift erfunden war und die Schreiber„kaste“ entstand. Alle drei Berufe verlangen vollen Einsatz der Kräfte, so dass Doppelstudium und Dreifachpraxis schon wegen langer Ausbildungszeiten und Arbeitsbelastungen bei kurzen Lebenserwartungen, sicher auch wegen inhärenter Vorurteile und Selbstwertgefühle, kaum realisierbar waren. Zudem gibt die schriftliche und ikonographische Überlieferung zumindest dem „Priester“ und dem „Schreiber“ ein unverwechselbares, eigenes Profil mit je eignem Betätigungsfeld. Das Problem wird am Beispiel des Klagepriesters (gala) abgearbeitet.[87] Der Sänger (nar) ist ikonographisch weniger fassbar, wird eher als Instrumentalist dargestellt, ist aber in den Texten als z.T. eigenständige, z.T. auch im Tempelbereich angesiedelte Figur zu erkennen.[88] Folglich ist es berechtigt, zunächst die beiden Ämter „Schreiber“ und „Priester“ zu unterscheiden, auch wenn es hier und da enge Kooperationen zwischen ihnen gegeben hat. Weil die Schreiber sich auch für die Hymnentradition verantwortlich wussten, konnten sie den kopierten Texten eine Nachschrift mitgeben. Das löscht aber nicht jenen anderen Tatbestand aus: Die Hymnen wurden nicht im Tafelhaus zelebriert, sondern wie die Klagelieder durch professionelle Sänger, wahrscheinlich unter Mitwirkung von Priestern an heiligen Orten, eventuell auch im Palastbereich.

Die vierte Gruppe der ETCSL-Texte ist die zweitstärkste (107 Stücke) und durch Herausgeberetikettierung der Gattung „Hymnen“ am weitesten angenäherte Sammlung. Eingeschlossen sind Lieder um Inana und Dumuzi, heute oft als „Liebeslyrik“ qualifiziert. Nicht, dass man ihnen von vornherein die Klassifizierung „Hymnus“ verweigern sollte. Gerade die sumerische Liebeslyrik ist mit den Kultritualen der „Heiligen Hochzeit“ in Zusammenhang gebracht worden. Doch zà-mí erscheint dort relativ selten.[89] So ist es noch erstaunlicher, dass die insgesamt 54 analysierbaren Texteinheiten in 22 Fällen zà-mí-Ausdrücke enthalten. Die Vermutung, viele der übrigen 53 Bruchstücke hätten in den fehlenden Schlusszeilen Lobrufe mit sich geführt, gewinnt damit an Wahrscheinlichkeit. Der bei „intakten“ Einheiten feststellbare Satz von 40,47% zà-mí-Texten macht zwar nur die Hälfte der in Gruppe 1 erreichten Quote aus, ist aber recht stattlich, denn er übertrumpft das Ergebnis der Gruppe 2 (33%). Bei den 8 Bruchstücken mit zà-mí-Formeln handelt es sich durchgängig um Textenden.

Die meisten Kompositionen mit zà-mí-Abschluss bilden eine „organische“ literarische Einheit: Ihre Schlusszeilen stehen in einem festen Verhältnis zum Textganzen, sei es, dass sie auf den Hauptakteur oder die Hauptakteurin hinweisen, sei es, dass sie eine Zentralfigur aus einer Gruppe herausgreifen und sie (*pars pro toto?*) doxologisch ins Rampenlicht stellen. Nur wenige Texte geben Anlass, nach selbständigem Schrei-

[87] Zum Priesterprofil allgemein im Alten Orient vgl. Watanabe 1999; Quaegebeur 1993; Sallaberger 2005. Der gala-Priester singt Klagelieder und andere Kompositionen (vgl. Shehata 2009, 55–98), ist wohl auch Komponist und Dichter, aber selten auch Schreiber, s.o. Anm. 76, 86.

[88] Vgl. Shehata 2009, 13–48.

[89] Von den 11 „intakten“ Exemplaren aus dem Inana-Dumuzi-Zyklus hat nur ein einziges eine zà-mí-Notiz, nämlich ETCSL 4.08.33, das Streitgespräch um die Gunst Inanas zwischen Hirt und Bauern. Dagegen fehlt die Lobformel in ETCSL 4.08.01; 4.08.02; 4.08.03; 4.08.04; 4.08.05; 4.08.07; 4.08.09; 4.08.10; 4.08.20; 4.08.a.

berzusatz zu suchen: Ein möglicher Doppelabschluss liegt, wenn man nur die Parallelität der Redewendungen zur Kenntnis nimmt, in ETCSL 4.16.1, ausgerechnet einer Hymne auf die Göttin Nisaba, vor. Der „intakte“ Text ist, wie so oft, eine Abschrift aus altbabylonischer Zeit, teilweise mit beigefügter akkadischer Übersetzung.[90] Die wenigen erhaltenen Zeilen einer Ur III-Kopie tragen für unsere Untersuchung nichts aus. Nachdem in der Dichtung ausführlich Nisabas persönliche Erscheinung und ihre wichtigen Tätigkeiten für die Götter beschrieben sind („... chief scribe of An, record keeper of Enlil, wise sage of the gods“, Z.12f.), macht Enki ihr den Hof bzw. betraut die kongeniale Göttin mit der ihm eigenen Weisheit (Z.27ff.), er baut ihr sogar ein „Lernhaus“ (é ĝéštug, Z.29: wörtlich: „Ohren-“ oder „Hörhaus“), und die beiden Schlusszeilen lauten: 56: nun-e ^{d}nisaba-ra mí dug$_4$-ga (*ru-bu-ú* ^{d}[*X*] *ú-ki-in* [...]) 57: a-a ^{d}en-ki zà-mí-zu dùg-ga-àm (⌜*a*⌝*-bu-um* [...] *X* [...])

Anders als in dem oben besprochenen Text ETCSL 2.4.2.01, Z.101f. ist hier die grammatische Konstruktion klarer: 56–57: „Because the Prince [Enki] cherished Nisaba, O Father Enki, it is sweet to praise you!“ Der „Prinz“ steht im Ergativ (oder deiktisches -e?), Nisaba hat ein Dativ-Suffix. Die ganze Zeile 56 ist mit ihrem nicht-finiten verbalen Ausdruck mí dug$_4$-ga der folgenden Schlussformel untergeordnet. Die Art der Unterordnung – kausal, temporal, final – bleibt offen. In jedem Fall wird Nisaba durch den preisenden Zuspruch Enkis aktiviert und ermächtigt; die Lobmacht kann auch dem gepriesenen Gott gehören!

Das Lied für Nuska ETCSL 4.29.2 (Nuska B) hat bei einer Gesamtlänge von 79 Zeilen leider eine über 30-zeilige Lücke, etwa von Z.23–59. Dennoch ist die Struktur des Gedichtes zu erkennen; der Schlussteil weist eine dreifache zà-mí-Staffelung auf. Das gesamte Gedicht ist ein einziges Lob für den „majestic minister of Enlil“ (Z.5), das in dreifacher Variation ausgerufen wird: 4: sukkal zid me-téš-e ga-i 5: ^{d}nuska sukkal-maḫ ^{d}en-líl-lá zà-mí-zu dùg-ga-àm ku$_7$-ku$_7$-da 6: lugal-ĝu$_{10}$ šìr-re-éš ga-àm-dug$_4$ 4: „Good minister, I shall praise you! 5: Nuska, majestic minister of Enlil, your praise is good and most sweet. 6: My king, I shall praise you in song!“

Die zà-mí-Formel (Z.5) ist in der mittleren Position zwischen me-téš i-i und šìr dug$_4$ anscheinend synonym gebraucht, im Gegensatz zu den Endzeilen 72–78:

> 72: ^{d}a-nun-na diĝir gal-gal-e-ne 73: zà-mí 7(IMIN) X X ⌜zid⌝ ri-in-ne 74: sukkal šu-luḫ[X X] á-nun-ĝál-me-en 75: šag$_4$ zalag-zalag a-a ^{d}en-líl-ka-me-en 76: zà-mí dug$_4$-ga kingal ^{d}nuska 77: munus zid mul an-da šag$_4$ kúš-ù 78: ^{d}nisaba zà-mí
>
> 72: „The Anuna, the great gods, 73: all honour .. X X … you with due praise: 74: Minister, the lustration rites…… you are endowed with princely strength. 75: You gladden Father Enlil's heart! 76: Praise be to Nuska, the leader of the assembly! 77: the righteous, glorious woman who consults with An; 78: Praise to Nisaba!“ Anm. A. Zgoll: „Die Übersetzung ‚Praise be to Nuska‘ passt nicht zu dem, was im Sumerischen steht und müsste anders ausge-

---

[90] Hallo 1970, 116–134. Die Umschrift ist außer den Konjekturen identisch: Z.56: nun-e ⌜^{d}Nisaba-ra⌝ mí-du$_{11}$-ga 57: a-a ^{d}En-ki ⌜zà-mí-zu⌝ du$_{10}$-ga-àm, die Übersetzung lautet 56: „For the fact that a blessing was invoked by the Prince on Nisaba 57: oh father Enki, your praise is sweet!“ Hallo kommentiert: „ … in divine hymns like ours, the doxology to the greater deity invokes his blessings on the lesser deity“ (a.a.O., 131); vgl Krebernik 1994, bes. 157.

drückt werden"; sie übersetzt: 76: „Derjenigen, die Nuska, den Versammlungsleiter gepriesen hat, 77: der tatkräftigen Frau, die mit An die Sterne konsultiert, 78: Nisaba sei Preis!"

Hier sind die zà-mí-Aussagen wuchtig hintereinander gesetzt, ohne poetische Variationen. Weil Nisaba im vorhandenen Text nicht auftritt, kann man die Schlusszeilen (Z.77f.) für Schreiberzutat halten. Dafür sprechen auch die ungewohnten Satzkonstruktionen in Z.72f. und 76, entscheidende Kontexte der ersten beiden zà-mí-Rufe. Z.72 nennt das Subjekt des Preisens: die „Anuna, die großen Götter". Überwiegend fehlt beim zà-mí-Aufruf jede Subjektangabe. Die teilweise zerstörte Z.73 setzt anscheinend als Apposition eine Andeutung des besonders machtvollen Götterlobes hinzu und macht zà-mí zum Absolutiv des Verbs dug_4/e. Z.76 stellt unerwartet zà-mí vor den mit Funktionsangabe (kingal, Anführer", „Vorsteher") versehenen Namen des zu Preisenden und setzt das Verb dug_4 hinzu. Wieder wird zà-mí zum Objekt: „ein Lob aussprechen", bzw. „singen", „rufen" o.ä. Alles das sind Anzeichen einer speziellen Verwendung der Lobformel, die auf ein besonderes Verständnis des Preisens schließen lässt. Demgegenüber ist nun die dritte und letzte Anwendung von zà-mí in Z.78 von der alten Art: der Name der Gepriesenen steht voran, zà-mí folgt ohne jede Erweiterung hintennach: „Nisaba sei gepriesen!" Dass in Z.77 noch eine Verherrlichung der Geehrten voran gestellt ist („the righteous, glorious woman who consults with An") mag Abglanz des vorherigen Hymnenstils sein, lässt aber die Möglichkeit offen, hier einen echten Schreiberkommentar vorzufinden. A. Zgoll versteht die Stelle nicht als Schreiberkommentar, sondern interpretiert sie in Analogie zur Keš-Hymne, die Nisaba als diejenige Gottheit zeigt, welche dem göttlichen Preislied – und darum handelt es sich hier ja auch, da es explizit als ‚Preislied der Anuna' gekennzeichnet ist – durch die Schriftfassung Dauer verleiht (Zgoll 2012b, 27f.).

Das oben formulierte Fazit bedarf keiner Revision: zà-mí-Formulierungen können von zweiter Hand, nämlich von verantwortlichen Redaktoren und Abschreibern der Texte, hinzugefügt sein. Sie beziehen sich dann auf den inneren Bereich der Schule und eventuell auf deren Zeremoniell. In der Gruppe 4 sind diese Fälle noch rarer als in den vorher abgehandelten Subkorpora 5, 1 und 2. So willkürlich die nach modernen Kriterien vorgenommene Zusammenstellung sumerischer „Literatur" auch sein mag, das bisherige Ergebnis lässt vermuten: Es gab durchaus Gattungsunterschiede unter den in Schreiberschulen oft Jahrhunderte lang kopierten Werken. Solche Unterschiede sind aber nicht auf Wollen und Geschmack der Schreiber zurückzuführen, sondern auf den lebendigen Gebrauch, den die kopierten Kompositionen vor, neben und nach der Verschriftung erfahren haben. Die Schreiber hatten eine hohe Achtung vor den alten (heiligen?) Schriftstücken (oder gelegentlich auch mündlich überlieferten bzw. als Auftragsarbeit verfassten Texten). Sie haben in kleinem Umfang „Schulliteratur" verfasst. Hymnen wurden, wahrscheinlich zur kultischen Verwendung von „Gelehrten" geschaffen (vgl. u. 6.3.1.6). Die alten, vorgegebenen Schreib- (und Gesangs-!) Muster behielten prägende Kraft, auch wenn Neuerungen (z.B. im Selbstlob der Könige seit der Ur III-Zeit) auftraten. Auf den individuellen Willen von Schreibern bzw. auf Schultradition kann eigentlich nur der Stoßseufzer am Ende einer gelungenen Kopie zurückzuführen sein: „Nisaba sei gepriesen!"

Anhangsweise, doch sachbezogen, sei auf jene Lieder hingewiesen, die sich an Tempelgebäude richten und darum heute „Tempelhymnen“ genannt werden. Die Textgruppe 4 gibt drei Beispiele: Einmal die ausgreifende, in das 3. Jt. hinaufreichende Sammlung von 42 kleinen, 10–20-zeiligen Preisungen berühmter sumerischer Gotteshäuser.[91] Das umfangreiche Werk hat 542 Zeilen und ähnelt in seiner Anlage den aufzählenden Listen. Allein der persönliche Anredestil unterscheidet es von einer einfachen Bestandsaufnahme. Es mündet am Ende in ein Schreiber- zà-mí (Z.542: „Nisaba sei gepriesen!“), das also in die Liste der autonomen Lobrufe gehört. Dem Aufruf folgen die Z.543–545 mit Nachträgen: 543f. sind echtes Kolophon, das En-ḫedu-ana von Akkad, Hohepriesterin in Ur, als Urheberin der Sammlung namhaft macht. Z.545 klingt wie der Abschluss einer weiteren Kurz-Hymne: „14 lines: The house of Nisaba in Ereš“. Aber die Ausführung dieser im ganzen Text angewendeten Zwischenzeile fehlt. – Das zweite Beispiel ist die mindestens ebenso alte, durch Bruchstücke aus der Fāra-Zeit schon für ca. 2600 v.u.Z. bezeugte Keš-Tempel-Hymne.[92] Die Dichtung (ETCSL 4.80.2, altbabylonische Kompositfassung) konzentriert sich auf die sagenhafte heilige Stadt Keš und ihren Nintur-Tempel, teilt den 134 Zeilen umfassenden Text in acht durchnummerierte Abschnitte, die in Zwischenunterschriften als „Haus“ bezeichnet werden, schließt jeden Paragraphen mit einem meist dreizeiligen Refrain, verwendet zweimal im laufenden Text den Ausdruck zà-mí (Z.9,38) und schließt mit einem authentischen Doppel- zà-mí das imposante Werk ab: 132: kèš^{ki} dù-a ^{d,aš}aš$_7$-gi$_4$ zà-mí 133: kèš^{ki} mí dug$_4$-ga ^{d}nin-tur$_5$-ra zà-mí 132: „Dem, der Keš gebaut hat, Ašgi Preis! 133: Der, die Keš umsorgt hat, Nintur Preis!“

Wenn man den performativen Charakter des Textes berücksichtigt, lassen sich die Endzeilen vielleicht auch so wiedergeben: „Keš, wohl gebaut! Ašgi, gepriesen! Keš, wohl beleumdet! Nintur, gepriesen!“ – Der Lobgesang auf Ekur stellt diesen Haupttempel Enlils in Nippur[93] in den Mittelpunkt (ETCSL 4.80.4). Der Text ist fast perfekt erhalten. In zwei großen, durch kompositionstechnische Markierungen getrennten Abschnitten (Z.1–55) rühmt er liturgisch-repetitiv, in gleichklingenden Zeilen und neutral beschreibendem Stil das „Haus Enlils“. Der dritte Teil (Z.56–68) zählt Gottheiten auf, die würdig sind, in dieses Gotteshaus zu kommen oder darin zu wohnen, z.B. Ninurta und Nanna. Standardsatz ist: 57: ur-saĝ ^{d}nin-urta é nam-dumu zid-da 58: lugal ^{d}en-líl-ra túm-ma-àm 57f.: „Held Ninurta, im wahren Haus der Jugend, ist würdig König Enlils.“

Nach diesem „Würdigkeitsnachweis“ folgt eine Leerzeile (Z.69) und danach stehen noch zwei Zeilen mit *catch-line* und dem liturgischen Abschnittstrenner (Z.70:

---

[91] ETCSL 4.80.1, herausgegeben von Sjöberg 1969; vgl. Meador 2009; Victor A. Hurovitz, Mesopotamian Temple Names, in: Stackert 2010, 70–74,77–79. Verwandt sind die von Biggs 1974, 45–56 herausgegebenen zà-mì [sic!] -Texte: Nach 14-zeiliger Einleitung (Enlil weist Göttern Kultorte zu) folgen 68 zwei bis 12-zeilige Abschnitte (30 zweizeilige!), die Gottheit und Ort nennen und in einen zà-mí-Ruf enden. Biggs uniformiert den Text (a.a.O., 46), so dass keine Auswertung möglich ist. Krebernik 1994 hält die Einzelpreisungen für „den Anuna-Gottheiten in den Mund gelegten Lobpreis Enlils“ (a.a.O., 157: „GN zà-me stünde … abkürzend für GN zà-me mu- (na-) dug$_4$“).

[92] Bearbeitet und herausgegeben von Gragg 1969, 155–169; Biggs 1971; Wilcke 1987; ders. 2006; Markham J. Geller, Jacobsen's ‚Harps' and the Keš Temple Hymn, ZA 86, 68–79; s.u. Kap. 6.3.2.3.

[93] George 2004, 116, Nr. 677.

^{d}en-líl-lá lú šag$_4$-ga-na 71: ĝiš-gi$_4$-ĝál-bi-im 70: „He is the favourite of Enlil. 71: Its ĝišgiĝal.“). Sollte der Leerraum zufällig entstanden sein, wie die ETCSL-Bearbeiter vermuten? Es geht nämlich genau um die Schlusszeile, die häufig den zà-mí-Ruf enthält. Man möchte einen Lobausruf oder einen Segenswunsch für den Tempel oder seine Hauptgottheit erwarten. Aus dem Hymnentext ist kein Grund für die Weglassung zu ersehen. Die Zerstörung von Zeichen ist bei dem guten Erhaltungszustand aller übrigen Zeilen auszuschließen. Aber Spekulationen jeglicher Art führen leider nicht weiter.

Die Zusammenstellung der zà-mí-Kolophone soll noch einmal Art und Umfang dieser Schreiber-Doxologie vor Augen führen:

Tabelle 5: zà-mí literarisch: Kolophon

Nr.	Textgattung	Textschluss	Kolophon
1.3.2	Hymne, episch, 184 Z.	Z.183: ki-sikil ^{d}inana zà-mí	Z.184: ^{d}nisaba zà-mí
1.8.1.5	Epos	Z.201 (Var) ^{d}gílgameš zà-mí ^{d}en-ki-du$_{10}$ zà-mí	Z.202: ^{d}nisaba zà-mí
2.1.2	Herrscherliste 200 Zeilen	Z.198f: Gudea (dumu … nu-me-a [mu Xì-ak])	Z.200: é-dub-ba sar-⸢ra⸣ ^{d}nisaba ⸢zà⸣-[mí]
2.1.7	Tempelbaubericht 1363 Zeilen	Z.812: ^{d}nin-ĝír-su zà-mí Z.1361: ^{d}nin-ĝír-su zà-mí	Z.814: zà-mí mu-ru-bi-im Z.1363: zà-mí eĝer-bi
2.4.2.01	Hymne, Ich-Stil, 102 Z.	Var. Z.101: ^{d}šul-gi dumu nir-ĝál an-na-ke$_4$ mí dug$_4$-ga	Var. Z.102: ^{d}nisaba zà-mí
2.4.2.02	Hymne, Ich-Stil, 385 Z.	Z.384: (Šulgi) zà-mí-ĝu$_{10}$ dùg-ga-àm	Z.385: ^{d}nisaba zà-mí
2.4.2.24	Hymne, Er-Stil, 160 Z.	Z.159: en ^{d}aš-ím-bábbar zà-mí	Z.160: ^{d}nisaba zà-mí
4.08.33	Streitgespräch, 90 Z.	Z.87: ki-sikil ^{d}inana še giĝ$_4$ gú MUNUS ga-mu-ra-de$_6$	Z.88: sipad engar-da a-da-mìn dug$_4$-ga 89: ki-sikil ^{d}inana zà-mí-zu dùg-ga-àm
4.29.2	Hymnus, 79 Z.	Z.76: zà-mí dug$_4$-ga … ^{d}nuska	Z.78: ^{d}nisaba zà-mí; Z.79: ⸢šìr⸣-gíd-da ^{d}nus-ka-kam
5.5.4	Hymnus (auf Hacke), 109 Z.	Z.108: ^{ĝiš}al-e zà-mí dug$_4$-ga [al + Direktiv!]	Z.109: ^{d}nisaba zà-mí
5.6.1	Lehre, 280 Z.	Z.277f.: na-de$_5$ šuruppag^{ki} dumu ubara-tu-tu-ke$_4$ na de$_5$-ga	Z.279f.: nin dub gal-gal-la šu du$_7$-a ki-sikil ^{d}nisaba zà-mí

Die Kolophone sind meist kurze Ausrufe. Längere Einlassungen wie z.B. ETCSL 4.08.33, Z.88 erweisen sich durch ihre neutrale Redeweise als Sacherklärungen. In ETCSL 5.5.4 Z.108 haben wir ein finales Lob durch Direktiv (-e) an die Hacke, dem das Schreiberlob an Nisaba folgt. Weniger wahrscheinlich ist m.E. die Einbindung Nisabas in den Text: „Derjenigen, die für die Hacke Preis gesprochen hat, Nisaba Preis!“ (so K. Ibenthal).

6.2.2 Integrierte Doxologien

Bei der Suche nach unabhängigen zà-mí-Vermerken haben wir die Zahl der relevanten Texteinheiten von 350 auf die „intakten“ und darum für eine literarische Untersuchung brauchbaren 150 Belege reduziert. Die wenigen Kompositionen, bei denen zà-mí als Schreiber-Zusatz anzutreffen ist (11 Fälle) fallen kaum ins Gewicht. Die übrigen Kompositionen müssen jetzt auf die literarischen Dimensionen der Lobaussage (zunächst in der Endposition) durchgesehen werden.

Die Statistik der Positionen der zà-mí-Verbindungen ist bemerkenswert: Bei den 64 Einheiten mit zà-mí halten die Wendungen 50 Mal die Endstellung, je 7 Mal ist sie nur im Textkorpus oder aber sowohl im Text als auch am Ende anzutreffen. Das bedeutet eine starke Bevorzugung der Schlussposition, die mit 57 von 64 Treffern einen Anteil von 89% erreicht. Daraus folgt: zà-mí hat für das literarische Gebilde die Bedeutung eines Fanals. Der Ausdruck setzt ein Signal in Richtung auf den Hauptakteur oder die Hauptakteurin bzw. auf ein zentrales Objekt (ebenfalls als Akteur verstanden!) des vorhergehenden Gedichts. Solche Schlussakkorde haben in Musik- und Literaturgeschichte ihren besonderen Wert als Finale dramatischer Handlungsbögen. Man könnte allerdings fragen, warum der besagte Abschluss lediglich in 57 von 148 Kompositionen vorliegt. Zunächst ist der Sachverhalt zu untersuchen.

Dem ersten Durchgang sollen die in Tabelle 2a (s.o. Kap. 5.3.1) zusammengestellten und dann in ihrer Formelhaftigkeit analysierten Wendungen zu Grunde liegen. Sie zeigen ein zà-mí, das nicht-suffigiert einem Substantiv (Namen eines göttlichen Wesens) zugeordnet ist. Der literarische Bezug dieser Schlussformel, ihre Ausstrahlung und Anziehungskraft sollen geklärt werden. Es erscheint zweckmäßig, einige typische Beispiele *in extenso* darzustellen und dann Schlussfolgerungen für den Gebrauch dieser Lobforderung zu versuchen.

Aus den beiden Subkorpora Nr. 2 („royal praise poetry and compositions with a historical background“) und Nr. 4 („hymns and cult songs“) kommen 12 plus 18 integrale Texte mit zà-mí-Endformel in Frage,[94] von denen einige am Rande bleiben, weil der zà-mí-Schluss, wie oben dargelegt, auf das sekundäre Schulmilieu verweist.[95] Kompositionen mit mehrfachem Vorkommen von End-zà-mí sind mit berücksichtigt; diejenigen aber, die außer der Endformel auch in der Textmitte zà-mí Nennungen aufweisen, bleiben vorläufig außen vor. Hinzu kommen insgesamt 21 Texte aus den

[94] Sie seien hier nach ihren ETCSL-Nummern aufgelistet. Wenn im Verlauf der Analyse auf andere Editionen verwiesen wird, treten die Standardbezeichnungen des jeweiligen Textes bzw. die Museumsnummern hinzu: 2.1.2; 2.1.5; 2.4.1.1; 2.4.1.3; 2.4.1.4; 2.4.2.01; 2.4.2.05; 2.5.5.1; 2.5.5.2; 2.5.6.2; 2.5.8.1; 2.6.9.2; 4.05.1; 4.07.2; 4.07.3; 4.08.33; 4.12.1; 4.13.10; 4.14.1; 4.15.2; 4.16.1; 4.19.1; 4.19.2; 4.27.01; 4.27.03; 4.28.1; 4.29.1; 4.29.2; 4.33.2; 4.80.1.

[95] Das trifft sicher zu auf ETCSL 2.1.2; 2.5.8.1; 4.80.1. Man sollte aber auch diese Texte nicht aus den Augen verlieren, weil sie Wesentliches über die Tradition der Hymnen in der Schreiberschule aussagen, also einen außerkultischen oder religiös-schulinternen Lebenssitz präsentieren.

Gruppen 1 und 5 des ETCSL-Korpus.[96] Auch hier kann man primäre und sekundäre Verwendung der zà-mí-Formel unterscheiden, wenngleich in weisheitlich geprägten Gattungen die literarischen Bedingungen andere sind als in kultisch verankerten Texten. Die nicht-suffigierten Formulierungen stehen am Anfang. zà-mí mit Suffixen ist gesondert zu diskutieren (s.u. Kap. 6.3).

6.2.2.1 Ninĝišzida A (ETCSL 4.19.1)

Das Loblied auf Ninĝišzida („Herr des Lebensbaumes"?), Unterweltsgott und persönlicher Schutzpatron z.B. Gudeas von Lagaš läuft in einen doppelten zà-mí-Ruf auf Enki aus! 34: lugal ka làl diĝir-re-e-ne ^d^en-ki zà-mí 35: ^d^nin-ĝiš-zid-da dumu ^d^nin-a-zu 36: a-a ^d^en-ki zà-mí 34: „König, ‚Honigmund' der Götter, [und?] Enki sei Preis! 35: Ninĝišzida, Sohn des Ninazu, [und?] 36: Vater Enki sei Preis!"[97] (Doppeladresse? S. ETCSL 1.3.3, Z.310).

Vorher geht (Z.1–33) ein euphorisches Loblied auf den verehrten Gott; es entfaltet sich in vier Strophen, die allerdings nicht durch kulttechnische Bemerkungen markiert sind. Formale und inhaltliche Kriterien lassen eine mögliche Gliederung erkennen:[98]

Strophe 1: Z.1–10. Der Hymnus beginnt mit dreifacher Tiermetaphorik: „Hero, lord of field and meadow, lion of the distant mountains! / Ninĝišzida, who brings together giant snakes and dragons! / Great wild bull ... " (Z.1–3). Geburt durch Ningirida und Aufwachsen im Abzu garantieren Stärke und Zauberkraft (Z.4–6). Ninĝišzida sorgt für Gerechtigkeit (Z.7–8; „who directs speech aright, and who hates wickedness!" Z.8). Eine abschließende Doppelzeile besingt seine unwiderstehliche Macht: „Mighty power, whom no one dares stop when he spreads confusion! / Mighty Ninĝišzida, whom no one dares stop when he spreads confusion!" (Z.9–10).

Strophe 2: Z.11–15. Als starker Hirte wahrt Ninĝišzida den Frieden nach außen und innen (Z.11–14). Wieder fasst eine Doppelzeile am Schluss zusammen: „Ninĝišzida, you understand how to wield the sceptre, into the distant future" (zweimal, Z.14f.).

Strophe 3: Z.16–24. Text teilweise zerstört. Handelt von der kultischen Verehrung Ninĝišzidas, durch den König? Z.21 spricht von der Darbringung eines šìr-nam-šub-Liedes.

Strophe 4: Z.25–33. Die Autorität Ninĝišzidas gründet in den Schicksalssprüchen hoher Götter, wahrscheinlich Enkis (und Utus? „the god who loves justice", Z.26). Die Machtzuweisung ist nach ETCSL wörtlich zitiert: „Foremost one, leader of the assembly, glory of x x x, / king endowed with awesomeness, sun of the masses, advancing in front of them! / Who can rival you in the highest heaven? What can equal you?" (Z.27–29). Eine Doppelzeile (Z.30f.) lässt Ninĝišzida im Gebirge hervorkommen, Z.32 betont seine Herrschaft in der Unterwelt, Z.33 stellt ihn als verlässlichen und

---

[96] Gruppe 1 weist 14 intakte Kompositionen mit zà-mí in der Endstellung auf (zur Erinnerung: diese Teilsammlung hat den höchsten prozentualen Anteil an zà-mí-Dichtungen überhaupt!): ETCSL 1.1.1; 1.1.2; 1.1.4; 1.2.1; 1.3.2; 1.3.3; 1.4.1; 1.6.1; 1.6.2; 1.7.3; 1.8.1.1; 1.8.1.5; 1.8.2.2; 1.8.2.4. Gruppe 5 hat 7 relevante Einheiten: ETCSL 5.1.3; 5.3.1; 5.3.2; 5.3.3; 5.3.5; 5.6.1; 5.6.3.

[97] ETCSL 4.19.1 = Ninĝišzida A, Z.34–36; Übersetzung nach Dijk 1960, 84, weil sie den Akklamationscharakter betont. Zur Gottheit selbst vgl. Jeremy Black, Ninĝišzida and Ninazimua, Or. 73, 2004, 215–227; Thorkild Jacobsen und Bendt Alster, Ningišzida's Boat-Ride to Hades, in: George 2000, 315–344; Gábor Zólyomi, A Manuscript of ‚Ninĝišzida's Journey to the Nether World' from Kiš, Ingharra, ZA 93, 2003, 70–81; Luděk Vacín, Gudea and Ninĝišzida: A Ruler and His God, in: ders. 2011, 253–276; s. auch u. Kap. 6.3.1.3.

[98] Die Übersetzungen der Texte – so weit nicht anders vermerkt – nach ETCSL; ich versuche, die Zeilenfolge der Originale einzuhalten, weil so die Sprachstruktur deutlicher wird.

Verehrung heischenden persönlichen Gott dar. Dann folgt der oben schon erwähnte Abschluss (Z.34–37): 34: „O king, honeyed mouth of the gods! Praise be to Enki. 35: Ninĝišzida, son of Ninazu! 36: Praise be to Father Enki. 37: A balbale of Ninĝišzida“ (sum. Umschrift s.o.).

Viele Details des Hymnus mögen schwer verständlich und kontrovers diskutierbar sein (das gilt gradweise für die ganze sumerische Literatur): Die Zielrichtung der Poesie ist gut erkennbar. Ninĝišzida erscheint in der ersten Strophe (Z.1–10) als die mächtige Gottheit, die ein Loblied verdient. Funktionen im Kosmos und in der menschlichen Gesellschaft, göttliche Herkunft, überragende Macht werden in einem Diskurs benannt, welcher den Gepriesenen neutral in der 3. P. Sing. darstellt, und zwar ohne Umschweife, vom ersten Wort an. Interessant, dass die Nennungen des Gottesnamens (Z.2,10) schon die Hinwendung des Sprechenden zur höheren Autorität andeuten. Der Text benutzt aber noch kein grammatisches Element einer 2. P. Sing. Die Titulaturen (ur-saĝ [Z.1], ur-maḫ [Z.1], am gal [Z.3], išib maḫ [Z.6], lugal [Z.8], úru idim [Z.9] usw.) sind, sofern ihnen eine vokativische Dimension zukommt, bereits Machtzuweisungen, die in den weiterführenden adjektivischen, den Zustand beschreibenden Aussagen, oft mit substantivierendem -a Suffix, höchstmögliche Kraft und Autorität konzentrieren.

In der zweiten Strophe (Z.11–15) wechselt die Rede in die 2. P. Sing. der direkten Ansprache an Ninĝišzida, deutlich markiert durch Possessivsuffixe und Morpheme innerhalb der Verbalketten. Diese Sprechrichtung ist durchgängig bis Z.34 vorherrschend, erst der Schlussteil (Z.34–37) kehrt formal zur neutraleren 3. P. Sing. zurück, birgt aber gerade im Crescendo des Preisens (Z.34–36) eine besondere Kraft. Thematisch kommt zunächst im göttlich-königlichen Hirtenbild die Führerschaft und Fürsorge Ninĝišzidas für die „Schwarzköpfigen“ zur Sprache (Z.11–15: ob erim in Z.11 wirklich das Militär meint, bleibe dahingestellt. Erst Z.30f. erwähnen die „Schlacht“, mè, s.u.). Der oder die Sprecher attestieren dem Gott Fähigkeit und Willen, das sipad-Amt auch in Zukunft gut auszuüben (vgl. doppelte Bekräftigung des ud sù-rá, „ferne Tage“ in Z.14f.). Die Oberaufsicht des angeredeten Gottes über „sein Volk“ (vgl. Kap. 10, Exkurs „Volk, Gemeinschaft“) schließt das Wohlergehen der einzelnen, wie im Folgenden deutlicher erkennbar wird, mit ein.

Die beiden folgenden Strophen bringen höhere Götter, vermutlich Enki und Utu, ins Spiel. Im sumerischen Pantheon (das nie eine starre, flächendeckend homogene Hierarchie war) hing viel davon ab, wie sich andere, z.T. ältere, überlegene Gottheiten zu dem angerufenen hohen Wesen verhalten. Ninĝišzida wird seit präsargonischer Zeit als relativ begrenzt wirkender und nachgeborener Gott dargestellt, der überwiegend in der Unterwelt tätig war.[99] Von seiner Unterweltsherrschaft ist in unserer Hymne nur mehr am Rande (Z.32f.) die Rede. Ninĝišzida wirkt im hiesigen Text vorwiegend auf der Erde und unter lebenden Menschen. Gleichwohl braucht er die Legitimation durch höhere Autoritäten. Enki (Z.16,25) und Utu (Z.27) verleihen ihm die nötigen Vollmachten. Die dritte Strophe hat wohl (leider sind die entscheidenden Z.20–24 lückenhaft) die von Enki empfangene Fähigkeit im Auge, Notleidenden, die ein šir-nam-

[99] Vgl. Frans A.M. Wiggermann, Ninĝišzida, RlA 9, 2001, 368–373 und o. Anm. 97.

šub-Gebet (Z.20) an ihn richten, tatkräftig zu helfen.[100] Die „Bestallungsbotschaft“ für Ninĝišzida spricht von „Worten des Gebets, der Beschwörung“ (Z.16: inim šù-du), die ihm anvertraut werden. Ihre Wirksamkeit wird in Z.20–24 idealtypisch dargestellt. Mit der Gabe, persönliche Bitten zu erhören, sind einerseits Texte Gudeas zu verbinden, die Ninĝišzida als seinen spezifischen Nothelfer ausweisen, und andererseits die Einführungsszene seines Siegels: Der persönliche Gott nimmt Gudea bei der Hand und bringt ihn vor Enki, der endgültig helfen kann.[101]

Die vierte Strophe schließlich (Z.25–33) betraut Ninĝišzida mit gesellschaftlicher Verantwortung und Verfügungsgewalt. Enki bestimmt ihm ein „gutes Geschick“ (Z.25), anscheinend auf Dauer; von einer zu wiederholenden Fügung ist nicht die Rede. Hinzu kommt das Orakel wohl des Sonnengottes Utu.[102] Dieser wörtlich wiedergegebene Spruch (Z.27–29) setzt Ninĝišzida zum Volksgott (Stadtgott?) ein:

> 27: palil gal-zu unken-na PA-PA-a ḫé-du$_7$ 28: lugal ní ri-a íldum ud-bi saĝ-ba du-a 29: an-bar an-ta a-ba de-ĝen-né a-na an-da-sá-a
>
> 27: „Erster, Vorsteher der Ratsversammlung, Zier der … 28: König, mit Schrecken angetan, Sonne der Massen, der ihnen vorangeht, 29: in der höchsten ‚Himmelsseite‘, wer kann dir (gleich)kommen, was kann sich mit dir messen?“[103]

Das Epithet „Sonne der Massen“ (íldum utu-bi) könnte eine Anspielung auf den Sonnengott sein. Andererseits sollte man erwägen, beide Gotteszuwendungen von Z.25f. parallel zu sehen und Enki zuzuschreiben. Warum kann die Titulatur „Gott, der Gerechtigkeit liebt“ (diĝir níĝ-si-sá-e ki áĝ-e) nicht auf Enki zutreffen?[104] – Wichtiger ist die Einschätzung des Orakels. Nach der ersten verheißenden Zukunftsschau des hohen Gottes (Z.23–24) kommt der Schicksalsbestimmung von Z.27–29 eine überragende Bedeutung zu. Sie besiegelt nach dem Lobpreis die unanfechtbare Stellung Ninĝišzidas in seinem Herrschaftsbereich durch eine „Unvergleichlichkeitsformel“ (Z.29). „Wer kommt dir gleich?“ ist in vielen mythologischen und hymnischen Texten und in mancherlei Abwandlungen eine rhetorische Formel, welche die Spitzenstellung des Angeredeten feststellen will. Häufig steht sie in einer pointierten Kurzfassung: „Wer (ist) wie du?“ (a-ba za-gin$_7$).[105] Weil Machtvergleiche unter Göttern beliebt sind und immer auch die politischen und religiösen Machtkonstellationen im menschlichen Bereich mit betreffen (bzw. davon ausgehen), gibt es eine Band-

[100] Zum persönlichen Bittgebet vgl. Gerstenberger 1980. šir-nam-šub ist eine sumerische Gattungsbezeichnung, deren Konnotationen wir nicht verstehen. Doch können offensichtlich die so bezeichneten Kompositionen auch (genau bestimmte?) Klagen des Einzelnen beinhalten, vgl. Mark E. Cohen, The Incantation-Hymn: Incantation or Hymn? JAOS 95, 1975, 592–611; Cunningham 1997.

[101] Wiggermann, a.a.O., 372.

[102] Weder in Z.16, noch in Z.25f. werden die tonangebenden Götter mit Namen benannt. Van Dijk 1960, 95, überlegt, ob vielleicht statt Enki (der am Ende der Hymne gepriesen wird!) Enlil gemeint sein könnte. Doch entscheidet er sich bei Z.26 klar für Utu, der „die Gerechtigkeit liebt“ (a.a.O., 100).

[103] Nach Dijk 1960, 83.

[104] Diese Frage kann nur eine eingehende Untersuchung klären. Klare Belege für die Verbindung der Gerechtigkeitsaussage mit Utu finden sich in ETCSL 1.4.1.1, Z.28; 2.4.2.04, Z.5; mit anderen Gottheiten: Suen ETCSL 1.8.2.1, Segm. A, Z.218; 2.4.5.2, Segm. A, Z.43.

[105] Vgl. ETCSL 1.2.2, Z.91; 1.6.2, Z.310,661; 2.4.2.04. Z.15,37,62; 2.5.3.2, Z.41 u.ö.

breite von Ausdrucksformen, in denen das Verb sá, „gleich sein", eine Rolle spielt. Hier finden wir eine Doppelfrage: a-ba de-ĝen-né a-na an-da-sá-a, „wer übertrifft dich, was kommt dir gleich?" Die Vorrangstellung Ninĝišzidas bezieht sich in Z.29 auf die himmlischen Bereiche. Aber sie hat sofort Folgen für Erde und Unterwelt (Z.30–32). Die besungene Gottheit beeinflusst offenbar in geheimnisvoller Weise das Schlachtenglück (Z.30f.) und erlässt Verordnungen in der Unterwelt (Z.32). „Der Jüngling mit Schutzgott" (Z.33) ist vielleicht der früh Verstorbene, der in der Scheol (ki-gu-la = [ki-gal][106]) nach den Weisungen Ninĝišzidas zu leben hat.

Der Schlussakkord besteht aus drei Zeilen, die nach Meinung von Johannes J.A. van Dijk eine „Verschränkung des ‚Preises' (zà-mí) an Ningizzida und Enki" zeigen.[107] Was heißt das? Soll die Lob-Gabe zu gleichen Teilen an die genannten Gottheiten gehen? Die Doxologie enthält zwei Anreden an den gepriesenen Gott: 34: lugal ka làl diĝir-re-e-ne und 35: ^dnin-ĝiš-zid-da dumu ^dnin-a-zu. Die erste rühmt Ninĝišzidas Funktion als Sprecher der Unterweltsgottheiten, die zweite verweist auf seinen göttlichen Vater und stellt so eine tadellose Genealogie vor. Durch den ganzen Hymnus hindurch ist Ninĝišzida nicht einfach derjenige, der per se mächtig wirkt und Kraft ausstrahlt. Vielmehr erscheint er in einer Doppelrolle: Er kann eine Geschichte der Ermächtigung und Einweisung in seine Funktionen für Stadt und Region vorweisen: Die aktive Gottheit muss dann ständig neu mit Kräften ausgestattet werden. Sie kommen traditionell aus der himmlischen Sphäre, oder, wie hier, vom großen anuna-Gott Enki,[108] der in der Tiefe wohnt. Weil Enki Quelle und Garant von Ninĝišzidas Macht ist, bekommt er den doppelten Ertrag der Lobveranstaltung: ^den-ki zà-mí (Z.34) und a-a ^den-ki zà-mí (Z.36), „(Vater) Enki – gepriesen!" Die Machtsphären zweier Gottheiten werden verschränkt.

Der Duktus des Textes geht also von der ehrenden Anrufung des Gottes über sein Funktionsprofil und die Geschichte seiner Beauftragung zum doxologischen Schluss, in dem Enki die Hauptrolle spielt. Die Motivation eines solchen Textvortrags – bisher nur ansatzweise besprochen – kann jetzt mit Hilfe heutiger literaturwissenschaftlicher Methoden genauer herausgearbeitet werden. Verschiedene Sprechakttheorien bieten ihren Begriffs- und Analyse-Apparat an.[109] Ihr Grundanliegen ist, Texte durch Feststellung ihrer Intentionalität, die nicht unbedingt aus den grammatischen Formen ersichtlich ist, besser verständlich zu machen. Eigentlich sind dazu Beobachtungen im lebendigen Kommunikationsprozess angezeigt. Bei nur schriftlich vorliegenden Texten muss man die Absicht der Redenden aus Wortlaut, Handlungsverlauf und Kontext erschließen. Antike Überlieferungen sind wegen ihrer geschichtlichen und kulturellen Distanz noch schwieriger zu durchschauen als heutige Literatur. In den Bibelwissen-

---

106 Dijk 1960, 106, zu Z.32.

107 Dijk 1960, 107.

108 Enki war eine Ur-Gottheit Sumers, eng mit dem süßen Grundwasser und der Stadt Eridu verbunden, vgl. Henri Limet, Le dieu Enki et la prospérité de Sumer, in: ders. und Ries, J. (Hg.), Le mythe, son langage et son message, Louvain-la-Neuve 1983, 81–96; Black 1992, 75; William W. Hallo, Enki and the Theology of Eridu, JAOS 116, 1996, 231–234; Dickson 2005; ders. 2007; Espak 2010. Es geht hier aber nicht um ein Mosaik der Charaktereigenschaften Enkis, sondern um ein konzentrisches Ineinander von Machtsphären zweier Gottheiten.

109 Vgl. Basisliteratur o. Anm. 32.

schaften hat es bereits beachtliche Versuche gegeben, Sprechaktanalysen zum Verständnis heranzuziehen.[110] Sprache wird als integraler Teil von (kommunikativer) Handlung begriffen; wichtige Typen von Sprechakten können z.B. nach J.R. Searle als „repräsentativ" (= sachlich feststellend), „direktiv" (= anordnend, auf Veränderung zielend), „kommissiv" (= sich selbst verpflichtend), „expressiv" (= eigene Gefühle ausdrückend), „deklarativ" (= neue Tatsachen schaffend) klassifiziert werden.

Eine vollständige Analyse des Textes ist hier nicht durchführbar. Stattdessen sollen versuchsweise einige Aspekte der Sprechakttheorie auf den vorliegenden Hymnus angewendet werden – unter der stillschweigenden Voraussetzung, dass auch diese Poesie kommunikative Akte festhält und nicht lediglich geschriebene Literatur verkörpert. Schließlich ist jeder vollzogene Hymnus eine verbale Äußerung in Richtung auf die gepriesene Gottheit. Sie bleibt allerdings stumm; sie äußert sich nicht (direkt) dem Lobsänger. Der ist in unserem Text auch in keiner Weise markiert, weder durch ein sprechendes Ich, noch durch eine Beschreibung der rezitierenden Person und eben auch nicht durch eine von der angeredeten Partei ausgehende Antwort (z.B. Orakel). Das erschwert die Definition der Sprecherintentionen. Doch können uns die Aussagen des Lobsängers an sich und allgemeine Informationen über die Darbringung von Götterliedern in der sumerisch-babylonischen Antike eine Ahnung von dem oder den Ausführenden verschaffen. Außer den Darbringern der Hymne und dem angeredeten Gott sind in Ninĝišzida A die großen Götter in Gestalt von Enki (oder Enki+Utu) aktiv. Ferner tritt eine Einzelperson als Bittstellerin hervor (Z.22f.; vgl. Z.33); eine Statistenrolle haben dagegen z.B. das eigene Volk (Z.12,28) und die von Ninĝišzida Bestraften oder Besiegten (Z.24; die Feinde aus der „Schlacht" Z.30f. sind nicht benannt). Folglich ergibt sich das merkwürdige Bild einer unilateralen Kommunikation von Mensch zu Gott, in die andere Kommunikationsstränge hineinkomponiert sind, so das šir-nam-šub-Zitat in Z.22–24, das von einem Beter gesprochen wird, und das Gottesorakel an Ninĝišzida (Z.27–29), welches im Gesamtzusammenhang eine legitimierende Rolle spielt. Die Frage ist, welche Absichten und Stimmungen der Redestrom an Ninĝišzida erkennen lässt. Direktive Rede, mit der ein Sprecher auf ein Gegenüber eindringt, (vgl. Imperative, Prekative und andere Wunschformen in Bittpsalmen), fehlt in unserem Text. Deklarativ sind eigentlich nur die Zeilen 27–29: Sie setzen unwiderruflich die Autorität Ninĝišzidas fest. Z.16f. *berichten* über eine weitere Deklaration eines höheren Gottes, bringen sie aber nicht in eigenständiger Rede. Die Masse der Aussagen geht vom Sprecher/Sänger des Hymnus aus und wendet sich direkt an die Gottheit. Z.1–10 sind eine einzige, sonore Rede über die Gottheit. Sie besteht aus Epitheten (Held, Löwe, Wildstier usw.), auch der Name ist zweimal genannt (Z.2+10: Anfang–Ende). Den rühmenden Titeln folgen zahlreiche weitere preisende Attribute, oft als nominalisierte Verbformen. Sie sollen Macht, Autorität, göttliche Abkunft, kultische und soziale Funktionen aufzeigen, kurz: den Einsatz Ninĝišzidas für das Gute und gegen das Böse (Z.8: „King, wild bull with tall limbs [?], who directs speech aright, and who hates wickedness!"). Als ein derartig erhabener und wohltuender Gott steht er aus Sicht des Lobspenders unübertroffen an der Spitze aller verehrenswürdigen Numina (Z.9f.: doppelte Affirmation der Unüberwindbarkeit! „No one dares stop [him]…" ḫur nu-mu-un-gi$_4$-gi$_4$, vgl. Z.29). Der volltönende Abschnitt dient als kompakte Einleitung und Themenangabe. Es ist ein vielfarbig abgewandelter Introitus, der die Vorzugstellung Ninĝišzidas für den oder die Sänger ausdrücken will. Der Hymnus ist also „repräsentativ", er soll die Beziehung des Gottes zu den Seinen darstellen. Natürlich nicht in einem neutralen, objektiven Sinn, sondern zum Besten der „Schwarzköpfigen", so der Tenor von Z.11–15. Nun erfolgt die verbale Ausführung des in der Einleitung angedeuteten göttlichen Wohltuns. Ninĝišzida setzt sich für seine Anhänger/Partner ein. Der Ab-

[110] Vgl. z.B. Andreas Wagner, Sprechakte und Sprechaktanalyse im Alten Testament, BZAW 253, Berlin 1997; Sigrun Welke-Holtmann, Die Kommunikation zwischen Frau und Mann, exuz 13, Münster 2004; Barbara Suchanek-Seitz, So tut man nicht in Israel, exuz 17, Münster 2006.

schnitt spricht ihm Kompetenz und Willen (mu-e-zu = „du weißt/kannst es") zu, für sie als „guter Hirte" (sipad zid) zu sorgen.

Die Einsetzung und Legitimation Ninĝišzidas als oberster Gott der „Bevölkerung" (íldum, saĝ gíg) durch höhere Gottheiten ist religionsgeschichtlich nur als Folge des Zusammenwachsens ehemals unabhängiger Stadtstaaten und die entsprechenden Hegemonialbestrebungen in Allianzen und Reichen zu verstehen. Schon im Verlauf des dritten Jahrtausends v.u.Z. hatten sich aufgrund der politischen Entwicklungen Hierarchien von Gottheiten und Tempeln verfestigt; sie brachten höhere Weihen für manche Lokal- und Regionalgottheiten mit sich. In diesem Kontext bekommt Ninĝišzida das „gute Wort", bzw. „das gute Schicksal" von Enki zugesprochen. Auch diese lebhafte und stilgerechte Inthronisierung (Z.16f.,25–29, mit „Orakelzuspruch" Z.27–29) dient dem einen Zweck, die überragende Stellung des Hauptgottes festzustellen und (wahrscheinlich) laut und öffentlich bekannt zu geben. Die Einsetzung von Göttern in ihr Fürsorgeamt war ein publikumsorientierter Sprechakt. Er verfolgt das Ziel, repräsentativ das Verhältnis zum Regenten zu demonstrieren, einschließlich der damit gegebenen Eigeninteressen. Auch die Passage Z.18–24 mit ihrem idealtypischen Fall eines Gebetsvortrages ist unter Sprechaktgesichtspunkten die Repräsentation des Verhältnisses der Klientel zu ihrem Wohltäter. Der Schlusspassus (Z.30–33) schließlich fällt zurück in die einfache Anrede Ninĝišzidas mit etwas ausführlicheren Attributionen als in Z.11–15 (beide Abschnitte zählen vier Zeilen und gebrauchen je einmal den Gottesnamen). – So geht denn die hymnische Rede (Z.11–33), trotz einiger zitierter Einsprengsel, im Gefolge des Introitus (Z.1–10) vom Sänger/Liturgen geradewegs auf die Gottheit zu. Der Antrieb zu diesem übergreifenden Sprechakt besteht in Erweis, Legitimation und Sicherung der überragenden Macht des Gottes Ninĝišzida zugunsten seiner Stadt- und Tempelgemeinde (íldum, „[social] group", a.a.O., Z.28), die man mit ùĝ („Volk", s.u. Kap. 10, Exkurs) identifizieren kann.

Im Lichte dieser Beobachtungen ist nun der Schlussabsatz Z.34–36 zu betrachten. Der hymnische Diskurs kehrt, wie gesagt zum Stil des Introitus zurück. Die Gottheit empfängt eine zweimalige, rühmende Anrede (König „Honigmund", „Sohn des Ninazu") ohne Gebrauch des Personalpronomens der zweiten Person, und ohne jedes Possessivsuffix (z.B. „mein König"). Rein nur Epitheton (Z.34) und, ihm folgend (wie üblich in sumerischen literarischen Texten), der Eigenname (Z.35) leiten den Schlusspreis ein. Und beide Male steht kontrapunktisch das zà-mí für Enki! In der gesamten Komposition ist Enki nicht ein einziges Mal der Kommunikationspartner des Sängers gewesen. Zwar spielt der „hohe" Gott des untergründigen Süßwassers eine Rolle bei der Legitimation der Lokalgottheit. Aber er ist kein liturgisches Gegenüber. Was hat seine doppelte Nennung am Ende des Hymnus zu bedeuten? Welche intentionale Gewichtung können wir ihr zumessen?

Es bleibt nur die Möglichkeit, sich an vorstellbare Deutungen heranzutasten und potenzielle Antworten mit Ergebnissen anderer Textanalysen zu vergleichen. Offenbar besteht eine Verbindung der Enki-Schlussdoxologie zu den Strophen, in denen Enki der Übergott ist, der Ninĝišzida mit den nötigen Vollmachten für seine regionale Herrschaft ausstattet (Z.16–29). Wie mögen die antiken Sänger den zà-mí-Ruf an Enki verstanden haben? Denkbar ist eine Äußerung des Dankes für die wohlwollende Installation der Lokalgottheit. Enki bliebe dabei als Dritt-Instanz außerhalb des direkten Kommunikationsprozesses. Oder es geht um die unterschwellige Formulierung einer Bitte betreffs nachhaltiger weiterer Unterstützung der lokalen Gottheit. Die letztere Interpretation scheint mir eher die Absicht des Hymnenschlusses zu treffen. Die einfache Gegenüberstellung von Dank und Bitte befriedigt jedoch nicht. Vielleicht will die Enki-Doxologie die Machtbalance stärken: Im Hymnentext bestimmt Enki deklarativ die Überlegenheit Ninĝišzidas gegenüber anderen Gottheiten („Keiner wie du!"). Der doxologische Endpunkt behaftet Enki bei dieser Entscheidung, die ja jederzeit widerrufen werden kann(!), stärkt die Autorität des Lokalhelden, sichert seine wohltuende Kraft für das Leben der Gemeinschaft. Die zà-mí-Doxologie ist wie der krönende Abschluss eines Kuppelbaus: Der letzte Stein garantiert den Zusammenhalt des Ganzen. Wenn die Orakelzusage Enkis widerrufen würde, verlöre das ganze Kult- und Gesellschaftssystem seinen Halt. Darum dient der doppelte zà-mí-Ruf als abschließende Sicherung für das Gemeinwesen. Macht und Autorität Ninĝišzidas sind Teil der umfassenden Kraft Enkis (von Utu ist im erhaltenen Hymnentext nicht die Rede). Die Dichter von Ninĝišzida A tragen dieser Balance Rechnung, indem sie am Ende die stärkende Doxologie „Vater Enki" (Z.36), nicht dem spirituellen „Sohn" Ninĝišzida widmen. Ein Kraftstrom ist an der Quelle zu stärken, nicht an der Mündung!

6.2.2.2 Ninisina A (ETCSL 4.22.1)

Die sumerischen Hymnen weisen einen großen Formenreichtum auf und sind auch inhaltlich außerordentlich unterschiedlich. Ein weiteres Beispiel für abschließendes[111] zà-mí ist das umfangreiche Gedicht auf Ninisina („Herrin von Isin"), eine Göttin der Heilkunst.[112] Weil es um die Bedeutung der Schlussdoxologie für die Texteinheit geht, stehen Anfang und Ende des Textes im Fokus (ETCSL 4.22.1). Die Dramaturgie des Kräfteflusses gleicht der des Ninĝišzida-Liedes (Kap. 6.2.2.1), nur überträgt die göttliche Mutter ihr geistig-spirituelles Potenzial auf den Sohn Damu. Wesentlich ist, dass der zà-mí-Ruf an die Hauptakteurin des Textes ergeht. Aber es fallen manche Besonderheiten auf.

Der Text ist, abgesehen von Z.1–6, recht gut erhalten. In sumerischen literarischen Katalogen wird er nicht geführt, eine liturgisch-technische Strophenteilung fehlt. Thematische Gliederung und Handlungsfolge sind durchsichtig: Nach dem Proömium (Z.1–14) folgen vier untergliederte Hauptabschnitte,[113] die sich formgeschichtlich unterscheiden lassen: Z.15–35 (Unterweisung des Sohnes Damu); Z.36–82 (Lob der Ärztin Ninisina); Z.83–120 (Selbstlob der Göttin, geht in den doxologischen Schlussabschnitt Z.121–135 über).

Im Eingangsteil sind einige Zeilenanfänge (Z.1–6) weg gebrochen, doch bleibt die Zielrichtung der Passage klar erkennbar. Die Göttin ist regelrecht in ihrem Tempel installiert, sie hat auf ihrem barag maḫ, dem erhöhten, majestätischen Podest[114] Platz genommen (Z.1), strahlt in ihrer göttlichen, Furcht erregenden Gloriole (Z.2: ní) und arrangiert alle heiligen Kräfte (Z.4–12: me), die zur Ausübung der Heilkunst notwendig sind. Praktisch handwerkliche Fähigkeiten sind eingeschlossen.

---

[111] In dieser Hymne taucht ausnahmsweise auch ein nicht suffigiertes zà-mí im Mittelteil (Z.29) auf, das später diskutiert werden soll.

[112] Vgl. auch die Göttinnen Gula, Nintinuga, Ninkarrak u.a.: Black 1992; Dietz O. Edzard, Ninisina, RlA 9, 2001, 387f.; Groneberg 2004, 55. Die Hymne bietet reiche Informationen über die damalige Medizin, vgl. Franz Köcher 1963–2005; Markham J. Geller und das BabMed-Team an der FU Berlin.

[113] Die einzige Bearbeitung vor der ETCSL-Edition ist die von Römer 1969: Umschrift und Übersetzung von Ninisina A, Z.9–60, die medizinische Kunst betreffend, finden sich a.a.O., 284–286.

[114] In der religiösen und mythologischen Literatur hat der „Göttersitz" (barag, 249 Mal im ETCSL) und dementsprechend die angemessene Aufstellung des Kultbildes eine außerordentlich hohe Bedeutung, vgl. Berlejung 1998.

Stark betont ist ihre Geschicklichkeit (Z.5–7: nam-galam), hervorgehoben sind auch einige chirurgische Instrumente (Z.11f.). Der Name der Göttin ist in dem erhaltenen Textbestand viermal erwähnt. So ergibt sich für das Proömium Form und Inhalt einer strahlenden hymnischen Einleitung, deren Anliegen es ist, Macht, Glanz und Können der Gepriesenen von Anfang an unmissverständlich fest zu stellen. Ärztliche Kunst geht Hand in Hand mit kultischen Riten (ĝarza, Z.4) und angemessener Amtskleidung, die offenbar mit beschwörenden Worten angelegt werden muss (Z.9). Nach unserem Verständnis liegt also eine Mischung von rationaler und prälogischer Einstellung vor, die aber bei näherem Zusehen auch in der modernen Medizin beobachtet werden kann. Hervor ragt der hymnische Charakter des Eingangsabschnittes. Er legt den Grund für die ganze Komposition. Thema und Duktus des Liedes sind in Z.12–14 klar vorgezeichnet: „She [Ninisina] has made perfect the divine powers of medicine, / to her son, the king of Ĝirsi, / the kindly Damu, she hands them over."

Der erste Hauptabschnitt (Z.15–35) stellt in einem fast narrativen Stil die schon vorher angedeutete Übergabe des Berufswissens an den Sohn Damu dar.[115] Die Göttin redet ihn persönlich an (Z.15f.,27–29, mit ermahnendem „Mein Sohn …" eingeleitete Passagen). Er praktiziert die Wundbehandlung unter ihrer Aufsicht (Z.17–20), und der Hymnensänger streut einen preisenden Abschnitt, eingeführt mit „meine Herrin" (nin-ĝu$_{10}$) ein (Z.22–26 nochmaliger Verweis auf die Amtsübergabe an Damu). Das folgende Textsegment, die zweite Ermahnung an den Lehrling – eine Art Forschungsauftrag, der vermutlich die Omenkunde einschließt –, hat auch Lob für ihn bereit (zà-mí … dug$_4$): 27: dumu-ĝu$_{10}$ níĝ nam-a-zu-ka ĝizzal ḫé-em-ma-ak 28: ^{d}da-mu níĝ nam-a-zu-ka ĝizzal ḫé-em-ma-ak 29: eš-bar kíĝ-ĝá zà-mí mi-rí-in-dug$_4$ 27: „My son, pay attention to everything medical! 28: Damu, pay attention to everything medical! 29: You will be praised for your diagnoses."[116]

Dieses Lob hat mit dem vorliegenden Hymnus nichts zu tun. Es wird dem angehenden Arzt in der Zukunft gespendet; zà-mí … dug$_4$ scheint eine besonders nachhaltige Zustimmung auszudrücken. Dann führt Ninisina ihn in die heilende Beschwörungspraxis ein (Z.30–35): eine lebendige Szene, die sogar den stöhnenden Patienten darstellt. Wundversorgung und innere Medizin (Herz?, Magen?) sind die beiden ärztlichen Hauptdisziplinen.

Auf den beiden folgenden Hauptabschnitten (Z.36–82,83–120 bzw. 135a) ruht schon rein textlich gesehen das größte Gewicht. Jeder von ihnen besitzt mehr als den doppelten Umfang des ersten Teils. In Z.36–82 dominiert die Stimme des Sängers oder der Sängerin: „Meine Herrin" bzw. der Eigenname Ninisina zeigen die Referenzperson an, allerdings wird von ihr preisend zunächst in der 3. P. Sing. geredet (Anrede: Z.36f.,61,81f.; 3. P.: Z.36–54). Ninisina agiert wie schon in Z.30–35 in einem Beschwörungsritual. Sie erhört persönliche Gottheiten vieler Bittsteller (Z.43: diĝir nam-lú-ùlu, „Gottheiten der Menschheit") und tritt ihrerseits fürbittend bei An und Enlil ein (Z.43–45). Wieder wird ein typischer Fall dramatisch „erzählt": Ein von Dämonen Besessener wendet sich verzweifelt an Ninisina. „My lady, I come to do homage to you!" (Z.55: nin-ĝu$_{10}$ ka tar DU-za za im-DU.DU). Jetzt nimmt auch der Hymnensänger die direkte Anrede in der 2. P. Sing. auf und beschreibt, wie die Göttin die Heilung bewirkt. „Your incantation (tu$_6$-zu) descends onto the man …" (Z.56); sie streckt ihre Finger über ihm aus, und der Gerettete preist sie – alle Aussagen stehen in der 2. P. Sing. (Z.57–60). – Eine zweite, wieder mit „Meine Herrin" eingeleitete und die dritte, neutral beschreibende Runde (Z.61–82) sind der Hebamme Ninisina gewidmet. Zur Vorbereitung der Geburtshilfe gehört ein šuba-Stein (Z.67–73). Erst wenn er auf dem Haupt der Göttin prangt, kann sie sich des Babys und der Mutter annehmen, die Nabelschnur abschneiden, das Kind schreien lassen, waschen usw. (Z.74–80). Die beiden Schlusszeilen (Z.81f.: „after my lady has spo-

---

[115] Der Heilgott Damu ist auf bestimmte Heiligtümer begrenzt und hat keine gesamt-sumerische Bedeutung, vgl. Edzard 1961, 50; Fritz 2003.

[116] Anders Römer 1969b, 284 und 286: Z.29: eš-bar-kin-gá zà-mí mí-rí-in-du$_{11}$ („die kluge Entscheidung habe ich dir gehegt!"); eher: „der sorgfältige Diagnostiker wird dir Preis spenden." Kommentar Römers zu Z.29: a.a.O., 288. Vgl. auch Falkenstein 1964, 61; Albrecht Goetze, The Chronology of Šulgi again, Iraq 22, 1960, 151f.

ken praise ..., in addition, Ninisina praises herself fittingly", nin-ĝu$_{10}$ me-te si na-an-ga-àm-dug$_4$ / ^{d}nin-ísin^{si}-na-ke$_4$ silim zid-dè-eš na-e)[117] bereiten den letzten Abschnitt vor.

Dieser letzte Hauptteil des Hymnus ist ein einziges Selbstlob, gesprochen in der 1. P. Sing. (Z.83–135a). Nur die Z.135 abschließende Formel kug ^{d}nin-ísin^{si}-na zà-mí hat keinen Indikator für die 1. P. (der durchaus möglich wäre). Die Göttin holt weit aus, besingt ihre Geburt (Z.83–89), rühmt ihren Tempel in Isin und seine paradiesische Umgebung, den Nahrungsreichtum. Auch der Gatte Pabilsaĝ hat seinen Wohnsitz dort (Z.90–104). Ninisina qualifiziert sich für die Göttergesellschaft, indem sie Feinde ihres Vaters Enlil besiegt (vorher Z.24 war An ihr Vater); sie besingt ihre Tat (Z.105–120). Im gleichen Ich-Stil geht es weiter (Z.121–135a). Satz für Satz bezieht sich auf vorher Gesagtes zurück. Zum Schluss erfolgt eine Art Zusammenfassung, nur die Episode mit Sohn Damu fehlt – Indiz für literarische Uneinheitlichkeit? Ansonsten verlauten einzeilige Erklärungen über die eigenen Qualitäten und Vollmachten, die meisten in „Ich bin"-Form. Machtvoll erklingt in Z.130 ein Vierfachjubel: „I am the lady, I am heroic, I am youthful, I am the powerful one of the Land!" (vgl. Z.110 mit zwei ähnlichen Ausdrücken). Der Schluss des Liedes betont die Heilungskompetenzen der Göttin: „I am she who hears prayers and pleading" (Z.135a).

Das Gesamtbild des Hymnus scheint heterogen: Warum der Stilwechsel vom beschreibenden und teilweise anredenden Lob zum „Eigenlob"? Gehört die Übertragung des Heilberufes auf Ninisinas Sohn Damu zur eigentlichen Komposition hinzu? Wie steht es um Andeutungen von Ritualhandlungen innerhalb des Hymnus? Man könnte eine literarkritische Analyse versuchen, die annimmt, dass eine Gattungseinheit nur begrenzt Stilunterschiede aufweisen darf. Eklatante Variationen könnten dann auf unterschiedliche Redaktionen oder Autoren hindeuten. Diese Deutung entstammt jedoch gängigen literarischen Konzepten. Antike Literaturen folgen anderen Gesetzen (s.o. Kap. 1). Darum soll noch einmal formgeschichtlich und unter Berücksichtigung der andersartigen kulturellen und kultischen Kommunikationsweisen die Vereinbarkeit gewisser Gattungselemente mit möglichen sumerischen Kultformen erörtert werden. Sumerische Gottesdienste müssen aus diversen Quellen rekonstruiert werden.[118]

Das Eingangsstück des Ninisina-Hymnus entspricht den Vorstellungen, die wir von einem Götterlied haben und den Informationen, die aus sumerischer Literatur zu erheben sind: Beschreibendes Lob in der dritten Person, wobei die Sprecher unidentifiziert bleiben. Diese Anonymität ist nicht weiter auffällig. Aber schon das Ende des Proömiums (Z.12–14) leitet zum Thema des ersten, kleineren Hauptabschnitts über. Die drei Zeilen sind ein kohärentes Satzgefüge, das kaum als literarisches Einschiebsel gelten kann. Anscheinend gehört der Schlusspassus original zum Text. Wenn das richtig ist, kann man auch die „Übergabezeremonie" (Z.15–35) als sekundär und gattungsfremd ansehen.

[117] Vgl. Wilcke 2010, er verweist auf A. Zgoll: Die Verbalpräfixe na- und ši- kündigen Folgen an (a.a.O., 10, 40). A. Zgoll bemerkt: „Aus der Markierung mit dem na-Präfix wird deutlich, dass der Lobspruch der Herrin und Ninisinas tatkräftiger Selbstruhm wichtige Konsequenzen haben wird."

[118] Vgl. z.B. van Driel 1969; Menzel 1976; Sallaberger 1993; Paolo Merlo und Paolo Xella, The Rituals, in: W.G.E. Watson (Hg.), Handbook of Ugaritic Studies, HdO I/39, Leiden 1999, 287–304.

Der Redestil ist von der Gattung „weisheitliche Unterweisung" abhängig.[119] Die lehrhafte Rede an den „Sohn", der gefälligst die Erkenntnisse seiner Erzeuger beherzigen soll, findet sich in allen nah- und mittelöstlichen Kulturen und darüber hinaus in anderen Weltgegenden.[120] Doch gibt es einige Ungereimtheiten: Die Übertragungszeremonie stimmt in der Darstellung der medizinischen Realia nicht vollständig mit späteren Sachinformationen des Textes überein. Und, wie schon gesagt, die Zusammenfassung der Preisungen an Ninisina in Z.121–135 lässt ausgerechnet die Damu-Szenen von Z.15–35 aus. Auch der weitere Hymnentext von Z.36–120 erwähnt die Einsetzung Damus als Nachfolger (?), Gehilfe, Lehrling (?) Ninisinas nicht. Trotzdem können solche literatur-logischen Bedenken dem Text nicht die Funktionalität nehmen. Denkbar ist, dass die aktuelle Textversion auf einen Damu-Kult zurückgeht, für den die Legitimation durch die höherrangige Ninisina erforderlich oder vorteilhaft war. Möglicherweise hat es ursprünglich auch eine reine Ninisina-Variante des Hymnus gegeben. Bei der Kargheit der keilschriftlichen Zeugen für Ninisina A lässt sich dafür aber kein Beweis erbringen. – Man kann weiter spekulieren, ob ein derartiges Lehr- und Investitur-Szenario als Amtseinführung für Ärzte und Beschwörer gedient haben mag (vgl. die 2. P. in Z.29).

Der Übergang von der Damu-Episode zu den beiden Hauptteilen ist von einer gewissen Folgerichtigkeit. Der Stilwechsel von der „objektiven" zur „subjektiven" Lobrede sieht im Lichte sumerischer (und anderer!) „Hymnen mit Selbstglorifizierung"[121] kultisch plausibel aus. Bleiben die Schilderungen von Beschwörungen und Bittzeremonien innerhalb des Textes: Solche „Zitate" bürgen eigentlich für die Echtheit eines altorientalischen Psalmentextes. Sie treten in vielfacher Gestalt in allen Kategorien kultisch verwendeter Dichtung auf. Im besprochenen Beispieltext beziehen sie sich auf den Tätigkeitsbereich der Heilgöttin Ninisina; sie liefern mithin wertvollstes Material für die Erkenntnis von rituellen Heilpraktiken[122] medizinisch-kultischer Art. Auch dieser Aspekt könnte ein Argument für den lebendigen Gebrauch der Hymne in Heilerkreisen abgeben. Insgesamt lässt sich also festhalten: Die Gattungsanalyse bestärkt den Eindruck, dass Ninisina A einen kultischen, im Heilermilieu entstandenen und verwendeten Text darstellt. Einleitender neutraler Lobpreis und auslautendes Selbstlob der Göttin rahmen eine liturgisch vielschichtige Komposition.

Es bleibt noch der wichtigste Schritt zur Einschätzung des zà-mí-Schlusses (Z.135, Zeilenende) und der Dynamik des Liedes zu tun. In welchem Verhältnis steht die Lobformel zum Korpus des Hymnus? Sie fällt aus der seit Z.83 eingehaltenen Ich-Rede stilistisch und sachlich heraus. Dass dies nicht zwangsläufig so sein muss, belegen Selbstlobhymnen wie Ur-Namma C, Šulgi B oder Šulgi E, die jeweils eine spezifische zà-mí-Abschlussformel in der 1. P. Sing. aufweisen.[123] Die Adaptation an die Ich-Rede ist hier aber nicht erfolgt. Vielmehr bricht das Selbstlob der Göttin jäh ab. Der Schlussruf wirkt wie ein archaischer Block, da verbindende Wortelemente fehlen. Auch Dativ, Direktiv oder Terminativ sind nicht gesetzt. „Heilige Ninisina, Heil!" (kug ^{d}nin-ísin^{si}-na zà-mí). Die einzige Klammer zum Hymnenkorpus ist die

---

[119] Vgl. die „Instructions of Šuruppak", ETCSL 5.6.1 (s.u. Kap. 6.2.2.7), auch die ägyptischen Lebenslehren: Hermann A. Schlögl (Hg.), Weisheit vom Nil, Düsseldorf/Zürich 2001; Günter Burkard u.a., Weisheitstexte II, in: TUAT III, 1991, 190–319.

[120] Vgl. Bernhard Lang, Die weisheitliche Lehrrede, SBS 54, Stuttgart 1972; Nili Shupak, Where Can Wisdom be Found? OBO 130, Göttingen 1993; Erhard S. Gerstenberger, Proverbia, TRE 27, 1997, 583–590.

[121] Vgl. besonders einige der „Königshymnen" aus der Ur III-Zeit: Šulgi A (ETCSL 2.4.2.01); Šulgi B (2.4.2.02); Šulgi E (2.4.2.05) usw.; dazu Ludwig 1990; Lämmerhirt 2012.

[122] Vgl. Mayer 1976; Gerstenberger 1980; Maul 1994; Cunningham 1997; Zgoll 2003; Lenzi 2011; Frechette 2012; Böck 2013.

[123] Die Stellen im Korpus: ETCSL 2.4.1.3, Z.115; 2.4.2.02, Z.384; 2.4.2.05, Z.257. Eine statistische Übersicht über die Vorkommen der 1. P. Sing. bietet die Tabelle 1 (o. Kap. 5.2).

Göttin selbst in ihrer Heil bringenden Macht. Der Text richtet alle Aufmerksamkeit auf ihr Wirken, auch da, wo sie ihren Sohn einsetzt. Ihr allein gebührt die Ehre. Diese Rühmung kommt nicht aus ihrem Mund, sondern ist Ausdruck der Bewunderung und Verehrung ungenannter Rezitatoren/Sänger/Verehrer. Darum gehört die Doxologie untrennbar zum Hymnentext hinzu, erst die Schlusszeile (Z.136) bringt den liturgischen und archivierenden Vermerk, dass es sich um eine šìr-gíd-da-Komposition handelt. Die Zugehörigkeit des zà-mí-Rufes (Z.135) zum Lied lässt sich auch mit der Überlegung untermauern, dass der Text, sowohl in seinen beschreibenden wie in den Selbstlob-Passagen einer menschlichen Vortragsstimme bedarf. Von daher fällt die Einordnung des Schlussrufes in ein kultisch-liturgisches Geschehen nicht schwer. Es bleibt freilich unklar, wie die Stimmenverteilung in der Rezitationspraxis funktionierte. – Die Wucht des doxologischen Schlusspunktes ist bemerkenswert. Sie verrät indirekt etwas von der verantwortlichen und Auftrag gebenden Gemeinschaft bzw. ihren Repräsentanten. Wenn Hymnen kultisch gebrauchte Texte gewesen sind, dann war es die Aufgabe bestimmter Sänger und Priester[124], am richtigen Ort, zur angemessenen Zeit und in einem legitimen liturgischen Rahmen solche Lieder zu rezitieren. Eine sachgemäße Einschätzung der kompakten Schlussdoxologie hat folglich das Kultpersonal, d.h. die für den Hymnengesang Verantwortlichen mit zu berücksichtigen. Es wäre theoretisch denkbar, die Hymnentexte in Schreiberschulen zu verorten. Einmal mehr zeigt sich: Die Lehrer-Schüler Kommunikation reicht aber für eine solche Orts- und Gebrauchsbestimmung nicht aus. Die Masse der Hymnentexte selbst spricht – wie die hier vorgelegten Interpretationen Schritt für Schritt zeigen sollen – weitaus kräftiger für eine Situierung der heiligen Gesänge im offiziellen kultischen Bereich.

Die Vorstellungen vom Zusammenspiel der Lebenskräfte unterscheiden sich deutlich von denen, die in Ninĝišzida A begegneten. Waren es dort die politischen und sozialen Ordnungsmächte, so liegt in Ninisina A der Nachdruck auf den intellektuellen, medizinischen und magischen Fähigkeiten. Sie werden gleich zu Anfang (Z.4–8) als me, göttliche Mächte, qualifiziert. Ninisina ist Prototyp einer wissenschaftlich-technischen Gestalterin. Auch in der biblischen Urgeschichte sind das „Wissen um Gut und Böse“ und die technischen Kapazitäten entscheidende Qualitäten menschlichen Seins und Strebens (Gen 3,5; 11,1–9). Anfänge „modernen“ aufklärerischen Handelns liegen also auch im Alten Orient. Griechische Reflexionen zum Thema (Prometheus; Hippokrates u.a.) sind Zwischenstationen. Ninisina überträgt ihrem Sohn Damu das Wissen um erfolgreiche Krankenbehandlung und steht triumphierend hinter den Errungenschaften der Medizin.

6.2.2.3 Fluch über Akkad (ETCSL 2.1.5)

Der einfache, nicht suffigierte zà-mí-Schluss kommt recht häufig bei narrativen oder epischen Texten vor, die augenscheinlich wenig mit hymnischen Gattungen zu tun haben. Gerade darum soll hier noch ein derartiger Text beispielhaft auf seine Struktur

[124] Die Aufgaben der den Tempeln zuzuordnenden Berufsgruppen sind längst noch nicht geklärt. Für gala-Priester und Sänger – auch die Hymnen-Rezitatoren werden „Sänger“ genannt – liegen, wie erwähnt, Untersuchungen vor; vgl. Sallaberger 2005; Shehata 2009, s.o. Anm. 86.

und deren zà-mí-Orientierung hin untersucht werden. Der „Fluch über Akkad" (ETCSL 2.1.5: „The Cursing of Agade") ist in einer 281-zeiligen altbabylonischen Fassung sowie wenigen älteren Fragmenten aus der Ur III-Zeit bekannt und wurde bereits mehrmals wissenschaftlich bearbeitet.[125] Wie gehabt soll der Hauptduktus festgestellt und der Schlussteil näher analysiert werden. Eine im Handlungsgeschehen hervortretende Gottheit empfängt am Ende den zà-mí-Gruß, aber signifikant anders als in den beiden bisher vorgestellten Texten.

Das Epos hat einen gesamt-sumerischen Horizont, der an die Königsliste (ETCSL 2.1.1) erinnert. Kiš ist dort die erste Hauptstadt nach der Flut (Z.40–94), gefolgt von Uruk (Z.102–133). Nach wechselvoller Geschichte werden Kiš und Uruk zum wiederholten Mal Sitz der Regierung (Z.241–265), bevor Akkad an die Reihe kommt (Z.266–296). – Vorweg sei schon hier gesagt: „Das Königtum" kehrt in der großen Dynastienliste noch einmal nach Uruk zurück (Z.297–307), dann übernehmen die Gutäer die Herrschaft (Z.308–334). Soweit ETCSL 2.1.1. – Und hier der Anfang des „Fluches":

> 1: „After Enlil's frown 2: had slain Kiš as if it were the Bull of Heaven, 3: had slaughtered the house of the land of Unug in the dust as if it were a mighty bull, 4–6: and then Enlil had given the rulership and kingship from the south as far as the highlands to Sargon, king of Agade ..." [4: ... šar-ru-gen$_6$ lugal a-ga-dè^{ki}-ra ... 6: nam-en nam-lugal-la mu-un-na-an-šúm-ma-ta] – 7: „... holy Inana 8: established the sanctuary of Agade as her celebrated woman's domain; 9: she set up her throne in Ulmaš." (ETCSL 2.1.5, Z.1–9)

Den Verfassern des „Fluches über Akkad" kommt es auf die Verlagerung des Inana-Heiligtums nach Ulmaš (im Dijala-Gebiet? Vgl. RlA 14, Lfg. 3/4) an. Die Göttin wird zur Staatsbegründerin des Akkad-Reiches unter Sargon. Sie ist durchweg die Hauptaktantin, obwohl mehrmals weitere hohe Gottheiten (Suen, Enki, Ninurta, Iškur, Utu, Nuska, Nisaba = ETCSL 2.1.5, Z.210f.,222f.; Ninurta, Utu, Enki, An = Z.66–76; Utu = Z.272) aktiv werden. Möglicherweise sind hier verschiedene literarische Handlungsstränge oder eine komplexe zeremonielle Aufführung sichtbar. Inana gewinnt jedenfalls hohes Ansehen und beschert dem Reich Akkad unermesslichen Segen (Z.10–56). Wegen eines nicht näher erläuterten Konflikts mit Enlil in Nippur verlassen Inana (Z.57–65) und vier andere Gottheiten (Z.66–76) die Stadt; der Tempel „stirbt" (Z.77–82). Narām-Sîn, der erste akkadische Herrscher, der offiziell Gottesattribute für sich beansprucht, geht militärisch gegen Nippur vor und verwüstet den Tempel Enlils, Ekur (Z.83–148). Enlil übt Rache, schickt die wilden Gutäer, welche Verwüstung und Leid über Akkad bringen (Z.149–209). Der Rest des Gedichtes schildert, wie acht hohe Gottheiten (die sieben oben genannten und Inana) Reich und Stadt Akkad verfluchen (Z.210–271). Auf die wiederholte Schilderung des eingetretenen Elends (Z.272–280) folgt der Preisaufruf für Inana (Z.281). So die letzten Zeilen (Z.279–281):

> 279: iri^{ki}-bi-a ga-tuš bí-in-dug$_4$-ga ki- tuš nu-um-ma-an-da-dùg 280: a-ga-dè ki-a ga-nú bi-in-dug$_4$-ga ki-nú nu-um-ma-an-na-dug 281: a-ga-dè^{ki} ḫul-a ^{d}inana zà-mí 279: „When someone decided, 'I will dwell in that city!', he could not enjoy the pleasures of a dwelling place. 280: When someone decided, 'I will rest in Agade!', he could not enjoy the pleasures of a resting place! 281: Inana be praised for the destruction of Agade" (wörtl. „Inana, die Akkad zerstört hat, sei Preis!").

---

[125] Falkenstein 1965; Cooper 1983; Attinger 1984; Jacobsen 1987, 151–166; zur frühen Bezeugung vgl. Gonzalo Rubio, Acta Sumerologica 22, 2005, 203. Vgl. Edzard 1989 und die Quellenlage für die Sumerische Königsliste: Steinkeller 2003, 267–292.

Der altbabylonisch gut erhaltene und in epischer Breite berichtende Text bezieht sich auf den Untergang des Reiches von Akkad um 2200 v.u.Z. Aus welchem Abstand er es tut, ist ungewiss, sicherlich nicht erst aus der Distanz von 4 Jahrhunderten, welche die Fundstücke nahe legen könnten.[126] Es haftet dem Akkad-Bild des Epos noch etwas Historisches an, eine durch mittellange Überlieferung kondensierte und doch bereits legendäre Geschichtlichkeit. Die landesweite sumerische Königswürde wird von Enlil an den fremdstämmigen Sargon gegeben (Z.1–9; s. auch die oben zitierte Königsliste). Damit ist das Reich von Akkad auch im sumerischen Bereich legitimiert. Gleichzeitig beginnt die Geschichte Inanas mit ihrem Ablegerkult von Ulmaš (Z.7–9). Diese Göttin tut alles, um das neue Reich zu segnen; sie schafft Wohlstand und Frieden (Z.10–56). Allerdings taucht bereits früh, Unheil ankündigend, der Name Narām-Sîns, des Sargon-Enkels auf (Z.40). Nur diese beiden Könige werden namentlich genannt. Unter Narām-Sîn soll ein Aufstand der sumerischen Südprovinzen gegen die Akkade-Herrschaft stattgefunden haben.[127] Narām-Sîn selbst war vielleicht, trotz aller Siegesmeldungen, der Grund für den Untergang des akkadischen Reiches; jedenfalls scheint die kondensierende Rückschau bei ihm den Schlusspunkt der Herrschaftsherrlichkeit zu setzen, ohne jeden Hinweis auf dessen anderweitig bezeugte Vergöttlichung.[128] Aus einem nicht genannten Grund (ist Inanas Parteinahme für Akkad der Auslöser? Vgl. Z.55f.) wendet sich Enlil gegen den Herrscher von Akkad. Inana muss Stadt und Land verlassen (Z.57–65). So nimmt die Katastrophe ihren Lauf. Narām-Sîn sagt Enlil (d.h. dem sumerischen Süden) den Kampf an und verwüstet die heilige Stadt Nippur, schändet gar ihren Tempel Ekur (Z.83–148). Darum weiht der attackierte Gott Akkad dem Untergang; der wird breit ausgemalt (Z.149–271). Zum Teil ist die Schilderung ein historischer Bericht: So bedient sich Enlil der barbarischen Gutäer, um seine Feinde abzustrafen (Z.149–175). Zum Teil verläuft das Geschehen auf der Ebene göttlicher Fluchandrohungen (Z.210–271). Dieser dichterischen Variante fehlt aber keineswegs der Unterton: „Alles, was die Götter gegen Akkad beschlossen, wurde in die Tat umgesetzt!“ Die Vernichtungsdrohungen sind als real zu lesen.

Am Ende der langen epischen Dichtung, die keinerlei liturgische Kompositionsmerkmale aufweist, steht das desolate Bild Akkads (Z.272–280), darauf folgt unvermittelt die Schlusszeile: „Die Akkad zerstört hat: Inana sei gepriesen!“ (Z.281: a-ga-dè^{ki} ḫul-a ^{d}inana zà-mí). Der nur aus zwei Wörtern bestehende Vordersatz (ON+nominalisierter Stamm) ist offenbar dem doxologischen Ruf zugeordnet, aber die Art der Zuordnung bleibt undefiniert. Eine kausale oder temporale („weil/nachdem/seitdem Akkad zerstört ist“) Deutung legt sich nahe. – Moderne Interpreten bemerken vor allem den geschichtlichen Aufriß der Dichtung. Die beiden genannten akkadischen Könige, die feindlichen Gutäer aus den östlichen Gebirgen oder Ortsangaben wie Ulmaš markieren eine historische Grundlage. In sie sind geschichtliche Vorgänge in legendärer Verdichtung eingezeichnet. Das Werk will auch Geschichtsdarstellung wie Homers Ilias oder Herodots Historien sein. Vor allem aber will es die

[126] Der „Curse on Akkade“ was „composed within 60 years after Naramsin“, behauptet Westenholz, in: Sallaberger 1999, 23.

[127] Vgl. Westenholz in: Sallaberger 1999, 51–54; Edzard 2004, 87.

[128] Vgl. Selz 2005, 71f.

theologische Begründung für den Untergang Akkads bringen, wie z.B. das deuteronomistische Geschichtswerk im Alten Testament es tut. Die breit ausgeführte Schilderung der desolaten Folgen göttlicher Verfluchung ist aber kein Zweck an sich. Und sie ist keinesfalls eine pure historische Bestandsaufnahme. Zu deutlich sind die Sätze standardisiert; sie gehören zum literarischen Inventar von Städteklagen und kommen dementsprechend auch in vergleichbaren Texten vor.

Eine sachgemäße Bestimmung des Text-Ziels ist darum für das Verständnis der zà-mí-Formel unumgänglich. Setzt sich die Dichtung nur die Aufgabe, vergangene Geschichte vor Augen zu führen, dann kann der Schlussappell an Inana eine Danksagung aus südmesopotamischer Sicht sein. Weil die Göttin das Reich Akkad ausgelöscht hat, gebührt ihr Anerkennung. Zu fragen ist allerdings, warum diese Ehrerbietung nicht an Enlil geht, der doch in der Komposition der eigentliche Antagonist Narām-Sîns ist, oder an die anderen Himmelsgottheiten, die die Flucharbeit leisten. Die Rolle Inanas dagegen ist zwielichtig.

Um die Absicht, den „thrust“ der Dichtung, besser zu erkennen, möchte ich versuchsweise die textpragmatische Methode anwenden, die besonders von Siegfried J. Schmidt, Philosoph und Kommunikationsforscher, ausgebildet worden ist.[129] Seine Textpragmatik geht über die Sprechakttheorien von Austin und Searle hinaus und versucht, einen Gesamttext in seiner nicht explizit gemachten oder gar unbewusst gebliebenen Intentionalität zu erfassen. Diese literarische Perspektive ist u.a. von Hans Ulrich Gumbrecht[130] auch auf historische Texte angewendet worden. Schon der Vorspruch Z.1–9 setzt ein Zeichen: Enlil ist der Hauptakteur. Er hat die Stadtherrschaften von Kiš und Uruk gewaltsam beendet (Z.1–3) – beide haben aus neu-sumerischer Perspektive nur in grauer Vorzeit bestanden.[131] Nun setzt er Sargon als Herrscher ein (Z.4–6: ud-ba, Z.4). Im zweiten Nachsatz, ebenfalls mit ud-ba, „zu jener Zeit“, eingeführt, gründet Inana ihr Heiligtum von Ulmaš, und zwar mit einer spezifischen Zweckangabe. Es soll als ihre „Frauenwohnung“ (ama$_5$, Z.8) dienen. Zweifellos ist damit ein besonderer Akzent gesetzt, der vermutlich auf Inanas Funktion als Staatsgöttin und ihre Rolle in der „heiligen Hochzeit“ verweist.[132] Während das Gefälle des folgenden Textes fast ganz der Auseinandersetzung zwischen Narām-Sîn und Enlil sowie ihren desaströsen Konsequenzen folgt, ist die Bedeutung der Anwesenheit Inanas nur blitzlichtartig zu spüren. So in dem kleinen Abschnitt, der ihren Auszug aus Akkad thematisiert (Z.57–65). Ihr Weggang ist geheimnisvoll und wird doch (abfällig?) kommentiert: 60: „She left the city, returning to her home. 61f.: Holy Inana abandoned the sanctuary of Agade like someone abandoning the young women of her woman's domain. 63: Like a warrior

---

[129] Vgl. Siegfried J. Schmidt, Texttheorie. Probleme einer Linguistik der sprachlichen Kommunikation, UTB 202, München [2]1976. Ferner: Jörg Meibauer, Pragmatik. Eine Einführung, Tübingen, [2]2001; Hans-Ulrich Gumbrecht, Historische Textpragmatik als Grundlagenwissenschaft der Geschichtsschreibung, Lendemains 6, 1977, 125–136; Michael Maset, Diskurs, Macht und Geschichte, Frankfurt 2002.

[130] Als Professor der Komparatistik an der Stanford University analysiert Gumbrecht die geschichtliche und aktuelle Wirklichkeit und setzt sich mit den theoretischen Grundlagen der Analyse auseinander, vgl. ders., Ein Jahr am Rand der Zeit, Frankfurt 2003; ders., Die Macht der Philologie, Frankfurt 2003; ders., Diesseits der Hermeneutik, Frankfurt 2004.

[131] Vgl. ETCSL 2.1.1 (Sumerische Königsliste); Dietz O. Edzard, Königslisten und Chroniken, A. Sumerisch, RlA 6, 1983, 77–86; Albert K. Grayson, B. Akkadisch, a.a.O., 86–135; Steinkeller 2003; Dietz O. Edzard, Kiš, A. Philologisch, RlA 5, 1980, 607–613; Wilcke 1987, 83–120; ders. 1988; ders., Genealogical and Geographical Thought in the Sumerian King List, in: Behrens 1989, 557–571; Glassner, 2004.

[132] Vgl. Kramer 1969; Lapinkivi 2004; Nissinen 2008.

hurrying to arms, 64: she {removed} {(some mss. have instead:) tore away} the gift of battle and fight from the city 65: and handed them over to the enemy (ETCSL 2.1.5, Altbabylonische Version Z.60–65; vgl. Falkenstein 1965). Von einer Gottheit wird unverbrüchliche Treue zu ihrer Stadt erwartet. Flucht oder Weggang gilt als katastrophales Unglück, so besonders in den Städteklagen.[133] Inana verlässt das Machtzentrum Akkads, übergibt das Kriegsglück, ein göttliches m e!, an die Feinde. Zwei Vergleichssätze bezeichnen die Ungeheuerlichkeit und Dringlichkeit des Auszugs (Z.61,63), der erstere scheint eine grobe Pflichtverletzung anzudeuten. Niemand lässt leichthin Frauen (Priesterinnen?) zurück. Aber die Kritik an Inana wird nicht ausgeführt. Vielmehr bleibt ihre Beteiligung an dem Konflikt bis zum Schluss im Hintergrund. Aber dann ist sie im doxologischen Ruf (Z.281) ganz offensichtlich. Wenn die Göttin also die geheime Bewegerin des ganzen Textes ist, dann bringt erst die letzte Zeile diesen Sachverhalt an den Tag. Über einen bloßen Dank für die Zerstörung Akkads hinaus sind noch andere pragmatische Momente zu erwarten. Es geht anscheinend um eine lokale Rehabilitation und Beanspruchung der Göttin.

Zeremonielle Hauptfigur ist also Inana, obwohl vordergründig männliche Protagonisten, Narām-Sîn, Enlil und andere Anuna aktiv sind. Die pragmatische Dominanz Inanas festzustellen heißt aber auch: Es geht vermutlich um ihren Kult. Das Gedicht „Fluch über Akkad“ ist nicht als privater Lesestoff einzustufen. Eher ist es ein Kultdrama. Flüche, wie in Z.210–244 ausgesprochen, sind in der Antike keine Alltagslektüre, sondern müssen regelrechte, zeremonielle Einkleidung erfahren, damit sie keinen Schaden anrichten. Die Klageriten, in Z.196–209 ausgiebig beschrieben, sind Reflexe echter Rituale. Auch die Städteklagen lieben derartige verbale Inszenierungen. Wenn darum Inana pragmatisch im Mittelpunkt steht, dann ist ihr Kult gemeint.[134] Und weil sie dauerhaft und eng mit dem Tempel Eana in Uruk verbunden war, könnte auch dieser Kultort intendiert sein. Dann hätte die Dichtung, wie gehabt, neben der religiösen eine politische Bedeutung. Anscheinend feiern die südlichen Anhänger der sumerischen Göttin die „Rückkehr Inanas aus Akkad“, d.h. die Befreiung von der Fremdherrschaft der Akkader, aber auch der als wilde, untermenschliche Barbaren verschrieenen Gutäer (vgl. Z.151–157): Es heißt dort im antagonistischen Freund-Feind-Schema: 154: „those who do not resemble other people, 155: who are not reckoned as part of the Land, the Gutians, 156: an unbridled people, with human intelligence but canine and monkeys' features.“ Trifft das zu, kann es sich beim „Fluch über Akkad“ um einen vom Vergeltungsdenken getragenen kultischen Text handeln, der die Vernichtung des Sargonreiches als Grundbedingung für das eigene politische Überleben (bzw. die Wiedergeburt des eigenen Inana-Kultes mitsamt des dazugehörigen Stadtstaates) feiert. Die kultische Dichtung hätte dann nicht nur den Sinn, an eine entscheidende Geschichtswende zu erinnern – politisches Gedenken beschränkt sich nie auf den Rückblick. Sie will vor allem die neu gewonnene Selbstbestimmung festigen und „zukunftssicher“ machen. Die Schlussdoxologie soll der heimischen Hauptgöttin Macht und Autorität gegen alle auswärtigen Konkurrenten oder Feinde stärken. Der Lobaufruf ist also kein Schreiberzusatz, er gehört auch nicht zum narrativen Handlungsgang, sondern muss aus der inneren Pragmatik erschlossen werden. Inana soll in

---

[133] Vgl. Cohen 1988; Michalowski 1989. Weitere Lit. s.u. Anm. 148.

[134] Zu Inana und ihrem sumerischen Heimatkult vgl. Claus Wilcke, Inanna/Ištar, A. Philologisch, RlA 5, 1980, 74–87; Zgoll 1997; Ottermann 2007.

ihrer Heimat wieder zu vollen Ehren kommen, darum braucht sie nach der Katastrophe von Akkad die feierliche Stärkung.

Der zà-mí-Schluss aller drei analysierten Kompositionen scheint einen vergleichbaren Stellenwert zu haben, obwohl die Texte eine recht unterschiedliche Struktur und Ausrichtung aufweisen. So ist Ninĝišzida A auf preisende Aussagen gegenüber dem Titulargott gestimmt, die Schlussdoxologie aber richtet sich auch an Enki, der wohl eine Art Schirmherr des hochgelobten Gottes bleibt und weiter dessen Autorität und Macht garantiert. Ninisina A hingegen enthält im Textkorpus viel weisheitliche Rede, beschreibt zudem die „Ausbildung" ihres Sprosses Damu zum Heilgott. Ein ihm geweihtes Heiligtum stellt sich damit in die Nachfolge Isins. Am Ende empfängt die überragende Ninisina geradewegs und einlinig den aufbauenden Lobpreis. Das Damu-Heiligtum wird als Filiale des Gesundheitstempels von Isin gehandelt. Der „Fluch über Akkad" schließlich präsentiert eine Geschichtsschau und feiert „Rückkehr" und Sieg der Göttin Inana, zu deren Gunsten (oder unter dessen Oberaufsicht?) Enlil mit seinem Pantheon die Geschicke der Völker und Reiche lenkt. Bei allen drei Beispielhymnen kann man über unterschiedliche kultische Begleitzeremonien an verschiedenen Orten Sumers nachdenken. In ihren zà-mí-Abschlüssen ähneln sich die Texte sehr stark. Sie wollen das jeweils dominante Machtzentrum stärken, das nicht mit dem vordergründig sichtbaren Handlungsbild identisch sein muss. Die Schlussdoxologie GN zà-mí ist in allen drei Texten ein mächtiges Finale. Die nicht-suffigierte und mit Gottesnamen eine semantische Einheit bildende Form scheint mir archaisch zu sein und aus dem Bereich der enthusiastischen Zurufe zu stammen, wie sie nur von (Kult-)Gruppen ausgestoßen werden können.[135]

6.2.2.4 Ninurta C, Nungal A, Kusu A, Inana B (ETCSL 4.27.03; 4.28.1; 4.33.2; 4.07.2)

Es sollen nun in einem geraffteren Durchgang die übrigen zà-mí-Rufe in Endposition mit den bisherigen Ergebnisssen in Beziehung gesetzt werden. Danach sind die erweiterten Wendungen am Schluss wie auch im Mittelstück eines Gedichts zu betrachten.

Formal gesehen kommen in den Gruppen 4 und 2 des ETCSL nur sechs Texte für den direkten Vergleich mit den in extenso behandelten Kompositionen in Frage. Einige weitere weisen nicht nur die Einfachformel, sondern auch suffigierte zà-mí-Rufe auf. Die jetzt relevanten Gedichte sind ETCSL 4.27.03 (Ninurta C); 4.28.1 (Nungal A); 4.33.2 (Kusu A); 4.07.2 (Inana B); 2.4.1.1 (Ur-Namma A, Nippur-Version); 2.4.2.01 (Šulgi A). Die beiden letzten werden in einem eigenen Abschnitt besprochen. Ihnen lassen sich weitere Beispiele aus den Gruppen 1 und 5 an die Seite stellen.

Ninurta C ist erheblich zerstört, von den insgesamt 86 Zeilen fehlen etwa 25 ganz und 20 teilweise. Dennoch kann man den generellen Lobcharakter des Hymnus auf die uralte sumerische, mit Nippur verbundene Gottheit,[136] gut erkennen. Die Preisungen laufen, ähnlich wie in Ninĝišzida A, auf eine Schlussdoxologie für übergeordnete

---

[135] Vgl. Text- und Kommunikationstheorien zum Topos „Exklamation" (s.o. Anm. A 81 und 27).

[136] Vgl. Michael P. Streck, Ninurta/Ninĝirsu, A. I. In Mesopotamien, RlA 9, 2001, 512–522; speziell zum Kult in Nippur: Joachim Oelsner, Zum Pantheon von Nippur in altbabylonischer Zeit nach den Personennamen der Rechtsurkunden, Or. 45, 1976, 110–115; vgl. auch Such-Gutierrez 2003.

Götter, nämlich Enlil und Enki, zu (ETCSL 4.27.03, Z.80,82). Und das, obwohl kurz vor diesem Höhepunkt noch die Einzigartigkeit Ninurtas hervorgehoben ist:

> 76: „He is great in his anger (?)! He (?) alone is a hero! 77: No superior god raises himself against him! 78: King who is great in heaven, great on earth, lordly in the east! 79: Ninurta who is great in heaven, great on earth, lordly in the east! 80: Mighty hero Ninurta! Praise be to Father Enlil!" (A.Zgoll: „Dem mächtigen Helden Ninurta und Vater Enlil sei Preis!") 81–82: „Praise be to the … of intelligence, the lord who decides destinies, to Father Enki!" (79: ^{d}nin-urta an-šè maḫ ki-šè maḫ nir-ĝál$_2$ ki ud è 80: [ur]-⌜saĝ⌝ [kalag]-⌜ga⌝ ^{d}nin-urta a-a ^{d}en-líl zà-mí 81–82: [...] X ĝéštug-ga en nam tar-tar-[re] a-[a] [^{d}en]-ki zà-[mí]) 83: „... Anuna gods ..., 84–86: favourable before Ninurta, the great governor of Enlil, and Ninnibru, the beloved child of An."

Aber schon in Z.49–57 unterstellt sich Ninurta bedingungslos seinen Eltern Enlil und Ninlil (vgl. Z.50,52), obwohl er gleichzeitig als „Herr der Götter" apostrophiert wird (Z.49: en diĝir-re-e-ne). Es klingt wie ein Vorspiel auf den abschließenden Preisaufruf, wenn er außerdem seinem Vater Enlil „echte Güte" (mí zid) zuspricht (Z.50: mí zid iri in-ga-àm-me, „speaks most generously in praise"). Tatsächlich scheinen die Machtsphären von Vater und Sohn ineinander verschränkt: „I ... am belonging to Enlil"; „I am he who controls the affairs of Nibru" (Z.52f.) sagt Ninurta von sich selbst. – Die Besonderheit des vorliegenden Hymnus steckt in den Zeilen 83–86: Auf die Preisung Enlils und Enkis (Z.80–82) folgt noch ein Lobruf auf das Pantheon (?) und die neuerliche Hervorkehrung Ninurtas und Ninnibrus, seiner Gattin.[137] Weil in Z.83 wenig mehr als der Ausdruck „Anuna-Gottheiten" erhalten ist, kann man den Satzzusammenhang schlecht ausmachen. Auffällig jedoch ist: Die Vorderseite der Tafel verzeichnet am unteren Rand in zwei Zeilenenden (Z.42f. = Vorderseite der Tafel) identische Wörter und Zeichen wie Z.84+86, die die hintere Schreibfläche beschließen. Sollte hier eine bewusste oder unbewusste, erst im Schreibprozess entstandene Textverdoppelung (Dittographie) zu konstatieren sein? Unter dieser Voraussetzung hätte der liturgisch gebrauchte, kultisch „performative" Text einen regulären, wenn auch zwillingshaften zà-mí-Abschluss. Die Dynamik des Lobens richtet sich formal auf Enlil, impliziert aber eine Teilhabe des Ninurta und bringt als Seiteneffekt ein Lob an Enki aus, für das es keinen textlichen Bezug gibt. Ninurta selbst und Ninnibru bekommen kein explizites zà-mí zugesprochen.

Nungal A und Kusu A sind Texte (ETCSL 4.28.1; 4.33.2), welche die schon im Lied hoch gepriesene Göttin auch im Finalruf namentlich ehren. Herrin Nungal kommt zusammen mit ihrem Tempel und ihrem Einsatz für Bittsteller zur Sprache. Etwa in der Mitte fällt der Text in die 1. P. Sing., die Form des „Selbstlobes" (4.28.1, Z.62–116). Gewisse jurisdiktionelle Funktionen gehören zu Nungal; ein wichtiges theologisches Begriffspaar ist „Erbarmen", „Fürbitte" (Z.75,80,83: arḫuš šag$_4$-ne-ša$_4$).

> 95: „When someone has been brought into the palace of the king and this man is accused of a capital offence, 96: my chief prosecutor, Nindimgul, stretches out his arm in accusation (?). 97: He sentences that person to death, but he will not be killed; 98: he snatches the man from the jaws of destruction 99: and brings him into my house of life and keeps him under guard."
>
> ....

[137] Falkenstein 1959, 107–119 verweist auf die Parallelität von Z.84–86 und 42–43 (a.a.O., 113f.).

106: „When it has appeased the heart of his god for him; 107: when it has polished him clean like silver of good quality, 108: when it has made him shine forth through the dust; when it has cleansed him of dirt, like silver of best quality …, 109: he will be entrusted again into the propitious hands of his god. 110: Then may the god of this man praise me appropriately forever! 111: May this man praise me highly; may he proclaim my greatness! 112: The uttering of my praise throughout the Land will be breathtaking!"

110: diĝir lú-ba-ke$_4$ sù-u$_4$-rá-šè me-téš ḫu-mu-i-i 111: lú-ùlu-bi ka tar-ĝu$_{10}$ ḫé-si-il-le nam-maḫ-ĝu$_{10}$ ḫé-em-me 112: ár-ĝu$_{10}$ kalam-ma ak-ak-da-bi níĝ-me-ĝar sug$_4$-ga-àm

Ein von Nungal Geretteter wird rehabilitiert, in die Gesellschaft (und das heißt auch: in die Obhut des persönlichen Gottes! Z.109) zurückgebracht und hat dann zusammen mit seinem Schutzgott die Pflicht, das Lob der Göttin zu singen (Z.110–112). Dieser Akt des Preisens ist aber nicht durch zà-mí, sondern durch andere Redewendungen ausgedrückt (me-téš ḫu-mu-i-i; ka tar ḫé-si-il-le; nam-maḫ ḫé-em-me; ár sug$_4$-ga-àm). Sie präludieren die zà-mí-Doxologie. Die hymnischen Elemente im Lied und im Schlussruf liegen auf derselben Linie. Sie beschaffen der Richterin, die wie eine Bewährungshelferin auftritt, den notwendigen Rückhalt. Im Chor der Lobaussagen meint zà-mí wohl einen spezifischen Akt des Preisens. – Erst im Schlussabschnitt (Z.117–121)[138] spricht wieder der Liturg, die Göttin tritt in die neutrale 3. P. Sing. zurück:

117: nin-e nam-maḫ-a-ni pa è ak-a 118: é kur é-éš ki-tuš ki áĝ-ĝá-ni ní me-lem$_4$ šúm-ma 119: diĝir er$_9$ ^{ĝiš}ràb ^{d}a-nun-na-ke$_4$-ne nam-ma-ni lú nu-zu 120: saĝ-kal me-a-na šu nu-tu-tu 121: ^{d}nun-gal-la zà-mí

117: „Because the lady has revealed her greatness; 118: because she has provided the prison, the jail, her beloved dwelling, with awesome radiance, 119: the powerful goddess, the neck-stock of the Anuna gods, whose …… no one knows, 120: foremost one whose divine powers are untouchable! 121: praise be to Nungal."

Die ETCSL-Übersetzung setzt Z.121 vor Z.119 (o. verändert): Der Aufruf zum zà-mí-Lob gehört aber an den Schluss des Liedes, weil er nur so kraftvoller, liturgischer Höhepunkt sein kann. Ob die vorangehenden Sätze (Z.117f.; was ist mit Z.119f.?) Begründungen für das Lob sein sollen, bleibe dahingestellt. Jedenfalls ist mit zà-mí kein artiger Applaus gemeint, eher eine notwendige Stärkung der Gepriesenen.

Bei Kusu A (ETCSL 4.33.2) ergibt sich trotz unterschiedlicher Inhalte ein ähnlicher Befund. Die 41-zeilige Hymne würdigt die reinigenden Opferriten der Göttin im Kontext einer Götterversammlung und möglicherweise einer Tempelweihe in Eridu.[139] Die zà-mí-Doxologie der letzten Zeile (im ETCSL vorgezogen!) gilt allein ihr:

31: „Gibil, the foremost, the right arm, 32: lifting his head to heaven 33: receives water from the holy teats of heaven. 34: This water consecrates the heavens, it purifies the earth. 35: It purifies the cattle in their pen. 36: It purifies the sheep in their fold. 37: It purifies Utu at the horizon. 38: It purifies Nanna at the zenith of heaven. 39: Thus may it cleanse, may it cleanse the … of the house. 40–41: From Eridug (?) praise to lady Kusu, the princess of the holy ab-

[138] Bendt Alster, Some Sumerian Literary Texts in the British Museum, in: Behrens 1989, 7–10 ediert und bespricht die Tafel BM 108866, mit den Zeilen 109–121; vgl. Attinger 2003.

[139] Vgl. Piotr Michalowski, The Torch and the Censer, in: Cohen 1993b, 152–162.

zu, ..." (40: nun abzu ⌜kug⌝-ga é sila kug-ga 41: eridug$^{?ki?}$-ta en ^{d}kù-su$_{13}$ zà-mí).

Natürlich muss man wieder nach Hauptaktanten fragen. Im Hymnus sind verschiedene Gottheiten aktiv. Anscheinend ist Gibil, der Feuergott, vorrangig in das Geschehen eingebunden: Er bewirkt im Schlussteil Reinigung durch Himmelswasser und ist auch in der Einleitung als der starke, agressive Himmelsstier angeredet (Z.1–8). Doch scheint die Opferdarbringung der Göttin Kusu (Z.9–26) für die angedeutete Kultfeier primäre Bedeutung gehabt zu haben. Folglich bekommt sie als einzige Akteurin den zà-mí-Zuruf.

Mit Inana B (ETCSL 4.07.2) kommt ein schlecht in ein Gattungsschema einzuordnender Text in die Debatte. Der erste Hauptteil besingt die unwiderstehliche Macht der Inana (Z.1–59).[140] Ein politischer Konflikt zwischen Enḫeduana, der en- Priesterin von Ur und Lugalane, lokaler Oppositioneller gegen die akkadische Vorherrschaft, wird in Z.66–90 angedeutet.[141] Der dritte Teil (Z.91–138) besteht überwiegend aus dringenden Bitten an Inana, den Rechtsstatus (aus der Sicht Akkads) wieder herzustellen. Das Gedicht endet in einem überschwänglichen Hymnus (Z.139–154).

Annette Zgoll hat Inana B unter dem sprechenden Titel „Der Rechtsfall der En-[ḫ]edu-Ana im Lied nin-me-šara"[142] neu bearbeitet. Vor dem Hintergrund politischer Auseinandersetzungen, welche die Tochter Sargons in der sumerischen Provinz zu bestehen hatte, entfaltet sich in dem Werk nin-me-šara, „Herrin der zahlreichen me", eine Art Gerichtsprozess um die Macht, der gleichzeitig als Anspruch Inanas auf die Vormachtstellung in Uruk/Ur und in der ganzen Welt symbolisiert wird.[143] Wie immer man die politischen Motivationen und die historische und autobiographische Verlässlichkeit des Enḫeduana-Textes einschätzt, er läuft auf eine Preisung der Inana hinaus:

> 139: „Since it was full, too full for me, great exalted lady, I have recited this song for you. 141: May a singer repeat to you at noon that 140: which was recited to you at dead of night: 142: 'Because of your captive spouse, because of your captive child, 143: your rage is increased, your heart unassuaged.' 144: The powerful lady, respected in the gathering of rulers, 145: has accepted her offerings from her. 146: Inana's holy heart has been assuaged. 147: The light was sweet for her, delight extended over her, she was full of fairest beauty. 148: Like the light of the rising moon, she exuded delight. 149: Nanna came out to gaze at her properly, 150: and her mother Ningal blessed her. 151: The door posts greeted her. 152: Everyone's speech to the mistress is exalted. 153–154: Praise be to the destroyer of foreign lands, endowed with divine powers by An, to my lady enveloped in beauty, to Inana!" 150: ama-ni ^{d}nin-gal-àm šùdu mu-na-an-ša$_{4}$ 151: ĝiš-kan$_{4}$-na-ke$_{4}$ silim-ma mu-na-

[140] Alle Zeilenangaben nach ETCSL; abweichende Nummerierung bei Hallo 2003, Bd. 1, 518–522 und Zgoll 1997 jeweils zur Stelle.

[141] Vgl. Westenholz in: Sallaberger 1999, 53f.

[142] Vgl. Zgoll 1997; Hallo 1968; ders. 2003, Bd. 1, 518–522.

[143] Vgl. Zgoll 1997, 46–54, 99–153; A. Westenholz 1999, 38f., 76–78; J.G. Westenholz 1989, 539–556; Selz 2005, 67f.; Claus Wilcke, Politische Opposition nach sumerischen Quellen, in: Finet 1973, 37–65; ders., Politik im Spiegel der Literatur, Literatur als Mittel der Politik im älteren Babylonien, in: Kurt Raaflaub (Hg.), Anfänge politischen Denkens in der Antike, Kolloquien 24, München 1993, 29–75.

ab-bé 152: nu-gig-ra dug₄-ga-ni maḫ-àm 153: kur gul-gul an-da me ba-a 154: nin-ĝu₁₀ ḫi-li gú è [d]inana zà-mí

Wichtig ist, dass schon in der Dichtung auf Inhalt und Funktion des Lobpreises deutlich hingewiesen wird: „… dein schicksalbestimmendes Lied will ich jetzt anstimmen" sagt die Sprecherin in Z.63 (šìr kug-zu ga-àm-dug₄, Übers. A. Zgoll. Anders Hallo 2003, Bd. 1, 520: „I have verily recited your sacred song"). Die Aussage ist gleichbedeutend mit der in Z.65: … „ich will dir deine göttlichen Kräfte rezitieren" (A. Zgoll; me-zu ga-mu-ra-ab-dug₄; Hallo, a.a.O.: „I have verily recited your divine attributes for you." ETCSL 4.07.2, Z.65: „… I will enumerate your divine powers"). Z.139–141,150–152 greifen die Bedeutung des hymnischen Zuspruchs noch einmal auf. Es drängt die Liturgen, Lob und Klage auszusprechen und damit wirksam werden zu lassen.[144] Das Gedicht lebt von dem Bewusstsein, dass menschliches Reden im kultischen Vollzug Einfluss auf die Gottheiten haben kann. Der Schlussruf [d]inana zà-mí nimmt diese Intention auf, bezeichnet das vorliegende Lied als eine spezifische Huldigung und fordert weitere Preisgesänge.

Sprecher oder Sprecherinnen, zeremonielle Kommunikation und kultischer Hintergrund der Dichtung bleiben unscharf, sind aber doch zu erkennen. Im letzten Abschnitt (Z.139–154) sind rezitierende Ich-Rede, Du-Anrede an die Göttin und beschreibende Passagen in der 3. P. Sing. auszumachen. Aber warum soll der nächtens vorgetragene Text am hellen Tag wiederholt werden (Z.140f.)? Ist eine Steigerung der kreativen Lautbarmachung beabsichtigt oder die Veröffentlichung im Tagesbetrieb mit unmittelbarer politischer Wirkung? Kultische Rituale wurden auch in Sumer gern in der Nacht abgehalten. Der zuständige gala-Priester[145] hat auch die Tageslesung zu übernehmen, denn heilige Texte darf man nicht durch Unbefugte profanieren lassen. Vermutlich hat die Intensivierung der Textwirkung Vorrang, neben einer Sakralisierung des politischen Tagesgeschehens, das hintergründig in der Dichtung mitschwingt. Inanas Sieg in der Götterversammlung muss gefeiert werden (Z.144–152). Nanna von Ur erkennt sie ebenso an, wie das Himmelspantheon. Die drei Schlusszeilen sind formal gesehen feststellende Nominalsätze ohne finite Verben, aber sie sind emotional aufgeladen („meine Herrin!"). Es besteht kein Grund, diese Sätze dem Lobpreis am Schluss unter zu ordnen. Das Lob am Ende ist m.E. ein liturgischer Ruf: „Inana – Heil!" A. Zgoll bindet (wie auch ETCSL) die Attributionen Inanas in eine verstärkte Zueignung ein (Z.153f.):„Dir, Zerstörerin aller feindlichen Länder, die von An die göttlichen Mächte erhalten hat, meiner Herrin, in Entzücken gehüllt, dir Inanna gehört dieses Preislied!" (Zgoll 2015b). Sie versteht also den Schluss als intensivierten Lobruf: „'Innana Preis!' ist die einfachste Variante des Ausrufes zum Lobpreis. Sie lässt sich steigern, wie es hier und an anderen Orten geschieht" (Anm. A. Zgoll). Daraus folgt: Es gibt (nebeneinander) „(1) eine alte oder archaisierende Form: Ausruf ‚GN Preis!' und (2) eine er-

[144] Vgl. Zgoll 1997, 143–169. Sie übersetzt Z.138–140: „Da (das Herz mir) voll, ja übervoll geworden ist, gewaltige Herrin, habe ich es [das Lied] für dich geboren. Was dir zur Mitternacht gesagt wurde, soll der Kultsänger dir zur Mittagszeit wiederholen." Hallo 2003, Bd. 1, 521: „With ‚It is enough for me, it is too much for me!' I have given birth, oh exalted lady, to (this song) for you. That which I recited to you at (mid)night, may the singer repeat it to you at noon!".

[145] Vgl. Sallaberger 2005 und o. Anm. 86f.

weiterte Form: ‚Epitheta zu GN, GN Preis!', d.h. der Ausruf ‚GN Preis!' wird angereichert durch preisende Epitheta. Das lässt sich frei übersetzen als ‚Dem GN … (Epitheta) sei Preis'" (Anm. A. Zgoll)!

So viel ist sicher: Inana hatte eine Schwächung erfahren; der aufgeführte oder rezitierte Triumphgesang hilft ihr, wieder zu Kräften zu kommen und die Oberhand zu gewinnen, so auch Annette Zgoll: Aufgabe der Priesterin und Dichterin ist es, „die Wirklichkeit ihrer Nin-me-šara mäeutisch zur tatsächlichen Geltung zu bringen, aus ihrer Göttin die göttliche Wirkkraft, die Fülle der m e, zu entbinden."[146] Es bleiben jedoch Fragen offen im Blick auf die literarischen Eigenschaften des Werkes. Welche Gattungselemente sind zu erkennen und wo wird es seinen „Sitz im Leben" gehabt haben? Welche Rolle spielen gerichtliche bzw. politische Auseinandersetzungen? Weil wir mit unserer Kategorie „Hymnus" vorsichtig umgehen müssen, sollten wir bei dem vorliegenden Beispiel nicht ausschließen, dass diese kultische Dichtung den schweren Weg zur Vormachtstellung dramatisch darstellt und erst am Ende in einen formalen Hymnus mündet. Die Gattung „Siegeslied" folgt einem ähnlichen Aufriss. Sie schildert Konflikt und kämpferisches Aufeinandertreffen von verfeindeten Parteien und jubelt (auch vorwegnehmend!) über den Sieg der „gerechten", sprich: der eigenen Sache. Dieses generelle Muster eines Hymnus ist auch im Lied für Inana befolgt. Zgoll „sieht in n i n m e š a r a kein rückblickendes Triumphlied, sondern den Text zu einem Ritual, welches auf eine akute Notsituation einwirken soll" (Anm. A. Zgoll).

6.2.2.5 Ur-Namma A, Šulgi A (ETCSL 2.4.1.1 [Vers. Nippur]; 2.4.2.01)

Zwei Texte, die mit Ur III-Königen in Verbindung stehen, zeigen das gleiche, nicht suffigierte z à - m í als Abschluss, sind aber anderer Art als die bisher besprochenen „Götterlieder". Ur-Namma A (ETCSL 2.4.1.1) hat den Tod des Dynastiebegründers und seinen Gang in die Unterwelt zum Thema. Das Gedicht ist in zwei Versionen, eine aus Nippur, die andere aus Susa, überliefert. Nur der erstgenannte Text bietet mit seinen 242 Zeilen mittelmäßigen Erhaltungszustandes eine ausreichende Grundlage für literarische Untersuchungen.[147] Das Werk steht in der Nähe von Toten- und Untergangsklagen, ist aber auch mit der Inana-Unterwelts-Literatur verwandt.[148] An und Enlil haben ihre günstigen Schicksalsentscheidungen zurück genommen und dem König wider Erwarten den Tod verordnet (Z.8–21). Diese Wende hat unermessliches Leid über Sumer gebracht; Sterben und Begräbnis des Monarchen werden nachgezeichnet (Z.62–75). In der Unterwelt bringt Ur-Namma prominenten Bewohnern Geschenke/Opfer dar (Z.76–144) und hebt dann zu einer herzbewegenden Klage an (Z.145–197). Erst jetzt tritt Inana auf; sie protestiert gegen den Todesspruch der hohen Götter über ihren Geliebten (Z.198–216). Der letzte Abschnitt klingt versöhnlicher (Z.217–242): Die breit ausladende und alle Trauer- und Klagesituationen beschreiben-

[146] Zgoll 1997, 147; vgl. dies. 2014.

[147] Esther Flückiger-Hawker hat in ihrer Studie zu den Urnamma-Liedern (dies. 1999) auch den Text A bearbeitet (a.a.O., 93–182) und eine Gliederung gegeben (95–97).

[148] Zur ersteren Gattung vgl. Cohen 1988; Michalowski 1989; Tinney 1996; zur zweiten vgl. Bendt Alster, The Mythology of Mourning, ASJ 5, 1983, 1–16; ders., Inanna Repenting. The Conclusion of Inanna's Descent, ASJ 18, 1996, 1–18.

de Komposition endet anscheinend mit einer neuen Schicksalsbestimmung für Ur-Namma durch den Gott Ninĝišzida.[149] 240: dumu ḪI RI X [(...)] en ^{d}nin-ĝiš-zid-da zà-mí 241: ⸢lugal-ĝu$_{10}$⸣ [X (X)] ⸢ér⸣-àm i-lu-àm 242: [...] ér-àm a-nir-àm 240: ..... Lord Ninĝišzida be praised! 241: My king ...... among tears and laments; 242: ...... among tears and laments."

Erkennbar ist, dass in Z.217–233 nicht nur ein Gott spricht (Z.218: „mein verstorbener Ur-Namma"), sondern dass der König auch direkt angeredet wird: Z.222,231, wahrscheinlich auch in Z.239,241. Der stark zerstörte Text lässt Details nicht erkennen. Es geht wohl rückblickend um den guten Stand, den Ur-Namma einmal hatte und die von den großen Göttern bewirkten Verwüstungen. Dann erfolgt die Schlussdoxologie für den Unterweltsgott, den „Herrn Ninĝišzida" (Z.240: en ^{d}nin-ĝiš-zid-da zà-mí). Zunächst verwundert, dass er alleine die Preisung erhält. Jedoch dürfte auch ohne die Annahme, er habe in Z.217 die Schicksalsbestimmung erlassen, allein die Unterwelts-Kulisse genügend Anlass zum Lobpreis der dort verantwortlichen Gottheit gegeben haben, vorausgesetzt, es handelte sich um ein wohlwollendes Numen. Das aber ist anhand anderer Ninĝišzida Gedichte durchaus anzunehmen (s.o. Kap. 6.2.2.1). Die auf den doxologischen Ruf hin strebende Komposition behandelt eindrucksvoll das Ordnungsgefüge stabilisierende oder destruierende Konzepte von Schicksalsbestimmung und veränderung. Unzeitiger Tod des Monarchen ist eine schlimme Störung des guten Zustandes. Auch dagegen kann Lobgesang helfen. – Schwierigkeiten bereiten nur die zwei nachklappenden Zeilen 241f. Sie sind wahrscheinlich durch Schreiber hinzugefügt[150] und haben für den Gebrauchstext im kultischen Vollzug keine Bedeutung. Das Suffix der 1. P. („mein König", Z.241) unterstützt diese Deutung ebenso wie die erkennbare Auflistung verschiedener Trauergattungen.

Šulgi A (ETCSL 2.4.2.01) seinerseits kommt im ersten Zeilenblock (Z.1–94) als streng in Ich-Rede komponiertes Selbstlob daher. Der in zahlreichen Kopien aus mehreren *sites* bekannte Text muss in den Schreiberschulen hoch angesehen gewesen sein: Er ist die Nr. 1 der literarischen Dekade.[151] Heute ist die Selbstbeweihräucherung von Menschen, die sich ihrer überlegenen Gaben rühmen, in der Regel unerträglich. Im Alten Vorderen Orient hat es wohl schon früh göttliches Selbstlob gegeben, das an Kultstätten (durch Priester oder andere Funktionäre) vorgetragen wurde. Als man die „Vergöttlichung" von Herrschern erfand und den so Herausgehobenen auch kultische Verehrung zuteil werden ließ – am Ende der Akkad-Zeit, während der Ur III-Periode und später – , konnte man den Stil des göttlichen Selbstlobes leicht auf exzeptionelle Führungspersonen übertragen. (Auch die umgekehrte Abfolge wäre denkbar.) Heute ist aus (scheinbar?) menschlicherer Perspektive nur mit Schaudern vorstellbar, wie derartiges Rühmen real geklungen und betroffene Herrscher „zäsarisch" verformt hat. Fest steht, dass die ideologische Form Selbstruhm weder in der religiösen und theolo-

[149] So Flückiger-Hawker, a.a.O., 181 zu Z.217ff.; der Text ist allerdings mehr als unsicher, und die Gefahr des Zirkelschlusses liegt nahe: „... it is most probably Ninĝešzida who decrees the fate of Urnamma, ... because the doxology is in praise of Ninĝešzida (line 240...)" (a.a.O., 181).

[150] Flückiger-Hawker, a.a.O., 93: „The two last lines presumably sum up the overall lamenting tenor of the composition ... ." Die Autorin unterscheidet jedoch Schreiber- und Ritualtext nicht.

[151] Black 2004, 304–308.

gischen (geschweige denn politischen) Gegenwartsliteratur ausgestorben oder überwunden ist. Soziologisch-anthropologisch betrachtet bestand anscheinend zu gewissen Zeiten die (politisch-religiöse) Notwendigkeit, Ruhmreden der Großkönige zeremoniell zu zitieren. Alles in allem sollte man die Selbstlob-Hymnen nicht zu positivistisch nehmen, sondern diskurs-philosophisch: Es geht nicht um historische oder biographische Fakten. Der idealtypische (Welt-) Herrscher wird in mythischen Dimensionen gezeichnet, die seinem Anspruch auf Weltlenkung Genüge tun.[152] Das „Heroentum" ist in der sumerischen und der sonstigen vorderorientalischen Literatur (aber nicht nur dort, sondern auch in den vom Alten Orient befruchteten Nachfolgekulturen!) ein wohlbekanntes Phänomen.[153] Es wäre zusammen mit dem „Selbstlob" genauer zu untersuchen.

Der zweite König der Ur III-Zeit hat viele Hymnen hinterlassen; 21 von ihnen stehen im Oxforder Korpus. Nur acht Kompositionen zeigen ein oder mehrere zà-mí-Formeln. Freilich sind nur (nicht völlig mit den erstgenannten identisch) acht Texte leidlich intakt. Die anderen sind zu stark fragmentiert, als dass sie sinnvoll zu gebrauchen wären. Von den „integren" Dichtungen haben fünf eine zà-mí-Formel, jedoch nur eine (Šulgi A) ist mit dem nicht-suffigierten Ruf ausgestattet.[154] Bei den übrigen lassen sich u.a. die mit dem Suffix der 1. P. Sing. suffigierten Wörter erwarten.

Das Ziel der Selbstlobhymnen ist eine breite Darstellung der Eigenschaften und Errungenschaften des Herrschers, die ihn befähigen oder legitimieren, sein Amt als Stellvertreter und ausführendes Organ der himmlischen Welt auszuüben. Šulgi A tut diesem Anspruch alle Ehre. Der König hat, von Mutterleib an ausersehen, den universalen Königsthron inne (ETCSL 2.4.2.01, Z.1–6), ist bei den großen Göttern beliebt (Z.7–15), vergleicht sich mit Esel und Pferd, den geschätzten Haustieren (Z.16–18), rühmt seine Schreiberkünste (Z.19–25). Vor allem aber ist er ein unglaublich leistungsstarker Läufer (Z.26–78), der mit Leichtigkeit hin- und zurück zwischen Nippur und Ur mehr als 200 km an einem Tag bewältigt, wahrscheinlich im Dienst einer zeremoniellen *tour de force*. Z.79–83, die Schilderung des Gelages mit den Göttern An, Utu („my brother", Z.79) und Inana („my spouse", Z.82) kann als Abschluss dieses Monathlons verstanden werden. Dann folgt ein merkwürdiger Abschnitt (Z.84–87), in dem sich der König, immer noch im Ich-Stil, gegen den Verdacht verwahrt, er schneide nur auf: „Truly, I am not boasting!" (Z.84). Er sei eben ein einmalig begabter

---

[152] Das gilt auch von anderen Šulgi-Hymnen, wie z.B. Šulgi B und E. Merkwürdig mutet dann die wiederholte Versicherung an, die Leistungen des Königs seien wahrheitsgemäß aufgezeichnet (Šulgi A = ETCSL 2.4.2.01, Z.84–87; Šulgi E = ETCSL 2.4.2.05, Z.31–46). Das Befremden kommt aber aus dem modernen Wirklichkeitsverständnis. Innerhalb des zeitgenössischen Diskurses „Der König ist ein Übermensch" ergeben auch solche Beteuerungen einen guten Sinn. Dagegen ist es sinnlos, über die historische Faktizität von außerordentlichen Heroen-Leistungen zu streiten oder sie als bare Münze zu nehmen, wie es z.B. auch Jacob Klein im Blick auf den Wunderlauf Šulgis von Ur nach Nippur und zurück tut (Klein 1981, 180f.); anders Sallaberger 1999, 181.

[153] Vgl. Rüdiger Bartelmus, Heroentum in Israel und seiner Umwelt, ATANT 65, Zürich 1979; Vanstiphout 1998; Maul 2012; Susan Ackerman, When Heroes Love, New York 2005; Foster 2001; Günter Dux, Liebe und Tod im Gilgamesch-Epos, Wien 1992; Mark S. Smith, Poetic Heroes, Grand Rapids 2014.

[154] Neben Klein 1981, 167–217 vgl. Willem H. Ph. Römer: TUAT II, 1989, 673–681.

Mensch. Im folgenden Schlussteil (Z.88–101) fasst der Dichter die grandiosen Aussagen noch einmal zusammen und endet gattungsgemäß mit einer Doxologie (Z.102). Der Schluss sei überwiegend in Übersetzung zitiert (ETCSL 2.4.2.01, Z.88–102):

> 88: „In the lustrous E-kur, I seized the holy sceptre 89: and I lifted my head towards heaven on a shining dais, a throne with firm foundation. 90: I consolidated my kingship, 91: subdued the foreign lands, fortified the Land. 92: May my name be proclaimed among the well-guarded people of the four regions! 93: May they praise it in holy hymns about me! 94: May they glorify my majesty, saying: – (92: an ub-da 4 ùĝ saĝ sig₁₀-ga-a-ba mu-ĝu₁₀ ḫé-em-mi-sa₄ 93: šìr kug-ĝá ḫu-mu-un-e-ne 94: nam-maḫ-ĝu₁₀ ḫu-mu-ni-pàd-dè-ne) – 95: 'The one provided with lofty royal power; 96f.: the one given heroism, power and happy life by Suen of the E-kiš-nu-ĝal; 98: the one endowed with superior strength by Nunamnir; 99: Šulgi, the destroyer of foreign lands, the fortifier of the Land, 100: the purification priest of heaven and earth, who has no rival; 101: {Šulgi, who is cared for by the respected child of An!}' 102: {Nisaba be praised!} {(1 ms. has instead:) Šulgi, be praised (?) by An's respected son!}" – (102: ᵈnisaba zà-mí}; vgl. Diskussion o.S. 79f.).

Das Motiv des Rühmens taucht mehrfach im Selbstlob Šulgis auf: „Verkündigung des Namens", „Glorifizierung der Majestät" und in der Phrase „heilige Lieder für mich singen" (vgl. Z.36–41; 79–83,92–94; der letztere Ausdruck in Z.93). Keine der Formulierungen benutzt das Lexem *zà-mí*. Dennoch kann man die gerade genannten Lobaussagen als inhaltliche Parallelen zur Schlussdoxologie auffassen. Der folgende kleine Abschnitt mag uns weitere Vorstellungen vom Gehalt des Preisens geben. Die Bearbeiter des ETCSL-Textes fassen Z.95–101 nämlich zu Recht als Zitat eines Lobliedes auf. In ihm kommt die Stimme eines Rezitators oder einer Gruppe von Kultsängern zum Ausdruck. Claus Wilcke und Jacob Klein interpretieren den Stilwechsel bei der Nennung Šulgis von der 1. zur 3. P. Sing. unterschiedlich: Wilcke hält den Abschnitt für eine Schreiber-Hommage an die Göttin Nisaba; er unterstellt, dass sie nach Ansicht der literarischen Verfasser den Hymnus auf den König gedichtet habe.[155] Klein erklärt eine solche Konstruktion als „incompatible with the syntactical structure"[156] und sieht in dem Passus Z.95–101 ein „concluding praise of the King by the Poet".[157] Weil die Frage nach der „echten" Verfasserschaft weniger interessant ist als die des Lebenssitzes, können wir in jedem Fall davon ausgehen, dass das Selbstlob mit Z.94 endet und der Hymnenschluss eine andere Stimme zu Wort kommen lässt. Die große Frage ist dann die nach dem Verhältnis der Schlussdoxologie Z.102 zum Hymnenende und zum Hymnus insgesamt.

Das zusammenfassende Lob von Z.95–101 beginnt und schließt mit dem auf Šulgi gemünzten, partizipialen Ausdruck *mí dug₄(-ga)* = „to take care, flatter, praise".[158] In der ersten Aussage wird ihm die königliche Glorie von Nanna/Suen zugesprochen (Z.95f.), der die Dreiheit „Heldentum, Kraft und Leben" (Z.97) auf dem Fuße folgt. Auch Enlil/Nunamnir gibt ihm königliche Majestät (Z.98), so dass der König seine Pflichten nach außen und innen, gegen Feinde und für die Sumerer kompetent wahr-

---

[155] Wilcke 1974, 247. Römer nimmt die Deutung auf: TUAT II, 1989, 680.
[156] Klein 1981, 179; vgl. o. Anm. 154.
[157] Klein, a.a.O., 180.
[158] Vgl. Attinger 1993, 603–619.

nehmen kann (Z.99). Er ist außerdem (ohne Angabe eines göttlichen Patronats) išib-Priester[159] „von Himmel und Erde", also wohl der höchste Vertreter dieser Klasse (Z.100). Alles in allem nimmt „der Sohn/die Tochter Ans" (Z.101: dumu ... an-na-ke$_4$ mí dug$_4$-ga) ihn unter seine Fittiche. Alle diese Aussagen sind mit nicht finiten Verben gemacht, vier von ihnen in der nominalisierten bzw. partizipialen Form (affigiertes -a). Vermutlich stehen diese preisenden Attributionen auf sich selbst und brauchen keinerlei narrativen „Hauptsatz", dem sie syntaktisch unterzuordnen wären. Dann folgt autonom der doxologische Ausruf: ^{d}nisaba zà-mí (Z.102), ein würdiger und gattungstypischer, dem Kultgeschehen verpflichteter Schluss. Und warum wird Nisaba gepriesen, wo doch kurz vorher Nanna und Enlil als Hauptstützen des Königtums genannt sind und in der Einleitung des Hymnus (Z.7–19) sich viele hohe Gottheiten um ihren Schützling bemühen? Mögliche Antworten sind: Nisaba hat in ihrer Weisheit die Hymne inspiriert – sie ist ohnehin eine persönliche Schutzgottheit Šulgis[160] – sie ist in der vorangehenden Zeile 101 als Tochter Ans apostrophiert (so Wilcke; Römer). Sachlich das größte Gewicht hat wohl das persönliche Verhältnis eines virtuellen Beters zu der angerufenen Gottheit. Der eigenen Schutzgottheit gebührt am ehesten kraftsteigerndes Lob. – Wie aber beurteilen wir die ebenfalls in Tafel CC aus Susa enthaltene Variante der letzten beiden Zeilen: 101f.: [^{d}]šul$^{!}$-gi ⸢dumu$^{?}$⸣ nir-⸢ĝál⸣ an-na zà-mí? Die oben wiedergegebene ETCSL-Übersetzung ist fragwürdig, denn die zà-mí-Formel macht normalerweise keine Angaben über den oder die Lobenden. J. Klein liest: „Šulgi, the noble s[on$^{?}$] of An, be praised!" Auch ein Attribut zum Namen des zu Ehrenden ist selten,[161] es bleibt die Nebeneinandernennung zweier Lobobjekte. Jedenfalls wird im vorherrschenden Selbstlobduktus konsequent ein zà-mí auf Šulgi selbst gerichtet! Dafür gibt es weitere Belege in ähnlichen Königshymnen (s.u.). Die Variante ist als lokale Form eines kultischen Gebrauchstextes ernst zu nehmen.

6.2.2.6 Mythische und epische Erzählungen

Zur Kontrolle der bisherigen Ergebnisse sind nun auch die nicht-suffigierten zà-mí-Vorkommen der Gruppen 1 und 5 im ETCSL-Korpus zu untersuchen. Sammlung 1 enthält „narrative and mythological compositions", die Sammlung 5 „other literature". Beide Rubrizierungen sind aus heutiger Sicht erfolgt (s.o. Kap. 2) und erweisen sich deshalb auch nur als begrenzt hilfreich. Gegenüber der sumerischen Literatur und ihren zu vermutenden Klassifizierungen bleiben solche Einteilungen hilflos. So ist z.B. ETCSL 1.6.1 nach einer zà-mí-Formel im Kolophon als šìr-gí-da des Ninurta bezeichnet, gehörte damit eigentlich in die Gruppe 4 (Götterlieder). Wegen der erzäh-

[159] Priester hatten vielfältige Funktionen, sie waren auch für die kultische Reinheit verantwortlich, vgl. Sallaberger 2005, 617–640; Sallaberger, Reinheit, A. In Mesopotamien, RlA 11, 2008, 295–299, und o. Anm. 87

[160] So Klein 1981, 217 mit Verweis auf das Manuskript CC aus Susa, das eine Nachschrift in diesem Sinn bietet; vgl. auch das erwähnte Schülerverhältnis zu der Göttin in Z.19–22.

[161] Beispiele: ETCSL 1.8.2.3, Z.104: za-ra en-me-er-kár dumu ^{d}utu zà-mí, „dir, Enmerkar, Sohn des Utu, sei Preis!" 5.3.3, Z.318: kur gal a-a ^{d}en-líl zà-mí, „dem großen Berg, Vater Enlil, sei Preis!"

lenden Passage Z.76–201 aber haben die Herausgeber den Text in Gruppe 1 untergebracht. Umgekehrt sind die Rubriken „narrative", „myth", „royal praise poetry", „compositions with a historical background", „hymns", „cult songs" und erst recht „other literature" unpassend. Hauptkriterium für das Hymnische, das in vielen Textsorten auftaucht, ist der kultische „Sitz im Leben" oder: die Brauchbarkeit eines Textes im zeremoniellen Geschehen sumerischer Tempel bzw. in tempelfreier Ritualpraxis. Auch dieses Kriterium ist natürlich neuzeitlich. (Re-)Konstruktionen sind immer durch die geistigen Parameter der Betrachter konditioniert. Die Vorstellungen von „sumerischer Kultpraxis" sind selbstverständlich ebenso Konstrukte unserer heutigen, kultur- und religionsbedingten Anschauungswelt. Aber das Bemühen um eine der damaligen Wirklichkeit möglichst angenäherte Rekonstruktion der kultischen Verhältnisse steht bei den Kategorisierungsversuchen Pate. Das Hymnische soll so weit wie möglich im originalen sumerischen Zusammenhang begriffen werden.

In diesem Sinne können auch narrative Passagen in einer preisenden Dichtung durchaus als hymnisch eingestuft werden, zumal dann, wenn sie am Ende eine zà-mí-Doxologie vorweisen. Der schillernde Begriff „mythisch" passt, wie immer man ihn versteht, ohnehin zu der Designation „Götter- oder Kultgesang". Interessant ist die schon früher aufgeworfene Frage, ob der Kultruf zà-mí eine besondere Affinität zu erzählerisch ausgefüllten oder in längeren Handlungsbögen sich erstreckenden Texten hat, wie aus der Statistik hervor zu gehen scheint.[162] Eine Mehrheit der Kompositionen in Gruppe 1 hat einen zà-mí- Abschluss, und zwar nicht nur die 16 von 20 literarisch einigermaßen vollständigen Texte, sondern auch fünf Fragmente, deren Endzeilen erhalten geblieben sind. Es bleibe zunächst bei den 16 erstgenannten Werken (die Länge einiger Gedichte rechtfertigt diese Bezeichnung). 14 von ihnen haben zà-mí in der Endposition, meist in der allerletzten Zeile. Acht Belege bestehen nur aus dem nicht suffigierten, an einen Gottesnamen angehängten zà-mí: ETCSL 1.1.1; 1.1.4; 1.2.1; 1.3.2; 1.3.3; 1.8.1.5; 1.8.2.2; 1.8.2.4. Ein weiterer hat ein nicht-suffigiertes zà-mí und fügt in der nächsten Zeile ein suffigiertes hinzu (ETCSL 1.6.2). Um den dürren Zahlenangaben ein Gesicht zu geben, gehe ich die genannten die Exemplare der Reihe nach durch und bespreche kurz jeweilige Besonderheiten.

ETCSL 1.1.1 („Enki and Ninḫursaĝa")[163] erzählt in Einzelepisoden von der enormen sexuellen Potenz des Enki. Er vereinigt sich, auch gewaltsam und listig, mit Ninḫursaĝa, zeugt viele Gottheiten und befruchtet die ganze Erde. Am Ende der Komposition (Z.254–271) sind die Rollen vertauscht: Ninḫursanĝa vollzieht Heilungsrituale an Enki; sie erschafft – nach achtmaliger Anfrage: „My brother, what part of you hurts you?" – aus jedem schmerzenden Körperteil ein Gottwesen, aus der Rippe (ti, vgl. Gen 2,22f.) die „Herrin des Lebens" (nin-ti). Jedes Numen wird einer Heilpflanze zugeordnet (Z.272–280). In Z.281 ist nur noch zu lesen … zà-mí. Die Herausgeber (Attinger, a.a.O., 31; Römer, a.a.O., 386; ETCSL 1.1.1, Z.281) ergänzen übereinstimmend: ^{d}en-ki. Die ganze Dichtung hat kult-performativen Charakter, nicht nur im letzten, matriarchalen Heilungsritual.

---

[162] S.o. Kap. 6.1.

[163] Vgl. vor allem Attinger 1984, 1–52; W. H. Ph. Römer, TUAT III, 1993, 363–386; Vanstiphout 1998, 150–164; Dickson 2007; Leick 1994, 30–41.

ETCSL 1.1.4 („Enki's journey to Nibru")[164] handelt vor allem vom Bau des Enki-Tempels in Eridu und seiner musikalisch-liturgischen Ausstattung (Z.1–71; das ^{giš}zà-mí steht an der Spitze der Musikinstrumente!). Dann folgen die (rituelle) Reise Enkis nach Nippur und ein Bankett für die hohen Götter mit laudatio Enlils („after-dinner-speech") auf Enki. Kein Wunder, dass das Gedicht mit einem Toast für Enki endet (a-a ^{d}en-ki zà-mí, Z.129). Themata (Tempelbau, Tempelmusik, rituelle Reise), Sprachstil, Struktur, Handlungsduktus lassen einen kultisch gebrauchten Text erkennen, auf den die Bezeichnung „Hymne" voll zutreffen kann. Der Sitz im Leben dürfte in Ritualen der Heiligtümer von Eridu und Nippur zu suchen sein, die unter gewissen politischen Konstellationen Konjunktur hatten. Enki ist der Hauptakteur, darum konzentriert sich die Schlussdoxologie auf ihn (und seine politischen Anhänger?).

ETCSL 1.2.1 („Enlil and Ninlil").[165] Enlil war, religionsgeschichtlich, eine Ur-Gottheit im alten Sumer.[166] Der *plot* dieses Textes rankt sich (vermutlich zeitgenössischen Liebesverhältnissen nachempfunden) um sein Verhältnis zur späteren Gattin Ninlil, deren Mutter die Tochter heftig vor den Nachstellungen Enlils warnt. Vergeblich. Enlil schläft wiederholt mit Ninlil und zeugt „hohe" Gottheiten (vgl. oben „Enki und Ninḫursaĝa"). Der Schlussteil ist ein Loblied auf Enlil: „You are the lord! You are the king!" (Z.143). „Enlil in heaven, Enlil is king!" (Z.150). Seine Schicksalsentscheidungen sind unabänderlich! (Z.151f.). Und der Schluss: 153: zà-mí dug$_4$-ga ama ^{d}nin-líl-lá 154: a-a ^{d}en-líl zà-mí (153: „zà-mí gesprochen/gesungen für Mutter Ninlil";[167] 154: „Vater Enlil: zà-mí!"). Wir stoßen also auf eine doppelte zà-mí-Formulierung. Die allerletzte Zeile rühmt Enlil in der bekannten Art. Wie ist diesem Schlussakkord das zà-mí an/für Ninlil zuzuordnen? Die Formulierung „zà-mí gesprochen … für" ist bisher nicht vorgekommen. Keinesfalls ist sie als Begründung dem finalen Lobruf für Enlil unterzuordnen (so das ETCSL). Das macht keinen Sinn und ist grammatisch nicht vertretbar. Eher ist eine parallele Ehrung für Ninlil im Spiel. Sie ist die Mutter der großen Gottheiten. Warum nicht eine genau parallele Formulierung für die Ehrerbietung gewählt ist, und ob vielleicht zà-mí dug$_4$-ga eine solche darstellt, muss später verhandelt werden. Zum hymnischen Charakter der Dichtung gilt das, was oben zu Enki und Ninhursaĝa gesagt ist.

---

[164] „Score transliteration": Niek Veldhuis, The Sur$_9$-Priest, the Instrument $^{[giš]}$Al-gar-sur$_9$ and the Forms and Uses of a Rare Sign, AfO 34–35, 1997/98, 115–128.

[165] „Score transliteration": Behrens 1978; vgl. Römer, TUAT III, 1993, 421–434; Vanstiphout 1998, 165–173; Joann A. Scurlock, But Was She Raped? NIN 4, 2003, 61–103; Zgoll 2013; dies., Der Mythos Enlil und Ninlil: Vom Schrecken des Kanalbaus durch Stadt und Unterwelt, in: Vacín 2011, 287–299.

[166] Vgl. Friedrich Nötscher, Enlil, RlA 2, 1938, 382–387; Selz 1992, 189–225; Groneberg 2004, 58–72.

[167] ama ^{d}nin-líl-lá (Z.153) Das affigierte -a ist schwerlich lokativ/direktiv zu verstehen (Edzard 2003, 39: „… to indicate rest and arrest at a goal …"), es steht sonst nur bei unbelebten Nomina. Vgl. Römer, TUAT III, 1993, 434: „Sprich Preis der Mutter Ninlil!" Behrens 1978, 227: „Zur Mutter Ninlil gesprochenes (zà-mí)-Preislied"; Zgoll 2013, bes. 81–96: Enlil ist einem älterem Stratum des Mythos „neu eingeschrieben", Ninlil die eigentlich Kreative (a.a.O., 93f.). K. Ibenthal: „Auf dem einzigen Textzeugen (CBS 9205), auf dem das Ende von Z.153 (nach -líl) erhalten ist, steht -le-šè nicht -lá; vgl. Behrens 1978, 45."

ETCSL 1.3.2 („Inana and Ebiḫ")[168] gehört zu den vielen Kompositionen um die sumerische (und alt-akkadische) Hauptgöttin Inana. Der vorliegende Text beschäftigt sich ausschließlich mit der kriegerischen Potenz, die sich in eigenhändiger Kriegführung, aber auch in der Fürbitte für den kämpfenden König vor dem Schlachtenlenker An manifestiert. Trotz der Einwände Ans besiegt Inana das Land (?) Ebiḫ. Sie setzt sich gegen die höhere Instanz durch und hält triumphierend ein Schlussplädoyer (Z.152–181). ETCSL übersetzt die folgenden Zeilen so: 182: „For destroying Ebiḫ, great child of Suen, 183: maiden Inana, be praised." (182: ebiḫ^{ki} ḫul-a dumu gal ^{d}suen-na 183: ki-sikil ^{d}inana zà-mí). Die parataktische Übersetzung: „Die Ebiḫ zerstört hat, große Tochter des Suen! Jungfrau Inana: zà-mí!" wird der kultischen Aufführung wohl eher gerecht. Alternativvorschlag von K. Ibenthal: „Derjenigen, die Ebiḫ zerstört hat, der großen Tochter Suens, der Jungfrau Inana sei Preis!" Damit wäre definitiv der Schlusspunkt des Hymnus erreicht. Die folgende Zeile schießt sachlich über: 184: ^{d}nisaba zà-mí. Hier liegt ein Kolophon vor, das sich an die Schutzpatronin der Zunft richtet und im Lied auf Inana keinen Rückhalt hat.

ETCSL 1.3.3 („Inana and Šu-kale-tuda")[169] verwendet das häufige Motiv der Vergewaltigung: Inana wird Opfer des Gärtners (?) Šukaletuda und unternimmt drei Versuche sich zu rächen. Sie plagt das Land mit Blut, Überflutung, Straßenblockaden. Der Täter sucht jedes Mal Rat bei seinem Vater und versteckt sich im städtischen Milieu verschiedener Regionen. Nach einem Gespräch mit Enki im Abzu findet Inana schließlich Šukaletuda, will ihn töten, aber seinen Namen durch die Aufnahme ins Liedgut verewigen. Die Schlusszeilen 303–309 sind leider stark beschädigt und ergeben kein klares Bild vom Schicksal des Vergewaltigers. Nur das zà-mí in Z.310 ist deutlich lesbar, die Herausgeber vermuten, dass es Inana gilt. Der Gesamttext ist eine gegliederte, wohl lange tradierte und möglicherweise kultisch rezitierte „Erzählung", die Macht und Bedeutung Inanas gegen kaum bekannte Lokalnumina durchsetzen will.

ETCSL 1.8.1.5 („Gilgameš and Ḫuwawa, Version A")[170] nimmt die berühmte Libanon-Expedition des legendären Königs von Uruk in den Blick. Sie spiegelt sicherlich auch Expansionsbestrebungen altsumerischer Herrscher. Der Text (Version A) enthält außergewöhnlich viel zusammenhängende Handlungen, nach Art antiker Heldenepen. Es geht um den Besitz der wertvollen Zedernwälder und die Kontrolle jener Region überhaupt. Gilgameš besiegt und enthauptet das Monster Ḫuwawa; der sumerische Eindringling bekommt Anteil an dessen „Schreckenskräften" (me-lem$_4$; Z.181–200). Zahlreiche Varianten in der Textüberlieferung zeigen, wie beliebt der epische Stoff über die Jahrhunderte war. Sie machen es schwierig, die „authentischen" Formeln zu finden. Es gibt mindestens drei unterschiedliche Versionen (Z.201f):

[168] Henri Limet, Le poème épique ‚Inanna et Ebih'. Une version des lignes 123 à 182, Or. 40, 1971, 11–28; Attinger 1998; Jacques 2006; Delnero 2011.

[169] Vgl. die Bearbeitung durch Konrad Volk, ders. 1995; Umschrift-Ausgabe bei ETCSL von Krecher 1998; Selz 2001.

[170] „Score transliteration" Edzard 1990 und 1991; ders. 1993; Übersetzungen: Edzard TUAT III, 1993, 540–549; George 1999, 149–164. Vgl. Vanstiphout 1998, 55–67; Mittermayer 2010.

Zeile	Variante 1	Variante 2	Variante 3
201	kalag-ga ^{d}gílgameš mí dug$_4$-ga	kalag-ga ^{d}gílgameš zà-mí	^{d}ḫu-wa-wa [...+Part.+ Gilgameš??]
202	^{d}nisaba zà-mí	^{d}en-ki-du$_{10}$ zà-mí	mí-dug$_4$-ga en-ki-du$_{10}$ zà-⸢mí⸣

Die erste Lesart stellt fest: „Der starke Gilgameš ist berühmt! Nisaba sei gepriesen!“ Oder besser: „Derjenigen, die den starken Gilgamesch wohlwollend behandelt/gelobt hat, Nisaba sei Preis!“ (K. Ibenthal). Im zweiten Text ist mí dug$_4$-ga durch zà-mí ersetzt, ein Beleg für die Synonymität beider Ausdrücke.[171] Parallel dazu wird auch Enkidu, der treue Gefährte des Gilgameš, mit dem zà-mí-Ruf bedacht. Während also Variante 1 nur der Nisaba die Doxologie zugesteht und sich damit als schulzentrierte Kopie erweist, bleibt Variante 2 mit dem regelrechten doxologischen Schluss ganz auf der Linie des Textes: Die beiden Heroen, Hauptprotagonisten des Epos, werden für ihre Taten gepriesen und bekommen den aufbauenden Heil-Ruf. Bei der dritten Variante erscheint Ḫuwawa in der vorletzten, sonst unleserlichen Zeile, sicherlich nicht, um ein Lob zu ernten. Dann bleibt es offen, auf wen in Z.202 das mí-dug$_4$-ga zu beziehen ist, während die Schlussformel klar auf Enkidu zielt. Eine mögliche Ergänzung des fehlenden Textes in Z.201 wäre vielleicht: ^{d}ḫu-wa-wa ḫul-a ^{d}gílgameš. Dann ergäbe der Zusammenhang „Ḫuwawa vernichtet, Gilgameš 202: hochgelobt! Preis sei Enkidu!“ Dieser Wortlaut würde Enkidu und Gilgameš den Sieg zuerkennen. Die Schlussformulierungen gehen in den Texttraditionen auseinander und die Gewichtung der Helden fällt lokal unterschiedlich aus.

ETCSL 1.8.2.2 („Lugalbanda and the Anzud bird“).[172] Das bedeutende, sehr alte Epos von 417 Zeilen Länge, vielfach kopiert und recht gut erhalten, ist schwer zu verstehen. Lugalbanda war ein vergöttlichter Urzeit-König von Uruk, manchmal gilt er als Vater des Gilgameš. Der Vogel Anzu repräsentiert die numinose Macht der östlichen Randgebirge. Lugalbanda baut eine Beziehung zu Anzu auf; er empfängt besondere, übermenschliche Kräfte, wie z.B. die Fähigkeit, ausdauernd und schnell zu laufen (vgl. Šulgi A). Diese Gabe setzt er im Krieg Uruks gegen Aratta (mythischer Gebirgsstaat) ein. Lugalbanda gewinnt die Göttin Inana für seine Sache. Nach der entscheidenden Begegnung beider im Heiligtum von Kulaba-Uruk (Z.345–412) folgen noch eine kurze Beschreibung der wunderbaren Stadt Aratta (Z.413–416) und der abrupte Schluss: „Praise be to holy Lugalbanda“ (Z.417). Das literarische Werk findet damit sachgemäß sein Ziel: Lugalbanda, der wichtigste Protagonist, empfängt den doxologischen Ruf. Ob die imposante Komposition für eine kultische Aufführung gebraucht worden ist, bleibt unklar. Eine gewisse repetitive Gliederung könnte für performative Rezitation sprechen. Aber die symbolischen Gehalte vor allem der Anzu-Figurierung und zahlreiche Anspielungen auf schwer deutbare Objekte und Vorgänge

[171] Attinger 1993, listet alle verfügbaren Stellen für mí dug$_4$ auf: a.a.O., 603–608 (Nr. 5.3.119 = § 639–640), es sind ca. 148 Vorkommen; „mi$_2$ étant probablement une interjection marquant l'affection“ (a.a.O., 609).

[172] Um die Textausgabe haben sich verdient gemacht: Wilcke 1969; Robert S. Falkowitz, JAOS 103, 1983 103–114; elektronisch: Civil 1989; Krecher 1996; vgl. Claus Wilcke, Lugalbanda, RlA 7, 1990, 117–132; Herman Vanstiphout, Sanctus Lugalbanda, in: Abusch 2002, 259–289; Bendt Alster, Demons in the conclusion of Lugalbanda in Hurrumkurra, Iraq 67, 2005, 61–71.

gestatten kaum eine präzisere Bestimmung des „Sitzes im Leben“ über die Aratta-Bergland-Beziehung hinaus. – Das alles gilt auch für das noch umfangreichere Epos „Enmerkar and the lord of Aratta“ (ETCSL 1.8.2.3), dessen Schluss leider abgebrochen ist, so dass nur zwei zà-mí-Formeln im Mittelteil (Z.57,104) vorhanden sind.

ETCSL 1.8.2.4 („Enmerkar and Ensuḫgirana“, Segment A).[173] Auch diese „Erzählung“ kreist um das politische Verhältnis von Uruk zu Aratta im Bergland. Beide Machtzentren stellen einander Unterwerfungsultimaten. Die Initiative geht mehr von En-suhgir-ana, dem König von Aratta aus. Er schickt einen Magier, der Uruk besiegen soll. Der hat einen Teilerfolg in der der Nisaba geweihten Stadt Ereš. Dann aber unterliegt der Zauberer in einem fünffach gegliederten Wettkampf, bei dem die Kontrahenten Schöpfungsakte vollbringen, der weisen Frau Saĝburu (Z.222–273). Er wird hingerichtet. Der Ausklang der Komposition (Z.274–283) lautet:

> 274: „Having heard this matter, En-suḫgir-ana 275: sent a man to Enmerkar: 276: 'You are the beloved lord of Inana, you alone are exalted. 277: Inana has truly chosen you for her holy lap, you are her beloved. 278: From the south to the highlands, you are the great lord, and I am only second to you; 279: from the moment of conception I was not your equal, you are the older brother. 280: I cannot match you ever.' 281: In the contest between Enmerkar and En-suḫgir-ana, 282: Enmerkar proved superior to En-suḫgir-ana. 283: Nisaba, be praised!“ (283: ^{d}nisaba zà-mí).

Wieder ist die Grundfrage die nach dem Sitz im Leben des Epos.[174] Stehen kultische Begehungen zu Ehren von bestimmten Gottheiten oder Heiligtümern bzw. reine Machtinteressen im Hintergrund? Das weitere Problem steckt in der Nisaba-Doxologie: Die Göttin spielt indirekt eine gewisse Rolle, ihre Repräsentantin, die weise Frau Saĝburu agiert ja am Kultort der Nisaba, in deren Auftrag und offensichtlich mit deren Autorität. Von da aus scheint die Prominenz der Göttin plausibel und die Doxologie gerechtfertigt, obwohl die Protagonisten Enmerkar und Ensuḫgirana eigentlich im Mittelpunkt stehen und auch Inana eine wichtige Rolle spielt. Dass nach dem Schöpfungswettstreit Redeformen des Streitgesprächs verwendet werden (Z.276–282), könnte bedeutungsvoll sein.

Eine Zwischenbilanz: Was die Endstellung des nicht-suffigierten zà-mí-Rufes angeht, so bestätigen die geprüften Texte das Ergebnis der „Götter- und Königslieder“. Die Doxologie, meist in der allerletzten Textzeile platziert, heftet sich an die wichtigste handelnde(n) oder mit Autorität ausgestattete(n) Figur(en). Die Göttin Nisaba, bei welcher der Verdacht auf Schreiber-Zusatz besteht, wird zweifelsfrei nur ein Mal in den acht genannten Texten gerühmt (Enmerkar und Ensuḫgirana), die zweite Nennung (Gilgameš und Huwawa) ist unsicher. Das einfache zà-mí soll offensichtlich den

---

[173] Textausgaben und Kommentare: Berlin 1979; Mittermayer 2009; Wilcke 2012. Wilcke erwägt (wie Vanstiphout, s.u. Anm. 174) dramatische Aufführungen.

[174] Spezielle Aufmerksamkeit findet diese Frage bei Herman L.J. Vanstiphout, Repetition and Structure in the Aratta Cycle, in: Vogelzang 1992, 247–264; ders., The Matter of Aratta: An Overview, OLP 26, 1995, 5–20; ders. 2003, 8–14. Vanstiphout rechnet mit „some sort of performance“ at „the royal court“ (ders. 2003, 14). Wilcke 2012. Warum sollten Tempel, sprich: Gottheiten! nicht als Hörer dramatischer Inszenierungen involviert sein? Jedenfalls deuten gerade die doxologischen Abschlüsse auf eine göttliche Beteiligung hin.

Machtträger oder die Machtträgerin weiter stärken. Der Aufruf zielt auf die apostrophierte(n) Person(en), beschwört göttliche Kräfte, involviert aber auch eine ungenannte Zuhörerschaft. Wer sonst sollte das zà-mí hören und ausführen? Der Schlussappell gehört voll zur Dichtung hinzu, ist ihr hochtönendes Finale. Macht er den narrativen Text zum Hymnus?

Das Gattungsproblem wird bei der Variationsbreite der Texte durch die Feststellung von Gemeinsamkeiten nicht leichter. Das Etikett „Hymnus“ sollte man in Erwägung ziehen, wenn Dichtungen mindestens phasenweise die überragenden Qualitäten oder Taten eines Numens besingen. Das kann in der neutralen dritten Person des gepriesenen Gottwesens geschehen, in der direkten Anrede (2. P. Sing.! Pluralanreden scheinen zu fehlen) oder im Stil des Eigenlobs (1. P. Sing.; auch Majestätsplurale waren offenbar unbekannt). Weil das Selbstlob durch Sprecher oder Sänger rezitiert werden musste – weder Gottheiten noch vergöttlichte Könige sind vermutlich persönlich-leibhaftig aufgetreten –, ist es dem von Menschen ausgehenden und an eine Gottheit gerichteten Lobgesang gleichgestellt. Die Ich-Präsentation einer anzubetenden Figur möchte, wenn man so will: raffiniert! genau die doxologische Haltung provozieren, welche in den erstgenannten Stilarten direkt zum Ausdruck kommt. Das würde heißen: Hymnen sind durch ihre Haltung gegenüber dem gepriesenen Gottwesen bestimmt!

Sind die außergewöhnlich langen mythischen und epischen Gedichte, besonders um die Schöpfergottheiten Enki, Ninhursanĝa, Enlil, Ninlil, Ninmaḫ, aber auch die Kriegsgöttin Inana und die Urzeithelden Gilgameš, Lugalbanda und Enmerkar, wirklich als Hymnen zu bezeichnen? (Bei Gudea „Zylinder A und B“ wird dieselbe Frage noch einmal aus einer anderen Perspektive auftauchen.) Kann die am Ende verwendete zà-mí-Doxologie das Fehlen von lobenden Passagen im Erzähltext wett machen? Anders gesagt: Dürfen wir das zà-mí zum Leitfossil der Hymnengattung oder einer spezifischen Hymnensorte erklären? Sind die erzählten Episoden in sich geeignet, Gotteslob auszudrücken, oder besser: Einfluss zu nehmen auf das System der Kräfte, von deren harmonischem Zusammenwirken Wohl und Wehe der Welt abhängt? Die geschilderten Taten der Gottheiten und Heroen dienen – auch wenn sie nach antiker Anschauung nicht immer moralisch vorbildlich sind – der Erhaltung, dem Schutz, der Weiterentwicklung des Lebens. Insofern haben sie den Charakter von dynamischen Leitmotiven, geeignet, Lob und Preis auszudrücken. Diese Annahme wird verstärkt durch die o. Anm. 174 zitierten Thesen von Vanstiphout und Wilcke, die Gedichte seien dramaturgisch „aufgeführt“ worden (innerhalb von religiösen Zeremonien?). – Es steht noch aus die Evaluierung der Gruppe 5 des ETCSL.

6.2.2.7 Weisheitliche Texte

In der besagten Teilsammlung 5 des ETCSL („other literature“) finden sich weisheitliche Dichtungen; die Mehrzahl der hier interessanten Texte gehört in die Kategorie der „contest-literature“:[175] Zwei Parteien streiten über ihren Eigenwert und versuchen, sich

[175] Es sind vier Kompositionen: ETCSL 5.3.1; 5.3.2; 5.3.3; 5.3.5; eine Abwandlung ist 5.5.4.

gegenseitig zu übertrumpfen.[176] Das „contest"-Schema ist bereits in „Enmerkar und Ensuḫgirana" (ETCSL 1.8.2.4) begegnet, also geschieht der Übergang von der Gruppe 1 zu den Belegen aus Nr. 5 nahtlos. Eine Minderzahl von zà-mí-haltigen Texten ist als weisheitliche Belehrung[177] zu bezeichnen. Das ergibt folgendes Bild:

Die vier fabelähnlichen Streitgespräche mit zà-mí-Schluss finden statt zwischen Hacke und Pflug, Getreide und Schaf, Winter und Sommer, Vogel und Fisch. Alle enden in der letzten Zeile mit dem einfachen zà-mí-Ruf. Zunächst der ersterwähnte Text: ETCSL 5.3.1 („Debate between Hoe and Plough"). Wie in anderen Fabelliteraturen konkurrieren Nutzgegenstände, hier die wichtigsten (hölzernen) Werkzeuge sumerischer Bauern, nämlich Hacke (ĝišal) und Pflug (ĝišapin), um ihren kulturellen Rang. Nach anspielungsreicher Auseinandersetzung greift Enlil ein und verweist auf Nisabas Schirmherrschaft über die Hacke (Z.189). Der Schlussaufruf dnisaba zà-mí (Z.196) kommt darum nicht unmotiviert, doch fällt im Grunde Enlil die Entscheidung (Z.186–193). Die Endzeilen resümieren: 194: ĝišal-e ĝišapin-na a-da-mìn dug$_4$-ga 195: ĝišal-e ĝišapin-na dirig-ga-ba 196: dnisaba zà-mí 194: „The Hoe having engaged in a dispute with the Plough, 195: the Hoe triumphed over the Plough – 196: praise be to Nisaba!" (Evtl.: „Sie, die die Hacke … hat triumphieren lassen: Nisaba Heil!"?) Wäre eine Doxologie auf Enlil, wie in 5.3.3, zu erwarten? Nisaba steht statt seiner im Rampenlicht, diesmal nicht als Göttin der Schreiberzunft, sondern der Hackbauern, die zweifellos eine längere Geschichte haben als die Pflugbenutzer. Das Argument der Modernität und größeren Effektivität wird für den Pflug jedoch nicht geltend gemacht (vgl. „seine" Rede Z.20–62, die stark hinter die Anteile der Hacke [Z.7–19,63–178A] zurück fällt). Kurz, die Nennung der Nisaba ist hinsichtlich der Machtdynamik aus unserer Sicht verständlich, aber nicht ganz überzeugend.

Die drei anderen Streitgespräche sind ähnlich aufgebaut. Getreide und Schaf wollen die Nr. Eins sein (ETCSL 5.3.2).[178] Enki schlichtet bei Enlil (Z.180–191). Z.181: „[They] should be sisters! 182: They should stand together! … 184: But of the two, Grain should be greater. … 185: Let Sheep fall on her knees before Grain. … 187: From sunrise till sunset, 188: may the name of Grain be praised." (187: dutu è-[a]-ra dutu šú-[uš]-e 188: mu dézina-kam ḫé-em-⌜pàd⌝-pàd!-dè) 189: „People should submit to the yoke of Grain. … 192: Dispute spoken between Sheep and Grain: 193: Sheep is left behind and Grain comes forward - praise be to Father Enki! [Evtl.: „Er, der das Schaf zurückgestellt, das Getreide bevorzugt hat, Vater Enki, Heil!"] (193: u$_8$ taka$_4$-a dézina è-a a-a den-ki zà-mí). Der Lobwunsch für das Getreide ist mit mu–pàd („den Namen finden = hervorheben") ausgedrückt. – In dem 318-Zeilen-Gedicht ETCSL 5.3.3 reden sich Sommer und Winter sachgerecht als „Brüder" an. Enlil wird als Ombudsmann angerufen (Z.288–303) und Winter be-

[176] Die Literatur zu diesem Thema ist bereits umfangreich, vgl. nur Herman L.J. Vanstiphout zu den Gattungen „disputation" und „school dialogue" in: Hallo 1997 Bd. 1, 575–588,588–593; Vanstiphout 1990; ders. 2004, 82–90. Zum themenverwandten „Hackenlied" (ETCSL 5.5.4) vgl. Piotr Michalowski, Where's Al? Humor and Poetics in the Hymn to the Hoe, in: Kleinerman 2010, 195–200 (s.u. Kap. 6.3.2.4) und die unten genannten Studien zu Einzeltexten.

[177] Dazu gehören ETCSL 5.1.3; 5.6.1; 5.6.3. Sie geben sich als Vater- (Lehrer-)Unterweisung.

[178] Vgl. Alster 1987; Vanstiphout 2004, 186–194.

kommt die Priorität zugesprochen, weil er die Wasservorräte schafft (Z.304–318). Der Sommer lässt sich überzeugen, er „betet den Winter an“ (Z.310), und Enlil setzt die Rangfolge fest. Dann folgt ein Verbrüderungsmahl:

> 304: „Enlil answered Summer and Winter: 305: ‚Winter is controller of the life-giving waters of all the lands – 306: the farmer of the gods produces everything. 307: Summer, my son, how can you compare yourself to your brother Winter?‘ 308: The import of the exalted word Enlil speaks is artfully wrought, 309: the verdict he pronounces is one which cannot be altered – who can change it? 310: Summer bowed to Winter and offered him a prayer. (310: é-me-eš en-te-en-ra im-ma-an-ši-in-gam ù-gul mu-na-an-ĝá-ĝá). 311: In his house he prepared emmer-beer and wine. 312: At its side they spend the day at a succulent banquet. 313: Summer presents Winter with gold, silver and lapis lazuli. 314: They pour out brotherhood and friendship like best oil. 315: By bringing sweet words to the quarrel (?) they have achieved harmony with each other. 316: In the dispute between Summer and Winter, 317: Winter, the faithful farmer of Enlil, was superior to Summer – 318: praise be to the Great Mountain, Father Enlil!“ (315: murub$_4$-ba inim dùg-ga ĝá-ĝá-dè téš-bi ba-dùg-ge-eš 316: é-me-eš en-te-en-bi-da a-da-mìn dug$_4$-ga 317: en-te-en engar zid ^{d}en-líl-lá é-me-eš-ra dirig-ga-ba 318: kur gal a-a ^{d}en-líl zà-mí). Anm.: Z.317: dirig-ga-ba: -ba kann zeitlichen Vorrang („nachdem“) ausdrücken, aber Z.318 bleibt erweiterter Ausruf!

Die Probleme, die scheinbar spielerisch zur Debatte stehen, sind im Grunde fundamentale Ordnungsfragen. Sie berühren zutiefst menschliche Kultur und menschliche Wertskalen, werden aber von Fall zu Fall in der göttlichen Welt gelöst. So auch im vierten Gedicht, dem Streitgespräch zwischen Vogel und Fisch (ETCSL 5.3.5);[179] es klingt aber weniger harmonisch als das von Winter und Sommer veranstaltete. Die beiden für die Menschen des Zweistromlandes wichtigen Tierarten beleidigen und verletzen sich gegenseitig, sinnen auf Rache gegeneinander, bis Enki (in Gestalt des Šulgi?) einschreitet (Z.141–188).

> 165: „(Šulgi speaks:) ‚I shall instruct you in the divine rules and just ordinances of our dwelling-place. 166: Like (?) Enki, king of the abzu, I am successful in finding solutions, and am wise in words.‘ 167: He answered Bird and Fish: 168: ‚To strut about in the E-kur is a glory for Bird, as its singing is sweet. 169: At Enlil's holy table, Bird ... precedence over you ...! 170: It shall utter its cries in the temple of the great gods. 171: The Anuna gods rejoice at its voice. 172: It is suitable for banquets in the great dining hall of the gods. ...‘[?] . 189: Because Bird was victorious over Fish in the dispute between Fish and Bird, 190: Father Enki be praised!“ (189: mušen-e ku$_6$-e dirig-ga-a-ba 190: a-a ^{d}en-ki zà-mí).

Die textliche Bezeugung Šulgis ist dünn. Nur in Z.146 ist sein Name lesbar (146: [lugal] [^{d}]šul-gi dumu ^{d}en-líl-lá-ra), sonst noch in einer einzigen Variante zu Z.173. Die Schlussdoxologie spricht dafür, dass Enki selbst den Vorrang des Vogels feststellt, siehe auch Z.168–172. Trifft das zu, können wir die zà-mí-Doxologie als normalen Abschluss werten, wie ihn auch die drei vorher dargestellten Streitgespräche zeigen.

Im Rückblick auf die vier Texte erkennen wir: Die gemeinsame Problematik ist die Exzellenzdemonstration vor Göttern und Menschen. Die sich miteinander messenden

---

[179] Herrmann 2010; J. Cale Johnson, Sound Symbolism in: The Disputation between Bird and Fish, AoF 37, 2010, 230–241.

Größen verhalten sich keineswegs antagonistisch zueinander. Es geht vielmehr um eine utilitaristische Priorität im Blick auf die menschliche (der himmlischen nachgebildete?) Gesellschaft. Die Streitgespräche kehren die Vorzüge jeder Partei hervor. Sie erinnern an den Selbstruhm der „hymnischen" Texte, auch wenn anders formuliert wird. Jeder Ruhm will sich ableiten von der Schöpfungsordnung.[180] Das wird stellenweise überdeutlich: Schaf und Getreide werden am Uranfang geschaffen, als die Götter Nahrung und Kleidung brauchten (ETCSL 5.3.2, Z.1–64). In anderer Weise greift das Gespräch zwischen Winter und Sommer auf die Uranfänge zurück (ETCSL 5.3.3, Z.1–104). Enlil hat beide als seine Söhne mit den Bergen gezeugt. Sie beginnen, Kulturarbeit zu leisten und geraten über der Opferfrage (vgl. Kain und Abel) in Streit (Z.105–111). Die enge Verbindung mit der Schöpfungsordnung ist auch in ETCSL 5.3.5 (Bird and Fish) gegeben (Z.1–21): Enki ordnet die Wasserströme im Land, bereitet die Marschen vor und lässt Vögel und Fische als Grundversorgung für die Menschen entstehen. – Hacke und Pflug gehören zu den Kultur-Errungenschaften, den Grundordnungen der sumerischen Lebenswelt. In dieser Welt muss es Hierarchien geben! Ohne richtige Vor- und Nachordnung funktioniert für die antiken Betrachter gar nichts. Menschen und Götter sind von ihr abhängig. Ein wesentliches Moment der Herstellung und Bewahrung dieser Ordnung ist die Doxologie. Wem gebührt sie in unseren Texten? Nicht den streitenden Figuren an sich. Kein Text endet mit dem zà-mí-Lob des erstplazierten Dialogpartners. Aber alle vier Beispiele laufen auf die Preisung des Herrn der Schöpfung, Enki, Enlil, bzw. der Herrin der Hackbaukultur, Nisaba, hinaus. Durch die Schutzgottheiten, die für ihre Zöglinge verantwortlich bleiben, erfahren diese Stärkung. Die großen Götter sind die Machtzentren, welche die Ordnung erfüllen und in Gang halten. Sie werden durch das zà-mí-Verhalten ihrer Klientele aufgebaut. (Menschliches) Lob ist Kraftzufuhr für die Numina.

Wenn diese Deutung der „Streitgespräche"[181] zutrifft, dann sind sie keine Unterhaltungsliteratur, auch keine Volksdichtungen oder Produkte der Schreiberschulen. Leider fehlen sichere Nachrichten über den Aufführungsort und -zusammenhang dieser *contests*. Die Gattung hat in der mesopotamischen Tradition besonders des 1. Jts. v.u.Z. eine große Breitenwirkung entfaltet.[182] Sie strahlte bis nach Griechenland und weiter in den Westen aus. Wo hatten solche Dichtungen im 3. Jt. v.u.Z. ihren performativen „Sitz im Leben"? Dass sie nur zum Zweck der Ausbildung oder Weiterbildung von Fachleuten im graphischen Gewerbe verfasst und tradiert worden sein sollen, will nicht einleuchten. Dazu sind die Texte viel zu gewichtig, dramatisch gegliedert, und mit Problemlösungsversuchen beladen. Die richtige Festlegung von hierarchischen Rangfolgen ist für die sumerische Gesellschaft eine zentrale Aufgabe gewesen. Schreiberschulen waren in dem Prozess notwendig, aber kein Selbstzweck. Auch wenn

---

[180] Zur Bedeutung der „Prologe" in sumerischen Epen, welche oft auf die formative Urzeit verweisen, vgl. Streck 2002. Er unterscheidet acht Haupttypen und sieht ihre Funktion darin, den Leser anzusprechen und zu informieren. Vgl. auch „Enki und die Weltordnung" (Kap. 6.3.2.7).

[181] Vgl. auch Konrad Volk, Streitgespräch, RlA 13, 2012, 214–222.

[182] Vgl. Lambert 1960; Sallaberger 1993, 123f; Streck 2004; Alster 2005; Diethard Römheld, Die Weisheitslehre im alten Orient, München 1989; Alexa F. Wilke, Kronerben der Weisheit, Tübingen 2006; Oshima 2014; s.o. Anm. 75.

die Gattung „Streitgespräch" (nach Edzard: „episches Streitgespräch") kaum als „hymnisch" in unserem Sinn zu klassifizieren ist, wäre eine Verortung im Kultbetrieb denkbar, da nämlich, wo es um die Erhaltung und Erklärung von Schöpfungsordnungen und hierarchischen Rangfolgen ging.

Es bleiben im ersten Durchgang durch Gruppe 5 des Korpus noch die drei genannten Unterweisungstexte zu würdigen.[183] Davon haben zwei das einfache, nicht suffigierte zà-mí in der letzten Zeile. Es ist als sekundäre Schreiberzutat identifiziert (s.o. Kap. 6.2.1); welche interne, literarisch-rituelle Bedeutung im Raum des sumerischen Schulbetriebs hat sie gehabt? ETCSL 5.1.3 („advice of a supervisor to a younger scribe" = Eduba C) umfasst 74 Zeilen. Der Ältere teilt dem Jüngeren seine Berufserfahrung mit. Zwei Dinge sind bemerkenswert: Der jüngere Schreiber wird auch wegen seines „guten Gesangs" gelobt (Z.67f). Und die Aussage über die Göttin (Z.62): „Nisaba has placed in your hand the honour of being a teacher. 63: {For her, the fate determined for you will be changed and so you will be generously blessed} {(1 ms. has instead:) You were created by Nisaba! May you ...... upwards}. 64: May she bless you with a joyous heart." – Nisaba ist voll und ganz für ihren Zögling zuständig. Darum bekommt sie am Ende auch die Doxologie: Z.74: nin me-ni-da me nu-sá-a ^{d}nisaba zà-mí, „die Herrin, deren göttlichen Kräfte keine anderen übertreffen: Nisaba, Preis!" Im Schulbetrieb hat es mithin Verehrung der Nisaba gegeben!

Das zweite Beispiel ist die berühmte Lebenslehre von Šuruppak (ETCSL 5.6.1).[184] Häufig und über lange Zeit kopiert reicht die Überlieferung bis in die frühdynastische Zeit hinauf. Die dem Werk vorgegebene Lebenssituation ist nicht die der Schreiberschule, sondern der väterlichen (und mütterlichen) Hauserziehung. Der legendäre Weise Šuruppak,[185] Sohn des Ubara-Tutu, bringt seinem Sohn Zi-ud-sura (auch: Ziusudra; vgl. den Sintfluthelden) väterlich-fürsorglich soziale Verhaltensnormen nahe (Z.1–13,76–82,146–152). Dieses im Alten Orient und im antiken Ägypten gleichermaßen angewandte Modell häuslicher Sozialisation für das außerfamiliale Leben reflektiert sumerisches Ordnungsdenken im Alltag. Mutter und Vater sind für ihre Söhne verantwortlich (Z.255–260), ja, dem Vater kommt göttliche Autorität zu: Z.259: „The father is like a god: his words are reliable. 260: The instructions of the father should be complied with" (Z.259: ab-ba diĝir-àm ⸢inim⸣-ma-ni zid-da 260: na de_5 ab-ba-šè ĝizzal ḫé-em-ši-ia-ak). Der Text schließt folgerichtig mit der klassifizierenden Unterschrift: Z.277: „These are the instructions given by Šuruppag" (na de_5 šuruppag^{ki} dumu ubara-tu-tu-ke_4 na de_5-ga). Z.278–280 gehören nicht mehr zum eigentlichen Text, sie sind reine Schreiberzutat:

[183] Vgl. Allgemein zu „Berufsanweisungen" Civil 1994 (s.u. Kap. 6.3.1.2) und speziell Claus Wilcke, Konflikte und ihre Bewältigung in Elternhaus und Schule im Alten Orient, in: Lux 2002, 10–31, hier 23–30.

[184] Alster 1974; ders. 2005, 31–220; Wilcke 1978, 196–232; Miguel Civil, Notes on the „Instructions of Šuruppak", JNES 43, 1984, 281–298; Römer, TUAT III, 1990, 48–67; Michael P. Streck, Šuruppag. A. Philologisch, RlA 13, 2012, 334–336.

[185] Šuruppak ist in den ältesten Quellen kein Personen- sondern ein Ortsname, vgl. Edzard 2004, 48–51. Auch im hier verhandelten Text erscheint der Personenname mit Ortsdeterminativ ki.

278: šuruppag[ki] dumu ubara-tu-tu-ke$_4$ na de$_5$-ga 279: nin dub gal-gal-la šu du$_7$-a 280: ki-sikil [d]nisaba zà-mí (Z.278 wörtlich: „Šuruppak, Sohn des Ubara-tutu, die Ratschläge gesammelt/gegeben habend, 279: die Herrin der großen Tafeln zu Ende gekommen seiend, 280: der jungen Frau Nisaba: Preis!" – Vgl. Römer, TUAT III, 1990, 67: Z.279 [andere Zeilenzählung!] „Dafür, daß Schuruppag, der Sohn Uburtutus, Rat gespendet hat, 280: sei der Herrin, die die großen Tafeln vollkommen gemacht hat, 281: dem Mädchen Nisaba, Preis!" – Alster 2005, 100 [andere Zeilenzählung!]: 288: šuruppak[ki] dumu ubar-tu-tu-ke na ri-ga 289: nin dub gal-gal-la šu du$_7$-a 290: ki-sikil [d]nisaba zà-mí 288: „[that] the man from Šuruppak, son of Ubartutu, gave as instructions. 289: The lady who perfects the big tablets, 290: praise be to the maiden Nisaba!"

Die erste Übersetzung ist absichtlich maschinell gehalten: Sie soll die sumerische Satzstruktur spiegeln, den Überlieferungsprozess („sammeln") durchscheinen lassen und dem zà-mí-Ruf seine kulminative Schlussposition belassen. Die Schreibertradition deutet im eigenen Interesse an: a) Lebensregeln werden gesammelt, und zwar aus der häuslichen (und höfischen?) Erziehungspraxis; b) sie werden mit der Aura der Urzeit und der Autorität von Urhelden versehen; c) ihre schriftliche Weitergabe erfolgt in den Schreiberschulen; d) für ihre literarische Form bürgt die Göttin der Schreiberzunft und der Weisheit. e) Nisaba sei Ehre! Damit ist die zà-mí -Doxologie in den Lebensraum der „Akademie", nicht des Kultus, verwiesen, genau wie es – unter anderen literarischen Vorzeichen – im Beispiel davor (ETCSL 5.1.3) der Fall war. – Der dritte Text (ETCSL 5.6.3: Farmer's instructions, s.u. Kap. 6.3.1.2) hat eine suffigierte zà-mí-Formel in der Schlusszeile.

Für die beiden ersten „Unterweisungen" stellt sich die Frage nach ihrem praktischen Gebrauch und der korrellierenden Bedeutung der Schlussdoxologie. Sie enden mit einem doxologischen Ruf für Nisaba, die Herrin der Akademie. Wie sind derartiger Lebensregeln rezitiert, inszeniert, kommuniziert worden? Sie haben etwas Katechetisches oder Berufsbildnerisches an sich. Ihr „Sitz im Leben" müsste, wie wohl auch die soziale Verankerung der Streitgespräche, im Bildungsbereich zu suchen sein. Junge Leute haben die gültigen, durch Tradition geheiligten Normen (Verhaltens-Codizes) zu lernen. Sammlung und schriftliche Fixierung sind kein Endzweck, weil Normvermittlung durch Schriftsätze nie genügt, auch in modernen Zeiten allgemeiner Lesekultur nicht. Es muss Erziehungsinstitutionen gegeben haben, sowohl innerhalb der Schreiberschule wie außerhalb. Im Schulbereich kann man sich vorstellen: Die Schreiber kopierten, schrieben nach Diktat und memorierten Texte, die ihr eigenes Verhalten betrafen, oder sie nahmen sie in regelrechten Unterrichtsstunden unter Stabführung eines Meisters und sicher nicht ohne religiöse Symbolhandlungen auf. Die Schlussdoxologien für Nisaba mögen dafür als Beleg dienen. Ethische Normen für Berufsleben und gesellschaftliches (gerechtes!) Verhalten waren religiös fundamentiert; darum ist ihre Einbettung in religiöses Zeremoniell zu erwarten. Einblick in den Schulbetrieb bekommen wir durch die Auswertung verschiedener Dokumente.[186] Wo aber direkte Nachweise fehlen, können auch Beobachtungen an vergleichbaren Institutionen und Praktiken in anderen Kulturen hilfreich sein. So sind z.B. Tora- und Koranschulen erst Jahrhunderte später aufgekommen. In ihrer Struktur und Funktion (textorientiert; reli-

[186] Vgl. Kap. 6.2.1 Exkurs é-dub-ba-a; ferner: Behrens 1989.

giös motiviert; praxisgebunden) sind sie untereinander ähnlich und mögen als späte Nachwirkungen sumerischer Vorläufer gelten. Der externe Gebrauch von Literatur liegt noch mehr im Dunkeln. Die Lebenslehre von Šuruppak kann nicht ausschließlich für Schreiber und Schreiberlehrlinge gelten. Sie regelt das Alltagsverhalten von Bürgern. Grundnormen der Gesellschaft im Blick auf Eigentumsverhältnisse, Geschlechterbeziehungen, Gewaltanwendung, Charaktereigenschaften stehen zur Debatte. Wie sind diese Normen in der Praxis vermittelt worden? Gab es außer der häuslichen Unterweisung einen „öffentlichen“ Unterricht z.B. für Jungen, bevor sie in Mannbarkeitsritualen für volljährig erklärt wurden? Wir wissen es nicht. Anthropologisch gesehen, ist es wahrscheinlich, dass auch die sumerisch-akkadische Gesellschaft Institutionen zur Sozialisierung von Jugendlichen über die häusliche Erziehung hinaus pflegte.

6.2.2.8 Zwischenergebnis

Die Untersuchung der zà-mí-Texte im ETCSL hat einige interessante Ergebnisse erbracht. Die einfache, nicht suffigierte, aus Gottesnamen und Lobruf bestehende Endformel kommt bei verschiedenen Textgattungen vor, aber nicht gleichmäßig oder stereotyp. Götter- und Königslieder mit starkem Anteil von lobenden Aussagen haben oft ebenso einen zà-mí-Schluss wie epische Erzählungen und weisheitliche Textsorten, und der Anteil ist in den beiden letztgenannten Sparten z.T. höher als in den erstgenannten. Andere Texte entsprechender Gattungen (bei denen das Textende erhalten ist) schließen hingegen mit anderen Wendungen ab. Sollte man von gleichen Gattungen nicht auch ein einheitliches Grundmuster, zumindest einen „kompatiblen“ Anfang und Schluss erwarten? Haben die Texte, welche auf zà-mí enden, etwas Gemeinsames? Es gilt, versuchsweise die möglichen „Lebens“- oder „Kult“-situationen zu rekonstruieren, in denen die überlieferten Dichtungen „aufgeführt“ oder „rezitiert“ wurden. Das ist ein schwieriges Unterfangen, weil umfassende Studien für die sumerische Welt noch nicht vorliegen und weil die vorhandenen Texte und archäologischen Artifakte, Tempel- und Palastanlagen die antike Realität, vor allem den Ablauf kultischer Riten, nicht so leicht preisgeben. Immerhin ist mit einer großen Bandbreite verschiedener Kultorte und Kulthandlungen zu rechnen.[187] Und auch die seit einiger Zeit geläufige Unterscheidung von „offiziellem“ und „privatem“ Kultus[188] kann hilfreich sein. Der Hymnenbegriff ist so weit wie möglich an der kultischen Wirklichkeit des alten Sumer zu orientieren. Hymne wäre dann nicht mehr gleich Hymne, und die zà-mí-Kompositionen könnten unterschiedlichen Kultriten zugeordnet werden. Die bisher schon festgestellten möglichen Lebenssituationen für den kultischen Lobgesang

---

[187] Bei der Vielzahl von sumerisch-akkadischen Tempeln und ihrer zeitlichen Erstreckung (cf. George 1993) wäre es ein Unding, einheitliche Kultpraktiken vorauszusetzen. Die Unterscheidung der Kulthandlungen nach regionaler Bedeutung, z.B. in Staats-, Stadt-, Wallfahrts-, Dorf(?)- Heiligtümer ist soziologisch sinnvoll, ebenso die nach möglichen Spezialfunktionen wie: Heilung (Beschwörung); Fruchtbarkeitsriten; Kriegsvorbereitungen; Erhaltung der Königsdynastie; Segnung von Handwerk und Handel. Über Anordnung und Rangfolge der Tempellisten vgl. George, a.a.O., 1–58.

[188] Vgl. Karel van der Toorn, Family Religion in Babylonia, Syria and Israel, Leiden 1996; Rainer Albertz, Persönliche Frömmigkeit und offizielle Religion, Stuttgart 1978; Gerstenberger 1980; ders. 2001a.

würden sich dann etwa auf königlichen Staats-, metropolitane Ordnungs-, bürgerliche Heilungs- und Segens-, akademischen Werte-, und bäuerliche Fruchtbarkeitskulte verteilen, wobei die Grenzen fließend sind und Kultmischungen an der Tagesordnung gewesen wären. Jedenfalls dürfte weder unser Kultbegriff noch die fixe Vorstellung von Hymnus einer solchen oder ähnlichen Aufteilung im Wege stehen.

Mindestens zwei Beobachtungen aus der bisherigen Untersuchung sollen hier noch einmal hervorgehoben werden: Das Vorkommen von zà-mí-Abschlüssen schließt anscheinend weitgehend die kultisch-rituelle Gliederung der Texte (etwa in kirugus, s.u.) aus. Die Schlussdoxologie fehlt nämlich mehrheitlich bei derartig rubrizierten Kultliedern. Ein kontradiktorischer Befund! Streitgespräche zeigen weder liturgische Gliederung noch Refrains – kein Indiz für Auditoriumssituationen also! Das andere auffällige Moment, das sich als hypothetische Deutung formulieren lässt: Die Schlussdoxologie mit zà-mí hat offenbar immer (oder: fast immer?) die Stärkung der (göttlichen) Hauptfigur im Sinn. Ein doxologischer Ruf, besonders von dieser archaischen, kaum reflektierten, aber stark mit kollektiver emotionaler Energie aufgeladenen Art drückt nicht nur Begeisterung, sondern vielmehr den Versuch aus, Macht zu kreieren, sie der verehrten Gottheit zuzuleiten.[189] Doxologien schaffen das, was sie besingen, durch die Kraft des Preisens. Sie sind performativ oder deklaratorisch, in der Sprechaktterminologie. Auch diese Wesenseigenschaft kultischen Lobens gilt es weiter im Gedächtnis zu behalten und darauf zu achten, ob sie nachhaltig verifiziert oder falsifiziert werden kann. – *De facto* liegt jetzt ein neuer Durchgang durch das schon gesichtete Material an, der die suffigierten Formen des Ausdrucks zà-mí, sowohl am Textende wie im Mittelfeld, zum Arbeitsthema hat. Danach wäre eine weitergreifende Untersuchung von anderen Ausdrücken für Lob und Preis (vgl. u. Exkurs dug_4, nach Kap. 6.3.2.7) sowie eine spezielle Analyse der kultisch-gegliederten „Hymnen" wünschenswert. – Eine Liste der einfachen, integrierten zà-mí-Abschlüsse ohne Suffixe soll das oben Gesagte noch einmal tabellarisch zusammenfassen:

Tabelle 6: Nicht-suffigiertes zà-mí in Endposition

Nr.	Textgattung	Haupt-akteur(e)	Bezugs-größe(n)	Doxologie(n)
1.1.1	Heilungsritual, episch, 281 Z.	Enki	Enki	Z.281: [^{d}en-ki] zà-mí
1.1.3	Hymne, Du- und Ich-Stil, 472 Z.	Enki	Enki	Z.85 (M): ^{d}en-ki zà-mí (Z.82,85: zà-mí ... dug_4) Z.139: ^{d}en-ki en an ki zà-mí Z.472: [a-a ^{d}en-ki zà]-mí
1.1.4	Hymne, episch, 129 Z.	Enki	Enki	Z.129: a-a ^{d}en-ki zà-mí

[189] In einem alten kanaanäischen Hymnus, der im alttestamentlichen Psalter überlebt hat, heißt es als Aufforderung an die „himmlischen Wesen": „Bringt dar Jahwe Ehre und Stärke!" (Psalm 29,1).

1.2.1	Hymne, episch, 154 Z.	Enlil	Enlil	Z.154: a-a [d]en-líl zà-mí (Z.153: zà-mí dug₄-ga)
1.3.2	Hymne, episch, 184 Z.	Inana	Inana	Z.183: ki-sikil [d]inana zà-mí (184 Kolophon)
1.3.3	Epos, 310 Z.	Inana	Inana	Z.310: [d]⸢inana⸣ zà-mí
1.6.2	Epos mit Segensschluss, 726 Z.	Ninurta	Nisaba, Enlil	Z.723: [d]nisaba zà-mí Z.724f.: … zà-mí-zu …
1.8.1.5	Epos, 202 Z.	Gilgameš, Enkidu	Gilgameš, Enkidu	Z.201 (Var.): [d]gílgameš zà-mí [d]en-ki-du₁₀ zà-mí (Z.202 Kolophon)
1.8.2.2	Epos, 417 Z.	Lugalbanda	Lugalbanda	Z.417: kug lugal-bànda zà-mí
[1.8.2.3]	Epos, 636 Z.	Enmerkar	Enmerkar	(Schluss fehlt!) Z.57: zà-mí dug₄-ga-ĝu₁₀-ne Z.104: za-ra en-me-er-kár dumu [d]utu zà-mí
1.8.2.4	Epos, Wettkampf 283 Z.	Enmerkar, Ensuḫgirana, Inana, Nisaba	Nisaba (Z.170–273)	Z.283: [d]nisaba zà-mí
2.1.5	Triumphlied, Er-Sie-Stil, 281 Z.	Große Götter, Inana	Inana	Z.281: [d]inana zà-mí
2.1.7	Tempelbaubericht 1363 Zeilen	Ninĝirsu, Gatumdug, Nanše, Gudea	Ninĝirsu	Z.812: [d]nin-ĝìr-su zà-mí Z.1361: [d]nin-ĝìr-su zà-mí (Z.813f.,1362f. Kolophon)
2.4.1.1	Totenklage, Er-Stil, 242 Z.	Urnamma	Ninĝišzida	Z.240: [d]nin-ĝiš-zid-da zà-mí (Nachschrift Z.241f.: My king … among tears …)
2.4.2.01	Hymne, Ich-Stil, 102 Z.	Šulgi	Šulgi	Var. Z.101f.: [d]šul-gi ⸢dumu?⸣ nír-ĝál an-na-ke₄ zà-mí (Z.102: Kolophon)
2.4.2.24	Hymne, Er-Stil, 160 Z.	Große Götter	Ašimbabbar (Nanna-Suen)	Z.159: en [d]aš-ím-bábbar zà-mí (160: Kolophon)
[2.5.2.1]	Hymne, Du-Stil, 68 Z.	Nergal	Nergal Schluss: Z.66: [d]šu-ì-lí-šu zi sù-ud-ĝál nam-tìl-la-ni …ša-mu-ra-ab-mú-mú	Mitte: Z.28: [d]nergal zà-mí a-re-zu ní su zìg bar-re-dam Parallelen: Z.9: [d]nergal daĝal íl u₁₈-ru er₉ gùr-ru gal níĝ ár-re-eš e Z.54: [d]nergal šul za-a-da kar-bi ár-zu ši-im-galam-e

2.5.5.2	Hymne, Er- Du-Stil, 63 Z.	Lipit-Eštar	Lipit- Eštar	Z.63: ^{d}li-pí-it-eš$_4$-tár zà-mí (Z.59: zà-mí-zu ... dug$_4$)
4.07.2	Hymnus, Du-Stil, 154 Z.	Inana	Inana	Z.154: ^{d}inana zà-mí
4.13.06	Hymnus, Er-Stil, 45 Z.	Nanna-Suen	Nanna-Suen	Z.36: ⌜šul⌝ ^{d}suen zà-mí Z.45: a-a ^{d}nanna zà-mí
4.19.1	Hymnus, Du-Stil, 37 Z.	Ninĝišzida	Enki	Z.34: ^{d}en-ki zà-mí Z.36: a-a ^{d}en-ki zà-mí
4.22.1	Hymnus, Dialog-Stil, 136 Z.	Ninisina	Ninisina	Z.29: [Damu] zà-mí mi-ni-in-dug$_4$ Z.135: kug ^{d}nin-ísin-na zà-mí
4.27.03	Hymnus, Du-Stil, 86 Z. (Z.84–86~42–43)	Ninurta	Enlil, Enki	Z.80: a-a ^{d}en-líl zà-mí Z.82: a-[a] [^{d}en]-ki [zà]-mí
4.28.1	Hymnus, Sie+Ich-Stil, 121 Z.	Nungal	Nungal	Z.121: ^{d}nun-gal-la zà-mí
4.29.1	Hymnus, Segm. D = Du-Stil 25 Z.	Nuska	An, Nuska	Z.20: an-né zà-mí Z.24: ^{d}nuska zà-mí-zu dùg-ga-àm
4.29.2	Hymnus, Du-Stil, 79 Z.	Nuska	Nuska, Nisaba	Z.5: zà-mí-zu dùg-ga-àm Z.73: zà-mí 7 (IMIN) XX ⌜zid⌝ ri-in-ne Z.76: zà-mí dug4-ga [Z.78: ^{d}nisaba zà-mí Kolophon]
4.33.2	Hymnus, Du / Sie-Stil, 41 Z.	Kusu	Kusu	Z.41: en ^{d}kù-su$_{13}$ zà-mí
4.80.1	42 Hymnen, Er-Stil, 545 Z.	42 Tempel	42 Tempel	Z.529–542 = Nisaba-Tempel in Ereš: Z.542: ^{d}nisaba zà-mí (Z.543–545 Kolophon)
4.80.2	Hymnus, Er-Stil, 134 Z.	Keš-Tempel	Keš-Tempel, Nintur	Z.9+38: Enlil rühmt Keš: (zà-mí àm-ma-ab-bé;.. z. dug$_4$-ga) Z.132: kèš^{ki} ... zà-mí Z.133: ... ^{d}nin-tur$_5$-ra zà-mí
5.1.3	Lehre, Dialog, 74 Z.	Lehrer, Nisaba	Nisaba	Z.74: nin me-ni-da me nu-sá-a ^{d}nisaba zà-mí
5.3.1	Streitgespräch, 196 Z.	Hacke, Pflug, Enlil, Nisaba	Nisaba	Z.196: ^{d}nisaba zà-mí
5.3.2	Streitgespräch, 193 Z.	Getreide, Schaf, Enki	Enki	Z.193: a-a ^{d}en-ki zà-mí

5.3.3	Streitgespräch, 318 Z.	Winter, Sommer, Enlil	Enlil	Z.318: kur gal a-a ^{d}en-líl zà-mí
5.3.5	Streitgespräch, 190 Z.	Vogel, Fisch, Enki	Enki	Z.190: a-a ^{d}en-ki zà-mí
[5.3.6]	Streitgespräch, 9 Fragm. / Segm. I 58 Z.	Kupfer, Silber, Enlil	Enlil	Z.12: a-a ^{d}en-líl zà-mí

Die Tabelle belegt in Spalte 2 die Bandbreite der literarischen Gattungen, in denen reines zà-mí als Abschluss vorkommt, stellt in Spalte 3+4 die Akteure und Lobempfänger nebeneinander (weitgehende Übereinstimmung!), und weist die Bezüge der Schlussdoxologie zu den evtl. im Text erscheinenden Preisungen nach.

6.3 Komplexes *zà-mí* (Schluss- und Mittelposition)

6.3.1 *zà-mí-zu/ĝu$_{10}$ dùg-ga-àm*

Zu der Gruppe von Texten mit adjektivisch erweitertem zà-mí-Ruf zähle ich 27 intakte Einheiten (s.u. Tab. 7). Das Gesamtvorkommen von dùg, „gut", „köstlich", „großartig" und Äquivalenten ist natürlich höher (s.o. Tab. 3), aber es geht jetzt um die literarische Einbindung der Doxologie und die Folgen für das Literaturstück. Die in Frage kommenden Texte gehören verschiedenen Gattungen an: Epos, Klage, unterschiedlich stilisierten Hymnen, Lehrfabel. Hier einige repräsentative Beispiele.

6.3.1.1 *Gilgameš and Aga (ETCSL 1.8.1.1)*

Der gut erhaltene, in vielen Abschriften überlieferte Text trägt epische Züge:[190] Gilgameš, Herrscher von Uruk, sieht sich mit einem Ultimatum Akkas, des Königs von Kiš, konfrontiert. Soll er sich unterwerfen? Er sucht den Rat der Älteren – sie stellen die Friedensaufgaben, auch wenn von Kiš diktiert, über den Unabhängigkeitsanspruch. Die jüngeren, wehrfähigen Männer dagegen plädieren für die bewaffnete Auseinandersetzung (der „Rat der Alten vs. Rat der Jungen" auch in 1Kön 12,3–12). Belagerung und Kampf sind nicht ausgemalt, vielmehr erringt Gilgameš bei seinem Erscheinen auf der Stadtmauer einen Blitzsieg und nimmt Akka gefangen. „[Gilgameš] cast down multitudes, he raised up multitudes, multitudes were smeared with dust, all the nations were overwhelmed, the land's canal-mouths were filled with silt, the barges' prows were broken, and he took Aga, the king of Kiš, captive in the midst of his army" (ETCSL 1.8.1.1, Z.94–99). Ein starker Akzent liegt auf der Behandlung, die Gilgameš dem Besiegten angedeihen lässt. Er begnadigt ihn und schickt ihn wegen früherer loyaler Unterstützung nach Hause (ETCSL 1.8.1.1, Z.100–113).

Wo ist der innere Schwerpunkt dieses Gedichtes? Um welche Gattung handelt es sich eigentlich?[191] Ist „Epos" eine zureichende Designation? Will das Werk historisch-

[190] Katz 1993; Jacob Klein, The Capture of Akka by Gilgamesh (GA 81 and 99), JAOS 103, 1983, 201–203; Claus Wilcke, Zu „Gilgameš und Akka", in: Dietrich 1998, 457–485; Jeremy Black, Real and Unreal Conditional Sentences in Sumerian, ASJ 17, 1995, 15–39; Römer 1980; ders., Bilgameš und Akka, TUAT III, Gütersloh 1993, 449–459; Civil 1999–2000.

[191] Die historischen Bezüge stehen im Fokus, vgl. W. H. Ph. Römer, TUAT III, 449; Katz 1993, VII: „composition with historiographic overtones"; letztere versucht aber auch eine literarisch-

politische Veränderungen der Vergangenheit erklären, verarbeiten, in Szene setzen? So zahlreich die Bearbeitungen dieses Teilstücks der sumerischen Gilgameštradition sind, so unterschiedlich sind auch die Beurteilungen seiner literarischen Art und seines Sitzes im Leben. Einige Grundeinschätzungen seien kurz angedeutet. Häufig sucht man nach dem historischen Anlass oder Haftpunkt der Auseinandersetzung zwischen den Herrschern von Kiš und Uruk; die sumerische Königsliste soll den Weg zeigen: Das Königtum kam nach der großen Flut zuerst nach Kiš und dann nach Uruk, so die lakonische Feststellung dieser Geschichtsschau.[192] Akka ist ausdrücklich als der letzte König von Kiš erwähnt (aber nicht als Gegner des Gilgameš! Der erscheint erst Jahrhunderte später, ETCSL 2.1.1, Z.112). Das Echo einer historisierenden Interpretation findet sich schon in der Hymne Šulgi O.[193] Der versöhnliche Schluss des „Epos" stimmt damit nicht überein. Andererseits wird von modernen Interpreten oft der mythische Charakter betont. Dagegen führt Katz die relativ starke Rationalität und das Fehlen typisch mythischer Merkmale ins Feld.[194] Wieder andere Forscher halten „Gilgameš und Akka" für ein Produkt der damaligen „Medien" bzw. „Unterhaltungsindustrie";[195] vgl. besonders W. Heimpel und M. Civil.[196] Was immer man zur literarischen Gattung sagen mag, so machen sich doch nur wenige Interpreten Gedanken über ihre praktische Verwendung in der sumerischen Lebenswelt. Nur Civil wagt einige ungewohnte wie anregende Vorschläge. Er geht von einer gleichzeitig oralen wie literarischen Verwendung antiker Traditionsstoffe aus. „I would suggest … written texts … were abbreviated versions" der umfangreicheren mündlichen Überlieferung, „not intended to be ‚read' in any usual sense".[197] Die Schrifttafeln dienten dem öffentlich

historiographische Deutung. Ihr Ziel: „to separate the truly historical elements from those due to literary elaboration" (a.a.O., 3), als wenn das so einfach möglich wäre!

[192] ETCSL 2.1.1, Z.93f.: „Then Kiš was defeated and the kingship was taken to E-ana." Zuvor sind Z.83–89 die beiden letzten Könige von Kiš genannt: En-me-en-barag-ge-si und Ag-ga; der letztere begegnet im obigen Text, vgl. Wilcke 1988, 113–140. Die meisten Forscherinnen und Forscher suchen historistisch nach dem „geschichtlichen Gehalt" des Werkes; sie möchten den Text möglichst nahe an objektive Ereignisse heranbringen, vgl. z.B. Römer 1980, 1–6.

[193] Šulgi redet seinen legendären Vorfahren, den „Bruder und Freund" Gilgameš (ETCSL 2.4.2.15, Segm. A, Z.50) direkt an: „You trampled underfoot the head of the king of Kiš, En-me-barage-si … You brought the kingship from Kiš to Unug" (Z.58–60). Der Schauplatz des Sieges über Akka ist Kiš, nicht Uruk! Und Gilgameš triumphiert durch vollständige, militärisch-brutale Unterwerfung des Rivalen, nicht durch einen politischen Kompromiss, wie in unserem Text.

[194] Katz 1993, 3.

[195] Wilcke deutet die breite Forschungsgeschichte an (ders. 1998, 458f.); Katz geht immer wieder darauf ein, vgl. z.B. a.a.O., 1993, 4–11. Wolfgang Heimpel, A note on „Gilgamesh and Agga", JCS 33, 1981, 242–243 und Civil 1999–2000 vertreten den „Unterhaltungscharakter" der Dichtung.

[196] Heimpel a.a.O., 242f.; Civil 1999–2000 hebt am stärksten den „Diskurs-Charakter" antiker Literaturwerke und ihre Untauglichkeit als Geschichtsquellen hervor. „The whole point of the tale is to show the supernatural powers of G.[ilgameš]. He alone by its [sic!] sole presence, appearing with the radiating aura at the top of the city wall, overwhelms the Kish army …" (a.a.O., 187). Weiter: „we have here a comedy intended to lift up the spirits of the Urukians finding themselves in some particular trying circumstances" (a.a.O., 188).

[197] Civil 1999–2000, 188; er spricht von einer „long, living oral version", a.a.O., 189.

Vortragenden als Gedächtnisstütze für das Grobgerüst seiner Darbietung, das er dann in freier Rede mit „stock-phrases“ und Geistesblitzen auffüllte.[198]

Historische Erinnerungen sind bei „Gilgameš und Akka“ in den Namen und Schauplätzen der Akteure vorhanden, ähnlich wie im Nibelungenlied, das aus 500 Jahren Abstand auf die besungenen Ereignisse zurück blickt. Das narrative Element ist auch da, aber es hat empfindliche Lücken, und selbst die mythische Dimension erscheint fragwürdig. Anscheinend dominieren im literarischen (und auch performativ kultischen?) Zusammenhang die Aussagen über die halb göttlichen Qualitäten des Urkönigs von Uruk. Die erste Referenz in dieser Richtung kommt einem Selbstlob gleich. Gilgameš spricht Enkidu und indirekt wohl auch die jungen Krieger von Uruk an, er mustert sie sozusagen: „‚On this account let the weaponry and arms of battle be made ready. Let the battle mace return to your side. May they create a great terror and radiance. When he comes, my great fearsomeness will overwhelm him. His reasoning will become confused and his judgment disarrayed.‘“ (Z.43–47)

Die Waffen, aber auch der König selbst, sind hochkonzentrierte Machtballungen, sie werden n í g a l („Furcht“, „Schrecken“) und m e - l e m$_4$ („gleißendes Licht“, „Strahlung“, Z.45–46) genannt. Diese synonymen Ausdrücke wollen die vom König (und den Gottheiten) ausgehenden, die Feinde vernichtenden Kräfte (modern = elektrische Hochspannung, Atomstrahlung?) bewusst machen. Z.85 spricht noch einmal betont von dem m e - l e m$_4$ des Königs, welches seine eigene Truppe zutiefst beeindruckt. Vor allem aber sind es die Beschreibungen der Königsenergie, die in Gilgameš steckt und sich in seiner Amtsführung äußert, die dem Text eine eigene Note geben. Sie beginnen mit dem preisenden Votum der jungen Krieger (Z.30–39): Der Himmelsgott An selbst hat Uruk mit dem Tempel Eana gegründet und Gilgameš als Regenten dort eingesetzt. „You are its king and warrior, an exuberant person, a prince beloved of An,” heißt es hymnisch in Z.35f., und weiter: Aga [= Akka] wird die Schreckensmacht (n í) zu spüren bekommen (Z.37). Die Handlung wird gekonnt retardiert, denn Gilgameš tritt dem Feind nicht sofort entgegen. Ein Freiwilliger seiner Elitetruppe soll ihn mit der Gotteskraft verwirren und besiegen. Birḫartura stellt sich zur Verfügung, geht aus der Stadt, seine Energie ist zu schwach, er wird von Akkas Männer verprügelt (Z.55–62). Dann erscheint ein Offizier des Gilgameš auf der Stadtmauer, Akka fragt den blessierten Birḫartura, ob das nun sein König sei? Nein, ist die Antwort, denn wenn Gilgameš in Person erschiene, dann müssten ihm praktisch die Feinde von selbst zu Füssen fallen. Und diese momentan noch irreale Situation wird in denselben Sätzen beschworen, wie sie sich dann nach geschehenem Auftritt des Königs von Uruk realisiert: „...would he not cast down multitudes, would he not raise up multitudes, ...“ (Z.76). Erst nach dieser spannungsgeladenen Zwischenszene, welche die Authentizität und Einmaligkeit der königlichen Vollmacht herausstreicht, lässt sich Gilgameš auf der Mauer sehen,[199] und sogleich tritt dank seiner ungeheuren Strahlkraft die oben schon zitierte Verwirrung der Feinde ein (Z.94–99).

---

[198] Eine vergangene Phase der Literaturwissenschaft hatte dieses Konzept von mündlicher „Literatur“ entwickelt, vgl. Albert B. Lord, The Singer of Tales (1960), Cambridge ^{2}2000.

[199] Katz 1993, 1, hält den Auftritt auf der Stadtmauer für eine Kriegslist, welche die Feinde ablenkt und einen Überraschungsangriff des Enkidu aus dem Stadttor heraus ermöglicht; dabei soll

Erstaunlicherweise spricht Gilgameš sogleich freundlich mit dem Besiegten. Sieben (auf einer Tafel sogar neun) ehrenvolle Anreden des Typs „Akka, mein Vorgesetzter" bzw. „Akka, der mir Atem gibt" (Z.102–106) richtet er an ihn, bevor der Gefangene freigelassen wird. Mit der Erläuterung, dass diese großmütige Geste frühere Wohltaten des Königs von Kiš vergelten soll (Z.112: engl. Übersetzung und Transliteration stimmen in Z.107–112 bei ETCSL nicht ganz mit dem Text von Katz und Römer überein) und dem Entlassungsvermerk (Z.113) schließt der berichtende Teil und bekommt die gewichtigen, preisenden Endzeilen, die am meisten interessieren: 114: ^{d}gílgameš en kul-aba$_4$^{ki}-a-ke$_4$ 115: zà-mí-zu dùg-ga-àm („Gilgameš, Herrscher von Kulaba, dein Preislied ist köstlich!")

Die innere Struktur der Dichtung verrät mehr über ihre Gattung und Verwendung; sie sollte auch den Schlüssel zum Verständnis der zà-mí-Zeile liefern. Blickt man auf die Dynamik des Textes, gibt er sich eben nicht als epische Dichtung mit umständlichem Handlungsaufbau, sondern als ein pulsierendes, hier und da sich verdichtendes, performatives Wortgebilde zu erkennen. Literarische Kompressionsstellen scheinen die Passagen zu sein, in denen der Hauptakteur Gilgameš in seiner semigöttlichen Potenz erscheint. Direkte Wechselrede ist die dominierende literarische Form, und die entscheidenden Sätze nehmen wie von ungefähr hymnischen, den Protagonisten stärkenden Charakter an. Die Grobgliederung geschieht durch temporale Markierungen bzw. Satzgefüge, sie ist in der Tat chronologisch-episch. Drei Hauptteile heben sich voneinander ab: Z.1–47, die Zeit vor der bewaffneten Auseinandersetzung zwischen Kiš und Uruk, Z.48–99 die Kriegsepisode, Z.100–115 das Nachspiel. Die das Gedicht tragenden wörtlichen Reden (Lokuteure: Gilgameš; ältere Ratgeber; jüngere Ratgeber; Birḫartura; Akka. Heros Gilgameš erhält den Löwenanteil an Sprechvolumen und -frequenz = 25 Zeilen, Gegenspieler Akka zwei Zeilen: Z.69; 91) sind oft durch Einleitungen markiert. Dennoch ergeben sich besonders im Schlussteil einige Unsicherheiten hinsichtlich der intendierten Sprecher und Redeweise.[200] In der ETCSL-Version wird die Rede des Gilgameš an Akka (Z.102–106) durch preisende Aussagen der Jungkrieger unterbrochen (Z.107–111; zum Teil Wiederholung von Z.30–36). Erst in Z.112 käme noch einmal der König von Uruk zu Wort. Bleibt dagegen Gilgameš durchgängig der Sprecher von Z.102–112, wie Wilcke u.a. vorschlagen, kann sich die preisende Rede von Z.107–111 auf Akka beziehen und die Unterwerfung Uruks unter die Herrschaft von Kiš bedeuten. Dem Gesamtduktus der Dichtung und vor allem der zusammenfassenden Schlussnotiz (Z.114f.) ist diese Deutung m. E. nicht angemessen.

So gesehen, erscheint das Gedicht als ein Crescendo von Machtzuschreibungen, die im Deutschen am besten mit „Huldigung" wiederzugeben sind. Sie beginnt mit dem längsten Redestück, Z.25–39, in dem die „Jungkrieger" ihre Vision von Politik entfalten. Der kryptischen Andeutung von urukäischem Selbstbewusstsein folgt die pointier-

Akka gefangen genommen werden. Im Text ist von diesem *event* nichts zu finden. Die Sammlung von Truppen am Tor und das Hinausgehen des Enkidu (Z.86–88) reichen m.E. nicht zur Rekonstruktion der Episode aus.

[200] Wilcke 1998 zu den Reden in der Stadtversammlung von Uruk: „Handelt es sich durchweg um Aussage- und Wunschsätze … ? Oder stellt man einander auch … Fragen?" (a.a.O., 472). Der undeutlichere Schlussabschnitt zeige keinen Sprecherwechsel in Z.106,107,112 (a.a.O., 479).

te Schilderung der Gründung der Stadt durch die Hohen Gottheiten und im selben Atemzug die Einsetzung des Gilgameš als ihres legitimen „Aufsehers" (Z.30–39). Mit diesem *statement* endet der vorbereitende erste Teil des Gedichts, ein Schlüssel für das Ganze, denn am Ende wird die *laudatio* auf Gilgameš auszugsweise wiederholt (Z.107–111). In den schon erwähnten Passagen über die dem König von Uruk anvertrauten göttlichen Waffen und Kräfte aus dem Munde verschiedener Sprecher (Z.43–47; negativ: Z.70–81; positiv wiederholt: Z.94–99) erfährt die Amtsübertragung ihre Aufladung mit göttlicher Potenz. Ungefähr in der Mitte der Huldigungen ist der Vorgang in einem berichtenden Satz thematisiert: 55: BIR-ḪAR-tur-ra lú-saĝ-lugal-a-ni 56: lugal-a-ni-ir zà-mí mu-un-na-ab-bé „Birhartura, sein königlicher Offizier, huldigte seinem König" (wörtl: „sprach ihm zà-mí aus").

Der Offizier bietet Gilgameš freiwillig an, gegen den Feind anzutreten wie David gegen Goliath 1Sam 17 (Z.57f.). Sein Angebot ist, wie alles, was er zum und über den König von Uruk redet, ein Akt der Huldigung, hier zà-mí genannt. Er steht in Verbindung mit dem Schlusslob (Z.114f.): Was dem Wohlergehen und dem Erfolg des Königs und der Stadt dient, ist Huldigung, d.h. Darbringung und Aufbau von göttlicher Kraft. Das Suffix an zà-mí verrät die auf Gilgameš konzentrierte Kraftübertragung: „Die dir gebührende Huldigung ist kostbar/wirkungsmächtig." Lobreden, wie sie aus dem Munde der Jungkrieger, ihres Repräsentanten Birḫarturas oder auch des Gepriesenen selbst kommen, vermehren die Potenz des Empfängers. Das Possessivum am Nomen „Huldigung" sagt aus, dass die ganze Dichtung und alles, was in ihr bewegt wird, dem Hauptprotagonisten zu Gute kommen. Ist die vorgeschlagene Deutung des zà-mí richtig, dann steht der Begriff zusammenfassend für Akt und Inhalt des Kraft übertragenden Lobens. Und die Konsequenz wäre: Wir haben es nicht mit einem erzählenden Epos zu tun, so sehr auch die chronologische Gliederung und einige erzählende Aussagen an eine narrative Gattung erinnern. Vielmehr ist der Text in seiner Gebrauchsform – im Unterschied zur Schreibform – im Bereich kultischer Riten anzusiedeln. Texte dieses Umfelds hatten den Zweck, dem regierenden Oberhaupt und seiner Dynastie (hier in Uruk) Machtpositionen abzusichern oder neu zu erlangen. Dass im Kult jahrhundertelang die Namen halbmythischer Urkönige verwendet wurden,[201] dürfte nicht überraschen. In den Gestalten und Ereignissen der Urzeit fand man die eigenen Wurzeln, ohne die man nicht leben konnte.

Die formelhafte Wendung zà-mí-zu dùg-ga-àm tritt also jetzt mehr ins Rampenlicht. Was hat sie gegenüber dem so knappen doxologischen Ausruf GN zà-mí zu bedeuten, welches sind ihre Funktionen? dùg (= du_{10}, s. Borger 2004, Nr. 631) wird häufig attributiv gebraucht und hat die Grundbedeutung „to be/make good, pleasant".[202] Das Bedeutungsspektrum des Wortes ist noch nicht zureichend erforscht.

---

[201] Die meisten Forscher sind sich einig, dass die legendären Könige der sumerischen Frühzeit mindestens bis in die altbabylonische Periode verehrt und literarisch vergegenwärtigt wurden, ja, dass Dichtungen über Gilgameš oder Enmerkar von Uruk erst Anfang des 2. Jt.s entstanden sein können, vgl. Wilcke 1998, 472; Vanstiphout 2003, 1f., plädiert für die Ur III-Periode.

[202] Thomsen 2001, 301; vgl. ePSD online „good, sweet, goodness, good (thing)"; ETCSL glossary "to be good". Das Wort wird auch adverbial mit dug_4/du_{11} verbunden, vgl. Attinger 1993, 465; s.u. Kap. 6.3.2.

Eigenartiger Weise wählen Sumerologen gerade im Zusammenhang mit Musik und Gesang häufig die Wiedergabe „süß“ für dùg, die sich durch die lexikalische Affinität zu ku$_{7}$, „(honig) süß“ nahelegt.[203] Im Lobzusammenhang scheint das dynamische Moment eindringlicher als irgendein ästhetischer oder sentimentaler Effekt. „Powerful“ wäre in Z.115 die adäquatere englische Wiedergabe. Scheinbar konterkariert aber Z.56 eine solche Auffassung. Denn Birḫartura, der enge Vertraute und Bevollmächtigte des Gilgameš, wird, kaum hat er dem König sein zà-mí zugesprochen, windelweich geschlagen. Eine Karikatur der heroischen Glorie? Nein, er behält Recht! Seine Ansage, die bloße Machtausstrahlung des göttlichen Helden werde die Feinde vernichten, trifft ein. Das verwendete Vokabular spricht für sich: „Vernunft“ und „Bewusstsein“ (dím-ma; ĝalga: Z.47; 50; 58) verwirren sich, aus purer Angst, zuerst bei den Einwohnern von Uruk selbst, dann – durch den strahlenden Auftritt des Gilgameš – unter den Angreifern. Die Wirkung ist verheerend: „It was just as he had said: Gilgameš cast down multitudes, he raised up multitudes, multitudes were smeared with dust, all the nations were overwhelmed, the land's canal-mouths were filled with silt, the barges' prows were broken, and he took Aga, the king of Kiš, captive in the midst of his army.“ (ETCSL 1.8.1.1, Z.93–99)

Die stark stilisierte Schlachtenszene kennt keinen *body-count* der gefallenen Feinde; sie bezieht mystisch Kanäle und Zeremonialschiffe in die Machtdemonstration mit ein. Der Zuspruch der kriegerischen Jugend (Z.24–39) verleiht Gilgameš spirituelle Kraft, oder trägt zu ihrem Aufbau bei. Nun kann er siegesgewiss auftreten (Z.40–47) und sich selbst ins Spiel bringen: „When he [Aga] comes, my great fearsomeness [ní-gal-ĝu$_{10}$] will overwhelm him. His reasoning will become confused and his judgment disarrayed." (Z.46f.). Birḫarturas zà-mí (Z.56) bündelt die positiven verbalen, gesungenen Stärkungen, die im ganzen Hymnus nachwirken. Alles das kann nicht ein „süßes“, sondern nur ein „machtvolles“ zà-mí ausrichten. Der Schlusspassus Z.114f. hat also eine ähnliche Funktion wie das einfache GN zà-mí. Die urtümlichere Doxologie lässt den Modus des Lobens offen, suggeriert aber einen durch Instrumente begleiteten Gesang. Die attributive Formulierung „dein zà-mí ist machtvoll“ stellt den Vorgang als einen durch Rezitation des vorliegenden Hymnus realisierten Akt dar.

6.3.1.2 The Farmer’s Instructions (ETCSL 5.6.3)

Die Bauernbelehrung gehört zu den Weisheitstexten und hat eigentlich mit der Gattung Hymnus nichts zu tun. Doch schließen diverse Beispiele aus dem weisheitlichen Bereich mit einer zà-mí-Formulierung ab, meistens mit dem einfachen, einem Götternamen nachgestellten Ausdruck (s. o. Kap. 6.2). „The Farmer’s Instructions“ hat als einziger Lehr-Text ein suffigiertes zà-mí in der Schlusszeile (Z.111). Er eignet sich

[203] Vgl. Jacob Klein, The Sweet Chant of the Churn. A Revised edition of Išmedagan J, in: Dietrich 1998, 205–222. Da heißt das Lied des Butterfasses, bzw. des Buttermachers i-lu du$_{10}$-ga („sweet song“, a.a.O., 206; 208, jeweils Z.13 und Z.11; dazu gù dùg-ga, „süße Stimme“, Z.1) und jeweils zwei Zeilen darauf ist sein Gesang als nì-ku$_{7}$-ku$_{7}$-da („Süssigkeit“) bezeichnet. Doch scheint mir diese Wiedergabe zur Charakterisierung von Hymnengesang auf eine falsche, modern-romantische Bahn zu führen. Sie dominiert im ETCSL, vgl. ETCSL 2.5.4.10 (Išmedagan J).

also gut zur Gegenprobe für das eben untersuchte Gedicht auf Gilgameš und Akka.[204] Wie verhält sich der preisende Schlusssatz zur voraufgehenden literarischen Einheit?

Das Gedicht ist gut erhalten, in vielen Kopien überliefert und von Miguel Civil, Dina Katz und Joachim Krecher[205] herausgegeben und/oder teilweise kommentiert worden. Ein Ur-Landwirt namens Uduluru gibt bäuerliches Wissen (Ninurtas? Z.1) an seinen Sohn weiter. Hinter dem Namen des weisen Ratgebers kann sich Ninurta selbst verbergen: Civil ist davon überzeugt.[206] Ein positives Argument bietet Z.110, die Ninurta nennt, und zwar mit den in Z.1 verwendeten Vokabeln. Zweitens verweist Civil auf die Götterliste An = Anum, in der Ninurta den Zweitnamen „the (divine) tiller" (uru$_4$) erhält.[207] Er entspricht seiner Verantwortung als Vegetationsgott, die ihm neben seinen kriegerischen Kompetenzen zugeschrieben wird.[208] Dennoch hält Civil das Werk, dem er jeden poetischen Charakter abspricht, für säkular, unkultisch, auf die Bedürfnisse der „Schule" hin konzipiert.[209]

Die Form der Unterweisung (Vater instruiert Sohn) ist Standard für belehrende Texte im Alten Orient insgesamt.[210] Inhaltlich vermittelt der „Alte Weise" vielfältiges Detailwissen über landwirtschaftlihe Werkzeuge, Tiere, Arbeitstechniken usw., immer in persönlicher Anrede an seinen Sohn und dessen Personal. Ein Beispiel sind Z.81–90:

> „Your daily work starts at daybreak. Gather your force of helpers and grain gatherers in sufficient number and lay down the sheaves. Your work should be carefully done. Although they have been having stale coarse flour, do not let anyone thresh for your new bread – let the sheaves have a rest. The rites for the sheaves should be performed daily. When you transport your barley, your barley carriers should handle small amounts (?)."

Der ganze Sachtext (Z.2–109) besteht aus derartigen pragmatischen Anweisungen; dass Gottheiten involviert sind, merkt man nur an kleinen Hinweisen, wie im gerade gegebenen Exempel bei den „rites for the sheaves" (Z.88: sízkur še-zar-ra = „Gebet für die Garben").[211] Sie werden im Korpus der Unterweisung weder generisch,

---

204 Vgl. oben Kap. 6.2.1 („Eigenständige Doxologien").

205 Civil 1994; Dina Katz, Review of Civil 1994, in BiOr. 53, 1996, 471–474. J. Krecher hat 1996 an der ETCSL-Fassung mit gearbeitet. Vgl. weiter Cavigneaux, Nouveaux fragments des Georgiques, in: Michalowski 1993, 37–46; Blahoslav Hruška, Die sumerischen Georgica, in: Cornelia Wunsch (Hg.), ZDMG Suppl. 10, Stuttgart 1994, 23–31.

206 Civil 1994, 1,67.

207 Civil 1994, 98.

208 Vgl. Black 1992, 142f; Michael P. Streck, Ninurta/Ninĝirsu, A. I. In Mesopotamien, RlA 9, 2001, 512–522; Groneberg 2004, 78–85.

209 „FI [Farmer's Instruction] cannot be considered a poetic text. The didactic tone … is undeniable. … use of FI in schools suggest[s] that the purpose of the composition was less to teach how to grow cereal crops than how to do it 'in Sumerian'. The apprentice scribes were taught the Sumerian terms so that … they could exercise their functions in the agricultural sector" (Civil 1994, 3).

210 Vgl. Instructions of Šuruppag: ETCSL 5.6.1, Z.6+8.

211 „Ein Gebet sprechen" kommt im Text noch mehrmals vor, vgl. Z.65,103,108. Es ist erstaunlich, dass moderne Kommentatoren ausschließlich auf die landwirtschaftlichen Realien und Techniken fixiert sind. Im „Bulletin on Sumerian Agriculture" (BSA, 1984–1995; Cambridge, hg. von der Sumerian Agriculture Group), werden z.B. bäuerliche religiöse Rituale nicht thematisiert. Nur „Sachfragen" finden Aufmerksamkeit, offenbar weil in der nach-aufklärerischen Agrikultur die Religion offiziell keine Rolle mehr spielt. Einen Hinweis auf die damaligen Gepflogenheiten gibt Blahoslav

noch namentlich, noch appellativ erwähnt. Umso erstaunlicher ist die Tatsache, dass am Ende des Gedichts (Z.110f.) der Gott Ninurta ausdrücklich mit einem zà-mí-Wunsch beehrt wird:

> 107–109: „When the grain is clean, lay it under the measuring stick. Perform the rites in the evening and at night. Release the grain at midday. 110–111: Instructions of the god Ninurta, the son of Enlil – Ninurta, faithful farmer of Enlil, your praise be good!" (110: na de$_5$-ga ^{d}nin-urta dumu ^{d}en-líl-lá-ke$_4$ 111: ^{d}nin-urta engar zid ^{d}en-líl-lá zà-mí-zu dùg-ga-àm).

Diese Schlusszeilen (Z.107–109) belegen noch einmal die Bedeutung der Ernteriten: Keine bäuerliche Arbeit kann gelingen, wenn nicht die jeweils zuständigen Gottheiten (evtl. auch Dämonen?) gebührend beachtet werden. An diese antike Wahrheit schließt sich die Schreiber-Schlussbemerkung an: Es handelt sich um eine Sammlung von Ratschlägen, gesammelt von (oder: unter den Auspizien des) Ninurta (Z.110: na de$_5$-ga ^{d}nin-urta dumu ^{d}en-líl-lá-ke$_4$). Der „Ratschlag", das „Ratsame" (na) ist ein viel verwendeter Begriff, er kommt häufig in Zusammenhang mit dem Verb de$_5$ = „sammeln" vor (deg = RI; akk. *leqûm* [„nehmen"], *laqātum* [„sammeln"], *aḫāzum* [„erfassen"]). na deg-ga, „der gesammelte, tradierte Rat"; Ninurta vermittelt ihn an die Landwirte.[212] Eine typische, klassifizierende Schreibernotiz, die von seiten der Überlieferer auch das Schlusslob für Ninurta, den exemplarischen Bauern Enlils (!), nach sich zieht. Den Schreibern im Edubba (s.o. Exkurs in Kap.6.2.1) war also nicht nur der einfache kultische Lobruf, sondern auch die umfassendere, strenger auf das segensreiche, kraftgebende Tun der verantwortlichen Gottheit gerichtete suffigierte zà-mí-Form bestens bekannt.

Die Grundfrage bleibt, wo der Text entstanden ist und in welchem Umfeld er gebraucht wurde. Civil (1994) hält „The Farmer's Instructions" für einen reinen Schultext ohne jede praktische, außerakademische Bedeutung. Gegen diese Einschätzung spricht die verhalten kultisch-religiöse Bindung, wie sie im Textrahmen (Z.1 und 110f.) und in den Aufforderungen, sachgemäße Wachstums- und Ernteriten durchzuführen (sizkur – dug$_4$, „Gebet sprechen": mit Imperativ Z.65, 103, 108; Prekativ Z.88; ne-ḫa, „ruhen lassen", vom Getreide, mit Imperativ, Z.87; von der Tenne, mit Prekativ, Z.96) zum Ausdruck kommt. Auch die z.T. sehr genauen Angaben von Gewichten, Maßen, Zeiten, verbunden mit Geräten, Feldlagen, Arbeitsleistungen, deuten auf eine konkrete Unterweisung von Bauern, nicht von Schreibern hin. Die Letzteren wären mit allgemeineren Ausführungen und dem bloßen Vokabular der Arbeitsprozesse ausreichend bedient gewesen. – Dem wäre evtl. dieses Modell entgegen zu stellen: Die Komposition ist außerhalb der „Schule" in Umlauf gewesen, bevor Schreiber sie in ihr Lernprogramm aufnahmen. Dafür spricht der durchgängig unterweisende Redestil (Imperative; Prekative), die sachgemäße Reihung der Arbeiten für den Gersteanbau für ein ganzes Arbeitsjahr, die Präzision aller Angaben (eventuelle Verständnis-

---

Hruška, BSA 5, 1990, 105 und 113 Anm. 26: Er erwähnt flüchtig Rituale und Gebete und zitiert T. Maeda, The Agricultural Festivals in Sumer, ASJ 1, 1979, 19–34. Wer den Glauben der antiken Landwirte für unwichtig hält, zeichnet ein modernes Bild von der alten Kultur.

[212] Eine aktivische Redewendung erscheint in ETCSL 5.6.3 gleich in der ersten Zeile: Uduluru „gave advice to his son" (na ... de$_5$).

lücken sind unserer Unkenntnis geschuldet), die Abwesenheit von eindeutigen Schreiberzutaten (schulische Zwischenbemerkungen; regelrechte Kolophone). Vor allem aber wäre die Rahmung der Arbeitsanleitungen schwer zu erklären, wenn es ein bloßer Schultext wäre. Schreiber, welche die säkularen Arbeitsvorgänge erfassen wollten (aber für welche Art von Urkunden ist dieses Vokabular nötig?), hätten kaum eine religiöse Ein- und Ausführung erfunden, es sei denn, eine solche Gattung „Unterweisung als Gottesoffenbarung" war in der realen Umwelt vorgegeben. Eine Variante dieser Rekonstruktion wäre, dem Textkorpus von „The Farmer's Instructions" Eigenständigkeit zuzuschreiben und die Schreiber nur für die Rahmung (Z.1+110f.) verantwortlich zu machen. Sie kommt jedoch kaum ernsthaft in Frage, weil die typische Schuldoxologie die Göttin Nisaba zitiert, nicht aber wie hier Ninurta.

Ist das zweite Modell das Wahrscheinlichere, verlangt die Frage eine Klärung: Welche Situation oder Institution war für eine solche Bauernunterweisung verantwortlich? Die von modernen Kommentatoren suggerierte private Verwendung der Komposition als „Handbuch" oder „Almanach" ist für den Alten Orient illusorisch. Es bleibt nur eine Schulungsmöglichkeit, in der ein „Weiser" den „Lehrlingen" einen Abriss des Gerstenanbaus vorgetragen hat. Familien- oder Clantreffen bieten sich für solche Belehrungen an. Allerdings scheint der Grad der Professionalisierung auf ein gehobenes Niveau der Landwirtschaft hin zu deuten. Vielleicht waren die Verwaltungen der Tempelgüter oder der königlichen Domänen daran interessiert, eine effiziente Bewirtschaftung des Landes durch „Bildungsveranstaltungen" zu garantieren. Gattungsmäßig gehört „The Farmer's Instructions" zu den Textsorten „Gebrauchsvorschriften", „Arbeitsanleitungen", „Rezepte", „Handwerksregeln" o.ä., und es wäre interessant, weitergehende Vergleiche anzustellen. – Auf eine andere Spur könnte das fragmentarisch erhaltene Gedicht „Ur-Namma G" (ETCSL 2.4.1.7) führen. Es nennt den Begründer der Ur III-Dynastie den „faithful farmer" Enlils (engar zid, Z.19f.) und enthält in Z.9–15 auch imperativische Anweisungen an ihn: „King, cultivate the fields with oxen, and your cultivated fields will be rich; Ur-Namma, cultivate the fields with them, and your cultivated fields will be rich" (13: lugal gud-dè gána ĝar-àm-ma gána ⌈ĝar⌉-zu dùg-ga-àm 14: ^{d}ur-^{d}namma gána ĝar-àm-ma ⌈gána⌉ ĝar-zu dùg-ga-àm). Sollten beide Texte, „The Farmer's Instructions" und „Ur-Namma G" zu einem königlichen Ritual gehören, in dem der Monarch die Rolle Ninurtas als engar zid des Gottes Enlil spielte (vgl. ETCSL 5.6.3, Z.111)?

Uns interessiert hauptsächlich die religiöse Rahmung und Begründung der technischen (nicht moralischen oder ethischen!) Instruktionen. Um Ninurta bzw. ähnlich verehrte Gottheiten wie Ninĝirsu[213] geht es. Ninurta ist der „patron of agriculture", „making the mountain waters reach the Mesopotamian plain".[214] Er wird im ETCSL

[213] Civil 1994, 108, Anm. 137: „A MB hymn still has a strophe praising Ninĝirsu as patron of farming" (Or. 36, 117, 26–34). Der literarische Verweis geht auf Lambert 1967, besonders 116–118. Die von Lambert edierte, mittelbabylonische Hymne ist akkadisch geschrieben. Sie läuft auf Bitten aus, nicht auf eine Doxologie.

[214] Civil 1994, 98. Amar Annus hat in seiner Studie über den Gott Ninurta auch die verstreuten Hinweise auf dessen Verantwortung für die Landwirtschaft zusammengestellt: ders. 2002, 152–156.

nicht noch einmal als „Ratgeber" apostrophiert, andere Gottheiten indessen schon:[215] Ninurta ist also keine typische Ratgebergottheit für handwerkliches Know-how. Langfristige Regeln und Anweisungen werden mit demselben zusammengesetzten Verb na – de5 ausgedrückt. Ein Text trägt die Themenüberschrift ab-ba na mu-un-de ab-ba na mu-un-de, „Vater hat geraten, Vater hat geraten" (ETCSL 1.7.7, Z.1). Die Zeile ist in keinem alten Katalog zu finden; die so bezeichnete Komposition handelt vom „šumunda grass",[216] einer naturkundlichen, in den Schöpfungsbereich gehörigen Angelegenheit. Die Identität des „ab-ba" wird nicht gelüftet. Am Schluss sind mehr als 20 Zeilen, ein Drittel des Gesamtumfangs, weggebrochen; vielleicht waren dort der Name und evtl. eine zà-mí-Doxologie vorhanden. Der Titel „Vater" erscheint bei vielen Namen hoher Götter. In unserem Gedicht sorgen anscheinend Inana und Dumuzi dafür, die bösen Wirkungen des „hässlichen", Feuer stiftenden Krautes abzuwehren. Was dieser *plot* mit „Rat" und „Anweisung" zu tun hat, ist nicht ersichtlich. Doch verrät das zitierte Incipit die Intention, eine der Weltordnung entsprechende Regelung abzubilden.

Die stärksten Parallelen zum Gebrauch des Ausdrucks na – de5 finden sich in den „Instructions of Šuruppag" (ETCSL 5.6.1, s.o. Kap. 6.2.2.7), die nicht nur aus altbabylonischen Abschriften bekannt sind. In dieser berühmten Sammlung von Sprichwörtern kommt die besagte Wendung 27 Mal vor, das macht einen Anteil von 36,5% auf die Gesamtsumme der 79 Belege im ETCSL. Und zwar wird na – de5 überwiegend im Blick auf die ganze Lehrrede des Ur-Heros Šuruppak verwendet (Z.6–13,73–82,143–152,277–280) und nur gelegentlich innerhalb einzelner Ermahnungen (Z.260). Formal ergibt sich so eine bemerkenswerte Parallelität zwischen den „Instructions of Šuruppag" und den „Farmer's Instructions". Die Vorstellung vom unterweisenden Vater ist in der altorientalischen Literatur weit verbreitet.

Für die Schlussformel zà-mí-zu dùg-ga-àm in „The Farmer's Instructions" ist deutlich: „Dein zà-mí" kann sich nicht direkt auf den so unterschriebenen Text beziehen, denn die Bauernbelehrung ist definitiv kein Lobgesang. Aber Ninurta hat die göttliche Weisheit den Getreidezüchtern bekannt gemacht, ihnen damit das Know-how geliefert. Dafür verdient der Gott einen stärkenden, aufbauenden Applaus. „Dein zà-mí", von der dankbaren Klientel intoniert und vielleicht als Respons zur Mitteilung des kostbaren göttlichen Wissens angestimmt, ist Ninurta sicher. Dann wäre die Ergänzung dùg-ga-àm vielleicht auch mit „angebracht, berechtigt, verdient" übersetzbar. Zum Vergleich: Die „Instructions of Šuruppag" schließen mit einer einfachen zà-mí-Doxologie zu Ehren von Nisaba, die sich durch die Verschriftlichung der Lebens-

---

[215] Die Statistik des Ausdrucks na-de5 im ETCSL sieht so aus: Ausgewiesen sind 84 Vorkommen; na hat nur zweimal ein anderes Verb als de5 bei sich. An drei Stellen ist der Text fragmentiert, so dass kein Sinnzusammenhang deutlich wird. Das sind 79 klare Belege von na-de5, „Rat geben". Meistens ist aber der Gelegenheitsratschlag für eine konkrete Situation, nicht eine nachhaltige Anleitung zur Förderung der beruflichen Kompetenz gemeint. So beraten Nintur die Tochter Uttu (ETCSL 1.1.1, Z.128), Inana den Enmerkar (ETCSL 1.8.2.3, Z.69), die Mutter den Gott Martu (ETCSL 1.7.1, Z.45) in heiklen Momenten. Der Wortlaut ist jedes Mal formelhaft nach dem Grundmuster: „Ich rate dir, höre auf meinen Rat!" gefasst.

[216] Zuerst ediert von Samuel N. Kramer, Inanna and the numun-plant: a new Sumerian myth, in: Ruth Adler u.a. (Hg.), The Bible World, New York 1980, 87–97.

regeln des Ur-Heros große Verdienste erworben hat (ETCSL 5.6.1, Z.279f.). Unmittelbar vorher gedenken die Überlieferer/Schreiber des weisen Šuruppak, ohne einen Lobpreis auf ihn anzustimmen (Z.277: na de$_5$ šuruppag^{ki} dumu ubara-tu-tu-ke$_4$ na de$_5$-ga 278: šuruppag^{ki} dumu ubara-tu-tu-ke$_4$ na de$_5$-ga; 277: „Šuruppak hat Rat gegeben, der Sohn Ubaratutu hat Rat gegeben; 278: Šuruppak, Sohn des Ubaratutu hat Rat gegeben." ETCSL 5.6.1, Z.277: „These are the instructions given by Šuruppag the son of Ubara-Tutu"). Sollte man auch hier einen zà-mí-Vermerk wegen besonderer Verdienste erwarten? – Es wird in Kap. 6.3.1 darauf ankommen, die Bedeutung des possessiven Suffixes an zà-mí und der adjektivischen Prädikatierung abzuschätzen.

6.3.1.3 Ninĝišzida's Journey to the Nether World (ETCSL 1.7.3)

Auch diese von der Totenklage geprägte Dichtung[217] hat kaum etwas Hymnisches an sich. Dennoch trägt sie am Ende einen erweiterten zà-mí-Vermerk, der offensichtlich zum Textganzen gehört und nicht als bloßer Kolophon betrachtet werden kann. Die Doxologie geht zwar an Ereškigal, die große Unterweltsgöttin (Z.90), während Ninĝišzida in dem vorliegenden Gedicht ein ambivalentes Verhältnis zum Totenreich hat. Das Drama des Abstiegs in die Schattenwelt rechtfertigt die Anrufung Ereškigals. – Ninĝišzida war ursprünglich wohl eine in Gišbanda verehrte Baumgottheit. Der Name könnte bedeuten „Herr des guten Baumes" und seine Verbindung mit Schlangenvorstellungen ist vielleicht auf die Wurzelsymbolik zurückzuführen.[218] Damit gehörte der Gott in die Reihe der Vegetationsnumina; „he was taken forcibly down into the world below".[219] Das Motiv des „Abstiegs in die Unterwelt" hängt Vegetationsgottheiten an, weil in Steppengebieten die Flora regelmäßig abstirbt, die zuständige Gottheit also saisonbedingt verschwindet. Für den sumerischen Bereich zählt Dina Katz die jugendlichen Numina Ninĝišzida (auch Damu genannt), Ninḫursaĝa, Amašilama, Ninazimua auf, denen dieses Schicksal begegnet, dazu die älteren Inana, Enki und auch Enlil.[220] Spekulationen über den „Umbruch" in der Gotteskonzeption sind darum unnötig: Die Lebensgottheiten konfrontieren *per se* das Todesgeschick; das Rätsel des Sterbenmüssens bewegt die Anbeter "hohen Gottheiten" (Anuna).

Der Text enthält wenig Handlung, keine epische Darstellung; er besteht vorwiegend aus litaneimäßig wiederholten Bitten und Rufen. Die beiden Schwestern des Ninĝišzida versuchen, seine Entführung in die Unterwelt zu verhindern oder ihn wenigstens auf dieser Fahrt zu begleiten. „Let me sail away with you, let me sail away with you, brother" klingt es in endloser Wiederholung (Z.11–19).[221] Der böse Unterweltsdämon (gal$_5$-lá ḫul) duldet keine weiteren Passagiere (Z.20–28). Er akzeptiert anscheinend auch kein Bestechungsgeschenk (Z.38–44). Ein zweites Klagestück folgt:

---

[217] Jacobsen 2000; Zólyomi 2003, vgl. o. Kap. 6.2.2.1.

[218] So Jacobsen 2000, 315.

[219] Jacobsen 2000, 316.

[220] Katz 2003, 44: Von zwei Sterblichen wird episch-mythisch ein Abstieg in die Unterwelt berichtet: Ur-Namma und Gilgameš; vgl. die Liste von Unterweltsgottheiten bei Katz, a.a.O., 357–382.

[221] Katz 2003 diskutiert die Raumvorstellungen, die der Unterweltsreise zu Grunde liegen, ebenso die verschiedenen Lokalisierungen der Totenwelt und die „Verkehrsmittel", derer man sich bedient.

> „You are a beloved …, there should be a limit to it for you (ki-še-er-ra ab-tuku-e) How they treat you, how they treat you! there should be a limit to it for you. My brother, how they treat you, how haughtily they treat you! – there should be a limit to it for you. 'I am hungry, but the bread has slipped away from me!' – there should be a limit to it for you. 'I am thirsty, but the water has slipped away from me!' – there should be a limit to it for you." (Z.45–49)

Jede Zeile endet mit ki-še-er-ra ab-tuku-e, „es sollte ein Ende für dich haben", ein kultischer Klageruf, dem akkadischen *aḫulap*, „es ist genug" verwandt. Auch hier überzeugt der monotone, repetitive liturgische Stil. Ein drittes Mal klingt die Klage auf in Z.76–81; zwischen zweiter und dritter Klage besteht aber eine Lücke, so dass die Zahl der Klagestücke fraglich bleibt. Außerdem ist wegen einiger unleserlicher Zeilen unklar, ob ein Umschwung von der Klage zur Freudenfeier einsetzt:

> „My king will no longer shed tears in his eyes. The drum will … his joy in tears. Come! May the fowler utter a lament for you in his well-stocked house, lord, may he utter a lament for you. How he has been humiliated! (ta ba-ab-pel-e). May the young fisherman utter a lament for you in his well-stocked house, lord, may he utter a lament for you. How he has been_humiliated! May the mother of the dead gudug priest {utter a lament for you in her empty ĝipar} {(1 ms. has instead:), on whom the house of the palace looked with envy (?)}, utter a lament for you, lord, may she utter a lament for you. How he has been humiliated! May the mother high priestess utter a lament {for you who have left the ĝipar} {(1 ms. has instead:) for you, now dead, who used to be in your ĝipar}, lord, may she utter a lament for you. How he has been humiliated!" (Z. 76–81)

Vier dieser Zeilen (Z.78–81) enden wieder litaneiartig mit einem Klageruf: ta ba-ab-pel-e, „wie ist er geschändet!" Das unvollständige Einleitungsstatement (Z.76f.) scheint dagegen von einer Wende zur Freudenfeier (?) zu reden, bei der auch balaĝ-Instrumente (Trommeln?)[222] gebraucht werden. Erst recht bringt dann der letzte Abschnitt (Z.82–89)[223] eine grundlegende Verbesserung für den Todgeweihten: Der König (Ninĝišzida) nimmt ein Bad, wäscht den (Todes-)Staub ab, stellt die unreinen Sandalen beiseite, bekommt (in der Unterwelt!) Thron und Bett, und kann nach Herzenslust essen und trinken: das Letztere in Z.89: níĝ-gu$_7$ ka-a mi-ni-in-gu$_7$[!] kúrun suḫ-bi ì-naĝ, „He ate food in his mouth, he drank choice wine." Diese Feststellung an prominenter, letzter Stelle gibt dem Klagegesang einen neuen Akzent. Wie aus anderen Klagesituationen in der altorientalischen Literatur bekannt, kann sich die Trauer schnell in Freude verwandeln, wenn angerufene Gottheiten ein Erhörungso-

[222] Das balaĝ-Gerät wird entweder als Streich- oder Schlaginstrument gedeutet, vgl. Anne D. Kilmer, Musik, A. I. In Mesopotamien, RlA 8, 1997, 463–482; Dumbrill 2006; Schmidt-Colinet 1981, 24 und Abb. Nr. 31 (die Verfasserin meint, balaĝ bedeute am Ende nur: „ganz allgemein ‚Musikinstrument'", a.a.O., 24), vgl. Gabbay 2014.

[223] Die Bearbeitung von Jacobsen 2000, 315–344 zählt 92 Zeilen statt der 90 in ETCSL 1.7.3. Die letzten vier (Jacobsen: Z.89–92) sind am unteren bzw. linken Tafelrand untergekommen (a.a.O., 344; Photo 339). Sachlich ist diese „Wende" in den sumerischen Geschichten von der Hadesfahrt einmalig, wenn auch nicht alle Kompositionen ein so grausiges Zwischenergebnis haben wie „Inanas Abstieg in die Unterwelt" (ETCSL 1.4.1 vgl. Z.167–172: „The Anuna, the seven judges, rendered their decision against her. They looked at her – it was the look of death. They spoke to her – it was the speech of anger. They shouted at her – it was the shout of heavy guilt. The afflicted woman was turned into a corpse. And the corpse was hung on a hook." Auch dieser Tiefpunkt wird überwunden!

rakel abgeben. „Du hast mir meine Klage verwandelt in einen Reigen!" (Ps 30,12). Das Phänomen des Umschlags von der Noterfahrung zur Rettungsgewissheit wird in der alttestamentlichen Wissenschaft schon lange diskutiert.[224]

Damit ist die Frage berührt, wie sich der zà-mí-Schluss (Z.90) zum Korpus des Klagegedichts verhält. Der Klageduktus des Gesamttextes ist kaum kompatibel mit der Schlussäußerung: „Great holy one, Ereškigala, praising you [?! s.u.] is sweet." (kug gal ^{d}ereš-ki-gal-la zà-mí-zu dùg-ga-àm). Jene hymnische Übereinstimmung zwischen der Haupthandlung und dem Hauptakteur ist nicht gegeben. Die zentrale Aktion wird von den Bösen Dämonen getragen, die Ninĝišzida gegen seinen Willen (vgl. z.B. Z.4–10) und die Proteste seiner Schwestern in die Totenwelt bringen. Im ganzen Gedicht spiegelt sich der Kampf gegen das Todesgeschick. Unter den Akteuren taucht Ereškigal, die Herrin der Unterwelt, nicht auf. Wie könnte sie dann in der Schlussdoxologie gefeiert werden? Erst der letzte Abschnitt rechtfertigt den zà-mí-Ruf, wenn er aussagen will: Ereškigal war es, die Ninĝišzida eine neue Heimat gab, ihn zu Ehren kommen ließ, indem sie ihm ein Gastmahl ausrichtete. Das alles wird am Ende des Klageliedes mehr angedeutet als explizit ausgesagt – auch der z.T. schlechte Erhaltungszustand des Textes verdunkelt den Sinnzusammenhang, – aber das Werk ergibt guten Sinn. – Erstaunlicherweise ist auch in „Inanas Abstieg in die Unterwelt" ein ähnlicher Schlussakkord gesetzt. Inana erreicht einen Kompromiss, nach dem ihre Schwester Ereškigal und ihr „Mann" Dumuzi sich den Vorsitz in der Unterwelt halbjährlich teilen (ETCSL 1.4.1, Z.404–410).[225] Der Schlusspassus lautet: Z.411–412: „Holy Ereškigala -- sweet is your praise" (kug ^{d}ereš-ki-gal-la-ke$_4$ zà-mí-zu dùg-ga-àm). Auch dieses Ende der Abstiegsgeschichte wird positiv und als Anlass gewertet, der „eigentlichen" Unterweltsgöttin ein zà-mí zuzurufen. In den Mythen von Todesgeschick und Unterwelt wird klar, dass die Sumerer den „fernen" und bald auch den „tiefen" Ort der Toten keinesfalls nur als „Hölle" betrachteten.[226]

Der Ausdruck zà-mí-zu dùg-ga-am ist erklärungsbedürftig. Weil im Bezugstext, gerade auch in seinem Endabschnitt, von einer „Huldigung" an die Unterweltsgöttin nicht die Rede ist, liegt ein anderer semantischer Akzent auf der liturgischen Formel. Offenbar zielt zà-mí hier auf die wohlmeinende und wohltuende Einstellung und Handlungsweise der hohen Unterweltsgöttin. Ihre dem Ninĝišzida erwiesene Großmütigkeit ist angesprochen. zà-mí-zu kann geradezu als „deine Freundlichkeit" oder „deine Huld" wiedergegeben werden. Oder geht es um Beschwichtigung

---

[224] Vgl. Joachim Begrich, Das priesterliche Heilsorakel, ZAW 52, 1934, 81–92; Anton Schoors, I am God Your Saviour, VTS 24, Leiden 1973; Young A. Jung, Der „Stimmungsumschwung des Beters" in den Psalmen, Diss. Heidelberg 2008

[225] „‚Now, alas, my … You for half the year and your sister for half the year: when you are demanded, on that day you will stay, when your sister is demanded, on that day you will be released.' Thus holy Inana gave Dumuzid as a substitute … ." Sprecher/Sprecherin sind wegen der Textlücken nicht eindeutig zu identifizieren. Andere sumerische Texte, die das Unterweltsmotiv behandeln, haben keinen preisenden Abschluss oder ihre Schlusszeilen sind nicht erhalten.

[226] Vgl. Katz 2003, XVI. Über die Lokalisierungen der Totenwelt handelt Katz a.a.O., 1–61. Zu „Inannas Descent" vgl. a.a.O., 251–287.

und Gnade, die der Entführte ersehnt?[227] Die Übersetzung „praising you is sweet" (ETCSL 1.7.3, Z.90) verlagert den Schwerpunkt auf die Lobsänger und verfehlt den Sinn des nominalen Ausdrucks. Nach altorientalischem Verständnis ist die gemeinte Haltung eine aktiv ausstrahlende, die Wirklichkeit positiv verändernde Kraft, die vom Numen ausgeht und bei den Empfängern einen dankbaren Respons, d.h. eine Dank- oder Lobäußerung hervorrufen muss. Demnach scheint hier mit der „kostbaren" oder „herrlichen" „Huld" der Göttin zuerst einmal deren objektive Qualität als generöse Gastgeberin gemeint zu sein, welche sich im Lobpreis spiegelt. Diese Eulogie gehört der Gehuldigten, wie das Possessiv-Suffix klar anzeigt. Erst an zweiter Stelle wird die Bedeutung „Preislied" für zà-mí nachklingen, denn die Großzügigkeit eines Souveräns muss in anerkennendem Lob ihr Echo finden.

6.3.1.4 Iddin-Dagan A (ETCSL 2.5.3.1)

Hauptthema der Dichtung ist das Verhältnis von Inana (auch unter den Namen Ninsiana = „Herrin des roten Himmels", „Abendhimmels", „Abendsterns"? [Z.230] und Ninegal, „Herrin des großen Hauses" ? [Z.171] bekannt) zu Iddin-Dagan aus der Dynastie von Isin, von dem vier Hymnen erhalten sind. Die Texte gehören in die altbabylonische Zeit und sachliche Veränderungen gegenüber älteren Traditionen sind möglich.[228] Das Grundmuster sumerischer Preislieder ist jedoch beibehalten, inklusive der zà-mí-Formel am Ende oder in der Mitte des Gedichtes.[229] Zu den Charakteristika des umfangreichen Lobliedes gehören die kirugu-Einteilung (liturgische Gliederung des Textes, vgl. auch Ninĝišzida C = ETCSL 4.19.3) und der durchgehend neutrale Redestil, der die Göttin (außer im Schlussabschnitt) nur in der 3. P. Sing. nennt, auch in persönlichen Ich-Aussagen. Damit ist die Sprechrichtung erkennbar: Anstatt im Gebetsstil die Gottheit anzureden, wendet sich das redende Ich an eine Zuhörerschaft und erklärt ihr die Vorzüge Inanas. Am Anfang steht eine Eulogie auf die Göttin:

> "I shall greet her (ga-na-ab-bé-en = 6 Mal in Z.1–16) who ascends above, her who ascends above, I shall greet the Mistress who ascends above, I shall greet the great lady of heaven, Inana! I shall greet the holy torch who fills the heavens, the light, Inana, her who shines like daylight, the great lady of heaven, Inana! I shall greet the Mistress, the most awesome lady among the Anuna gods; the respected one who fills heaven and earth with her huge brilliance; the eldest daughter of Suen, Inana! For the young lady I shall sing a song about her grandeur, about her greatness, about her exalted dignity; about her radiantly ascending at evening; about her filling the heaven like a holy torch; about her stance in the heavens, as no-

---

[227] Anregung von A. Bartelmus. Vorschlag A. Zgoll: „Dein Lob ist gut/gewichtig/machtvoll, weil es dazu beiträgt/beitragen soll, dass Ereškigal so handelt wie erhofft."

[228] Nicole Brisch weist immer wieder auf Form und Inhalt der Hymnen hin: Am auffälligsten sind für sie die Veränderungen von Struktur und Schlussformel in den Hymnen der Könige von Larsa, vgl. dies. 2006, 28f. Die frühere zà-mí-Doxologie ist zugunsten einer Königsakklamation aufgegeben.

[229] Daniel D. Reisman, Iddin-Dagans Sacred Marriage Hymn, JCS 25, 1973, 185–202; Thorkild Jacobsen, The Sacred Marriage of Iddin-Dagan and Inanna, in: Hallo 1997 Bd. 1, 554–559; Römer 1965; ders. TUAT II, 2005, 659–673; Philip Jones, Embracing Inana: Legitimation and Mediation in the Ancient Mesopotamian Sacred Marriage Hymn Iddin-Dagan A, JAOS 123, 2003, 291–302; Piotr Michalowski, Iddin-Dagan and his Family, ZA 95, 2005, 65–76.

ticeable by all lands, from the south to the highlands, as that of Nanna or of Utu; about the greatness of the mistress of heaven!" (ETCSL 2.5.3.1, Z.1–16)

Ein ungenannter Sprecher/Sänger (bzw. eine weibliche Person) bringt der überragenden Herrin seine/ihre „Grüße": Fünf der o.g. 16 Zeilen enden mit: silim-ma ga-na-ab-bé-en, „ich will ihr Wohlergehen ausdrücken" (Z.1,2,3,6,9[230]), und die Endzeile dieses ersten Teils fasst die Huldigung zusammen: in-nin$_9$-ra šìr-re-eš ga-na-ab-bé-en, „der Herrin will ich ein Lied singen" (Z.16; im ETCSL syntaktisch vorgezogen).

Damit ist der performative Akt angezeigt. Es handelt sich um eine kultische Anbetung, wohl im Rahmen eines Tempelrituals. Das zentrale Stück dieser Zeremonie ist die Rezitation des vorliegenden Hymnus. Folgt man der Textgliederung von Thorkild Jacobsen,[231] dann beschreiben die dritte bis fünfte Strophe (kirugu) eine „monthly ritual victory parade", die von priesterlichen dramatischen Inszenierungen aber auch durch Volksmusiker begleitet wurde. Im sechsten und siebten Teil feiert die Kultgemeinschaft Inana als Abendstern, in der neunten Strophe in ihrer Eigenschaft als Morgenstern. Höhepunkt ist der zehnte, umfangreichste kirugu mit seiner zum Neujahrsritual gehörenden Heiligen Hochzeit, welche der König mit Inana (vertreten durch die Gemahlin?) begeht. Alle Teile sind voller verbaler und kultischer Aktion.[232] Die Ansage „Der Herrin singe ich ein Lied" kommt noch etliche Male in der Dichtung vor (vgl. Z.37,40,43,62,65,68). Trotzdem bleibt das Gros des Textes der neutralen Schilderung (Gottheit in der 3. P. Sing.) verhaftet. Es ist immer die Einzelstimme, welche das Lob ausspricht,[233] nicht das gemeindliche Wir. Das Gedicht ist mit Preisaussagen durchsättigt. Welche Rolle spielt die zà-mí-Doxologie von Z.222, die gewiss mit den Lobaussagen von Z.217 und sonstigen, synonymen Äußerungen in Verbindung steht? zà-mí selbst tritt in seiner Bedeutung „Lobpreis"[234] nur in Z.217–222 auf:

[230] Römer übersetzt diese Leitphrase (ders. 1965, 145, zu Z.35–37): „Der Himmelsherrin will ich ‚Heil' zurufen." In der späteren Ausgabe (ders., Ein Lied zum Ritus der Heiligen Hochzeit der Göttin Inanna mit König Iddindagan von Isin (ca. 1974–1954 v.u.Z.), TUAT II, 1989, 659–673, verdeutscht er Z.37 mit: „zur großen Herrin des Himmels, Inanna, will ich ‚Sei gegrüßt!' sprechen."

[231] Jacobsen 1997, 554; vgl. Black 2004, 262f.

[232] Römer beschreibt, wie verschiedene Gruppen herantreten und Inana ihre Reverenz erweisen: Schwarzköpfige, sag̃-ur-sag̃-Personal, „rechte" Männer, Jungmänner, Jungfrauen, Schwert und Streitkeule, Kurgurra-Wesen, ‚Berufene' und alte Frauen (ders. 1965, 144f.).

[233] In Z.217 sind mehrere Einzelne gemeint, es tritt kein Chor auf. Neben den schon genannten Wendungen fällt besonders die Formel me-téš … i-i, „das Angemessene sagen", „Lob äußern" auf, vgl. Z.86,109,125,166. Sie bleibt dem Haupttext vorbehalten; am Schluss taucht sie nicht auf.

[234] Die relativ späte Hymne Iddin-Dagan A zeigt eines der – mit Determinativ g̃iš versehenen – seltenen Beispiele, in denen zà-mí nicht den Preis oder das Preislied meint, sondern ein Streich- oder Zupfinstrument, vgl. die übrigen sechs Stellen, die im ETCSL ausgewiesen werden: Vier in „Enki's journey to Nibru" (ETCSL 1.1.4), je eine in Šulgi B (ETCSL 2.4.2.02) und Diatribe B (ETCSL 5.4.11). In Iddin-Dagan A steht das Instrument nach dem $^{g̃iš}$al-g̃ar (Z.207) in Z.208 (in Römers Edition von 1965 ist es die Z.206). Das Instrument $^{g̃iš}$zà-mí ist also anscheinend nicht sehr häufig und auch nicht in besonders alten Dokumenten bezeugt, vgl. Anne Draffkorn Kilmer, Musik A. I. In Mesopotamien, RlA 8, 1997, 463–482. Die Expertin ist überzeugt von der Priorität des Gegenstandes: „The zà-mí = *šammu* instrument … gives its name to the ‚doxology' that concludes many ‚praise hymns'" (a.a.O., 463).

217: nin-ĝu$_{10}$ zà-mí an ki-ke$_4$-ne zà-mí ma-ni-in-dug$_4$ 218: nu-u$_8$-gig an ki-da tud-da-me-en 219: nu-u$_8$-gig-e ki kug ki sikil-la šìr-ra mu-na-an-ĝál 220: ḫi-li saĝ gíg me-te unken-na 221: ^{d}inana dumu gal ^{d}suen-na 222: nin an-usan^{an}-na zà-mí-zu dùg-ga-àm 217: „They praise my lady on my behalf (?) with the hymns of heaven and earth. 218: ‚You are the Mistress born together with heaven and earth.' 219: In the holy place, the pure place, they celebrate the Mistress in songs: 220: ‚Joy of the black-headed people, ornament of the assembly, 221: Inana, eldest daughter of Suen, 222: lady of the evening, your praise is good.'"

Die Struktur des Schlussabschnittes ist bemerkenswert: Der Einzelsprecher scheint im Suffix zur beschriebenen Hauptakteurin (Z.217: „meine Herrin") durch. In einem Satz, der zwei Mal zà-mí in ungewöhnlicher Bedeutung enthält, wird jedoch die Mehrzahl der Kultgestalter apostrophiert („sie loben";[235] alles in Z.217). Weil der Ausdruck zà-mí ... dug$_4$ erst weiter unten besprochen wird, beschränken wir uns hier auf die einzigartige Formulierung zà-mí an ki-ke$_4$-ne „Preisungen des Himmels und der Erde": Sie setzt eine Technisierung des Begriffs zà-mí voraus. Hörern und Hörerinnen musste die Bedeutung dieses umfassenden Ausdrucks klar sein: Die Fülle gottesdienstlicher Gesänge. Beispielhaft werden zwei Incipits, in direkter Anrede an Inana – ein im ganzen Gedicht sonst fehlendes Stilelement – zitiert (Z.218 und Z.220–223). D.h. der Schlusspassus Z.217–223 hat zwei berichtende Aussagen (Z.217,219) und als Zitat folgend zwei Hymnenanfänge, erkennbar an der direkten Hinwendung zu Inana. Beide summierenden Stücke greifen Hauptinhalte des vorangehenden neutralen Hymnus auf und tragen sie an die Göttin heran. Das zweite läuft dann in den kulminierenden Preis aus: 221: ^{d}inana dumu gal ^{d}suen-na 222: nin an-usan^{an}-na zà-mí-zu dùg-ga-àm. Er kann mit Fug und Recht als der Höhepunkt des ganzen Gedichts gelten. Als dumu gal ^{d}suen-na, „große/älteste Tochter des Suen" ist Inana auch in Z.9,43,68[236] tituliert. Der Beiname nin an-usan^{an}-na, „Herrin des Abends" kommt noch in Z.85,87,90,108,110,225 vor. Bemerkenswert, dass auf solche geballten Ehrentitel im Schlussabschnitt des Hymnus weder die häufige Wohlergehensformel (etwa: silim-ma ga-na-ab-bé-en), noch eine Majestätsaussage (etwa: ^{d}inana maḫ-am, „Inana ist großartig", Z.85,87,108,124,165) folgt wie im Textkorpus, sondern die für den Hymnenschluss spezifische Wendung zà-mí-zu dùg-ga-àm. – Die noch folgenden drei Zeilen[237] 223–225 sind refrainartig, man vergleiche die analogen Passagen Z.84–87 (etliche Textvarianten), 106–110,122–126,163–167. Man sollte sie nicht einfach zum Haupttext zählen. Derselbe endet mit dem zà-mí-Lobpreis „gut und richtig ist es, dich zu loben." Auch hier ist wie unter einem Formzwang die zweite Person der direkten Anrede verwendet.

Das erstgenannte Charakteristikum der Iddin-Dagan Hymne, die liturgische Rubrizierung des Textes, hat schon viel Kopfzerbrechen bereitet.[238] Obwohl wenig über die

---

[235] In den Verbalformen ma-ni-in-dug$_4$ (Z.217) und mu-na-an-ĝál (Z.219) ist formal kein Pluralzeichen gesetzt; sie sind wohl medial-passivisch zu verstehen („man sagt", „... schreibt zu").

[236] Variante in Z.43 und 68 ist nin gal an-na, „große Herrin des Himmels".

[237] Z.225 ist nach ETCSL nicht einheitlich überliefert, vgl. die Ausgabe von Reisman 1973.

[238] Über Vermutungen kommen die Experten nicht hinaus: Erklärungsversuche scheitern an der Unbekanntheit der antiken hymnologischen Fachsprache, vgl. oben Kap. 2. Über Gattungsbezeichnungen und Strophenbau: Falkenstein 1953, 18–27; Wilcke 1974, 205–316; ders. 1975a. Sekundärli-

agendarische Bedeutung der sumerischen gottesdienstlichen *termini technici* bekannt ist, lässt sich fragen: Welche Funktion haben die Bezeichnungen ki-ru gú, ĝiš-gi$_4$-ĝál-bi-im, šag$_4$-ba-tuku-àm in Iddin-Dagan A? Die Einteilung in 10 ki-ru-gú korrespondiert offenbar mit einem liturgischen Ablauf, der im zehnten Teil, der Feier der Heiligen Hochzeit[239] (68 Zeilen, gegenüber 9 bis 33 Zeilen in den ersten neun Unterabteilungen) seinen Höhepunkt erreicht. Nach der ersten, achten und zehnten Strophe findet sich der ĝiš-gi$_4$-ĝál- Vermerk, und ihm jeweils vorangestellt eine kurze poetische Passage, die anscheinend Hinweis auf ein anderes, nicht voll ausgeführtes, liturgisches Element ist. So heißt es in Z.18 nach dem ersten liturgischen Akt: „Her descending is that of a warrior." Man kann sich eine Art Antiphon, den Respons von Chor oder Gemeinde auf den solistisch vorgetragenen Lobgesang von Z.1–16 vorstellen. Die Vermutung, Z.18 stelle nur das Zentralkonzept eines umfangreicheren Gegengesanges dar, erhält Unterstützung im zweiten ĝiš-gi$_4$-ĝál nach dem achten ki-ru-gú (Z.128–131). Hier erscheint ebenfalls das Motiv „descend like a warrior" (ur-saĝ-àm ... è), nur dieses Mal in vierzeiliger Einkleidung. Im dritten ĝiš-gi$_4$-ĝál nach dem zehnten ki-ru-gú sind fünf Majestätsaussagen mit enklitischer Kopula, also als nominale Ausdrücke ohne finite Verben, angeführt: 227: kalag-ga-àm nir-ĝál-àm bùluĝ-ĝá-àm maḫ gal-àm 228: nam-šul-la dirig-ga-àm („sie ist mächtig, glorreich, blühend, majestätisch, heldenhaft"), Attribute, die im Umfeld der beiden ersten Responsorien liegen. Auffällig ist, dass eine gleichlautende Kette von Preisungen dem ĝiš-gi$_4$-ĝál Nr. 2 (Z.128–131) als ein šag$_4$-ba-tuku angefügt ist (Z.133: kalag-ga-àm nir-ĝál-àm bùluĝ-ĝá-àm maḫ gal-la-àm nam-šul-àm dirig-ga-àm). Die unterschiedliche sumerische Nomenklatur bei gleichem Textinhalt muss uns davor warnen, vorschnelle Identifizierungen zu wagen. In jedem Falle aber zeigt die doppelte Responsbildung nach dem achten ki-ru-gú, dass hier ein besonders tiefer Einschnitt im liturgischen Geschehen anzunehmen ist. Der Gegengesang nach dem ersten ki-ru-gú betont die Wichtigkeit der Einleitungseulogie, derjenige nach dem zehnten ki-ru-gú unterstreicht die Bedeutung der beiden letzten liturgischen Akte Nr. 9 und 10, und gibt damit auch der zà-mí-Passage Z.217–222 einen besonderen Rang. Die ganze Komposition wird im Kolophon Z.230 als šìr-nam-ur-saĝ-ĝá etikettiert, was etwa „Heldenlied" bedeuten könnte.[240] Von „heldenhaftem" Verhalten Inanas ist allerdings nach unserem Verständnis wenig die Rede. Der Iddin-Dagan-Hymnus stellt vielmehr ihr überragendes ordnungspolitisches Handeln, dem auch der Vollzug der Heiligen Hochzeit dient, in den Mittelpunkt. Das liturgische Geschehen endet offenbar in einem großen Festakt bzw. Gastmahl, in welches das „schwarzköpfige Volk", d.h. die Kultgemeinde, einbezogen ist:

---

teratur zu Poesie, Musik, Kult s.o. Anm. A 69–78. Auch die kulttechnischen Bemerkungen im alttestamentlichen Psalter bleiben ungeklärt, vgl. Mowinckel 1962, 207–217.

[239] Kritisch zur gängigen Interpretation dieses Kultaktes äußert sich z.B. Sallaberger 1999, 155f.

[240] Vgl. Shehata 2009, 278–281.

„Abundance and celebration are prepared before her in plenty. He [Iddin-Dagan] arranges a rich banquet for her [Ninsiana]. The black-headed people[241] line up before her. 206: With instruments loud enough to drown out the south wind-storm, 207: with sweet sounding alĝar instruments, the glory of the palace, 208: and with harps, the source of joy for mankind, 209: musicians perform songs which delight her heart. (206: ĝiš-gù-di ùlu-ta eme ĝar-ra 207: ^{ĝiš}al-ĝar gù dùg-ga é-gal me-te-bi 208: ^{ĝiš}zà-mí ki ur_5 sag_9-ge nam-lú-ùlu-ke_4 209: nar-e šìr $šag_4$ ḫúl-la-ka-ni mu-ni-in-pàd-pàd-dè). The king sees to what is eaten and drunk, Ama-ušumgal-ana sees to what is eaten and drunk. The palace is in festive mood, the king is joyous. The people spend the day amid plenteousness. Ama-ušumgal-ana stands in great joy. May his days be long on the splendid throne! He proudly (?) occupies the royal dais“ (ETCSL 2.5.3.1, Z.203–216).

Das Fest quillt über von Segensgaben, Musik und Lebensfreude: Ausdruck der göttlichen Kräfte, die sich im König bündeln. – Ein Blick auf Ninĝišzida C, ETCSL 4.19.3, kann vielleicht den zà-mí Abschluss stärker profilieren. Leider fehlen diesem kurzen, zeitlich schwer einzuordnenden Lied die Anfangs- und Schlusszeilen, so dass ungewiss bleibt, ob es dort eine finale zà-mí-Doxologie gegeben hat. Aber die einzelnen ki-ru-gú enden auf zà-mí, und das ist eine sonst nicht belegte Besonderheit. Alle fünf z.T. nur bruchstückhaft erhaltenen, ursprünglich wohl 5–10 Zeilen umfassenden Sektionen laufen auf eine spezielle, stereotype doxologische Aussage hinaus: 13: en ^{d}nin-ĝiš-zid-da zà-mí-zu dùg-ga šìr-re-eš [àm-mi-ni-in-ne] 13: „Lord Ninĝišzida, your praise is sweet. [They praise you] in song.“

Nur ki-ru-gú Nr. 2 hat die oben zitierte volle Form (in Nr. 5 ist das Verb vom Herausgeber konjiziert). ki-ru-gú 1; 3-5 zeigen eine kürzere Variante, der mindestens die finite Verbform „they praise you“ fehlt. Was bedeutet dieser liturgische Tatbestand? In der Isin I-Zeit konnten Hymnen (auch) in ihren Untergliederungen durch eine Schlussdoxologie zu ihrem Ziel kommen. Genau wie sonst bei integralen Kompositionen fasst die zà-mí-Zeile den vorausgehenden Lobpreis zusammen, stempelt ihn sozusagen als legitimes Produkt einer Gottesehrung ab. So war ja auch im vorhergehenden Beispiel (ETCSL 2.5.3.1 = Iddin-Dagan A) die letzte Aussage des Liedes ein Kondensat des kultischen Lobgeschehens. Gleiches ist in Ninĝišzida C zu beobachten, so weit der bruchstückhaft überlieferte Text es zulässt. Jedes der fünf halbwegs erhaltenen ki-ru-gú gibt Ninĝišzida die Ehre. Der doxologische Satz: „N., dein Lob ist gut“ = „die Preisenskraft gehört dir“ und „es ist gut, dich zu preisen“ steht dann als Merkzeichen für den ganzen Lobvorgang. Er schwingt im Rhythmus der Preisungen und fasst deren Intention zusammen.

Mit leichtem Vorgriff auf Bedeutung und Funktion der attributiven Ergänzungen zu zà-mí (s.u. Tab. 7 und Exkurs zu dùg) ist festzustellen, dass die Wendung zà-mí-zu dùg-ga-àm in einer eigenen Weise die Dynamik des vorliegenden Hymnus resümiert: Außer der Erwähnung des Instruments zà-mí in Z.208 (bei Römer 1965, Z.206) kommt der Schlüsselbegriff nur im Schlusspassus vor. Er fasst also die zahlreichen synonymen Ausdrücke für „loben, preisen“ in seiner archaischen Begrifflichkeit zusammen und nimmt sie insgesamt auf. Die „Lobgesänge des Himmels und der Erde“

---

[241] ETCSL 2.5.3.1, Z.203–216. Dass das „Volk“ ([ù ĝ] sa ĝ gíg-ga: Z.33,138,170,205) am liturgischen Geschehen teilnimmt, ist außergewöhnlich und verdient besondere Beachtung, vgl. Exkurs „Volk, Gemeinschaft“ in Kap. 10.

(Z.217), die offenbar breit aufgestellte (universale?) Lobgemeinde (Z.219f.), die Titulaturen für die Herrin des Himmels beschwören eine kosmische Feier; man intoniert rauschende Gesänge, die die glorifizierte Inana in himmlischem Glanz erstrahlen lassen (Z.218,220). Das Endurteil heißt „Dein zà-mí ist überwältigend!" (Z.222). Das suffigierte Nomen, das trotz der (als Zitat aufzufassenden?) direkten Ansprache an Inana von Z.218 etwas unerwartet in die direkte Anrede (2. P. Sing.) verfällt,[242] standardisiert alle kultischen Lobanstrengungen. Der Inana gebührende „Preis" (ein von einer Einzelstimme angeführter Chorgesang?), ist ein fester Begriff, eine kultische Veranstaltung, ein liturgisches Stück. Es genügte offenbar nicht, an dieser Stelle in der neutralen dritten Person von der Göttin zu reden. Hier musste sich der Sänger/Liturg seiner „Herrin" direkt zuwenden, *face to face*, und ihr seine Gegengabe für ihre Segnungen im Lied überreichen. Das kann (wie in christlichen Liturgien bis heute) die Position des Liturgen bestimmen: Er wird die „neutralen" Lobwünsche zur Gemeinde, die Schlussdoxologie aber zum Kultbild der Gottheit hin gesprochen haben.

Das Attribut dùg-ga bekommt in einem solchen Kontext den Klang von „gewaltig, majestätisch", wie es auch aus der Parallelität mit maḫ zu erschließen ist.[243] Weil es aber vorzugsweise mit dem Nomen zà-mí verwendet wird, ist auch hier ein gewisser Formzwang zu spüren. Im kultisch-liturgischen Diskurs galt offenbar diese Wortkombination als „normal", so wie in allen Sprachen und zu allen Zeiten gewisse Wendungen als Standard angesehen werden, in die man nicht willkürlich Synonyme einsetzen darf. Bei zà-mí hat sich offensichtlich über lange Zeiträume das Attribut dùg-ga durchgesetzt. Es wird unten im Exkurs „dùg/du$_{10}$ in der Hymnenliteratur" weiter untersucht.

Über den „Sitz im Leben" der Dichtung Iddin-Dagan A sind sich die Experten gar nicht so uneinig. Wie gesagt, sieht man oft ein königliches Tempelritual zur Feier der Heiligen Hochzeit im Hintergrund. Nur selten werden leise Zweifel an dieser Lokalisierung im königlichen Kult laut.[244] Diese Einordnung ist interessant; sie beeinflusst aber nicht die Wertung und Verwendung der zà-mí-Doxologie, es sei denn, man wollte in der zà-mí-Terminologie einen Hang zur Archaisierung entdecken.

---

[242] Die Häufigkeit der einzelnen Suffixe beim Nomen zà-mí ist oben Tabelle 1 festgehalten: Erstaunlich, dass ein Suffix der 3. P. Sing., animiert-personhaft, in keinem erhaltenen Hymnus belegt ist. Anscheinend bestand eine Art Formzwang besonders für den Schluss der Dichtung. Ein Liturg hatte die Enddoxologie direkt zu addressieren, gleichgültig, ob der vorangehende Gesang persönlich oder neutral gehalten war.

[243] Tabelle 7 weist aus, dass ganz überwiegend dùg als Attribut zu zà-mí gewählt ist; die Aufstellung dort hat nur ein einziges Beispiel für die Verbindung mit maḫ, „gewaltig, majestätisch" nämlich ETCSL 4.05.1, Z.171. Ansonsten gibt es im Korpus zahlreiche Wortkompositionen, in denen maḫ attributiv bei einer geistigen Größe verwendet wird, z.B. mit den Nomina me, „göttliche Kraft", inim, „Wort", ĝarza, „Ritual". Eine attributive Verwendung von maḫ zur Näherbestimmung der me ist in Hendursaĝa A zu finden: ETCSL 4.06.1, Z.7,14,41,90. Auch hier liegt wohl eingeschliffener Sprachgebrauch vor.

[244] Samuel N. Kramer hat mit seinen Veröffentlichungen (z.B. ders. 1969) den Gedanken der menschlich-göttlichen Beziehung im sumerischen Königskult populär gemacht. Vgl. o. Anm. 229 und darüber hinaus Lapinkivi 2004; Nissinen 2008.

6.3.1.5 Ur-Ninurta B (ETCSL 2.5.6.2)

Ur-Ninurta gehört wie Iddin-Dagan zur I. Dynastie von Isin, seine Hymnen repräsentieren also die früh-altbabylonische Periode. Das relativ kurze, an Enki gerichtete Lied gliedert sich in drei Teile und ist im Schlusskolophon Z.48 als tigi („Paukenlied")[245] deklariert; ki-ru-gú-Markierungen fehlen. Die erste und längste liturgische Einheit (Z.1–20) bekommt das Etikett sa-gíd-da (Z.21), zweifellos eine liturgische Denomination. Ihr folgt ein zweizeiliges ĝiš-gi$_4$-ĝál, wie es schon in Iddin-Dagan A, auftauchte. Bei Ur-Ninurta B liegt indessen auf den ersten Blick kein Hinweis auf ein Hymnenmotiv oder eine Titelzeile vor, sondern eine einfache Bittformulierung: 22: ^{d}nu-dím-mud ^{d}ur-^{d}nin-urta-ra inim kug dug$_4$-ga maḫ-zu 23: nir ḫé-ĝál gaba gi$_4$ na-an-tuku-tuku (22: „Nudimmud, let your holy word and august command 23: be a source of honour for Ur-Ninurta, and let him have no rivals.")

Dieser Gebetswunsch scheint allerdings seltsam passivisch oder medial ausgefallen zu sein. Eine direkte Aufforderung an die Gottheit, etwas Konkretes zu bewirken, Ur-Ninurta zu stärken und mit Autorität auszustatten, ist vermieden. Zielt diese andeutungsvolle Sprache auf einen größeren literarischen Zusammenhang?

Der zweite Teil (Z.25–34) bekommt die lakonische Unterschrift sa-ĝar-ra-àm („ist ein saĝara", Z.35),[246] aber keinen weiteren Zusatz. Der kürzeste dritte Abschnitt (Z.36–47) hat keinen eigenen liturgischen Namen, denn der Endkolophon Z.48 gehört zum ganzen Lied. So scheint sich von Einheit zu Einheit eine verminderte Bedeutung abzuzeichnen, sowohl was die Länge der Abschnitte (20 – 10 – 10 Zeilen) als ihre Denominierung und Ergänzung durch weitere liturgische Elemente angeht.

Inhaltlich besingt der erste Teil die außerordentlichen Qualitäten Enkis im Bereich von Weisheit und Schöpfung. An und Enlil haben Enki in die Lage versetzt, schaffend und erhaltend die Welt zu versorgen. Dafür gebührt ihnen und Enki selbst Anerkennung und Lob. Die hervorstechendsten Preisformulierungen finden sich in Z.5 und 20. 5: ^{d}en-ki en dug$_4$-ga zid-zid-da me-téš-e ga-a-i-i (5: „Enki, lord of all true words, I will praise you.") 20: en diĝir-bi-gin$_7$ nam-maḫ-zu me-téš im-mi-i-i-ne (20: „Lord, all together they praise your greatness like the greatness of their protective deities.")

Im zweiten Durchgang (Z.25–34), der als saĝara gekennzeichnet ist (Z.35), kommt Enki allein in den Blick. Er ist der Verwalter der göttlichen me, jener nicht personhaften Kräfte, um deren Besitz auch Gottheiten buhlen. „Enki, you have gathered up all the divine powers that there are, and stored them in the abzu" (Z.26). Damit ist der Tempel Enkis in Eridu angesprochen.[247] Gleiche Vollmachten übt Enki nach diesem Hymnus auch im é-kur, dem Haupttempel Enlils in Nippur, aus.[248] Er ist der alles überragende Herrscher und Gestalter der Welt, fähig „... to create mankind and

[245] Vgl. Shehata 2009, 251–257; Falkenstein 1950, 80–150. Falkenstein bespricht im Wesentlichen den Kolophon, welcher die Bezeichnung tigi-Lied enthält. Die elektronischen Bearbeitungen im ETCSL stammen von Joachim Krecher (1996) und Steve Tinney (1998).

[246] Der saĝara ist ein Unterabschnitt von tigi und adab-Liedern; seine Bedeutung ist unbekannt, vgl. Shehata 2009, 254f.

[247] Vgl. George 2004, 65 Nr. 30.

[248] Z.30–31; vgl. George 2004, 116, Nr. 677.

to preserve them alive …" (Z.33). Der ganze Abschnitt besteht, wie schon Teil 1, aus lobenden Aussagen. Schilderungen des Preisens oder Ermunterungen zum Loben sind in beiden Abschnitten nicht gebraucht. – Der dritte Teil (Z.36–47) bringt durchweg Fürbitte für den König Ur-Ninurta; Enlil ist involviert (Z.36–44),[249] das ist nach der Einbeziehung Nippurs im zweiten Teil nicht verwunderlich. Der eigentliche Akteur aber ist Enki, dem auch die Schlusszeilen gelten:

> 45: a-a ᵈen-ki nam-gal ní ri-a ka-ge dib-ba-zu-uš 46: ᵈa-nun-na diĝir ⌜šeš⌝-zu-ne ḫé-me-da-ḫúl-ḫúl-le-eš 47: dumu an-na maḫ nir-ĝál-bi tuku zà-mí-zu dùg-ga-àm (45: „Father Enki, inspiring terrible awe, surpassing description, 46: may the Anuna, your divine brothers, rejoice over you. Son of An, possessor of august honour, it is sweet to praise you!")

Die Fürbitte, ausgedrückt in Imperativen und prekativen Verbformen, geht schließlich an „Vater Enki", für dessen „Akademie" (é ĝeštug, Z.37) Ur-Ninurta Sorge tragen soll. Enki hat jedenfalls dort (in Eridu? Nippur?) seine Weisheit versammelt (Z.37). Die Endzeile (Z.47) schreibt dem Sohn Ans „überragende Autorität" (maḫ nir-ĝál) zu und rundet den Text mit der persönlichen Huldigungsformel zà-mí-zu dùg-ga-àm ab. Obwohl der Dichter über den Lobvorgang nicht reflektiert, kommt der Schluss mit der zà-mí-Formel daher. Sie deklariert den Text als Lobpreis.

Hochinteressant ist an diesem kleinen Loblied die Parallelität der Preisaussagen: me-téš i-i, wird einmal in der 1. P. Sing. und wenig später in der 3. P. Pl. verwendet. Die Lobaussagen für Enki sind in direkter Anrede formuliert, abgesehen von wenigen nominalen Prädikationen, die Eigenschaften und Taten der Gottheit besingen:

> 1: en me galam-ma umuš ki ĝar-ra šag$_4$ sù-ud níĝ-nam zu 2: ᵈen-ki ĝéštug daĝal mas-su maḫ da-nun-na-ke$_4$-ne 3: gal-an-zu tu$_6$ ĝar inim-ma sig$_{10}$-ga eš-bar-ra igi ĝál 4: sá pàd-dè ud è-ta ud šú-uš-šè ĝalga šúm-mu (1: „Lord of complex divine powers, who establishes umderstanding, whose intentions are unfathomable, who knows everything! 2: Enki, of broad wisdom, august ruler of the Anuna, 3: wise one who casts spells, who provides words, who attends to decisions, who clarifies verdicts, 4: who dispenses advice from dawn to dusk!") ETCSL 2.5.6.2 Z.1–4.

Dieser hymnische Auftakt enthält keine finiten Verbformen, sondern nur (evtl. affigierte) Basen. Das ändert sich mit der ersten Lob-Formulierung Z.5. Die Dynamik des Lobens entfaltet sich in Erinnerungen an erhaltene Bevollmächtigungen und erwiesene Segnungen und öffnet sich für die weiter wirkenden Wohltaten Enkis zugunsten seines Volkes und Ur-Ninurtas (eingeschobene Fürbitte Z.22–23, evtl. Platzhalter für ein Bittgebet; ausgeführte *supplicatio* in Z.36–44, auch Enlil wird bemüht). Der Vorgang des Preisens erfährt in Z.28 noch einmal einen Schub: 28: me-bi me-a dirig ĝiš-ḫur-bi a-re-eš gub-ba-me-en („You have made praiseworthy the divine powers, exceeding all other divine powers"). So bevorzugt auch dieser Hymnus aus der Isin-Dynastie zà-mí-Begriffe. Sie bündeln die im Textkorpus angestoßenen Lobvorgänge. Und das Preisen selbst ist auch hier wieder eine notwendige, ständige Kraftzu-

---

[249] Fraglich ist, an wen sich die Zeilen 36–44 wenden. ETCSL postuliert die direkte Anrede an Enki auch in diesem Abschnitt.

fuhr an die Gottheit, damit sie ihre Verantwortung mit Kraft und Autorität wahrnehmen kann. Im Verbund mit An und Enlil soll Enki als der für Ur-Ninurta Zuständige Segen wirken. Die Anuna-Gottheiten stehen im Zentrum der Macht, aber sie brauchen den Lobpreis (vgl. Z.5,20). Der Schlussabschnitt – Fürbitte für den Monarchen (Z.36–47) – versucht, Ur-Ninurta im Kraftkreislauf zu halten.

6.3.1.6 Šulgi E (ETCSL 2.4.2.05)

Šulgi,[250] zweiter König der Ur III-Dynastie und damit den Isin-Königen ein Jahrhundert oder mehr voraus, hat eine große Zahl (archäologischer Zufall?) von Hymnen hinterlassen. Bis jetzt sind mehr als 20 Texte[251] mit seinem Namen aufgetaucht. Šulgi E gehört zu den Köingsliedern im Ich-Stil. Das „Selbstlob" hat Vorbilder in den göttlichen Eigenpreisungen. Bei welchen Gelegenheiten und in welcher Form solche Ich-Hymnen kultisch aufgeführt wurden, entzieht sich unserer Kenntnis.

Šulgi E ist von besonderem Interesse, weil das Schluss-zà-mí im Einklang mit dem Sprachduktus der Hymne das Suffix der 1. P. Sing. aufweist: zà-mí-ĝu$_{10}$ dùg-ga, „mein guter Lobpreis" (Z.257). Zweitens, noch wichtiger, sind die zahlreichen Hinweise auf die Hymnenkomposition und -aufführung, die anscheinend in neusumerischer Zeit am Königshof zum kultischen Standard gehörten. Unter einer Reihe von Synonymen erscheint auch das Wort zà-mí in technischer Bedeutung schon im Korpus der Hymne (Z.15), wieder mit dem Suffix der 1. P. Sing.

Zunächst die berichtenden und reflektierenden Aussagen über das „Loben". Die Hymne beginnt wie eine „Berufungsurkunde": Enlil, das „Fundament des Himmels und der Erde" (Z.1), hat Šulgi auserwählt und zum König eingesetzt (Z.5–12). Von Z.14 an nimmt (der literarische) Šulgi das Wort und gibt es so leicht nicht wieder ab. Die Einleitung wichtiger Sprechetappen lautet: ^{d}šul-gi-me-en, „ich bin Šulgi" oder: „Ich, Šulgi!" (Z.15,46,152,155,[191],257). Gleich nach der ersten Vorstellung schlägt der Text ein Hauptthema an: Šulgi ist Urheber und Gegenstand von Liedern und Liturgien. Verraten die Ich-Aussagen Unsicherheit und Verlegenheit? In Z.14–73 stehen die eigenen Leistungen absolut im Mittelpunkt (wie auch in anderen göttlichen oder königlichen Ich-Hymnen). Von Z.74–239 könnte nach der lesbaren Textsubstanz die Abwehr von oppositionellen Angriffen thematisiert sein, doch macht die Beschädigung eines Abschnitts (Z.92–154) eine Gesamtwertung unmöglich. Trotz der Textlücken ergibt sich eine imposante Masse an Sachinformationen über Absicht und Art von Lobgesängen. Hier ein auszugsweiser Überblick:

> 14: „I, Šulgi, the king whose name is very suitable for songs, 15: intend to be praised in my prayers and hymns (sum. s.u. Anm. 260). 21: At the command of my sister Ĝeštin-ana, 20: my scholars and composers of …… have composed 22: adab, tigi and malgatum hymns 16: about my being the Nintur of all that is, 17: about how wise I am in attending upon the gods, 18: about how the god of intercession has given me favourable signs 19: that years of abundance will elapse for me in due course. [23–28 = heldenhafte Kriegstaten] 29–30: … they

[250] Den geschichtlichen Hintergrund für die Regierungszeit Šulgis bietet Sallaberger 1999, 140–163. Zur Vergöttlichung Šulgis vgl. a.a.O., 152–156.

[251] ETCSL enthält 21 hymnische Texte und Textfragmente, die Šulgis Namen nennen, vgl. Walther Sallaberger, Šulgi, RlA 13, 2012, 270–280; Klein 1981; ders. 1990, 65–136; Ludwig 1990.

have composed šir-gida songs, royal praise poetry (29: ... ár nam-lugal-la), šumunša, kunĝar and balbale compositions. 38/31: They composed for me gigid and zamzam songs about my manual skill, ever reliable for the finest task of the scribal art; 32: about my ability to unravel the calculating and reckoning of the waxing of the new moon; 33: about my causing joy and happiness; 34: about how I know exactly at what point to raise and lower the tigi and zamzam instruments, 35: and how I have complete control of the plectra of the great stringed instruments; (33: ḫúl-ḫúl-le-ĝá dùg-dùg-ge-ĝá 34: zi-zi šú-šú tigi za-am-za-am-ma-ka ki bí-zu-zu-a 35: aga šu-si ĝiš-gù-di gal-gal-la zag-bi-šè ba-ab-til-la) 36: how I cannot be stopped by anything insurmountable, 37: about my being a runner tireless when emerging from the race." (Zeilenfolge der Übersetzung anders als im Umschrifttext!)

Z.39–46 beteuern gleich darauf, dass alle beschriebenen Taten und Fähigkeiten Šulgis vollkommen der Wahrheit und Wirklichkeit entsprechen, nichts davon erdacht oder erlogen sei (Selbstrechtfertigung? Fehlt im göttlichen Selbstlob!). Diese Erklärung ruft beschwörend die großen Götter An, Enlil, Suen und Utu als Zeugen an und schließt mit dem Satz: „I, Šulgi, have never allowed exaggerated praise of power to be put into a song" (^{d}šul-gi-me-en silim níĝ á dirig-ga šìr-ra ba-ra-ba-ĝál, Z.46). Und weiter geht es mit Lobaussagen (Z.47–50), Bekräftigung des Wahrheitsgehaltes (Z.51f.) und eindringlichen Wünschen, dass der Gesang zugunsten Šulgis nie aufhören möge (Z.53–62).

47: „How I glisten like fine silver, 48: how I am musical and eloquent in wisdom; 49: how I, the shepherd, do everything to absolute perfection: 50: may all this be commended in my kingship. 51: Of all the lines that there are in my songs, 52: none of them is false – they are indeed true! ... 58: In the cult-places, let no one neglect the songs about me, 53: whether they are adab, whether they are tigi or malgatum, 54: šir-gida or praise of kingship, 55: whether they are šumunša, kunĝar or balbale, 56: whether they are gi-gid or zamzam – 57/58: so that they shall never pass out of memory and never lapse from people's mouths. 59: Let them never cease to be sung in the shining E-kur! (57: ĝéštug-ge nu-dib-bé ka-ta nu-šub-bu-dè 58: ki-šu-ke$_4$ lú nam-bí-íb-da$_{13}$-da$_{13}$-a 59: é-kur za-gìn-na muš nam-ba-an-túm-mu) 60: Let them be played for Enlil in his Shrine of the New Moon! 61: When at the ešeš festival they serve the clear beer endlessly like water, 62: may they be offered repeatedly before Enlil as he sits with Ninlil."

Der anschließende, lückenhafte Text bis einschließlich Z.73 gibt wenig her; dann sind in einem besser erhaltenen Segment (Z.74–91, fragmentarisch bis mindestens Z.110) Drohungen gegen diejenigen formuliert, die nach Šulgis Tod an den Aufführungen etwas verändern sollten. Der Memorialkult muss auf jeden Fall weitergehen. In Z.92–194 besteht eine Lücke von ca. 35 Zeilen; wo Schriftzeichen erhalten sind, fehlen die hinteren Zeilenhälften. Bemerkenswert ist, dass Z.155 mit der Selbstvorstellungsformel einsetzt, auf die Ruhm heischende Sätze folgen: „I am Šulgi, the great musician ...." Dieses Schema kehrt ab Z.199 wieder, jetzt mit mehr Textsubstanz. Der Ton liegt auf der militärischen Ausrüstung durch die Götter (Z.191–201) und den glänzenden Siegen gegen Feinde wie die Gutäer (Z.202–239). Implizit ist auch in diesem Abschnitt an den weiter reichenden Ruhm gedacht (vgl. Z.204f.: „to transmit my lasting fame of victories to the distant future"). Das vierfache Selbstlob im Ich-Stil beendet den Abschnitt. Es fasst den Inhalt der Hymne zusammen: „I am he who all alone plunders cities with his own strength. / I am the strong one who is praised for his weapons.

/ I am he whose lasting name and prayerful words are as tremendeous as …. . I am the just and the benefactor in the Land“ (Z.236–239).

Der Schlussteil Z.240–257 enthält Gebetswünsche, die frühere Anliegen des Hymnenkorpus aufnehmen und kommt schließlich zur zà-mí-Doxologie:

> 240: „May my hymns (èn-du-ĝu$_{10}$) be in everyone's mouth; 241: let the songs about me (šìr-ĝu$_{10}$) not pass from memory. 242: So that the fame of my praise (silim-éš dug$_4$-ga-ĝá-kam), 243: the words which Enki composed about me (inim ^{d}en-ki-ke$_4$ mu-ši-ĝá-ĝá-a-àm), 244: and which Ĝeštin-ana joyously speaks from the heart and broadcasts far and wide (húl-húl-e šag$_4$-ta dug$_4$ tál-tál ^{d}ĝeštin-an-na-ka-kam), 245: shall never be forgotten, 246: I have had them written down line by line in the House of the Wisdom of Nisaba in holy heavenly writing, as great works of scholarship. 247: No one shall ever let any of it pass from memory … 248: It shall not be forgotten, since indestructible heavenly writing has a lasting renown. 249: The scribe should bring it to the singer, and can let him look at it, 250: and with the wisdom and intelligence of Nisaba, 251: let him read it to him as if from a lapis-lazuli tablet. 252: Let my songs (èn-du-ĝu$_{10}$) sparkle like silver in the lode! 253: Let them be performed in all the cult-places (ki-šu-ki-šu-ke$_4$ ḫé-em-ma-an-du$_{12}$), 254: and let no one neglect them in the Shrine of the New Moon. 255: In the music-rooms of Enlil and Ninlil 256: and at the morning and evening meals of Nanna, 257: let the sweet praise of me, Šulgi, be never-ending (šul-gi-me-en zà-mí-ĝu$_{10}$ dùg-ga mùš nam-ba-an-túm-mu).“

Wie bei keinem anderen Hymnentext des ETCSL sind in Šulgi E die Taten und Qualitäten eines Monarchen in kultisches Liedgut gegossen. Welche Funktionen und Bedeutungen des Hymnengesangs lassen sich aus dem vorliegenden Text erheben?

1) Für den Monarchen besteht eine dringende Notwendigkeit, seine Taten und überragenden Eigenschaften zum Zweck kultischer Aufführung verdichten zu lassen. Erst durch die Liedfassung werden Siege und Errungenschaften real und wirkmächtig, und zwar in Gegenwart und Zukunft.[252] Die „wirkliche“ Welt wird im Kult unter Mitwirkung aller Gottheiten, Mächte und anbetenden Menschen geformt und erhalten.

2) Insbesondere fällt das Bemühen auf, die genaue Rezitation des Preisliedes für alle Zeiten sicherzustellen: In den Z.74–122 ist trotz des schlechten Erhaltungszustandes ein großer Fluchkatalog zu erkennen. Er soll denjenigen („ob König oder Gouverneur“, Z.78) treffen, [who] „removes my name from my hymns“ (Z.75; und „seinen Namen“ einsetzt?)[253] oder sonstige Aggressionen gegen den Šulgi-Kult verübt.[254] Der göttliche Ursprung der Hymne (Z.243f.) und die autorisierte Verschriftung (Z.246–248) garantieren Unvergänglichkeit.

3) Profis für Dichtung und Aufführung der Königslieder sind an Hof und Tempel vorhanden. Sie arbeiten unter dem Einfluss von Gottheiten wie Gestinana (Z.21,163) und Enki (Z.243) und heißen hier „Gelehrte“ (um-mi-a; generisch) und „Komponis-

---

[252] Vgl. ETCSL 2.4.2.02, Z.283–288: „At some time in the distant future, a man of Enlil may arise, and if he is a just king, like myself, then let my odes, prayers and learned songs about my heroic courage and expeditions follow that king in his good palace“ (Šulgi B).

[253] Vgl. Radner 2005.

[254] Derartige Flüche schützten gemeinhin Verträge, Grenzverläufe, Inschriften; vgl. Manfred Krebernik, Segen und Fluch, A. In Mesopotamien, RlA 12, 2011, 345–348; Watanabe 1984; Sommerfeld 1993.

ten“ (gur$_4$-gur$_4$, wörtl: „Dicke“?; unspezifisch, Z.20). Die ständisch gegliederten „Sänger“ (nar) verbergen sich in den Textlücken (vgl. Z.70,190). Šulgi selbst ist der Prototyp des Sängers (Z.155). Nimmt das Volk die Kultlieder auf (Z.57f.,157)?

4) Der Schauplatz für die Kultfeier ist der Ekur-Tempel in Nippur (Z.59–62; s.o.). Enlil und Ninlil nehmen zu bestimmten Zeiten, in bestimmten Opferriten (Z.61: „Bier, klar wie Wasser“ – kaš gi-rin a-gin$_7$ – wird gereicht) den Gesang entgegen. Darüber hinaus sollen die Hymnen in „allen Heiligtümern“ und täglich beim „Morgen- und Abendmahl“ Nannas erklingen (Z.253–257; Text s.o.).

5) Die Dichtung darf nichts Falsches behaupten (Z.46 u.ö.), wobei das Kriterium für das Richtige sicher nicht unsere „historisch verifizierbare Wahrheit“, sondern eher die Angemessenheit der Aussagen im Blick auf den Herrschaftsauftrag ist.

6) Šulgi E bietet mindestens 10 Gattungsbezeichnungen für Heil konstituierende Kompositionen;[255] sie sind auch aus anderen Hymnen und Listen bekannt, aber keineswegs die vollständige Sammlung aller damaligen Termini.[256] Liturgische Rubriken kommen nicht vor, dafür einige Begleitinstrumente für den kultischen Gesang.

7) Die aktuelle Hymne hat keinen Kolophon; im Textkorpus wird sie nur durch generische Bezeichnungen vor allem als èn-du (12 Mal), šìr (5 Mal) oder ár (3 Mal) apostrophiert. Das Verhältnis von Schreiberschule zur Sängerzunft kommt ausdrücklich zur Sprache: Das Lehrhaus der Nisaba ist für Komposition (?) und treue Bewahrung des Textes zuständig (Z.246–248; s.o.). Der Schreiber bringt den Text zum Sänger und liest ihm daraus vor (Z.249–251; s.o.). Offenbar memoriert der Kultdiener das Lied, er hantierte beim Vortrag nicht mit einer Schrifttafel. Die Verschriftung ist aber notwendig, sie macht den Text so fest, als sei er auf Lapislazuli eingegraben (Z.251).

Das hymnologisch so reichhaltige Loblied Šulgi E benutzt, und das ist der andere wichtige Aspekt, an zwei Stellen den *terminus technicus* zà-mí. Was ist damit gemeint? Wie fügt sich die Designation in das Allgemeinbild vom Hymnengesang ein?

Es ist sicher kein Zufall, dass die beiden Vorkommen von zà-mí in Šulgi E den Textkorpus einrahmen.[257] Z.1–13 ist ein legitimierender Prolog. Die thematische Einleitung Z.14–15 bringt sogleich den Doppelbegriff šùdu zà-mí-ĝá, „meine Gebete und Lieder“ (Z.15, engl. Übersetzung s.o.). Eine singuläre Kombination unter den 88 Belegen für šùdu im ETCSL! Häufig sind die Zusammenstellungen der Synonyme „Gebet und Bitte“ (šùdu a-ra-zu). Einmal erscheint auch šùdu im Verein mit šìr, „Lied“.[258] Aber „Gebet“ und zà-mí sind nur hier nebeneinander gestellt. Sie sollen

[255] In der Reihenfolge des Vorkommens (Z.22–34): adab, tigi, malgatum, širgida, ár namlugala, šumunša, kunĝar, balbale, gigid, zamzam – sie sind (uns weithin unverständlich) in derselben Abfolge aufgereiht in Z.53–56. Darüber hinaus finden sich generische Bezeichnungen für gesungene Gedichte, z.B. èn-du; šìr, silim-éš dug$_4$-ga (Z.240–242,252).

[256] Vgl. Wilcke 1975a; Shehata 2009, 247–306.

[257] Ein ähnliches Phänomen lässt sich in Šulgi B (ETCSL 2.4.2.02, Z.4+384) konstatieren, nur befindet sich der Hinweis auf den wirkungsmächtigen Lobgesang bereits im Vorspann, bevor mit Z.12 das Selbstlob Šulgis anhebt. Šulgi X hat kein Mittel-zà-mí, aber šìr und èn-du in Z.12f. übernehmen eine gewisse Rahmenfunktion für den Gesang Inanas (ETCSL 2.4.2.24, Z.11–73), die erste Texthälfte.

[258] ETCSL 2.4.2.02 (Šulgi B), Z.286f. … „let my odes, prayers and learned songs about my heroic courage and expeditions follow that king in his good palace.“ Šùdu ist übrigens in den Šulgi-

offenbar das Ganze einer kultischen Handlung, ihren Wortteil betreffend, andeuten. Wenn das zutrifft, dann will die einleitende Doppelzeile auf den gesamten folgenden Inhalt verweisen: 14: „I, Šulgi, the king whose name is very suitable for songs, 15: intend to be praised in my prayers and hymns." Diese Übersetzung geht freilich von der heutigen, westlichen Ich-Zentriertheit aus („Mein Ego soll verherrlicht werden"). Der sumerische Text will wohl eher sagen: „Ich, Šulgi, bin kraft meines Amtes ein geeignetes Objekt,[259] über dessen Sein und Tun kultmächtige Lieder verfasst werden können. Diese Gebete und Hymnen sollen heilbringend (silim-éš) rezitiert (ga-dug$_4$) werden." Bittteile und Lobteile des nachfolgenden großen Werkes sind also gleichermaßen bedacht.[260] – Liegt hier der real rezitierte Kulttext vor?

Die Abschlussdoxologie von Z.257 (s.o.) stimmt gut mit den Einleitungszeilen zusammen. Wieder ergibt sich ein typisches Problem der Übersetzung: Meint zà-mí-ĝu$_{10}$ wirklich „praise of me", d.h. des eigenständigen, der Welt allein gegenüberstehenden Subjekts? Stellt es nicht eher in Analogie zu Z.15 das rezitierfähige Loblied des vergöttlichten Monarchen dar, dessen Kult nach Z.252–256 weiter bestehen soll, damit die Weltordnung erhalten bleibt? Synonym zu zà-mí steht in Z.252 èn-du, das in den Šulgi-Texten favorisierte Wort für „Hymne".[261] Signifikant ist: Die Schlussdoxologie kann das frequente èn-du nicht verwenden. In die Endposition gehört traditionell zà-mí, „Lobpreis", das damit einen besonderen Rang und eine eigenständige Bedeutung haben muss.[262]

Was bedeutet das adjektivische Attribut dùg-ga: Zielt es auf die emotionale Gestimmtheit („how sweet ...!") von Fans oder liturgischen Ästheten? Das Verb bzw. die überwiegend nicht finit gebrauchte verbale Basis dùg ist ein in zahlreichen Kombinationen gebrauchtes Allerweltswort. Das ETCSL-Glossar verzeichnet 828 Vorkommen.

Liedern insgesamt 17 Mal vertreten, davon allein 8 Mal in ETCSL 2.4.2.03 = Šulgi C, ein fragmentarisch erhaltener Text, in dessen Refrains zà-mí 6 Mal vorkommt.

[259] Persönliche Machtinteressen hat es immer gegeben, nur haben sie sich jeweils im Gefüge zeitgenössischer Vorstellungen von Person, Gesellschaft und hierarchischer Weltgestaltung realisiert. Das moderne westliche Weltbild stellt (jedenfalls theoretisch) das autonome Ich an die Spitze der Werteskala, vgl. z.B. Horst Eberhard Richter, Der Gotteskomplex, Hamburg 1979, [5]2005.

[260] Der sumerische Text von Z.14f. lautet affirmativ und dann kohortativisch: 14: lugal mu šìr-ra ḫé-du$_7$-me-en 15: [d]šul-gi-me-en šùdu zà-mí-ĝá silim-éš ga-dug$_4$ K. Ibenthal weist auf „Unsicherheiten der Übersetzung hin, insbesondere in Bezug auf die passivische Wiedergabe von ga-dug$_4$. Außerdem ist der von ETCSL verwendete Komposittext problematisch, vgl. zur Textgrundlage Attinger 1993, 673 und Lämmerhirt 2012, 11. ‚Gebete und Lieder' ist möglicherweise ein Hendiadys."

[261] S.o. Kap. 5.2 und u. Tabelle 7.

[262] Eine genauere Aufschlüsselung der Verwendung von èn-du ergibt: Von den 60 Vorkommen im ganzen ETCSL entfallen 20 auf Šulgi-Lieder, und zwar 7 auf Šulgi B, 1 auf das fragmentarische, besonders am Ende lückenhafte Šulgi D, 11 auf den hier behandelten Text Šulgi E und 1 auf Šulgi X. Die Verwendung von zà-mí bei Šulgi ist ebenso interessant. Von den 21 im ETCSL verzeichneten Šulgi-Kompositionen sind 8 einigermaßen vollständig erhalten, d.h. für unsere spezielle Fragestellung: Die Schlussabschnitte der Hymnen sind vorhanden (Ausnahme: Šulgi C, s.o.). 5 dieser 8 Texte haben zà-mí in End-, 4 derselben in End- und Mittelposition (Šulgi A; B; C; E; X). Einer der 8 Texte gehört definitiv nicht zur Hymnengattung (Šulgi V = Weihinschrift). Somit sind nur 2 erhaltene Lieder ohne einen zà-mí-Ausdruck (Šulgi G; R); diese beiden Texte reden auch nicht von èn-du.

Vielfach stehen Bezugsnomen und attributives dùg ohne weitere Bildungselemente nebeneinander (z.B. mu dùg; me dùg, níĝ dùg, inim dùg, ì dùg, ù dùg, nam dùg usw.). zà-mí vor dùg ist immer mit einem Suffix, entweder der 1. oder 2. P. Sing. ausgestattet: „Mein zà-mí ist …"; „Dein zà-mí ist …." Wie aber ist dieser „Lobgesang" konnotiert? Im Licht des breiten Allgemeingebrauchs von dùg wird man nicht fehlgehen, in diesem Attribut die positive Notierung von Funktionsfähigkeit, Nutzen, Kraft der Bezugsgröße zu sehen. „Gut" ist ein zà-mí, wenn es als die Segenskraft wirkt, die es sein soll. Wie schon früher festgestellt, potenziert das Lob – gleichgültig, ob es einer Gottheit oder einem Menschen gilt – die Macht des Gelobten. Das Attribut dùg ist nichts anderes als ein Gütesiegel. Die wenigen anderen attributiven Adjektive, welche zu zà-mí hinzutreten, vor allem gal und maḫ (s.o. Tab. 3), bestätigen diese Bedeutung von dùg. – Die Suffigierung von zà-mí (und verwandter Ausdrücke) erweist sich wieder, wie gehabt, als ein Indiz für die enge Zusammengehörigkeit von Lobobjekt und Lobgesang. Der archaische zà-mí-Ruf hat sich gewandelt zu einem inhaltlich gefüllten Huldigungslied, auf das der/die Besungene Anspruch hat und das ihm/ihr in magischer Weise Macht verleiht.

6.3.1.7 Nanše A (ETCSL 4.14.1)

Die Heimat der Göttin Nanše war Lagaš; mit der politischen Bedeutung dieser Stadt schwankte auch ihre Geltung.[263] Nanše A gehört zu den umfangreicheren Kultdichtungen (256 Zeilen). Doch fehlen liturgische Markierungen. Es überwiegen Aussagen über die Gottheiten in der neutralen 3. P., erst am Ende schlägt die direkte Anrede durch (Z.251–256). Die zà-mí-Doxologie tritt nur in der Schlusszeile auf (Z.256). Das Suffix der 2. P. Sing. ist im Original nicht lesbar, wird aber aufgrund der anzunehmenden stereoptypen Formel zà-mí-zu dùg-ga-àm und wegen des Kontextes mit Recht durch die Bearbeiter ergänzt. Wie verhalten sich Schlussdoxologie und Gesamthymnus zu einander?

Der Text fällt durch seine sozialpolitische Thematik auf. Nanše und ihr Bevollmächtigter Ḫendursaĝa setzen sich für in Not geratene Menschen ein. Es kommt hinzu: Einige Passagen sind Stil und Inhalt nach eher Kultanordnungen als rechtlich-ethische Vorschriften, die man ohnehin nicht in einer Hymne, sondern in einem Regelwerk erwartet. Formale und inhaltliche Parallelen zum großen akkadischen Šamaš-Hymnus sind erkennbar.[264]

Der Nanše-Hymnus gliedert sich formal und inhaltlich in zwei Hauptabschnitte, nämlich Z.20–93 und 94–256. Nach einer Einleitung über Niĝin, die wunderbare Stadt der Göttin (Z.1–19), erfolgt das Lob ihrer heilsamen Aktivitäten: „She is concerned for the orphan and concerned for the widow …" (Z.20–31); „Lagaš thrives in abundance in the presence of Nanše …"; die Könige Ur-Nanše und Gudea werden namentlich als Empfänger ihres Segens erwähnt (Z.32–41). Rituelle Instrumente, Gesang und Aufführ-

---

[263] Heimpel 1981; Hartmut Waetzoldt, Die Göttin Nanše und die Traumdeutung: NABU 1998/60; ders., Nanše, A. Philologisch, RlA 9, 2001, 152–160; ders., Hymns. To Nanshe, in: Hallo 1997, Bd. 1, 526–531; Selz 1995; Such-Gutierrez 2003; Peinado 2006, 102–116.

[264] Vgl. Soden 1953, 240–247; Manfred Krebernik, Sonnengott, A. I. In Mesopotamien. Philologisch, RlA 12, 2011, 599–611.

rungen begleiten das fürsorgliche Handeln der Göttin (Z.42–46). Der Traumdeuter spielt eine Rolle (Z.47f.) bei der Vorbereitung des großen „Erstfrucht-Festes" (Z.47–91; ne-saĝ, Z.76). Nanše hat die Oberleitung (Z.59–64); Lieferanten von Opfermaterialien werden erwähnt (77–82). Eine Profanierung der Opfermaterie wird vorsorglich verboten: Sie darf den heiligen Bezirk nicht verlassen (Z.65–75; „No one should carry the bread of the shrines in the district as bread allotment", Z.74). Der Text scheint also lebensnah mit den ne-saĝ -Opfern beschäftigt zu sein. Umso erstaunlicher ist, dass nach den umfangreichen Vorschriften eine hymnische Doxologie den ersten Teil des Liedes abschließt: 92: nin dug$_4$-ga zid-da me-ni nu-kár-kár 93: ^{d}nanše kur-kur-ra me-téš ḫé-i-i (92: „May the lady of the right commands and inalienable divine powers, 93: Nanše, be praised in all the countries!")

Die direkte Anrede der Göttin findet sich hier noch nicht, sie ist Z.256 (zà-mí-Formel!) und dem vorlaufenden Kontext vorbehalten. Dennoch hat der Abschluss von Z.93 eine ähnliche Funktion wie der von Z.256; aus Analogie und Differenz beider Zeilen sollte sich etwas über die Eigenart der zà-mí-Doxologie ablesen lassen. Bevor das geschehen kann, müssen die synonymen Ausdrücke für den zà-mí-Ruf genauer untersucht werden.

Im längeren zweiten Teil (Z.94–256) kehren die aufgezeigten formalen und inhaltlichen Charakteristika der Dichtung wieder. Weitere rituelle Handlungen sind thematisiert, sie beziehen sich auf das Herbst-(Neujahrs)fest (Z.94: zag-mu). Andere Gottheiten wie Nisaba, Ḫendursaĝa, Ḫaia und zahlreiche Priesterklassen sind involviert. Hinweise auf Kulthandlungen in der hymnischen Literatur können als selbstverständlich gelten. Das ist anders in Rechtstexten.[265] Gerade sie sind in Nanše A prominent. Leider gestatten die häufigen Lücken keine vollständige Erfassung der behandelten Kasus. Von Z.130 an stehen die Themen „Recht", „Rechtsprechung" im Vordergrund. Ein „Ordalfluss" steht mit Nanšes Haus in Verbindung, aber anscheinend auch mit dem Abzu von Eridu. Z.137–162 widmen sich wohl den Themen „Gewaltverbrechen", „Lüge" und „Betrug". Mutter Nanše ist für menschliche Konfliktsituationen zuständig, denn sie sieht den Menschen ins Herz (Z.163–174). Spezielle Problemfälle sind innerfamiläre Zerwürfnisse (Z.169–170: „… the mother who scolds at her child, the child who talks obstinately to his mother, the younger brother who talks against his elder brother or talks back to his father."). Dieser Zwist wird in Z.193–222 als Rechtsproblem aufgerollt. Dreimal setzt der Text mit dem juridischen tukum-bi, „wenn", ein (Z.194,201,212).[266] „Wenn eine Mutter ihrem Kind Nahrung gibt …", „wenn eine

[265] Die sumerische Rechtsliteratur ist nicht in das ETCSL aufgenommen: typisch für heutiges Verständnis von „Literatur"; vgl. Roth 1995, 13–70; Molina 2000; Wilcke 2003/2007.

[266] Eine Übersicht über die Verwendung von tukum-bi in den mehrheitlich hymnischen Texten von ETCSL 2 und 4 ergibt: Die insgesamt 245 Volltexte bzw. Textfragmente weisen nur 18 Mal das einleitende tukum-bi auf. Es gehört damit nicht zum Standardvokabular von Hymnen. Das wird noch deutlicher, wenn man die Verteilung der wenigen Vorkommen betrachtet. Nur zwei Texte in ETCSL Gruppe 2 haben tukum-bi, und das je zweimal (Šulgi B = ETCSL 2.4.2.02; Šulgi E = ETCSL 2.4.2.05, beide in nicht-juridischem Kontext). Die 14 Stellen in ETCSL 4 verteilen sich auf lediglich 3 Texte: Unser Lied Nanše A hat davon dreimal tukum-bi in rechtlicher Bedeutung („gesetzt den Fall …"), das Lied Dumuzid-Inana B 1 (ETCSL 4.08.28) zeigt zwei Konditionalsätze ohne rechtliche Implikationen. Die restlichen neun Exemplare von tukum-bi gehen auf das frag-

Mutter ihrem Kind keine Nahrung gibt ...." Im Einzelnen sind Tatbestände und Urteilssprüche wegen Textkorruption nicht voll erkennbar. Jedenfalls kommen aber unter Ḫendursaĝas richterlicher Leitung Schuldsprüche und Strafzumessungen zum Austrag. Eigenartig, wie hier Justizprozesse in den Hymnus einbezogen sind. Es schließen sich im Folgetext weitere Rechtssachen wie „Grenzverletzungen", „Fälschung und Etablierung von Gewichts- und Hohlmaßen" an (Z.223–250). Dann kommt der hymnische Schlussabschnitt in direkter Anrede an die mächtige Göttin:

> 251: „My lady, your divine powers are mighty powers, surpassing all other divine powers (251: [nin]-⸢ĝu$_{10}$⸣ me-zu me maḫ-àm [me-a] ⸢dirig⸣-ga-àm); 252: Nanše, there are no divine powers matching your powers. 253: An, the king, looks joyfully at you, 254: as you sit with Enlil on the throne-dais where the fates are to be determined. 255: Father Enki determined a fate for you. 256: Nanše, child born in Eridug, sweet is your praise" (256: ^{d}nanše dumu eridug^{ki}-ga tud-da zà-mí-[zu] dùg-ga-àm).

Alle sechs Zeilen sind an Nanše gerichtet; An, Enlil und Enki – letzterer gilt als ihr Vater – verschaffen ihr die höheren Weihen. Nanšes Bedeutung für Lagaš ist, wie so oft in derartigen Zusammenhängen, durch den Besitz besonders (vor Ort) starker göttlicher Kräfte (me) garantiert (Z.251–252). Der Machtspruch Enkis (Z.255) untermauert sie. Die Schlussdoxologie zà-mí-zu dùg-ga-àm bezieht sich zuerst auf diesen unmittelbaren, direkte Anrede benutzenden Hymnus. Aber im Schlusssatz weitet sich der Blick. zá-mí-zu, „dein Lobpreis" meint den ganzen vorliegenden Hymnus. Noch einmal ist die direkte Anredeform der Abschlusspassage Anlass, über die Verwendung der 2. P. Sing. nachzudenken. Offensichtlich gibt es im vorhandenen sumerischen Hymnenkorpus keinen Beleg für eine Suffigierung in der 3. P. Sing.:[267] „sein zà-mí ...". Für diese objektivierende Formulierung genügt die mit dem Namen der Bezugsperson verbundene, suffixlose zà-mí-Doxologie (s.o. Kap. 5.3.1; 6.2). In unserem Fall läuft der Hymnus auf die Direktaussage: ^{d}nanše ... zà-mí-[zu] dùg-ga-àm hinaus. Die vorausgehenden Lobpreisungen (Z.251–255) qualifizieren den Inhalt der Dichtung Z.1–250, mit allen ihren „extravaganten" Stilen und Inhalten als ein regelrechtes zà-mí-Lied.

Bevor wir ein Fazit aus den analysierten Beispieltexten versuchen, seien die gut erhaltenen zà-mí ... dùg ...-Texte noch einmal tabellarisch zusammengestellt. In der Auswertung der Ergebnisse können wir mit Hilfe dieser Tabelle auch auf die nicht *in extenso* behandelten Lieder zurückgreifen. Außerdem fehlt noch eine genauere Übersicht über die Verwendung und Bedeutung von dùg in der Hymnenliteratur (s. u. Exkurs dùg).

---

mentierte Lied Ḫendursaĝa A, dessen Segment C, Z.1–55 offenbar ominöse Situationen unterscheidet (tukum-bi in Segment C, Z.15,33,36,38,41,43,46,48,51). Vorherrschend ist also der narrative Gebrauch der Konditionalpartikel; eine rechtliche Bedeutung liegt nur in Nanše A vor.

[267] Eine gewisse Ausnahme ist das Suffix der 3. P. Sing. Sachklasse in Šulgi B (ETCSL 2.4.2.02, Z.4).

Tabelle 7: zà-mí literarisch + Adjektive (dùg, maḫ etc.)

ETCSL	Gattung	Position	Doxologie	Parallelen
1.1.2	Epos, Wettstreit, 141 Z.	Ende	Z.141: a-a ^{d}en-ki zà-mí-zu dùg-ga	Z.49: a-ba-a geštug i-de$_5$-ge Z.50: níĝ ak-ak-zu-šè a-ba-a ì-sig$_{10}$-ge Z.51: me za-e al-me-en-na Z.134: ĝiš-ĝu$_{10}$ me-téš ḫa-ba-i-i
1.4.1	Klage, 412 Z.	E	Z.412: (^{d}ereš-ki-gal-la) zà-mí-zu dùg-ga-àm	
1.6.1	Hymne, Du-Stil, 208 Z.	E	Z.207: (Ninurta) zà-mí-zu-dùg-⸢ga⸣-àm	Z.5: ⸢nam⸣-maḫ-zu me-téš ḫé-i-i Z.6: ^{d}nin-urta ší-maḫ-e-en nam-maḫ-zu me-⸢téš ḫé⸣-i-i
1.6.2	Epos mit Segen, 726 Z.	E	Z.723: (Tab. 6) Z.725: (Ninurta) zà-mí-zu dùg-ga-àm	Z.367: ^{d}nin-urta a-a-ni me-téš me-i-i-ne Z.649: šìr dùg-ge-eš im-mi-ib-bé-ne
1.7.3	Klage, 90 Z.	E	Z.90: ^{d}ereš-ki-gal-la zà-mí-zu dùg-ga-àm	
1.8.1.1	„Epos", 115 Z.	E	Z.115: (Gilg.) zà-mí-zu dùg-ga-àm	Z.56: lugal-a-ni-ir zà-mí mu-un-na-ab-bé
2.4.1.3	Hymne, Ich-Stil, 115 Z.	E	Z.115: [sipad] ur-^{d}namma-me-en zà-mí-ĝu$_{10}$ dùg-ga-àm	Z.31: ^{d}lamma iri-ĝá-me-en 111: šu dug$_4$-ga-e ^{d}nanna-a-me-en
2.4.1.4	Hymne, Du-Ich-Stil, (2 Fragmente a 40 Z.)	E	Z.40 (2 Vers.) zà-mí-zu dùg-ga-àm	Z.19/23: mu da-rí ka-ge ba-ab-du$_7$-àm (Vers. Ur Z.40: ur-^{d}namma lugal mu da-a-ri ....)
2.4.2.02	Hymne, Ich-Stil, 385 Z.	E + M	(Z.385 Tab. 5) Z.384: zà-mí-ĝu$_{10}$ dùg-ga àm (385 Kolophon)	Z.4: á-na zà-mí-bi-im kalag-ga-na šìr-bi-im Z.9: á-ni šìr-ra silim-éš mu-un-e

2.4.2.05	Hymne, Ich-Stil, 257 Z.	E + M	Z.257: zà-mí-ĝu$_{10}$ dùg-ga mùš nam-ba-an-túm-mu	Z.15: šùdu zà-mí-ĝá silim-éš ga-dug$_4$ Z.29f.: šìr-gíd-da ár nam-lugal-la ... mu-ši-in-ĝar-ĝar-re-eš Z.53ff.: èn-du-ĝu$_{10}$ a-da-ab ḫe$_2$-em šìr-gíd-da ár nam-lugal-la šumun-ša$_4$ kun-ĝar bal-bal-e ḫé-em Z.240: èn-du-ĝu$_{10}$ ka-ga$_{14}$ ḫé-ĝál Z.241: šìr-ĝu$_{10}$ ĝéštug-ge na-an-dib-bé Z.252: èn-du-ĝu$_{10}$ kug ki-dar-ra-gin$_7$ pa ḫé-em-ta-è-è
2.5.3.1	Hymne, Sie-Stil, 230 Z., 10 kirugus	E	Z.222: nin an-usan^{an}-na zà-mí-zu dùg-ga-àm	Z.217: nin-ĝu$_{10}$ zà-mí an ki-ke$_4$-ne zà-mí ma-ni-in-dug$_4$ Z.86: ki-sikil ^{d}inana me-téš mu-e-i-i Z.109: ki-sikil ^{d}inana me-téš mu-e-i-i Z.125: ki-sikil ^{d}inana me-téš mu-e-i-i Z.166: ki-sikil ^{d}inana me-téš mu-e-i-i
2.5.3.2	Hymne, Du-Stil, 79 Z.	M	Mitte: Z.52: zà-mí-zu ka-ga$_{14}$ i-ni-in-ĝál	Schluss: Z.79: ^{d}i-din-^{d}da-gan nam-nun-na gú an-šè mi-ni-in-zìg
2.5.4.03	Hymne, Du-Stil, 17 Z.	M	Mitte: Z.11: nibru-^{ki} zà-mí-zu níĝ ka-ge du$_7$-àm ka-ga$_{14}$ ḫé-en-ĝál 13: èš nibru^{ki} iri ul me ḫal-ḫa zà-mí-zu dùg-ga-àm	Schluss: Z.15–16: nam-maḫ ^{d}en-líl ^{d}nin-líl-lá ki$^{?}$ diĝir gal-gal-e-ne [...]-la-e-eš-àm
2.5.5.1	Hymne, Ich-Stil, 108 Z.	E	Z.108: zà-mí-ĝu$_{10}$ dùg-ga-àm	Z.20: diĝir nam-lú-ùlu nir-ĝál ùĝ šár-ra-me-en Z.106: mu-ĝu$_{10}$ kur-kur-ra zid-dè-eš ḫu-mu-un-pàd-dè

2.5.6.2	Hymne, Du-Stil, 48 Z.	E	Z.47: dumu an-na maḫ nir-ĝál-bi tuku zà-mí-zu dùg-ga-àm	Z.5: ^{d}en-ki en dug$_{4}$-ga zid-zid-da me-téš-e ga-a-i-i Z.20: en diĝir-bi-gin$_{7}$ nam-maḫ-zu me-téš im-mi-i-i-ne Z.28: me-bi me-a dirig ĝiš-ḫur-bi a-re-eš gub-ba-me-en
2.6.9.2	Hymne, Er- Du-Stil, 60 Z.	E	Z.54–57: lú šìr-ra-ke$_{4}$ zà-mí-zu ka-bi-a mi-ni-ib-dùg-ge-ne 55: ^{d}ḫa-ià lú šìr-ra-ke$_{4}$ zà-mí-zu ka-bi-a mi-ni-ib-dùg-ge-ne 56: en an ki lugal abzu-a zà-mí-bi maḫ-a 57: a-a ^{d}en-ki lugal abzu-a zà-mí-zu dùg-ga (Z.58–60 = Kolophon?)	Z.29: lugal-ĝu$_{10}$ nam-maḫ-zu šìr-ra ga-àm-i-i 30: ^{d}ḫa-ià nam-gal-zu gi$_{16}$-sa-šè ga-àm-pàd-pàd-dè-en
4.05.1	Hymne, Er-Du-Stil, 171 Z.	E + M	Z.171: kur gal a-a ^{d}en-líl zà-mí-zu maḫ-àm	Z.166: zà-mí kur gal-la-ka mí dug$_{4}$-ga
4.07.3	Hymne, Sie-Du-Stil, 274 Z.	E	Z.274: ki-sikil ^{d}inana zà-mí-zu dùg-ga-àm	Z.272: níĝ gal-gal-zu níĝ zag nu-sá 273: nam-maḫ-zu me-téš ḫu-mu-i-i
4.12.1	Hymne, Er-Du-Stil, 60 Z.	E	Z.59: ^{d}mar-tu dumu an-na zà-mí-zu dùg-ga-àm	Z.58: nar-re šìr kug-ga im-mi-in-dug$_{4}$ mu-ni pa bí-in-è
4.14.1	Hymne, Kult-Recht, Sie-Stil 256 Z.,	E	Z.256: ^{d}nanše dumu eridug^{ki}-ga tud-da zà-mí-[zu] dùg-ga-àm	Z.92: nin dug$_{4}$-ga zid-da me-ni nu-kár-kár 93: ^{d}nanše kur-kur-ra me-téš ḫé-i-i Z.252: ^{d}nanše me-zu me na-me nu-un-ga-an-da-sá
4.15.2	Hymne, Er-Stil, 57 Z.	E	Z.56: ^{d}lugal-er$_{9}$-ra 57: [zà-mí-zu dùg]-⸢ga⸣-àm	Z.40: ^{d}nin-šubur sukkal ki gal kur-ra-ke$_{4}$ ^{d}nergal-ka-ke$_{4}$ silim-bi ba-ni-in-dug$_{4}$
4.16.1	Hymne, Sie/Er-Stil, 57 Z.	E	Z.57: a-a ^{d}en-ki zà-mí-zu dùg-ga-àm	Z.56: nun-e ^{d}nisaba-ra mí dug$_{4}$-ga

4.19.2	Hymne, Du-Stil, 25 Z.	E	Z.24: ⌜en⌝ [d]nin-⌜ĝiš-zid⌝-da [zà-mí]-zu dug₃-[ga-àm]	
4.19.3	Hymne, Du-Stil, 45 Z.	E von kirugus	Z.5,13,22,29,38 (kleine Variat.) en [d]nin-ĝiš-zid-da zà-mí-zu dùg-ga šìr-re-eš àm-mi-ni-in-ne	(Schluss fehlt)
4.27.01	Hymne, Er-Stil, Seg. B, 22 Z.	E	Z.22: ([d]nin-urta) nir-ĝál a-a ugu-na zà-mí-zu dùg-ga-àm	
4.29.1	Hymne, Du-Stil, Seg. D, 24 Z.	E	Z.24: kingal [d]nuska zà-mí-zu dùg-⌜ga-àm⌝ Z.20: nam-maḫ gal-gal an-né zà-mí	Z.13: [d]nuska en gal dumu an-na me-téš ḫé-i-i
5.6.3	Lehre, Farmer, 111 Z.	E	Z.111: [d]nin-urta … zà-mí-zu dùg-ga-àm	

Exkurs: dùg/du₁₀ in der Hymnenliteratur

Der 828 Mal im ETCSL vorkommende Stamm dùg/du₁₀ (vgl. Borger 2004, 387 Nr. 631) hat ein breites Bedeutungsspektrum, etwa unserem Wort „gut" vergleichbar. Derartige Basis-Qualifier passen sich semantisch stark an den Kontext an; dùg/du₁₀ sagt in seiner adjektivischen Form (dùg/dùg-ga) meistens positiv die Funktionsfähigkeit und Effektivität einer Bezugsgröße – sei sie Gegenstand, lebendiges Wesen oder geistige Konstellation – aus. Negierte Feststellungen („ungut" sein) sind äußerst selten, vgl. ETCSL 1.6.2, Z.268: ù-bu-bu-ul è-a-bi nu-dùg-ga („ein Geschwür, das herauskommt, ist ungut/unschön").[268] Der positive Geltungsbereich scheint grenzenlos zu sein, damit auch die jeweilig treffenden Übersetzungen. ETCSL passt sich dieser Sachlage an und benutzt zur Wiedergabe des Lexems zahlreiche Adjektive: „good" (dwelling; palace; bed-chamber; name; quay; word; beer; bread; barley; savour; desire; game; cow; milk; shrine; place; poplar; lord; destiny; decision; divine power; festival; reign; rites; river; city; growth), „fresh" (water), „best of" (food; king; temple-products); „favourable", „auspicious" oder „propitious" (word; day; pronouncement; fate; star; name), „pleasant" (sound; song; meal; voice; shade; house; place; bed-chambere; gift; night); „happy" (heart); „rich" (banquet; field); „glad" (tidings); „fragrant" (cedar-forest); „fine" (oil; divine powers; scent); „lovely" (house; place; charms); „delightful" (bed-chamber); „kind" (father); „content" (heart); „beneficent" (divine powers). Bei diesem Reichtum an Bedeutungen erstaunt, dass die Bearbeiter des ETCSL so häufig das Wort „sweet" bemühen. Zwar fordern einige Stellen die Honigmetapher, z.B. ETCSL 2.4.4.2, Z.4: „Your allure is a sweet thing, as sweet as honey" (ḫi-li-zu áĝ zé-ba-àm làl-àm ku₇-ku₇-da). Und dùg/du₁₀ kommt auch sonst parallel zu ku₇-ku₇ vor, z.B. in ETCSL 1.1.3, Z.420: ku₆ níĝ dùg-dùg mušen níĝ ku₇-

[268] Zwei weitere Vorkommen finden sich in den Spruchsammlungen: ETCSL 6.1.05, Segm. D, Z.30 („Who would say: It is no good?" a-ba nu-dùg-ga ab-bé-e-še); 6.1.25, Z.16 ("unhappy days", ud nu-dùg-ga).

ku$_7$ („delectable fish, delicious birds").[269] Aber das dürfte kein Grund sein, so oft, wie ETCSL es ausweist, das Adjektiv „sweet/süß" zu verwenden,[270] auch wenn zugestandenermaßen der deutsche und englische Sprachgebrauch sich unterscheiden. – Der Stamm dùg/du$_{10}$ wird nicht nur adjektivisch benutzt, sondern auch adverbial und in ganz unterschiedlichen finiten Verbalformen. Die letzteren interessieren an dieser Stelle nicht sonderlich, doch das Adverb dùg-ge-eš kann im hiesigen Zusammenhang wichtig sein; es steht meistens mit dem Verb dug$_4$/du$_{11}$/e, „sagen, sprechen" (vgl. Attinger 1993, 465f) und bedeutet in etwa „freundlich, fürsorglich" reden (vgl. ETCSL 1.1.4, Z.18,71 – beide Stellen mit zusätzlichem mí, „sanft"; 1.6.2, Z.119,217; 1.8.2.3, Z.63 u.ö.).

Für die gegenwärtige Fragestellung sind vor allem die Kombinationen von dùg/du$_{10}$ mit Nomina aus dem spirituellen und religiösen Leben aussagekräftig. Wie qualifiziert das positive Adjektiv geistige Wesenheiten? Es geht um sumerische Konzeptionen von Schicksal (nam-tar), Entscheidung (eš-bar), (Gottes-)Wort (inim), numinose Kräfte (me), Leben (nam-tìl), Name (mu), aber auch menschliche Äußerungen: Gebet (sízkur; a-ra-zu); Lied (šìr; èn-du; ì-lu). Fast alle diese Stichwörter sind durch dùg/du$_{10}$ prädiziert. Wenn zu einem solchen Begriff das Attribut oder Prädikat „gut" hinzutritt, werden mögliche böse Varianten der betreffenden Wirkeinheit ausgeschlossen. Messlatte ist das Wohlergehen der Sprechenden. Zweitens mobilisiert die positive Definition eines Zustandes die inhärenten Kräfte zu besserer Selbstentfaltung. Einige Beispiele mögen beide Gesichtspunkte belegen.

> iri me dùg-dùg-ga barag maḫ nam-lugal-la („City of the finest divine powers, lofty royal throne-dais!" ETCSL 2.4.1.3, Z.1).

Diese Anfangszeile der Hymne Urnamma C[271] benennt die Basis für das Selbstlobgedicht, das am Ende (Z.115) in die Doxologie mündet: [sipad] ur-^{d}namma-me-en zà-mí-ĝu$_{10}$ dùg-ga-àm „I am [sheph]erd Urnamma, my praise is sweet!" (Übersetzung Flückiger-Hawker 1999, 219). Unser Adjektiv dùg/du$_{10}$ umrahmt den gesamten Text, in Z.1 ist es redupliziert (Plural; Emphase). me und zà-mí korrespondieren miteinander, beide durch dùg/du$_{10}$ in Szene gesetzt, das mit „kraftvoll, mächtig" wiedergegeben werden sollte.

> 126: „... holy songs make all of the house a lovely place – 127: the shrine of the abzu, the good destiny of Enki, befitting the elaborate divine powers" (126: šìr kug téš é ki al-dùg-ga 127: èš abzu nam dùg ^{d}en-ki-ke$_4$ me galam-ma túm-ma); 128: the temple of Eri-dug, built with silver: 129: for all this, Father Enki be praised" (128: erid-ug^{ki} é kug-ga dù-a-ba 129: a-a ^{d}en-ki zà-mí; Enki's Journey to Nibru, ETCSL 1.1.4, Z.126–129)

Die heiligen Gesänge (šìr kug; könnten sie auch šìr dùg heißen?) füllen den Tempel mit Macht! al-dùg ist transitiv, das Haus gewinnt Einfluss (die Übersetzung „lovely place" wird touristisch missverstanden). Enki zelebriert im Tempel von Eridu seine „guten" Schicksalsbestimmungen, die mit den me Hand in Hand gehen. Nicht-suffigiertes zà-mí schließt das Werk. dùg/du$_{10}$ hat seinen Anteil an der Dynamisierung des Lobens.

Wo die adjektivische Näherbestimmung – Tabelle 7 enthält 26 textlich klare Fälle – zum Zuge kommt, verändert sich das Verständnis von zà-mí. War der Satz GN+zà-mí in einer nicht belegbaren Vorzeit ein einfacher Kultruf mit oder ohne Begleitung eines Instruments desselben Namens,

---

[269] Weitere Beispiele: „honigsüße Rede" vgl. ETCSL 2.5..5.2, Z.15; „pleasant sweet scent" (ir-sim dùg-ga ku$_7$-ku$_7$-da-ke$_4$, ETCSL 2.5.6.4, B, Z.18).

[270] Im ETCSL wird „sweet" auf folgende Nomina angewendet: Schlaf; Ton; Stimme; Sprache; Name; Leben; Königtum; Lobpreis; Lied; Brüste; Mund; tigi; Umarmung; Sänger. Vgl. die sexuelle Anspielung in ETCSL 2.4.4.2, Z.27 („If only you would grasp your place, that is sweet as honey"); ETCSL 2.5.6.4, Z.18: „pleasant sweet scent": ir-sim dùg-ga ku$_7$-ku$_7$-da-ke$_4$; dùg hier = „pleasant"!

[271] Vgl. Flückiger-Hawker 1999, 204–227.

dann zeigt die adjektivische Qualifikation im Verein mit dem nun suffigierten Nomen einen inhaltlich gefüllten Gesang an. Die Possessiva „mein“, „dein“ bei zà-mí machen im Kontext deutlich, dass ein preisendes Dichtwerk von besonderer Wertschätzung vorschwebt.[272] Einen amorphen Jubelschrei der Massen wird man kaum für ein Individuum reklamieren können. Das persönlich zugeeignete Lied dagegen ist ein Machtinstrument, wie es in der sumerischen Tradition auch Waffen, Wissen und Fähigkeiten sind.

zà-mí ist in der mesopotamischen Tradition nie zu einer Hymnengattung geworden. Das spricht gegen eine regelmäßige Begleitung der Lieder durch ein zà-mí-Instrument; sie hätte Spuren in den Kolophonen hinterlassen. Aber der Ausdruck steht für eine gewisse Qualität eines an Gottheiten oder Tempel gerichteten Gesangs. Der zà-mí-Vortrag befindet sich in der Nähe von me-Erscheinungen, beide gehören zum Kraftfeld der weltgestaltenden Potenzen. Die vielen Hinweise in der sumerischen Literatur auf Lied-Kompositionen und Aufführungsumstände kann man präzise auf zà-mí-Lieder beziehen. Was unterscheidet sie von anderen Typen des epischen, religiösen Gesanges? Vielleicht sind zà-mí-Lieder wegen ihres archaischen doxologischen Rufes besonders wirkungsvolle, duchsetzungsstarke Gesänge. Es muss auffallen, dass suffigierte Formen bei synonymen, generischen Begriffen (z.B. šìr, èn-du, i-lu usw.) nicht vorkommen. Das spricht für die Sonderstellung von zà-mí. Der Ausdruck zielt auf die Wirkmacht des Liedes. Die persönliche Zuschreibung durch Suffigierung kann gelesen werden: „Lied, das ich/du verfasst habe/hast“, „das von mir/dir handelt“, „das an mich/dich gerichtet ist“, „das wesenhaft zu mir/dir gehört“.Kern der Sache ist die Kraftübermittlung an die Bezugsgröße. Die Dynamisierung des Lobens durch dùg erhöht die Bedeutung der zà-mí-haltigen literarischen Kompositionen.

6.3.2 zà-mí-zu/ĝu$_{10}$ dug$_4$-ga

Gegenüber dem in Kap. 6.3.1 untersuchten Ausdruck zà-mí-zu/ĝu$_{10}$ dùg-ga hat die jetzt zur Debatte stehende Form der Doxologie mehr verbale Ausdruckskraft. Allerdings ist Vorsicht geboten. Unser Verständnis von „verbal-dynamisch“ und „nominal-statisch“ deckt sich nicht mit den sumerischen grammatischen Phänomenen. Die Basis dug$_4$/e/di, „sagen, sprechen, erzählen, befehlen“, eins der am meisten gebrauchten sumerischen Lexeme[273], regiert häufig ein „direktes Objekt“ (Absolutiv). Es ist von Pascal Attinger umfassend untersucht und in seiner grammatischen und semantischen Verwendung dargestellt worden.[274] Textzusammenhänge sollen seine Funktionen belegen, bevor eine statistische Auswertung erfolgt.

---

[272] Für die Qualifizierung eines suffigierten Nomens mit dùg gibt es einige, wenn auch nicht gerade häufige Parallelen, vgl. ETCSL 5.1.3, Z.67: „Your sweet songs“ (šìr dùg-dùg-ga-zu); 4.13.03, Segm. A, Z.13: „Your name is sweet“ (mu-zu dùg-ga-àm); 4.0.8.30, Z.37 und 2.5.6.4, Z.36: “Your holy and sweet embrace“ (úr kug níĝ dùg-zu); 2.5.4.23, Segm. A, Z.17: „Your soil is good soil“ (saḫar-zu saḫar dùg-ga-àm); im selben Kontext Z.15 eine analoge Konstruktion mit dem Adjektiv maḫ: „Your name is excellent“ (mu-zu maḫ-àm). Das Gütesiegel „wirkungsvoll“ (dùg, einmal maḫ) kann also außer den zà-mí-Gesang auch andere personengebundene Größen hervorheben.

[273] ETCSL zählt 2767 Vorkommen. In manchen nicht-literarischen Texten (z.B. juridische, geschäftliche, administrative, beschwörerische) spielt er eine ähnlich wichtige Rolle.

[274] Attinger 1993. Er stützt sich auf eine breitere Textbasis als ETCSL, vgl. ders., a.a.O., 30–60.

6.3.2.1 Enlil A (ETCSL 4.05.1)

Das Loblied auf Enlil ist vor der ETCSL Ausgabe durch Adam Falkenstein, Daniel D. Reisman und Willem H. Ph. Römer[275] bearbeitet worden; der Text wurde aus einer großen Zahl von Abschriften fast vollständig rekonstruiert. Ein erster, langer Abschnitt ergeht sich in preisenden Aussagen über den sumerischen Hauptgott Enlil, seine Stadt Nippur, seinen Tempel Ekur (Z.1–64), alles in objektivem, beschreibendem Stil. Das Ekur mit seinen Riten und Festen bekommt besondere Aufmerksamkeit:

> 35–43: „In the city, the holy settlement of Enlil, in Nibru, the beloved shrine of father Great Mountain, he has made the dais of abundance, the E-kur, the shining temple, rise from the soil; he has made it grow on pure land as high as a towering mountain. Its prince, the Great Mountain, Father Enlil, has taken his seat on the dais of the E-kur, the lofty shrine. No god can cause harm to the temple's divine powers. Its holy hand-washing rites are everlasting like the earth. Its divine powers are the divine powers of the abzu: no one can look upon them.
>
> .....
>
> 50–54: ... its rites are most precious. At the festivals, there is plenty of fat and cream; they are full of abundance. Its divine plans bring joy and rejoicing, its verdicts are great. Daily there is a great festival, and at the end of the day there is an abundant harvest. The temple of Enlil is a mountain of abundance; (50: ĝarza níĝ kal-kal-la-kam šu-qù-ru-⸢tum⸣ 51: ezen ì gára sud ḫé-ĝál-la du_8-a 52: ĝiš-ḫur-bi $giri_{17}$-zal $šag_4$ ḫúl-la di-bi níĝ gal-gal-la-kam 53: ud šú-uš ezem-ma ud zal-le $buru_{14}$ maḫ-àm 54: é ^{d}en-líl-lá kur $ḫe_2$-ĝál-la-kam) 55: to reach out, to look with greedy eyes, to seize are abominations in it. 56–59: The lagar priests of this temple whose lord has grown together with it are expert in blessing; its gudug priests of the abzu are suited for {(1 ms. adds:) your} lustration rites; its nueš priests are perfect in the holy prayers."

Von Z.65 an wechseln Passagen von direkter Anrede (2. P. Sing.) an die Gottheit mit beschreibenden Aussagen (3. P. Sing.).[276] Der unmittelbar anschließende Abschnitt variiert das Thema: Enlil in seinem Machtzentrum Ekur zu Nippur, von dem der regierende König[277] profitiert (Z.65–92). Diese Passage ist also direkt an Enlil adressiert. Ihr folgt in Z.93–130 eine Lobpreisung in der 3. P. Sing. mit dem Tenor „Allein Enlil hat Macht; er steht an der Spitze des Pantheons":

---

[275] Falkenstein 1959; Reisman 1970, 41–102; Römer, in einer Besprechung von Jacobsen 1987, in BiOr. 47, 1990, 381–390; vgl. J.G. Westenholz 2000, 48–51; Dietz O. Edzard, Enlil, Vater der Götter, in: Catagnoti 2003, 173–184; Gábor Zólyomi, Ni 9906: a new manuscript of „Enlil in the Ekur (Enlil A)": NABU 2003/58.

[276] Falkenstein 1959, 8 macht diesen Stilwechsel zur Grundlage seiner Textgliederung: In regelmäßigem Wechsel folgen Neutralaussagen und Direktanreden aufeinander: Z.1–64,<u>65–80</u>,81–83,<u>84–95</u>,96–128,<u>129–167</u> (die unterstrichenen Stücke in 2. P. Sing.). Die ETCSL-Ausgabe hat 171 Zeilen (statt der 168 bei A. Falkenstein). Falkensteins dritter Abschnitt (Z.81–83) enthält eine Beschreibung des Tempels aber keine Anrede an Enlil, so dass man einen Textblock in der 2. P. Sing. von Z.65–95 annehmen kann. Erst Falkensteins Z.96–128 pflegen einen „neutralen" Hymnenstil (bei ETCSL Z.93–130), während seine Z.129–167 wieder die direkte Anrede an die Gottheit gebrauchen (bei ETCSL 4.05.1, Z.131–171). Reisman bevorzugt eine thematische Anordnung: ders. 1970, 28f.

[277] Z.84–92, ohne Namensnennung! („...Enlil, if you look upon the shepherd favourably ...", Z.84). Frayne 1981, 488 stellt die Hymne deswegen in das 5. Regierungsjahr Iddin-Dagans.

100: an-na dili nun-bi-im ki-a ušumgal-bi-im 101: ᵈa-nun-na-ke₄-ne diĝir maḫ-bi-im 102: nam ní-te-a-ni ši-im-mi-in-tar-re 103: diĝir na-me igi nu-mu-ni-in-du₈ (100: „He alone is the prince of heaven, the dragon of the earth. 101/102: The lofty god of the Anuna himself determines the fates. 103: No god can look upon him.")

Dem ultimativen Lob folgt ein Passus, in dem nach dem Motto: „Was würde geschehen, wenn Enlil nicht da wäre?" die zentrale Bedeutung des Gottes ins Bewusstsein gerufen wird (Z.109–130): Es gäbe keine Ordnung auf der Erde, das Leben käme zum Stillstand. Die neutral-beschreibende Phase schließt ab mit dem persönlich an Enlil gerichteten Preis (Z.131–171). – Der Hymnus besteht also aus einer ausbalanzierten Folge von Preisungen Enlils, im Wechsel artikuliert als beschreibende Attributionen (Z.1–64,93–130) und als direkte, hymnische Anrede (Z.65–92,131–171).

Die Aufmerksamkeit muss sich auf den Schluss des Liedes richten, in dem zweimal die Doxologie zà-mí vorkommt (Z.166,171). Die letzte Lobzeile geht an Enlil selbst: 167–171: „Prominent one whose words are well established, whose command and support are things which are immutable, whose utterances take precedence, whose plans are firm words, Great Mountain, Father Enlil, your praise is sublime!" (Z.171: kur gal a-a ᵈen-líl zà-mí-zu maḫ-àm).[278]

Das Lob zielt auf den Hauptakteur und den alleinigen Adressaten der Hymnensänger, Enlil. Es gehört als Variante des Ausdrucks zà-mí-zu dùg-ga-àm in das vorige Kapitel (s.o. Kap. 6.3.1). Die zweite Doxologie (Z.166) ist dagegen eine implizite, die sich nicht auf die im Hymnus vorrangig besungene Gottheit bezieht. Vielmehr wird sie möglicherweise gerade von dieser Gottheit benutzt, ihr in den Mund gelegt, so anscheinend die Interpretationen von Reisman 1970, Römer 1990, ETCSL 2005. Diese Doxologie soll eine zweite Akteurin hochleben lassen: Ninlil, die Gemahlin Enlils:

156–166: „You married Ninlil, the holy consort, whose words are of the heart, her of noble countenance in a holy ba garment, her of beautiful shape and limbs, the trustworthy lady of your choice. Covered with allure, the lady who knows what is fitting for the E-kur, whose words of advice are perfect, whose words bring comfort like fine oil for the heart, who {shares} {(1 ms. has instead:) sits on} the holy throne, the pure throne with you, she takes counsel and discusses matters with you. You decide the fates together at the place facing the sunrise. 165: Ninlil, the lady of heaven and earth, the lady of all the lands, 166: is honoured in the praise of the Great Mountain" (165: ᵈnin-líl nin an ki nin kur-kur-ra-ke₄ 166: zà-mí kur gal-la-ka mí dug₄-ga).[279]

Offensichtlich wollen die Dichter und Sänger Ninlil einen gleichrangigen Platz als Lobempfängerin neben Enlil verschaffen. Sie intonieren eine Sonderhymne im Enlilgedicht (Z.156–164), welche die hohe Bedeutung der Gemahlin für alle Aktionen ihres Gatten herausstreicht. Z.165 ist die Schluss-Titulatur der Göttin. In Z.166 stecken mindestens zwei Probleme: a) Was ist mit zà-mí kur gal-la-ka gemeint? b) Wie

---

[278] Falkenstein 1959, 25: „Großer Berg, Vater Enlil, dich zu preisen, ist das Höchste!"

[279] Römer, BiOr. 47, 1990, 390 liest geringfügig anders: 165: ᵈNin-líl nin-an-ki nin-kur-kur-ra 166: zà-mí-kur-gal₈-ke₄ mí-du₁₁-ga. Die wichtigsten Unterschiede liegen in Z.166: zà-mí-kur-gal₈-ke₄ ist als eine Worteinheit aufgefasst und lautet in -ke₄ statt -ka aus.

kann in und durch den Enlil-Gesang auch Ninlil gepriesen werden? Aus den Antworten können sich Einsichten in Wesen und Bedeutung der Schlussdoxologie ergeben.

Zum ersten Problem: Das mit einem possessiven Genetiv („zà-mí des Großen Berges“ = Enlils, Z.166) näher bezeichnete zà-mí kann nichts anderes sein als eben die Hymne, die zu Ehren Enlils vorgetragen wird. Es gibt wenig Hinweise darauf, dass Gottheiten sich gegenseitig mit Preis beehren.[280] Gebete eines Gottes oder einer Göttin an einen übergeordneten Kollegen oder eine Kollegin sind mehrfach bezeugt.[281] Auch Segenshandlungen, Schicksalsbestimmungen, Kraftbegabungen sind von einer auf die andere Gottheit möglich. Hier aber ist keine solche Transferenz göttlicher Wesenheit oder Macht angedeutet. Also muss es sich bei dem genannten zà-mí Enlils um das gegenwärtige von Priestern vorgetragene Loblied handeln, in dem der gepriesene Enlil selbst keine Stimme erhebt. Aber ihm soll seine Gattin Ninlil an die Seite gestellt werden, so dass sein großer Lobgesang auch ihr zu Gute kommt. Das zà-mí aus Z.166 meint im Vorgriff auf Z.171 den ganzen Hymnentext, der – machtgeladen[282] – die Wohltaten Enlils kompensiert. Es ist *sein* Loblied, das ihn von der Kultgemeinschaft her aufbauen soll. Und nach dem Willen der ausführenden Priester hat Ninlil als getreue Helferin Enlils daran Anteil. – Das zweite Fragezeichen: Es erscheint hier zum ersten Mal dug$_4$, „sagen, sprechen, erklären“, in Kombination mit mí, „sorgfältig, liebevoll“. Das zusammengesetzte Verb kann mit „to care for, to flatter, to praise“ wiedergegeben werden.[283] Ohne dem Exkurs zur Sache vorgreifen zu wollen, ist hier schon darauf zu verweisen, dass in verbalen doxologischen Formeln die Gebrauchsweise der Hymnentexte zum Vorschein kommt. Das zà-mí wird rezitiert, und zwar in einer dem Adressaten positiv zugewandten, wohlwollenden und aufbauenden Weise. mí kommt im ETCSL 182 Mal zur Sprache, oft in Verbindung mit du$_{11}$/dug$_4$. Pascal Attinger schreibt generell über diesen Ausdruck:

> „mi$_2$ étant probablement une interjection marquant l’affection, mi$_2$ ((-e)-eš$_2$) du$_{11}$/e/di signifie littéralt (sic!) ‘parler en ‘mi!’’ (adverbiatif)/ ‘dire ‚mi!’’ (absolutif) d’où: 1. Avec un personnel ‘parler aimablement de/à’, ‘faire l’eloge de’, ‘traiter affectueusement/avec bienveillance’, ‘accueillir favorablement”, ‘agréer” etc. ... . Les fréquentes épithètes X-e mi$_2$ (...) du$_{11}$-ga/ mi$_2$ (...) du$_{11}$-ga X-a(k) ne signifient pas ‘que X traite bien/bien traité par X’, mais ‘que X a agréé/favorablement accueilli’ (et que e par conséquent aimé par lui) ...“ (Attinger 1993, 609).

---

[280] In der Keš-Tempelhymne spricht Enlil einmal das Lob eines Tempels aus: Finite Verbalsätze, die zà-mí als Absolutiv verwenden, sind aber relativ selten (s.u. Kap 6.3.2.3, Exkurs „finite Verbformen“). Ningišzida A (ETCSL 4.19.1) enthält eine als šir-namšub klassifizierte Hymne Enlils auf den besungenen Gott (Z.16–24), die leider Lücken aufweist. S.u. Kap. 6.3.2.7, Exkurs „dug$_4$“.

[281] Beispiele aus Enlil A: Die Anuna empfangen Enlils Befehle (ETCSL 4.05.1, Z.8f.), Nuska steht betend vor Enlil (ETCSL 4.05.1, Z.104–108).

[282] Ich verweise noch einmal auf Jacobsens These vom Ursprung des Hymnus in der (magischen) Beschwörung (Jacobsen 1987, XIII).

[283] Thomsen 2001, 301. Für das Wort dug$_4$ ohne mí-Zusatz ist ein weites Bedeutungspektrum anzunehmen, das viele Arten der stimmlichen Mitteilung umfasst. Nur eins ist von Vornherein auszuschließen: dug$_4$ hat nichts mit dem lauten, kollektiven Jubeln und Schreien zu tun, welches den ursprünglichen zà-mí-Ruf ausgezeichnet haben muss.

Speziell zu der hiesigen Stelle Enlil A Z.166 stellt Attinger die grammatische und sinngemäße Parallele Šulgi A, Z.95 vor: á maḫ lugal-la-ke$_4$ (x 4) mí du$_{11}$-ga … „(Louée soit Nidaba) d'accordé au roi (// à mon roi) une force immense/ la toute puissance" (a.a.O., 615). Dann müsste die Übersetzung entsprechend lauten: „Der Ninlil wird der zà-mí des Großen Berges hochachtungsvoll dargebracht." Das auslautende -e der Nominalphrase in Z.165 ist ein Lokativ-Terminativ wie auch im parallelen Ausdruck Šulgi A, Z.95. Die Wortfolge ist in Enlil A, Z.165f. anders als in Attingers Modellsatz: Ninlil steht voran, dann folgt der Absolutiv zà-mí (+Genetiv). Noch etwas zugespitzter: Die Lobformel für Ninlil in Z.166 lässt sich im Deutschen sinngemäß wiedergeben mit: „Auch Ninlil, Herrin über Himmel und Erde, Herrin aller Länder, wird im [hier vorgetragenen] zà-mí für Enlil, den großen Berg, Lob dargebracht." Diese Formulierung erklärt gleichzeitig die Schlussdoxologie von Z.171. Hier ist Enlil selbst der Empfänger des Lobpreises: „Großer Berg, Vater Enlil, das zà-mí für dich ist gewaltig!"

Der Gesamteindruck von Enlil A ist dieser: Die gut erhaltene und motivreiche Hymne ist in zahlreichen Kopien aus verschiedenen Orten bekannt. „Weitaus die Mehrzahl der Texte stammt aus Nippur, wo die Hymne auf den Hauptgott der Stadt und dessen Tempel gewiss besonders verbreitet war."[284] Die zà-mí-Formeln am Schluss legen nahe, dass das Lied eine Einheit ist. Zu fragen ist nach seiner hymnischen Qualität, damit die zà-mí-Struktur verständlich wird. Die preisenden Aussagen, ob objektiv-beschreibend oder im Anredestil (2. P. Sing.) gehalten, sind prall gefüllt mit Aussagen über die einmaligen, bewundernswerten Qualitäten des Gottes, seines Hauses, seiner Stadt. Der Diskurs nutzt überwiegend grammatische Formen, die den Dauerzustand ausdrücken, also die enklitische Kopula -àm, substantivierte Verbformen und *marû*-Stämme. Finite *ḫamṭu*-Formen sind selten, so etwa, wenn die Götter vor Enlil treten und ihn glorifizieren (Z.8: mu-un-na-sun$_5$-sun$_5$-ne-eš, „sie treten hin"). Enlil hat keine ernsthaften Konkurrenten, seine Macht spiegelt sich in Stadt und Tempel: Auch der mächtigste Gott könnte Nippur nicht bezwingen, die chronisch aufsässigen „Rebellenländer" bleiben geduckt (Z.15–17). Enlil ist die oberste, Ton angebende Gottheit (Z.100–103, oben zitiert); es klingt wie eine Ausschließlichkeitsformel: diĝir na-me igi nu-mu-ni-in-du$_8$, „kein Gott kann ihn ansehen" = ist ihm ebenbürtig, Z.103 vgl. 138; 137: „No divine powers are as resplendent as yours" = me-zu me pa nu-éd-dè; Z.43 = die unvergleichlichen me. Die große, göttliche Macht soll auch dem irdischen, anonymen „Hirten" zu Gute kommen (Z.84–87). Manche Interpreten wollen darum die Hymne einer Krönungsfeier zuordnen. Die höchsten Attributionen geschehen nicht um ihrer selbst willen; sie haben ein sehr praktisches Ziel. Nippur mit seinem Tempel produziert und garantiert „nam-ḫé" (Z.37: „abundance", vgl. Z.73), d.h. die Fülle von lebensnotwendigen Gütern. Es ist, genauer gesagt, das richtige Funktionieren der Tempelriten, welches den Wohlstand herbeiführt (Z.51–54). „The temple of Enlil is a mountain of abundance" (Z.54: „abundance" = ḫé-ĝál, vgl. Z.51,146,147). Fast wichtiger als die Segnung mit guten Erträgen aus der Landwirtschaft ist der Einfluss Enlils auf die menschliche Gesell-

---

[284] Falkenstein 1959, 7. Falkenstein hebt neben dem Anrede-Kriterium (s.o.) den strophischen Aufbau des Liedes und seine mögliche Verwendung im Kult Enlils in Nippur hervor (a.a.O., 10).

schaft. Die Bösen werden abgeschreckt bzw. zur Verantwortung gezogen (vgl. Z.18–25); der Segen Enlils, seiner heiligen Stadt und seines machtgeladenen Tempels realisieren sich im Aufblühen von Recht, Ordnung und Menschlichkeit.

> 29: „In this city endowed with steadfastness, 30: for which righteousness and justice have been made a lasting possession (29: iri níĝ-gen$_6$-na saĝ-e-eš rig$_7$-ga 30: níĝ-zid níĝ-si-sá gi$_{16}$-sa-šè ak-a), 31: and which is clothed (?) in pure clothing on the quay, 32: the younger brother honours the older brother and treats him with human dignity; 33: people pay attention to a father's word and reap the benefits; 34: the child behaves humbly and modestly towards his mother and attains a ripe old age."

Das sind die uralten, im Vorderen Orient geltenden Regeln guter Gesittung, Sinnbild für die ethische Weltordnung: Unterordnung unter die erzieherische Macht der Eltern. „Ehre Vater und Mutter, dass du lange lebst…" (Ex 20,12) heißt es im biblischen Dekalog. Der ältere Bruder hat die sekundäre familienhierarchische Gewalt usw.

Abschließend, vor der Einbeziehung Ninlils, kommt der Hymnus auf das segensreiche Wirken Enlils zugunsten der Menschen zurück (Z.139–155). Er versorgt die Welt kraft seiner Entscheidungen, seines kreativen Wortes (6 Mal inim, „Wort", 1 Mal ka-aš, „Entscheidung"). Enlil wird vierfach tituliert als en, diĝir, lugal, di-kud (Herr, Gott, König, Richter, Z.139f.). In ihm konzentriet sich alle Autorität und Macht.

Wie verstand sich dieser dynamische Vortrag von Lobpreisungen selbst und warum wird er am Ende in den Begriff des zà-mí gefasst? Der Text zeigt keine Selbstreflektion. Der oder die Vortragende spricht ständig nach außen, auf den Hochgepriesenen hin. Das Ich, das näher untersucht werden muss, bleibt ungenannt und unidentifiziert. Es gibt keine noch so leise Andeutung auf einen Sprecher hin, keine Synonyma (wie in einigen anderen Texten) zum Ausdruck des „Lobens", „Preisens" außer der genannten mì dug$_4$-ga-Stelle (Z.166). Nur die vortragende Stimme, gesprochen oder gesungen, ist im Raum, allerdings in kalter schriftlicher Form. Andeutungen von Tempelzeremoniell fallen auf. Aber gehört diese Hymne wirklich in diesen Kontext? Zu konstatieren ist der affektive Ton der Sprache. Nippur, Ekur, und natürlich Enlil sind Herzensangelegenheiten. Das Gefühl von Überlegenheit gegenüber anderen Gruppierungen und Gottheiten ist spürbar, ebenso die Lust am Wohlbefinden in der „heimischen" Region, die Abgrenzung nach außen. Das Gedicht in seinen unterschiedlichen Sprecheinheiten streckt sich nach Segen, Macht und Wohlbefinden des Ekur in Nippur und nach der Schutzmacht des Gottes Enlil aus. Die aufgeführte Hymne ist Teil des Geschehens, welches den Segen in Gang setzen und aufrechterhalten soll. Es drängt sich der Eindruck auf, dass der Enlilpreis aus kultisch-rituellem Zusammenhang stammt, weil er auf Rezitation zielt. Dann ist er an seiner Selbstbezeichnung als zà-mí-Hymne fest zu machen. Auch Ninlil wird das Lied Enlils, d.h. die durch es vermittelte Macht und Autorität „zugeschrieben, übertragen" (Z.166), bevor das ganze Textgebilde dem Hauptakteur übereignet wird (Z.171). Die Schlusszeile greift die Formulierung von Z.166 (zà-mí kur gal-la-ka) konsequent mit dem suffigierten zà-mí-zu auf und fügt das adjektivische Hoheitsprädikat maḫ-àm hinzu (Z.171). Anscheinend hat diese Kategorie des Preisens eine besondere Qualität: Sie ist, jedenfalls in dem vorliegenden Exemplar, ein thematisch breit gefächertes Gotteslob, dem zwar die liturgische Rubrizierung abgeht, das aber (verschiedenstimmig?) stilistisch wechselt und doch in konzentrierter Eindimensionalität dem Lokalnutzen dient.

6.3.2.2 Nanna J (ETCSL 4.13.10)

Die Hymne an den Mondgott Suen-Nanna von Ur ist mit ihren 33 Zeilen handlich kurz, ich zitiere Anfang und Ende. Das Mittelstück ist stark beschädigt:

> 1–4: „Lord, glory of heaven, suited to ……, Nanna, whose appearance in the high heavens is adorned with radiance! King, glittering light, crown of Urim, Nanna, glittering light, crown of Urim! 5–8: Great lion of holy An, first-born of Enlil, seed of a bison, beloved of the gods, great strength inspiring awe in the Land, with the just crown and the shining sceptre, sparkling over the high mountains …
>
> 25: Lion uttering hostile words to the enemy, 26: supplying evening light to dark places! 27: Youthful Suen, glorious moonlight, the people gaze at you in wonder. 28 The ewe with its lambs expresses deep affection. 29: The goat with its kids honours you. 30: The young man is able to make love with his wife. 31: Suen relaxes with beautiful Ningal. 32: Praise be to youthful Suen, to Father Nanna!“ 33: „An ululumama of Nanna“.

Trotz der Lücke ist der Duktus der Hymne gut zu erkennen.[285] Verschwenderisch werden offenbar in direkter Anrede – Z.1–23 verwenden aber keine Personalpronomina oder -suffixe – Macht-, Pracht- und Erfolgsattribute auf den Gott gehäuft (Z.1–27; Verbformen mit Elementen der 2. P. Sing. erscheinen in Z.24–30). Das ist pure hymnische Sprache! Die Gottheit soll gerühmt und damit gestärkt werden. Nanna, der Mondgott, von Hause aus ansässig in Ur, aber auch in Nippur verehrt (Z.10), ist wegen seines nächtlichen Lichtes berühmt (vgl. Z.1–4). Aber er, der in mythischen Erzählungen als Sohn Enlils und Ninlils gilt, ist auch eine überaus mächtige Gottheit, mit dem Stier oder dem Löwendrachen assoziiert (Z.19–25).[286] Der Schlussteil (Z.27–32) ist eine einzige Entfaltung des direkt zugesprochenen Lobes, das folgerichtig zum doxologischen zà-mí-Ruf führt:

> 27: šul ^{d}suen iti$_{6}$ níĝ giri$_{17}$-zal ùĝ-e u$_{6}$ mu-e 28: u$_{8}$-e sila$_{4}$-bi mí dùg$^{!}$ im-me 29: ud$_{5}$-dè máš-bi mí i-ri im-me 30: šul-e nitalam-ni e-ne sù-ud mu-un-da-e 31: ^{d}suen-e ^{d}nin-gal sag$_{9}$-ga-da šag$_{4}$ mu-da-ab-kúš-ù 32: zà-mí dug$_{4}$-ga šul ^{d}suen-⸢na$^{?}$⸣ a-a ^{d}nanna-[kam] (27–32: „Youthful Suen, glorious moonlight, the people gaze at you in wonder.The ewe with its lambs expresses deep affection. The goat with its kids honours you. The young man is able to make love with his wife. Suen relaxes with beautiful Ningal. Praise be to youthful Suen, to Father Nanna!“)

Die Übersetzung ist unsicher: Was bedeutet e-ne sù-ud mu-un-da-e in Z.30? Sind die Sätze Z.28–31 syndetisch miteinander verbunden („während das Mutterschaf …, beginnt der junge Mann …“)? Ist Z.32 zu lesen: „Loblied, gesprochen auf den Jüngling Suen, von Vater Nanna, ist es“? Versuchsweise folge ich ETCSL.

---

[285] Bearbeitungen bzw. Kommentare: Sjöberg 1960, bes. 70–79; Hall 1985, bes. 483–486. Für eine Bewertung des Nanna-Suen Kultes stehen weitere Nanna-Hymnen und -Epen, im ETCSL z.B. mehr als 19 Texte, zur Verfügung, vgl. Krebernik 2012, 65f.; Sallaberger 1993.

[286] Vgl. die Arbeiten von Sjöberg und Hall (o. Anm. 285), zur semitischen Verehrung Nanna-Suens: Green 1992; Klein 2001; ferner Pascal Attinger, Nanna O, NABU 2001/41; Ali Akbar H. Bushiri, The Bull-Game Festival for the Moon-God Nanna: Dilmun 13, 1985/86, 47–52; Hall 1986.

Fruchtbarkeit und sexuelle Potenz stehen für das volle Leben, das Nanna-Suen vermittelt. Schaf und Ziege mit ihren Lämmern (Z.28f.) symbolisieren nach Ausweis vieler Rollsiegelbilder die heilige Gebärkraft. Nanna-Suen selbst lebt mit seiner Gemahlin Ningal die liebevolle Vereinigung vor (Z.30f.: die beiden Zeilen sind parallel, vgl. šul, „Jüngling"; der Name der Protagonisten wird traditionell erst im zweiten Durchgang gebraucht). Schafe und Ziegen, d.h. die „natürliche Umwelt" des Menschen, tragen zum Ruhm des Gottes bei: Die beiden Ausdrücke mí dùg e und mí ár e sind Varianten aus dem großen Arsenal von Verherrlichungsvokabeln. Dazu Attinger: „mi$_2$ est très fréquemment suivi de zi …, rarement de du$_{10}$ … ces déterminants ne doivent pas seulement renforcer le sens de mi$_2$ du$_{11}$/e, mais avoir une valeur plus spécifique …" (Attinger 1993, 610).

Die Zeilen 27–30 laufen auf eine jeweils variierte Verbalbasis -e (*ḫamṭu* singular: dug$_4$) aus, die ja den Plural im *ḫamṭu* und sowohl Singular und Plural im *marû*-Stamm vertritt. In diesem Passus liegen die drei Zeilen 27–29 sachlich parallel: Die Ergative, d.h. die Handlungsträger, die das verschieden schattierte Lob vorbringen, sind deutlich markiert: In Z.27 ist es „das Volk" (ùĝ = „Kultteilnehmer?"), Z.28f. nennen am Satzanfang u$_8$-e und ud$_5$-de („Schaf" und „Ziege"). Die Verbformen ähneln einander mu-e (Z.27) und im-me (Z.28 und 29). Die nominalen Bestandteile sind verschieden, so dass man Attingers Bemerkung ernst nehmen muss: Jeder Satz setzt einen eigenen Akzent, den beiden parallel gestalteten Z.28f. wird man die Synonymität nicht absprechen wollen. „Das Volk bewundert dich, …" (Z.27); „Das Schaf … achtet dich sehr" (mí dùg e), „Die Ziege preist dich hoch" (mí i-ri e). Im vierten Satz, der auf -e, „sagen", ausgeht, hat die kombinierte Verbform e-ne-sù-ud … dug$_4$ allerdings nichts mit dem Gotteslob der Geschöpfe zu tun, sondern bezeichnet die Kopulation von Nanna-Suen mit Ningal. Sachlich läuft die Hymne auf den Geschlechtsakt in Z.30f. hinaus: Suen und Ningal feiern eine archetypische Vereinigung, fungieren also hier als Liebes- und Fruchtbarkeitsgottheiten. Die Erwähnung von Schaf, Ziege und ihren Kitzen hat das Thema Fruchtbarkeit schon angestoßen (Z.28f.). Menschen bewundern das Mondlicht – ein prächtiger Auftakt zu dem furiosen Hymnenschluss! Die Preisungen von Z.27–29 zeigen bestimmte Protagonisten in Aktion (*marû*-Formen). Ihre Lobarbeit bereitet Z.32 vor und klingt in ihm nach.

Diese letzte Zeile ist entscheidend: Z.32: zà-mí dug$_4$-ga šul ^{d}suen-⸢na?⸣ a-a ^{d}nanna-[kam]. Gegenüber den oben Kap. 6.2.2 besprochenen Schlussdoxologien des Typs ^{d}GN zà-mí ergeben sich beträchtliche Verschiebungen. Der durch Aufspleissung (^{d}suen, ^{d}nanna) erweiterte und mit Prädikationen (šul, a-a) aufgefüllte Gottesname ist dem Lobruf nachgestellt und – wenn die Ergänzung der ETCSL-Editoren richtig ist – mit Genetiv und enklitischer Kopula versehen. Ein anderes Kasuselement (etwa: Dativ oder Direktiv/Terminativ) fehlt hingegen, so dass die Deutung des Satzes unsicher bleibt. dug$_4$-ga ist kein finites Verb und die enklitische Kopula ergibt keinen rechten Sinn: „Das rezitierte Loblied des Jünglings Suen und des Vaters Nanna ist/sei es…." Was soll es sein? Eine Möglichkeit, den bei ETCSL rekonstruierten Text zu verstehen, wäre, zà-mí dug$_4$-ga als Bezeichnung für „(rezitiertes) Lied" und prädikativ zu verstehen: „Ein zà-mí-Lied des Jünglings Suen, des Vaters Nanna ist es!" Wäre die letzte Zeile (Z.32) dann ein Kolophon, der (vor dem abschließenden ú-lu-lu-ma-ma ^{d}nanna-⸢kam⸣, Z.33) eine weitere Designation des

Hymnus vornimmt? Das ist aber unwahrscheinlich. Die eingerückte Schreibweise des „echten Kolophons“ Z.33 setzt diesen vom Hymnentext ab. Z.32 gehört noch zum Korpus der Hymne. Die Herausgeber haben das fehlende Zeichen am Schluss von Z.32 nach Z.33 emendiert. Kaum zu Recht. Möglicherweise ist tatsächlich ursprüngliches -ra oder -šè (Dativ oder Terminativ) nach ^{d}nanna- verloren gegangen. Eine wahrscheinliche Annahme auf Grund zahlreicher Textbeispiele ist: Nanna J endet in einen invertierten Lobaufruf für Nanna – wie ihn die Herausgeber von ETCSL auch postulieren (ohne grammatische Grundlage!). „Lobgesang für Suen-Nanna, Jüngling und Vater!“ – so müsste Z.32 sinngemäß zu verstehen sein.

Denn, und so ließe sich die Vermutung erhärten: Unter den rund 2500 Vorkommen des Verbstammes du_{11}/dug_4 und den darin enthaltenen ca. 200 Fällen von dug_4-ga-[àm] lässt sich kaum eine vergleichbare Konstruktion mit Genetiv und enklitischer Kopula finden. Man könnte einen Ausdruck erwarten wie: zà-mí dug_4-ga ama ^{d}nin-líl-lá-šè, „praise spoken for Ninlil, the mother ...“ (ETCSL 1.2.1, Z.153) oder wie eš-bar kíĝ-ĝá zà-mí dug_4-ga ^{d}en-ki zà-mí, „[he] who takes decisions, much-praised, praise be to Enki!" (ETCSL 1.1.3, Z.85). Eine dritte und letzte Variante dieser Art unter insgesamt 154 Vorkommen von zà-mí findet sich in ETCSL 4.14.3 Segm. A Z.18: ^{d}nanše nin_9 zà-mí [dug_4-ga] ^{d}a-nun-na-[ke_4-ne] („Nanše, sister praised by the Anuna!“). Der Text ist aber an der emendierten Stelle unsicher. So bleibt die oben geäußerte Vermutung stehen: In unserem Fall will die Schlusszeile der Nanna-Hymne in einer invertierten Doxologie genau das aussagen, was die einfachere (und archaischere?) Form DN zà-mí am Ende eines Preisliedes auch ausdrücken will: „Lob (Macht und Ehre) dem Gott (GN).“ Es könnte sich um eine entwickeltere Form des Hymnenschlusses handeln, doch spricht das seltene Vorkommen dieser Fassung gegen eine solche literarisch-liturgische Fortschrittshypothese. Das traditionelle GN zà-mí ohne jegliche Zusätze dominiert in der Statistik der Enddoxologien.

6.3.2.3 The Keš Temple Hymn (ETCSL 4.80.2)

Die Hymne auf die Tempelstadt Keš stammt aus alten Traditionen (vgl. o. Kap. 6.2.1): Der Ort ist schon in der Literatur des späten 3. Jts. eine sagenhafte Größe; in der historisch fassbaren Zeit spielt er keine Rolle mehr.[287] Die in zahlreichen altbabylonischen Manuskripten recht vollständig erhaltene Hymne hat 1983/84 durch einige in Abū Ṣalābīḫ gefundene Fragmente[288] aus der Fāra-Zeit eine schöne Bestätigung erfahren. Obwohl die vier prä-sargonischen Belegstücke, die zu drei verschiedenen Tafeln gehörten, nur Teile von ca. 20 Zeilen enthalten, lässt sich doch eine erstaunliche textliche Übereinstimmung zwischen ihnen und den acht Jahrhunderte später entstandenen altbabylonischen Kopien feststellen. Allerdings sind gerade die uns interessierenden zà-mí-Zeilen in der archaischen Version nicht enthalten, und auch die Einteilung des Textes in acht „Häuser“ scheint noch zu fehlen. Die Keš-Hymne ist aber wegen ihrer

[287] Zu Keš vgl. Dietz O. Edzard, Hymne, Or. NS 43, 1974, 103–113; ders., RlA 5, 1980, 571–573; Moran 1976, 335–342; Kramer 1971; Gragg 1969, 155–188, bes. 161–164; Wilcke 2006.

[288] Biggs 1971; Krebernik 1994, 151–157 und o. Anm. 287.

langen Überlieferungszeit ein einzigartiges Stück sumerischer Literatur. Textveränderungen oder -fortschreibungen dürfen nicht verwundern, vielmehr ist die weitgehende Texttreue staunenswert.[289]

Die altbabylonischen Kopien bieten einen meistens in acht „Häuser“ (liturgische [?] Abschnitte) gegliederten Lobpreis von Stadt und Tempel, der eine Reihe von Gottheiten in Aktion zeigt. Enlil ist die Hauptfigur, aber auch Nintur, Ašgi, An und Enki spielen eine Rolle. Schließlich sind alle Anuna-Gottheiten im Tempel von Keš zu Hause (Z.106)! Jeder Abschnitt schließt mit einem nur kleine Variationen aufweisenden, dreizeiligen Refrain, als Beispiel sei die Version genannt, die dem ersten „Haus“ folgt:

> 18: kèš^{ki}-gin$_7$ rib-ba lú ši-in-ga-túm-mu 19: ur-saĝ-bi $^{d\ aš}$aš$_7$-gi$_4$-gin$_7$ rib-ba ama ši-in-ga-ù-tud 20: nin-bi ^{d}nin-tur$_5$-gin$_7$ rib-ba-ra a-ba-a igi mu-ni-in-du$_8$ (18: „Will anyone else bring forth something as great as Keš? 19: Will any other mother ever give birth to someone as great as its hero Ašgi? 20: Who has ever seen anyone as great as its lady Nintur?“)[290]

Der Refrain spricht klar die Intention des Liedes aus: Der Tempel von Keš beansprucht eine Vorrangstellung im Land Sumer. Er beherbergt die hohen Gottheiten, geht auf die Urzeit zurück, versammelt in sich die stärksten Potenzen, die das Leben der Menschen erhalten und garantieren. Abschnitt für Abschnitt variiert das so angeschlagene Grundthema. „Haus“ eins (Z.1–20) ist die Rückblende auf kosmische Anfänge, als das Heiligtum im Zentrum der „vier Enden“ der Welt und mitten in Mesopotamien durch Enlil gegründet wurde. Die Göttin Nisaba hat Anteil an der Gründung, wie immer man sich den Akt vorgestellt hat. Im zweiten „Haus“ (Z.22–43) richtet sich der Blick auf das imposante Bauwerk, das metaphorisch Grundfundament der ganzen Welt genannt wird und bis in den Himmel reicht. Vergleiche mit dem Himmelsboot und dem brüllenden Stier (Z.24–28) stecken voller mythologischer Anklänge. Hier sind außer Enlil An und Nintur Ko-Schöpfer des Heiligtums. Die Bedeutung des (vorgeschichtlichen) Tempels[291] kommt konzentriert in Z.29–30 zum Ausdruck: 29: é šag$_4$-bi-ta lipiš kalam-ma 30: a-ga-bi-ta zi ki-en-gi-ra, „29: House in whose interior is the power of the Land, 30: and behind which is the life of Sumer!“ Beides wird wiederholt in Z.91f. Wichtig ist, dass schon in den ersten beiden Einhei-

---

[289] Claus Wilcke hat in seinem Aufsatz zur Keš-Hymne (ders. 2006) die wechselhafte Strophen-Überlieferung, aber auch den Drang zu Normierungen dargestellt (a.a.O., 207–213). Außerdem beschreibt er in dem von B. Hrouda herausgegebenen (Isin-)Grabungsbericht eine Sammeltafel (IB 1511), die spezielles Licht auf die Traditionsgeschichte der Hymne wirft (Wilcke 1987). Diese Tafel enthält fünf wichtige und gattungsmäßig sehr unterschiedliche Dichtungen, und an erster Stelle steht (wie auch in entsprechenden sumerischen Katalogen!) die Keš-Hymne. Es folgen: Enkis Fahrt nach Nippur; Inana und Ebiḫ, die Nungal-Hymne, Gilgameš und Huwawa (a.a.O., 85–89). Wilcke hält die Tafel wegen ihres Inhalts und ihrer Aufmachung für einen typischen Schultext (a.a. O. 85). Weitere Informationen über die zehn ersten, „kanonischen“ Literaturwerke einiger Listen bei Black 2004, 299–302, mit weiterer Literatur, besonders Tinney 1999.

[290] Der Refrain wiederholt sich in ETCSL 4.80.2, Z.41–43,55–57,58o–58q,71–73,84–86,100–102,103j–103k (ab 103j ist die 2. Hälfte jeder Zeile konjiziert),124–126.

[291] Vgl. Dietz O. Edzard, Keš, RlA 5, 1980, 571–573; George 1993, 108 (Nr. 578), vgl. 106 (Nr. 539), 110 (Nr. 605); 119 (Nr. 713); 126 (Nr. 798); 150 (Nr. 1107); 153 (Nr. 1134); 160 (Nr. 1241).

ten des Hymnus die doxologische Formel zà-mí dug$_4$ auftaucht. In welchem Verhältnis steht sie zu den Preisungen am Ende des Hymnus (Z.132f.)?

„Haus“ Nr. 3 listet Maße und architektonische Details des Tempels auf (Z.45–57); Nr. 4, in verschiedenen MS anscheinend überarbeitet und ergänzt (Z.58A–R+59–73), rühmt die im Heiligtum von Keš anwesenden Heils- und Lebenskräfte, seine Riten und Feste, die alleine das Fortbestehen Sumers in Gang halten. Die „Häuser“ fünf bis sieben thematisieren nacheinander die speziellen, göttlichen Nothelfer Ninḫursaĝa-Nintur, Šul-pa-e, Ašgi und Urumaš (Z.75–86),[292] die durch Löwen, Stiere, Schutzgenien garantierte Sicherheit (Z.88–102)[293] und den im Tempel vonstatten gehenden Kultbetrieb mit seinen Priesterklassen (erwähnt sind: nu-èš-, en-, a-tu-, enkum-, pa$_4$-šeš-Priester), Musikinstrumenten und der Hauptgottheit Ninḫursaĝa (Z.104–126). – Das achte „Haus“ (Z.128–133) ist mit sechs Zeilen das kleinste, es fällt stilistisch und inhaltlich aus der Reihe seiner Vorgänger heraus, hat keinen Refrain, und es enthält eine eigene Schlussdoxologie.[294]

Zunächst die zà-mí-Vorkommen in den ersten beiden Abteilungen („Häusern“) des Hymnus. Die Grundsituation ist klar: Das Lied will in den ersten sieben Abschnitten die Bedeutung des Tempels hervorheben. Es beschwört die mythische Realität seiner Gründung und seines Funktionierens. Menschliche Akteure treten nur als ausführende Organe der Tempelmacht auf. Gottheiten agieren, selbsttätig, im kultischen Team und gegenüber ihrem Geschöpf, eben dem Universaltempel[295] und seiner Stadt Keš. Kein Wunder, dass Tempel und heiliger Stadt (sie gehen ineinander über) Lebenskräfte zugeschrieben werden. Sie können sich äußern, und sie werden angeredet.

> 3: nám nun-e nam-lugal-la é-ta nam-ta-ab-è 4: ^{d}en-líl kur-kur-ra igi mi-ni-in-íl-íl-i 5: ^{d}en-líl-ra kur ní-ba mu-na-íl-íl-i 6: an ub-da 4 ^{d}en-líl-ra ^{ĝiš}kiri$_6$-gin$_7$ mu-na-sig$_7$ 7: kèš^{ki} saĝ íl mu-na-ni-in-ĝál 8: kèš^{ki} kur-kur-ra saĝ íl-bi 9: ^{d}en-líl-le kèš^{ki} zà-mí àm-ma-ab-bé[296] (3: „The princely lord came forth royally from the house. 4: Enlil lifted his glance over all the lands, 5: and the lands raised themselves to Enlil. 6: The four corners of heaven became green for Enlil

[292] Einzelheiten über diese Ur-Herrinnen und -Herren des Keš-Tempels in RlA *sub vocibus*.

[293] Ein MS schiebt nach dem sechsten „Haus“ die Zeilen 103A-K ein und nummeriert sie „8. Haus“ (= Z.103L) – ein Zeichen literarischer Diversifikation der Texttradition.

[294] Claus Wilcke versucht, den „Sitz im Leben“ der Hymne zu konkretisieren: Er legt dar, wie der Sänger in den einzelnen Strophen sich von weitem der Stadt, dem Tempel nähert und immer erstaunter ihre kosmische Strahl- und Segenskraft besingt (ders. 2006, 214–219). Dieser „innere Aufbau“ lege nahe, die „Keš-Hymne als Wallfahrts- oder Prozessionshymne anzusehen, eine für das alte Babylonien noch nicht nachgewiesene Gattung. In diese (sic!) Prosodion ist als hieros logos der Wallfahrt die Geschichte von Enlil und seinem Gesang, von einer Reise des singenden Enlil nach Keš und dem Fest nach Abschluss der Bauarbeiten erzählt. Das Lied ist streng nach den Stationen der Wallfahrt aufgebaut; die ihnen zugeordneten Strophen sind jeweils als n-tes Haus gezählt. Was liegt näher, als in diesen Häusern Wegstationen für Rast und Andacht zu sehen, Kapellen und vielleicht auch Gasthäuser zur Erfrischung und Stärkung der müden Pilger“ (ders. 2006, 220).

[295] Erstaunlich, dass von diesem Ur-Heiligtum außer in der Hymne selbst kaum Namen überliefert sind, vgl. George 2004, 108, Nr. 578 und die o. Anm. 291 angeführten Belege; Zgoll 2012b.

[296] Die archaischen Fragmente der Hymne bieten nur unverständliche Reste von Z.1–2 und 7–8, vgl. Biggs 1971, passim; Krebernik 1994, passim.

like a garden. 7: Keš was positioned there for him with head uplifted, 8: and as Keš lifted its head among all the lands, 9: Enlil spoke in praise of Keš.“)

Das Szenario ist urweltlich, paradiesisch: Enlil erwählt sich auf der ergrünenden Weltscheibe Keš als sein Herrschaftszentrum. Der bedeutungsvolle letzte Satz ist in diesem Kontext zu verstehen: „Enlil spricht Keš ein zà-mí aus“ (Z.9).

Exkurs: zà-mí mit finiten Verbformen (... dug$_4$/e)

Die *marû*-Form in der 3. P. Sing. àm-ma-ab-bé, „er sagte“ ist in Kombination mit zà-mí nur einmal alt-babylonisch belegt, Attinger weist außer der Keš-Hymne zwei weitere vergleichbare Texte nach.[297] Die Präfixkette ist zu analysieren als /am-ma-b-e/ (nach Thomsen) oder /a-m-ba-b-e-e/ (nach Jagersma, Sallaberger, Edzard) wobei das seltene, erst seit der altbabylonischen Periode gebräuchliche Präfix àm-ma wohl aus a-ba entstanden ist[298] oder das stativische a- mit einem Ventiv -m- sowie einem indirekten Objekt (-ba- = für Keš) verbunden ist. Das sachbezogene vordere Pronominalpräfix bi verweist auf den Absolutiv zà-mí. Enlil steht am Anfang der Zeile im Ergativ. Attinger übersetzt inchoativ: „Enlil entrepend de faire l'eloge de Keš“[299]. Die relevante Zeile aus Šulgi C (Z.20 etc.) bietet einen Prekativ im Plural: [zà-mí] ... ḫé-em-(m)e-ne: „Mögen sie singen ...“ (Attinger: „Puissent-ils dire en chantant ...“[300]), während Gilgameš und Aga Z.56 mit seinem mu(-un)-na-ab-bé „er sagte ...“ (ebenfalls mit absolutivem zà-mí) nach dem Erzählkontext einen ganz anderen Sinngehalt hat: J.S. Cooper gibt ihn wieder mit „Said enthusiastically to his king“.[301] Auf jeden Fall zeigt die altbabylonische Ausdrucksweise (besonders die *marû*-Form und vielleicht das eigentümliche Präformativ), dass zum Zeitpunkt der gedachten Segensstärkung für den Kultort Keš die Wirksamkeit des Enlil-Spruches anfängt und danach durch die Zeit weitergeht. Im Kontrast dazu verwenden einige Beipiele aus der präsargonischen und auch altbabylonischen Zeit *ḫamṭu*-Formen des Verbs dug$_4$ = du$_{11}$; sie blicken somit auf abgeschlossene Taten = realisierte Rede, zurück.[302] Diesen frühen Verbformen fehlt das Präfix àm-ma- bzw. a-m- sie beginnen mit dem Eingangsmorphem mu- oder ba-. Interessanterweise ist dieser Passus auch in einer frühdynastischen Kopie erhalten: zà-me mu-KA(e$_7$) „er sagt ein zà-me ...“.[303] Es erweist sich, dass Sprachgebrauch, grammatische Konstruktion und die Vorstellungen von der Wirkweise des zà-mí-Sagens epochal verschieden ausfallen. Die ältere *ḫamṭu*-Version konstatiert ein einmalig ausgesprochenes Lob (das dann kraft seiner dynamischen Art weiter wirkt?). Die jüngere *marû*-Variante signalisiert – unterstützt von dem seltenen àm-ma (oder: a-m-)-Präfix – die Einleitung eines Lobvorgangs, der als solcher (kultische?) Fortsetzung findet und damit die Segenskräfte kontinuierlich

[297] Vgl. Attinger 1993, 757: Šulgi C, Z.20 (ETCSL 2.4.2.03, Segm. A, Z.20,34,52,84,114,145 = Refrain, etc.); Gilgameš und Aga, Z.56 (ETCSL 1.8.1.1).

[298] Vgl. Thomsen 2001, § 320, cf. Jagersma 2010, § 24.3; Edzard 2003, 111f (§ 12.10).

[299] Attinger 1993, 757 ex. 473. Er versteht Keš nach der Variante keš-a als Genetiv!

[300] Attinger 1993, 758 ex. 469.

[301] JCS 33, 1981, 236 (nach Attinger 1993, 758 ex. 471). GiAk (ETCSL 1.8.1.1) Z.55f. lauten: 55: BIR-HAR-tur-ra lú-saĝ-lugal-a-ni 56: lugal-a-ni-ir zà-mí mu-un-na-ab-bé = „Birhar-tura, his royal guard, spoke in admiration to his king.“

[302] Attinger gibt mindestens vier Beispiele, in denen das einfache Verb mu-du$_{11}$ bzw. mu-na-du$_{11}$ mit Absolutiv zà-me e eine von göttlichem Aktanten ausgesagte Redewendung bildet: SF 18, II, 2; OIP 142,XV, 6; Biggs OIP 99 p. 46,14; OIP 99, 132, II,3’–5’ und V, 6’ sq. (UGN), so Attinger 1993, 756 (die letztere Stelle wird a.a.O., 759 als ex. 474 genauer analysiert. Die UD.GAL.NUN-Schreibweise NUN.ŠA.ŠID löst Attinger in mu-na-du$_{11}$, „er hat gesagt“ auf und übersetzt die Zeilen 3’–5’: „Il lui adressa un éloge, il adressa un éloge à ABU“).

[303] Vgl. Attinger 1993, 759 ex. 473 (^{d}en-líl-le kèš^{ki} zà-mí àm-ma-ab-bé).

weiter vermittelt. Der Dativ des Empfängers bzw. der Empfängerin eines Lobgesanges wird in der Fāra-Zeit noch nicht markiert.[304]

Entscheidend ist: zà-mí kommt in allen Zeit-Perioden (vgl. die Textbeispiele in Kap.6.3.2) als Absolutiv eines finiten Verbs, das meistens im *ḫamṭu*-Stamm und als Handlungsaussage für eine Gottheit gebraucht wird, vor. Die Grundbedeutung ist: „Er/sie hat ihn/sie/es gelobt“, bzw. „setzt einen Lobvorgang für ihn/sie/es in Gang.“ Das Lob hat immer praktische und theologische Konsequenzen. Der Lobempfänger erhält durch die ausgesprochene Preisung Lebenskraft. Die bislang einzige „profane“ Stelle (s.o. ETCSL 1.8.1.1, Z.56) könnte eine metaphorische Adaption der poetisch-kultischen Lobaussage sein. In jedem Fall handelt es sich bei der untersuchten Redewendung „Er/sie hat ihn/sie/es gelobt“ um einen performativen Satz. Das bedeutet nicht: Dieser Satz ist mit der realen Handlung identisch. Aber der Ausdruck verrät eine Konnotation mit wortgewirkten, gewollt in Szene gesetzten Aktionen. Die zà-mí-Schlussdoxologie hingegen, der jede verbale Regung abgeht (z.B. ^{d}en-ki zà-mí) spielt auf Exklamation an. Ausrufe oder kultische Rufe haben einen anderen Charakter als willentlich gesteuerte Machtzuweisungen. Sie sind emotional aufgeladen, gehören wahrscheinlich eher zum Repertoire von Gruppen als von Individuen, sie geschehen explosionsartig. Erweiterte, nicht-verbale Preisungen (z.B. „dein Lob ist gut“; „die gesungene Eulogie“) verzieren die Darbringung. Doch die wirklich verbalen Formulierungen (zà-mí+dug$_4$/du$_{11}$) zeigen den Vorgang des Lobens unmittelbar an. Insgesamt sind (mit den oben beispielhaft erwähnten und vielen anderen Nuanzierungen) in Attingers Liste[305] 21 verschiedene, finite, auf zà-mí bezogene Verbalketten zusammengestellt, von den simplen Formen mu-du$_{11}$; ba-an-du$_{11}$ bis hin zu längeren Agglutinaten wie im-mi-in-du-ga-ta oder mu-e-ni-du$_{11}$-du$_{11}$. Die performativen Ausdrücke und die entsprechenden Ausruf-Formeln, meist am Textende platziert, sind gewiss aufeinander bezogen, aber wahrscheinlich nicht genetisch auseinander hervorgegangen. Welcher sollte man den traditionsgeschichtlichen Vorrang geben? Oder handelt es sich um seit jeher parallel gebrauchte Wendungen? Das ist plausibler. Jedenfalls öffnen die performativ verbalen Formen von dug$_4$/e den Blick auf das vorgestellte Handlungsgeschehen der Lobpreisung, während nominale Ausdrücke eher dessen Ergebnis darstellen und der Aufruf zur Doxologie am Schluss eines Textes – ganz ohne Verbum – entweder ein Vorstadium des Lobens voraussetzt und mit einer gewissen Dringlichkeit das mächtige, segensbringende Lied weiter antreiben oder auch die schon geschehene Aufführung begrüßen und unterstützen will.

Was bedeutet die Aussage im Einzelnen? Sie sollte mit dem zweiten Vorkommen von zà-mí in der Strophe „Haus 2“ verglichen werden, weil beide Passagen offenbar aufeinander Bezug nehmen. Nach überschwänglichem Lob des unvergleichlichen Heiligtums (die oben schon zitierten Zeilen 29–30 gehören in diesen Zusammenhang) heißt es unmittelbar vor dem Refrain (Z.41–43) des „zweiten Hauses“:

> 35: é suḫ$_{10}$-bi an-šag$_4$-ga lá-a 36: te-me-bi abzu-a sig$_9$-ga 37: ĝissu-bi kur-kur-ra dul-la 38: é an-né ki ĝar-ra ^{d}en-líl-le zà-mí dug$_4$-ga 39: ama ^{d}nin-tur$_5$-ra eš-bar kíĝ dug$_4$-ga 40: é kèš^{ki} gurun-na sig$_7$-ga (35: „House whose diadem extends into the midst of the heavens, 36: whose foundations are fixed in the abzu, 37: whose shade covers all lands! 38: House founded by An, praised by Enlil, 39: given an oracle by Mother Nintur! 40: House Keš, green in its fruit!“)

In Z.38 rufen neben- oder nacheinander An und Enlil den Tempel „ins Leben“. Hinzu kommt als Dritte im Bunde Mutter Nintur: Sie spricht ein günstiges Orakel aus (Z.39: eš-bar kíĝ dug$_4$-ga), wörtlich eine „gesuchte Entscheidung“, wie auch sonst im

---

[304] Attinger 1993, 759, Anm. 2216: „Dans les textes de Fāra et d'Abū Ṣalābīḫ, le datif peut n'être graphiquement pas explicité“.

[305] Attinger 1993, 756f.

ETCSL-Korpus bezeugt.[306] Alle drei göttlichen Akte stehen synonym nebeneinander, es sei denn, man will Ans „Gründungswerk“ (Verb ĝar, „legen“) als übergeordnet begreifen, das sich im Lied Enlils und dem Spruch Ninturs realisiert. Die göttlichen Handlungen sind jedenfalls Schöpfungstaten. Sie begründen die Existenz von Tempel und Stadt Keš. Die drei Gottheiten agieren als „Gründerfiguren“, die jeweils spezifische, doch gleich gerichtete Akte vollziehen. In dieselbe Kerbe schlägt die schon genannte Z.9. Auch hier ist es Enlil, der dem Tempel ein zà-mí zuspricht und damit Dasein, Kraft und Ausstrahlung des göttlichen Ortes begründet. zà-mí ist also ein kreatives Machtwort, das wohl in musikalischer, kultisch gebundener Form ergeht, während das Wort der Nintur erkennbar kultische Konturen hat und in etwa der „Schicksalsentscheidung“ (nam tar) entspricht. zà-mí wird häufig mit dem aktuellen Hymnus identifiziert. Das scheint in den Z.9 und 38 nicht der Fall zu sein. Doch der vorgetragene Hymnus mag sich als (Wieder-)Aufführung des in der Urzeit spielenden Originalgesangs verstehen.

Bleibt der Schlusspassus mit seinem Gesamt- zà-mí. Das „achte Haus“ ist, wie gesagt, auffällig knapp angelegt und exhortativ im Charakter. Die Abū Ṣalābīḫ-Fassung scheint mit Z.129 zu enden und die zà-mí-Doxologie noch nicht zu kennen.[307] Einige altbabylonische Kopien nennen in Z.130 nur den Gott Ašgi statt Ašgi und Nintur als Empfänger eines Lobliedes. Die Schlussaussage ist bemerkenswert:

> 128: iri-šè iri-šè lú te-a na-te 129: é kèš^{ki} iri-šè lú te-a na-te 130: ur-saĝ-bi $^{d\ aš}$aš$_7$-gi$_4$-šè lú te-a na-te 131: nin-bi ^{d}nin-tur$_5$-šè lú te-a na-te 132: kèš^{ki} dù-a $^{d\ aš}$aš$_7$-gi$_4$ zà-mí 133: kèš^{ki} mí dug$_4$-ga ^{d}nin-tur$_5$-ra zà-mí 134: é 8-kam-ma (128: „Draw near, man, to the city, to the city – but do not draw near! 129: Draw near, man, to the house Keš, to the city – but do not draw near! 130: Draw near, man, to its hero Ašgi – but do not draw near! 131: Draw near, man, to its lady Nintur – but do not draw near! 132: Praise be to well-built Keš, O Ašgi! 133: Praise be to cherished Keš and Nintur! 134: The eighth house.“)

Der achte Abschnitt ist kultisch monoton, litaneiartig. Vier Zeilen lauten übereinstimmend: lú te-a na-te, „Mensch, komm zu …, doch komme nicht!“ (Z.128–131). Geht es um eine „Einladung zum (Pilger?)-Gottesdienst“, als Befehl und Warnung ausgesprochen? Robert D. Biggs sieht in der negativ-abweisenden Formulierung einen Appell an das kultische Gewissen der Anbeter: „… do not approach without proper awe and respect“.[308] Aber man könnte in der widersprüchlichen Doppelung der Impe-

[306] Das Glossar des ETCSL verzeichnet 105 Vorkommen des Nomens eš-bar „Entscheidung“ und 135 Verwendungen des Verbums „suchen“, kíĝ. Die Unterscheidung von Nomen und Verb ist angesichts der sumerischen Sprachregeln prekär, doch dürfte sie in diesem Fall vertretbar sein. Der nominale bzw. verbale Gebrauch ist einigermaßen klar zu trennen. Bei den mit eš-bar konstruierten Ausdrücken verschwimmt die Differenz jedoch; hier tritt einige Male die partizipiale bzw. substantivierte Verbform auf, die im Glossar einmal der nominalen, dann wieder der verbalen Gruppe zugerechnet wird, vgl. ETCSL 1.1.3, Z.85; 2.1.7, Z.554 = Gudea A, 20,16 (vgl. Z.933 = Gudea B, 5,24); 4.22.1, Z.29; 2.4.5.3, Z.56. – Ans Gründeraktivität erscheint auch im Mythos „Innana(k) holt das Himmelshaus“ (Zgoll 2015b).

[307] Biggs 1971, 203.

[308] Biggs 1971, 198; Wilcke 2006, 228, Z.126: „Zur Stadt, zur Stadt! Sollte jemand, der (in Keš) angekommen ist, (noch) nicht wirklich herangekommen sein?“ Oder (a.a.O., Anm. 44): „Sollte, wer

rative auch die Abwehr kultischer Unreinheit sehen (vgl. Ps 15; 24), oder den Hinweis darauf, dass man der Gottheit im Tempel nicht zu nahe kommen darf. Wichtig ist: In dem rufenden, mahnenden Schlussteil wendet sich der Hymnus an potentielle, als lú, „Menschen", klassifizierte Kultteilnehmer. Kultischer oder weisheitlicher Diskurs im Alten Orient war oft so allgemein gehalten. Er identifizierte Adoranten durch ihr Menschsein, nicht sozial oder politisch. Die vierfache Aufforderung, nahe zu treten, aber nicht zu nahe (o.ä.), beweist den kultischen Gebrauch der Hymne. Der Aufruf lädt zwei Mal ein, Stadt und Tempel aufzusuchen (Z.128f.); danach sind die zu verehrenden Gottheiten genannt, Ašgi und Nintur, Sohn und Mutter, die in Keš das Regiment führen. Die vier „Objekte" der Ehrerbietung sind durch suffigiertes -šè (Terminativ) bestimmt. Die archaische Version nennt nur Nintur, die Ašgi-Zeile fehlt.[309] Also läuft der Hymnentext, wenn Fragment D wirklich die Schlusszeile bietet, in eine Aufforderung zum Gottesdienst aus, ohne finale zà-mí-Doxologie. Gattungsmäßig und funktional sind beide Ausdrücke nicht weit voneinander entfernt. Auch die zà-mí-Formel ist ein Aufruf an Gemeinde bzw. Priesterschaft, der Gottheit zu huldigen.

Für die altbabylonische Fassung ist der doppelte zà-mí-Abschluss durch die Mehrzahl der Manuskripte gesichert. Nintur und Ašgi erfahren die nach dem Korpus des Liedes wohlverdiente kultische Huldigung, und zwar in der simplen, archaischen (?) Form des nicht suffigierten und nicht durch Adjektiv oder Verb ergänzten Lobrufes: „GN sei gepriesen!" (Z.132f.; s.o. Kap. 6.2).[310] Er kontrastiert mit dem Gebrauch von zà-mí in Z.9,38. Die Hauptaktanten, Nintur und ihr Sohn Ašgi, die auch im Refrain angesprochen sind, erhalten so ihren speziellen Lobpreis, und zwar aus dem Mund der Kultteilnehmer und in Gestalt der vorliegenden Hymne. Im Hymnus selbst hingegen ist es Enlil, der ein spezifisches Lied für Tempel und Stadt Keš spendet, damit sie ihrer Rolle als universal-zentrales Machtzentrum gerecht werden können. Auf Enlil beziehen sich die zà-mí- Aussagen des ersten und zweiten „Hauses". Auch Gottheiten inszenieren also „Preis und Lob", mindestens hinsichtlich ihrer eigenen heiligen Stätten. Es geht in Z.38f. um Gründung und Ausstattung des Heiligtums. Enlil und Nintur „übermitteln" (dug_4) keš zà-mí und eš-bar kíĝ („Preis" und „Orakelentscheidung"), zwei notwendige kultische Kapazitäten. Ein Tempel kann ohne diese „heiligen Riten" (ĝarza)[311] nicht bestehen. Wenn man von hier aus weiter denkt, kommen auch die am Tempel von Menschen durchgeführten kultischen Verrichtungen

angekommen ist, nicht verweilen?" Wilcke versteht (s.o. Anm. 294) den Text als „Prozessionshymne", die „Häuser" als „Wegstationen" (a.a.O., 220).

309 Nach Biggs 1971, 203, es fehlt Z.128 (= ETCSL 4.80.2, Z.130).

310 Die Frage ist allerdings, wie Z.131f. exakt zu verstehen sind. Die nachgestellte Formel „GN sei gepriesen!" ist kaum so zu übersetzen, dass Keš oder sogar Keš *und* Nintur(!) zum „Objekt" des Lobens werden (so ETCSL). Denn Tempel/Stadt haben einen eigenen verbalen Ausdruck bei sich, und die „einfache" zà-mí-Formel ist traditionell so fest gelegt, dass sie sich nur auf die vorangestellte Gottheit beziehen kann. Der Sinn von Z.132f. kann deshalb sein: „Keš, wohl gebaut! Ašgi sei gepriesen! Keš, gut beleumdet! [oder: „gut mit kräftigem Wort versorgt"], Nintur sei gepriesen!" Für diese Deutung spricht eventuell auch der suffigierte Name ^{d}nin-tur_5-ra. Ist ein Dativ intendiert? Jeremy Black u.a. lesen inzwischen Nintud, mit -d-Auslaut (vgl. Black 2004, 326–329).

311 Der Tempelname kommt im ETCSL 85 Mal vor; er wird oft als das tempelspezifische me (göttliche Kraft) qualifiziert, vgl. George 1993, 116–118 (Nr. 677–693).

in den Blick. zà-mí und eš-bar kíĝ sind dann im Kontext der Tempelerschaffung die von den Gottheiten gestifteten Urmodelle des Lobens und Orakelgebens. Der jeweilige aktuelle Hymnenvortrag, in den Schlusszeilen (Z.132ff.) apostrophiert, ist Reflex und Ausführung des von Enlil vorgegebenen kultischen Preisens.

Die zà-mí-Zitationen kreieren den Haupttempel Sumers und seine kultisch gesellschaftliche Rolle. Enlil kam in Sumer, auch bei wechselnden politischen Konstellationen, eine Führungsrolle zu; sie wird in der Keš-Hymne vorausgesetzt. Zwar nennt sie zunächst noch nicht explizit den Haupttempel Ekur in Nippur als den Ort, aus dem Enlil „herausgeht" (Z.1–3), bringt aber die Namen Z.16 ins Spiel. Ort und Tempel Keš sollen nach Bedeutung und Macht an das überragende Ekur heranreichen.[312] Also stellt Keš nach dieser Überlieferung keine urtümlichere Situation dar als die aus dem 3. Jt. bekannte: Das Heiligtum von Nippur mit Enlil, dem Primus des sumerischen Pantheons, steht unangefochten an erster Stelle. Aber Keš ist eine Gründung Enlils (im Verein mit An und Nintur). Das Kraftgefälle geht von Enlil zu den lokalen Gottheiten Nintur und Ašgi, die in den Refrains ausgiebig gerühmt werden. Sie und darum auch der sakrale Ort, an dem sie zu Hause sind, gelten als hervorragend (rib). Die dreifache rhetorische Frage der Refrains „Will anyone else bring forth something as great as Keš?" („... as Ašgi? ... as Nintur?") steigert die Begeisterung auf die Muttergottheit hin. Sie und ihr Sohn empfangen die Schlussdoxologie. Der göttliche Segensstrom wird allein von Enlils Preis in Gang gesetzt (Z.8), der im Verbund mit Ans Gründungsakt und Ninturs Entscheidungsverleihung (Z.38f.) für die universale, ja, kosmische Funktion des Tempels bürgt.

Tempel waren Schnittstellen himmlischer und irdischer Existenz, auch wenn die Sumerer ihre „Daseinsweisen" anders qualifizierten und zueinander in Beziehung setzten als im abendländischen Philosophieren und Theologisieren üblich. Tempel in Metropolen oder „heiligen Städten" mit staats- oder reichstragender Bedeutung hatten für die Herrscherdynastien eine Schlüsselfunktion.[313] Sie standen als kosmische Stützen mit den Gottespalästen in Himmel und Unterwelt in Verbindung, waren Garanten für Gerechtigkeit und Wohlstand aller Menschen und Sitze der höchsten Weisheit.[314] Die Hymne auf Tempel und Stadt Keš weist himmelhohe und abgrundtiefe Lobpreisungen auf, wie sie für „kosmische Zentren" im Alten Orient üblich waren. „Die Gründung eines babylonischen Tempels" „geht auf eine uranfängliche göttliche Inspi-

---

[312] Vgl. Sallaberger 1997.

[313] Sumerologen und Assyriologen haben versucht, Weltbild und Bedeutung von Tempel und Stadt aus den Keilschriftquellen zu erheben, vgl. drei relevante Aufsätze in Wilhelm 1997: Andrew R. George, ‚Bond of the Lands': Babylon, the Cosmic Capital, a.a.O., 125–145; Maul 1997; Sallaberger 1997. Die politischen und religiösen Weltzentren Babylon und Assur standen in der Tradition der älteren heiligen Städte Eridu und Nippur, die selbst nie Dynastien hervorbrachten oder zu Regierungssitzen geworden sind. Auch im westsemitischen Bereich sind ähnliche Vorstellungen von der Zentralität von Tempeln/heiligen Städten bezeugt, vgl. Mark S. Smith, Like Deities, like Temples (like People), in: John Day (Hg.), Temple and Worship in Biblical Israel, London 2007, 3–27; Zgoll 2012b; Kaniuth 2013.

[314] Vgl. die Auflistung der Attribute für Babylon in Tintir Tf. I (bei George 1997, 126f.,139–141). Allerdings kann man die Aussagen über Könige, Dynastien und Regierungsgewalten für Eridu und Nippur nicht erwarten.

ration zurück",[315] d.h. auf einen originären Schöpfungsakt. Das wird schon am Anfang (Z.1–17) betont und bald weiter ausgeführt:

> 31: é ib-gal an-né ús-sa 32: é zid-da gal an-né ús-sa 33: é men gal an-né ús-sa 34: é ^{d}tir-an-na an-né ús-sa 35: é suḫ$_{10}$-bi an-šag$_4$-ga lá-a 36: te-me-bi abzu-a sig$_9$-ga 37: ĝissu-bi kur-kur-ra dul-la (31–37: „House, great enclosure, reaching to the heavens, great, true house, reaching to the heavens! House, great crown reaching to the heavens, house, rainbow reaching to the heavens! House whose diadem extends into the midst of the heavens, whose foundations are fixed in the abzu, whose shade covers all lands!" ETCSL 4.80.2, Z.31–37)

Was für den Tempel Marduks, Esagil in Babylon, gilt, trifft also auch auf die Wohnstatt Ninturs und Ašgis in Keš zu: Sie gilt „sowohl als Ebenbild des Palastes Eas im abzu als auch als Ebenbild des über dem Esagil gedachten himmlischen Palastes Ans. Jeder der drei kosmischen Bereiche, der Himmel, die Erdoberfläche und die Erde, wird dieser Vorstellung zufolge von einem Götterpalast beherrscht."[316] – Auch die den Haupttempeln Sumers, Babyloniens und Assyriens zugesagten Garantieen von Gerechtigkeit, Fruchtbarkeit, Wohlstand finden sich in der alten Keš-Hymne wieder. Kurz: Der so prächtig besungene heilige Ort – in der Keilschriftüberlieferung weitgehend verloren gegangen und bisher weder geographisch noch archäologisch fixiert – hat in der Hymne eine hochrangige, durch wenige alte Zeugnisse unterstrichene Qualität.[317] Die Traditionen Altsumers belegen den kollektiven Gedächtnisschwund. Wichtig ist jedoch: Die alte Keš- Überlieferung leitet die Sonderstellung von Tempel und Stadt vornehmlich von der zà-mí-Gabe (oder -Begabung) des höchsten Gottes Enlil ab.

Um die Frage zu beantworten, ob sich ähnliche Sachverhalte (Tempelglorifikation durch zà-mí-Zuspruch) in der vorhandenen sumerischen Literatur finden, sind vergleichbare Hymnen heranzuziehen. „Enlil im Ekur"[318] liegt thematisch und gattungsmäßig auf der Linie der Keš-Hymne. Auch „Enkis Reise nach Nippur" (ETCSL 1.1.4) hat Berührungspunkte mit dem gegenwärtigen Text. Beide Lieder lassen den besagten Tempeln hohes Lob zukommen. Doch steht im ersten Fall Enlil im Vordergrund: Er wird in seiner Autorität, Gerechtigkeit, Macht porträtiert und mit zà-mí-Doxologien bedacht. Nur die Z.65–73 spielen auf die Gründung Nippurs und des Ekur an, setzen ihre Größe und kosmische Bedeutung aber voraus, verzichten darum auf die Inaugurationsgeschichte. Anders im zweiten Beispiel. Eridu ist nach sumerischem Verständnis

---

[315] Maul 1997, 113.

[316] Maul 1997, 114.

[317] So ist in der vorsargonischen Geierstele des Eanatum die Göttin Ninḫursag von Keš die nach Enlil zweite von sechs Schwurgottheiten, bei denen der aufoktroyierte Vertrag zwischen Lagaš und dem besiegten Umma besiegelt wird (vgl. Steible 1982, Bd. I, 120–145). Dietz O. Edzard (Artikel Keš[i] in RlA 5, 1980, 571–573) verzeichnet die bis dahin bekannten Bezeugungen. Sogar in akkadischen Personennamen kommt Keš bis in die altbabylonische Zeit vor (z.B. „Ich-möchte-gerne-das-Antlitz-von-Keš-sehen" = *pān-ke-eš-lūmur*): „Eine solche Beliebtheit im Onomastikon lässt auf eine weite Verbreitung des Kultes von Keš schließen" (Edzard, a.a.O., 571; Frayne 2008).

[318] Enlil A (ETCSL 4.05.1), s.o. Kap. 6.3.2.1.

(und nach Ausweis der Archäologie)[319] die ältere spirituelle Metropole. Die Hymne visualisiert Enki, der im Abzu wohnt. Er hat dort am Uranfang seinen Tempel gebaut, dank seiner gewaltigen Fähigkeiten:

> 4: „the lord of the abzu, King Enki, 5: Enki, the lord who determines the fates, 6: built up his temple entirely from silver and lapis lazuli. ..." (14: šeg₁₂-bi inim dug₄-dug₄ ad gi₄-gi₄ 15: gi-sal-la-bi gud-gin₇ mur im-ša₄ 16: é ᵈen-ki-ke₄ gù nun di-dam 17: é-e lugal-bi-ir ĝi₆-a ár im-ma-ab-de₆ dùg-bi mu-un-ĝá-ĝá) 14: "Its brickwork makes utterances and gives advice. 15: Its eaves roar like a bull; 16 the temple of Enki bellows. 17: During the night the temple praises its lord and offers its best for him" (ETCSL 1.1.4).

Von einer göttlichen Investitur des Tempels ist keine Rede, vielleicht ist sie vorausgesetzt. Aber umgekehrt ist das Geschöpf dem Schöpfer Preis schuldig: Der von Enki errichtete Tempel gibt dem Baumeister Ehre und Macht (Z.17: ár de₆, dùg ĝar). Die beiden sumerischen Ausdrücke („Lob zollen, Gutes erstatten") sagen genau das aus, was mit zà-mí dug₄ gemeint ist, nur fehlt ihnen offenbar die kultisch-rituelle Konnotation.

Eine parallel gestaltete literarische Besonderheit des Hymnus „Enkis Reise nach Nippur" besteht in dem eingefügten Lobgesang des Verwaltungschefs (sukkal) Isimud auf Enkis Palast E-Abzu/E-Engur (Z.18–70). Diese „inset-hymn" ist formgerecht eingeführt durch ETCSL 1.1.4, Z.18–20: 18: lugal ᵈen-ki-ra sukkal ᵈi-simud-dè mí dùg-ge-eš im-me 19: é-e im-ma-ĝen gù im-ma-dé-e 20: šeg₁₂-e im-ma-ĝen gù im-ma-ab-šúm-mu (18–20: „Before Lord Enki, Isimud the minister praises the temple; he goes to the temple and speaks to it. He goes to the brick building and addresses it").

Auch der Abspann Z.70f. ist aufschlussreich formuliert: 70: ⌜sukkal⌝ ᵈisimud-dè šeg₁₂-e gù ba-an-šúm 71: é-engur-ra-ke₄ {šìr} {(1 ms. has instead:) mí} dùg-ge-eš im-me (70f.: „This is what Isimud spoke to the brick building; he praised the E-engura {with sweet songs} {(1 ms. has instead:) duly.}")

Isimud spricht das Tempelgebäude bewundernd, überschwänglich an, und zwar in Gegenwart des Bauherrn und Chefs Enki. Der etwas variable Ausdruck für die Lobdarbringung ist mí dùg-ge-eš im-me (Z.18; ein Text hat statt dùg-ge-eš > zid-dè-eš, „recht"), also lautet Z.18: „Bei König Enki spricht sukkal Isimud ihm freundlich Fürsorgliches (mí; bzw. Rechtes, zid) zu." Am Schluss wird derselbe Ausdruck aufgenommen, aber in den meisten Textzeugen (bei einer Ausnahme, s.o.) heißt es jetzt: šìr dùg-ge-eš im-me, „ein Lied spricht er ihm freundlich zu" (Z.71). mí und šìr sind parallel gebraucht, und beide können auch zà-mí vertreten. Wenn man dann den Inhalt der von Isimud angestimmten Hymne auf Enkis Untergrundtempel mit berücksichtigt, ergibt sich ein gutes Beispiel für die Ausstattung eines Heiligtums mit den wesentlichen Merkmalen seiner inhärenten spirituellen Ausstrahlung: Qualität und Ästhetik der Architektur gehören ebenso dazu wie Überlassung göttlicher Kräfte und Ordnungen, die alles Leben durchwirken, funktionierendes Pries-

---

[319] Vgl. Eckard Unger, Eridu, RlA 2, 1938, 464–470; Margaret W. Green, Eridu in Sumerian Literature. PhD Diss., University of Chicago 1975; William W. Hallo, Enki and the Theology of Eridu: JAOS 116, 1996, 231–234; F. Safar u.a. (Hg.), Eridu, Baghdad 1981.

ter- und Ritualsystem einschließlich der wichtigen, heiligen Musikinstrumente, wirtschaftliche und politische Potenz und anderes mehr. – Enki fährt bald nach diesem Intermezzo gen Nippur, wo er seinen „Vater" Enlil beehrt – offenbar ein Reflex jener Zeit, als Nippur das geistliche Zentrum Eridu abgelöst hatte.[320] Enlil hält eine *laudatio* auf Enki und Abzu (Z.117–129), das so einen Teil seiner Bedeutung bewahrt. „Preis sei Vater Enki!" (Z.129: a-a ^{d}en-ki zà-mí). Endlich fällt nun auch das Stichwort zà-mí! Die Komposition ist jetzt der wirkmächtige Hymnus, der sowohl Enki wie seinem Palastheiligtum huldigt und damit nachhaltig die notwendige Kraft zuführt.

Weitere, „echte" Tempelhymnen, wie z.B. die Liedersammlung auf 46 Heiligtümer (ETCSL 4.80.1) oder die „Hymne auf Ekur" (ETCSL 4.80.4) beweisen: Tempelgesänge müssen nicht den mythischen Ursprung eines „Götterhauses" feiern; sie können schlicht die existenten Verehrungsstätten der Numina besingen und den Zufluss von geistlicher Energie durch Preisung und liturgischen Gesang als selbstverständlich voraussetzen. So besteht die Hymne auf Enlils Ekur aus vier Blöcken, die jeweils einen Satz litaneiartig wiederholen: „The great house is as great as a mountain …" (Z.1; in Z.2–27 sechsundzwanzig Variationen, in denen nur das Subjekt verändert wird). – Anders präsentiert sich die große und offenbar recht alte (nur altbabylonische Abschriften!) und der Enḫeduana zugeschriebene Sammlung von 46 Tempelhymnen (ETCSL 4.80.1). Das Strukturmuster ist einförmig dasselbe: Jedesmal rühmt der Text, meistens in direkter Anrede, die Qualitäten von Tempel und Stadt (Nippur, das nach Eridu den zweiten Platz einnimmt, stellt allein vier Heiligtümer, die von Enlil, Ninlil, Nuska und Ninurta) sowie den Herrn, die Herrin der Anlagen und läuft dann in den „Gründungsbescheid" aus: (er, sie) „has erected a house in your precinct and taken his/her seat upon your dais" (mùš-za é bí-in-gub barag-za dúr bí-in-ĝar). Von einer Kräftebegabung der heiligen Orte wird direkt nichts gesagt;[321] der zà-mí-Preis am Ende der überlangen Komposition gilt Nisaba, der Göttin der Schreiberschule (Z.542), allerdings im Rahmen der Hymne für ihren eigenen Tempel in Ereš (Z.529–542). Die stereotype Gründernotiz fehlt in diesem Fall.

6.3.2.4 The Song of the Hoe (ETCSL 5.5.4)

Das „Lied von der Hacke" ist gattungsmäßig eine Lehrdichtung, die sich mit den Anfängen der Welt und der Kultur beschäftigt und dem wichtigsten landwirtschaftlichen Werkzeug ein Denkmal setzen will. Es geht nicht um eine museale Würdigung der Hacke, sondern um die menschliche Kulturleistung schlechthin und die nachhaltige Segnung des Feldbaus,[322] der Jahrtausende lang – vor und neben dem Pflug – in regelrechter Handarbeit geleistet wurde. Dass dieses Alltagsgerät Gegenstand einer mythisch-hymnischen Dichtung wird, fällt auf. Waren Ästhetik und Zeitvertreib die An-

---

[320] Eridu und sein Tempel rangieren in frühen Quellen noch vor Nippur mit Ekur: z.B. in der Sammlung der 46 Tempelgesänge, ETCSL 4.80.1, Z.1–38.

[321] Auffällig ist Z.92, die für das Heiligtum der Ninḫursaĝa in Keš festhält: „great hill, established by incantations" (ḫur-saĝ gal mu_7-mu_7-ta ri-a). Soll das ein Hinweis auf einen göttlichen, wirkmächtigen Gesang sein, den man mit ETCSL 4.80.2 Z.9,38 in Verbindung bringen könnte?

[322] Claus Wilcke, Hacke, B. Philologisch, RlA 4, 1975, 33–38; A.S. Kapelrud, Hacke, BHH II, 1964, 620f.; vgl. o. Kap. 6.2.2.7.

triebskräfte, eine solche Komposition zu schaffen?[323] Von der sprachlichen Gestalt und dem Inhalt des Gedichts her ist zu vermuten, dass der vorliegende Text nicht nur Unterhaltungs-, sondern auch einen zeremoniellen Wert gehabt hat. – Insgesamt kommt zà-mí vier Mal vor. Davon ist die Schlusszeile (Z.109; Lob für Nisaba) hier irrelevant (vgl. o. Kap. 6.2.1, Tab. 5). Doch die drei übrigen sind mit Formen von dug$_4$ konstruiert. Sie beleuchten Wesen und Funktion der zà-mí-Vorstellung.

Der Text im Ganzen ist eine Eulogie auf Nutzen und göttlichen Ursprung der Hacke, gepaart mit recht künstlich anmutenden Sprachspielen und Allusionen um das Wort al, „Hacke“,[324] bzw. das Silben und Schriftzeichen AL. Schon bei der Weltschöpfung war das Gerät dabei (Z.1–17); Enlil brauchte es für seine Ur-Tat:

> 11: ^{d}en-líl-le ^{ĝiš}al-a-ni zà-mí ba-an-dug$_4$ 12: ^{ĝiš}al-a-ni kug-sig$_{17}$-ga saĝ-bi $^{na}{}_4$za-gìn-na 13: ^{ĝiš}al sa lá-a-ni kug-me kug-sig$_{17}$-ga 14: ^{ĝiš}al-a-ni á bulug-ba apin $^{na}{}_4$za-gìn-na-kam 15: zú-bi gud-si-AŠ bàd gal éd-dè-dam 16: en-e ^{ĝiš}al mu-un-šid nam mi-ni-ib-tar-re 17: ki-in-du men kug saĝ-ĝá mu-ni-in-ĝál (11: „Then Enlil praised his hoe (al), 12: his hoe (al) wrought in gold, its top inlaid with lapis lazuli, 13: his hoe (al) whose blade was tied on with a cord, which was adorned with silver and gold, 14: his hoe (al), the edge of whose point (?) was a plough of lapis lazuli, 15: whose blade was like a battering ram standing up to a great (gal) wall. 16: The lord evaluated the hoe (al), determined its future destiny 17: and placed a holy crown on its head …“).

In einem ähnlichen Textzusammenhang verstärkt Enki das Lobvolumen für die wunderbare Hacke Enlils: Auch er „sagt seiner [d.h. Enlils] Hacke zà-mí zu“ (Z.32: ^{d}en-ki-ke$_4$ ^{ĝiš}al-a-ni zà-mí ba-an-dug$_4$). Schließlich passt auch der Schlusssatz, vor dem Lob an Nisaba, zu den beiden genannten Aussagen: „Der Hacke [war/ist] zà-mí zugesprochen“ (^{ĝiš}al-e zà-mí dug$_4$-ga, Z.108). ETCSL will freilich anders verstehen: Z.107: „The hoe, the implement whose destiny was fixed by father Enlil, 108: the renowned hoe.“ Damit ist die Frage aufgeworfen, ob und wie weit die mit verbalem dug$_4$ gebildeten Ausdrücke einen passiven Zustand oder eine dynamische Handlung ausdrücken wollen. Die Bedeutung von zà-mí spielt natürlich eine Hauptrolle bei ihrer Beantwortung. So viel steht fest: Das finite Verb ba-an-dug$_4$ (Z.11,32)[325] im *ḫamṭu*-Stamm bezeichnet die einmalige Übereignung des zà-mí (Absolutiv) durch Enlil, bzw. Enki (Ergativ) an die Hacke (Präfix bi+Dativ/Lokativ = ba). al, „Hacke“ bekommt an beiden Stellen ein Possessivsuffix

---

[323] Manche sehen einen humoristischen Zug in diesem populären Text, vgl. z.B. Piotr Michalowski, Where is Al? Language, Humor and Poetics in the Hymn to the Hoe, in: Kleinerman 2010, 195–200. Er nennt das Gedicht „polyglot linguistic game(s)“, a.a.O., 196.

[324] Vgl. den etwas sarkastischen Kommentar bei Black 2004, 311f.: „Then comes an enumeration of all sorts of other objects with names encompassing the sound al (83–93) and a summary of all the useful building and agricultural tasks one can do with the hoe (94–106) … As scribal students in Nibru were mostly affluent urbanites … it is unlikely that any of them would have ever seen the business end of a hoe.“ Zum Text vgl. auch Dietz O. Edzard, U 7804 // UET VI/1 26: Gedicht von der Hacke, in: George 2000, 131–135.

[325] Vgl. o. Exkurs: zà-mí mit finiten Verbformen; Attinger verzeichnet für die altbabylonische Zeit eine Reihe von Vorkommen von zà-mí ba-an-dug$_{11}$ (ders. 1993, 756 und 282 ex 111).

der 3. P. Sing. Wenn man zà-mí als potenten Gesang auffassen kann, dann ist dieser Zuspruch von großer Bedeutung für performative Akte zeremonieller Art.

Die Wertung der zà-mí-Stellen im Lied von der Hacke ist unabhängig von dessen Gattung und Sitz im Leben, die kontrovers diskutiert werden. Nachdem schon 1965 Kinnier Wilson die Frage aufgeworfen hatte, ob dieser sonderbare Text überhaupt ernst zu nehmen sei, veröffentlichte Claus Wilcke 1972 eine feinfühlige literarische Analyse.[326] Er gliederte die in zahlreichen Kopien erhaltene Komposition in vier Abschnitte: I. Mythischer Bericht (Z.1–77); II. Wort- und Silbenexperimente (Z.78–92); III. Arbeitsbereiche der Hacke (Z.93–105); IV. Doxologie (Z.106–109; a.a.O., 36f.). „Offenkundig ist der Preis der Hacke nur vordergründig Zweck der Komposition." „Dem Verfasser geht es um das Spiel mit Wörtern, Silben und Schreibungen ..." Die literarische Gattung sei nicht mehr feststellbar (a.a.O., 37). Gertrud Farber will den Sitz im Leben präzisieren: Das Loblied auf das primitive Ackerbaugerät sei ein professionelles Schreibakademie-Produkt, genauer eine „Schulsatire".[327] Weil wir die sumerischen Parameter des „Unseriösen", „Satirischen" oder „Humorvollen" nicht kennen, sind derartige Urteile schwer zu erhärten. Möglicherweise waren linguistische „Spielereien" mit Silben, die an al, „Hacke" erinnerten, zu gewissen Zeiten und in bestimmten Schichten „hohe Kunst" (vgl. die im Alten Orient geübte poetische Akrostichie). Offensichtlich maßen „Dichter", Schreiber und Überlieferer (Benutzer) des Textes den für uns „unsinnigen" Anklängen an das Gerät „al" im Schrift- und Sprachbild eine Bedeutung zu. Dann wären solche Texte auch in seriösen Kontexten brauchbar gewesen, zumal der erste und dritte Abschnitt auch nach unserem Ermessen einen guten Sinn ergeben. Ganz abgesehen von diesen Situierungsversuchen: Die zà-mí-Aussagen sind stark formelhafter Natur und damit relativ unabhängig von ihrem Kontext. Sie wollen auf jeden Fall vermitteln, wie fundamental „heilig" und lebensnotwendig das elementarste Werkzeug des Ackerbaus ist (auch wenn sich Vorstellungen von Fron mit ihm verbinden).[328] Die zà-mí-Sätze suggerieren die uralte Vorstellung, dass Gottheiten durch Wort und Tat auch den (für uns leblosen!) Gegenständen potente Heiligkeit, Gottes- und Lebenskraft mitteilen können.[329] Sie bekommen dadurch Personencharakter; der Geist der Gottheit belebt sie. Im Anschluss an das, was oben schon zu zà-mí als Absolutiv gesagt ist (s.o. Kap. 6.3.2), lässst sich vermuten, es gehe im Hackenlied nicht nur um die neutrale Kraftübertragung an das göttliche Werkzeug, sondern auch um die Zuteilung eines wirkmächtigen Spruches oder Gesangs, welcher der Protagonistin „Hacke" ständig weiter zur Verfügung steht und sie zu ihrem wohltätigen Schaffen ermächtigt. Die zweimalige, gleichlautende Würdigung der Hacke (Z.11,32) fällt auf, zuerst durch Enlil selbst, mit direkt anschließender Bewertung des Aktes in den Zeilen 16 und 17 (šid, „begutachten"; nam tar, „Schicksal bestimmen"; men kug, „heilige Krone"), dann, nachdrücklich bestätigend, durch den Organisator der wirklichen Welt, Enki, dem Nisaba zur Seite steht:

[326] Claus Wilcke, Hacke, B. Philologisch, in: RlA 4, 1972, 33–38, bes. 36ff.

[327] Gertrud Farber, „Das Lied von der Hacke", ein literarischer Spaß? In: Klengel 1999, 369–375, speziell 373.

[328] Vgl. Claus Wilcke, Hacke, RlA 4, 1972, 34.

[329] Gebhard J. Selz macht das an „zu heiligenden" Gegenständen klar: ders. 1997, 167–213.

32: ^{d}en-ki-ke$_4$ ^{ĝiš}al-a-ni zà-mí ba-an-dug$_4$ 33: ki-sikil ^{d}nisaba eš-bar-ra ba-an-gub 34: ^{ĝiš}al mul ^{ĝiš}al kug-ba šu mu-un-ne-ĝál (32: „Now Enki praised Enlil's hoe (al), 33: and the maiden Nisaba was made responsible for keeping records of the decisions. 34: And so people took (ĝal) the shining hoes (al), the holy hoes (al), into their hands.“

Die beiden Gottheiten Enki und Nisaba führen die Schöpfungstat Enlils aus und machen sie „aktenkundig“, so dass die Hacke als das uranfängliche, entscheidende Werkzeug für die Kultivierung der Erde in den Nießbrauch der Menschen übergehen kann. Die Designationen des Arbeitsinstruments („schimmernd“, „heilig“, Z.34) bezeugen die menschliche Wertschätzung. In dem Werkzeug ist das Urmodell der gottgeschenkten Neuerung erahnbar. Die Hacke bringt einen gewaltigen Fortschritt gegenüber dem Gebrauch der bloßen Hände oder der Feldbestellung mit Stöcken und Faustkeilen.

Das Gedicht läuft dann auf den nach Wilcke vorletzten Passus, ein Crescendo der Fähigkeiten hinaus, die sich nach göttlichem Ratschluss in der Hacke vereinen (Z.94–108), fünfzehn dichte Zeilen, von denen neun betont mit dem Wort ^{ĝiš}al, „Hacke“, beginnen, einige sogar mit doppelter Lobaussage besetzt sind (das Spiel mit der Silbe al scheint auch bei erkennbarem Sachgehalt der Aussagen weiter zu gehen, vgl. Z.99; hier freie Übersetzung):

94 ^{ĝiš}al lum-lum-ma ^{ĝiš}al lam-lam-ma	Hacke floriert, Hacke lässt blühen.
95 ^{ĝiš}al še dùg-ga ^{ĝiš}al sa-par$_4$-àm	Hacke ist feine Gerste, Hacke ist Fangnetz.
96 ^{ĝiš}al ù-šub-ba ^{ĝiš}al saĝ ĝál-la-àm	Hacke backt Ziegel, Hacke setzt Menschen.
97 ^{ĝiš}al-àm á nam-ĝuruš-a-kam	Hacke ist Manneskraft.
98 ^{ĝiš}al ^{ĝiš}dusu níĝ iri dù-dù-dam	Hacke und Erdkorb bauen die Stadt.
99 é zid al-dù-e gána zid al-ĝá-ĝá	Sie baut das Haus richtig, pflegt das Feld recht.
100 gán-né zid-dè šu daĝal-la-me-en	Ja, [Hacke,] du gewinnst Ackerland!
101 gán-né lugal-bi-ir bal-e	Felder, die ihren König verraten,
102 gán-né lugal-bi-ir gú nu-ĝar-ra-e	Felder, die nicht ihrem König sich beugen,
103 ^{ĝiš}al-e lugal-bi-ir gú mu-na-ab-ĝá-ĝá	Hacke macht sie dem König gefolgsam.
104 ^{ú}númun ḫul ^{ú}númun ḫul-e saĝ dúb-dúb-bé	Bösem Unkraut schlägt sie den Kopf ab,
105 úr-ba mu-un-bur$_{12}$-re pa-bi mu-un-zé-e	reißt aus seine Wurzeln, jätet aus seine Triebe.
106 ^{ĝiš}al-e ^{ú}ḫirin$^{\text{ḫu-rí-in}}$ šu-šè al-ĝá-ĝá	Hacke besiegt gar das ḫirin-Kraut.
107 ^{ĝiš}al-e ĝiš nam tar-ra a-a ^{d}en-líl-lá	Hackes Schicksal bestimmt Vater Enlil.
108 ^{ĝiš}al-e zà-mí dug$_4$-ga	Hacke gebührt Preismacht!
109 ^{d}nisaba zà-mí	Heil der Nisaba!

Das Spektrum der Qualitäten, die der Hacke mitgegeben sind, gründet auf den realen Verrichtungen des Bauern bzw. Bauarbeiters, weitet sich aber metaphorisch aus, besonders auf die Macht des Königs. (Es besteht kein Grund, in Z.101–103 lugal mit ETCSL als „Grundbesitzer“ zu interpretieren). Die Jät-Qualitäten der Hacke (Z.104–106) können dann sehr wohl doppeldeutig sein. Wie das „Fangnetz“ (Z.95: sa-par$_4$

= SA.KISAL) mit der Hacke gleichgesetzt werden kann, ist unerfindlich. In jedem Fall bündelt die Schlusszeile (Z.108) das Gedicht sinngemäß so: „Alles das gilt, weil Enlil der Hacke den zà-mí zugesprochen hat.“ Das Geschehen von Z.11,32 ist damit zu seinem Höhepunkt geführt. Die nachfolgende Preisung der Nisaba ist entweder der Schreiberakademie geschuldet, oder Nisaba gilt als Patronin des Ackerbaus. Dann träfe Wilckes Übersetzung zu: Er versteht Z.107–109 als ein Satzgebilde: „Der Hacke, der der Vater Enlil das Schicksal entschieden hat, und der, die die Hacke gepriesen hat, Nisaba, sei Preis!“[330] Die Interpretation im ETCSL ist eher unbefriedigend: „107: The hoe, the implement whose destiny was fixed by Father Enlil – 108: the renowned hoe! 109: Nisaba be praised” (Z.107–109 sind damit von Z.94–106 abgetrennt).

6.3.2.5 Enlil-bāni A (ETCSL 2.5.8.1)

Die außergewöhnliche, in Kurzzeilen[331] gehaltene Hymne verweist namentlich auf Enlil-bāni, den zehnten Herrscher der I. Dynastie von Isin. Er regierte im 19. Jh. v.u.Z. mehr als 20 Jahre (etwa 1860–1837) und eiferte in der Zelebration göttlicher Macht den Vorgängern, z.B. Narām-Sîn von Akkad und Šulgi von Ur (s.o. Kap. 6.3.1.6), nach. Die Selbstvergöttlichung altorientalischer Könige seit Narām-Sîn sollte indessen nicht mit christlicher Abscheu, sondern als normales Phänomen ideologischer Machtlegitimation betrachtet werden.[332] Der Lobgesang ist durchgängig in direkter Anrede an den König gerichtet; liturgische Gliederung oder Anmerkungen gibt es nicht.

> 1–17: „Enlil-bāni, wondrous king among the princes! Created by An, elevated by Enlil (4: šu dug₄-ga an-na 5: ^{d}en-líl-le íl-la), like Utu the light of all lands, born to princedom, girded with all the divine powers, watched over by Enlil and listened to by Ninlil (12: igi du₈ ^{d}en-líl-lá 13: ^{d}nin-líl-le ĝiš tuku) on account of the widespread people (ùĝ šár gal) living at the boundary of heaven and earth! Fair of ..., lordly of limb! With the staff and shepherd's crook (16: ešgíri šibir) you have settled innumerable people.“
> 18–27: „Enlil-bāni, great son of Enki (19: dumu maḫ ^{d}en-ki-ke₄) {shepherd (20: sipad)} {(1 ms. has instead:) sage (20: gal-zu)} and counsellor who guides living things, who spreads broad shade over all lands, grandiloquent prince whom great An has summoned, the great mother Ninlil trusts in you.“
> 28–36: „Enlil-bāni, you are the one who has authority. Sweet mouth, lips good with words, [2 lines missing] husband of holy Inana, Asarluḫi gave you wisdom.“ (29: nir ḫu-mu-un-ĝál-e-en 30: ka dùg-ga 31: nundum inim-ma sag₉ [2 lines missing] 34: dam kug ^{d}inana-ka 35: ^{d}asar-lú-ḫi 36: ĝeštúg mu-ra-an-šúm).

Sprache und Theatralik drücken die göttlichen Wesen gebührende Verehrung aus. Der Name Enlil-bāni, versehen mit dem Gottesdeterminativ, erscheint drei Mal in betonter Anfangsstellung (Z.1,18,28), sogar in der allerersten Zeile, die sonst einem andeutenden Epitheton vorbehalten bleibt. Nicht so in Enlil-bāni A. Der König dominiert von

[330] Claus Wilcke, Hacke, RlA 4, 1972, 37.

[331] Dazu vgl. Tinney 1995; A. Kapp, Ein Lied auf Enlilbani von Isin, ZA 51, 1955, 76–87.

[332] Vgl. Postgate 1995, 401: Das Reich von Akkad hatte eine andere Struktur als die Stadtstaaten vorher. „... being a fresh creation, it had no patron deity, and what could be more natural than to install its creator in that role?“ Die sogenannte Basetki-Inschrift des Narām-Sîn legitimiert, wenn modern gedacht, die Vergöttlichung des Königs mit dem dringenden Wunsch der Bürger von Akkad, vgl. Franke 1995, 177–179; Walter Farber, Die Vergöttlichung Narām-Sîns, Or.NS 52, 1983, 67–72.

Anfang an, wird mit Autoritätsattributen eingedeckt und bewegt sich unter den Gottheiten wie einer ihresgleichen. Trotzdem haben die antiken Mesopotamier aufgrund ihrer Vorstellungen von gleitenden Skalen menschlicher bis göttlicher Qualitäten und Fähigkeiten, sehr wohl zwischen Mensch und Gott unterschieden.[333] Der Hymnus stellt klar, dass Enlil-bānis überragende Autorität von den großen Göttern verliehen ist und weiter von ihnen abhängt. Aber das tut ihr keinen Abbruch; sie muss anerkannt und ständig gestärkt werden.

Bis zum Schluss der Hymne geht die einlinige Preisung des vergöttlichten Königs weiter. Sie ist nicht nur am Gottesdeterminativ vor seinem Namen erkennbar, sondern an allen Lobaussagen und Handlungsdiagrammen, die im Text aufscheinen. Manche Sätze nennen die großen Götter als Gönner, Schutzpatrone und Kollegen des Königs; auffällig ist die Hervorkehrung der Nisaba, Göttin der Schreiberzunft und Schulbildung (Z.37–60). Aber stilistisch gesehen richtet sich der Sänger immer an Enlil-bāni direkt, in der 2. P. Sing. Namentlich wird er auch nach Z.36 ständig neu angeredet (Z.61,112,169). Z.136 erscheint in betonter Frontstellung der Ausdruck diĝir-maḫ, „erhabene Gottheit", der möglicherweise einer Mutter- oder Geburtsgöttin zusteht.[334] In diesem Fall bezieht er sich wohl auf den König. Daraus ergibt sich eine Steigerung der Anredeformen: Fünfmal erscheint der Name Enlil-bāni, beim sechsten Mal diĝir-maḫ, „erhabene Gottheit". Leider ist Z.136 nicht voll erhalten, und die Überprüfung aller diĝir-Vorkommen im ETCSL trägt nicht viel aus.[335] Ob die drei unten in Anm. 335 genannten Stellen als Attribute, Namensersatz oder gar Eigennamen verstanden werden können, ist nicht klar. Für die beiden Katalogangaben (ETCSL 0.2.07, Z.11: šir$_3$-nam-šu-ub diĝir-maḫ; 21: ⸢ér-šèm⸣ diĝir-maḫ) ist die Deutung als Namensersatz plausibel, mehr nicht. – Sachlich sei angemerkt: Die Königspflicht altorientalischer Herrscher, für Gerechtigkeit und Weltordnung zu sorgen, tritt auch in Enlil-bāni A stark hervor (vgl. Z.49–91). Andere gloriose Wirkungsfelder des besungenen Königs, der wie ein Gott agiert, sind, wie gehabt, die Pflege des Kultes, die Niederwerfung der Feinde, welche die Ordnung zerstören wollen, wohl auch die Fruchtbarkeit des Landes (vgl. Z.171f.)

Der Hymnus läuft gattungsgemäß auf eine große Schlussdoxologie zu, die aber in diesem Fall aus dem Rahmen des Üblichen herausfällt. Der Text ist nicht durchgängig in gutem Zustand, doch das Gefälle ist erkennbar.

> 169: [^{d}]⸢en⸣-líl-ba-ni lugal …[1 line missing] … 171: [itid] sag$_9$ mu hé-ĝál-la 172: ud giri$_{17}$-zal-la 173: íl-la lugal-la 174: an-ta-ĝál-bi-me-en 175: ub-<da> ⸢4-ba⸣-ke$_4$ 176: sizkur nam-lugal-la 177: mí i-ri-in-dug$_4$ 178: dub-sar úmun ak 179: é-dub-[ba]-a 180: é na de$_5$ 181: kalam-ma-ka 182: zà-mí-zu 183: ĝá-la 184: nam-ba-an-dag-ge (169–177: „Enlil-bāni, you are the king who … [1 line missing]… in a favourable month, in a year of abundance, on a day of

[333] Der nüchternen Sicht Postgates ist zuzustimmen: „However, the kings are clearly differentiated from 'real' gods and goddesses by their dress and their thrones" (ders. 1995, 401, Anm. 262).

[334] Vgl. Black 1992, 132f.

[335] Unter den 851 Stellen, die das ETCSL-Glossar ausweist, befindet sich diĝir-maḫ nicht, d.h. es wird als Epitheton nicht besonders berücksichtigt. Die Liste der Eigennamen im ETCSL verzeichnet drei Vorkommen: ETCSL 0.2.07, Segm. B, Z.11,21 (ein literarischer Katalog vielleicht von Zimbir) und 2.5.8.1, Z.136.

celebration and the elevation of the king, you are exalted. The four quarters of the world praise you with royal offerings. [Oder: „Nachdem die vier Welt-enden … dich gepriesen haben …"] 178–184: May the wise scribe in the scribal academy, the house which advises the Land, not allow your praise to cease!")

Der Lobgesang stellt ab Z.169 noch einmal den König bei einer bestimmten (Jahres-) Feier in den Mittelpunkt. Die Bestimmung der Satzstruktur ist erschwert, weil Z.170 nicht erhalten ist. Doch wird deutlich: Seine Königsmacht soll erhöht werden. an-ta-ĝál-bi-me-en, „du bist zum Himmel gehoben" (Z.174; das unpersönliche Possessiv-Suffix -bi- kann sich auf den „Freudentag" Z.172 beziehen), und zwar durch die „Vier Weltenden" (Z.175), welche ihm „königswürdige Opfer" bzw. „Gebete" (sizkur)[336] bringen (Z.176) und ihn derart durch gute Worte aufbauen (Z.177: mí i-ri-in-dug₄, „gut, fürsorglich für ihn reden"). Der Ausdruck mí … dug₄ ist der Doxologie-Formel zà-mí … dug₄ parallel. Also bringt das ganze Reich dem König verbale, hymnische Huldigung dar; das ist ein notwendiger Akt der Unterordnung unter die göttliche Autorität Enlil-bānis. Die „vier Weltenden" sind nicht politisch oder ethnisch spezifiziert, sie haben eine kosmische Qualität. Die ganze Erde soll ihn erheben. Der König hat darauf Anspruch. Vergleichbare kosmische Ehrungen Jahwes finden sich in den Psalmen, z.B. Ps 19,2; 29,1f. 148.

Neu an der Schlusspassage Z.178–184 ist, dass die Schreiberzunft für die Fortdauer des Lobens sorgen soll oder zu sorgen verspricht. Der privilegierte Schreiber, dessen Schule zur Top-Beraterin des Gottkönigs aufgestiegen ist, wird den Bestand an Hymnen (und ihre Aufführung?) durch seine Kunst garantieren (vgl. o. Exkurs „é-dub-ba-a im alten Sumer"). Eine zweite Auffälligkeit: Der zà-mí-Wunsch ist negativ formuliert: Des Königs zà-mí darf nicht aufhören, rezitiert zu werden (Z.182–184). Das verwendete Verb ist ĝá-la … dag, „to cease",[337] wörtlich „das Umherwandern einstellen (?)"[338]. zà-mí ist nicht mit dem Verb „sagen" konstruiert. Wohl aber verbindet

[336] Mir ist nicht einsichtig, warum ETCSL sizkur hier mit „sacrifice" wiedergibt. Sicherlich gehören zum Opfer Gebete, und gelegentlich wird die Bedeutung zwischen beiden Begriffen schwanken. Doch sind die meisten der 60 Vorkommen von sizkur als „Gebet" zu übersetzen, wie die Verbindungen mit dug₄, „sprechen" oder die synonyme Parallelität zu a-ra-zu, „Bitte", beweisen (letztere Kombination ist 8 Mal belegt, und zwar in ETCSL 1.8.2.3; 2.2.2; 2.2.4; 2.2.5; 2.4.2.04; 2.5.3.1; 2.5.4.13; 4.22.1).

[337] Nach Thomsen 2001, 298 mit Berufung auf Wilcke 1969, 130f.; die ETCSL-Herausgeber sind sich nicht so sicher bei der Einschätzung der Komponente ĝá-la.

[338] Die Verbalwurzel dag, „to roam around" ist im ETCSL insgesamt 64 Mal vertreten; mit ĝá-la verbundene negierte Formen finden sich immerhin 23 Mal (dagegen nur acht Ausdrücke, die ĝá-la mit positiven, finiten Formen der Basis dag zeigen). Die negative Sprachfigur „nicht enden", „nicht entfernen" bezieht sich auf unterschiedlichste Situationen oder Figuren: „Hunger" (ETCSL 2.2.3, Z.390); „Lamma-Gottheit" (attributiv: „tireless Lamma", ETCSL 2.2.5, Segm. H, Z.36; 2.5.3.01, Segm. A, Z.48; 4.12.1, Z.56); „Gebete" (ETCSL 2.4.2.02, Z.243); „Freude" (ETCSL 2.4.2.16, Segm. C, Z.46 [Parallelausdruck mùš – de₆ in Z.48]); „Konstruktionsarbeit" (ETCSL 2.5.4.09, Z.6; vgl. 5.1.3, Z.58; 5.6.3, Z.36); Marduk (ETCSL 2.8.3.2, Z.25); Nungal (ETCSL 4.28.1, Z.115); Bedrohungen (ETCSL 5.2.4, Z.77); „Segen (?)" (ETCSL 5.3.2, Z.183). Die Aussage „Ich bin rastlos, unermüdlich (tätig)", auch in der 2. P. gebraucht, kann mit dag, kuš o.ä. Verben gebildet werden, vgl. ETCSL 2.5.4.01, Segm. A, Z.179 [ähnlich Z.32]; 2.5.4.08. Z.39; 2.5.5.1, Z.58,66; 5.3.2, Z.140. Der Ausdruck ĝá-la – dag ist somit eine unspezifische Wendung, die aktives und passives

der vorher verwendete Parallelausdruck mí ... dug$_4$ mit der Sprech- oder Singdarbietung. zà-mí-zu bezieht sich demnach auf den genannten Akt der Huldigung durch Opfer-Gebets-Darbringung, die in sich als hymnische Ausdrucksform, und wenn nur metaphorisch, vorgestellt wird. Fest zu halten bleibt, dass die häufigere Formel für den Wunsch nach nachhaltigem, möglicherweise „ewig" währenden Lobgesang aus der Kombination mùš ... túm (de$_6$) gebildet wird.[339]

Was bedeutet dieser Schlusspassus für das Verständnis der zà-mí-Doxologie und des vorliegenden Liedes? Die nachhaltige Aufführung kultischer Hymnen war eine dringende Notwendigkeit. Sie sicherte Macht und Fortleben, besonders der regierenden Herrscher. Die göttlichen Kräfte müssen unablässig erneuert werden, wenn die Herrscher ihre vielfachen Aufgaben für Staat, Gesellschaft, ja, den ideellen Kosmos erfolgreich ausführen wollen. Der andauernde Lobpreis hält alle Systeme, die von der Existenz eines (guten, gerechten) Königs abhängig sind, über die intensive Rezitation seiner Größe, Güte, Gewalt in Gang. Natürlich geschieht das im Rückgriff auf die großen Gottheiten Sumers, die ihn inthronisiert haben. Die zà-mí-Doxologie, die als älteste sumerische Lob-Formel gelten kann, meint genau dieses Phänomen der kultischen Stützung regierender Herrscher, aber vorher schon, archaischer, den Erhalt der göttlichen Macht und Autorität selbst. Denn alle Macht ist vergänglich, nicht nur die von Menschen ausgeübte. Auch die größten Gottheiten bedürfen der Lobpreisung. Der theologische Gedanke einer absoluten, unveränderlichen, ewigen göttlichen Instanz dürfte in Alt-Sumer fremd gewesen sein. Er ist erst durch griechische Konzepte von Allmacht entstanden. Darum dringen alle zà-mí-Kompositionen jeweils auf ungehinderte und beständige Aufführung des Lobs.

In Enlil-bāni A kommt, wie vorher schon bei Šulgi u.a., eine zweite Dimension dieser Nachhaltigkeit hinzu. Offenbar sollen die Königshymnen auch über den Tod der gerühmten Person hinaus kultisch erklingen und vielleicht den Fortbestand der Dynastie sichern. Die weitergehende Verehrung von vergöttlichten Königen ist einerseits von der Tatsache angestoßen, dass ihnen eigene Tempel mit regelmäßigem Opferkult eingerichtet wurden. Andererseits scheinen die tieferen Wurzeln im weit verbreiteten, archaischen Ahnenkult gelegen zu haben. Die Nachkommen von Gottkönigen befleißigten sich in Mesopotamien, den Familienkult am Leben zu halten. Dieser religiöse Brauch war unabhängig von der formalen Vergöttlichung eines Monarchen, die sich auf wenige Figuren beschränkte. Ein König, der keineswegs das Gottesdeterminativ verwendete, der aber in Gestalt seiner zahlreichen Beter-Votivstatuen in Heiligtümern Sumers präsent war und postum Verehrung genoss, war Gudea von Lagaš. „Nach mesopotamischer Auffassung wurde eine Statue durch verschiedene Rituale ... zu einem selbständigen Wesen. Nach dem Tode des Dargestellten war sie – neben dem Totengeist, der in der Unterwelt sein Dasein fristete – gewissermaßen ein ‚überleben-

---

Geschehen darstellen kann. Die sachlich unserem Kontext am ehesten entsprechenden Verwendungen haben mit der nicht enden sollenden Nähe der Schutzgottheiten zu tun. zà-mí darf nicht aufhören, damit die Verbindung zur Gottheit nicht abreißt.

[339] Das Nomen mùš, „face" hat eine Frequenz von 93 im ETCSL, davon sind viele Redewendungen mit verneinten Formen von túm (de$_6$) im Sinne von: „nicht nachlassen, nicht aufhören" gebildet, vgl. den o. Anm. 252 zitierten Text ETCSL 2.4.2.02 und 2.4.2.16, Segm. C, Z.48; 2.5.5.2, Z.61.

der' Rest des Verstorbenen. Daher waren die Statuen auch Adressaten des Totenkultes."[340] In der Enlil-bāni-Hymne deutet sich die Sorge um zukünftige, über den Tod des Herrschers hinaus gehende Praxis des zà-mí-Gesanges an, die Šulgi E so formuliert: šul-gi-me-en zà-mí-ĝu$_{10}$ dùg-ga mùš nam-ba-an-túm-mu („let the sweet praise of me, Šulgi, be never-ending" = ETCSL 2.4.2.05, Z.257). Šulgi lässt sich in der 1. P. Sing. zitieren. Bei Enlil-bāni redet ein kultischer Sprecher den Gott-König ganz im Duktus des vorhergehenden Lobes direkt in der 2. P. Sing. an, ein Beweis dafür, dass dieser Schlussteil zur Hymne an sich gehört und dass zà-mí in der Tat eine echte Bezeichnung für die ganze vorliegende Komposition ist.

6.3.2.6 Lipit-Eštar B (ETCSL 2.5.5.2)

Die 63-zeilige Hymne auf den fünften Herrscher der ersten Dynastie von Isin geht vom objektiven Preis des Königs (Z.1–12) in die direkte Lobanrede über, bei der sie bis ans Ende bleibt (Z.13–62). Nur die Schlussdoxologie Z.63 zeigt wieder den neutralen Stil der 3. P. Sing. Sachlich geht es um Person und Ausstrahlung des berühmten Gesetzes- und Sozialreformers. Er ist der „Sohn Enlils" (Z.10), von Enlil protegiert, von Ninlil geliebt (Z.6): „Dein Vertrauen ruht in der Mutter Ninlil" (Z.13)[341]. Die Hauptwirkungskreise und Verantwortlichkeiten des Monarchen sind mehr oder weniger breit angesprochen:

> 15–24: „You who speak as sweet as honey, whose name suits the mouth, longed-for husband of Inana, to whom Enki gave broad wisdom as a gift! (17: ^{d}en-ki-ke$_{4}$ ĝéštug daĝal saĝ-e-eš rig$_{7}$-ga) Nisaba, the woman radiant with joy, the true woman, the scribe, the lady who knows everything, guides your fingers on the clay: she makes them put beautiful wedges on the tablets and adorns them with a golden stylus. Nisaba generously bestowed upon you the measuring rod, the surveyor's gleaming line, the yardstick, and the tablets which confer wisdom. 25–39: Lipit-Eštar, Enlil's son, you have realised justice and righteousness. (25: ^{d}li-pí-it-eš$_{4}$-tár dumu ^{d}en-líl-lá-me-en 26: níĝ-zid níĝ-gen$_{6}$-na pa bí-e-è). Lord, your goodness covers everything as far as the horizon. King Lipit-Eštar, counsellor with huge intelligence, who never tires of discussion, wise one whose decisions guide the people, amply wise, knowing everything in great detail! To decide justly the lawsuits of foreign countries, you recognise true and false even in people's thoughts. Lipit-Eštar, you … the wicked, but you also know how to save someone by commuting his death sentence; you know how to free someone from the severe punishment, from the jaws of destruction. The mighty do not commit robbery and the strong do not abuse the weak anymore: you have established justice in Sumer and Akkad and made the Land feel content." (38: níĝ-si-sá ki-en-gi ki-uri-a mu-ni-ĝar 39: su kalam-ma mu-dùg).

Der Ausschnitt aus der Hymne zeigt: Dem Monarchen werden außergewöhnliche Fähigkeiten in der Schreibkunst zugedacht. Damit verbunden sind die göttlichen Gaben der weisen, auch gerichtlichen Entscheidung, der politische und soziale Ordnungswille, die sich mit dem von Lipit-Eštar überlieferten Reformwerk verbinden lassen.[342] Aber selbstverständlich ist diese Art der könglichen „Weisheit" nicht die einzige zu

---

[340] Selz 2005, 86.

[341] Vanstiphout 1978, 33–61 übersetzt in Z.13 „the mother of Ninlil"; damit sei die Göttin Nisaba gemeint (a.a.O., 45f.).

[342] Vgl. Roth 1995, 23–35; Edzard 2004, 99f.,109,178.

rühmende Qualität des Königs. Er ist auch für Tempel und Religion zuständig, Themen, denen sich der zweite Teil der Hymne (ohne graphische oder liturgische Textmarkierungen!) widmet (Z.40–56).[343] Den gottgleichen Herrscher postiert der Hymnendichter unter die großen Anuna-Götter: Enlil, Ninlil, Ninurta, Nuska (Ministerpräsident), Nintur, Suen, Enki, Inana, Ninisina, An und wieder Enlil. Alle stehen sie auf seiner Seite und tun das Ihre, den König zu stützen und zu fördern und ihm die Erfüllung seiner Aufgaben zu ermöglichen. Der Schlussabschnitt des Hymnus fasst das Anliegen des Textes zusammen und thematisiert den Wert des Lobpreises in verschiedenen, liturgischen Wendungen:

> 57: ^{d}li-pí-it-eš$_4$-tár dumu ^{d}en-líl-lá-me-en 58: níĝ-gen$_6$-na-zu ka-ga$_{14}$ mi-ni-in-ĝál 59: zà-mí-zu é-dub-ba-a-ka {im mu-e-ni-dug$_4$-dug$_4$} {(1 ms. has instead:) im-e nam-da$_{13}$-da$_{13}$} 60: dub-sar-re a-le ḫé-em-ši-ak-e gal-le-eš ḫé-i-i 61: ár-zu é-dub-ba-a-ka mùš nam-ba-an-túm-mu 62: sipad gú-tuku šul dumu ^{d}en-líl-lá 63: ^{d}li-pí-it-eš$_4$-tár zà-mí (57: „Lipit-Eštar, Enlil's son, 58: you have made every mouth speak of your righteousness. 59: {The tablets will forever speak your praise [oder: „alle Tafeln haben gesprochen für dich"]} {(1 ms. has instead: May your praise never disappear from the tablets} in the é-dub-ba-a. 60: May the scribes ......[344] and glorify you greatly! 61: May eulogies of you never cease in the é-dub-ba-a! 62: Perfect shepherd, youthful son of Enlil, 63: Lipit-Eštar, be praised!")

Einige Details sind bemerkenswert, obwohl eine Schlussdoxologie der einfachsten Form (s.o. Kap. 6.2.2) erscheint. Zunächst ergeht eine zusammenfassende Eulogie: „Du, Lipit-Eštar, Sohn Enlils, hast den Mund aller mit deiner Gerechtigkeit gefüllt" (Z.57f.; ka+locativ ga$_{14}$ = sehr häufig unter den 441 Stellen von ka; vgl. ĝál = platzieren? = 1010 Vorkommen, oft mit ka verbunden). Angespielt ist auf das Thema soziale Gerechtigkeit: níĝ-gen$_6$-na Synonym zu níĝ-zid, „Gerechtigkeit" (Z.26; 11 Mal im gesamten ETCSL), ein Begriff, der neben níĝ-si-sá, „Recht, Gerechtigkeit" (Z.38; 50 Mal im ETCSL) für das Amtsverständnis der altorientalischen Könige, Garant der sozialen Weltordnung sein zu müssen, hohe Priorität hatte. Das Aussprechen der ruhmreichen Taten des Gelobten, hier seine Bemühungen um Gerechtigkeit, ist Grundvoraussetzung zu deren Realisierung und Nachhaltigkeit. Damit ist die Phrase níĝ-gen$_6$-na-zu ka-ga$_{14}$ mi-ni-in-ĝál als eine inhaltlich parallele Wendung zu dem folgenden Satz zà-mí-zu é-dub-ba-a-ka im mu-e-ni-dug$_4$-dug$_4$ (Z.59) erwiesen. „Dein Lobpreis ... wird gesprochen/gesungen." Das Lob ist performative Erinnerung an das rechtspflegerische Engagement des Königs.

Wie aber sind „Schreiberschule (Tafelhaus)" und „Ton" (im) in diesem Satz unterzubringen? Sollte das letztere Nomen ergativisch konnotiert sein in dem Sinn: „Die Tontafel spricht deinen Lobpreis in der Schreiberschule"? Die Variante zu Z.59 versteht tatsächlich: „Die Tafeln mögen deinen Lobpreis (zà-mí) im Tafelhaus (é-dub-

[343] Vanstiphout versucht trotz seiner Vorbehalte im Blick auf eine „logische Struktur" des Textes folgende Gliederung einsichtig zu machen: Z.1–17 (loosely arranged stock epithets); 18–24a (gifts of Nisaba); 25–39 (truth, justice); 40–50a (royal inscriptions in relation to Isin, Nippur, Keš, Uruk); 51–56 (appointment by father Išme-Dagan); 57–63 (glory of Lipit-Eštar); vgl. ders. 1978, 50.

[344] Vanstiphout und ETCSL halten den Ausdruck a-le für ungeklärt (Vanstiphout 1978, 50 zu Z.60; das Glossar von ETCSL gibt für a-la die Bedeutung „exuberance").

ba-a) nicht verschwinden lassen" (da$_{13}$).[345] Z.61 ist ganz parallel gebaut: „Dein Preis im é-dub-ba-a soll nicht aufhören." ár, „Preis" ist synonym zu zà-mí gebraucht! Auch die beiden Wendungen da$_{13}$, (= taka$_4$; Vanstiphout: tag$_4$) „verlassen" und mùš – túm, „Gesicht – abwenden"[346] stehen sinngleich nebeneinander. Das sind starke Indizien für die Bedeutung „fest formuliertes Preislied" für zà-mí. – Die eigentliche Schwierigkeit ist jedoch nicht grammatischer, sondern inhaltlicher Art. Was haben Schreiberschule, Tontafeln und Schreiber (Z.59–61) mit der Darbietung von Hymnen zu tun (s.o. Exkurs é-dub-ba-a in Kap. 6.2.1)? Vanstiphout und andere Forscher halten Lipit-Eštar B wegen der Thematisierung der é-dub-ba-a für eine Komposition der Akademie.[347] Die Argumente sind aber z.T. nicht stichhaltig. Zwar mag die Hymne wegen ihrer einfachen Sprachstruktur für den Anfängerunterricht geeignet gewesen sein.[348] Sie fehlt auch in alten Literaturlisten.[349] Kultisch-rituelle Rubriken gehen ihr ab. Der Vorwurf mangelnder „Strukturierung" des Textes und der forcierten Ansammlung von „stock phrases" oder hymnischen „epithets"[350] trifft jedoch nicht zu. Sumerische Hymnen folgen einer anderen „literarischen" (und liturgischen!) Ordnung, als westliche Logik oder heutiges Narratologie-Verständnis zulassen. Durch Abschreibfehler entstandene Störungen oder im Schreiberhaus bewusst eingeführte Veränderungen des Ursprungstextes würden sich so schwer feststellen lassen. Der Text kann darum als authentische Hymne gelten.

Seit etwa Mitte des 3. Jts. waren die Schreiber in die Überlieferung des hymnischen Liedgutes eingeschaltet. In vorschriftlichen Kulturen war die Memorierung heiliger Texte die einzige Möglichkeit zuverlässiger Weitergabe gewesen. Das Bewusstsein von der Wichtigkeit der Verschriftung ist in vielen Hymnen nicht nur durch Schreiberkolophone bewahrt worden, sondern auch durch innertextliche Hinweise (vgl. o. Kap. 6.3.1.6, Šulgi E). In diesem konkreten Fall sind die Lokative é-dub-ba-a-ka (Z.59 und 61) sowie der Ergativ dub-sar-re (Z.60) Ernst zu nehmen, darum noch einmal die Frage: Verlegt der Text die kultische Performance in das é-dub-ba-a? Mir scheint, die Hymne bezieht die schriftliche Fassung des Preises, ihre Entstehung und Konservierung zu ständig neuem Gebrauch, mit in den gloriosen Akt ein.[351] Das Darzubringende ist das auf der Tontafel festgehaltene, durch den Schreibergriffel am

---

[345] taka$_4$ (da$_{13}$), „zurück lassen" ist mit 166 Belegen ein häufig, aber ganz allgemein verwendetes Verb; es tritt im Zusammenhang mit Tempelriten (ĝarza) nur noch in ETCSL 1.1.3, Z.387f. auf.

[346] Der Ausdruck kommt etwa 90 Mal im ETCSL vor, fast immer (abgesehen von der litaneiartigen Formel „GN hat verlassen" in der „Klage über Ur" ETCSL 2.2.2 Z.1–34) in negierter Form.

[347] Vgl. Vanstiphout 1978.

[348] Vanstiphout 1978, 51: Das Lied hat „only 23 fully inflected verbs", die „samples of several possibilities of verbal inflection in Sumerian" darstellen. Robson 2001 bestätigt die Verwendung von Lipit-Eštar B im „Grundkurs Sumerisch", in dem noch drei weitere einfache Hymnen „gepaukt" wurden („Tetrade" von Übungstexten, so Tinney 1999, 159–172).

[349] Vanstiphout 1978, 33.

[350] „One often gets the impression … that the individual lines (or two-line units) are put together without much feeling for structure, as if the composer was more interested in collecting, rather arbitrarily, a more or less representative series of 'typical lines'" (Vanstiphout 1978, 51). Alle diese Beobachtungen „lead me to believe that the hymn was composed in and primarily for the Edubba" (a.a.O., 51).

[351] In neuassyrischer Zeit werden „Namen in Sternenschrift verewigt", vgl. Zgoll 2001.

Leben erhaltene Lied. Und das wird nach Plan zur Ehre Lipit-Eštars im Königskult angestimmt. Vergleichbar verfährt moderne Werbung: Das im Verkaufssalon (-tempel) gepriesene Auto ist von einer bekannten Firma hergestellt, und Fotos hinter dem Verkäufer belegen die Herkunft des Produkts. Der Verkaufsvorgang wird durch den Verweis auf die Herkunft der Ware genau so angereichert wie die kultische Performance im antiken Parallelbeispiel. Es kann also keine Rede davon sein, dass die Schreiberschule königlich-kultische Funktionen übernommen hätte. Die doxologische Formel Z.59 bezieht die Schreibhandwerker in den kultischen Preis ein. 59: zà-mí-zu é-dub-ba-a-ka {im mu-e-ni-dug$_4$-dug$_4$} {(1 ms. has instead:) im-e nam-da$_{13}$-da$_{13}$} (59: „Dein Preis im Tafelhaus wird vom Ton gesungen." Var.: 59: „Dein Preis im Tafelhaus, der Ton soll damit nicht aufhören").

Die zà-mí-Formel hält eine wichtige Position im Lied, wenn auch nur in seinem Abgesang. Sie greift den Vordersatz Z.58 auf: „Deine Gerechtigkeit ist in die Münder gefüllt." Das große Thema des Hymnus ist die gerechte Weltordnung, um die sich Lipit-Eštar verdient gemacht hat. Für seine Verdienste und die weiter bestehende Aufgabe, der Gerechtigkeit zur Wirkung zu verhelfen, steigt der Lobpreis auf. Das Suffix der 2. P. ist nicht possessiv gemeint, eher adskriptiv: „Preis, welcher dir zukommt", „dir gebührt". Es meint den vorliegenden Hymnus: Er singt den Preis auf den königlichen Rechtswahrer, und das Ritual, in dem er Verwendung gefunden hat. Das hatte vermutlich mit der Institution des Königtums (Thronbesteigung?) zu tun. zà-mí-Gesänge auf einen Herrscher sind erst seit der Ur III-Dynastie belegt. Aus der Akkadzeit sind derartige Hymnen nicht überliefert, obwohl spätestens Narām-Sîn durch seine „Vergöttlichung" die theoretische Möglichkeit dazu lieferte. Vielleicht ist das Fehlen solcher Texte nur ein archäologischer Zufall. Erstaunlich sind Verherrlichungen von Monarchen nicht, wenn man bedenkt, dass auch andere Vermittler göttlichen Segens, wie Tempelbauten, heilige Geräte usw., Objekte von zà-mí-Lob sein konnten.

6.3.2.7 Enki and the World Order (ETCSL 1.1.3)

Der mythische, umfangreiche und – von der Streuung der gefundenen Fragmente her – außerordentlich beliebte Text über die Ur-Einrichtung der (sumerischen) Welt durch Enki ist vor allem durch C.A. Benito, Claus Wilcke, Miguel Civil, Joachim Krecher u.a.[352] zugänglich geworden. Er enthält sechsmal den Ausdruck zà-mí in unterschiedlichen Formen und Funktionen. Die Schlussdoxologie in Z.472 ist durch die modernen Herausgeber ergänzt; lediglich eine Tafel lässt das Zeichen -mí erkennen. Am Ende eines hymnischen Textes kann man die doxologische Standardformel dahinter vermuten, wobei die Attributionsfigur offen bleibt. Die Herausgeber haben den Preis dem Hauptakteur Enki zugeschrieben. Vom Schlusslob her gehört der Hymnus zu Tabelle 6. Momentan interessieren aber die zà-mí-Formulierungen in Kombination mit dem Verb dug$_4$ etc. (s.u. Tab. 8).

---

[352] Benito 1969; Wilcke 1976; Miguel Civil und Joachim Krecher waren vor allem für die Oxforder elektronische Ausgabe des Textes verantwortlich. Für die frühe Popularisierung der Enki-Mythen sorgte Kramer 1989 (Text dort unter dem Titel ‚Enki and Inanna', a.a.O., 38–56).

Der Textzusammenhang,[353] in dem sich die fünf fraglichen zà-mí-Aussagen finden, ist bemerkenswert. Nach hymnischer Würdigung des Gottes Enki überwiegend in direkter Anrede (Z.1–60) springt der Text zur dramatischen Inszenierung eines Lobzeremoniells über, das in den großen Hymnus eingebettet erscheint (Z.61–122). Wenig später, nach einer mehr narrativen Passage, folgt ein weiteres Lob-Segment (Z.134–139). Alle fünf zà-mí-Vorkommen außerhalb der rekonstruierten Schlusszeile 472 sind in diesen beiden Abschnitten enthalten. Sie stehen in den Z.82,85 (2 Mal), 101 und 139. Ein gewisses (rituelles) Gefälle ist bei solchem Schachtelaufbau nicht zu übersehen. Ob es durch den Fortgang einer Zeremonie oder durch literarische Komposition entstanden ist, soll nicht entschieden werden. Aber offensichtlich dient der einleitende Lobteil (Z.1–60) als eine Art Vorspann zu der in Z.61–122 (oder bis 139) dargestellten Huldigung der Götter an Enki. Nach dem (mit wechselnden Stimmen?) intonierten Preis und umfangreichen rituellen Handlungen (Z.140–190) ist Enki fähig, seine segensreiche Tätigkeit auf der Erde auszuüben.[354] Er „bestimmt die Schicksale" (nam - tar) für das ganze Land Sumer (Z.191–209), für die Stadt Ur (Z.210–218) und das Land Meluḫa (Z.219–237), und zwar jedesmal in direkter, mit guten Wünschen für das Wohlergehen durchsättigter Anrede (Wunschorakel). Nach drei Schicksalsbestimmungen wechseln erneut Stil und Inhalt des Hymnus. Enki fungiert jetzt als Schöpfergott; er kreiert Naturgegebenheiten wie Euphrat und Tigris, Regen, Hochebenen usw., vor allem aber die mit dem Menschen verknüpften kulturellen Errungenschaften wie Pflug, bestellbare Felder, Hacke, Hausarchitektur, Schafzucht, Webkunst usw. Und jedes Mal bestellt Enki einen Schirmherrn oder eine Schirmherrin für das eingerichtete Ressort. Dieser Hauptteil reicht von Z.238–386. Die einzelnen Akte des kreativen und ordnenden Handelns sind stilistisch durch Satzneuanfänge voneinander abgesetzt; das Leitmotiv ist die stereotype Phrase: „er setzte GN als Verantwortlichen ein" (zag-ba ... gub, wörtl. „an seine/ihre Seite stellen").[355]

Noch einmal ändern sich Plot und Stil. Inana fühlt sich bei der Verteilung der Aufsichtsposten über die genannten Bereiche in Natur und kulturellem Leben benachteiligt. (Obwohl nicht explizit gesagt, entsprechen die Autoritätszuweisugen dem Anteil an göttlichen Kräften, me) Sie interveniert bei Enki und muss von ihm getröstet und

[353] Wenn in einem antiken Text eigene Rubriken fehlen, sind die Gliederungsversuche heutiger Interpreten besonders aufschlussreich. Vanstiphout (vgl. ders. 1997, 117–134) findet z.B. in „Enki und die Weltordnung" vier Hauptabschnitte: Z.1–60 („hymnal address to Enki"), Z.61–170 („self-praise, acclamation, preparation for tour"), Z.171–384 („Enki's actions"), Z.385–471 („Inana's angry complaint"), alles a.a.O., 1997, 117f. Ganz ähnlich urteilt Averbeck 2003, 757–772, nur versteht Vanstiphout die umfangreiche Dichtung als eine einheitliche Komposition, die keinesfalls literarische Stückelung verrate. Averbeck seinerseits hebt die besondere Bedeutung der ‚12 cycle series' (Z.250–386) hervor: [It] „assigns specific deities to take charge of the functions of various regions and elements of the Sumerian world order" (a.a.O., 757). Vgl. Richard E. Averbeck, Daily Life and Culture in ‚Enki and the World Order' and Other Sumerian Literary Compositions, in: ders. 2003a, 23–61.

[354] Das Intermezzo von Z.123–133 hatte allerdings schon die Segnung der Fremdländer Meluḫa, Magan und Dilmun zum Inhalt, die teilweise später wiederholt wird: Handelt es sich dabei um eine literarische Transposition oder ein liturgisches Vorspiel?

[355] In Z.238–386 ist die Leitphrase 12 Mal in exakt gleicher Form erhalten: NN zag-ba nam-mi-in-gub (Z.239,272f.,283f.,306–308,316f.,324f.,333f.,339f.,347f.,356f.,379f.,385f.). Subjekt ist immer der namentlich genannte Gott Enki; vgl. Averbeck 2003b.

abgefunden werden (Z.387–471, davon sind ca. 17 Zeilen zerstört, so dass nicht alle Vereinbarungen deutlich werden). Das Motiv der Benachteiligung einer wichtigen Gottheit bei der Etablierung der Weltordnung scheint eine eigenständige Bedeutung zu haben; es steht vielleicht auch im Mythos von der Entwendung der me durch Inana im Hintergrund (ETCSL 1.3.1). Vanstiphout hält in Anlehnung an den Dichter W.B. Yeats die Intervention Inanas im Kontext für wesentlich: Enki verwehrt ihr einen Gouverneursposten im sich strukturierenden Imperium der Ur III-Dynastie. Denn Inana stehe für Krieg und Gewalt (und die Interessen Akkads?). Das von Enki gestaltete Sumer mit Umland aber soll ein Kultur- und Friedensreich sein![356] Der Mythos spiegelt nach seiner Meinung die Reorganisation der vorderorientalischen Welt unter dem universalen Herrschaftsanspruch der Ur III-Könige.[357]

„Enki und die Weltordnung" ist stilistisch, motivlich, liturgisch sehr komplex. Die eingeschachtelte göttliche Lobzeremonie für Enki (Z.61–122 bzw. bis 139) bestimmt den Aufbau des Ganzen. Man kann sie als Spiegelung menschlich-kultischer Rituale in die Götterwelt sehen. – Das Ritual beginnt mit einem Selbstlob Enkis:

> 61–80: „Enki, the king of the Abzu, rejoicing in great splendour, justly praises himself (silim zid-dè-eš na-e): 62–65: ‚My father, the king of heaven and earth, made me famous in heaven and earth. My elder brother, the king of all the lands, gathered up all the divine powers and placed them in my hand. (62: a-a-ĝu$_{10}$ lugal an ki-ke$_4$ 63: an ki-a pa è ma-ni-in-ak 64: pap-ĝu$_{10}$ lugal kur-kur-ra-ke$_4$ 65: me mu-un-ur$_4$-ur$_4$ me šu-ĝu$_{10}$-šè mu-un-ĝar) 66–76: I brought the arts and crafts from the E-kur, the house of Enlil, to my Abzu in Eridug. I am the good semen, begotten by a wild bull, I am the first born of An. I am a great storm rising over the great earth, I am the great lord of the Land. I am the principal among all rulers, the father of all the foreign lands. I am the big brother of the gods, I bring prosperity to perfection. I am the seal-keeper of heaven and earth. I am the wisdom and understanding of all the foreign lands. With An the king, on An's dais, I oversee justice. With Enlil, looking out over the lands, I decree good destinies. He has placed in my hands the decreeing of fates in the place where the sun rises. (74–76: an lugal-da barag an-na-ka di si sá-e-me-en 75: ^{d}en-líl-da kur-ra igi ĝál-la-ka nam dùg tar-ra-me-en 76: nam tar-ra ki ud e$_3$-a-ke$_4$ šu-ĝá mu-un-ĝál) 77–80: I am cherished by Nintur. I am named with a good name by Ninḫursaĝa. I am the leader of the Anuna gods. I was born as the firstborn son of holy An.'"

---

[356] Dabei scheint Vanstiphout Enkis Natur („love for mankind") zu verklären: Enki sei als der große Wasserverwalter und Wasserspender der absolut und elementar notwendige Gott und nach W.B. Yeats eine „pastorale" Figur, während Inana von ihrer kriegerischen Zerstörungswut gelebt habe. Zur Begründung führt Vanstiphout Z.445f. an: „Inana, you heap up human heads like piles of dust, you sow heads like seed. Inana, you destroy what should not be destroyed; you create what should not be created." 445 ^{d}inana saĝ saḫar-re-eš ḫé-mu-e-dub saĝ numun-e-eš ḫé-mu-e-ĝar 446 ^{d}inana níĝ nu-gul-ù ḫé-mu-e-gul níĝ nu-sig$_{10}$-ge$_5$ ḫé-mu-e-sig$_{10}$, vgl. Vanstiphout 1997, 131f. Aus feministischer Perspektive ergibt sich dagegen ein ganz anderes Bild: Ein patriarchaler Obergott verhindert die weibliche Gleichberechtigung: vgl. Ottermann 2008.

[357] Vanstiphout 1997, 122–124. Die externen und internen Finanz- und Verwaltungsmodalitäten stehen auf dem Spiel. Die Fragen, die Vanstiphout stellt („What prompted Enki to order the world? Was there any need to do so? What were Enki's intentions?" A.a.O., 118–124) sind literargeschichtlich zu verstehen; sie zielen auf die politisch-sozialen Hintergründe der Komposition, und das ist gut so. Averbeck dagegen hat die zivilen täglichen Lebensbedürfnisse im Blick.

Der Gott der Weisheit, Erschaffer aller Ordnungen, legitimiert seine Vormachtstellung: Er ist der Sohn Ans und der jüngere Bruder Enlils (Z.64), dennoch gebührt ihm höchste Achtung. Denn ihm sind die göttlichen Kräfte übertragen. Er kann sich sogar legitim der „Erstgeborene“ Ans (Z.68,80) nennen und die Vorrangstellung im Pantheon beanspruchen. Damit hat sich das göttliche Machtzentrum von Nippur nach Eridu verlagert, bzw. eine ältere Vorrangstellung Eridus scheint noch/wieder durch (Z.66f). Nintur und Ninḫursaĝa, zwei weibliche Schöpfergottheiten (oder Doppelname?), sind das Pendant zu Enki; ohne das weibliche Element wäre er machtlos und unfruchtbar. Das einleitende Selbstlob holt weit aus und setzt einen starken Akkord zum Thema „ursprüngliche Schöpferkraft“. Es wird in der Einleitung mit der Formel silim ... dug$_4$, wörtlich: „Heil ... aussprechen“ (Z.61; *marû*-Form = dauerhafte Handlung) und in der Schlussbemerkung Z.82 parallel dazu als zà-mí ... dug$_4$, „ein zà-mí ... aussprechen“ charakterisiert.

Die hohen Götter reagieren auf dieses (herausfordernde?) Selbstlob. Sie stellen sich ehrerbietig „zu Gebet und Bitte“ (šùdu a-ra-zu) vor Enki auf (Z.83) und bringen ihm die gebührende Anerkennung dar:

> 84–85: „Praise be to Enki, the much-praised lord who controls all the arts and crafts, who takes decisions!“ [*Reihenfolge der Lobaussagen*: „Der Herrscher (en) bewirkt die Kunstfertigkeiten; er fällt Entscheidungen, Lob wird gesungen (? oder: „dessen Entscheidungen gepriesen sind“): Enki sei Preis!“] (84: en nam-galam-ma ĝìri gub-ba 85: eš-bar kíĝ-ĝá zà-mí dug$_4$-ga ^{d}en-ki zà-mí).

Die beiden Zeilen nehmen, als Hymnus der Götter an Enki verstanden, den Inhalt des einleitenden Preises und des Selbstlobes in zwei Aussagen auf: Der Herrscher „bewirkt/lenkt/ermöglicht/besitzt alle kulturellen Tätigkeiten“ (Z.84: nam-galam-ma ĝìri gub-ba)[358] und „fällt Entscheidungen“ (Z.85: eš-bar kíĝ-ĝá)[359]. Die nominalisierten Verbformen deuten die Gültigkeit und Stetigkeit der Befugnisse Enkis an. Der Verweis auf die oberste Verfügungsgewalt über Kulturerrungenschaften und Schicksale aller Wesenheiten ist eine passende Formel für den Autoritätsanspruch der obersten Gottheit. Sie fasst das Wesentliche aus den im vorhergehenden Hymnentext genannten Mächtigkeiten sachgemäß zusammen. Wie aber verhält sich die dritte Aussage zà-mí dug$_4$-ga (Z.85), „Lob gesprochen/gesungen“ zu jenen beiden Attributionen? Soll die dritte Aussage die Konsequenz aus den beiden Vorgängern ziehen, etwa konstatierend: „Das ist lobenswert“? Oder steht sie einfach parallel da: „Er spricht Lob aus“, eventuell im Sinne von: „Enki hat seine Autorität im Selbstlob geäußert“? Die sofort anschließende, elementare Schlussdoxologie „Enki sei gepriesen“ (Z.85) verstärkt die Unsicherheit. Die Parallelität der drei Partizipialkonstruktionen in Z.84f. und der separate doxologische Schlussruf sprechen für die letztere Deutung: „Der (sich)

[358] Ĝìri ... gub ist eine häufig gebrauchte Wendung für die Ausübung von Herrschaft: „den Fuß aufstellen“, ikonographisch häufig in Siegesdarstellungen gebraucht. Der Ausdruck meint aber auch einfach „stillstehen“ oder „die Schritte richten auf“, vgl. ETCSL 1.1.1, Z.168; 1.1.3, Z.84,136; 1.1.4, Z.34; 1.3.1, Z.23; 1.3.3, Z.183 usw.

[359] eš-bar ... kíĝ steht parallel zu nam ... tar und bedeutet wörtlich „Entscheidungen suchen“, zusammen mit dug$_4$ = „Orakel“, vgl. ETCSL 2.1.7, Z.554,888,892,993; 2.2.3, Z.18; 2.2.4, Z.225; 2.4.5.3, Z.56; 1.14.1, Z.131; 4.22.1, Z.29; 4.80.2, Z.39,62.

gepriesen hat." Wenn das zutrifft, ist der Sinn des zà-mí dug$_4$-ga einigermaßen klar. Auch das im eigenen Interesse ausgesprochene Lob hat die Qualität eines wirkmächtigen zà-mí. Das wird dann durch die Schlussdoxologie von den Anbetern der Gottheit bestätigt und unterstützt. Wirklich, „Enki gebührt Preis!" Eine passive Bedeutung von zà-mí dug$_4$-ga kann in einigen analogen Aussagen vorliegen: 38: é an-né ki ĝar-ra ^{d}en-líl-le zà-mí dug$_4$-ga 39: ama ^{d}nin-tur$_5$-ra eš-bar kíĝ dug$_4$-ga (38: „House founded by An, praised by Enlil, 39: given an oracle by Mother Nintur!" ETCSL 4.80.2, Z.38f.).

Hier erscheint ebenfalls eine Dreiergruppe von Lobaussagen, zà-mí steht in der Mitte. Im Unterschied zur vorigen Stelle geht die Aktion von einem *agens* aus und richtet sich auf eine zweite Größe, den Tempel. Ähnlich in der Ninisina-Hymne (ETCSL 4.22.1, Z.29): 29: eš-bar kíĝ-ĝá zà-mí mi-rí-in-dug$_4$ (29: „You will be praised for your diagnoses"). Mutter Ninisina, die Heilungsgöttin, redet zu ihrem Sohn Damu: Wenn er die Regeln der Medizin beachtet, wird man ihn wegen seiner gelungenen Diagnosen hoch schätzen („wird man dir zà-mí sagen"). Zumindest virtuell ist eine Zwei-Teilnehmer-Struktur vorausgesetzt. Kurz, die obigen Textparallelen bestätigen die Vermutung, dass es beim eingefügten Lobzeremoniell in „Enki und die Weltordnung" zuerst um das Selbstlob Enkis und dann um die von der Göttergemeinde dargebrachte Bestätigung und Preisung geht (Z.85).

Der erste Block mit zà-mí-Aussagen in „Enki und die Weltordnung" (Z.81–85) antwortet also auf das massive Selbstlob Enkis (Z.61–80) und präsentiert eine Huldigung der hohen Götter an den Primus. Z.82 blickt aus der Sicht des Liturgen zurück auf das Selbstlob und identifiziert dieses als ein zà-mí: „After the great prince had eulogized himself" (nun gal-e ní-te-ni zà-mí mi-ni-in-dug$_4$-ga-ta). Die Bezeichnung des Selbstlobs mit silim zid-dè-eš dug$_4$ am Anfang beider Selbstlob-Passagen (Z.61,87) erweist sich, wie gesagt, als synonymer Ausdruck für „ein zà-mí sagen".[360] Z.83 beschreibt, ebenfalls im Zuge liturgischer Darstellung, die Aufstellung der Götter vor dem Geehrten „in prayer and supplication" (šùdu a-ra-zu) und subsumiert die zà-mí-Handlung unter „Gebet und Bitte". Z.84 und 85 sind dann eindeutig dem zà-mí-Geschehen zuzuordnen. Das zà-mí dug$_4$-ga meint die von Enki selbst inszenierte Preisung. Die an dieser Stelle verfrühte, den Schluss von Z.472 vorweg nehmende Exklamation ^{d}en-ki zà-mí bezeichnet das Ende des Huldigungsaktes „im Himmel". Damit entsteht ein lebendiges Bild von einer zà-mí-Handlung, die als „verdientes (Eigen-)Lob" und „Huldigung durch Gebet und Bitte" rituell aufgeführt wird. Die Kraft bringende „Anbetung" Enkis durch seine göttlichen Geschwister klingt noch im erneuten Selbstpreis nach (Z.101; s.u.). In das Schöpfungs- und Ordnungswerk Enkis (Z.123–386), das nur nach der aufbauenden Anerkennung durch die Anuna-Gottheiten möglich wird, ist dann ein weiteres, ausführlicheres zà-mí-Ritual angefügt (Z.134–139):

> 134: ^{d}a-nun-na-ke$_4$-ne mí zid mu-un-ne-ne 135: en me gal me sikil-la u$_5$-a 136: me gal me šár-ra ĝirì gub-ba 137: an ki níĝ-daĝal-⌜ba⌝ zag ša$_4$-a 138: eridug^{ki} ki kug ki ⌜kal⌝-kal-la-aš me maḫ šu ti-a 139: ^{d}en-ki en an ki zà-mí (134: „The Anuna gods address [Enki, cf. l. 133] affectionately: 135:

[360] Zum wirkungsmächtigen Sprechen vgl. Zgoll 1997, 112–119; 147–150 und u. Anm. 363.

‚Lord who rides upon the great powers, the pure powers, 136: who controls the great powers, the numberless powers, 137: foremost in all the breadth of heaven and earth; 138: who received the supreme powers in Eridug, the holy place, the most esteemed place, 139: Enki, lord of heaven and earth – praise!'")

Wieder ist ein Lobgesang der Himmelsgottheiten beschrieben und zitiert, eine huldigende, gerechtfertigte (mí zid) Rede (Z.134). Sie entspricht dem silim zid-dè-eš des vorigen Lob-Auftrittes. Die fünfzeilige Hymne an Enki (Z.135–139) konzentriert sich auf den Besitz der me, die dem Gepriesenen Verfügungsgewalt über die Welt geben. Es sind die „großen, reinen, zahlreichen, majestätischen Gotteskräfte", welche Enki verwaltet. Er „reitet" (u_5) auf ihnen, „verfügt über sie" (ĝiri gub), „lässt sie überlegen sein" (zag $ša_4$), „bekommt sie" (šu ti; alle vier Zeilen – Z.135–138 – enden mit einer nominalisierten Verbform, zu der Enki als Aktant gehört). Eridu erscheint als das höchste religiöse Zentrum des Landes (Z.138). Die me sind die wichtigsten Herrschaftsattribute, wie viele andere sumerische Texte, z.B. „Inana und Enki" (ETCSL 1.3.1) plastisch vor Augen führen.

Zurück zum Gesamtzusammenhang: In einer längeren Eigenhymne (Z.86–122) nimmt Enki die potente Huldigung der anderen Gottheiten auf, zeigt sich höchst glücklich (vgl. Z.86f.: „In a state of high delight Enki, the king of the Abzu, rejoicing in great splendour, again justly praises himself" 87: silim zid-dè-eš na-e) und verkündet, dass seine Macht auf der andauernden Lobproklamation beruht. 106: „In my Abzu, sacred songs (šìr kug) and incantations (nam-šub) resound for me." Damit sind offenbar die von den Gottheiten (auch vom Tempel?) dargebrachten Huldigungen gemeint. Explizit spricht der Text die innergöttliche Preisung schon in Z.101 an: 101: ^{d}en-ki-me-[en] zà-mí-ĝá ši-im-ma-súg-súg-ge-[eš] („I am Enki! They stand before me, praising me", bzw. „Folglich stehen sie wegen meines Preises vor mir!").

Weil in den folgenden, nur teilweise erhaltenen Zeilen eine Reihe von Priestern benannt wird, kann man schlussfolgern: Menschliche Kulthandlungen zu Ehren Enkis sind mit gemeint. Der Gesang der Anuna vor dem Götterpräsidenten spiegelt das Tempelgeschehen auf der Erde, oder: menschliches Lob für Enki ist nicht nur Inzenierung des vorbildlichen, göttlichen Preisens, sondern nach sumerischem Verständnis geradezu im göttlichen Chor mit enthalten. Außerdem nennt Z.101 das Lobgeschehen „meinen Preis" (Enki: zà-mí-ĝá). Offenbar will der Text beide Aspekte des Zeremoniells einschließen, das Selbstlob Enkis und das dadurch herausgeforderte Lob der hohen Gottheiten. So rundet sich das Bild vom zà-mí-Geschehen: Im Zentrum des Werkes steht die Inszenierung eines zà-mí-Rituals (Z.61–122; vgl. ETCSL 1.1.4 o. Kap. 6.2.2.6). Die Anuna bestätigen (wie in jedem irdisch-königlichen Hofzeremoniell üblich) die Autorität und Macht des amtierenden Präsidenten durch ihre zà-mí-Rezitation, die durch das Selbstlob des Götterchefs angestoßen wurde. Nach der Huldigung (= Kraftübertragung) und dem erneuten Eigenlob Enkis ist dieser zu den Schöpfungstaten befähigt, die dann besungen werden (Z.123–386). Das zà-mí-Ritual ist die Investitur einer obersten Führungsfigur, hier des Weltenordners Enki. Die Inana-Episode (Z.387–471) scheint eine lokale Hinzufügung zu sein. Das finale zà-mí für Enki (Z.472) stellt nach zweifacher Antezedenz eine plausible Konjektur dar; es bindet alle liturgischen Teile zu einem großartigen Schöpferhymnus zusammen.

Die oben angesprochenen Interpretationen des Mythos (vor allem von Vanstiphout und Averbeck) haben ihre Vorzüge: Das Schöpfungswerk Enkis mit der Übertragung von Ressortverantwortungen an verschiedene Gottheiten steht im Mittelpunkt. Dieser Aspekt kann mit politischen Strukturbildungen der Ur III-Zeit, die allerlei Veränderungen mit sich brachten, in Verbindung stehen. Die kulturellen Errungenschaften betrafen positiv das alltägliche Leben der Sumerer. Der Einspruch Inanas gegen verfügte Ordnungen spricht für Verwerfungen im damaligen Weltgefüge, vielleicht Benachteiligungen traditioneller Machtzentren? Die Einlassung, der Mythos spreche nicht von einer „Diskriminierung" der Göttin, sondern wolle sie vor einer untergeordneten Tätigkeit in begrenztem Bereich bewahren und ihre universale Bedeutung hervorheben,[361] ist schwerlich im Text zu begründen. Die Reaktion Enkis auf die Vorwürfe der Inana reicht kaum dazu aus. Die Debatte zeigt: Der Wunsch nach einem Zentralthema des komplexen Werkes entspringt heutigem Denken. Ist Enki oder Inana die Hauptfigur? Es wäre besser, in diesem Urzeitdrama verschiedene Höhepunkte anzuerkennen. Einer davon ist die Einsetzung Enkis mittels zà-mí-Preisung zum obersten Weltgestalter, der andere die verspätete Würdigung Inanas.

Ein Blick auf zà-mí-Aussagen mit spezifischen performativen Verben und eine zusammenfassende Bewertung dieser Wendungen ist jetzt angesagt.

Tabelle 8: zà-mí literarisch + Verben (dug$_4$, „sagen", gub, „stellen", dag, „aufhören", súg, „hinbringen")

Nr./VB	Gattung	Position	Doxologie(n)	Parallelen
1.1.3 dug$_4$ súg [DU]	Hymne, Du-Ich-Stil, 472 Z.	E + M	Z.472 (Tab. 6) Z.81 (–85): en-e nam-maḫ mu-un-du-a-ta 82: nun gal-e ní-te-ni zà-mí mi-ni-in-dug$_4$-ga-ta ... Z.85: (en) ... zà-mí dug$_4$-ga ^{d}en-ki zà-mí Z.101: .. zà-mí-ĝá ši-im-ma-súg-súg-ge-[eš] Z.139: ^{d}en-ki en an ki zà-mí	Z.20: a-a ^{d}en-ki ùĝ si-a-ba lugal-bi za-e-me-en Z.83: ... a-ra-zu-a ši-im-ma-an-súg-súg-ge-eš Z.134: mí zid mu-un-ne-ne
[1.1.4]	Hymne, episch, 129 Z.	E	Z.129 (Tab. 6)	Z.17: (é) -... ár im-ma-ab-de$_6$ dùg-bi mu un-ĝá-ĝá 18: (Isimud) ... mí dùg-ge-eš [var.: zid-de-eš] im-me

[361] So Averbeck 2003, 766: „It seems that the point of Enki's response is that she was just too important in the pantheon to be assigned to a particular limited task." Averbeck folgt z.T. S. N. Kramer und widerspricht Gertrud Farber, ‚Inanna and Enki' in Geneva: A Sumerian Myth Revisited, JNES 54, 1995, 287–292.

1.2.1 dug$_4$	Hymne, episch, 154 Z.	E	Z.154 (Tab. 6) Z.153: zà-mí dug$_4$-ga ama ^{d}nin-líl-lá-šè	Z.143: en za-e-me-en lugal za-e-me-en Z.150: ^{d}en-líl lugal-[la]-àm
[1.3.2]	Hymne, episch, 184 Z.	E	Z.184 (Tab. 5) Z.183 (Tab. 6)	Z.24: ki-sikil ^{d}inana me-téš-e ga-i-i Z.111: me-téš ḫu-mu-i-i
1.8.2.3 dug$_4$	Epos, 636 Z.	M (E 0) (Schluss fehlt)	Z.57: zà-mí dug$_4$-ga-ĝu$_{10}$-ne Z.104: za-ra en-me-er-kár dumu ^{d}utu zà-mí	Z.103: zi-pa-aĝ-ĝá níg-suḫ-bi ḫé-me-en
[2.4.2.01]	Hymne, Ich-Stil, 102 Z.	E	(Var. 101 Tab. 6)	Var. Z.101: ^{d}šul-gi dumu nir-ĝál an-na-ke$_4$ mí dug$_4$-ga Z.81: nar-ĝu$_{10}$ tigi 7-e šìr-re-eš ḫa-ma-an-ne-eš
2.4.2.03 dug$_4$	Hymne, Ich-Stil, Seg. A, 146 Z.	M (Schluss fehlt)	Z.20,34,52,84,114,145 (Refrain): zà-mí gal-gal dug$_4$-ga du$_7$-ĝu$_{10}$ šìr-re-éš ḫé-em-e-ne (= Z.19,74 Seg. B)	Z.18,32,50,82,112,143 (Refrain): ur-saĝ-me-èn mu-ĝu$_{10}$ zid-dè-éš ḫé-em-pàd-pàd-dè-ne
2.5.5.2 dug$_4$ da$_{13}$/dag	Hymne, Er-Du-Stil, 63 Z.	E M	(Z.63 Tab. 6) Z.59: zà-mí-zu é-dub-ba-a-ka {im mu-e-ni-dug$_4$-dug$_4$} (var.: im-e nam-da$_{13}$-da$_{13}$)	Z.25: ^{d}li-pí-it-eš$_4$-tár dumu ^{d}en-líl-lá-me-en
2.5.8.1 dag	Hymne, Du-Stil, 184 Z.	E	Z.182: zà-mí-zu 183: ĝá-la 184: nam-ba-an-dag-ge	Z.175: ub-<da> ⌜4-ba⌝-ke$_4$ 176: sizkur nam-lugal-la 177: mí i-ri-in-dug$_4$
4.05.1 dug$_4$	Hymne, Er-Du-Stil, 171 Z.	E M	Z.166 (Ninlil) zà-mí kur gal-la-ka mí dug$_4$-ga	(Z.171: Tab. 7: ^{d}en-líl zà-mí-zu maḫ-àm)
4.13.06 dug$_4$	Hymne, Er-Stil, 45 Z.	(E) M	(E = Z.45 Tab. 6) (M) Z.36: áb kug ^{d}nanna-ke$_4$ mí dug$_4$-⌜ga šul⌝ ^{d}suen zà-mí	Z.31: en-ra mu-un-i-i mu-un-ár$^{?}$-e-ne
4.13.10 dug$_4$	Hymne, Er-Stil, 33 Z.	E	Z.32: zà-mí dug$_4$-ga šul ^{d}suen-⌜na?⌝ a-a ^{d}nanna-[kam]	
[4.22.1]	Hymne, Dialogstil, 136 Z.	E + M	(Z.135 E = Tab. 6)	Z.29: eš-bar kíĝ-ĝá zà-mí mi-rí-in-dug$_4$

4.29.2 dug$_4$	Hymne, Du-Stil, 79 Z.	E	(Z.77f.: Tab 5) Z.76: zà-mí dug$_4$-ga kingal ^{d}nuska	Z.4: sukkal zid me-téš-e ga-i 5: ^{d}nuska sukkal-maḫ ^{d}en-líl-lá zà-mí-zu dùg-ga-àm ku$_7$-ku$_7$-da 6: lugal-ĝu$_{10}$ šìr-re-éš ga-àm-dug$_4$ Z.72: ^{d}a-nun-na diĝir gal-gal-e-ne 73: zà-mí 7(IMIN) X X ⌜zid⌝ ri-in-ne
4.80.2 e[dug$_4$] dug$_4$	Hymne, Er-Stil, 134 Z.	E + M	(Z.132f. = Tab. 6) Z.9,38: Enlil über Keš: zà-mí àm-ma-ab-bé / zà-mí dug$_4$-ga	
5.5.4 dug$_4$ dug$_4$	Lehre: Hacken-lied, 109 Z.	M	(Z.109 = Tab. 5) Z.11,32: [Enki] zà-mí ba-an-dug$_4$; Z.108: [hoe] zà-mí dug$_4$-ga	

Exkurs: dug$_4$ und andere performative Ausdrücke

Adjektivische und verbale Ergänzungen des doxologischen Ausrufs zà-mí belegen deutlicher, wie sumerische Hymnologie funktionierte. Die attributiven Beifügungen sind o. Kap. 6.3.1 abgehandelt. Sie transformieren den Kultruf in ein agendarisch/literarisches Gebilde. Danach folgte die exemplarische Untersuchung der Zusammensetzungen von zà-mí mit „transitiv“ gebrauchten Verbalstämmen, vor allem mit dug$_4$/du$_{11}$ (Kap. 6.3.2). Die große Untersuchung von Pascal Attinger zu diesem Verbum[362] listet auf S. 755–761 auch die Verbindungen mit zà-mí auf. Der Aufstellung ist nichts hinzuzufügen. Wohl aber geht es um die Bedeutungsvarianten im performativen Gebrauch, also um eine situative Bewertung der doxologischen zà-mí-Aussagen und um synonyme Wendungen.

Das Verb dug$_4$/du$_{11}$ ist im Sumerischen ein Allerweltswort, es hat eine semantische Variationsbreite wie im Deutschen die Ausdrücke „sagen, aussprechen, vortragen, machen, bewirken, singen etc.“ zusammen genommen.[363] Das ETCSL-Glossar verzeichnet 2767 Eintragungen. Die Kombinationen von dug$_4$ mit zà-mí sind nicht übermäßig zahlreich (vgl. die Tab. 4 und 8), sie werden von mí – dug$_4$ („freundlich reden“, „sorgen für“) in den Schatten gestellt.[364] Diese, oft durch zid

[362] Attinger 1993, Nr. 5.3.206; vgl. mí u. Anm. 364. Das Glossar des ETCSL verzeichnet 182 Vorkommen von mí, davon sind mindestens 90% mit dug$_4$/e/di konstruiert.

[363] Attinger 1993, 497 (zu: e/inim – dug$_4$/e/di): „‚Dire une parole’ ... peut alterner avec dug$_4$/e/di ‚parler‘ ... enim bala ‚converser‘ (ŠB 42) et gu$_3$ de$_2$, ‚adresser la parole‘...“. Früher schon definiert er die Grundbedeutung des Verbs, a.a.O., 402: „dug$_4$/e/di seul (non précédé d’un constituant nominal objet) signifie ‚dire‘, ‚déclarer‘, ‚ordonner‘, ‚décretér‘, ‚mentionner‘, ;invoquer‘, ‚parler‘ ... . Il est souvent qualifié par des adverbes ou des ‚locutions adverbiales‘ ...“.

[364] Attinger 1993, 603–619. Im ETCSL-Glossar fehlt leider die digitalisierte Tabelle für mí (182 Mal belegt). Attinger hat die Bedeutung des Ausdrucks mí – dug$_4$/du$_{11}$ a.a.O., 609 zusammengefasst: „mi$_2$ étant probablement une interjection marquant l’affection, mi$_2$ ((-e)-eš$_2$) du$_{11}$/e/di signifie litteralt [sic] ‚parler em ‘mi!’ (adverbiatif)/ ‚dire’ mi!‘‘ (absolutif), d’où: 1. Avec un personnel: ‚parler aimablement de/à‘, ‚faire l’éloge de‘, ‚traiter affectueusement/avec bienveillance‘, ‚acueillir favorablement‘, ‚agréer‘, etc. La rareté de mi$_2$ di implique que l’acte dénoté por mi$_2$ du$_{11}$/e a une caractère unique. ... 2. Avec un non-personnel: ‚faire l’éloge de‘, ‚agréer‘ (rare), ‚traiter/preparer avec soin‘, ‚prendre soin de‘, ‚s’occuper de‘, etc., par extension aussi ‚orner‘“.

erweiterte Wendung hat neben anderen, sachverwandten ihr Gewicht, weil sie gelegentlich mit zà-mí – dug₄ parallel geht. Auch inim – dug₄ ist interessant, obwohl das kein spezifisch religiöser oder kultischer Ausdruck ist. Außerdem sind synonyme Wendungen, die nicht mit dem Verbalstamm dug₄ arbeiten, zu prüfen. – Finite Verbformen im Verbund mit zà-mí sind o. Kap. 6.2.1 thematisiert, können also jetzt in den Hintergrund treten.

Die dreifache Basis dug₄/e/di ist in vielen Texten volles Verb, ganz ähnlich wie deutsches „sagen", englisches „speak", französisches „dire". Das Lexem kann auch als Einführung einer wörtlichen Rede dienen. Doch hat das sumerische Verb eine „plus grand aptitude à former des ‚verbes composés'".[365] Nach einer Darstellung der drei Basen an sich behandelt Attinger ausführlich diese zusammengesetzten Verbalausdrücke, die ja jeweils neue, nicht aus ihren Einzelkomponenten ableitbare semantische Kreationen darstellen. Es sind 212 in ihrer Bedeutung weit auseinander gehende Komposit-Verben.[366] Der durch das reine Verb angesagten Grundbedeutung „sagen, sprechen" kommt die Kombination mit inim, „Wort" wohl am nächsten.[367] Streng genommen kann man an manchen Stellen darüber streiten, ob überhaupt ein zusammengesetztes Verb vorliegt: inim kann lediglich der Absolutiv zur verbalen Basis sein. Doch sind auch Bedeutungsnuancen erkennbar. Das „Wort" hat je nach Sprecher eine besondere Autorität; damit verschiebt sich die Bedeutung des Ausdrucks in Richtung „befehlen".[368] Interessant ist, dass schon seit Gudea der nominalisierte Ausdruck inim dug₄-ga verwendet wird, für den dann in der spät-altbabylonischen Periode die meisten Belege auftauchen.[369]

Von besonderem Interesse sind alle jenen zusammengesetzten Verben, die im weiteren Sinne mit dem Kultbetrieb oder zeremoniellen Handlungen zu tun haben (können). Da finden sich als Nominalzusätze zu dug₄/e/di die Wörter ér, „Träne", „Klage"; a-ra-zu, „Gebet, Bitte"; sizkur, „Gebet"; šùdu, „Gebet" (aber erst spät-altbabylonisch); eš-bar, „Entscheidung"; mí (zid), „Fürsorge"; silim, „Heil, Rechtschaffenheit"; ár, „Lob"; šìr, „Lied";[370] adab, balaĝ, širgida, tigi, (Kultgesänge; spärlich bezeugt).[371] Die bloße Übersicht zeigt: Rein kulttechnische Wendungen sind unter den dug₄/e/di -Kompositbildungen nicht gerade häufig, und alles, was man dem Hymnengesang zuordnen könnte, fehlt. Vor allem die schon im Laufe der einzelnen Textuntersuchungen aufgefallene Wendung mit me-téš, „Lob" ist grundsätzlich nicht mit dug₄/e/di gebildet.[372] Für ár, „Preis" gilt das in eingeschränktem Maß (s.u.).

Zwar hat der Begriff šìr, „Lied" eine gewisse Bedeutung für die hier zu besprechenden zusammengesetzten Verben, aber er ist erheblich weiträumiger, vielfarbiger als die eben genannten Wörter (auch unter Einschluss von zà-mí). Ferner: silim (-eš) im Verein mit dug₄/e/di steht den lobenden Aussagen teilweise noch näher: Während das reine Nomen einen fordernden Ton in die

---

365 Attinger 1993, 28.

366 Attinger 1993, 414–764. Die Auswertung von zà-mí dug₄/e/di hat bei Attinger die Nr. 5.3.206 (a.a.O., 755–761).

367 Attinger 1993, 490–501.

368 Attinger 1993, 496f. Übersetzungen ins Akkadische belegen diese Bedeutungsverschiebung.

369 Gudea, Zyl. A XII,14,25; Statue B VII,7 [?] (= ETCSL 2.1.7, Z.317,328; vgl. Z.821). Vgl. Attinger 1993, 490, 492.

370 In der hier gewählten Reihenfolge von ér bis šìr erscheinen diese nominalen Elemente bei Attinger 1993, 501–507, 422–424, 679–681, 726, 507–509, 603–619, 670–678, 438–440, 690–696.

371 adab und šìr-gíd-da kommen z.B. nur ein einziges Mal in einem Satz des „dialogue 2, 111f." vor (Attinger 1993, 416). Auch tigi ist sehr selten, nur balaĝ hat einige Erwähnungen aufzuweisen (Attinger 1993, 730, 451–453).

372 Mir ist bewusst, dass ich die Daten von zwei Quellensammlungen miteinander vergleiche, die nicht kongruent sind. Attinger hat seine Texte in ders. 1993, 31–59 zusammengestellt. Er bezieht für seine philologische Arbeit z.B. Rechts- und Wirtschaftsurkunden mit ein, die im ETCSL fehlen. Trotzdem ergibt sich für die hier zu führende Diskussion eine ausreichende Überlappung und damit eine tragfähige Textmasse, die es erlaubt, übergreifend wortstatistisch vorzugehen.

Wendung hineinbringt, liegt silim-eš auf der Linie der zà-mí-Doxologien: Es erscheint in einigen Fällen direkt als Synonym zu zà-mí-Sätzen.[373] Doch fehlen dem Ausdruck spezifisch kulttechnische Dimensionen; er bleibt im Allgemeinen: Jeder Mensch kann in jeder beliebigen Situation „rühmend und preisend" reden. Zuletzt muss auch auf ár/iri hingewiesen werden. Das im ETCSL 48 Mal verzeichnete Wort für „Lob" wird teilweise auch mit dug_4/e/di konstruiert.

Die in den Einzelinterpretationen schon angesprochenen synonymen Ausdrücke: ár (dug_4, ak, pàd, dib, gub u.a.) und me-téš i-i stehen den zà-mí-Doxologien und Lobaussagen sehr nahe. Das erstere Nomen „Preis, Lob" ist in vielen verbalen Verbindungen vorhanden, während me-téš fast ausnahmslos mit der verbalen Basis è/i (und deren Reduplikation) steht. Da ist zunächst ár dug_4: ETCSL weist 48 Stellen (nur wenige beruhen auf Konjekturen) aus. Davon zeigen 15 eine dug_4/e-Verbindung. Attinger attestiert vier altbabylonische Beispiele[374]. – „Lugalbanda und der Anzu Vogel" hat zwei Doppelzeilen (s.u. Anm. 375), die das mit ár formulierte (Selbst-) Lobgeschehen lebhaft darstellen. Lugalbanda wirbt um die Freundschaft des gefiederten Riesen-Gebirgs-Wächters (bzw. der dort herrschenden Urgottheit): „The bird is exultant, Anzud is exultant: ‚I am the prince who decides the destiny of rolling rivers …'." Der zweite Passus, noch im selben Kontext, beschreibt den Vorgang aus der Perspektive Lugalbandas: He „flatters the bird, flatters Anzud …".[375] ár plus dug_4/e stellen mithin Alltagsvorgänge des Selbst- und Fremdlobes dar,[376] wie sie überall stattfinden, besonders, wenn es um Feindschaft oder Freundschaft, Krieg oder Frieden geht. Das Wort ár bezeichnet in solchen Kontexten (wie z.B. in ETCSL 1.8.2.2, Z.90–141) das diplomatische, feinfühlige (negativ das narzisstisch überhöhte!) Lob, welches ein gutes Verhältnis zwischen potentiellen Konkurrenten ermöglicht. Innerhalb jedes Kräftemessens wird gelegentlich die Wertigkeit von Macht verglichen, und eine Potenz möchte die andere „übertreffen": Das Komposit-Verb ist ár – dib, „Preis – vorgehen"; es erscheint mehrfach (vgl. ETCSL 2.5.4.23, Segm. A, Z.33; Segm. C, Z.17; 2.5.4.29, Segm. B, Z.3; 2.5.4b, Z.11). Die Flexibilität des Ausdrucks ár ist also bemerkenswert. Dazu gehört auch die Leichtigkeit, mit der das Nomen suffigiert werden kann. Alle Singular-Suffixe treten auf (jedoch keine im Plural): „Sein/ihr Lob/Ruhm" (ár-a-ni: ETCSL 2.4.1.2, Z.62,64 [ár-a-ni huš-àm = *„terrible fame"*]; 2.5.4.01, Segm. A, Z.37; 2.5.5.8, Segm. A, Z.3; nicht-personhaft: a-ar-bi [Subjekt: die Füße Šulgis! 2.4.2.15, Segm. A, Z.44]); „Dein Lob/Ruhm" (ár-zu: 2.5.2.1, Z.28,54; 2.5.5.2, Z.61); „Mein Lob/Ruhm" (ár-$ĝu_{10}$: 2.4.2.01, Z.37, parallel zu mu-$ĝu_{10}$, „mein Name", Z.36 und ka tar-$ĝu_{10}$, „mein Ruf"; 4.28.1, Z.112).

---

373 Attinger 1993, definiert die unterschiedlichen Bedeutungen so: „silim du_{11}/e signifie dire ‚Santé! / Prosperité!', l'exclamation étant à comprendre normalement comme une prière … . Si un discourse direct suit, il ne contient jamais un éloge du destinataire, mais une demande du locutaire …" (a.a.O., 671). Die Kombination von Verb und Nomen ist also gegenläufig zu zà-mí konnotiert. Anders der adverbialis: „silim(-e)-eš/éš du_{11}/e/di pourrait signifier litéralt ‚dire/parler en Prospérité' … d'où ‚parler de manière élogieuse', ‚faire l'éloge', ‚vanter'; avec ni_2 …: ‚faire son propre éloge', ‚se vanter'" (a.a.O., 675). Vgl. den Willkommensruf silim-ma hé-me-en, bes. in ETCSL 1.5.1, Z.201–246 (= 38 Mal!).

374 Attinger 1993, 438f. Diese Frequenz ist auf die verschiedenen Textkorpora zurück zu führen, die jeweils untersucht werden. Im ersten Text Attingers (ders. 1993, 438f., GiEn Z.272, mit Verweis auf 749f. ex. 464, vgl. Sjöberg, Or. 39, 1970, 78) stimmt die Konjektur nicht mit ETCSL 1.8.1.4, Vers. 1, Z.272 überein; auch Attinger konstatiert: „Obscur est la passage suivant …" (a.a.O., 749).

375 ETCSL 1.8.2.2, Z.97f.,113f. Es geht bei den säkularen, nicht-kultischen Lobvorgängen um die sumerischen Wendungen ní-bi silim-e-éš iri [für ár] in-ga-àm-me (Z.97f., wörtlich: „Er [Anzu] spricht zu sich heilvoll preisend") und mí iri im-me (Z.113f., wörtlich: „Er [Lugalbanda] spricht zu Anzu wohlwollend preisend …", die -e Postposition bei mušen und anzud muss hier lokativ-terminative, nicht ergative Bedeutung haben).

376 Ähnliche Redewendungen, noch durch die Kombination zweier emphatischer Guttun-Begriffe (mí, „Fürsorge" und zid, „Aufrichtigkeit") variiert, in ETCSL 1.3.1, Z.6f.; 2.4.1.3, Z.18; 4.13.04, Z.19; 4.27.03, Z.50; 4.28.1, Z.62.

Das Loben (ár +VB) hat auch religiösen Charakter, und zwar in verschiedenen Lebenslagen. Die Grundsituation: Aus einem göttlichen-menschlich Gefälle richtet sich die Ehrerbietung an die übergeordnete, dem *homo sapiens* weit überlegene Autorität. Ur-Ninurta C (ETCSL 2.5.6.3) wendet sich in direkter Anrede mit herrlichen Attributionen an den Namenspatron des Königs, Ninurta. Z.28ff. lauten: „28: Your imposing greatness is ‚declared in praise songs' (a-re-eš dug₄-ge-eš, „ist preiswürdig"). 29: Your authority and your powerful greatness (30) cover the numerous people (29) in all the lands from east to west 30: with their tempestuous splendour." Inana empfängt Lobpreis: „You are magnificent, your name is praised, you alone are magnificent!" (za-e maḫ-me-en mu-zu ár-re-eš e dili-zu-ne maḫ-me-en, ETCSL 4.07.3, Z.218). Auch Šulgi beansprucht Verehrung, er nennt darzubringende Hymnengattungen: šìr-gíd-da, šumun-ša₄, kun-ĝar, bal-bal-e-Gesänge (ETCSL 2.4.2.05, Z.29f.,54f.; s.o. Kap. 6.3.1.6). Mittendrin steht die nicht kulttechnisch definierte ár nam-lugal-la, „Königs- oder Reichshymne" (Z.31–53). Auch Lipit-Eštar H redet offenbar von sakralen Liedern für Inana: „Ich will ihr im Lied Preis sagen, Ehrerbietung, wie es Recht ist, will ich ihr aussprechen" (ETCSL 2.5.5.8, Segm. A, Z.3). Schließlich sei das Lied Šu-ilīšu A erwähnt: Es ist an Nergal gerichtet und ergeht in direkter Anrede an den „mächtigen" Gott. Dreimal taucht der Begriff ár auf, zweimal mit persönlichem Possessivsuffix: „Nergal, great one praised for his accomplishments" (ETCSL 2.5.2.1, Z.9); „Nergal, your praise and renown are such as to unleach awe and terror" (^{d}nergal zà-mí a-re-zu ní su zìg bar-re-dam, a.a.O., Z.28); „Nergal, youthful one, those who are saved with your help magnify you with praise." (a.a.O., Z.54). Für „praise" steht das sumerische ár, einmal in der adverbialen Form (ár-re-eš), zweimal mit Suffix der 2. P. Sing. (a-re-zu, „dein Preislied"). Diese letztere Deutung wird besonders durch Z.28 nahegelegt. Denn ár korrespondiert hier zà-mí. ETCSL übersetzt den Doppelausdruck mit „praise and renown". Möglich wäre aber auch die Separierung der Synonyme: ^{d}nergal zà-mí, das ist die alte Kultdoxologie am Ende eines Hymnus, „Dein Lob entfacht Angst und Zittern" (zà-mí a-re-zu ní su zìg bar-re-dam): ausnahmsweise ein nachklappender, erklärender Zusatz zum zà-mí-Schluss eines Hymnus.

Ein weiterer, paralleler Ausdruck für „preisen" ist die feste Kombination von me-téš (Etymologie unklar: „Ehrung"?) mit dem Verb è, „herausgehen (lassen)". In allen 44 Verbindungen des Verbs mit me-téš im ETCSL wird der reduplizierte Stamm i-i verwendet. Das Nomen nimmt keinerlei Suffix zu sich. Die Verbalkomponente erscheint mehrheitlich in Singular- (1. und 3. P.), aber auch in Pluralformen (3. P. Pl.: ETCSL 1.8.2.1, Segm. A, Z.263; 2.2.4, Z.322; 2.4.1.2, Z.18; 2.5.6.2, Z.20). Aktive und passive Bedeutungen der Wendung sind möglich. So kann das einfache, prekative, singularische me-téš hé-i-i (3. P. Sing., vgl. ETCSL 1.6.1, Z.5f; 2.2.2, Z.437 = Schlusszeile! Substitution für zà-mí-zu dug₄-ga? 2.3.2, Z.42,45; 2.4.5.1, Z.26,29; 2.5.3.2, Z.17; 2.5.3.4, Z.2; 4.14.1, Z.93; 4.29.1, Segm. D, Z.13) je nach Kontext ergativisch oder passiv verstanden werden. Verbformen der 1. P. Sing. sind stets aktiv und transitiv zu übersetzen (vgl. ETCSL 1.3.2, Z.24; 2.4.5.2, Segm. A, Z.18; 2.5.3.1, Z.86,109,125,166; 2.5.6.2, Z.5; 4.02.1, Segm. B, Z.1; 4.07.3, Z.255; 4.29.2, Z.4). In allen Fällen wird me-téš – i-i generalisierend als „Lobpreis" verwendet; dem Ausdruck haftet keine technische Qualität wie dem Nomen zà-mí an. Das wird auch durch den synonymen Gebrauch der verschiedenen Wendungen klar. Mit zà-mí parallel steht me-téš in ETCSL 4.07.3, Z.273: nam-maḫ-zu me-téš ḫu-mu-i-i 274: ki-sikil ^{d}inana zà-mí-zu dùg-ga-àm („Your magnificence is praised, young woman Inana, your praise is sweet"). Damit ist allerdings keine volle Gleichwertigkeit der beiden Formeln erreicht, denn für die Schlusszeile ist mit Bedacht zà-mí, „praise" und nicht me-téš gewählt (vgl. die oben erwähnte mögliche Ausnahme ETCSL 2.2.2, Z.437). Weitere Parallelsätze involvieren die beiden Begriffe me-téš und i-lu („Lied", ETCSL 1.8.2.1, Segm. A, Z.262f.)[377] sowie me-téš und ka tar si-il (ETCSL 1.3.2, Z.52,111; 4.07.3, Z.255f.). Dieses letztere Cluster besteht aus den Elementen „Mund", „schneiden" (oft nam-tar, „Schicksal entscheiden") und „aufspleißen" und ist etymologisch kaum deutbar. Die genannten Synonymzeilen belegen aber den Sinn „preisen" für die ganze Wortkombination. Inana sagt in

[377] Zu i-lu (113 Vorkommen im Glossar des ETCSL) fehlt leider die digitale Tabelle.

ETCSL 1.3.1, Segm. H, Z.248: ùĝ-ĝu$_{10}$ ka tar-ĝu$_{10}$ ḫé-si-[il-le] („My people shall utter my praise!"). Und der leider stark beschädigte Kontext beschreibt rituelle Handlungen (Z.224–247). Der Protagonist kann in der 1. P. Sing. sprechen: ka tar-zu ga-si-il („I will sing your praise"; ETCSL 1.8.2.4, Segm. A, Z.263; ähnlich 4.22.1, Z.112; vgl. ka tar-zu – si-il in 3.2.05, Z.44; 4.07.3, Z.187; mit negativem Verb: 2.5.3.4, Z.40,43). Ein Suffix der 1. P. Sing. findet sich in 4.28.1, Z.111. Die Synonymität mit ár, „Lob", die für me-téš nicht zu belegen war, taucht in ETCSL 2.4.2.01 auf: 37: ár-ĝu$_{10}$ kalam-ma ak-ak-dè 38: ka tar-ĝu$_{10}$ kur-kur-ra si-il-le-dè (37: „that my praise should be uttered throughout the Land, 38: and my glory should be proclaimed in the foreign lands"), ein Zitat aus der Selbstlobhymne Šulgi A.

Der Überblick über die performativen Wendungen, allen voran zà-mí-zu/ĝu$_{10}$ dug$_4$-ga, zeigt, dass diese Phrase in den literarischen Texten viele synonyme Ausdrücke neben sich hat. Dennoch ragt sie aus der Menge der Parallelen heraus. Zà-mí hat eine eigene Geschichte. Die oben in Kap. 6.2 besprochene einfache Exklamation „GN zà-mí" gehört zum ältesten Überlieferungsgut der sumerischen Kultur. Außer in Personennamen ist sie akkadisch wohl nicht belegt. Die Äquivalenz zà-mí > *tanittum*, „Preis" verdichtet sich eher spät zu einer kultischen Formel.[378] Das nimmt nicht wunder, denn die sumerische Sprache bleibt bis über die altbabylonische Zeit hinaus für Kult und Wissenschaft maßgeblich. Wie so manches archaische Gut (vgl. hebr. *hallelujah*, *'amen*, *baruk*) hat zà-mí in der Kurzfassung, nur mit Gottesnamen verbunden, ein zähes Eigenleben und überdauert als Schlussdoxologie in sumerischen Preisliedern oder Spontanäußerungen viele Jahrhunderte. Der uralte Jubelruf hat von jeher Kräfte übertragende Potenz, und er gibt dieses Erbe an die literarischen Formen des „Preisliedes" weiter.Vielleicht angeregt durch ein legendäres kultisches Begleitinstrument ^{giš}zà-mí wurde in der sumerischen Tradition aus dem Kultruf eine Art des Lobgesanges, der sich durch seine nachhaltige spirituelle Kraft auszeichnet. Gottheiten und Menschen benutzten nach den Vorstellungen der Liturgen und Schreiber segensmächtige Worte und Riten, um Welt-, Kult-, Natur- und Gesellschaftsordnungen zu stiften und zu erhalten. Selbst den Schrifttafeln kam Wirkkraft zu! Die auffällige Untermalung von Narrativen (Heldentaten!) mit Heil-Rufen deutet auf einen dem Kultischen parallelen, möglicherweise gar älteren Gebrauch der Preisformel hin (vgl. Spontanrufe bei Siegen, z.B. Ex 15,21). Keine andere Bezeichnung für wirkmächtigen (liturgischen) Gesang hat sich so lange und so tief in Bewusstsein und Sprachgebrauch Mesopotamiens eingegraben, wie das zà-mí, dem diese Studie gilt. Jetzt soll seine Rolle im Zusammenhang sumerischer Theologie und Spiritualität ausgelotet werden.

---

[378] Vgl. AHw. 1319; CAD 18, 173–175 (*tanittu*). Vgl. den Personennamen ^{d}EN.ZÀ.MÍ = *Ta-nit-ti-*GN (CAD 18, 174; Albrecht Goetze, Old Babylonian Documents from Sippar, JCS 11, 1957, 15–40), s.o. Anm. 22. Mit Imperativ im G- oder D-Stamm von *nâdum*, „rühmen", „preisen" gebildete Personennamen kommen seit der Akkad-Zeit vor, vgl. Gelb 1957 (= MAD 3) 188f; vgl. auch Hilgert 2002, 495–497 (Hinweis von W. Sommerfeld).

C. Spiritualität und Theologie des Lobens

7. Der Mensch in seiner Welt (Deskription)

Literatur im Sinne der oben Kap. 1 und 4 angestellten Überlegungen spiegelt die denkerische und praktische Auseinandersetzung der Menschen mit ihrer jeweiligen materiellen, gesellschaftlichen und numinosen Umwelt. Sie lässt spätere Leserinnen und Leser – kraft der von den Sumerern erfundenen Schreibkunst – teilhaben an der Entstehung menschlicher Kultur, der bewussten und unbewussten, emotionalen und intellektuellen Konstruktion der Welt, in der Literaten, Kopierer und Performer lebten. Denn „Welt" ist nie als reines Ding-an-sich, als neutrales Objekt verfügbar. Wir wohnen in einer von der Gesellschaft gelesenen, interpretierten und geistig durchkonstruierten wie in Gang gehaltenen Umwelt-Behausung, die Welt ist eine bleibende Baustelle. Nach sumerischem Verständnis ist das so, weil das himmlische Urbild nie erreicht wird; moderne (Re-)Konstruktion von Welt zielt auf die (ebenfalls theologisch begründete) Zukunftsvision. Beide Grundeinstellungen haben dasselbe praktische Ergebnis: die ständige Bemühung um Vervollkommnung des Weltenbaus. Die materielle Kultur und das sich darin vollziehende Leben nach allen seinen Bereichen, Dimensionen und Verzweigungen sind Abbild der geistigen Deutung und Bewältigung dessen, was Menschen als Erde und Kosmos, Menschsein und Gesellschaft erfahren sowie im Gefolge der Erfahrung aufbauen. Und weil „Welt" immer als eine sich verändernde und auf Menschen einwirkende begegnet, besteht die Interpretation, das „Lesen" der Welt,[1] stets auch im Verstehen der Mächte, die in ihr wirksam sind, d.h. sie hat religiösen Charakter. Religion ist Sinndeutung des Seienden und Positionsbestimmung in ihm. Kein Mensch mit kühlem Verstand kann so vermessen sein, seinesgleichen als ersten Urheber des Alls zu definieren. Er wird sich als Geschöpf verstehen, doch schon recht früh nicht nur als Produkt fremder Macht, sondern auch als beauftragter *homo faber* und Teilhaber wie Dialogpartner übergeordneter Potenzen, wie das exemplarisch in Psalm 8 der Hebräischen Schriften ausgedrückt ist: „… wenig niedriger als Gott, mit Ehre und Herrlichkeit gekrönt" (V. 6), „alles hast du unter seine Füße getan …" (V. 7); oder im „Noch-nicht" und „Dann aber" der sumerischen mythischen Prologe.[2] Zur Einführung in die „Spiritualität und Theologie des Lobens" ist es ratsam, die Stellung des Menschen in den Welten zu skizzieren, welche hier vorrangig interessieren: die antiken sumerischen und die zeitgenössisch-westlichen Varianten.

---

[1] Hans Blumenberg, Die Lesbarkeit der Welt, Frankfurt ^{8}1986.

[2] Vgl. Streck 2002, 231–251, weiteres dazu s.u. Kap. 9.

Zur Debatte stehen einmal Lebenswelten und Lebensgefühle, so weit sie aus den antiken Quellen erhebbar und unter Berücksichtigung aller Interpretationen heute darstellbar sind. Bemühungen um das Verständnis mesopotamischer Welterfahrungen bestimmen verstärkt den Forschungsbetrieb altorientalistischer Institute, sofern sie dem Rotstift krisengebeutelter Finanzverwaltungen entkommen. Und Teilergebnisse der sumerologischen Wissenschaft sickern, wie bereits bemerkt, auch in Medien und Büchermärkte ein. Andererseits geht es um die Analyse moderner Weltbewältigung[3] und die sachgemäße Gegenüberstellung beider Positionen zum Zweck einer fruchtbaren, Erkenntnis und Menschlichkeit fördernden Abgleichung der Denksysteme.

Die in der sumerischen Literatur vorfindlichen Äußerungen zur mesopotamischen Weltinterpretation im 3. und 2. Jt. v.u.Z. – sie können z.T. durch archäologische Erkenntnisse bestätigt oder in Frage gestellt werden –,[4] ergeben ein detailliertes Bild damaliger Weltsicht. Aus heutiger Perspektive – und wir können *per se* keine andere einnehmen – muten das sumerische Weltbild und die Position des Menschen in ihm handlich und überschaubar an.[5] Bei allen gewaltigen, übermenschlichen Dimensionen, die auch den Altvorderen bewusst waren, konnten Erde, Himmel und Unterwelt wenigstens ansatzweise mit „menschlichen" Maßstäben gemessen, konnte das Universum in allen seinen Teilen als auf den Menschen bezogen gedacht werden. Diese (aus unse-

---

[3] Für Philosophie und Kulturwissenschaften ist der aufgeklärte *homo faber* ein Riesenproblem, vgl. z.B. Max Scheler, Die Stellung des Menschen im Kosmos (1928), Darmstadt [16]2005; Helmuth Plessner, Die Stufen des Organischen und der Mensch, Berlin 1928; René Girard, Des choses cachées depuis la fondation du monde, 1978 (deutsch: Das Ende der Gewalt. Analyse des Menschheitsverhängnisses, Freiburg 2009); Christian Thies, Einführung in die philosophische Anthropologie, Darmstadt 2004. Theologische Anthropologie bringt ihre spezifischen, oft bibelbezogenen Fragestellungen ein, vgl. Otto Kaiser, Gott, Mensch, Geschichte, BZAW 413, Berlin 2010; Peter Dabrock (Hg.), Gattung Mensch: interdisziplinäre Perspektiven, Tübingen 2010; Christian Frevel (Hg.), Biblische Anthropologie: neue Einsichten aus dem Alten Testament, QD 237, Freiburg 2010; Daniel Munteanu, Was ist der Mensch? Grundzüge und gesellschaftliche Relevanz einer ökumenischen Anthropologie anhand der Theologien von K. Rahner, W. Pannenberg und J. Zizioulas, Neukirchen-Vluyn 2010; Heinrich Schmidinger (Hg.), Der Mensch – ein Abbild Gottes? Geschöpf, Krone der Schöpfung, Mitschöpfer, Darmstadt 2010; Jacqueline Bee, Das erste Paar und die Postmoderne. Studie zur ursprünglichen Beziehung und Abhängigkeit der Geschlechter in der Lebenswelt der Gegenwart, Berlin 2009; Andreas Wagner (Hg.), Anthropologische Aufbrüche: alttestamentliche und interdisziplinäre Zugänge zur historischen Anthropologie, FRLANT 232, Göttingen 2009; Bernd Janowski (Hg.), Der Mensch im Alten Israel, HBS 59, Freiburg 2009.

[4] Vgl. z.B. Trevor Watkins, Architecture and the Symbolic Construction of New Worlds, in: Banning 2006, 15–22; Horowitz 1998. Die Informationen aus Textüberlieferung und Artefakten sind nicht immer deckungsgleich.

[5] Vgl. Lambert 1975; Jean Bottéro, Götter, Welt und Menschen, in: Hrouda 2003, 227–235; Francesca Rochberg, Mesopotamian Cosmology, in: Snell 2005, 316–329; John J. Collins, Cosmology: Time and History, in: Sarah Iles Johnston, Ancient Religions, Cambridge 2007, 59–70. Der Phantasie moderner Interpreten sind kaum Grenzen gesetzt: So denkt sich Bottéro das sumerische Universum als zwei kreisrunde Hohlwelt-Hemisphären (a.a.O., 227f.), während H. Hunger, Kosmologie, in: RlA 6, 1983, 222f. vermutet, dass der Ausdruck an-ub-da-límmu, „die vier Ufer", „die Vorstellung von der Erde als einem viereckigen Feld" aufweist. Umfassend bespricht die universale „Geographie" Horowitz 1998: Die aus der Zeit Sargons bekannte Erdkarte setze ein Territorium von ca. 4500 km Durchmesser voraus (a.a.O., 95).

rer Sicht!) Heimeligkeit des Alls und des Lebens ist seit der Aufklärung und der unfassbaren Ausdehnung von Raum und Zeit verloren gegangen. Anders der sumerische Wissenshorizont.[6] Der Himmel war oben, die Unterwelt tief unten, dazwischen die fest gegründete, plane und begrenzte Erde, auf der man fest stehen konnte. Trotz unhinterfragbarer Parameter war die Welt stets gefährdet, z.B. durch Unterwelt, Unheil und Tod. Die Hohen Götter wohnten im Himmel, die Unterweltskammern gehörten anderen Gottheiten. Der Kampf gegen das Vergehen und für neues Leben war elementar. Das All kannte die Bewegung von Sonne, Mond und Planeten, sonst stand es wie einbetoniert still. Der Mensch war bodenständig und mobil, das Leben lief seinen Weg, es folgte mehr oder weniger den von den Göttern oder im Sein festgelegten Regeln. Das Weltgehäuse war stabil, nachdem es – jüngeren Schöpfungsmythen zufolge – einmal dem Chaos abgerungen worden war. Die Sintflutsagen – sie werden im Sumerischen durch Andeutungen allerlei Untergangsszenarien präludiert[7] – lassen die Angst erkennen, das Chaos könne wiederkehren. Trotzdem war die Statik des Universums, das sich um die Erdplatte herum auf- und unterwölbte, der fixe Ausgangspunkt für sumerisches kosmologisches Denken. Dass unter solchen Bedingungen Vorstellungen von Unveränderlichkeit besser gedeihen können als im modernen westlichen Weltkonzept des dauernden Fließens aller universalen (physikalischen, chemischen, biologischen) Grunddaten, liegt auf der Hand.

Die räumlichen Dimensionen waren nach sumerischer Vorstellung menschengerecht, mindestens in der horizontalen, terrestrischen Ebene.[8] Das Kernland Südmesopotamien war nach Osten und fern im Norden durch mächtige Gebirgszüge abgeschlossen, im Westen durch die große Wüste. Nach Süden kam man, dem Flusswasser folgend, ans Meer. Dazwischen lag das Land der Mitte, unter dem Himmel und über der Totenwelt. Das war die eigentliche Welt der Sumerer, so wie wohl in allen Kulturen der eigene Lebensraum stets im Zentrum liegt, um das sich das übrige Sein dreht.[9] Die Peripherie bekommt dann oft die Note des Faszinierenden, immer aber des Anormalen und Gefährlichen aufgedrückt.

Und Stellung und Aufgaben des Menschen in dieser „begrenzten“, „fest gefügten“ Welt? Regelrechte „Schöpfungsmythen“, die programmatisch die Entstehung des Menschengeschlechtes verkünden, wie später das Atramḫasis oder Enuma eliš-Epos, sind in der sumerischen Literatur noch nicht zu finden. Doch gibt es genügend Kurzhinweise und Detailstories,[10] welche die früh- und vorzeitlichen Zustände andeuten, in

---

[6] Vgl. Jean Jacques Glassner, The Use of Knowledge in Ancient Mesopotamia, in: Sasson 1995, Bd. 3, 1815–1823.

[7] Darunter auch die große Wasserkatastrophe, vgl. Streck 2002, 231. Im Atramḫasis-Epos und in der 11. Tafel des Gilgameš-Epos wird die babylonische Flutgeschichte erzählt, vgl. Maul 2008; Lambert 1999; Beate Pongratz-Leisten, Sintflut (flood). A. In schriftlichen Quellen, in: RlA 12, 2011, 525–526.

[8] Vgl. Woods 2009, 183–239; Horowitz 1998; Zgoll 2012.

[9] Glassner 1995 (s.o. Anm. 6), 1820: „In the middle, the earth was a kind of firm floor, in the form of a disk or a square …“, auf dem Urmeer schwimmend.

[10] Wichtig sind die schon genannten „Prologe“ von etwa 40 bekannten sumerischen Epen, die mit einem Hinweis auf die „Urzeit“ oder „Vorzeit“ beginnen, vgl. Streck 2002 und episodenhafte Schöp-

denen nach den Göttern auch die Menschen ihr Debut auf der Erde gaben. In dem Bestreben, die Anfänge der Geschichte zu erkennen, gehen sumerische Denker vom (kulturellen) Nicht-Sein aus. In einer Vor-Zeit gab es für sie weder göttliches noch menschliches Leben, analog zur Lebenserfahrung, die immer mit der eigenen Nicht-Existenz vor und nach der kurzen Lebensspanne rechnen muss. Mit der Ordnung kamen in die vorgeschichtliche Un-Welt Gottheiten, oder umgekehrt: Gottheiten brachten Ordnung in das Ungeregelte. Nach den Gottheiten sind bald auch die Menschen da, ob lediglich als „Diener" bzw. „Sklaven" der hohen Göttinnen und Götter, wie in späteren Darstellungen, sei dahingestellt. In vielen sumerischen Literaturstücken wird das kulturelle Noch-Nicht durch Wissen und Fertigkeiten der Menschen – von Numina verliehen oder angeregt – zu einer rasanten Entwicklung angetrieben, wie im normalen Leben, in dem jedes Kind sich die Fähigkeiten, Umwelt zu gestalten, rasch aneignet. Im Fall der sumerischen Vor- und Frühgeschichte sind es Gottheiten, welche Lernprozesse initiieren. Sie unterweisen die Menschen im Ackerbau, in Architektur und Schreibkunst. Menschen sind aber keine Marionetten.[11] Sie erwerben sich die notwendigen Fertigkeiten und sind hoch konzentriert und erfinderisch in der Kulturarbeit engagiert. Das beweisen nicht zuletzt die archäologisch erkennbaren, technischen, handwerklichen und künstlerischen Leistungen (Tempel- und Städtebau; Kanal- und Schiffsbautechnik; Siegel-, Vollplastik- und Keramikfertigung usw.) und die schon im 4. Jt. einsetzende Listenwissenschaft.[12] Aus ihr entwickelten sich, im 3. Jt. noch nicht belegt, bedeutende Kompendien wissenschaftlicher Erkenntnis in der Astronomie, Mathematik, Medizin.[13] Sumerische wissenschaftliche Werke sind z.B. die Serie UGU.MU, „mein Kopf",[14] naturkundliche und theologische Listen,[15] die udug-hul – Beschwörungen.[16] Die vorhandenen Editionen und -interpretationen zu Einzelthemen und besonderen Textgattungen, sämtlich Zeugnisse zur sumerischen Weltinterpretation warten auf zusammenfassende Deutungen. Bei ihrer langen Erstreckung und kulturellen Variationsbreite wird man allerdings keine uniformen, für das ganze 3. Jt. gültigen Ergebnisse erwarten dürfen.

Das dreistöckige Weltgebäude mit seinem „Oben", „Unten" und der entscheidenden „Mitte" war für die „Schwarzköpfigen" nur der große Rahmen, in dem sich Leben und

---

fungserzählungen wie die von Enki and Ninmaḫ (ETCSL 1.1.2) oder Enki and the World Order (ETCSL 1.1.3). Vgl. auch Wilcke 2007; Kvanvig 2011, 13–181.

[11] Glassner sieht eine zentrale Rolle für den Menschen: Die Weltordnung „ultimatly depended on human attitudes"… „aware of the gods' will and abiding by it, humans had to ensure the working of all wheels in the universe." (ders. 1995, 1821, s.o. Anm. 6).

[12] Vgl. W. G. Lambert, Götterlisten, in: RlA 3, 1971, 473–479; A. Cavigneaux, Lexikalische Listen, in: RlA 6, 1983, 609–641; Dietz O. Edzard, Die altmesopotamischen lexikalischen Listen – verkannte Kunstwerke? In: Wilcke 2007, 17–26; Veldhuis 2014.

[13] Editionen, Darstellungen z.B.: Jöran Friberg, A Remarkable Collection of Babylonian Mathematical Texts, Berlin 2009; Heeßel 2000; Köcher 1963–2005; Attia 2009; Finkel 2007; Geller 2010.

[14] Joan Goodnick Westenholz und Marcel Sigrist, The Measure of Man: The Lexical Series UGU-MU, in: Biggs 2008, 221–233.

[15] Vgl. MSL IX; XIII usw., Veldhuis 1997 und u. Anm. 40, 41; spätere Sammlungen: Rochberg 1988; dies. 2004; dies. 2009.

[16] Vgl. Geller 2016; Stol 1983–2005; das Team BabMed (Forschungsprojekt Babylonische Medizin der Freien Universität Berlin).

Geschichte abspielten. Man wird in feierlichen Momenten an dieses Universum gedacht und es eventuell zeremoniell heraufbeschworen haben. Zuständig für globale und universale Dinge waren die Experten, Regierung und Kultbeamte, Wahrsager und Heiler. Sie sorgten dafür, dass sich jedermann und jedefrau in dem kosmischen Gehäuse geborgen fühlen konnten. Wichtiger waren dem Normalmenschen vermutlich – eine zeitlose Befindlichkeit, eine „anthropologische Konstante"? – die real erfahrbaren Unterabteilungen des Kosmos, von den Regionen der bewohnten Erde bis hin zu Siedlungen und Städten, Nachbarschaften und Einzelhäusern bzw. -familien. So wie bei Google-Earth das herangezoomte Nahbild mit seinen Straßen, Häusern und Personen prickelnd interessant wird, so lief für die alten Sumerer das Leben in den Grenzen der täglichen Raum- und Zeiterfahrung ab. Hier galt es, sich zu behaupten und durchzusetzen, Glück und Segen (auch der kosmischen Kräfte!) zu sichern, das Erreichte zu bewahren.[17] Die Masse der sumerischen Schriftzeugnisse hat mit dem Mikrokosmos menschlicher Lebenswelten zu tun. Wayne Horowitz hat in „Mesopotamian Cosmic Geography" das große Weltgebäude schon weitgehend auf die real existierende Erde heruntergespannt.[18] In den Regionen und Lebensfeldern dieser Welt wirkt der Mensch, aber niemals allein, nie als solitärer, genialer Denker und Konstrukteur: Inmitten der Seinen und in täglicher Auseinandersetzung mit göttlichen Wesenheiten und Kräften, die ihrerseits aktiv in der Weltgestaltung tätig sind, versieht er die ihm zugeteilten Aufgaben. Das Natur- und Gesellschaftsgefüge ist vorgegeben, es herrscht eine durch Sitte und Gotteswillen geheiligte, hierarchische, im öffentlichen Bereich patriarchale, Ordnung. Man kann von einer antiken Klassengesellschaft[19] sprechen, wenn man moderne Konnotationen wie Ausbeutung und Klassenkampf nicht überbetont.

Die Struktur der Gesellschaft ist in jedem Fall ein Hauptfaktor für die Beurteilung unterschiedlicher theologischer Wahrnehmungen, Interessen und Wertungen. Material zur Erkenntnis und Darstellung der sumerischen Sozialverhältnisse liegt für verschiedene Perioden und Orte reichlich vor. Es handelt sich in erster Linie um die zahlreichen Dokumente aus den Bereichen Rechtsprechung, Verwaltung und Wirtschaft. Als Beispiel für moderne Aufarbeitung der alten Daten sei die Studie von Claus Wilcke über die Anfänge des mesopotamischen Rechts genannt.[20] Juridische und Wirtschafts-Texte verschiedener Art lassen erkennen, dass schon im 3. Jt. ein Hiatus zwischen Leitungsfiguren und „Volk" besteht[21] und dass die soziale Schichtung von der göttli-

---

[17] Zum Alltagsleben in Mesopotamien, das vermutlich über lange Zeiträume in gleichen Bahnen verlief, vgl. Bottéro 2001; Astrid Nunn, Alltag im Alten Orient, Mainz 2006; Johannes Renger, Wirtschaft und Gesellschaft, in: Hrouda 2003, 186–215; Bottéro 1998, 216–245; Marten Stol, Private Life in Ancient Mesopotamia, in: Sasson 1995, Bd. 1, 485–501; ders. 2004; Walter Farber, Witchcraft, Magic, and Divination in Ancient Mesopotamia, in: Sasson 1995, Bd. 3, 1895–1909; Edzard 2004, 126–131; Spek 2008.

[18] Horowitz 1998, 223–362.

[19] Direkt bezeugt sind hauptsächlich die gegliederten Stadtgesellschaften: vgl. Edzard 1972; Johannes Renger, Wirtschaft und Gesellschaft, in: Hrouda 1991, 187–215; Zgoll 2012a; dies. 2012b.

[20] Wilcke 2003 (erweiterter Neudruck 2007; dazu die Besprechung von Ingo Schrakamp, ZA 100, 2010, 142–148), vgl. Wilcke 2007a.

[21] Schon die alten Listen LÚ A und Proto-LÚ stellen den König, bzw. das „Königtum" (n á m - é š d a) an die Spitze aller Ämter, vgl. Wilcke 2005b. Das genaue rechtliche Verhältnis der aufgeführ-

chen Legitimation, der Arbeitsteilung, dem Geschlecht und der Abstammung bestimmt wird. Wilcke stellt den „personal status" anhand der Kriterien „Citizenship", „Class", „Gender and Age" und „Slavery" dar.[22] Aus den erhaltenen Daten zu den Gesellschaftspositionen lässt sich kein lückenloses soziales Rangsystem rekonstruieren. Wohl aber wird die Bedeutung von Bürgerrecht, freiem Menschen, Sklavenstatus, Gender, Altersgruppe usw. klar. Wie zu erwarten, herrschte eine Über- und Unterordnung beieinander lebender Menschen, auch wenn z.B. die Nachordnung der Frau oder die Unmündigkeit von Kindern und Sklaven nicht in allen Dokumenten gleich stark ausgeprägt ist.[23] Aus dem unterschiedlichen Status einzelner Gruppen oder „Stände" ergeben sich gesonderte Rechtsansprüche und mit Sicherheit auch variierende Kultpraktiken sowie religiöse Vorstellungen und Erwartungen. Soziale Gruppierungen pflegen durch die Menschheitsgeschichte hindurch ihre je eigenen spirituellen Bedürfnisse. Das gilt auch für die hochkomplexen Kulturen des frühen Mesopotamien.[24]

Die auf uns gekommenen Keilschriftliteraturen entstammen überwiegend Schreiberwerkstätten, die im Dienst von Eliten arbeiteten. Sie spiegeln folglich das Trachten und Treiben der verantwortlichen Figuren und Institutionen in gegebenen Situationen oder Perioden. Direkte Zeugnisse von illiteraten Menschen fehlen fast völlig. Doch haben die Korrespondenzen, Handbücher, Textsammlungen der oberen Zehntausend mit dem Leben der unteren sozialen Schichten zu tun, ja, sie sind manchmal direkt mit der Lebenswelt der Allgemeinbevölkerung beschäftigt, wie das Beispiel der Rechtstexte schon zeigte. In hohem Maße gilt das auch von „populären" religiösen Praktiken, die auf Erhaltung der Lebensqualität zielen. Proverbien, Omina, Diagnoseliteratur, Beschwörungsriten – Gattungen, nur aus der nachsumerischen Tradition bekannt, weil erst dann verschriftet – waren nicht auf die Bedürfnisse der Eliten zugeschnitten, sondern sollten erkrankten und bedrohten Privatpersonen helfen. Diese Texte reflektieren folglich –durch das Filter der Literaten – bäuerliche und bürgerliche Lebenswelten der damaligen Zeit.[25] Der „normale" Mensch, darf man schließen, situiert sein Leben und das seiner sozialen Gruppe (Familie; Dorf- Stadtgemeinschaft) nicht primär im Blick auf die Versammlungen der „hohen" Götter, die Schicksalsentscheidungen für das Land Sumer und Feindmächte, die aus den Gebirgsgegenden oder der Unterwelt drohen. Vielmehr hat er mit seinem täglich erfahrbaren, oft bedrohten Mikrokosmos zu tun. Darin sind genügend kleinkalibrige Unheilsmächte aktiv, die an den Rand des Abgrundes führen können. Die damals verfügbaren Ressourcen von Wissenschaft, Medizin, Religion standen zur Vorbeuge, Abwehr und Heilung durch qualifizierte

ten Autoritäten untereinander und zum gemeinen Mann bleibt aber nach Wilcke 2003 für die Frühzeit „almost totally unknown" (a.a.O., 20).

[22] Wilcke 2003, 49–58.

[23] Es ist ohnehin klar, dass es keine festen Sozialverhältnisse über alle Regionen hin und zu allen Zeiten gegeben hat. Wilcke verweist auf die teilweise Selbstbestimmung von Frauen, die Rechte von Sklaven und die Veränderungen Iri-kaginas in seinen „Reformgesetzen", vgl. ders. 2003, 52–55. Vgl. die differenzierten Urteile über die Gesellschaft des 2. und 1. Jts. v.u.Z. bei Edzard 1972.

[24] In früheren Studien habe ich diese religionsgeschichtliche Tatsache für das Alte Testament dargestellt, vgl. z.B. Gerstenberger 2001a.

[25] Vgl. Heeßel 2000; Cunningham 1997; Gerstenberger 1980; Maul 1994; Zgoll 2003; dies. 2006.

Experten bereit: Sie wandten sich zur Not an die Anuna, um ihren Patienten zu helfen. Ihnen blieben viele Fragen ebenso offen wie modernen Lesern.

Das Zusammenspiel der bekannten und unbekannten Mächte und die Einbindung des eigenen Schicksals in dieses sozial differenzierte Geflecht ist das Urproblem sumerischer Lebensphilosophie und Ethik. Stadt und Haus sind die am besten dokumentierten Schauplätze des bodenständigen Lebens eines Großteils der Bevölkerung; Tempel und Palast dienen der sozialen Elite als Wohnstätte und Aktionsbühne. In den sozialen Mittelschichten vermengen sich die geistigen Einflüsse von „Oben“ und „Unten“; die Gesellschaft war hierarchisch, in Form einer Machtpyramide konstruiert, in der es auch Querverbindungen und Überkreuzungen gab. Den zeitlichen Rahmen für das menschliche Leben, das Agrar- und Wirtschaftsjahr und alle wesentlichen Gesellschaftsfunktionen, markierten Kalender und der tatsächliche Ablauf der Mond- und Sonnenzeiten.[26] Das Individuum war in die Mechanismen kollektiver Abläufe eingespannt. In diesem Gehäuse entfaltete sich sumerisches Dasein. Die Mikrowelten des Alltags, der Arbeit, des Kultes, des Vergnügens waren eingebettet in das große Ganze des Volkes und Landes Sumer. Im kleinen Raum pulsierte das Leben, fanden Nahrungsproduktion, Hausbau, Liebe, Geselligkeit, Erziehung, Krankheit und Genesung, Auseinandersetzungen und rituelle Begehungen statt, wahrscheinlich in einem lockeren, aber planvollen, saisonalen Ineinander, das einem täglichen Terminkalenderkult Hohn spricht. Gottheiten und göttliche Kräfte waren auf den verschiedenen Ebenen des sozialen Miteinanders eingeschlossen in das Alltagstun. Nähe und Einwirkung des Göttlichen wird in verschiedener Dichte erfahren; heilige Orte und Zeiten unterscheiden sich von Alltagsszenarien. Das sumerische Leben, das die Quellen erkennen lassen, macht auf der einen Seite einen integralen, harmonischen, wenn auch sehr komplexen Eindruck. Andererseits bezeugen die Klagerituale vielfache Gefährdungen von Einzelmenschen und Gemeinschaften, so dass jede Romantisierung des antiken Lebens verfehlt wäre. Aufsteigend vom Kleingruppendasein, das wohl in der Menschheitsgeschichte immer den ersten und wesentlichen Halt vermittelt, sind die Stadt[27] mit ihrer kultischen, wirtschaftlichen und politischen Infrastruktur, die Region (Stadtstaat mit Umland), das „Königreich“ und das Sumerertum Kondensationspunkte sozialer und religiöser Identitätsbildung (s.u.).[28]

Wir können uns somit unschwer Grundzüge sumerischen Lebens vorstellen, so weit und so lange wir in unserem von Technik, Medien und Mobilität beherrschten Dasein urmenschliche Anknüpfungspunkte entdecken. Wo aber liegen, bei aller Lebens- und Geschichtskontinuität durch die Jahrtausende hindurch, entscheidende Brüche, qualitative Sprünge zwischen Lebensgefühl und Weltsicht der Sumerer und unseren eigenen Parametern? Wie lassen sich die zeitlich weit entfernten kulturellen Standorte miteinander in Beziehung setzen? Auf das verschieden konstruierte Makro-Weltbild ist

[26] Vgl. Sallaberger 1993; H.-J. Fabry, Kalender II, Alter Orient und Bibel, LThK, Bd. 5, ^{3}1996, 1142–1144.

[27] Dorf, Kleinstadt, Metropole sind in ihren Strukturen gut unterscheidbar, aber die Übergänge sind fließend, vgl. Wilhelm 1997.

[28] Die verschiedenen Ebenen sumerischen Lebensgefühls und sumerischer Weltgestaltung sind bisher kaum gezielt untersucht worden, doch vgl. Zgoll 2003; dies. 2006 und o. Anm. 17.

schon hingewiesen worden: Hier und heute – nach dem Verlust nicht nur des anthropo- und geo-, sondern auch des heliozentrischen Alls – ein völlig unbegreifliches Universum, das keinen Schutz mehr bietet, sondern im Gegenteil nur noch bedrohlich, weil unfassbar, wirken kann, dort das riesige, aber fest gefügte Haus der Welt! Weiter: Die Kausalverknüpfungen in den jeweiligen Weltsichten sind gravierend different. Dort ein lebendiges Miteinander aller Kräfte, die Welt ist bis ins Letzte belebt, durchwirkt von personhafter Macht, und alle Dinge stehen wie in einem komplizierten Netzwerk miteinander in Beziehung. Und hier naturgesetzlich bestimmte, eindimensionale, überprüfbare Ursache-Wirkung-Stränge, eine scharfe Trennung von Materie und Leben, Menschsein und Tiersein, Diesseits und Jenseits, Vernunft und Gefühl: Barrieren überall, Unzuständigkeiten, Polarisierungen, die eine Gesamtsicht und ein integrales Verständnis und Erlebnis von Welt blockieren! Hinzu kommen Mechanisierung und Automatisierung des Lebens, Elektronisierung der Kommunikation, Beschleunigung der Verkehrsmittel, Entdeckung und Nutzung der Mikrowelt von Organismen, Atomen, Nanoteilchen, Fortschritte in Chirurgie und pharmazeutischer Medizin und alle sonstigen Segnungen eines naturwissenschaftlichen Zeitalters, die sich bis vor kurzem niemand hätte erträumen können. Welterfahrungen und Modelle der Weltbewältigung damals und heute klaffen auf vielen Ebenen stark auseinander. Wer aber lebt wirklich – damals wie heute – in großen Weltbildern und „wissenschaftlichen" Weltzusammenhängen? Das in der Moderne erkannte Universum mit seinen nicht mehr vorstellbaren Dimensionen schlägt bei Alltagsentscheidungen kaum je durch, trotz naturwissenschaftlicher Grundbildung und intensiver medialer Aufklärungsarbeit. Für viele „moderne" Menschen ist die in Babylonien begründete, aber unsäglich verwässerte Astrologie noch immer plausibel. Neuzeitliches Wissen von Bakterien und Viren hat zwar eine gewisse Verbreitung gefunden und zu hygienischem Verhalten geführt, aber z.B. exorzistische und magische Praktiken durchaus nicht ausgerottet.

Ist es darum hoffnungslos, an eine Vermittlung und einen Austausch zwischen den Polen des Damals und des Heute zu denken? In jedem Fall ist das Problem der Kommuizierbarkeit antiker Weltsichten und Glaubensvorstellungen in die Moderne trotz generationenlanger Bemühungen besonders von „aufgeklärten" westlichen Theologinnen und Theologen noch lange nicht gelöst. Es fehlen weithin Spezialstudien, die unter Berücksichtigung der anthropologischen und institutionellen Konstanten den geschichtlichen, mentalen und intellektuellen Veränderungen Genüge tun.[29]

An dieser Stelle ist darum noch einmal eine hermeneutische Besinnung nötig. Die „Übersetzbarkeit" sumerischer Werte und Ansichten in die moderne Zeit steht auf dem Spiel, wie sie grundsätzlich für alle antiken Hinterlassenschaften (auch die biblischen, koranischen usw.) in Frage steht. Das Unvereinbarkeitsbedenken gilt für alles, was als geistige und religiöse Erkenntnis hinter uns liegt und Geschichte geworden ist. Die Länge des Abstands ist unbedeutend, wenn es um die Unterscheidung von „gültiger"

---

[29] In theologischen Kommentaren gilt die Aufmerksamkeit fast ausschließlich Weltsicht und Lebensgefühl der antiken Menschen, während Einstellungen der Moderne kaum kritisch untersucht werden, vgl. dagegen Rudolf Bultmann, Das Evangelium des Johannes, KEK 2 (1941), Göttingen [13]1953, 1–57; ders., Glauben und Verstehen (1965), 4 Bde., Tübingen [4]1984. Der Marburger Theologe reflektierte die geistig-mentalen (nicht: die gesellschaftlich-technischen) Veränderungen.

und „ungültiger“ Welterkenntnis geht. Hier zeigt sich die Gefahr, eine grundsätzliche, qualitative Trennung zwischen den kulturellen Ansichten verschiedener Epochen annehmen zu wollen. Und genau da liegt die Falle, in die Betrachter der Vergangenheit oft hineintappen. Schnappt sie zu, wird eine Aneignung des Vergangenen unmöglich. Menschen sind oft, vielleicht immer, so von der Richtigkeit ihrer eigenen Sichtweisen überzeugt, dass sie allen anderen Interpretationen und Konstruktionen von Welt neben, vor und hinter sich schnurstracks und unbesehen den Stempel „Falsch“ aufdrücken. In unserem Fall liefe dieses Verhalten auf die simple Formel hinaus: Wir verstehen die Welt richtig; die Sumerer haben sich geirrt! Folglich sind die alten (Un-)Wahrheiten für uns bedeutungslos. Scheinbar weniger radikale Absagen an die Weisheit der Alten postulieren fortschrittsgläubig einen großen kognitiven Abstand zwischen uns und den antiken Vorfahren. Unser Wissen stelle doch die alte Weltkenntnis auf der ganzen Linie in Frage, auch wenn manche Einsichten im menschlich-mitmenschlichen Bereich noch Gültigkeit haben könnten.

Eine Hermeneutik der sumerischen Literatur,[30] speziell der hymnischen Partien, kann sich weder mit der schroffen Ausgrenzung noch mit der partiellen Anerkennung alter Erkenntnis zufrieden geben. Alle Kulturwissenschaft ist gut beraten, das Gewebe jeder Zivilisation nach seinen eigenen, inhärenten Mustern zu beurteilen und sich keine Rangordnungen anzumaßen. Es geht um die fundamentale Einstellung zu sich selbst und dem Anderen überhaupt. Mit den Kategorien „richtig“ und „falsch“ ist das Verständnis von Anderem schlechterdings unmöglich. Diese These spielt im dringend notwendigen Dialog unter den Religionen, aber auch der politischen und wirtschaftlichen Ideologien eine zentrale Rolle. Wer immer auf dem eigenen, absoluten Wahrheitsanspruch beharrt, und nicht bereit ist, sich mit einer kontextuellen und relativen Richtigkeit seiner Anschauungen zu bescheiden, hat den Dialog mit Anderen schon verraten. Im Blick auf die unterschiedliche Weltinterpretation bei den Sumerern und im heutigen Westeuropa, und damit auf die sumerische Hermeneutik, heißt das: Die Befindlichkeit der uralten Theologen, Denker, Dichter, Liturgiker in ihrem konstruierten Weltgehäuse ist genau so viel wert wie das geistige und religiöse Gebäude, das wir uns in unserer Epoche nach Maßgabe unserer Erkenntnisse und Erfahrungen zurecht machen, keines ist besser oder richtiger als das andere. Transplantationen jener Weltkonstrukte in jeweils andere Perioden oder kulturelle Zonen können allerdings zur Ungültigkeitserklärung für das betreffende Ideenkonglomerat führen. Aber in ihrer jeweiligen Ursprungssituation, als Gewächs der zugehörigen Epoche sind Weltanschauungen in ihrer gewachsenen Umgebung in der Regel authentisch, wirksam, und wahr. Selbstverständlich liegt in einer solchen Feststellung die Absage an jeden „ewigen“, „unveränderlichen“ Wahrheitsbegriff.[31]

[30] Vgl. William W. Hallo, Problems in Sumerian Hermeneutics, in: ders. 2010, 43–56.

[31] Die „Wahrheit“ stand auch schon in der Antike zur Debatte, vgl. Lämmerhirt 2010; jetzt wird ihre Behandlung zur Überlebensfrage. Der heute wie nie notwendige Dialog der Religionen untereinander ist davon abhängig, wie weit die so erhabenen „Welt“religionen von ihrem absoluten Wahrheitsanspruch ablassen können, vgl. Paul F. Knitter, Theologies of Religions, Maryknoll 2002; Reinhold Bernhardt, Wahrheit in Offenheit. Der christliche Glaube und die Religionen, Bern 2007; ders., Ende des Dialogs? Die Begegnung der Religionen und ihre theologische Reflexion, Zürich 2005.

Geht man von der Kontextualität und Relativität der Weltbilder aus, dann eröffnet sich trotz großer Unterschiede ein Verstehenszugang auch zu den ersten Zeugnissen menschlicher Literatur und Theologie. Wir erkennen die gleiche Ausgangsposition der Menschen vor 4000 und mehr Jahren und heute. Wie auch während langer Zeiträume vorschriftlicher Kultur, sahen sich sumerische Menschen, eingespannt zwischen Geburt und Tod und verbunden mit anderen Personen ihrer Familie und Nation, einer übermächtigen Welt gegenüber. Sie gehörten zu dieser Welt, konnten sich aber von ihr distanzieren, sie bearbeiten und wussten sich gleichzeitig „höheren" Mächten ausgeliefert, mit denen man wiederum Kontakt aufnehmen und die man bis zu einem gewissen Grad beeinflussen konnte. In dieser ambivalenten Stellung nahmen sie beherzt ihre Kultur- und Glaubensarbeit auf. Und wenn wir heute mit den literarischen *deposita* ihrer Kämpfe, Siege und Niederlagen kommunizieren, dann sind wir plötzlich im selben Boot. Unter den verschiedenen Voraussetzungen, welche die partikularen Lebenssituationen in weit entfernten Kulturen mit sich bringen (einschließlich der epistemologischen, wissenschaftlichen, emotionalen Konstellationen), verhalten sich Menschen recht ähnlich. Ihr Tun, ihre Reaktionen werden über die differenten Koordinaten hinweg kommensurabel. Ja, die scheinbar völlig fremden Verhaltensmuster der sumerischen geistigen Vorfahren stellen unsere eigenen Systeme unversehens in Frage: Warum leben wir mit so vielen Trenngräben in unserer modernen Welt? Können wir unvereinbar Scheinendes nicht doch zusammenführen oder überbrücken? Warum schenken wir den unterschiedlichen Kräften und Mächten, die wir in unserer Welt erkennen, nicht die ihnen gebührende Aufmerksamkeit? Wie steht es um Solidarität mit Anderen, wenn die Freiheit des Einzelnen exzessiv in den Vordergrund geschoben wird? Ist das moderne Weltbild mit seinen unmenschlichen Dimensionen in Raum und Zeit überhaupt lebbar[32] oder: Müssten wir nicht eigentlich die überkommenen kosmischen Ambitionen planetarer und interstellarer Herrschaft resolut aufgeben? Viele Einzelmomente unserer Erfahrung sprechen für eine Kompatibilität und Vergleichbarkeit alter und neuer Weltsichten, wenn man einmal den Sockelplatz der allein mit absoluter Wahrheit Beschenkten und der auf dem Höhepunkt der Zivilisation Angekommenen verlässt und sich auf den Boden der relativen und damit realen Tatsachen begibt.

Wir tun also gut daran, die sumerische Wahrnehmung der Welt zusammenfassend und in ausgewählten Details auf den Prüfstand zu stellen. Es wird sich gemäß unseren Quellentexten (Hymnenliteratur!) vor allem um die Gegenüberstellung von Eliten und göttlicher Welt handeln. Doch ist – wie oben gezeigt – die allgemeine Lebenswelt des „Volkes" in dem Verhältnis Staat – Gottheit aufgehoben: Herrscher- und Menschenbild stehen in Korrespondenz. Die Mechanismen religiöser Praxis betreffen die ganze Gesellschaft. Die theologischen Einsichten und Diskurse der sumerischen Experten orientieren das rituelle Geschehen, sei es im individuellen wie im öffentlichen Bereich. Diese Gesamtlage bleibt im Blick. Im Übrigen bereitet der folgende Abschnitt (Kap. 8) die Schlussüberlegungen der drei letzten Abschnitte (Kap. 9–11) vor.

---

[32] Die dichterische und philosophische Anschauung des Alls in seinen heutigen Dimensionen kann zu erhebendsten Ausdrücken des Staunens, der Hingabe und der Versenkung führen, aber auch zu Depression und Verzweiflung, vgl. Ernesto Cardenal, Poesía completa, 2 Bde. Buenos Aires 2007f.

8. Götter und Mächte (Perzeption)

Wie nahm der mesopotamische Mensch des 3. Jts. v.u.Z. in seinem realen Lebensvollzug die Welt wahr? Was erwartete und befürchtete er vom Dasein? Genauer: Welche Vorstellungen von göttlichem Sein und Handeln hatten sich die Kreise (königlich-kultische?) gebildet, die hinter der Hymnenliteratur stehen? Worauf kam es beim Zusammen- und Gegeneinanderspiel der Weltkräfte an? Wie konnte der Mensch (die Regierung) seine (ihre) Kapazitäten sinnvoll und nutzbringend in die Weltgestaltung einbringen? Dass es eine Grundhoffnung auf ein gedeihliches Funktionieren der Natur und gerechte soziale wie politische Ordnungen gab, wird aus vielen Texten deutlich und entspricht menschlicher Art.[33] Aber alle guten Ordnungen waren gefährdet, die Welt war mehr oder weniger labil, sie stand immer wieder neu zur Debatte.

Der antike, wie der moderne Mensch, stieß/stößt bei seiner Weltbegegnung unweigerlich auf Kräfte und Mächte, die ihm Respekt abnötigen, weil sie die eigene Existenz relativieren.[34] Naturgewalten nehmen uns gefangen, Geschichtskräfte überrollen uns, Gefühlsausbrüche, Erfindungsgeist, Menschenliebe lassen erahnen, dass Individuen nur Fragmente größerer Zusammenhänge sind. Diese Offenheit gegenüber dem Anderen, Ganzen, vielfältig Verknüpften und (Über-)Mächtigen sollte man, wie oben angedeutet, als das „urreligiöse Empfinden“ schlechthin werten. Es gehört zur Grundausstattung des Menschen; niemand ist davon *a priori* frei, auch bei stärkster Betonung eigener Agnostik oder völligen Desinteresses an jedweder „Religion“.[35] Das Missverständnis, eine religiöse Einstellung könne und dürfe sich nur in verfassten Glaubensgemeinschaften mit feststehenden Lehrgebäuden realisieren, ist damit ausgeschaltet. Es gibt eine antiken und modernen Menschen gemeinsame religiöse Grundlage: den Zwang, sich der Welt gegenüber verhalten zu sollen. Anders ausgedrückt: Der Mensch konstituiert sich dadurch, dass er seine vorgefundene Umgebung liest, interpretiert, sich darin positioniert und auf diese Weise eine ihm eigene, kultur- und sozialgeschichtlich spezifische Welt weiter gestaltet. Die alten Sumerer fanden sich grundsätzlich in der gleichen Situation wie wir selbst, nämlich des Staunen-Müssens, durchsetzt mit dem „Gefühl der schlechthinnigen Abhängigkeit“ (Friedrich Schleiermacher),

---

[33] Die Terminologie für Balance und Wohlergehen in allen Sphären umfasst z.B. die Ausdrücke si sá („Ausgleichen; Gerechtigkeit“); sá („gleich sein“); níĝ-si-sá („Gerechtigkeit“); di-ri-da („Anordnung“); sa-lá („ausstrecken“, „in Ordnung sein“); me („göttliche Ordnung“); nam („Festgelegtes“); šu-du$_7$ („vollenden; perfekt machen“); šu-šur („korrekt sein“); níĝ-gen$_6$-na („Wahrheit“); níĝ-zid („Rechtschaffenheit“); giš-hur („Planung“); ĝarza („Ritual“) usw.

[34] Wie weit die nicht-menschliche Lebenswelt (die Aufspaltung in menschlich-nichtmenschlich ist modern!) an der Sensibilität gegenüber der Umwelt Teil hat, ist eine viel diskutierte und interessante Frage, die grundsätzlich positiv beantwortet werden muss. Dass manche Formen menschlichen Lebens auf vegetatives oder tierisches Dasein reduziert sind, ist ebenfalls klar.

[35] Der Begriff „Religion“ ist vieldeutig und umstritten. Gemeinhin versteht man darunter die Verehrung einer personhaften Gottheit, die sich in bestimmten Glaubenssätzen und (kultischen) Verhaltensweisen ausdrückt. Diese Definition entspricht westlichen Denkmustern; sie schließt z.B. fernöstliche Haltungen gegenüber dem Seienden aus (vgl. Winston L. King, Religion, in: Eliade 1987, Bd. 12, 282–293. King nennt das Bedürfnis nach einer Begriffsklärung ein „primarily Western concern“ [a.a.O., 282] und bezeichnet die Definition selbst als „Western theistic dichotomous“ [a.a.O., 283]).

mit dem „Erschauern", welches das „Heilige" hervorruft (Rudolf Otto) oder mit dem Bewusstsein einer „universalen Vereinigung", das Mystiker und Buddhisten beseelt (Meister Eckhart).[36] Schon früh werden in Sumer die hohen und mittleren, anthropomorph gedachten Gottheiten mit Personennamen ausgezeichnet; es entstehen umfangreiche Namenslisten von Göttinnen und Göttern.[37] Aber die sumerische Theologie (und andere nah- und mittelöstliche Theologien, einschließlich der biblischen), die sich einem vielschichtigen, durch und durch belebten Ganzen gegenübersah(en), beschränkte(n) sich nicht auf die Identifizierung personhafter Gottesgestalten; sie benannte(n) und bearbeitete(n) unzählige übermenschliche und untergöttliche Wesenheiten, Lokalnumina, Dämonen und darüber hinaus eine unbestimmte Zahl von unpersönlichen Wirkkräften, wie z.B. das nam und die me.[38] So entsteht ein vielfarbiges Bild von sumerischer Religiosität und der sie reflektierenden Theologie. Die früher abgelehnte Frage, ob in sumerischen Texten überhaupt eine Selbstreflektion auf eigenes theologisches Denken und Handeln vorliegt, das wir mit unseren geistigen Parametern in Beziehung setzen könnten, ist heute uneingeschränkt zu bejahen. Das gilt gerade auch angesichts der Inkongruität antiker und moderner Denksysteme (s.o. Kap. 7).

Wie können wir uns dem komplexen Phänomen einer dynamisch-mehrstufigen Weltsicht nähern, in welches Koordinatensystem es einfangen?[39] Ist es sachgemäß, auf alte Systematisierungen oder Begriffsbildungen in den Quellen selbst zurückgreifen zu wollen? Wir haben diese Frage schon früher im Blick auf die literarischen Gattungen gestellt (vgl. o. Kap. 2). Vielen scheint das ein aussichtsloses Unterfangen zu sein. Zu sehr stecke in uns das modern-überhebliche Bewusstsein, antike Denker vor der griechischen und römischen Zeit seien zu konstruktiv logischer Forschung, Begrifflichkeit und Lehrbildung gar nicht in der Lage gewesen. Oder: Das mesopotamische Wissen sei nach für uns unverständlichen Kriterien organisiert. Darum gebe es keine brauchbaren Ordnungsraster. Erst in den letzten Jahrzehnten beginnt sich, wie mehrmals angedeutet, das Bild von der sumerisch-akkadischen intellektuellen Leistung zu verändern, angestoßen – so sagt man oft – durch Landsbergers Studie über die „Eigenbegrifflichkeit" der frühen mesopotamischen Wissenschaftler.[40] Neuerdings tritt allmäh-

---

[36] Eine umfassende, religionsgeschichtliche Übersicht über die Bestrebungen, eine *unio mystica* mit dem All zu erreichen, gibt Peter Gerlitz, Artikel „Mystik" I, in: TRE 23, 534–547.

[37] Vgl. Wilfred G. Lambert, Götterlisten, in: RlA 3, 1971, 473–479; Litke 1998.

[38] Vgl. Wayne Horowitz, Animate, Inanimate, and Primary Elements in Mesopotamian Creation Accounts: Revisited, in: Gemeinhardt 2010, 47–63; Erhard S. Gerstenberger, Gott: Person und neutrale Kraft?, in: Thomas Naumann und Regine Hunziker-Rodewald (Hg.), Diasynchron. Beiträge zur Exegese, Theologie und Rezeption der Hebräischen Bibel, Stuttgart 2009, 119–136.

[39] So wenig der Begriff „Monotheismus" auf die altorientalische Religionsgeschichte anwendbar ist, so unbrauchbar ist auch das Konzept „Polytheismus" zum Verstehen sumerischer Religiosität.

[40] Vgl. Landsberger 1926 und Sallaberger 2007. Die o. Anm. 13 erwähnten Untersuchungen zu astronomischen, mathematischen, medizinischen, botanischen u.a. Texten verraten eine erstaunlich „fortschrittliche" Geisteshaltung, die sich zwar nicht unserer heutigen Systematik bedient, aber konsequent nach eigenen Kategorien verfährt und systemimmanent gute Erfolge verbuchen kann. Vgl. z.B: Edzard 1999; Vanstiphout 2009; Barbara N. Porter, Feeding Dinner to a Bed. Reflections on the Nature of Gods in Ancient Mesopotamia, State Archives of Assyria Bulletin 15, 2006, 307–331; Selz 1997, 167–213; Pongratz-Leisten 2008; Rochberg 2009, 41–91; Benjamin R. Foster, Wisdom and the Gods, Orientalia N.S. 43, 1974, 344–354; Wilfred G. Lambert, A List of God's Names found at Mari,

lich auch eine sumerische „Religionswissenschaft“ oder „(Reichs- bzw. Kultur-) Theologie“ ins Blickfeld. Ältestes Zeugnis dafür sind umfangreiche Listen von Gottheiten mit hunderten von Eintragungen, die „systematisierende“ Rangordnungen und Funktionszuschreibungen, somit eine beträchtliche theologisch-wissenschaftliche Arbeit erkennen lassen.[41] Ähnliche, allein staatlich-politisch oder geistlich-hierarchisch relevante Zusammenballungen von religiösen Aussagen finden sich z.B. in den „Tempelhymnen“.[42] Wir haben diese Aufstellungen in der Regel als das zu nehmen, was sie sind: Produkte gelehrter Sammlertätigkeit im Dienst einer weitblickenden und das ganze Land umgreifenden, eventuell global denkenden, politischen oder „kirchlichen“ Machtpolitik. Weitere Indizien für einen geographisch umfassenden theologischen Horizont können in Königs- und Weiheinschriften, Rechtstexten sowie Epen und Mythen vorhanden sein.[43] Westliche Interpreten der sumerischen Religiosität akzeptieren – wegen ihres Einheitsglaubens– gerne die universalen Spekulationen.

Es stellt sich aber schnell heraus: Bei solchen Globalvisionen mit einer religionsgeschichtlichen Untersuchung einzusetzen, würde das Bild verfälschen, denn zu keinem Zeitpunkt hat es irgendeinen Ort in Mesopotamien gegeben, an dem alle derartig aufgelisteten Gottheiten gleichzeitig verehrt worden wären. Die universale Schau ist virtuell, ihr fehlt der Bezug zum realen Leben, d.h. kultische und gesellschaftliche Konkretion. Vermutlich führen kulturelle, ethnische, politische oder auch religiöse Einheitsbestrebungen für das „Land Sumer“[44] in solchen Dokumenten den Griffel, wie sie in bestimmten „Großreichsphasen“ und evtl. im „akademischen Bereich“ (Schreiberschulen?) geschichtlich in Erscheinung treten. Diese Perioden mit ihren Staatsideologien sind sicher der Untersuchung wert, sie spielen auch in der hymnischen Überlieferung eine Rolle, können aber nicht als das vorherrschende, „reale“ Modell sumerischer Spiritualität und Theologie angesehen werden.

Bevor wir uns näher mit der theologischen Fülle sumerischer Textzeugen befassen, ist noch einmal eine kritische Reflexion über unseren eigenen, kulturell vorgegebenen theologischen Blickwinkel

---

in: J.-M. Durand und J.-R. Kupper (Hg.), Miscellanea Babylonica. Paris 1985, 181–190; Aaron Shaffer, A New Look at Some Old Catalogues, in: George 2000, 429–436; Zgoll 2006c.

[41] Vgl. Lambert, Götterlisten, in: RlA 3, 1971, 473–479; Dijk 1976; Krebernik 1986; Litke 1998; Edzard 1999; ders. 2007; Peterson 2009. Die Listen lassen eine gesamtsumerische Hierarchiebildung, aber auch regionale und rein formale Gesichtspunkte erkennen; vgl. besonders die Auswertung des ältesten Textes aus Fāra mit seinen ca. 560 Eintragungen (Krebernik, a.a.O., 163–168). Erhellend ist auch die Darstellung von Sallaberger 2005, 294–380. Er zeigt, dass die verschiedenen Göttergruppierungen z.T. politische Abgrenzungen widerspiegeln (Stadt; Staat; Reich; vgl. a.a.O., 300–303). Daneben hält sich über lange Perioden eine mythologische Pantheonsbildung, die offenbar mehr von einer geistlich-theologischen Dominanz bedeutender Religionszentren ausgeht (a.a.O., 303: ein „konstantes mythologisches ‚mesopotamisches‘ P.“ ist relativ selbstständig, wenn auch von der Politik beeinflusst), aber nicht das umfassende Volumen der Götterlisten erreicht.

[42] ETCSL 4.80.1. Vgl. Sjöberg 1965.

[43] Vgl. Géza Komoróczy, Das Pantheon im Kult, in den Götterlisten und in der Mythologie, in: Dijk 1976, 80–86; Franke 1995; Frayne 1993, Bd. 2, ders. 1997, Bd. 3/2, 1997.

[44] Der Begriff kalam („Sumerisches Territorium“), ist sehr alt und breit in der Literatur gebraucht; er hat im Gegensatz zu anderen Bezeichnungen (ki, kur, mada, mim, muš u.a.) auch die Konnotation „Kulturraum“. Vgl. Katz 2003: Die Autorin stellt kalam als Gegenkonzept von kur (Fremdland) vor.

angebracht. Es ist ein tief eingeschliffenes Vorurteil von Christen und jeder christlich geprägten Gesellschaft, der eigene Glaube sei lupenrein monotheistisch und damit schlechterdings allen anderen Glaubensformen überlegen,[45] trotz aller Dogmen von der Dreifaltigkeit Gottes. Islamische Theologen bestreiten den Anspruch vehement, christliche Apologetik setzt sich meist hochmütig über diese Kritik hinweg. Wie dem auch sei, es sollte klar sein: Das Alte Testament kann allerhöchstens in einigen Spitzenaussagen (Jes 40–55; Deut 4) als Zeugnis für den ausschließlichen Eingottglauben in Anspruch genommen werden. In der Breite und Tiefe der alttestamentlichen Überlieferung finden sich so viele Hinweise auf „Pluralismus und Synkretismus“,[46] dass ein echter, philosophischer „Monotheismus“ mit diesem Kanon nicht begründet werden kann. Im Neuen Testament fehlt ebenso eine durchschlagende und umfassende Bezeugung eines puren Eingottglaubens; der ist eigentlich erst im Zuge hellenistisch-griechischer Theologie (hinter der zarathustrische Anregungen stehen mögen) aufgekommen. Also haben Christen auf Grund ihrer Bibel Alten und Neuen Testaments keinen Anlass, sich als Vorkämpfer für jenen Monotheismus auszugeben, der sich im Zuge iranischer Theologie und griechischer Philosophie in der Alten Kirche und später im Islam etablierte. Entgegen dieser historischen Entwicklung hat das Christentum aber immer das Bekenntnis zum einen wahren und ausschließlichen Gott vor sich her getragen und im selben Zuge die „polytheistischen Heiden“ verfemt und verfolgt. – Ein weiteres starkes Vorurteil christlicher Denker ist der Vorrang personalistischer, im Grunde anthropomorpher Gotteskonzepte gegenüber den neutrischen Visionen, wie sie in Weisheitstraditionen des Alten Orients und manchen fernöstlichen Religionen, aber auch in der Geisttheologie der Ostkirchen sowie in mystischen Bewegungen des späteren Judentums und des westlichen Christentums zum Vorschein kamen. – Schließlich sind besonders im westlichen Christentum die auffallenden Neigungen zur dialektischen und Subjekt-orientierten Welterklärung zu beachten. Zum ersten Punkt gehört die Dominanz binärer Denkmodelle (A ↔ B), zum zweiten die Zentralstellung des Ichs in Philosophie und Heilslehre (*cogito ergo sum*).[47]

Fazit: Westeuropäische Theologen und Theologinnen sind oft von tief wurzelnden Ressentiments gegen den Vielgottglauben und jedes impersonale Verständnis des Göttlichen geprägt, wie auch hinsichtlich „ungeschichtlicher“ Welterfahrungen voreingenommen. Im Blick auf das alte Mesopotamien führt dies zu bewussten oder unbewussten Abwertungen jener ersten literarisch bezeugten Religion, die uns u.a. in den sumerischen Hymnentexten entgegentritt, und von der auch biblische Überlieferungen zehren. Erschwerend kommt bei der Einschätzung der eigenen Vorurteile noch hinzu, dass wegen der großen Menge an relevanten, aber über viele Jahrhunderte gestreuten Texten heutige Forscherinnen und Forscher versucht sind, kompilierende Gottesbilder einer sumerischen Einheitsreligion zu entwerfen, die in dieser Form nie existiert hat. Es gilt darum m.E., sich sowohl vor den eigenen, christlichen Vorverständnissen, wie auch hinsichtlich pauschalierender Darstellungen gebührend in Acht zu nehmen – so weit das überhaupt möglich ist.[48] Es ist unser Ziel, die sume-

---

[45] Das „Einheitsprinzip“ im Gottesglauben ist ein altes theologisches Problem: Mir scheint, diese Denkfigur hat ursprünglich nichts mit dem religiösen Glauben, viel aber mit imperialem, umfassendem und ausschließlichem Machtanspruch zu tun. In der griechischen Geisteswelt sind Einheitsvorstellungen dann eher philosophisch-mathematischer Provenienz.

[46] Vgl. Gerstenberger 2001a.

[47] Kein anderer hat diesen oftmals völlig ignorierten Angelpunkt westlich-christlichen Denkens und Glaubens so intensiv kritisiert wie Emmanuel Levinas, Die Spur des Anderen: Untersuchungen zur Phänomenologie und Sozialphilosophie (1947), übersetzt, herausgegeben und eingeleitet von Wolfgang N. Krewani, Freiburg und München [3]1998.

[48] Vorhandene Darstellungen vorderorientalischer Religionen lassen westliche Denkmuster durchscheinen; die Frage ist nur, wie weit sich Autorinnen und Autoren dieser Tatsache bewusst sind. Ganz gezielt setzt z.B. Stefan M. Maul im Alten Orient ein „theistisches Weltbild“ voraus, „in dem für ‚Zufall‘ kein Platz war“ und in dem „alles Wahrnehmbare letztlich ein Ausdruck des hinter dem Schöpfungswerk stehenden <u>einen</u> göttlichen Willens war“ (Maul 2005, 48). Das scheint eine (christlich gesteuerte) Fehlinterpretation zu sein.

rischen Konzeptionen des Göttlichen in ihrer Vielschichtigkeit zu erkennen, aber so, dass unberechtigte Häufungen von theologischen Aussagen vermieden werden. Ideal wäre es, einzelne Gottesvorstellungen gleichsam „lebensweltlich“ so zu präsentieren, wie sie in einer gegebenen geschichtlichen Situation bei „den“ Sumerern geglaubt und der Praxis zugrundegelegt wurden. Allein, für eine solche zeitgeschichtliche Momentaufnahme fehlen ausreichende Quellen. Da ist es sinnvoller, religiöse Konstellationen aus unterschiedlichen, aber analogen Situationen zu einem Mosaik zusammenzusetzen. Es geht dabei nicht um die Porträtierung einzelner Gottesbilder und der zugehörigen Kultverrichtungen, sondern vor allem um die Wahrnehmung von und Einstellung auf das Bündel von Gotteserscheinungen durch die Sumerer in bestimmten, länger andauernden gesellschaftlich-religiösen Konfigurationen. Die Stärken und Schwächen des sumerischen Glaubens sollten dann ohne monotheistische Vorurteile dargelegt und mit der westeuropäischen Art, Theologie zu treiben, verglichen werden.

Die sozio-politischen Konfigurationen der Gesellschaft im frühen Zweistromland (3. Jt.) müssen weiter bedacht werden, weil der soziale Haftpunkt der Hymnen in die Untersuchung einbezogen werden soll. Siedlungsstruktur und Klassenschichtung fallen als Grunddeterminanten ins Auge. Der fundamentale Sozialorganismus war die befestigte Stadt,[49] deren noch sichtbare Tells dem Schwemmland von Euphrat und Tigris ihren Stempel aufdrücken. Alle erkennbaren Institutionen, von Familien, Sippen, Schreiberschulen, Tempelpriesterschaften, Verwaltungs- und Rechtsinstanzen, usw. funktionierten im Rahmen städtischer Gesellschaften. Natürlich haben die Städte je ihren eigenen Charakter gehabt, sie standen auch politisch und religiös in gewissen Rangordnungen. Dennoch kann man ein organisatorisches Grundmodell voraussetzen, eine arbeitsteilige Gesellschaft, lokale Verwaltung, ländlichen Einzugsbereich (Marktzentrum), religiöse Einrichtungen (Tempelkult), Rechts- und Kulturinstitutionen usw.[50] Aus dem städtischen Milieu stammen ganz überwiegend die schriftlichen Quellen, welche für die Rekonstruktion der Sozialstruktur notwendig sind; ländliche Gebiete und nomadische Gruppen sind kaum quellenmäßig erfassbar. Die im Zweistromland ausgebildeten Gesellschaftsklassen[51] sind stadtsässige Gruppierungen. So wird das erkennbare Bild städtischen Lebens den Hintergrund für theologische und hymnologische Konzeptionen abgeben. Diese sozialgeschichtliche Annäherung ist der religiösen Perzeption komplexer Lebensdynamiken angemessen.

Für eine theologische Interpretation der Hymnen kommt als sozialer Hintergrund vor allem das System von regionalen Stadtherrschaften verschiedensten Umfangs in Frage.[52] Auf seiner Basis entstanden Reichskulte, besonders in der Ur III-Zeit, die nur

---

[49] Vgl. Wilhelm 1997. Zur Entwicklung urbaner Zentren in Kleinasien, vgl. Bleda S. Düring, The Prehistory of Asia Minor. From Complex Hunter-Gatherers to Early Urban Societies, Cambridge 2010. Die Stadtentwicklung in Mesopotamien setzte wohl im 5. Jt. v.u.Z. ein. Den Stadtfürsten nannte man ensi, die Bezeichnung konkurriert mit dem Königstitel (lugal). Seine Stellung als politisches und/oder religiöses Haupt des Gemeinwesens ist umstritten.

[50] Vgl. Eugen Wirth, Zur Prägung von städtischem Leben und städtischen Institutionen durch jahrtausendealte kulturraumspezifische Handlungsgrammatiken, in: Wilhelm 1997, 1–44.

[51] Vgl. Edzard 1972.

[52] Vgl. Westenholz 2002. Johannes Renger zeichnet die sozialgeschichtliche Entwicklung des 3. Jts. v.u.Z.: „Die Dorfgemeinschaften ... verloren ihre Eigenständigkeit in dem Maße, wie übergeordnete Gewalten – konzentriert in den Städten – die Anlage der Bewässerungssysteme organisierten ... . Fortan, bis ins 1. Jt. v.u.Z., waren die Städte Kristallisationspunkt wirtschaftlicher und gesellschaftlicher Macht. Allerdings hat in Babylonien die Stadt kaum je ... eine institutionell selbständige Positi-

partiell Sonderformen von Staatstheologie hervorgebracht haben. Traditionell verehrte man in den Städten eine Mehrzahl von Göttinnen und Göttern, die genealogisch oder hierarchisch zueinander in Beziehung stehen konnten.[53] Es gilt darum zu unterscheiden, welchen sozialen oder funktionalen Hintergrund eine gegebene religiöse Praxis hatte. Viele Hymnen setzen König, Hofgesellschaft, Hauptstadttempel, Staatsräson voraus. Andere Lieder gehen auch auf die Bedürfnisse von Bürgern ein. Wieder andere Preis-Texte sind nicht an gottesdienstliches Geschehen gebunden, sondern eher akademisch verankert. Es ist darum sinnvoll, zwischen Staats- und Privatgottesdienst zu unterscheiden und, im Blick speziell auf die hymnischen Texte, eine dritte Kategorie des Lobliedes offen zu halten.

Versuchen wir, typische religiöse Vorstellungs- und Handlungsmuster im alten Sumer auf der Ebene eines Stadtstaates zu klären, und zwar im Blick auf die damals geglaubten Erscheinungen von übermenschlicher Macht. (Ein Kontrastmodell dazu wäre der Einzelbeter und seine kleine Lebensgemeinschaft, welche auf eigene Weise mit den göttlichen Mächten und Wesenheiten kommunizierten). Dabei soll die heutige Fixierung auf personhafte Gottesvorstellungen vermieden und ein integrales Bild von der sumerischen Weltdeutung gezeichnet werden. In den relevanten literarischen Texten (Hymnen; Klageliedern; Mythen; Epen) ist, wie oben betont, die höhere Ebene – das Land Sumer als kulturell und politisch ideelle Einheit, – oft in gleicher (Stadtstaaten-)Manier angesprochen, denn die Herrscher (besonders der Ur III-Zeit, aber auch anderer Dynastien) erhoben Ansprüche auf das Gesamtterritorium der „Schwarzköpfigen" und die Fremdländer. Daraus folgte die Verehrung eines Reichspantheons. Für das Reich waren, z.B. unter dem Vorsitz Enlils, bestimmte hohe Götter verantwortlich, die nach Art eines Stadtpantheons den Superstaat regierten.[54] Die Reichsideen der Sumerer stocken das Stadtstaatensystem überregional bis universal auf. Sie verwenden

---

on erlangt. Die babylonische Stadt war immer Objekt königlicher Machtausübung" (ders. in: Hrouda 2003, 189–190). Der letzte Satz dürfte nicht allgemein gelten; der l u g a l herrschte auch immer in seiner Hauptstadt. Und die funktionierte vermutlich nach dem alten Stadt-Staaten-Modell.

[53] Einzelstudien zu den Tempelwirtschaften und Panthea einzelner Städte sichten systematisch die vorhandenen Quellen, vgl. z.B. Falkenstein 1966; Selz 1995; Richter 1999 (der Autor trägt alles Material über die Kulte von Nippur, Isin, Uruk, Larsa und Ur zusammen); Menzel 1976; Such-Gutierrez 2003; ders. 2005. Vgl. auch: Mogens Herman Hansen (Hg.), A Comparative Study of Thirty City-State Cultures, Kopenhagen 2000 (darin: Glassner 2000). Zur Hierarchie und Typisierung der Gottheiten vgl. Sallaberger 2005, bes. 299–303. Er unterscheidet Lokal- und Reichspanthea: „Das Reichs-‚P.' speist sich aus den Lokalpanthea der zu diesem Staat gehörigen Städte" (a.a.O., 301f.).

[54] In der Ur III-Zeit lassen sich Reichs- und Stadtstrukturen besonders gut unterscheiden: „Der Kult Enlils gilt dem ganzen Reich soweit die Herrschaft des Königs sich erstreckt, deutlich unterschieden vom Konzept der Stadtgötter mit ihrem lokal beschränkten Wirkungsgebiet. Innerhalb des Reiches lässt sich das Verhältnis König – Staatspantheon auf Reichsebene, Ensi – Lokalpantheon auf Provinzebene gut verfolgen: der König begeht außer in Nippur besonders häufig Feste in der Hauptstadt Ur, Kultort des Mondgottes Nanna. Eines der wichtigsten Feste dieser Stadt ist das Akiti-Fest zur Aussaat im vii. Monat; zum Beginn der Aussaat führt der König den Pflug, zieht symbolisch die erste Furche als Vertreter des Reiches; der vom Gott Nanna gewährte Segen gilt hinwiederum dem ganzen Land. Der Ensi, ‚Stadtfürst' …, ist nur für seine Provinz zuständig, er wendet sich an deren Hauptgötter; zum Fest der Aussaat in Umma werden Riten beim Pflug Šaras, des lokalen Hauptgottes, durchgeführt" (Sallaberger 1999, 181).

die alte Stadtstaatentheologie, erheben das Pantheon zum Reichsverweser und bestimmen seinen Einflussbereich weiträumig als die „vier Weltgegenden“ oder das „Land Sumer“ mit den Fremdländern.[55]

Stadtstaatentheologie und im weiteren Sinne Reichstheologie befasst sich folglich mit den göttlichen Manifestationen, welche die Bevölkerung einer zentral verwalteten Region bzw. des „Reiches“ und, stellvertretend für diese, die herrschende Dynastie betreffen. Alle unsere Dokumente setzen eine lange religiöse Überlieferung voraus, die z.T. auch aus vor-sumerischen Ethnien stammen kann.[56] In dieser Überlieferung sind Personifizierungen[57] und Funktionszuteilungen[58] von und an Gottheiten vorgegeben. Sie werden nicht hinterfragt; die Entstehung (Geburt) eines Gottes oder einer Gottheit ist nach einigen Mythen in der fernen Vorzeit geschehen. Normative, die Grundordnungen betreffende Neuoffenbarungen über Götter und Weltgebäude kommen nicht vor. Was Wert hat und Stabilität verheißt, ist bei den Sumerern in grauer, vormenschlicher Urzeit entstanden. „Enki und die Weltordnung“ (s.o. Kap. 6.3.2.7) zeigt anschaulich, wie die unterschiedlichen Lebensbereiche der Kontrolle bestimmter, anthropomorph gedachter Gottheiten unterstellt werden. Das Organisationsschema der Welt ist menschlichen Erfahrungen und gesellschaftlichen Mustern nachempfunden, wie sollte das auch anders sein? Auch Götter und Göttinnen erscheinen in der Literatur in menschlicher Verfassung, und sie unterhalten ebenso selbstverständlich ein Geflecht von analogen Beziehungen. Sie sind für ihr jeweiliges (Stadt-)Gebiet verantwortlich und eng mit der regierenden Dynastie verbunden. Der Umgang mit den einflussreichen Kräften und Mächten, welche das sumerische Gemeinwesen berühren und durchwalten, muss auf der staatlichen Ebene höchste Priorität haben. Menschen erreichen aber nur die personhaft agierenden Mächte, folglich konzentriert sich der Stadtkult auf die „zuständigen“ hohen Gottheiten, die mit ihrem Anhang im lokalen Haupttempel, evtl. zusätzlich in Nebentempeln, wohnen.[59] Für das Publikum sind sie bis auf Jahresfeste, Prozessionen bzw. Götterreisen[60] wohl in der Regel unsichtbar gewesen. Vom richtigen Verhalten vor allem der legitimen Herrscher und der Priesterschaften hängen weitgehend Wohl und Wehe der gesamten Bevölkerung ab. Die Gottheiten

---

[55] In den Königstitulaturen kommen z.B. die Dimensionen der Herrschaft zum Ausdruck, vgl. Hallo 1957; Wilcke 1974; Franke 1995, 52f., 94–101, 160–164, 199–201.

[56] Gottesbezeichnungen oder -namen scheinen nicht immer aus dem Sumerischen zu kommen, vgl. z.B. dingir („Gott“), Enlil, Igigi. Josef Bauer vermutet Reste von „Substratsprachen“ (ders. 1998, 501). Geschichtsbrüche verursachen Diskontinuitäten, vgl. Martu-Mythen; Fluch über Akkad usw.

[57] Josef Bauer will in ältesten Texten eine unpersönliche und eine personhafte Gottesverehrung dokumentiert finden (ders. 1998, 499f.). Namensnenung und Identifizierung der Gottheit mit einem „Neutrum“ (z.B. „Ninĝirsu, … vom Gebirge geboren“, a.a.O., 499) können diese These nicht stützen. Das Konzept „göttliche Person“ ist religionsgeschichtlich älter als alle Schrifturkunden (vgl. steinzeitliche Figurinen). Die sumerischen Unterscheidungen von belebt/personhaftig – unbelebt/neutrisch halten sich ins zweite und erste Jt. v.u.Z. durch; sie stimmen nicht mit heutigen überein.

[58] Sallaberger weist darauf hin, dass Stadtgottheiten in ihrem Heimatort nicht funktionell eingeschränkt sind und mehr Opfer bekommen als Reichsgottheiten (ders. 2005, 300f.).

[59] Vgl. Arbeiten über Lokalpanthea: Falkenstein 1966; Selz 1995; Richter 1999, s.o. Anm. 53.

[60] Vgl. Åke W. Sjöberg, Götterreisen in: RlA 3, 1971, 80–83; Klaus Wagensonner, „Wenn Götter reisen … .“ Götterreisen, -prozessionen und Besuchsfahrten in den sumerisch-literarischen Texten (MA-Thesis) Universität Wien 2006; Zgoll 2006, 11–80.

überwachen nach Meinung der Alten ihre Anhänger und bestehen auf guter Versorgung und Pflege. Daraus ergibt sich die Verpflichtung, in der Hauptstadt bzw. in einer für den Staatskult speziell designierten „heiligen Stadt" regelmäßig und *ad hoc* Kultveranstaltungen in adäquaten Tempelanlagen mit geschulten und loyalen Priesterschaften zu unterhalten. Nur so kann überhaupt die Existenz des Stadtstaates oder Imperiums gesichert werden. Der einzelne Bürger hatte mit seinen persönlich/familiären Anliegen zu den hohen, die Politik und Wirtschaft des Gemeinwesens bestimmenden Gottheiten, wenn überhaupt, nur beschränkt Zugang.[61]

Natürlich ist in jedem Einzelfall das Bild komplizierter und geschichtsträchtiger, als eine einfache Modellskizze vermitteln kann. Kiš, Uruk, Ur, Girsu, Eridu, Nippur u.a. sind als uralte Kultzentren Mesopotamiens bekannt, die oft nicht selbst Sitze der politischen Macht waren. Sie konnten über Jahrhunderte eigene Traditionen entwickeln.[62] Wesentlich ist: Das Ensemble der offiziellen Heiligtümer bemühte sich, durch vielfältige Kommunikation mit den personifizierten Mächten Ordnung und Gleichgewicht des Lebens im Stadtstaat zu sichern.[63] Sie beziehen immer die nicht personhaften, numinosen Kräfte in ihre Kommunikation ein. So verherrlichen die Hymnen die angeredeten Gottheiten gern als „Besitzer" der me. Oder sie erwähnen ausdrücklich, dass das gesungene Lob die Kräfte des Empfängers oder der Empfängerin stärkt (vgl. u. Kap. 3.3). Ansonsten bezwecken die kultischen Aktivitäten auf der Stadt- und Staatsebene insbesonders die Versorgung der Menschen, das umfassende Wohlergehen von Mensch, Tier, Feld und Gewässern; den Schutz vor feindlichen Übergriffen; die Sicherheit im Inneren. Alles das sind gleich bleibende Anliegen jeder menschlichen Organisation, die sich für ihre *gouvernance* verantwortlich fühlt. Weil im alten Sumer die Regierung von „Gottes Gnaden" wirkte und die wichtige Vermittlungsaufgabe zwischen der „oberen" und „mittleren" Welt hatte, spielten im Kult Glück und Bestand der herrschenden Dynastie bis zum Selbstlob der Autokraten eine zentrale Rolle.[64] Sallaberger fasst die Anliegen des Ur III-Kultes zusammen: Es

---

[61] Vgl. Sallaberger 2005, 305: Er verweist auf die theophoren Namen, die gewisse, modisch wechselnde Bevorzugungen auch großer Götter aufweisen. Rollsiegelbilder zeigen häufig die berühmte „Einführungsszene", in der ein persönlicher Gott den Bittsteller zum höchsten Richter (oft der Sonnengott Utu) bringt. Der Hilferuf von Betern wird, wie die Beschwörungsliteratur zeigt, oft nicht am Haupttempel, sondern am Wohnort des Hilfsbedürftigen abgehalten (vgl. Heeßel 2000; der Verfasser analysiert zwar akkadische Texte aus dem 1. Jt. v.u.Z., doch sind Diagnose- und Beschwörungszeremonien z.T. auch in sumerischer Sprache bekannt, vgl. Cunningham 1997; Schramm 2008). Groneberg 2004 präsentiert ausgewählte Gottheiten und bemüht sich besonders um den persönlichen Glauben: „In die Position eines persönlichen Gottes konnte … jeder der mesopotamischen Götter erhoben werden." (a.a.O., 52). Die Autorin erwähnt speziell die Aufstellung zahlreicher Beterstatuen in den Tempeln des 3. Jts. v.u.Z. (a.a.O., 44). Sie sollten ständig stellvertretend für den Spender/Aufsteller vor der Gottheit eintreten. Vermutlich war die private Frömmigkeit hauptsächlich auf die vielen kleinen Tempel angewiesen, die in jeder sumerischen Stadt vorhanden waren.

[62] Vgl. besonders Selz 1995; Richter 1999; Sallaberger 1993.

[63] Die vielen ausgegrabenen Wirtschaftstexte aus der Ur III-Zeit werfen ein helles Licht auch auf die kultischen Vorgänge an Haupttempeln (Nippur; Umma; Ur). Walther Sallaberger hat sie beispielhaft aufgearbeitet und kommentiert, vgl. ders. 1993; ders. 1999, 119–390.

[64] Der Königskult von Ur III schließt Totenopfer ein, vgl. Sallaberger 1993 Teil 1, 63–65.

> „treten uns in den Urkunden verschiedene Ebenen des Kultes vor Augen: der König wendet sich an die Götter in den kultischen Zentren (Nippur, Ur, Uruk) als Vertreter des gesamten Reiches. Der Segen, den er durch die Riten erwirkt, gilt dem König und mit ihm wieder dem ganzen Staat. Gleichermaßen handelt der Ensi für seine Provinz gegenüber den Hauptgöttern des Lokalpantheons (der Fall Umma).“[65]

Im Namen der Königin wurden gelegentlich Parallelveranstaltungen gehalten:

> „Obwohl die von der Königin verantworteten Riten oft demselben Anlaß wie der königliche Kult gelten, bestehen dennoch bei den genannten Göttern Unterschiede. So nimmt bei Opfern in Nippur bei königlichen Ausgaben Enlil die erste Stelle ein, die Königin nennt dessen Gemahlin Ninlil zuerst. Auch hier bestimmt also die Rolle des Opferherrn die Wahl und die Hierarchie der verehrten Götter. Daneben kennen wir Riten und Feste, die in erster Linie von Frauen, voran der Königin (Staat) und der Gemahlin des Ensi (Provinz) durchgeführt werden.“[66]

Das Volk kam auch auf seine Kosten:

> „Neben den kultischen Feiern bieten die großen Feste den Rahmen für musikalische Darbietungen, Hymnenrezitation, Streitgespräche, Auftritte von Gauklern, Ring- und Faustkämpfern zur Ehre der Götter und zur Unterhaltung der Festgemeinde, die zudem mit Trank und Speise reichlich versorgt wird.“[67]

Wie im Lande Sumer die staatlich relevanten Aufgaben zwischen den Tempeln und Priesterschaften und besonders zwischen Tempel und Palast verteilt waren, ist eine zu diskutierende Frage. Anscheinend lag die Verantwortung für das Wohlergehen (Segen über Land und Herden) mehr bei den Priestern, der Schutz gegen Feinde bei König und Tempeln und die innere Sicherheit überwiegend in der Hand des Königs.[68] Jedenfalls erforderte die Verantwortung für das Wohl der Region einen umfangreichen Apparat zur Beobachtung und Bewertung der Tagesereignisse, weil sich in ihnen ominöse Vorgänge, vor allem Anzeichen zukünftiger Bedrohungen und Katastrophen, zeigen konnten, auf die zu reagieren war. Ferner hatte man die Beziehungen zu den maßgeblichen, dem Stadtstaat verbundenen Gottheiten zu pflegen. Walther Sallaberger hat minutiös herausgearbeitet, wie der kultische Apparat zur Ur III-Zeit auf Reichs- und Provinzebene funktionierte.[69] Detaillierte Vorschriften regelten die kontinuierlichen Opfer und Zeremonien an den verschiedenen Tempeln. Außerdem mussten die Priesterschaften für außerordentliche Anlässe bereit stehen. Plötzlich auftretende Bedrohungen oder auch unkalkulierbare Wohltaten der Gottheiten (Siege; politische Erfolge; gute Ernten) waren gebührend zeremoniell zu gestalten.

Das ganze Überlieferungsmaterial, wenn nötig auch wirtschaftliches, verwaltungstechnisches, juridisches u.a., muss idealerweise auf die Vorstellungsgehalte und Moti-

---

[65] Sallaberger 1993, 311.

[66] Sallaberger 1993, 312.

[67] Sallaberger 1993, 314.

[68] Früher nahm man an, der sumerische König, besonders der Ur III-Zeit, habe Priester- und Regierungsamt in sich vereinigt. Heute erscheinen die Dinge diffiziler, vgl. Schrakamp 2013.

[69] Sallaberger 1993; vgl. ders. 1999, 119–390. „Der König vertritt … sein ganzes Land gegenüber den Göttern, er führt den Staatskult durch, sorgt für Bau und Ausstattung der Heiligtümer. Der dafür dem König von den Göttern gewährte Segen gilt gleichzeitig dem gesamten Land“ (a.a.O., 179).

vationen der damaligen Akteure geprüft werden. Heutige Betrachter bleiben sicher in ihrem eigenen mentalen Horizont befangen und verzeichnen Tatbestände nach ihrer Imagination. Dennoch: Wie nahmen antike Priester, Zeremonienmeister, Verwaltungsbeamte, mitdenkende Bürger das Zusammenspiel der göttlichen Aktanten und Kräfte wahr? Welchen Reim machten sie sich darauf? Es geht nicht nur um die noetisch-voluntaristischen Aspekte anthropomorph handelnder Numina. Theologen und reflektierende Bürger waren klug genug, das Geflecht von Wirkmächten, einschließlich der intellektuellen und willentlichen Anteile der Hauptgötter, zu bedenken, auch wenn manche Machtkomponenten nicht direkt ansprechbar und beeinflussbar waren. Die beteiligten Priester, Sänger, Beamten, Bürger rechneten offenbar mit den kommunikablen persönlichen Erscheinungsformen der übermenschlichen Mächte. Die Gottheiten hatten ja nach ihrem Verständnis ein Eigendasein, das analog zum menschlichen Leben und zu menschlichen Beziehungsgeflechten ablief. Nichts Menschliches war ihnen fremd, weder Liebe noch Hass, weder Geltungsdrang noch Angst. Die Eigeninteressen jeder Gottheit gegenüber ihresgleichen, bis heute Merkmale von Personhaftigkeit, sind demnach höchst wirksame, zu beachtende „Außenfaktoren“.

Sumerisches Verständnis vom Personsein[70] äußert sich oft bildhaft und narrativ, weniger im abstrahierenden und definierenden Diskurs. Oder es drückt sich im Reden und Verhalten literarischer Figuren aus. Typisch sind die „Selbstlob“-Texte, die Gottheiten und Königen in den Mund gelegt werden.[71] Hier redet das zu preisende Subjekt in eigener Sache, wohlgemerkt: in einem staatlich-öffentlichen, nicht familiär-individuellen Raum. Es stellt sein Wissen, Wollen und Wirken in einer für uns penetranten Weise zur Schau. Kraft überlegener Eigenschaften und Machtbefugnisse hat der oder die Sprechende einen Status von höchster Autorität inne und will diese Einflusssphäre füllen und ausdehnen. Die ursprüngliche Begabung mit Macht und der Auftrag, sie gemäß universalen Regeln durchzusetzen, halten sich die Waage. Ob Inana oder eine andere Gottheit, ob ein König wie Šulgi oder Išme-Dagan redet, die Selbstinszenierung ist die gleiche: „Ich, N.N. bin …“ oder „Ja, ich … .“

> 1: lugal-me-en šag$_4$-ta ur-saĝ-me-en 2: ^{d}šul-gi-me-en ba-tu-ud-dè-en-na-ta nitah kalag-ga-me-en 3: piriĝ igi huš ušumgal-e tud-da-me-en 4: lugal an ub-da 4-ba-me-en 5: na-gada sipad saĝ gíg-ga-me-en 6: nir-ĝál diĝir kur-kur-ra-me-en (1: „I, the King, was a hero already in the

[70] Akkadisten und Ägyptologen beklagen, dass noch kaum Fachstudien zum Thema vorliegen, vgl. Michael P. Streck, Person, in: RlA 10, 2005, 429–431 (bes. 430); Jan Assmann, Persönlichkeitsbegriff und -bewusstsein, in: LexÄ IV, 1982, 963–978 (bes. 964); jetzt vgl. Steinert 2012.

[71] Vgl. z.B. Ur-Namma C (ETCSL 2.4.1.3, Z.17–115); Šulgi A (ETCSL 2.4.2.01); Šulgi B (ETCSL 2.4.2.02); Šulgi C (ETCSL 2.4.2.03); Šulgi E (ETCSL 2.4.2.05); Išme-Dagan A+V (ETCSL 2.5.4.01); Lipit-Eštar A (ETCSL 2.5.5.1); Ninisina A (ETCSL 4.22.1. Z.83–135); Nungal A (ETCSL 4.28.1. Z.62–116); Enki und die Weltordnung (ETCSL 1.1.3. Z.61–80); Inana F (ETCSL 4.07.6); Inana J (ETCSL 4.07.9, Segm. A) und die Interpretationen oben Kap. 6.2.2.5 (Šulgi A); 6.3.1.6 (Šulgi E) und 6.3.2.7 (Enki und die Weltordnung). Das Problem der „Vergöttlichung des Königs“ wird aus der „westlich-christlichen“ Perspektive ungebührlich hochgespielt. Für die Sumerer war die Affinität des Königs zum Göttlichen und die Nähe der Gottheiten zum menschlich-irdischen Sein eine systemische Grundvoraussetzung. „The changes wrought by deification of the ruler seem purely ideological, designed to bolster the notion of king as god, but changing the practice of kingship little if at all“ (Jerrold S. Cooper, Divine Kingship in Mesopotamia: A Fleeting Phenomenon, in: Brisch 2008, 263; Cooper fasst damit die im selben Band erschienenen Stellungnahmen von Selz, Michalowski, Winter und Reichel zur „Vergöttlichung“ von Menschen zusammen).

womb; 2: I, Šulgi, was born to be a mighty man. 3: I am a fierce-looking lion, begotten by a dragon. 4: I am the king of the four regions; 5: I am the herdsman and shepherd of the black-headed people. 6: I am a respected one, the god of all the lands", Šulgi A = ETCSL 2.4.2.01. Z.1–6).

Die Ich-Aussage ist mit dem Verb m e, „Sein, Sosein" und Suffix der 1. P. Sing. (-e n), im Emesal entsprechend mit ĝ e₉ (n) - n a konstruiert.[72] Manchmal tritt verstärkend das eigenständige Personalpronomen ĝ á - e (Emesal: m e - e) hinzu.[73] Personhafte Existenz ist – das klingt modern – im Ich-Sagen begründet (Descartes: *cogito, ergo sum*; aber die Differenzen sind unübersehbar, s.u.). Zwar empfängt das sich preisende Selbst alle seine Potenzen und Autoritäten (auch bei den Gottheiten!) von früheren, älteren Machtträgern oder findet sie einfach vor (An!?), es erfährt oft auch eine Berufung und Beauftragung.[74] Doch wirkt die „Person" dann autonom, erwirbt sich Fähigkeiten, wie etwa in Šulgi E,[75] festigt ihre Stellung und setzt Pläne um. Personen erobern ihren Platz im göttlichen oder staatlichen sozialen Netzwerk, so ein Hauptkriterium für das sumerische Verständnis der Ich-Sager.[76] Doch begründet das eigene Ich, trotz aller autoritativen Ansprüche, nicht die Welt. Vor dem Selbst liegt Anderes, agieren Andere. Ein zweites Moment ist die effektive Ausübung der verliehenen und erworbenen Macht. Ur-Namma beschreibt ausführlich sein segensvolles Wirken für Stadt und Staat.[77] Taten und Erfolge zählen bei der Bewertung der Person; sie konstituieren das Ich-Bewusstsein. Am wichtigsten ist der Grad der Individualisierung, der sich in den Selbstlob-Texten ausspricht. Hier führt zwar noch noch kein moderner Subjektivismus mit seiner fast absoluten Glorifizierung des Einzelnen, seines Wertes und seiner Rechte Regie. Aber das eigene Ich wird – wie wahrscheinlich von Beginn der Menschheitsgeschichte an und stammesgeschichtlich wohl noch früher – durch Abgrenzung vom „Anderen" gewonnen. In der Wissenschaftsgeschichte hat man lange von einem langsamen Erwachen des Subjektbewusstseins erst in geschichtlicher Zeit geredet.[78] Die sumerischen Belege reden eine andere Sprache, auch wenn die Ich-Äußerungen in ein different konstruiertes Gemeinbewusstsein eingebettet sind. Die (königlichen!) Selbstlober erfüllen unsere Grundkriterien von Personhaftigkeit. Sie reflektieren ihre eigene Existenz, stellen sich der Umwelt (gesellschaftlich; physisch; mental) gegenüber, arbeiten gemäß ihrer Bestimmung wissentlich und willentlich auf die

[72] Vgl. Thomsen 1984, § 535–538; Jagersma 2012, § 29.1–3 (S. 677–689); „The verb **me** 'be' is only used as an [sic!] copula" (a.a.O., 677) [Hervorhebung im Original].

[73] Vgl. Šulgi C (ETCSL 2.4.2.03 Segm. A, Z.9); Inana F (ETCSL 4.07.6, Z.2,5,14 u.ö.). Dazu Edzard 2003, 55f.; Jagersma 2010, Nr. 8.2 (S. 207–212). Andere Stilfiguren des Selbstlobes ergeben sich aus narrativer Darstellung von Großtaten in normalen Verbalsätzen, vgl. z.B. Šulgi A (ETCSL 2.4.2.01, Z.26–35), wo der König sich der Einrichtung und der Unterhaltung eines effektiven Verkehrssystems rühmt.

[74] Vgl. Enki in ETCSL 1.1.3, Z.61–68: Er ist von An und Enlil her legitimiert, mit Macht und Glanz ausgestattet, und hat die m e von ihnen erhalten. Von vergleichbarer Beauftragung berichtet Inana (ETCSL 4.07.6, Z.1–13).

[75] Vgl. ETCSL 2.4.2.05, Z.14–38: Šulgi rühmt sich besonders seiner wissenschaftlichen, militärischen, liturgischen Errungenschaften.

[76] Das gilt für Menschen und Gottheiten gleichermaßen. Zwar will sich jeder Selbst-Lober gelegentlich als allen Anderen überlegen darstellen, doch tritt er auch mit solchen Top-Äußerungen nicht aus dem Verband der Weltgestalter heraus.

[77] Vgl. ETCSL 2.4.1.3: Fruchtbarkeit herrscht, Gerechtigkeit blüht (Z.17–42). „In mir, Ur-Namma, hat das Land Sumer und Akkad seinen Schutzgott (^{d}l a m m a). Ja, Grund für das Glück des Landes bin ich, mein Leben ist produktiv (z i - ĝ u₁₀ ḫ é - ù - t u d)" (Z.50–51).

[78] Vgl. Johannes Pedersen, Israel, Its Life and Culture 2 Bde., London 1926/1946 (für ihn ist die gemeinsame „Volksseele" der Schlüsselbegriff zur Erklärung „primitiver" Kulturen); Johannes Hempel, Das Ethos des Alten Testaments, BZAW 67, Berlin 1938, bes. 32–93 (^{2}1964).

Durchsetzung von guten und richtigen Normen hin. Sie fürchten sich vor dem Tod und hoffen auf nachhaltige Wirkung des geschichtlich gegebenen Daseins.[79]

Indessen bleiben sumerische Theologen nicht bei der personhaften Vorstellung von Gottheiten stehen. Die anonymen Kräfte der Weltgestaltung, die entweder den Dingen an sich anhaften (m e), aus dem göttlichen Sein hervorstrahlen (m e - l e m $_4$) oder durch gezielte verbale Erklärung geboren werden (n a m - t a r) erhalten eine erhebliche Eigendynamik, die theologisch in Rechnung gestellt werden muss. Schließlich ist auch der jeweilige Kult mit seinen Zeremonien (ĝ a r z a) ein nicht zu unterschätzender Machtfaktor im Prozess der Weltgestaltung. Keins dieser Kraftzentren ist, wie das Leben es so will, für die Verantwortlichen mit völliger Sicherheit im Voraus berechenbar.[80] Zwar gibt es genügend Aussagen über die Zuverlässigkeit von Ordnungen, Satzungen, Schicksalsentscheiden, aber die religiöse Erfahrung oder die praktische Vernunft zeigen den Gewährsleuten, dass sie zu relativieren sind.[81] Die Hüter der Ordnung müssen in jeder Hinsicht wachsam sein, wollen sie das Wohlergehen der Stadt sichern und bewahren. So befinden sie sich mitten in einem Knäuel von Entwicklungen, die sie nach Maßgabe ihrer Erkenntnis der göttlichen Welt mit zu steuern haben. Der ununterbrochene und korrekte Tempeldienst ist ein wichtiges Rädchen in dem Getriebe. Er basiert auf der Grundannahme, dass das lokale Götterpantheon der Stadt und ihrer Regierung gewogen ist.

Die Lebenswelt der sumerischen Stadt war mit religiösen Vorstellungen und Praktiken saturiert, beide Bereiche waren offenbar aufeinander bezogen und ineinander verschränkt. Im sumerischen Denken war das Lebensgefüge eine komplexe Einheit. Das bedeutet nicht, dass auf Schritt und Tritt religiöse Diskurse stattfanden, die „nicht“-religiösen Gattungen sumerischer Überlieferung zeigen das deutlich genug. Aber es herrschte eine ständig bewusste Korrespondenz zwischen der städtischen Sozietät und den verantwortlichen Gottheiten mit ihren göttlichen Kräften. Das Leben war explizit oder implizit umfassend auf die über- oder außermenschlichen Kräfte abzustimmen. Eine Unterscheidung von „profan“ und „heilig“ wird geachtet und in allen religiösen

---

[79] Vgl. Assmann 1982 (s.o. Anm. 73–75); Kammenhuber 1964.

[80] Die später (1. Jt. v.u.Z.) kräftig blühende Omenwissenschaft mit allen ihren empirischen Beobachtungen, wissenschaftlichen Systematisierungen und ihrer umfangreichen Literatur ist ein Zeichen für den großen Einsatz von Wissen und Energie, den man besonders im babylonischen Kulturraum aufwandte, um sich der Zukunft zu vergewissern, vgl. Maul 2005, 45–85; ders. 2015; Heeßel 2000; Maul 1994.

[81] Als Beispiel kann man die Feststellungen über die Unverbrüchlichkeit göttlicher Ansagen und Zusagen anführen: Das Wort Enlils, Enkis, Nannas oder Utus u.a. hoher Gottheiten gilt eigentlich als unumstößlich. Adjektivische Näherbestimmungen zum Begriff i n i m („Wort“, „Spruch“, „Befehl“; Emesal: e - n e - è ĝ) können den Tatbestand veranschaulichen: g e n $_6$ („fest“); z i d („recht“, „richtig“), m a ḫ („majestätisch“), k u g („heilig“), g a l - g a l („sehr groß“, „autoritativ“), m a ḫ („gewaltig“) u.a. Ausdrücke betonen die Autorität, Unabdingbarkeit und Kraft göttlicher Verlautbarungen. Aber diese Qualitätsmerkmale sind nicht absolut sicher, wie die Auseinandersetzung Inanas mit Enki in ETCSL 1.3.1 („Inana and Enki“) z.B. in Segm. H, Z.76–101 paradigmatisch zeigt. Enkis Versprechen unterliegen von Inanas Seite her schwerstem Verdacht von „Verfälschung“, „Lüge“, „Untreue“ (sumerisch: l u l = 124 Vorkommen im ETCSL, jedoch keine Kombination mit i n i m). Näheres zum Thema „göttliches Wort“ vgl. unten zu „Wort“ (i n i m), vgl. Lämmerhirt 2010.

Riten zelebriert. Aber diese Unterscheidung war keine sich ausschließende, vielmehr sind die Bereiche aufeinander bezogen und nur graduell voneinander abgehoben. Interaktionen von menschlicher und göttlicher Lebenswelt waren mehrdimensional und in unterschiedlicher Intensität ständig im Gange. Leben hieß, sich mit den relevanten Gottheiten und den numinosen Kräften ins Benehmen zu setzen. Das führt zu einem komplexen Geflecht von Gottesbeziehungen und Verhaltensweisen, deren ungewohnte unpersönliche Seite speziell untersucht werden muss.

Sumerische Theologie darf, wie gesagt, nicht (nach dem Diktat westeuropäischer Vorstellungen) auf die personhaften und namentlich genannten Gottheiten eingeengt werden. Antike mesopotamische Gotteserfahrung vereinigte in einer schwer vorstellbaren Weise eine integrale Fülle übermenschlicher Manifestationen. Aus der höheren Zahl von unpersönlichen Gestaltungskräften seien einige Wirkgrößen genannt, einmal das „Schicksal" (nam-tar), das zwar „aus dem Mund der Götter geht", von ihnen formuliert und in Kraft gesetzt wird, aber dann – wie oft auch das „WORT", der göttliche Ausspruch (inim, ka-aš, dug$_4$) – selbstständig waltet. Es geht weiter vor allem um die noch nachhaltigeren, anscheinend von den Personengottheiten ganz unabhängigen me, d.h. die Natur-, Kultur- und Geschichtsmächte, welche überall vorhanden und von dauernder oder gar „ewiger" Wirkung waren. Andere Kräfte wie me-lem$_4$, ĝarza, ní, si, sá, ĝiš-hur[82] usw. sollen aus Raumgründen mehr im Hintergrund bleiben. Alle göttlichen Manifestationen und Wirkweisen bilden in der sumerischen Theologie jene gegliederte und nicht widerspruchsfreie Wirkeinheit, wobei natürlich nicht sämtliche bekannten Phänomene in jedem theologischen Gedankengang präsent sein müssten. Doch gilt das prinzipielle Zusammenwirken personhafter und unpersönlicher Potenzen. Das, was man unter Ausschluss aller anderen Vorstellungen den einzigen, persönlichen Gott nennt, hat in der antiken Weltinterpretation eine umfassende, gegliederte und durchaus offen bleibende Gestalt. Es ist ein Bündel kosmischer und irdischer Mächte, das vom Menschen nur in seinen personhaften Repräsentanten und eventuell über diese angesprochen und beeinflusst werden kann.[83] Die hymnische Literatur versucht jedenfalls keine direkte Einflussnahme auf anonyme Potenzen. Nicht-personhafte Erscheinungen göttlicher Macht spielen aber in der sumerischen Theologie eine ebenso große Rolle wie die anthropomorph-persönlichen. Das

[82] Die Aufstellung und Erklärung aller sumerischen Ausdrücke für „unpersönliche Weltkräfte" müsste Gegenstand einer eigenen Arbeit sein.

[83] Mir scheint diese Integrität des sumerischen „Gottes"begriffs in neuzeitlichen Darstellungen oft übersehen zu werden. Vgl. Jastrow 1905 und 1912: Der Altmeister der mesopotamischen Religionsgeschichte konzentriert sich wie selbstverständlich auf das babylonische und assyrische Pantheon, erwähnt nebenher „Überreste von Animismus in der babylonischen Religion" (Bd. 1, 193–200) und „Zaubertexte" (Bd. 1, 273–393), misst aber den unpersönlichen Erscheinungsformen des Göttlichen keine Bedeutung zu. Vielmehr pflegt er das zu seiner Zeit beliebte Entwicklungs- und Fortschrittsdenken: „Ein Gott ist weiter nichts als ein gross geschriebener Geist" (a.a.O., 194). Die damals bekannten Nachrichten über die Zeit vor Hammurapi finden sich in Kap. IV und VI des Werkes (a.a.O., 51–98, 101–106). – Vgl. weiter Bottéro 1998; Groneberg 2004; Mander 1995, 4–123; ders. 2005.

geht zweifelsfrei aus sogenannten „magischen“ Texten und Riten hervor,[84] die zu Unrecht aus der Diskussion um Religion und Glauben ausgeklammert werden.

Exkurs: Schicksalsbestimmung und Neujahrsfest

Die Ausdrücke nam und nam-tar umfassen im Feld „festgelegte Ordnung“, „Plan“, „Wille“ auch die Bedeutungen „Schicksal“, „Schicksalsbestimmung“, „Charakter“, „Zweck/Funktion“.[85] Gemeint ist eine lebenslang oder befristet geltende Fixierung des persönlichen oder kollektiven Ergehens und Handelns durch die Gottheiten. So wird einzelnen Herrschern bei Geburt, Amtsantritt oder sonstigen (kultischen) Höhepunkten Erfolg (bzw. Scheitern)[86] zugesprochen. Ein Spruch Enlils für Išme-Dagan in der Hymne Išme-Dagan B[87] ist z.B. episch breit. Obwohl ein relativ später Text (19. Jh. v.u.Z.), vermittelt er den rituellen Rahmen und den Vorstellungshorizont der göttlichen Entscheidung. Oder: Die Göttin Bau/Baba führt den König Išme-Dagan als Opferherrn (mit Opfertieren und Opferstätte) und Bittsteller im Tempel Enamtila (= Ekur) dem großen Gott Enlil vor (ETCSL 2.5.4.02, Z.34–38 = Einführungsszene). Sie bittet um einen Schicksalsspruch, einen „guten Namen“ (bei der Investitur! Z.39–40) für ihren Schützling. Enlil entspricht ihrem Wunsch und gibt dem Thronkandidaten (Z.40–42) ein in direkter Anrede formuliertes, verheißungsvolles Wort zum Amtsantritt:

> 43: ^{ĝiš}gu-za me ur$_4$-ur$_4$ aga zid ud sù-rá-a ĝidru ùĝ gen$_6$-né ús 1(AŠ)-a lah$_4$$^!$-lah$_4$$^!$-e 44: nun ^{d}iš-me-^{d}da-gan nam-e-eš hé-tar
> 43: „A throne which concentrates all divine powers, an enduring legitimate crown and a sceptre which maintains the people and keeps them united, 44: Prince Išme-Dagan, as your fate, you shall be given“ (ETCSL 2.5.4.02, Z.43–44; Wortfolge der Übersetzung dem Sumerischen angepasst. Am Schluss besser „… soll als Schicksal bestimmt sein“).

In der Folge wird das Heil, dessen Realsymbolik in Thron, Krone, Zepter und im königlichen Träger dieser göttlichen Zeichen sichtbar ist, ausführlich benannt. Tigris und Euphrat bringen Fischreichtum und Fruchtbarkeit der Felder; die Gärten produzieren Sirup und Wein; Rinder und Schafe gedeihen üppig. Der König gewinnt Ansehen und Autorität, auch in Fremdländern; sie bringen Tribute (Z.45–

---

[84] Vgl. Jean Bottéro, Magie. A. In Mesopotamien, in: RlA 7, 1990, 200–234; Carl Heinz Ratschow, Rainer Albertz, Dieter Harmening, Magie, in. TRE 21, 1991, 686–701; Cunningham 1999; John Middleton, Theories of Magic, in: Eliade, EncRel 9, ^{2}2004; Abusch 2002.

[85] Im ETCSL kommt nam („Abstraktionsmorphem“, „Schicksal“, „Ordnung“, „Vorherbestimmung“, „Plan“ usw.) selbstständig 670 Mal vor, in der Verbindung nam-tar („Schicksal“ + „abschneiden“, „bestimmen“) 58 Mal. Das RlA bringt unter namtar nur einen Kurzbeitrag über die Stellen, an denen der personifizierte Begriff eine untergeordnete chthonische oder Unterweltsgottheit meint (Jacob Klein, Namtar, RlA 9, 2001, 142–145; vgl. Zgoll 2009). Eine monographische Aufarbeitung des altmesopotamischen Schicksalsbegriffes, die für den Vergleich mit griechischen und christlichen Konzeptionen wichtig wäre, fehlt leider noch, vgl. Krebernik 2002b, bes. 35–40; Lawson 1994. Die „moderne“ Bedeutung „mein persönlicher Schicksalsschlag“ (nam-ĝu$_{10}$) kommt relativ selten vor, vgl. Inana B, ETCSL 4.07.2, Z.74,103; Utuḫeĝal, ETCSL 2.1.6, Z.30; Ur-Namma D, ETCSL 2.4.1.4, Z.11; andere Personalsuffixe (2. und 3. P. Sing.) am Nomen nam sind ebenfalls rar.

[86] Häufig ist die Klage um das „bittere“ Geschick einer Stadt oder Region (vgl. Lament for Urim, ETCSL 2.2.2, Z.315f.), der Spruch einer Gottheit wirkt wie ein Fluch (vgl. Lament over Sumer and Ur, ETCSL 2.2.3, Z.26f.; Martu A, ETCSL 4.12.1, Z.20; Ninisina A, ETCSL 4.22.1, Z.107). ETCSL hebt die Bedeutung „Fluch“ für das Nomen nam auch dadurch hervor, dass sie dem zugehörigen Verb „schneiden“ den Lautwert kud (ku$_5$) statt tar geben, vgl. Borger 2004, 248. Eigenartig ist die Parallelisierung von Schicksalsbestimmung und „Nabelschnurabtrennung“ in ETCSL 4.22.1, Z.75 und 4.28.1, Z.72. – Ein „gutes Geschick“ kann dann als „Segen“ verstanden werden (vgl. Dumuzid-Inana O, ETCSL 4.08.15, Z.14).

[87] ETCSL 2.5.4.02; vgl. Falkenstein 1953, 99–102; Römer 1965, 236–265; ders. 1969, 130–147.

52). Die direkte Ansprache Enlils endet mit: „You shall shine radiantly in the grand main courtyard like sunlight. Your food offerings shall never cease in the shining E-kur" (Z.53–54). Der narrative Satz „So hat Enlil sein Schicksal bestimmt" (Z.55) wirkt wie eine Nachschrift; fünf weitere Zeilen bestätigen den Erfolg von Enlils feierlichen Zusagen (Z.56–60), und eine kurze dritte liturgische Strophe preist die Göttin Bau/Baba für ihr fürsorgliches Eintreten zugunsten des Monarchen (Z.62–64) und bittet um weitere Gnadenerweise für ihn.

Der hier herausgehobene Hymnenabschnitt schildert Form und Inhalt der Schicksalsbestimmung bemerkenswert detailliert und als direkte Begegnung der Gottheit mit dem Segensempfänger. In der Regel enthalten die relevanten Texte lediglich Hinweise auf das Faktum eines göttlichen Zuspruchs (1), oder sie geben in indirekter Rede mehr oder weniger ausführlich den Inhalt der Zukunftsweisung an (2).[88] Das Beispiel oben ist eine komplette rituelle Szene mit entfalteter Zeremonie aus der Perspektive eines Berichterstatters. Die ikonographisch besonders von Siegelbildern her bekannte Einführung hebt die Akteure Bau/Baba – Enlil – Išme-Dagan hervor. Zur zentralen Figur wird zunächst Enlil. Er gewährt Baus/Babas Bitte ohne Rückfrage oder Einwände – wohl ein Zeichen des liturgischen Ablaufes. Seine Anrede an den König zeigt schlagartig, dass n a m - t a r, rituell vollzogen, eine orakelartige, persönlich ausgerichtete göttliche Mitteilung war. Es gibt auch die Vorstellung von schriftlich fixierten „Schicksalstafeln",[89] sie ist jedoch im 3. Jt. v.u.Z. noch nicht stark vertreten und bleibt vorläufig außer Acht. Die wörtliche und zielgerichtete Rede spiegelt wohl den liturgischen Sitz des Zuspruches. Daran ändert auch der episch-narrative Rahmen nichts, denn die Szene ist als Ganze in den Hymnus eingebettet, ein nicht ungewöhnliches Phänomen. – Sofort taucht die Frage nach der praktischen Durchführung der Schicksalsbestimmung auf: Wie wurde Gottesrede aufgeführt? Ein liturgischer Sprecher ist am Werk, wie in den meisten Preisliedern. Er berichtet in dritter Person über drei Akteure: Göttin, Gott und König. Er lässt sie agieren und sprechen. In der liturgischen Wirklichkeit muss ein Rezitator diesen Part übernehmen. Spricht er auch die Worte der jeweils Handelnden, wie hier Baus/Babas und Enlils? (Išme-Dagan kommt nicht zu Wort). Oder übernehmen andere Sprecher die wörtlichen Reden? Beides ist denkbar. – Selten werden Begleitumstände des Sprechaktes erwähnt, wie z.B. die Siegerpose – der ausgestreckte Arm – des verkündenden Gottes (Nanna E, ETCSL 4.13.05, Z.6).

Die Enlil-Rede sagt inhaltlich viel über n a m - t a r aus. Das (Regierungs-)Geschick des Königs bekommt durch Verleihung der Insignien Thron, Krone und Szepter, die machtgeladenen Symbole gottgewollter und von Gott verliehener Ordnungskraft, eine konkrete Basis. Die Statuszeichen sind geradezu Verdichtungen, Verkörperungen von Macht. Und Machterhalt hängt vom Besitz der Symbo-

[88] Eine Durchmusterung von n a m - t a r -Stellen zunächst nur in der zweiten Hauptgruppe des ETCSL („royal praise poetry and compositions with a historical background") ergibt: Einfache Verweise (1) auf ein zukunftsweisendes, schicksalmächtiges Gotteswort finden sich etwa 200 Mal in der Masse von ca. 286 Referenzen. Die neutrale Benennung des Inhaltes von Schicksalssprüchen mit adjektivischen Attributen wie „n a m d ù g", „gutes Schicksal" etc. oder Satzaussagen (2) ist etwa 50 Mal anzutreffen. Schicksalssprüche in liturgischer Form (= rituelle Ansprache an den Begünstigten, Orakel [3]) sind gering an Zahl. Außer in der oben besprochenen Hymne Išme-Dagan A+V kommt diese Form der Schicksalsbestimmung vor in ETCSL 2.1.7 (Gudea Zylinder A+B), Z.1279–1320; ETCSL 2.4.2.04 (Šulgi D), Z.383–396; ETCSL 2.4.2.24 (Šulgi X), Z.49–72; ETCSL 2.5.5.4 (Lipit-Eštar D), Z.17–22; ETCSL 2.5.5.5 (Lipit-Eštar E), Z.20–24; ETCSL 2.5.6.1 (Ur-Ninurta A), Z.32–39,44–53; ETCSL 2.6.6.1 (Sîn-iddinam A), Z.19–25; ETCSL 2.8.2.4 (Hammurabi D), Z.14–25. Die Anzahl dieser „rituellen" Schicksalssprüche ist trotz allem signifikant.

[89] „Ninurta und die Schildkröte" (vgl. ETCSL 1.6.3) scheint einer der wenigen sumerischen Text zu sein, welche „die Schicksalstafel" (d u b n a m - t a r - r a) thematisiert und sie sogleich mit den m e und dem ĝ i š - h u r („göttlicher Plan"; Z.2–4) in Beziehung bringt: n a m - t a r ist offensichtlich die Zusammenfassung von m e und ĝ i š - h u r. Das „Schicksal" wird an dieser Stelle als „göttliche Kraft" und „göttliche Planung" qualifiziert, während vom n a m - t a r nur die Schriftlichkeit ausgesagt wird. Vgl. daneben „An wrote a tablet and decreed a fate for you" (Šulgi D, ETCSL 2.4.2.04, Z.57).

le ab. Danach geht die Ansage des guten Schicksals auf das Wohlergehen des Staatsvolkes und den Schutz vor seinen Feinden ein. Weil sich in der Person des Monarchen und in seinen Amtsattributen die göttlichen Gaben und Kräfte sammeln, müssen selbst Natur und Feinde das Wohl der Staatsbürger mehren. Die tageshelle Aura (u d d a l l a), die der König im (dunklen) Tempel verbreitet, kann nur ein Abglanz der Götterglorie sein. Der unaufhörliche Opferdienst für Enlil und andere Staatsgottheiten ist gleichzeitig ein schirmendes Versprechen und eine implizite Verpflichtung. – n a m - t a r ist ein dynastisch-staatliches Segenspaket, vom Hauptgott Enlil geschnürt und Išme-Dagan bei der Thronbesteigung übergeben. Die göttliche, ermächtigende Zusage wirkt nach Wesen und Zielsetzung vieldimensional und bezieht sich auf das staatliche Handeln des Monarchen. Sie durchdringt und trägt alle royalen Handlungsfelder und Lebensbereiche, auch wenn sie nichts systematisch auflistet (es fehlt z.B. die königliche Rechtsprechung, vgl. die Nungal-Hymne, ETCSL 4.28.1, o. Kap. 6.2.2.4).Wie weit hatte n a m - t a r ein Eigenleben? Oder blieb es an die Willensentscheidung der personhaften Gottheit gebunden?

Städten, Regionen, Völkern wie auch allen anderen Wesenheiten[90] kann ein (gutes oder schlechtes) Geschick bestimmt werden, wie z.B. in „Enki und die Weltordnung“ (ETCSL 1.1.3, s.o. Kap. 6.2.3.7). Enki redet zuerst das Land Sumer an (Z.192–209), dann die Stadt Ur (Z.212–218) und das sagenumwobene Meluḫa, ein „Fremdland“ (Z.221–237). Ob auch Dilmun (Z.238) noch zu diesem Zyklus gehört, ist fraglich. Jedenfalls empfangen die drei zuerst genannten je einen besonderen Segensspruch in Wunschform (direkte Anrede), eingeleitet durch die Zitationsformel „Enki bestimmte das Schicksal von …“ (Z.191,211,220). Bei der Verteilung der göttlichen Aufgabengebiete in Z.267–386 ist hingegen keine Schicksalsbestimmung im Spiel, Beweis genug, dass es bei n a m - t a r um eine eigenständige Zeremonie geht, die wohl meistens eine Zusage von Wohlergehen und Erfolg einschloss. – Eine der seltenen negativen Ansagen finden wir in Inana und Bilulu (ETCSL 1.4.4. Z.100–110, eingeleitet mit Zitierformel: Z.99). Inana verflucht die für Dumuzis Tod verantwortliche „alte Frau“, und dieser Akt wird als n a m - t a r deklariert. – Ninurta wendet sich nach dem Kampf gegen den Dämonen Asag an die „Steine“, die für oder gegen ihn Partei ergriffen haben. Sie stehen für Gebirgs-Mineralien und spirituelle oder reale Truppen. Er verflucht die Gegner und belobigt die Verbündeten, beide Akte sind „Schicksalsbestimmungen“ („Ninurta’s exploits“: ETCSL 1.6.2, Z.414–644, vgl. bes. Z.437,450,465,488,499,513,533,556,580,593,602,610,623,637). Gelegentlich findet sich nach den in Wunschform gehaltenen Ansagen eine Bekräftigung „So be it!“ (u r$_5$ ḫ é - e n - n a - a m, ebda Z.434,462,511). Auch diese Festlegung ist als unveränderliche Prägung und Zweckbestimmung gedacht; sie geschieht in persönlicher Anrede an die Betroffenen

Die Gottheiten sind die Geber der Verheißungsgüter. Aber entscheidend ist, dass jedes ausgesprochene Geschick (auch jeder Fluch) eine Eigendynamik entfaltet, die nicht mehr ohne weiteres mit der Willensentscheidung des Urhebers oder der Urheberin gesteuert werden kann oder soll. Zwar thematisieren viele Texte aus unterschiedlichen Perspektiven die Beständigkeit oder Zuverlässigkeit ergangener Schicksalsbestimmungen in Übereinstimmung mit dem erklärten Wollen ihrer Urheber: in Beteuerungen, das Wort der Gottheit N.N. sei unwandelbar (vgl. Lament over Sumer and Ur, ETCSL

[90] Das bedeutet faktisch: Alles, was m e, göttliche Kraft, in sich hat, bekommt diese seine innere Orientierung und Zweckbestimmung zugesprochen, vgl. z.B. Winter und Sommer (ETCSL 5.3.3, Z.19 und 25), die berühmte „Hacke“, die sich in der Disputation mit dem Pflug misst (ETCSL 5.5.4, Z.16,53,107). Das gilt auch für den normalen Einzelmenschen, der keine Regierungsaufgaben zu erfüllen hat (vgl. „Letter of Ludiĝira“ an seine Mutter, ETCSL 5.5.1, Z.13). Bei Namzidtara wird offenbar die Namensgebung als eine Schicksalsbestimmung verstanden („Gutes-Schicksal-gegeben“ = „well-blessed“, ETCSL 5.7.1, Z.25). Aus solchen Vorstellungen entwickelt sich dann viel später in der christlichen Tradition die sogenannte „Prädestinationslehre“ (s.u.). – Die „Naturgesetze“ (= unsere Deutung der sumerischen Schicksalsbestimmung) sollen vor Beginn der „Kulturgeschichte“, nämlich „in those days“, als Menschen noch nicht vorhanden waren, festgelegt worden sein, vgl. das Lehrgespräch zwischen Vogel und Fisch (ETCSL 5.3.5, Z.1) und Streck 2002, 233–235. Attinger 1993, 157 definiert n a m als „être, état, qualité“.

2.2.3, Z.56f.; Lied von der Hacke, ETCSL 5.5.4, Z.2 usw.),[91] durch inständige Bittgesuche, ein schlimmes Urteil aufzuheben (vgl. The Lament for Nibru, ETCSL 2.2.4, Z.142) oder empörte bis angstvolle Überlegungen, ob ein Gott seine Zusage geändert habe bzw. ändern werde (vgl. Ur-Namma A, ETCSL 2.4.11, Vers 1, Z.8f.). Dahinter steht keine dogmatische Gewissheit, denn unterschwellig erwartete man, dass die einmal ergangene Ansage nicht mehr vollständig der Verfügungsgewalt ihres Urhebers unterstand, weil grundsätzlich und jederzeit einmal ausgesprochene Worte eine eigene Wirkung entfalten, im Guten wie im Bösen. Die μοῖρα der griechischen Tragödie scheint hier auf.[92] Schicksal und Gotteswille sind nicht voll identisch. Beide sind verbunden, aber undefinierbar semi-autonom. Gottheiten können ihren Sinn ändern, das versprochene Wohlergehen und den Erfolg oder, im entgegengesetzten Fall, Fluch und Zerstörungsansage bereuen, aber ihnen freien Lauf geben müssen sie dennoch (so auch in biblischen Kontexten, vgl. Gen 6,5–7; 8,21–22 gegen 2 Kön 23,25–27): Eine theologische Konfiguration, die späteren christlichen Denkern unmöglich wurde. Das Ich und der Wille der Gottheit sind aus sumerischer Perspektive nicht einzig entscheidend für den menschlichen und gesellschaftlichen Lauf. Vielmehr wirken einmal in die Welt gesetzte Bestimmungen (vgl. in unseren Denksystemen „Veranlagungen" oder „Genfigurationen" bzw. „erworbene" Bräuche und Gewohnheiten) in erheblichem Maße aus einem nicht-voluntativ steuerbaren Bereich an der Ausformung des Lebens mit. Die Theodizeefrage erscheint dann in einem anderen Licht. Gottheiten sind nicht absolut souverän in ihren Willenskundgebungen und Steuerungskünsten. Sie sind z.T. an die Zielvorgaben gebunden, die sie selbst beschlossen haben bzw. die dem Seienden innewohnen, und deren Kontrolle ihnen nicht hundertprozentig erhalten bleibt. Das entspricht der Erfahrung: Das selbstbewusste Ich und seine Willensentscheidungen finden ihre Grenzen z.T. in selbst geschaffenen oder vorfindlichen Verhältnissen. Auch sie sind wirkmächtig und folgen ihrer eigenen *ratio*, wie altorientalische Weisheit betont (Tun-Ergehen-Zusammenhang). Das sumerische Konzept des nam(-tar) ergänzt klug und pragmatisch die Vorstellungen von „übermächtigen" Gottheiten.

Die Inhalte der Schicksalsbestimmung sind[93] breit gefächert: Sie reichen von konkreten Zusagen für ein gelingendes Leben, eine fruchtbare Regierungszeit, günstige Bedingungen für die Bevölkerung bis zu Allgemeinwünschen und prägenden Merkmalen: Es soll den *protegés* der Spendermacht gut gehen, sie mögen prosperieren, sich langen Lebens und bester Gesundheit erfreuen und unveränderliche Zwecke erfüllen. Am kürzesten ist eine solche Vorgabe mit nam dùg, („gutes Geschick") ausgedrückt (vgl. Gudea Zylinder A+B, ETCSL 2.1.7, Z.649,817). In einem anderen Text erscheinen aber auch beziehungsvolle *pars-pro-toto* Zusagen: „He [Enlil] decreed as your [Nippur's] fate the sound of choice beer and syrup being poured out to overflowing" (ETCSL 2.2.4, Z.194) – ein Zeichen, dass der Stadt- und Staatsgott seinen Vernichtungsbeschluss revidiert hat und Regierung und Bürgern eine neue Chance gewährt. Das ganze Pantheon steht hinter dem Beschluss (vgl. a.a.O., Z.219,274). Nippur soll sich wieder an allem Guten erfreuen können (vgl. Z.247–280). Der entweihte Tempel wird wieder aufgebaut, denn Enlil „decrees as a fate the offering of daily rations and the grinding up of fine meal and flour" (a.a.O., Z.281). Der Opferbetrieb mit seinen heiligen Riten (ĝarza) funktioniert wieder und kann erneut das Rückgrat für das Wohlergehen der Gemeinschaft bilden. Doch wer soll das gute Geschick für Stadt und Tempel annehmen und realisieren? Vermutlich die politische und priesterliche Leitung des Gemeinwesens! Dieselbe Sache kann auch persönlich inszeniert werden. „Great Mountain decreed a great destiny for Ur-Namma for all time, making him the mightiest among the blackheaded people" (Ur-Namma B, ETCSL 2.4.1.2, Segm. A, Z.37f.; vgl. ähnliche Sprüche für Gottheiten, etwa Ninisina F, ETCSL 4.22.6, Segm. A, Z.5 u.ö.). Utu und Enlil

---

[91] Bis in die biblische Tradition von der „Sintflut" wirkt das sumerische Theologumenon von der Unumstößlichkeit der Menschheitskatastrophe: „A decision that the seed of mankind is to be destroyed, has been made. The verdict, the word of the divine assembly, cannot be revoked. The order announced by An and Enlil cannot be overturned" (Flood stories, ETCSL 1.7.4, Segm. C, Z.23–25).

[92] Vgl. Streck 2002, 234f., mit Hinweis auf A. Henrichs, in: Der Neue Pauly 8, 2000, 339.

[93] Ziemlich häufig wird nur die nackte Tatsache einer „Schicksalsbestimmung" festgestellt. Diese einfache Referenz hat in der Regel die Bedeutung: „ein günstiges Geschick wird zugesprochen".

sind nach Šulgi Q als Schicksalsbestimmer im Spiel (ETCSL 2.4.2.17, Segm. D, Z.46f.). Sie spenden dem König „years of plenty" (Z.46). Bei Ibbi-Suen ist es umfassend „lordship", die Enlil als „Schicksal" verleiht (Ibbi-Suen C, ETCSL 2.4.5.3, Segm. B, Z.44), bei Iddin-Dagan das „lange Leben" (vgl. Iddin-Dagan B, ETCSL 2.5.3.2, Z.60f.). Nicht nur Menschen/Könige bekommen ein spezifisches Geschick zugesprochen. Auch die Gottheiten selbst erhalten ihre Bestimmung von „übergeordneten" Kollegen, so Inana aus dem Mund Enlils und Ninlils (Išme-Dagan K, ETCSL 2.5.4.11, Z.18). Wenn die etwas beschädigte Zeile als Abschluss von Z.7–17 gelesen werden kann, dann unterscheidet sich diese Schicksalsbestimmung deutlich von anderen: Inana bekommt zunächst ihre kriegerischen, herrschaftlichen Eigenschaften verliehen; Enlil und Ninlil „geben" ihr (šúm, Z.15) z.B. die Fähigkeit, „den Himmel zu erschüttern" (tuku$_4$), die „Erde zu schlagen" (sàg; beides Z.7); „to hold the four directions in her hand and act grandly as their lady" (Z.8), „to shout with wide open mouth in battle …" (Z.9a), „to make the earth drink the blood of enemies … " (Z.11) usw. Die beschädigten Zeilen 17–18 scheinen Inanas Fähigkeiten, Liebe und Ehe zu stiften, als ihr nam-tar zu bezeichnen. Von Z.19–35, d.h. im zweiten Teil der Hymne, stehen andere Qualitäten im Mittelpunkt. Das ganze Lied will also die Ausstattung der Göttin mit göttlichen me darstellen, und es sagt so ausdrücklich am Anfang (Z.1–6) und am Schluss (Z.44) des Gedichts. Dass Inana auch noch den König Išme-Dagan als Ehemann wie eine Zugabe erhält (Z.36–42), gehört in die Kategorie des königlichen Selbstlobes (vgl. Z.45). Wichtig ist: Hier erscheint die Schicksalsbestimmung nicht wie eine diffuse Ansage des Lebenslaufes mit Ereignissen und Reaktionen darauf, sondern als feste Fixierung von Kompetenzen und Qualifikationen. Die Schicksalsbestimmung ist von einer Begabung mit göttlichen Kräften (me)[94] nicht zu unterscheiden, auch wenn sich der Ausdruck nam-tar (Z.18) nur auf die Fähigkeit zur Liebesstiftung beziehen sollte. Dasselbe gilt von Passagen in „Schöpfungstexten" wie beispielsweise Enki und Ninḫursanga (ETCSL 1.1.1) oder Enki und Ninmaḫ (ETCSL 1.1.2). Im ersten Fall bringt sein Sperma eine Reihe von Göttinnen hervor (ETCSL 1.1.1, Z.63–189). Ninḫursanga bildet dann acht Pflanzen (Z.190–197), deren Zweckbestimmung (Nutzfunktion) Enki festlegen will (Z.200). Enki kostet jede einzelne Pflanze und spricht ihnen ihr „Schicksal", ihre „Eigenart" zu, ohne dass es im Text spezifiziert würde (ETCSL 1.1.1, Z.219: he „had them know it in their hearts"). Offensichtlich kannten die Zuhörerinnen und Zuhörer genau den nutritiven und pharmazeutischen Wert der Gewächse. – Im Prolog des zweiten Gedichts wird jene Urzeit beschworen, die der geschichtlichen Weltordnung voraufgeht.[95] Just in dieser Schöpfungsphase „wurden die [nachhaltigen] Schicksale bestimmt" (ETCSL 1.1.2, Z.3). Sie gehören zu den Strukturelementen der bleibenden Ordnung. Die schwer arbeitenden Gottheiten (wie auch in Atramḫasis) schreien nach einer Ersatztruppe. Enki bittet seine Mutter Namma, mit anderen „Geburtsgöttinnen" Götterdiener zu erschaffen. Die übergeordnete Namma soll deren „Schicksal" (= Funktion) bestimmen, und Ninmaḫ wird es als Schwerstarbeit im Baugewerbe definieren (Z.30–37, bes. Z.37). Im anschließenden göttlichen Freudenfest (Z.44–50) wird allerdings Enki für seine Gabe und Vollmacht gepriesen, die Geschicke der Menschen festzulegen: „you are the one who has the me of deciding destinies, in fact you are the me." (Z.51). Eine subtile theologische Definition von Schicksal, Gotteskraft und der Autorität, beides zu verwalten! Das bizarrste Stück dieser Schöpfungsgeschichte folgt jetzt (vgl. Z.52–110, Text danach stark beschädigt): Ninmaḫ fordert Enki zu einem Wettschöpfen auf, bei dem jeweils der Kontrahent einen vernünftigen Zweck für ein defizitäres Menschengeschöpf finden soll. Enki gelingt es, Ninmaḫs Kreaturen Aufgabe und Lebensunterhalt zuzusprechen, während Ninmaḫ bei der Sinnstiftung für das missratene Geschöpf Umul („sickly creature": epsd-online)[96] aufgeben

[94] Frans Wiggermann (ders. 1998) sieht diese Kräfte im soziopolitischen Umfeld. Im 2. Jt. v.u.Z. verändere sich ihr Verhältnis: „The Fates (NAMTAR, *šimtu*) … have now taken the place of the ME as the cosmic organizing principle …" (a.a.O., 28; Hinweis von A. Zgoll).

[95] Vgl. Streck 2002, 194–209.

[96] W. Sommerfeld (mündliche Mitteilung): Eine humoristische Note scheint auf, wenn man in Umul den Namen für das Baby sieht, das nach der Geburt noch „unnütz" ist (vgl. Lit. bei Attinger 2012, 2); vgl. Ceccarelli 2016, 120–131.

muss. Hier ist „Schicksalsbestimmung" der Versuch, das Beste aus einer auswegslosen Situation zu machen. Der Spruch der Gottheit zielt auf Lebenserhaltung und Sinnerfüllung. Er kann nicht verändert und trotzdem durch Fehlverhalten gekippt werden.[97] U.a. empfangen Gottheiten, Könige, Länder und Völker, numinose Wesen, Pflanzen und Steine solche sinnstiftenden und zukunftsfähigen Zusprüche.

Aber zurück zur menschlichen, organisierten Gemeinschaft. Lipit-Eštar von Isin empfängt von Enlil (seinem Vater!) auf Bitten Ninturs eine (fast) göttliche Macht (Lipit-Eštar D, ETCSL 2.5.5.4, Z.13–23: Schlusssatz: „your father decided your destiny", Z.23).[98] Enlil-bāni erhält von der Weisheits- und Schreibergöttin Nisaba „als Schicksalsgeschenk" den eigenen Tempel Ezagin, offenbar eine Lebensaufgabe (Enlil-bāni A, ETCSL 2.5.8.1, Z.53–56; s.o. Kap. 2.3.2.5). In einem Preisgedicht auf Rīm-Sîn entfaltet ein Sänger die Fülle der Segenswünsche, die sich in einem guten Spruch Ans für den König verwirklichen möchten (Rīm-Sîn C, ETCSL 2.6.9.3, Z.11–28; Klassifizierung der Wünsche als n a m - (t i l) ... t a r in Z.1–2,8,16): die Liebe Ans, Gerechtigkeit, Lebenslänge und -fülle, Königskrone und -herrschaft, Regen und Fruchtbarkeit, Freude. – Alles in allem: Der gute Schicksalsspruch für Gottheiten und Könige ist nach Gehalt und Funktion außerordentlich variabel. Er enthält Elemente des Geschenkes, der Berufung, ethischen Verpflichtung, magischen Symbolik, Lebensorientierung, Gemeinschaftsbildung, der legitimen *gouvernance*. Sein Bedeutungsspektrum entspricht nicht unserem gängigen Schicksalsbegriff.

Unterstützt und erweitert wird die Analyse der n a m - t a r -Vorstellungen von einer Benennung der Subjekte, welchen Schicksalsbestimmungen überhaupt zustehen. In erster Linie gebührt den Himmelsgöttern (a n u n a) die Verwaltung der Schicksale: An, Enlil, Enki, Inana, Utu, Ninĝirsu, Ninurta usw., manchmal in koalierenden Gruppen (auch paarweise), als gesamter Götterrat (vgl. Išme-Dagan A+V, Segm. A, Z.113–115) oder in Einzelverantwortung. Aber die Verfügungsgewalt über die maßgeblichen Lebens- und Geschichtskräfte ist nicht auf die Anuna beschränkt.[99] Die Zuteilung der Geschicke oder Qualitäten hatte ja immer auch eine politische Perspektive: Sie hing von der Machtverteilung in sumerischen Landen, d.h. der realen *power*-Struktur, ab. Die Staatsgottheit einer florierenden Metropole wird eher in der Lage gewesen sein, das Wohlergehen *urbi et orbi* zu dekretieren, ohne Rücksicht auf ihre Position in einem imaginären Pantheon. Und kraftgefüllte Wesen oder Phänomene jeder Art sind – so weit ihr Einfluss reicht – potentielle Schicksalsspender, etwa Flüsse (vgl. Ibbi-Suen B, ETCSL 2.4.5.2, Segm. A, Z.23), Tempel (stellvertretend für ihre Eigentümerinnen oder

---

[97] Ein ähnlicher Gebrauch von n a m - t a r -Wendungen ist vor allem in Schöpfungs- und Lobtexten, aber auch in Disputationsreden zu erwarten. Die Klageliedtradition stellt die Beständigkeit von „Zukunftsentscheidungen" in Frage.

[98] Vgl. auch Römer 1998.

[99] Gilgameš ist nach einem stark fragmentierten Epos Kandidat für die Unterweltsherrschaft, mit Befugnissen wie sie Ninĝišzida oder Dumuzi ausüben (vgl. The Death of Gilgameš, ETCSL 1.8.1.3, Version 1, Segm. A, Z.14; Version 3, Segm. F, Z.37–41). Er dürfte dann „judgments" (d i) aussprechen und „verdicts" [k a - a š] formulieren, was nahe an „das Schicksal bestimmen" heran kommt. – Redensartlich kann aber auch das Getreide (kraft seiner Wichtigkeit für die Erhaltung des Lebens) das Geschick eines Gefangenen bestimmen (Debate between Grain and Sheep, ETCSL 5.3.2, Z.86), oder der „Törichte" das Leben eines Anderen (aus einer zufälligen Machtposition heraus? ETCSL 5.6.1, Z.115) und die Säuglingsamme sogar die Zukunft ihrer Herrschaft (ETCSL 5.6.1, Z.254). Die beiden letzten Beispiele stammen aus den Lehren von Šuruppak, wie überhaupt die weisheitliche Literatur ihre eigene, pragmatische Perspektive auf n a m - t a r hat. Hintergründige Sprichwörter machen sich auch über den Glauben an Schicksals-Vorherbestimmung lustig, vgl. ETCSL 6.1.01, Segm. A, Z.33 („Let him decree the fates while consuming what you have made.") oder a.a.O., Segm. B, Z.14 („The city's fate cannot be determined, its book-keeper is a merchant"), ETCSL 6.1.02, Segm. A, Z.112 (der Fuchs sagt: „Nature [? Wörtl.: „Allgemein-Geschick", n í ĝ n a m t a r] has changed its mind"), vgl. Alster 1997, Bd. 1, collection 2 Nr. 64 (S. 58). Von ihm stammt die zitierte ETCSL Übersetzung. Alster kommentiert den Begriff „Nature" nicht, vgl. a.a.O., Bd. 2, S. 366f.

Eigentümer? vgl. Gudea, Zylinder A+B, ETCSL 2.1.7, Z.1352; Išme-Dagan W, Segm. A, ETCSL 2.5.4.23, Z.68,71)[100], die Mutter Šulgis (= die Göttin Ninsumun: ETCSL 2.4.2.16, Segm. C, Z.25) und Nergal, der Unterweltsgott, (Šu-Ilišu A, ETCSL 2.5.2.1, Z.20; Nergal B, ETCSL 4.15.2, Z.39) oder der Anzu-Vogel (Lugalbanda and the Anzud bird, ETCSL 1.8.2.2, Z.99,103,108,131,166,213; Nanše and the Birds, ETCSL 4.14.3, Segm. A, Z.30). Die Rangordnungen sind nicht festgelegt, obwohl immer wieder Legitimationen für Schicksalsbestimmer vorgelegt werden (vgl. Asarluḫi A, ETCSL 4.01.1, Z.21; Inana C, ETCSL 4.07.3, Z.14,114 [Inana vor An und Enlil!], Nanna F, ETCSL 4.13.06, Z.13; Nanše A, ETCSL 4.14.1, Z.229,254; Ninurta B, ETCSL 4.27.02, Segm. C, Z.7,9).

Eine Besonderheit stellen die zyklischen, in babylonischen Zeiten am Neujahrstag (akkadisch: *akītu*-Fest) gefeierten Schicksalsbestimmungen dar.[101] Sie haben sumerische Vorläufer (á-ki-ti : á = Zeitpunkt; ki = Erde; ti = sich nähern [?])[102] und scheinen der Erfahrung Rechnung zu tragen (regelmäßige Feiern sind vorausgesetzt), dass jeder einzelne Staat, jedes Gemeinwesen ein eigenes Profil entwickelt. Auf dieser Erkenntnis beruht auch die kalendarische Markierung von Jahren auf Grund von hervorragenden Ereignissen besonders in der Ur III-Zeit.[103] Die jährliche oder halbjährliche Erneuerung der Schicksale findet sich in der Geschichte der Neujahrs- bzw. saisonalen und regionalen Rituale seit sumerischer Zeit. Nach traditioneller Ansicht standen beim (zentralen?) sumerischen Neujahrsfest die Feiern der „Heiligen Hochzeit" im Mittelpunkt. Die Vereinigung des Königs mit der en-Priesterin des Hauptgottes einer Stadt/eines Staatsgebildes – sie sollen Dumuzi und Inana repräsentiert haben – gilt als der stärkste symbolische Ausdruck göttlicher Zuwendung und Segensspendung und materialisiert *de facto* die positive Schicksalsbestimmung für die betroffene menschliche Gesellschaft.[104] Verbunden mit dem Neujahr, aber nicht immer identisch mit ihm, war in dieser Interpretationslinie der Vollzug der Heiligen Hochzeit, am besten bekannt durch die Inana-Dumuzi-Zyklen, aber nicht auf dieses Paar beschränkt.[105] „Nach dem Vollzug des Beilagers ‚entscheidet Inanna dem König das Geschick' … . Die ‚Schicksalsbestimmung' (nam-tar) für den König ist … das Hauptanliegen des Rituals der H.H."[106] Spätere Untersuchungen zum Neujahrsfest und zur Heiligen Hochzeit betonen die prekären Quellenverhältnisse im Blick auf zu konstruktivistische, pauscha-

[100] Die alte Keš-Hymne enthält einen zwischen dem 3. und 4. „Haus" redaktionell eingefügten Abschnitt (ETCSL 4.80.2, Z.58A–Q), der nicht nur die göttliche Anerkennung durch Enlil (Z.58B) hervorhebt, sondern den Tempel auch zum aktiven Schicksalsbestimmer erklärt (Z.58M). Die Sammlung von „Tempel-Hymnen", welche durchgängig die Tempel selbst persönlich anreden, erwähnt mehrfach die empfangenen Segenszusprüche der Gottheiten, weist aber auch zweimal auf die aktive Schicksalsbestimmung durch die Institution selbst hin: ETCSL 3.80.1, Z.29,496. Die letzte Zeile zeigt unvergleichlich präzise, wie das zugesprochene Geschick in aktive Beteiligung an der Weitergabe umschlägt: „At the place destiny is determined you determine destiny" (ki nam tar-re-da nam ši-im-da-ab-tar-re-en).

[101] Der neubabylonische Text bei Cohen 1993, 441–447; eine Übersicht über die älteren Traditionen bietet Walther Sallaberger, Neujahr(sfest). A. Nach sumerischen Quellen, RlA 9, 2001, 291–294.

[102] Sallaberger, a.a.O., 293.

[103] Schon präsargonisch wurden die Jahre durch herausragende politische oder sakrale Ereignisse gekennzeichnet, vgl. zu „Jahresnamen", Charpin 2004, 45–49 (altbab.), Sallaberger 1999, 140–144, 231–233 (Ur III); ders. 2015b, 33–51.

[104] Vgl. ältere Darstellungen wie Kramer 1969; ders. und Diane Wolkstein, Inana, Queen of Heaven and Earth, London 1983, bes. 29–49, 107–110, 124f., 150–155. „According to the me, which dictate the order and form of things, a New Year's Day is ordained that marks the earth's awakening to new life." (a.a.O., 173) und Jacobsen 1976, 25–47. Neuere Studien: Nissinen 2008; Lapinkivi 2004.

[105] Vgl. Johannes Renger, Heilige Hochzeit. A. Philologisch, RlA 4, 1975, 251–259.

[106] Renger a.a.O., 256. Renger möchte die Heilige Hochzeit als Zeremonie der Amtseinführung eines Königs begreifen. Viele Forscher nehmen eine zyklische Wiederholung der Festigung königlicher Macht an, vgl. Galip Çagirgan, Babylonian Festivals, Diss. Birmingham 1975; Bidmead 2004, 17–29.

lierende Thesen, zumindest für das 3. und 2. Jt. v.u.Z., und versuchen, die gesicherten Details herauszuarbeiten.[107] Walther Sallaberger hat dann aufgrund seiner Studien besonders zur Ur III-Periode den vorschnellen Theorien über eine zentrale Neujahrsfeier im alten Sumer und eine zentrale Stellung der Heiligen Hochzeit den Abschied gegeben.[108]

Die Akiti-Rituale mögen auch *ad-hoc* Festen der Tempelreinigung und -restauration gedient und so Anlass und Schauplatz der Schicksalsbestimmungen abgegeben haben.[109] Der kultische Jahresanfang war nicht vom allgemeinen administrativen Kalender abhängig, jeder Tempel folgte seiner eigenen, geheiligten Tradition.[110] Diese Traditionen setzten sich in Babylonien und Assyrien fort und sind noch in der hellenistischen Periode lebendig. Besonders das späte (seleukidische), am besten erhaltene Ritual des Neujahrsfestes steht seit seiner Veröffentlichung durch F. Thureau-Dangin im Jahre 1921 im Zentrum lebhafter wissenschaftlicher Auseinandersetzungen und erfährt mannigfache Deutungen.[111] Ob nun der ganze, elftägige Ritus konkret auf die politische Situation der hellenistischen Epoche bezogen werden muss oder ein uraltes Traditionsgut darstellt,[112] sei dahingestellt: In jedem Fall bleibt die Erneuerung der Ordnung für den neuen Zeitabschnitt ein wichtiges Anliegen der Feierlichkeiten.[113] Von dieser jüngsten Quelle laufen die Spuren zurück zu den ältesten Beurkundungen. Die sumerischen Akiti-Feiern fanden ein- oder zweimal im Jahr statt, im letzten Fall zum Frühjahrs- und Herbstäquinoktium.[114] Sehr oft ist in den relevanten Texten nur eben die Tatsache der „Schicksalsentscheidung" (n a m - t a r) erwähnt, so, als ob ihr Inhalt, ihre Intention und Funktion selbstverständlich seien. So bleibt vieles unbekannt, aber eins ist klar genug: Wo immer Gehalt und

[107] Vgl. J.S. Cooper, Sacred Marriage and Popular Cult in Early Mesopotamia, in: Matsushima 1993, 81–96K; Pongratz-Leisten 1994; Kämmerer 2012, bes. Nr. 1,5,6 (Rezitation im Akītu-Fest).

[108] Sallaberger 1999, 155f. Er weist auf die prekären textlichen Bezeugungen und die Lust der westlichen Interpreten auf sexuelle Darstellungen hin.

[109] So Benjamin D. Sommer, The Babylonian Akitu Festival: Rectifying the King or Renewing the Cosmos? JANES 27, 2000, 81–95, bes. 85–90.

[110] Sallaberger 2001, 291 (s.o. Anm. 101). „Mit z à - m u bezeichnete Feste der Ur III-Zeit datieren ... nicht auf den 1. I. eines Jahres, sondern je nach Kultort auf einen bestimmten Termin im Jahr. Dieses jeweilige Hauptfest bildet den Höhepunkt im kultischen Jahr eines Tempels, in dessen Rahmen die Erneuerung der Macht der Gottheit und der Beziehungen zwischen Gottheit und dem durch seinen Herrscher vertretenen Land zu sehen sind." (a.a.O., 291f.). „ ... die lokalen Kultkalender schließen ein überregionales sumer. N.s-Fest aus; das ‚N.' (*zà-mu*) bezieht sich im Kult auf den Gott/Tempel und nicht auf den Staat" (a.a.O., 293). Zum Folgenden vgl. besonders Zgoll 2006b.

[111] Thureau-Dangin 1921, 127–154. Mit einer neueren Interpretation von J. Z. Smith (A Pearl of Great Price and a Cargo of Yams, History of Religions 16, 1976, 1–19) setzt sich z.B. Benjamin D. Sommer auseinander: ders. 2000, 81–95. Vgl. auch u.a. Jeremy A. Black, The New Year Ceremonies in Ancient Babylon, Religion 11, 1981, 39–59.

[112] So Black a.a.O., 42; Sommer a.a.O., s.o. Anm. 109, ders. 2000, 94f.

[113] Die symbolische Zerstörung und Wiedererschaffung des Heiligtums steht für die Erneuerung des Kosmos (vgl. Sommer a.a.O., 85–89), und die Schicksalsbestimmungen konkretisieren die neu etablierte, ewige Ordnung (Sommer, a.a.O., 90: „Fates are decided at a location called Ubšukinna both in the epic ([d.h. Enuma Eliš] tablet 3:119) and during the Akitu festival ([d.h. seleukidisches Ritual] on the eigth and eleventh days of Nisan)." Beate Pongratz-Leisten, Neujahr (sfest). B. Nach akkadischen Quellen (RlA 9, 2001, 294–298) lokalisiert die Schicksalsbestimmung im Babylonien des 1. Jt. v.u.Z. am 11. Tag der Feier: „Rückkehr nach Esagil. Die zweite Götterversammlung dient im Mythos der Festlegung der ‚Schicksale' für Marduk, auf ritueller Ebene der ‚Schicksalsbestimmung' für den König." (a.a.O., 295), vgl. dies. 1994.

[114] Sallaberger 2001, 293 (s.o. Anm. 101): Ernte- und Aussaatfeier sind besonders für Ur belegt. Das Hauptfest dient der „Erneuerung der Macht der Gottheit" (a.a.O., 291), vgl. auch Sallaberger 1993, 179–190. Die „Schicksalsentscheidung" taucht in dieser Studie Sallabergers nur a.a.O., 314 auf: Der Verfasser mutmaßt, dass sie ein in seinem Textmaterial ungenannter Teil der Rituale war.

Wesen des göttlichen Zuspruchs am Jahresanfang oder in der Zeitenwende rein hymnisch angedeutet sind, ist die positive, Leben fördernde Zielrichtung sichtbar. Im Prinzip enthalten die „Schicksalsentscheidungen" die gleichen Ansagen wie Neujahrsglückwünsche heute: Glück, Segen, Wohlergehen, Erfolg für die nächste Etappe des Lebens. Der Unterschied ist ein quantitativ-qualitativer: Im alten Sumer wusste man, dass die aus dem Munde von Gottheiten hervorgehenden Segenssprüche eine eigene Macht darstellten, die den Adressaten und Empfänger des Segens (manchmal: *urbi et orbi*) begleiten, stärken und schützen würden. Darum sind die mythischen Figuren der sumerischen Literatur so erpicht darauf, günstige, Existenz sichernde Zusagen zu erhalten. Sie wirken stärker als unsere Lebens-, Kranken- und Altersversicherungen als eigenständige Schutzmächte und stellen eine Säule sumerischer Weltvorstellung dar.

Wie zu erwarten, bietet die Übersicht über n a m - t a r -Verwendungen und Inszenierungen ein breites Spektrum von Bedeutungen und Vorstellungen mit entsprechenden kontextuellen Verankerungen. Die herangezogenen Texte entstammen verschiedenen kulturellen und politischen Situationen, erstrecken sich über mindestens ein halbes Jahrtausend und haben eine eigene Traditionsgeschichte. Dennoch lassen sich Umrisse von sumerischen Konzeptionen der „Vorherbestimmung" in Bezug auf die personhaft willensbetonten Gottheiten erkennen. Die großen Gottheiten, aber auch andere supermächtige Wesenheiten, stellen in dieser Welt Lenkungsautoritäten dar. Die Schöpfung aller Dinge ist nicht so entscheidend wie ihre Zweckbestimmung. Alles Existierende (einschließlich der Gottheiten selbst!) braucht eine Zielorientierung, und diese muss mit dem Endzweck menschlicher Kultur vereinbar sein. Weil indessen jedes Machtzentrum vorherbestimmend aktiv werden kann, sind Störmomente von vornherein mitgesetzt. Denn niemand in dieser Welt besitzt die ausschließliche und absolute Kontrolle über die Entwicklungen. Jedes Ding muss eine Vorprägung erhalten, sonst ist es unnütz. An eine Evolution, welche das Seiende prozessual und ergebnisoffen hervorbringt, ist im sumerischen Weltprogramm nicht zu denken. Hier muss (gemäß einer hierarchisch geordneten gesellschaftspolitischen Welt) am Anfang, im Sinne zarathustrischer und christlicher Weltentwürfe teleologisch, eine klare Zweckbestimmung gesetzt werden. Die notwendige Zukunftsperspektive für alle Dinge und für die sie verbindende Gesamtordnung liegt in dem „Gesetz, nach dem sie angetreten". Dieses Gesetz ist jedoch nicht deterministisch gedacht, es hat nur als Grundmelodie des Weltendramas eine überragende Bedeutung und muss immer wieder neu justiert werden.

Im Gegensatz zur offenen sumerischen Theologie haben Nachfolgereligionen aus dem Zwang heraus, die Einheit des Göttlichen denken zu müssen, gelegentlich rein deterministische Lehren entwickelt. Einheit schloss/schließt für sie Unveränderlichkeit ein, denn jede Variation einer göttlichen Bestimmung bedeutet in dieser Sicht ein illegitimes Novum, das den dogmatischen Anspruch auf Vollkommenheit, Allmacht, Allwissenheit der einzigen zuständigen Gottheit in Frage stellt. In der christlichen Tradition spricht man von einer umfassenden „Prädestination"[115] der gesamten Geschichte und aller ihrer Einzelgestalten, die ein unbegrenzt wissender Gott ein für alle Mal am Beginn der Zeiten festgelegt hat. In der muslimischen Lehre spielt das von

[115] Vgl. Peter Gerlitz, Roland Bergmeier, Hans Hübner, Gillian R. Evans, Theodor Mahlmann, Prädestination in: TRE 27, Berlin 1997, 98–160; Arnulf von Scheliha, Der Glaube an Gottes Vorsehung: eine religionssoziologische, geschichtsphilosophische und theologiegeschichtliche Untersuchung, Stuttgart 1999.

Allah gesetzte Fatum (arab. *qadar*) eine ähnliche Rolle.[116] Derartige deterministische Lehrsysteme können im Grund keinerlei geschichtliche Veränderung oder Entwicklung anerkennen. Sie bleiben durch und durch einer statischen Welterklärung verhaftet. Grundmuster solcher Interpretationen sind bis heute in vielen, besonders den fundamentalistischen religiösen Kontexten virulent.[117]

Nam-tar ist in seiner interessantesten Bedeutungsvariante ein spezifischer, persönlich oder kollektiv zugeeigneter, evtl. auch geschriebener, wirkungsmächtiger Leitspruch, der dem Empfänger mittel- oder kurzfristig bestimmte Ergehensweisen vorzeichnet. Meistens sind positive Direktiven gemeint, gelegentlich auch lebensabträgliche, an Bestrafung und Fluch heran reichende Fügungen. Die böse Bestimmung wird häufig nur konstatiert (vgl. „Death of Nannaya", ETCSL 5.5.2, Z.81), und sie erscheint formelhaft etwa in dem Änderungs-Wunsch: „May Enlil look upon the city that he cursed" (iri nam ku$_5$-rá-ni)[118]. Beiderlei Vorgaben begleiten den Träger und sind nicht so leicht abzuschütteln. Der Segensempfänger steht allerdings bei gewissen Konstellationen (vgl. Klagelieder) in der Gefahr, durch sein eigenes Handeln die förderlichen Kräfte zu verspielen. Ein gutes Geschick kann aberkannt oder rückgängig gemacht werden. Umgekehrt ist der Adressat eines bösen Spruches nicht absolut verdammt. Er kann sich eventuell dem Verderben entziehen. Auch eine Wendung vom Guten zum Besseren ist möglich (vgl „Advice to a young scribe", ETCSL 5.1.3, Z.62–64). Grundsätzlich gilt: Die Gutes oder Böses verteilende Instanz hat zwar eine Beziehung zu dem Vorausbestimmten, scheint aber nicht immer und vollends mit dem Inhalt des Schicksalsspruches identifiziert zu werden. Das für längere oder kürzere Frist Angesagte, sei es heilsam oder tödlich, unterliegt Veränderungen, Umkehrungen, wie besonders die Lamentationen über die Zerstörung von Tempeln, Städten oder Regionen zeigen. Und es entfaltet eine Eigendynamik, die meistens dem Willen der Urheber entspricht, sich aber je nach Zeitumständen im jeweiligen Lebenskontext variabel entfaltet. – Abgesehen von dieser vorläufigen, funktionalen Verhältnisbestimmung von Gottheit und Schicksal fallen bei den nam-tar-Aussagen folgende Themenstellungen auf, die weiter bedacht werden müssen: Direkte Eingriffe der personhaften Gottheiten in den aktuellen Raum der Menschheitsgeschichte sind kein Thema sumerischer Literatur (Personalpräsenz nur in vorgeschichtlicher, mythischer Zeit). Göttinnen und Götter wirken durch ihr Wort, ihren Plan, ihre Entscheidungen auf die Welt ein. Was bedeutet diese Art von Kommunikation und Regierung für das mesopotamische Weltbild? – Das Prinzip der Vorherbestimmung eröffnet eine „nach vorn" gerichtete Perspektive, die eigentlich in einem rückwärts gewandten Geschichtsverständnis keinen Platz hat. Wie ist das eigenartige Streben nach „Zukunftsbewältigung" (Stefan Maul) zu erklären? – Bei der gelegentlich konstatierten Nähe von nam zu anderen übermenschlichen Potenzen (z.B. den me) erhebt sich die Frage nach deren Zusam-

[116] Vgl. Lutz Berger, Islamische Theologie, Wien 2010; Adel Theodor Khoury (Hg.), Der Hadith, Bd. 1: Der Glaube, Gütersloh 2008.

[117] Als ein aktuelles Beispiel sei die Online-Zeitschrift „Testamentum Imperium." hg. von Kevaughn Mattis, genannt, die offenbar in der calvinistischen Tradition steht.

[118] Mehrfach in den Sprichwortsammlungen Nr. 14,15,16 und denen „of unknown provenance" (ETCSL 6.1.14; 6.1.15; 6.1.16 und 6.2.5). Zu den Kollektionen vgl. jeweils Alster 1997.

menspiel. Hat man sich im 3. Jt. um Kompetenzklärungen bemüht? Kann man heute zu einer Gesamtschau kommen? Die offenen Fragen begleiten uns weiter.

Bei der zweiten Form neutraler Machtkonzentrate liegen die Dinge anders. In den altmesopotamischen me, den „göttlichen Schöpfungskräften",[119] begegnen zwar ebenfalls unpersönliche Mächte, sie werden aber den personhaft gedachten Numina auf spezifische Art zugeordnet. Die me sind offenbar nicht aus dem Ich-Bewusstsein gezeugte Wirkkräfte – über ihre Entstehung wird selten explizit gehandelt[120] –, sondern sie scheinen mit der Existenz bestimmter Gegenstände, Wesensarten, Vollmachten, Prozeduren, Verhaltensweisen[121] usw. vorhanden zu sein und somit eine noch stärkere Autonomie zu besitzen als die verbal und *ad hoc* formulierten Schicksalsbestimmungen. Westliche Denkschemata sind möglicherweise ungeeignet, Wesen und Funktion der me zu erfassen, weil wir unterschwellig von dogmatischen Vorstellungen der Einheit und Personhaftigkeit des universalen Gottes ausgehen. Das bedeutet: Alle Erscheinungsformen von außermenschlicher Macht sollen unter die Regie des einen Gottes fallen. Dieses monokausale Einheitsdenken wird den sumerischen Aussagen nicht gerecht.[122] Gertrud Farber-Flügge versucht nach ihrer literarischen Recher-

---

[119] Vgl. Gertrud Farber, me (ĝarza; *parṣum*), RlA 7, 1990, 610–613. Der Begriff "… bezeichnet die göttliche Idee, die allem Existenten innewohnt" (a.a.O., 610). Vgl. Farber-Flügge 1973, 97–164. Unsere Möglichkeiten, den Begriff me zu verstehen, sind durch das (christliche) Vorverständnis von Gott und Göttern begrenzt. Einzelheiten s.u. im Exkurs me.

[120] Gelegentliche Hinweise, dass eine hohe Gottheit am Uranfang die me aufgrund einer Entscheidung oder eines Plans kreiert, sind wohl Gelegenheitsauskünfte, keine grundlegenden theologischen Aussagen, Näheres s.u. im Exkurs me.

[121] Die Skala von me ist für unseren Geschmack enorm weit und vielfältig, vgl. verschiedene Listen von me in der mythologischen Literatur, etwa in ETCSL 1.3.1 = Inana and Enki: Der leider nicht vollständig erhaltene Text bringt in den Segmenten D, E, F und I bruchstückhafte Aufzählungen der Kräfte, welche Enki seiner „Tochter" nach einem verlorenen Trinkgelage „schenkt", z.B. Holy Inana received „heroism, power, wickedness, righteousness, the plundering of cities, making lamentations, rejoicing", ETCSL 1.3.1, Segm. D, Z.2; Holy Inana received „deceit, the rebel lands, kindness, being on the move, being sedentary", ETCSL 1.3.1, Segm. D, Z.6; Holy Inana received „the craft of the carpenter, the craft of the coppersmith, the craft of the scribe, the craft of the smith, the craft of the leather-worker, the craft of the fuller, the craft of the builder, the craft of the reed-worker", ETCSL 1.3.1, Segm. D, Z.10; Holy Inana received „wisdom, attentiveness, holy purification rites, the shepherd's hut, piling up glowing charcoals, the sheepfold, respect, awe, reverent silence", ETCSL 1.3.1, Segm. D, Z.14; Holy Inana received „strife, triumph, counselling, comforting, judging, decision-making", ETCSL 1.3.1, Segm. D, Z.22. Jedes Gabenpaket wird mit Enkis Spendenformel „in the name of my power, in the name of my Abzu" (mu á-ĝá mu abzu-ĝá) abgeschlossen. Die ausdrückliche Bezeichnung der geschenkten Kräfte als me ist erst in Segm. F, H und I, nach Inanas Abreise, in ihrer Konfrontation mit Isimud, dem nachgeschickten Boten Enkis, und bei der Entladung des voll befrachteten Fluchtbootes der Inana erhalten (cf. ETCSL 1.3.1, Segm. F, Z.7; Segm. H, Z.34,68; Segm. I, Z.130 u.ö.). Vgl. auch Wiggermann 1998.

[122] Experten sehen das Problem, versuchen sich von den westlichen Klischees zu befreien, fallen aber doch teilweise wieder in sie zurück, vgl. Farber, me, RlA 7, 1990, 610: me sind „Konzepte oder Archetypen der Zivilisation und Kultur", … „ganz konkret als Attribute oder Insignien verstanden, die unter Umständen durch Leuchten oder abschreckendes Gleißen sichtbar werden konnten … ." Alle Seinsbereiche „… sind durchdrungen von den von den Göttern geplanten und verwirklichten [!!] ‚göttlichen Kräften'."

che eine zusammenfassende Bestimmung des Begriffs: „Niemals wird er personifiziert".[123] „me ist göttlich, ist aber kein Gott und kein Göttterersatz, also kein Numen. Vielmehr sind die Götter im Besitz von me, die me sind ihre vornehmsten Attribute." Weil alle me in der Liste aus „Inanna und Enki" mit nam zusammengesetzt sind, folgert sie, „dass die Sumerer nicht zwischen der göttlichen Kraft und ihren Trägern unterschieden haben."[124] In ihrem Lexikonartikel fällt Farber, jetzt mehr psychologisch argumentierend, die Parallelität der Ausdrücke me („sein") und ní („selbst", aber auch „Schreckensstrahl"!) auf. Sie konstatiert: Das „Selbst einer Person oder eines Dinges …" entsteht „aus deren oder dessen übernatürlicher Ausstrahlungskraft"… . Es bestehe ein „fließender Übergang zwischen dieser ‚übernatürlichen Kraft' und dem Reflexivpronomen."[125] Sie illustriert den Sachverhalt schwer nachvollziehbar am Beispiel Huwawas und Inanas, die beide ihre me, das heißt Teile ihres Selbst, sukzessive ablegen müssen.[126] Die Schwierigkeiten, das sumerische Konzept der me, welches übrigens von den Babyloniern und Assyrern nicht übernommen und kaum verstanden worden ist, wirklich zu begreifen, liegen auf der Hand. Man wird auch hinter die Definitionsversuche von Gertrud Farber Fragezeichen setzen müssen, besonders, wenn es um die Verhältnisbestimmung von „Gottheiten" und „ihrer me" geht. Das Phänomen der me ist aber theologisch hoch bedeutungsvoll; es ist eine dritte Säule der integralen Weltdeutung und theologischen Konzeptionalisierung im alten Sumer. Allerdings kann man nicht damit rechnen, dass in den – was Gattung, Zeit- und Sozialgeschichte angeht – so unterschiedlichen Texten ein einheitlicher „Begriff" von „göttlicher Kraft" zu erkennen ist. Es gibt starke Schwankungen. Der Ursprung der me wird z.B. teils in den abzu, teils in den Himmel verlegt, und eine gängige Formel fasst beide als „me des Himmels und der Erde (!)" zusammen. Oder: Die me scheinen „dauerhaft und unumstößlich", aber auch (besonders in Klagetexten) als „zerstört, gestört, verkehrt, gemindert" und dementsprechend „restaurationsbedürftig" und „erneuerungsfähig". Sie müssen im Übrigen gehütet und vervollkommnet werden. Die me gehören einerseits zu den Göttern, werden von ihnen auch als und wie Kopien weiter gegeben, andererseits sind sie Tempeln, Völkern, Einzelnen zugeordnet; ihre Präsenz in den Dingen entscheidet über Sein und Nichtsein. Der seiner me beraubte Enki beklagt seine Ohnmacht.[127]

Exkurs: Wesen und Funktionen der me

Die Palette der Wortbedeutungen, Nuancierungen und Konnotationen ist breit. Das Glossar des ETCSL weist 723 Vorkommen des Lexems me mit der Bedeutung „essence" auf, weitere 861 Stellen gehen auf das Konto des Verbums me = sein. Auffällig ist die Tatsache (aber sie stimmt mit oben gemachten Beobachtungen überein), dass der größte Teil der Substantive („essence; Wesen; Ritual; Kraft; Macht; Potenz; Ordnung; Position; Kult" etc.) ohne irgendein Bildungselement verwendet wird, nämlich in knapp 600 Fällen. Eine possessive Zuordnung stellen die drei Suffixe -bi (52 Mal),

[123] Farber-Flügge 1973, 117.

[124] Farber-Flügge 1973, 118, eine wenig schlüssige Argumentation.

[125] Farber, me, RlA 7, 1990, 612.

[126] Farber, me, RlA 7, 1990, 612. Die Autorin bezieht sich auf die Mythen „Gilgameš und Huwawa" und „Inanas Gang zur Unterwelt".

[127] Vgl. Inana und Enki, ETCSL 1.3.1, Segm. F: Enki ist entsetzt über den Verlust seiner me.

-zu (32 Mal), -a-ni (18 Mal) und -ĝu$_{10}$ (5 Mal) her.[128] Die 15 Mal bei Gudea (Zylinder A/B) in einer Vorstellungsszene vor Ninĝirsu[129] vorkommende suffigierte und mit komitativer Postposition versehene Form me-ni-da „bedeutet ‚mit seinen göttlichen Mächten'" (Anm. A. Zgoll), vgl. Edubba C, Z.74 (ETCSL 5.1.3). – Das Nomen me mit postpositioniertem -a (me-a) könnte nach Rykle Borger so etwas wie „Spruch, Diagnose" bedeuten, ist aber möglicherweise nur eine phonetische Abwandlung von me[130].

Die me reichen nach sumerischer Ansicht in die Vorzeit zurück; sie werden aber auch durch Götterwillen inszeniert. Als Urzeitphänomene sind genannt: me ud sù-rá, „me entfernter Tage": ETCSL 2.4.5.3, Z.24,29,43; me ul, „uralte me": ETCSL 2.4.2.07, Z.5; me da-rí-šè dù-a, „me vor/für [?] Ewigkeiten gemacht": ETCSL 1.6.2, Z.588, s.u.. Sie werden mit der „ältesten" Stadt in Verbindung gebracht (ETCSL 2.4.5.4, Segm. A, Z.21,24, hier = Ur), aber eine Standardwendung wie „me erschaffen, herstellen" ist nicht vorhanden.[131] Der Seniorgott An gilt oft als Spender und Bewahrer von vitalen Potenzen, und den Schöpfergottheiten Enlil, Enki wird sporadisch eine anfängliche Mitwirkung an der „Herstellung" der me nachgesagt: In „Lament for Sumer and Urim" (ETCSL 2.2.3, Z.493–504) ergeht eine klagende Bitte an An, er möge die heilvollen me, die „Entscheidungen" und Segensgaben für das Land, nicht „verändern", d.h. zurücknehmen. Die Liste steht unter dem Motto „May An not change the divine powers of heaven ..." (a.a.O., Z.493) und expliziert das Anliegen der Beter bis zu „Gerechtigkeit", „Wasserversorgung" und „Ernte". Enlil und Enki sind eigentlich viel mehr mit der Gestaltung der Welt am Uranfang befasst als An. So betreut Enlil die „uralten me" (me ul, ETCSL 2.4.2.07, Z.5), und bei Enkis und Ninmaḫs Wettschöpfung behinderter Menschen – sie geschieht mit Integrationsabsicht! – gibt es zunächst kaum Hinweise auf die me, weil jedes Einzelschicksal als (günstiger, sinnvoller) Zuspruch (nam-tar) geschildert wird, aber der Schluss der Episode ist signifikant (ETCSL 1.1.2, Z.51): Er stellt jeden Schicksalsspruch als Zuteilung von Lebenskraft dar. Enki wird angeredet: „You are a corporeal father, you are the one who has the me of deciding destinies [oder: me = Sein? bzw. "du hast me und Schicksalsentscheidung"?], in fact, you are the me" (a-a tud-da-gin$_7$ me nam tar-tar me za-e al-me-en-na).

Woher stammen die „Urkräfte" eigentlich? Ein mythischer Berg (oder: die Unterwelt?), teilweise in Kulaba (Uruk) oder Aratta lokalisiert, ist in „Enmerkar and the Lord of Aratta" Ursprungsort der me (ETCSL 1.8.2.3, Z.130,202,210,213,223,275,528,531,560). Auch An wird als ihre Urgeber (Erzeuger?) auf einem heiligen Berg vorgestellt (ETCSL 2.5.5.3, Z.4–9, speziell Z.7; vgl. a.a.O., Z.20: An „lässt die me erscheinen" = pa-è). Der „Berg" spielt überhaupt im Zusammenhang mit Städten und Tempeln (auch in der Titulatur des Enlil und Religionsgeschichte generell) eine bedeutende Rolle. Ansonsten figurieren der Abzu (ETCSL 4.07.5, Z.5,7; ETCSL 4.14.1, Z.45,232; ETCSL 1.6.3 Segm. B, Z.2; ETCSL 2.5.3.1, Z.22; ETCSL 2.5.4.04, Segm. B, Z.7; ETCSL 2.5.6.2, Z.26) oder der Himmel (ETCSL 2.5.4.11 Z.3; ETCSL 4.07.4, Z.47; ETCSL 4.07.5, Z.9; ETCSL 4.80.1, Z.371,534) als Heimat der me. Eine häufige Generalformel spricht von den me „des Himmels und der Erde" (vgl. ETCSL 2.5.4.21, Z.16f.; ETCSL 2.5.4.23, Segm. B, Z.13; ETCSL 2.1.7, Z.472,1112; ETCSL 2.5.6.2, Z.7; ETCSL 4.07.3, Z.3; ETCSL 1.6.1, Z.9–12), während die Unterwelt eigenen Gesetzen folgt (ETCSL 5.5.4, Z.43 und ETCSL 1.4.1, Z.132ff., s.u.).

An, Inana, Enki, Enlil und andere „hohe" Gottheiten werden lokal und zeitgeschichtlich bedingt als die obersten Verwalter der me dargestellt (An: ETCSL 2.5.5.3 [Lipit-Eštar C]; Inana: ETCSL

---

[128] Nach ePSD haben 15 weitere Anhangs-Morpheme minimale (1 bis 4) Verwendungsquoten.

[129] ETCSL 2.1.7 Z.956–1106 *passim*.

[130] Borger 2004, 420. Borger verweist a.a.O., für die zweite Möglichkeit auf CAD Q 249b.

[131] Vgl. ETCSL 2.5.1.3, Z.39: Inana hat „deine heiligen ME x für dich [Nanaja] gemacht" (me kug-zu KA? ša-ra-mú-mú), Enlil und Ninlil sind die (sexuell gedacht: ri „eingießen" und tud „gebären") „Erzeuger" der me, die in Nippur gelten (ETCSL 2.5.4.23, Segm. A, Z.72–77: es steht nínda me ru-a [Z.74, für Enlil] und nin$_x$ (ÉGI) me ù-tud-da [Z.77] für Ninlil]. Ninisina, die Heilgöttin, „made perfect the divine powers of medicine" (ETCSL 4.22.1, Z.12) und „erfindet" (pa-è) die Techniken der Geburtshilfe (ETCSL 4.22.1, Z.74–80).

2.5.6.1 [Ur-Ninurta A]; Enki: ETCSL 2.5.6.2 [Ur-Ninurta B]; Enlil: ETCSL 4.05.1, Z.137f. [Enlil A]). Es treten aber auch – aus unserer Perspektive – „untergeordnete" Gottheiten in die Führungsrolle ein (vgl. z.B. Nanše: ETCSL 4.14.1, Z.251f. [Nanše A]; Nisaba: ETCSL 5.1.3, Z.74 [Edubba C]; sogar der sonst dienende Nusku wird zum obersten Verwalter der m e und „leader of the assembly": ETCSL 4.29.2, Z.64–71 [Nuska B]). Doch auch ihnen, den tonangebenden, kosmischen und irdischen Regenten sind die m e einmal „zugeteilt" worden (sumerisch: ḫ a l, „to divide out", bei ETCSL 37 Vorkommen, im ePSD 55, wenige mit m e). Ninlil soll als Enlils Gattin den Anuna die m e austeilen (ETCSL 1.2.2, Vers. A, Segm. A, Z.39), ähnlich fungieren an anderen Stellen Enki (ETCSL 4.5.4.04, Segm. B, Z.4; ETCSL 2.5.6.2, Z.32), An und Enlil im Ekur (ETCSL 2.5.6.1, Z.11f.). Einzelne Texte verherrlichen die Vorrangstellung Ans (vgl. ETCSL 2.5.6.5 mit Herrscheraussagen wie in Z.8f.: „He seizes all the great divine powers and places his feet upon the numerous divine powers.", vgl. Z.46f.; he „shared out the divine powers [m e b a - a][132] for heaven and earth," ETCSL 4.01.1, Z.23) oder die Initiative Inanas (vgl. n i n m e š a r a = ETCSL 4.07.2).[133] Die Ausstattung eines Gottes mit m e durch einen anderen, meist höherrangigen wird häufig erwähnt (vgl. ETCSL 2.5.6.3, Z.32: Ninurta durch Enlil; ETCSL 4.07.2, Z.153: Inana durch An; ETCSL 4.12.1, Z.5, 25: Martu durch An; ETCSL 4.13.05, Z.21: Nanna-Suen durch Enki; ETCSL 4.22.4, Segm. A, Z.8 und ETCSL 4.22.6, Segm. A, Z.4: Ninisina durch An; ETCSL 4.28.1, Z.67: Nungal durch Ereškigal; ETCSL 4.29.1, Segm. A, Z.6–10: Nusku durch Enlil). Verschiedene verbale Ausdrücke finden dabei Verwendung: š u - g e n $_6$ (?), b a ; š ú m , š u - ĝ a r , r i , r i g $_7$, p à d , š u - s i , š u - t i , ein leitender *terminus technicus* ist nicht sichtbar. Selbst dem wenig bekannten, nordbabylonischen Numušda, Stadtgott von Kazallu, wird die „vollkommene Beherrschung" der göttlichen Kräfte zugetraut, so in ETCSL 2.6.7.1, Z.34–41 (das Verb: š u - d u $_7$ wird andererseits auch gerne mit „make perfect" oder „befitting" wiedergegeben, ETCSL Glossary, d u $_7$ = 1. „to make perfect", 290 Belege; 2. „to push", 77 Stellen; vgl. noch ePSD, š u - d u $_7$ = „to complete, perfect, be in working order", 306 Belege). In der Isin-Larsa-Zeit übernimmt teilweise der Gott Ḫaia die Verwaltung der m e (vgl. ETCSL 2.6.9.2, Z.16,31,37).

Trotz scheinbar enger Bindung der m e an Personengottheiten ist diese Koppelung keine durchgreifende Denkfigur, das Verhältnis von Person (Wille) und unpersönlicher Macht bleibt offen. Die m e erscheinen in vielfacher Hinsicht als eigenständige Kraftzentren. Sie werden z.B. Tempeln zugeschrieben, man vergleiche die Tempelhymnen ETCSL 4.80.1: Der 545 Zeilen lange Text enthält 30 Mal das Nomen m e . Ganz überwiegend nennen die Tempel-Sprüche das jeweilige Heiligtum einen Ort, an dem die m e vorhanden sind und ihre Wirkung entfalten.[134] Das Gebäude mag eine Metapher für die dort residierenden Gottheiten sein, so wie „das Weiße Haus" nach unseren Sprachregelungen die im Gebäude arbeitende Regierung vertritt. Aber manche Formulierungen in der archaischen Sammlung lassen einen anderen Charakter der m e durchscheinen. So heißt es in ETCSL 4.80.1, Z.50: „storehouse of Enlil, founded for the primeval divine powers (m e u l - e ĝ a r - r a)." Die im Tempel abgelegten m e stellen eine ruhende, nicht manipulierte Masse dar (vgl. a.a.O., Z.109 „Ĝi-

[132] Neben h a l wird in diesen Zusammenhängen das Verb b a „geben" verwendet, vgl. ePSD „to divide into shares, share, halve", angeblich 839 Mal belegt, aber selten mit dem „Objekt" m e . Das ETCSL Glossary verzeichnet 164 Stellen mit b a = „to allot", darunter sechs m e - b a Verbindungen. Häufiger sind Wendungen wie ĝ a r z a - b a („Riten beachten"); n í - b a („Schrecken abgeben") etc., die synonym zu m e - b a gebraucht werden können, vgl. ETCSL 1.4.1, Z.133ff., ETCSL 1.8.1.5. Z.144–148XX.

[133] Die Texte, welche Inanas Umgang mit den m e schildern (vgl. ETCSL 1.4.1; ETCSL 4.07.2; ETCSL 4.07.3; ETCSL 4.07.4; ETCSL 4.07.5), erwecken den Eindruck, als ob die Göttin streckenweise die Besitzerin aller Gotteskräfte gewesen sei, vgl. die litaneiartige Überlegenheitsformel „Inana, you are the lady of all the divine powers, and no deity can compete with you" (ETCSL 4.07.4, Z.9,20,37,56,77,93,107,116,126,144,159,191,205). Doch ist keine Ausschließlichkeit intendiert.

[134] Die Tempel spielen einen aktiven Part mit und neben den Gottheiten, die in ihnen wohnen, so z.B. in der Wendung m e – i - i (das Haus „lässt m e hervorgehen"), vgl. ETCSL 2.5.4.17, Segm. B, Z.9,13; m e š á r - r a u $_5$ - a (house „which rides upon all the m e") vgl. ETCSL 2.8.2.2, Z.3.

par"; Z.61: „é-me-ur$_4$-ana = Haus, das me zusammensucht"). Ausdrücklich an den Tempelbau mit seinen architektonischen Merkmalen gerichtet sind ETCSL 4.80.1, Z.266,317,371,374,381. Die letzte und drittletzte Zeile betonen die vorzeitliche Mitwirkung Ans bei der Ausstattung des Heiligtums mit den me. Z.428 nennt me und liturgische Riten (šu-luh) synonym hintereinander. Und wenn der Tempel „sein Haupt hoch unter den prinzlichen me erheben" soll (Z.448; ähnlich die massive refrainartige Aussage der „Haupterhebung" des Tempels in ETCSL 4.80.4, Z.43–51, der Hymne an den Ekur), lässt sich die Rede nur auf das Gebäude beziehen. Ähnlich steht es mit dem Preis des uralten Tempels von Keš, dessen Gründung in die Urzeit des Universums zurückprojiziert wird (ETCSL 4.80.2, Z.48E: „House which was planned together with the plans of heaven and earth ... with the pure divine powers"). Oder mit dem Ninĝirsu-Tempel von Lagaš unter Gudea (vgl. die Elogie auf Eninnu, das „Haus der Fünfzig" göttlichen Kräfte, ETCSL 2.1.7, Z.232–240,253 in ihrem näheren Kontext). Enlils Haupttempel in Nippur, der Ekur, ist kraft eigener me gegen alle Angriffe gefeit (vgl. ETCSL 4.05.1, Z.41–43 ausgeführt in Z.44–55! me-ul, Z.46). In der direkten Anrede an die Tempel und ihre machtvolle Ausstrahlungskraft, ihrer Beteiligung an der Weltordnung, ihrer kosmischen Funktion zeigt sich die sumerische Vorstellung von autochthonen heiligen Kraftzentren.[135] – Ob die isolierte Aussage me á-bi-ta è-a und ihre Wiedergabe mit „me which exist of themselves" (ETCSL 1.6.2, Z.707) als Beweis für die Eigenständigkeit der me taugt, bleibe dahingestellt (wörtl: „die aus ihrer [nicht personal] Kraft hervorgehen").

Tempel als Wohn- und Wirkungsstätten von Gottheiten sind religionsgeschichtlich weithin als zentrale Kultstätten bekannt. Kein Wunder, dass sie in der sumerischen Tradition intensiv mit den me in Verbindung gebracht werden. Die können wie in einem Depot auf Vorrat gelagert werden. Die Tempel setzen Gotteskräfte aus sich heraus und greifen damit in das Leben ein, denn die in ihnen vorhandenen Mächte wurden weitgehend mit den ĝarza, den „Riten/Ritualen", identifiziert. Aber sie sind nicht die einzigen nicht-personhaften Wesenheiten, denen Mächtigkeit eignet. In der sumerischen Überlieferung wird auch Ländern[136], der Unterwelt (ETCSL 1.4.1, Z.132–207, passim: „powers/rites of the underworld"), Städten,[137] Menschen,[138] Geräten[139] eine Begabung mit me nachge-

[135] Vgl. George 1993, 39: Die „Hierarchical Temple List" ... „is ordered according to the fame, cosmological importance, or presumed antiquity of the temples themselves." A.a.O., 59: Die Zeremonialnamen der Tempel (auf die sich seine Studie konzentriert) „most often express ideas about the cosmological place and function of the ancient Mesopotamian temple, for example ... é.me.ur$_4$.ur$_4$, ‚House which Gathers the Me's.'" Im Gegensatz zu den Funktionsnamen benennen Populärnamen das Heiligtum als „Haus der Gottheit NN". „The implication is that most ceremonial temple names were not in everyday usage" (a.a.O., 59f.). Das heißt im Klartext: Die theologische Unterscheidung von personhafter und unpersönlicher Machtmanifestation war Sache der Experten.

[136] Von ländereigenen me ist häufiger die Rede, vor allem aber hält das Land Sumer den Löwenanteil an verfügbaren guten Kräften, vgl. „Enki and the World Order", ETCSL 1.1.3, Z.193f.: Enki sorgt in seinem grundlegenden Schicksalsspruch über das Land und seine Bewohner für eine „trailing glory, bestowing powers on the people from sunrise to sunset. Your powers are superior powers, untouchable." Interessant, dass an dieser Stelle neben Sumer (ki-en-gi), great mountain (kur gal), land of heaven and earth (ma-da an ki, Z.192) das „Volk" (ùĝ, Z.193) mit in den Vordergrund tritt. Vgl. ETCSL 1.8.1.3, Version of Me-Turan, Segm. F, Z.16; ETCSL 1.8.2.3, Z.142; ETCSL 1.8.2.4, Segm. A, Z.261,263.

[137] Als besonders me-begünstigt gelten, je nach historischer Situation und lokaler theologischer Präferenz, z.B. die Städte Keš (vgl. ETCSL 4.80.2, Z.58E), Uruk (ETCSL 1.8.2.4, Segm. A, Z.6), Ur (ETCSL 2.4.1.3, Z.1; 2.4.1.5, Z.7; ETCSL 2.4.5.1, Z.24,27; ETCSL 2.4.5.4, Segm. A, Z.9 u.ö.), Girsu (ETCSL 2.1.7, Z.10–23,153), Nippur (ETCSL 2.5.4.03, Z.13; ETCSL 2.5.4.23 [Hymne auf Nippur für Išme-Dagan!]), Eridu mit Abzu (ETCSL 2.4.2.15, Segm. A, Z.1–8). Relativ unbekannt ist die „heilige Stadt" Nanšes, Niĝin (vgl. ETCSL 4.14.1, Z.1–9; ETCSL 2.1.7, Z.91). In der altbabylonischen Zeit wird Babylon das Zentrum der Gotteskräfte (vgl. ETCSL 2.8.3.2, Z.23), werden Asarluḫi/Marduk ihre Administratoren (vgl. ETCSL 4.01.1, Z.19), vgl. Sommerfeld 1982.

sagt. Vermutlich wirken sie sich entsprechend ihrer kontextuellen Bedeutsamkeit im jeweils gegebenen Rahmen aus. Die antiken Konzeptionen von machtgeladenen Größen sind am besten nachvollziehbar, wenn wir die noch gängigen Konnotationen von „Segen“ und „Fluch“ bemühen. Ungreifbare positive (bzw. negative) Ausstrahlungen haften Orten, Dingen, Riten an.

Wie dachten die Sumerer über das Verhältnis von Gottheiten und me? Außer den schon genannten Redewendungen über das „Austeilen“ oder „Zuteilen“ von göttlichen Kräften fallen die Ausdrücke auf, welche vom „Nehmen“, „Sammeln“, „Sich-Aneignen“, „Beherrschen“ o.ä. der me durch die personhaften Gottheiten sprechen. Einige Beispiele müssen genügen. Enki sagt: Mein älterer Bruder „gathered up (ur$_4$) all the divine powers and placed them (ĝar) in my hand“ (ETCSL 1.1.3, Z.65); „Holy Inana had gathered up (ur$_4$) the divine powers ...“ (ETCSL 1.3.1, Segm. F, Z.7); „Ninisina, ministering with intricate skill she gathers up (ur$_4$) the divine powers“ (ETCSL 4.22.1, Z.6f.); „I [Išme-Dagan!] have gathered together (ur$_4$) the divine powers of the E-kur “ (ETCSL 2.5.4.01, Segm. A, Z.138). Überall wird das Verb ur$_4$, „to collect“ verwendet. Es ist im ETCSL 62 Mal vertreten, davon ca. 20 Mal mit me. Wie das letzte Beispiel zeigt, kann auch der vergöttlichte König me „einsammeln“, allerdings tut er es in Übereinstimmung mit Enlil, seinem Herrn.[140] Für ETCSL ist me-ur$_4$ also eine geprägte Wendung. – Anders verhält es sich mit de$_6$, der Allerweltsvokabel „to carry, bring“ (ETCSL hat 937 Vorkommen), die zusammen mit me einen brisanten Sinn ergibt. Die singuläre Stelle sagt: “You [Inana] fetched (de$_6$) your divine powers on a favorable day, and none of them escaped you“ (ETCSL 2.5.6.4, Z.8). Noch schärfer ist der Zugriff Ans auf die me geschildert (ETCSL 2.5.6.5, Z.7–9: Verben kéše, „to seize“ und ĝìri-ĝar, „place feet upon“, s.o.). Das klingt in der Tat so, als ob die me bloße Objekte für machtbewusste Akteure seien. Weiter sei erwähnt der Ausdruck „auf me reiten, fahren“ (me-u$_5$ = Borger 2004, 277, Nr. 133 = *rakābu*, reiten; ETCSL 161 Vorkommen, fünfmal mit me: „ride“, aber auch „to gain control“), vgl. ETCSL 1.1.3, Z.135f.: Der Mythos „Enki und die Weltordnung“ lässt die Anuna Enki so anreden: „Lord, who rides (u$_5$) upon the great powers (me gal), the pure powers (me sikil), who controls (ĝìri-gub) the great powers, the many powers (me-šár).“ Vgl. auch ETCSL 2.5.5.2, Z.4; ETCSL 1.3.2, Z.1; ETCSL 2.5.4.05, Segm. A, Z.9. Eine andere, anschauliche Formel spezifiziert, dass Enki (bzw. eine andere Gottheit) „auf den me Platz genommen hat“ (me dúr ĝar-ra).[141] – Die besprochenen Wendungen, denen man die Aussagen mit dem Verb šu-du$_7$, „kontrollieren“, „vervollkommnen“ (s.o.) hinzufügen muss,[142] lassen ein herrschaftliches Verhalten der Gottheiten gegenüber den me durchscheinen. Mit dieser Konnotierung theologischer Einsicht ist mithin zu rechnen. Nur hebt sie die oben festgestellte relative Autonomie der me nicht auf, s.u.

Einige Male ist die Frage aufgetaucht, ob es in der sumerischen Theologie hinsichtlich der me eine einlinige Hierarchie der Kräfte gegeben hat. Dass die Autorität „von oben nach unten“ fließt, wird vielfach vorausgesetzt. Doch ist das Gefälle z.B. von den hohen und alten Gottheiten (An, Enlil, Inana, Enki etc.) zu den „jüngeren“ – weil erst rückwirkend konstruiert – oft durchbrochen. Wichtig sind die konkreten Lokalpanthea und die spirituellen und politischen Mächte, die sie symbolisieren. Innerhalb realer Kompetenzstrukturen kommt es gelegentlich zu me-Verteilungen und Gewichtungen von „unten nach oben“, also vom minder Mächtigen zum Mächtigen, wahrscheinlich oft infolge

---

[138] Išme-Dagan (ETCSL 2.5.4.01, Segm. A, Z.138); Rīm-Sîn (ETCSL 2.6.9.6, Z.1; ETCSL 2.6.9.7, Z.20); Priester (ETCSL 4.08.10, Z.21).

[139] Der königliche Thron (ETCSL 2.5.4.01, Segm. A, Z.73; ETCSL 2.5.4.02, Z.43 [Krone und Szepter inklusive]); Schäferstab (ETCSL 2.5.6.5, Z.14), kultischer Wagen (ETCSL 2.5.4.09, Z.1–5); tigi-Trommel (ETCSL 4.80.1, Z.7) usw.

[140] Der entscheidende Text für Išme-Dagan ist ETCSL 2.5.4.01, Segm. A, Z.133–159, ein Selbstlob des Königs, das aber auch von seinem Opferdienst für Enlil redet.

[141] ETCSL 2.5.4.04, Segm. A, Z.3; ETCSL 2.5.4.08, Z.1; vgl. Enlil und Ninlil in ETCSL 2.5.4.23, Segm. A, Z.86–88, Ninisina in ETCSL 4.22.1, Z.121, Sadarnuna in ETCSL 4.33.1, Segm. A, Z.1.

[142] Zu šu--du$_7$ vgl. ETCSL 2.5.4.02, Z.3; ETCSL 2.5.4.15, Version A, Segm. A, Z.2; ETCSL 2.5.6.4, Z.38f.; ETCSL 3.3.21, Z.2; ETCSL 4.13.05, Z.44; ETCSL 4.13.08, Segm. B, Z.9 usw.

einer regionalen Neuordnung der Verhältnisse. Sie werden häufig komparativisch (z.B. „ebenso mächtig wie An"; „mächtiger als An"; Status des Enlil etc.) klassifiziert (vgl. ETCSL 2.5.3.4, Z.27f. [Inana]; ETCSL 2.8.3.3, Z.8,12 [Samsu-iluna]; ETCSL 4.24.1, Z.12 [Ninlil]; ETCSL 4.29.1, Segm. A, Z.13 [Nusku]). In einigen Fällen kann ein menschlicher König die m e administrieren. Bei der Eigen-Apotheose von Potentaten seit der Akkad-Zeit ist das nicht abwegig: Šulgi (ETCSL 2.4.2.18, Z.44); Išme-Dagan (ETCSL 2.5.4.01, Segm. A, Z.138); Samsu-iluna (ETCSL 2.8.3.3, Z.8,12). Jedoch gilt das oben Gesagte: Der Monarch handelt auch als „Gottkönig" im Auftrag seines Oberherrn. Eine gewisse Bestätigung dieser Vermutungen bieten sumerische Personennamen, die eine unverdächtige, weil nicht interessengeleitete Informationsquelle darstellen. Einerseits stellt Manfred Krebernik m e - haltige Namen vor, andererseits findet Jakob Andersson kaum l u g a l -Epitheta, die mit m e = „göttliche Kraft" zusammengesetzt wären. „m e can be tentatively translated as ‚rites', that is, the execution of predefined cultic acts …".[143] Könige werden Gottheiten also nicht gleich gestellt.

Es bleibt noch die Reflektion über die inneren Qualitäten der m e. Wie wirken die Gotteskräfte in ihren jeweiligen Funktionsbereichen? Schilderungen ihres Wesens und Funktionierens sind rar. Man erfährt lediglich, dass m e vorhanden sind und genutzt werden. Wenige Passagen, besonders in der Inana-Literatur, nennen Wirkungsweise bzw. Funktion der m e.[144] Nicht viel mehr verraten allgemein gehaltene Attribute wie: „groß", „majestätisch", „heilig", „schrecklich", „zahlreich" usw. Alle solchen generellen Angaben lassen nur erkennen, wie sehr die antiken Benutzer der Texte mit den Inhalten vertraut waren: Die m e besitzen eigene Kraft, wirken anscheinend automatisch, durchpulsen alle Dinge und Vorgänge, das Seiende schlechthin. Es gibt unzählige Einzelpotenzen. Sumerische Systematisierungsversuche erschöpfen sich mehr symbolisch in der Nennung von 50er- oder 7er- Bündeln (vgl. ETCSL 4.22.6, Segm. B, Z.6; ETCSL 4.27.02, Segm. D, Z.3–5; ETCSL 1.3.3, Z.119; ETCSL 1.4.1, Z.14,102 etc.). Die m e werden positiv oder negativ geschildert, überwiegend jedoch positiv, als lebensförderliche „Substanzen". Neben den Sachaussagen (*empowerment* aller Kultur- und Lebensbereiche)[145] stehen hoch emotionale, interessengeladene Kapazitäten, die menschliches Dasein ausmachen und von Kraft, Glanz, Furchtbarkeit, Freude, Glück reden. Ein Beispiel: „Mother Ninlil, you are the goddess who provides the divine powers of joy and prosperity!" (ETCSL 4.24.1, Z.10). – Ein Blick in die weisheitlichen, pädagogischen Textgattungen (ETCSL Gruppe 5 und 6) lehrt, dass m e in anderen „Lebenssituationen" unterschiedliche Bedeutung hatte. So sticht hier der Sinn „göttliche Norm" (m e s i - s á : vgl. ETCSL 5.3.2, Z.56; ETCSL 5.3.5, Z.165) hervor, man vergleiche auch die Lehre des Šuruppak: „To have authority, to have possessions and to be steadfast are princely divine powers." (n i r - ĝ á l - e n í ĝ - t u k u g a b a - ĝ á l m e n a m - n u n - n a, ETCSL 5.6.1, Z.204). Die Proverbien verwenden m e auch im Sinn von „ordnungsgemäßer Standort im Universum" (vgl. ETCSL 6.1.02, Segm. A, Z.6,9; ETCSL 6.1.07, Segm. A, Z.4,6; ETCSL 6.2.1, Segm. A, Z.1).

---

[143] Krebernik 2002, bes. 23–32. Er betont die häufige Kombination von m e mit s i, „füllen" (Gotteskraft = „Füllstoff"?). Anders Andersson 2012, bes. 78–189. Die m e behandelt er 149f.; Zitat 149.

[144] Vgl. ETCSL 4.07.2, Z.65: „I will enumerate your divine powers" (hymnischer Vorsatz, nicht ausgeführt); aber ETCSL 4.07.3, Z.115–173 enthält eine schier endlose, mit wenigen Lücken erhaltene Liste der von Inana verliehenen menschlichen Fähigkeiten. Sie beginnt in Z.115 mit „To run, to escape, to quiet and to pacify are yours, Inana", nennt nach ca. 30 Qualitäten ausschließlich in Z.125 die bereitgehaltenen Gaben explicit die m e : „Assigning virility, dignity, guardian angels, protective deities and cult centres are yours, Inana" und läuft nach weiteren ca. 60 Nennungen, darunter auch Liebe, Hass, Krankheit, politischer Erfolg, in Z.170–172 mit drei beschädigten Zeilen aus: „… to gather the dispersed people and restore them to their homes, to receive …, to … are yours, Inana." Die Aufzählung erreicht wohl mehr als 100 Punkte und erlaubt aufgrund ihrer Formulierungen Rückschlüsse auf die Beschaffenheit der m e ; vgl. Zgoll 1997, 67: Die m e werden *de facto* auch in ETCSL 4.07.2, Z.123–133 artikuliert!

[145] Vgl. die o. Kap. 6.2.2.2 besprochene Tätigkeit Ninisinas für die m e der Medizin (ETCSL 4.22.1, Z.12,74–80).

Eine Literaturgattung, in der die me eine große Rolle spielen und die undifferenziert der Textgruppe 2 des ETCSL einverleibt ist, kann uns in der Qualitätsbestimmung der Gotteskräfte noch ein Stück weiterbringen. Es geht um die „Städteklagen". Sie zeigen, dass die me keinesfalls unveränderliche, stabile Größen, sondern im Gegenteil und manchmal offenbar gegen den Willen ihrer Administratoren anfällig für Wert- und Kraftverlust sind. Diese Einsicht öffnet die Augen für den fürsorglichen und engagierten Einsatz zugunsten der göttlichen Potenzen; sie bedürfen ständig der Realisierung, Weiterentwicklung und Perfektionierung, oft genug auch in anderen als Klagetexten. Inana „vollendet" z.B. die me (ETCSL 4.07.3, Z.8: šu du$_7$). Kurz, die „göttlichen Kräfte" unterliegen anderen Gesetzen als die Willensäußerungen von Mächtigen. – Zunächst zum Trauern (sumerisch: ér, „Weinen")[146] um zerstörte Städte und Tempel. In vielfältiger Weise wird die Klage laut: Die me sind „entfremdet, weggenommen" (kúr, „to be different", 284 Mal bezeugt, in Kombination mit me etwa 8 Mal, vgl. ETCSL 2.2.2, Z.69,170,388; ETCSL 2.2.3, Z.27; ETCSL 2.2.6, Version von Nippur, Segm. A, Z.17), „werden verloren, zerstört" (ḫa-lam, ETCSL 2.2.3, Z.356,448), „sind entweiht" (šu pe-el, ETCSL 2.2.4. Z.59,278), „fortgenommen" (è , ETCSL 2.2.4, Z.77,211), „weggeflogen" (dal, ETCSL 2.2.4, Z.114), „zerstreut" (bir, ETCSL 2.2.4, Z.4,168), „beschmutzt" (šu ḫul dug$_4$, ETCSL 2.2.4, Z.299), „umgestürzt" (šu bal ak, ETCSL 2.2.3, Z.3; ETCSL 2.2.6, Version von Nippur, Segm. A, Z.17), „gestört" (šu sùḫ dug$_4$, ETCSL 2.2.6, Version von Ur, Segm. A, Z.5). In dem sehr merkwürdigen Mythos von Ninurtas Kampf gegen die „mineralogische" Armee des Asag „verzaubert" ([?] ĝiš šub)[147] ein Stein die me Ninurtas und wird dafür verflucht (ETCSL 1.6.2, Z.483). Ein buntes und stark metaphorisch geprägtes Bild von den me! Die Mächte, welche me korrumpieren oder wegnehmen, sind in der Regel nicht namentlich bezeichnet, sondern nur allgemein als „Feinde" klassifiziert. Für die antiken Hörerinnen und Hörer musste die Rede von me-Schwächungen und -Beschädigungen höchst beunruhigend sein. Aber es gab die Möglichkeit, sich in Gebet, Ritus, Opfer an die Gottheiten zu wenden, die Störungen nicht zuzulassen, sie wieder rückgängig zu machen, die Ordnung neu zu begründen.[148] Allen Bekundungen zum Trotz, die me seien dauerhaft und unumstößlich,[149] war eine konstante Wartungs- und Reparaturarbeit notwendig. Sie obliegt Gottheiten, implizit den Tempeln mit ihrem ausgefeilten Ritualbetrieb, aber auch der *gouvernance* der Dynasten und dem ethischen Verhalten des Volkes.[150] Die Regeneration der me muss in regelmäßigen Abständen, nämlich mit dem Mondzyklus erfolgen. „... so that on the day of the disappearance of the moon the divine powers can be perfected" (ETCSL 2.5.3.1, Z.175; vgl. ETCSL 2.4.2.24, Z.137f.). Oder *ad hoc*-Feste dienen als Plattform für die Pflege der me, wie in Išme-Dagan Q (ETCSL 2.5.4.17, Segm. B, Z.9–16).[151] Alles in allem sind die me im sumerischen Horizont so etwas wie Nähr-, Kraft- und Heilstoff-Infusionen in die Lebenswelt: Sie werden nach gewissen Regeln verabreicht, tun dann aber eigenständig ihre Wirkung und bleiben in vieler Hinsicht ein Geheimnis. Man redete die me nicht an, weiß aber um ihre Bedeutsamkeit. Sie gehörten in das Getriebe

---

[146] Die sumerischen „Untergangsklagen" tragen unterschiedliche Gattungsbezeichnungen: ér-šèm-ma, balaĝ, šìr-nam-šub (vgl. Joachim Krecher, Klagelieder, in: RlA 6, 1983, 1–6), s. auch Cohen 1981; ders. 1988, Bd.1, 11–18.

[147] ĝiš šub, „verzaubern" wäre eine singuläre Wortbedeutung. Sie ist im ePSD nicht ausgewiesen, und derselbe Ausdruck wird an den beiden einzigen anderen Stellen im ETCSL mit „lay wooden scaffolding" (against the house; so ETCSL 2.1.7, Z.582) und „fell trees" (ETCSL 4.27.04, Z.1+2) wiedergegeben.

[148] Die Bitten an An aus „Lament for Sumer and Urim" sprechen Bände: ETCSL 2.2.3, Z.493–504.

[149] Vgl. ETCSL 2.4.2.20, Z.12; ETCSL 2.5.3.4, Z.65,81; ETCSL 2.4.5.1, Z.1,18; ETCSL 2.4.5.4, Segm. A, Z.9 etc.

[150] Vgl. ETCSL 2.4.5.2, Segm. A, Z.50 (Lugal-era); ETCSL 2.4.5.3, Z.22,27 (Nanna-Suen); ETCSL 4.29.1, Segm. D, Z.11,23 (Nuska); ETCSL 2.4.2.24, Z.137 (Šulgi); ETCSL 2.5.4.17, Segm. B, Z.9 (Išme-Dagan); Sallaberger 1993.

[151] me kann die Riten selbst bedeuten, deren Vollzug überlebenswichtig ist: ETCSL 2.4.4.4, Z.44.

göttlicher Manifestationen und Aktionen hinein, dem sich der Mensch zu stellen hatte und in dem er sich zurechtfinden musste. Die zu erwartende Haltung nennt Šuruppak gaba-ĝál, „Standhaftigkeit“, „Stärke“, und sie ist eine Gottesgabe (me: ETCSL 5.6.1, Z.204).

Das bisher in Kap. 8 Gesagte ist nun auf seinen Gesamteindruck hin zu befragen. Kann man einen Zusammenhang in sumerisches Theologisieren bringen? Eine große Zahl übermenschlicher Wirkkräfte und göttlicher Mächte müssen in ihrer Interaktion bedacht werden. Sie halten die Lebenswelt zusammen, konstituieren sie doch miteinander das Gegenüber, mit dem sich Sumerer und Akkader auseinandersetzen mussten. Man könnte sie gruppieren in a) wort- und willensgebundene göttliche Manifestationen wie inim, „Wort“, dug_4-ga, „das Gesagte, Befohlene“, ĝiš-ḫur (ETCSL 84 Mal), „Plan“, eš-bar (ETCSL 56 Mal), „Entscheidung“, nam-tar, „Schicksalsspruch“ und b) sachbezogene Phänomene, wie z.B. ĝarza, „Kultriten“; me-lám, „Schreckensglanz“; ní, „Furchtbarkeit“, „Aura“; me, „Wesens- und Wirkkräfte“. In diesen Zusammenhang gehörten auch zà-mí, „Preis“ und seine Synonyme, wenn wir ihnen nicht eine dritte Kategorie, c) von Menschen beeinflusste Mächte, zubilligen wollen. Alle diese unterschiedlichen Potenzen haben einen numinosen, wenngleich unpersönlichen Charakter; man wird in den sumerischen Texten mehr Beispiele für derartige machtgeladene Phänomene finden. Ihre Reichweite ist kontextuell begrenzt; sie sind semantisch und funktional ineinander verwoben. Scharfe begriffliche Abgrenzungen sind nicht zu erwarten, sie werden z.T. auch synonym verwendet. Für unsere Zwecke wird es deshalb genügen, die beiden Konzepte, „Schicksalsbestimmung“ (nam-tar) und „göttliche Wirkkräfte“ (me) wegen ihrer überragenden Bedeutung in der sumerischen Literatur genauer untersucht zu haben und sie exemplarisch mit den persönlichen Gottesmanifestationen in Beziehung setzen zu wollen. nam-tar und me sind nur begrenzt als Gottheiten angesehen worden,[152] überwiegend fungierten sie wie oben beschrieben als neutrale Wirkkräfte. Unser Problem liegt in der Verhältnisbestimmung von personhaften und neutrischen Mächten im sumerischen Denkhorizont.[153] Für die antiken Theologen gab es an dieser Stelle keine ernsthaften Fragen. Wie in der ihnen bekannten Welt alle möglichen Kräfte mehr oder weniger geordnet ineinandergriffen, so auch im göttlichen Bereich. Die jeweils größeren Potenzen bedienten sich, so weit wie möglich, der niederen Chargen. Aber keine Verfügungsgewalt war grundsätzlich absolut gedacht, wie im realen Leben auch. Hohe und höchste Gottheiten können ihre Macht verlieren (z.B. Enki; Inana; Dumuzi; auch die geringeren Kraftträger Huwawa; Gilgameš; Ur-Namma sind depotenzierbar). Vergleichende Aussagen über die konkurrierende Mächtigkeit verschiedener Gottheiten oder Tempel

---

[152] Vgl. Jacob Klein, Namtar, RlA 9, 2001, 142–145.

[153] In der Assyriologie hält man in der Regel die personhaften Gottesvorstellungen in Mesopotamien für die ursprünglichen, vgl. noch J. van Dijk, Gott. A. Nach sumerischen Quellen, in: RlA 3, 1971, 532–543, bes. 540f. Anders Josef Bauer, in ders. 1998, 495–523, bes. 496–500: Die älteren Gottesnamen „weisen auf eine ehemals nicht menschliche Erscheinung der Gottheit hin … . Wann eine Metamorphose zu reiner Menschengestalt stattgefunden hat, lässt sich aus der Veränderung der Namensform nicht erschließen.“ (a.a.O., 500). Folgerichtig beginnt Bauer seine Darstellung der vorsargonischen Religion mit einer Besprechung der unpersönlichen me (a.a.O., 496f.).

finden sich zuhauf.[154] Darum sind die von westlichen Interpreten konstruierten, selbstverständlichen Vorrangstellungen für personhafte Gottheiten über alle stummen numinosen Gewalten nicht überzeugend. Die personhaften Gotteserscheinungen sollten nicht automatisch an die Spitze der gefächerten religiösen Phänomene gesetzt werden; es gilt den Versuch, das integrale Weltbild der damaligen theologischen Apperzeption übermenschlicher Wirklichkeit nachzuvollziehen. Richtig ist zweifellos, dass die mesopotamische Religionsgeschichte das Bemühen antiker Theologen und Gläubigen ausweist, sich mit den personhaften Gottheiten in Verbindung zu setzen und die ebenfalls anthropomorph gedachten Dämonen und Unheilsmächte abzuwehren. Das ist vor allem über sprachliche Kommunikation geschehen. Im rituellen, kultischen Vollzug der Gottesbeziehungen waren jedoch viele Elemente vorhanden, die über die sprachlich-rationale Ebene hinausführten, emotionale Seiten der gedachten Personengottheiten berührten und auf die neutrischen Mächte einwirken konnten. Schon die Poetik der Sprache kann diese Funktion erfüllen, wie auch zahllose liturgische und magische Begleitverrichtungen (Musik, Gestik, Symbolik, Kleidung, Gaben usw.). Die im Alten Mesopotamien vorauszusetzenden, und z.T. archäologisch verifizierbaren Arbeits-, Architektur- und Finanzleistungen, Ritual- und Schreibanstrengungen für Aufbau und Unterhalt des gesamten religiösen Systems haben weite gesellschaftliche Kräfte gebunden[155] und eine intensive religiöse Praxis mit starkem geistig-emotionalen Engagement verlangt. Ohne das komplexe Ritual- und Zeremonialsystem ganz zu durchschauen, lässt sich vermuten, dass die kultische Performance den ganzen, von unübersehbaren Kräften durchwalteten Kosmos im Blick hatte. Die kultischen Anstrengungen waren vordergründig dazu bestimmt, Verbindungen zu den namentlich bekannten Gottheiten zu pflegen. Von Kulten für „unbekannte“ Götter oder unpersönliche Mächte ist nichts bekannt; wenn sie denn irgendwo, wie später im alten Athen (Apg 17,23), existiert haben sollten, würde ihr Einfluss gegenüber namentlich bezeichneten, personhaften Numina weit zurückfallen. Diese Feststellung tut aber der Tatsache keinen Abbruch, dass in der sumerischen Theologie nicht-personhafte Wirkmächte explizit anerkannt waren, dass man mit ihnen rechnete und sie in ein Beziehungsgeflecht mit den persönlichen Gottesgestalten des Pantheons oder der Heiligtümer brachte. Frappierend sind für uns jedenfalls die vielschichtige Geschlossenheit und der interne Spannungsreichtum ihrer Weltsicht.

---

[154] Vgl. nur ETCSL 2.1.7, Z.233, über Eninnu: „the powers of which are the greatest surpassing all other powers“; ETCSL 2.4.5.2 Segm. A, Z.10, über Lugal-era (und Mešlamta-ea, die Unterwelts-Zwillingsgottheiten): „Your divine powers are artfully fashioned divine powers, incomparable divine powers“; ETCSL 2.5.6.4, Z.1, über Inana: „Goddess who excels the Anuna gods, who has gathered together all the divine powers“; ETCSL 4.07.3, Z.3 und 2.5.3.4, Z.27, über Inana: „the magnificent lady who gathers up the divine powers of heaven and earth and rivals great An“; vgl. weiter ETCSL 2.5.6.2, Z.28 (Enki); ETCSL 2.5.6.5, Z.46f. und 4.13.08, Z.5f. (An); ETCSL 4.05.1, Z.137 (Enlil); ETCSL 4.07.4, Z.9 (Inana); ETCSL 4.14.1, Z.251f. (Nanše). Die sumerischen Ausdrücke für Konkurrenzverhalten und Überlegenheitsansprüche müssten genauer untersucht werden, vgl. d i r i g, „to be superior“ (ETCSL = 306 Mal), z a g s á, „to equal, to rival“ (ETCSL = 17 Mal; sá wird in dieser Wortkombination meist als š a $_4$ geschrieben).

[155] Vergleichbares geschieht in antiken wie modernen Kulturen z.B. im Bereich der militärischen, politischen und wirtschaftlichen Machtapparate.

Das integrierte, aus personhaften und unpersönlichen Elementen bestehende Gottheitsbild sumerischer Theologie gehört überwiegend in den Bereich der „offiziellen“ Religion. „Privater“ Glaube z.B. in der diagnostisch-therapeutischen Literatur, oder den Geschäfts- und Rechtsurkunden hat ein anderes Koordinatensystem. Die offizielle Religion ist mit städtischen, staatlichen und imperialen Parametern befasst.[156] Darum spiegelt sie die Verhältnisse und Interessen der gesellschaftlichen Formationen, in denen sie entstanden ist und praktiziert wurde. So auch in den sumerischen Hymnen. Die Gottheiten sind nach dem Modell irdischer Könige gedacht. Sie residieren in veritablen Palästen (é-gal, ETCSL = 204 Mal),[157] thronen auf erhöhten Sitzen (barag, ETCSL = 249 Mal),[158] halten Hof und veranstalten Gelage,[159] nehmen an Götterversammlungen[160] teil, beschäftigen Dienerschaft und Staatsminister (sukkal),[161] pflegen diplomatischen Austausch und gehen auf Inspektionsreisen.[162] Ihre Hauptaufgabe ist es, Natur und Kultur in ordentlichem, an menschlichen Interessen orientiertem Gang zu halten. Sie sind in erster Linie für die jeweilig real existierende Welt verantwortlich, sei es der Stadtstaat, dem sie vorstehen, der Territorialverband oder ein „Imperium“, die sie lenken. In allen Positionen jedoch regieren Gottheiten nicht absolut, wie nüchterner Menschenverstand auch in den entsprechenden irdischen Verhältnissen feststellen kann. Neben- und untergeordnete göttliche Wesen sind mit am Werk und vor allem auch die zahlreichen unpersönlichen Potenzen. Das interaktive Geflecht aller Kräfte, welche die Welt bewegen, ist das eigentliche Gegenüber der sumerischen Theologen. Gottheiten (und Monarchen) können sich aus einer gewissen Distanz wegen ihrer ungewöhnlichen Kapazitäten selbst loben.[163]

Genau um die Beziehungsmuster geht es. Wie dachten sumerische Theologen und Theologinnen[164] sich das teilweise konkurriernde Zusammenspiel der diversen Mäch-

---

[156] Leider werden „gesellschaftliche“ und „familiäre“ Religion kaum unterschieden – eine Folge des übertriebenen westlichen „Einheits“denkens, vgl. Rainer Albertz, Persönliche Frömmigkeit und offizielle Religion, Stuttgart 1978; Toorn 1996; Gerstenberger 2001a. Personennamen können zur Klärung der Sozialstrukturen beitragen, vgl. Albertz, a.a.O., 75–83; Krebernik 2002; Andersson 2012.

[157] Vgl. John N. Postgate, Palast. Einleitung, in: RlA 10, 2005, 195–200; Walther Sallaberger, Palast. A. I. In Mesopotamien im III. Jahrtausend, RlA 10, 2005, 200–204; George 2004, passim.

[158] Auch der Thronsitz hat göttliche Qualitäten, vgl. zu barag, „dais“ Martin Metzger, Königsthron und Gottesthron, 2 Bde., AOAT 15,1 und 15,2, Kevelaer und Neukirchen-Vluyn 1985.

[159] Vgl. Jean-Jacques Glassner, Mahlzeit. A. In Mesopotamien, in: RlA 7, 1990, 259–267, bes. 266f.; Gudrun Selz, Die Bankettszene. Entwicklung einer „überzeitlichen“ Bildmotivs in Mesopotamien von der frühdynastischen bis zur Akkad-Zeit, 2 Bde, Wiesbaden 1983.

[160] Der Götterrat (sum. ukkin, akk. *puḫur ilāni*) entspricht staatlichen oder Stammes-Gremien, vgl. Johannes van Dijk, Gott. A. Nach sumerischen Texten, in: RlA 3, 1971, 532–543, bes. 538f.

[161] Als Ämter in der Götterversammlung hebt Dijk a.a.O., „Leiter“ (kingal), „Boten“ (sukkal) und „Richter“ (di-ku$_5$) hervor; vgl. M. P. Streck, Nusku, RlA 9, 2001, 629–633, bes. 630f.

[162] Götterprozessionen hatten verschiedene Zwecke, vgl. Åke W. Sjöberg, Götterreisen in: RlA 3, 1971, 80–83; Wagensonner 2006; van Dijk a.a.O., 539: „Der Sinn dieser Götterreisen war, Neujahrsgaben zu den Eltern der Stadtgötter zu bringen.“

[163] Stellt das „Selbstlob“ eine Distanzierung des Ichs von den in ihm wirkenden Kräften dar?

[164] Für manche Forscherinnen und Forscher ist Enḫeduana, die Tochter Sargons, das leuchtende Beispiel einer Priesterin, Hymnendichterin und Theologin, vielleicht der ersten dokumentierten Frau

te? Sie haben anscheinend das Problem der Einheit alles Göttlichen, dem wir bei der Konstruktion unserer Weltsicht und theologischen Erkenntnis überall begegnen, nicht in derselben Weise oder Intensität wahrgenommen, zumindest gibt es darüber keine reflektierenden Äußerungen. Eins aber scheint deutlich: Im Gegensatz zu späteren, dualisierenden Entwicklungen in der mittelöstlichen Religionslandschaft[165] hält die sumerische Theologie an einer grundsätzlich „monistischen" Welterklärung fest. Die Weltphänomene gehören in ihrer Komplexität zusammen. Es gibt destruktive Chaos- und Unheilsmächte, sie lauern nicht nur in der Unterwelt, sondern sind auch den irdischen und himmlischen Sphären inhärent,[166] aber ihr Charakter ist ambivalent. Sie bilden keine Gegenwelt. Auch Unterweltsgottheiten wie Ereškigal, Nergal, Ninazu hatten ihre positiven Funktionen im Weltganzen und wurden in Tempeln verehrt und besungen. Und die besten und höchsten Numina waren nicht frei von Missgunst und Willkür, mit denen sie anderen das Leben schwer machen konnten. Die integrale Weltsicht der sumerischen Theologie schloss also das Böse in seinen vielfältigen Gestaltungen ein und machte nicht den Versuch, es terminologisch, konzeptionell und rituell säuberlich auszugrenzen. Dem entsprechend hört man – trotz vielfacher Hinweise auf den furchterregenden Glanz des Göttlichen und der Nichtduldung des Bösen – wenig über eine die Menschen ergreifende Heiligkeit, die zu Tabuisierungen des Unreinen, mit dem göttlichen Sein Unverträglichen, führen muss.[167] Die Spaltung der Welt in Gut und Böse hat nicht im sumerischen Denken stattgefunden.

Wie aber ist die Zusammenschau von personhaften und neutralen Mächten vor diesem „monistischen" Hintergrund im alten Sumer *de facto* bewerkstelligt worden? Den Personengottheiten kommt offenbar eine kommunikative Priorität zu, weil man unpersönliche Wesen mit Worten nicht erreicht. In der Ritualpraxis wirkt man jedoch direkt oder indirekt auf „stumme" Gewalten ein.[168] Man kann die wortlosen Anteile mit ma-

---

in sakralen Funktionen überhaupt. Selbst wenn die Zuschreibungen der Autorschaft wichtiger hymnischer Texte fiktiv und rückprojiziert sein sollten, offenbart die Nennung dieser Frau ein Interesse an der weiblichen Präsenz im Kultapparat, wann und wo immer es entstanden sein mag, vgl. Zgoll 1997.

[165] Es geht um eine grundsätzliche Spaltung der Welt in Licht und Dunkelheit, Wahrheit und Lüge, Geist und Materie, wie seit dem Aufkommen des Ahura-Mazda-Glaubens zu beobachten, vgl. Michael Stausberg, Die Religion Zarathushtras. Geschichte – Gegenwart – Rituale, 3 Bde., Stuttgart 2002–2004; Mary Boyce, A History of Zoroastrianism, 2 Bde., HdO 1:8/1.2.2a, Leiden 1975/1982.

[166] Tod, Pest und Feindesgewalt bedrohten die Menschheit ständig, und auch im Himmel gab es Streit bis hin zu zerstörerischen Auseinandersetzungen, wie z.B. die Konflikte zwischen Gilgameš und dem Himmelsstier, Inana und Enki, Enki und Ninmaḫ etc.

[167] Im Priester- und Opferdienst gab es selbstverständlich Reinheits- und Anstandsregeln für den Umgang mit der Gottheit und den geheiligten Darbringungen. Darüber hinaus mussten normale Bürger vorsichtig sein, damit sie weder eine Gottheit reizten noch gegen die anonymen Mächte verstießen. Die gängigen Ausdrücke für „Heiligkeit, Reinheit" (k u g, „shining" [ETCSL = 1255 Mal]; s i k i l, „to be pure" [ETCSL = 206 Mal] usw.) werden gern auch auf kultische Orte und Gegenstände angewendet, nicht aber – im Sinne perfekter Makellosigkeit – auf Menschen.

[168] Derartige wortlose, performative Handlungen sind in Ritualtexten besonders der „persönlichen, familiären" Religion zu finden, vgl. nur Maul 1994, 37–113. Auch die offizielle Religion übte sie, nur sind weit weniger Ritualvorschriften überliefert, vgl. die Herstellung einer t i g i-Pauke (Selz 1997, 167–213). Eine umfassende Darstellung findet sich bei Anne D. Kilmer, Pauke und Trommel. A. In Mesopotamien, RlA 10, 2005, 367–371, bes. 368–370. Die Instrumente dienten einmal dem

gischen Praktiken in Verbindung bringen (s.o. Kap. 8 passim). Über die Performanz der literarisch-kultischen Texte erreichten sumerische Theologen also nicht nur die personhaften Gottheiten, sondern auch die assoziierten Weltkräfte; denn die waren kraft Schöpfungsbestimmung ins Ganze eingebunden. Auch die menschlichen, besonders die kultischen und politisch-ethischen Aktivitäten,[169] waren Teil der Weltdynamik, weil die „praktische Theologie" der Sumerer auch darauf abzielte, positiven Einfluss auf das Geschehen zu nehmen. Was die personhaften Gottheiten angeht, so waren sie – entgegen dem Anspruch auf unvergleichliche Autorität und Macht – keineswegs allgegenwärtig, allmächtig, allwissend. Aber die theologischen Ansprüche an die Götterwelt stiegen, die menschlich-allzumenschliche Darstellung von Gottheiten fällt seit der Mitte des 2. Jt. dem gesellschaftlichen Konsens zum Opfer. Und im 1. Jt. v.u.Z. (oder doch erst in der christlichen und islamischen Zeit?) bemerkbare Absolutheitsansprüche erwuchsen am ehesten aus politischen Eine-Welt-Konzepten.[170] Sumerische Theologen scheinen sich an der erfahrbaren Realität und Erkenntnis abgearbeitet zu haben. Die Verhältnisse sind für sie seit Urzeiten so gesetzt und geworden, wie sie sind. Gottheiten und Menschen müssen sich in dem schwer durchschaubaren Getriebe von z.T. widerstreitenden Ansprüchen behaupten. Im Horizont eines Staatsgebildes sind „innere Sicherheit", Segen und Wohlstand, Recht und Gesetz, Frieden und Glück solange garantiert, wie Königtum, Tempelkult und „Volk" (ù ĝ, ETCSL = 415 Mal) stiftungsgemäß funktionieren. Laufen wichtige Prozesse aus dem Ruder oder greifen feindliche Mächte von außen ein, dann gerät das Gemeinwesen in Gefahr und kann nur durch allseitige Kraftanstrengungen wieder in gedeihliche Bahnen gebracht werden. Die Bändigung von verderblichen Regungen, welche hier nicht eigens thematisiert werden kann, und die Stärkung und Pflege der vielschichtigen „göttlichen Kräfte" waren für die Sumerer offizielle Überlebensstrategien.

Das interne Zusammenspiel der personhaften und unpersönlichen Wesenheiten bleibt uns jedoch großenteils verborgen. Kann es überhaupt aktive Beziehungen zwischen so verschiedenen Seinsweisen geben?[171] Unsere Logik sträubt sich gegen eine interaktive Zusammenordnung. Wir denken eher in Gegensätzen und Herrschaftsverhältnissen von Mensch – Natur, Materie – Geist, Gott – Welt. Auch den Sumerern selbst scheinen die Beziehungen zwischen Persongottheiten und göttlichen Mächten manchmal nicht geheuer gewesen zu sein. Nach Analogie des christlichen Trinitätsdogmas jedoch könnte man sagen: Die personhaften Gottheiten setzen das „Schicksal", das den Menschen schützt und fördert, aus sich heraus, wie der christliche Vater-

„general entertainment" (a.a.O., 368), aber in rituellen Kontexten ragten sie aus dem Alltäglichen weit heraus. „Drums … could receive offerings …"; „some drums were divinized" (a.a.O., 368). Vgl. Riten zur Königskrönung: Angelika Berlejung, Die Macht der Insignien. Überlegungen zu einem Ritual der Investitur des Königs und dessen königsideologischen Implikationen, UF 28, 1997, 1–35.

[169] Ein wichtiges Beispiel sind die ĝ a r z a, „Tempelrituale" (ETCSL = 75 Mal), die gelegentlich als m e klassifiziert oder synonym dazu gebraucht werden. Auch der Lobpreis ist eine spezielle, menschlich-göttliche Kraft (s.u.).

[170] Vgl. Pongratz-Leisten 2010; Gerstenberger 2001b.

[171] Die grundlegende grammatische Unterscheidung im Sumerischen zwischen belebten und unbelebten Nomina ist nur scheinbar eine qualitative Sachabgrenzung. Sie will anscheinend keine ontologischen Mauern aufrichten, sondern nur die Grenzen sprachlicher Kommunikation aufzeigen.

gott den Sohn. Die allem Seienden innewohnenden Kräfte entsprechen ihrerseits dem „Geist“ der Trinität. Er ist eine dritte, in sich selbständige, nicht persönlich konstruierte Wesenheit. Damit ergibt sich ein paradoxer Sachverhalt: Die angeblich so monotheistisch gestimmte, christliche Gotteslehre liefert höchstselbst ein gegliedertes Gottesmodell, das uns die sumerischen Vorstellungen verdeutlichen kann, ja, das vielleicht in direkter Abkunft von den antiken, mesopotamischen Theologien steht und eine Urerfahrung menschlicher Welterklärung darstellt. Der religiöse Glaube muss die übermenschlichen Mächte persönlich anreden, weil die Sprache dem Menschen das wichtigste Kommunikationsmedium ist. Aber er kann sich nicht mit dem persönlichen Gegenüber zufrieden geben, weil alle Erfahrungen für weitere, neutrale und vom persönlichen Ich unabhängige Wirkmächte sprechen. Sumerische Theologen banden die neutralen Mächte an die personhaften, um überhaupt Einfluss auf sie zu bekommen, wohl wissend, wie prekär die vermittelte Kommunikation sein kann. Noch die „pessimistischen“ Weisheitslehren des 1. Jts. v.u.Z. haben schwer mit dem traditionell sumerischen Erbe einer ausbalancierten Welt zu kämpfen.[172] Das Theodizee-Problem ergibt sich mit einer gewissen Zwangsläufigkeit aus der Spannung zwischen den personhaften und neutralen Gotteskraftkonzeptionen, nämlich immer dann, wenn das „blinde“ Schicksal ignoriert und alles Unheil einem Allherrscher zugeschrieben wird.

9. Loben und Klagen (Konstruktion)

Wenn die oben gezeichneten Grundlinien eines sumerischen Gottes- und Weltverständnisses einigermaßen zutreffen (s.o. Kap. 5–6), sind jetzt die Funktionen des Preisens zusammenfassend zu untersuchen. Das Gegenstück zum Lobgesang ist die kollektive Klage über Verlust, Untergang und Tod: Sie ist für das Gesamtverständnis von großer Bedeutung, kann hier aber nur bedacht werden, wenn aus dieser Gegenperspektive besonderes Licht auf das sumerische Loblied fällt.[173] Dass Lob und Dank auf der einen und kollektive Klage, die eine Schicksalswende will, auf der anderen Seite elementare Motivationen[174] für die menschliche Kontaktsuche mit dem Übermächtigen

---

[172] Vgl. Lambert 1960 (^{2}1996); Willem H. Ph. Römer und Wolfram von Soden, Weisheitstexte, TUAT III, Gütersloh 1990; Richard J. Clifford (Hg.), Wisdom Literature in Mesopotamia and Israel, Symposium Series 36, Atlanta 2007. Die Zweifel an der gerechten Weltordnung beginnen mit dem sumerischen Werk „A Man and his God“ und setzen sich in den dem Buch Hiob verwandten akkadischen Dichtungen fort, vgl. Paul-Alain Beaulieu, The Social and Intellectual Setting of Babylonian Wisdom Literature, in: Clifford a.a.O., 3–19, bes. 8–10; Jean Bottéro, Mésopotamie. L'écriture, la raison et les dieux, Paris 1987, Kap. 14 („Der pessimistische Dialog und die Transzendenz“).

[173] Vgl. Cohen 1988; Michalowski 1989: Diese und andere Texteditionen von Untergangsklagen sind philologisch und thematisch orientiert und enthalten wertvolle Kommentare und Interpretationen, stellen aber noch keine umfassende Aufarbeitung des sumerischen Klagens dar.

[174] Theologen verschiedener Denkrichtungen haben die Spannung zwischen Klage und Lob in der Bibel hervorgehoben, vgl. z.B. Claus Westermann, Lob und Klage in den Psalmen (1977), Göttingen ^{5}1983; Walter Brueggemann, The Psalms and the Life of Faith (hg. von Patrick D. Miller), Minneapolis 1995. Sie haben aber überwiegend die individuelle Erfahrung im Blick.

sind, dürfte allgemein Zustimmung finden.[175] Es ist ferner klar geworden, dass beides, Preisen und Klagen auf die „Konstruktion" bzw. „Wiederherstellung" der Weltordnung zielen. Beide emotionale Einstellungen beanspruchen einen eigenen „Sitz im Leben". Freud und Leid gehören im Lebenslauf zusammen, aber sie haben je eigene Rituale ausgebildet und unterscheidbare Zielsetzungen.

„Konstruktion" der Ordnung impliziert an dieser Stelle vor allem die Beteiligung des Menschen an der Erschaffung und Erhaltung der erfahrbaren Welt. Es geht mit anderen Worten um die theologische Anthropologie[176] der sumerischen Dokumente. Wie stellte man sich Rollen und Wirkungsmöglichkeiten des *homo faber* vor? Diese Grundfrage ist auch im Christentum eifrig erörtert worden. Die Antworten der westlichen Konfessionen basieren wohl sämtlich auf einer scharfen Unterscheidung von „Schöpfer" und „Geschöpf", variieren aber erheblich zwischen Konzepten, die eine Mitwirkung oder Mitverantwortung der Menschen zulassen und solchen, die einen Synergismus entschieden ablehnen.

Die Textanalysen (o. Kap. 6.2–3) haben gezeigt, dass der an Gottheiten, Könige, Tempel und Gerätschaften gerichtete Lobpreis in der sumerischen Literatur eine Kraftübermittlung vom Lobenden auf den oder die Gepriesene(n) hin darstellt. Dieser häufig beobachtete Impuls kann als gesichert gelten und braucht nicht mehr ausgeführt zu werden: Menschlicher Lobpreis in Richtung auf die göttlichen Potenzen aller Art mehrt das Potenzial der „anderen Seite", lebenserhaltend und lebensfördernd tätig zu sein. Das zà-mí-Lob ist eine archaische Form des Preisens; es ist formelhaft über die Jahrhunderte präsent und bezeichnet offenbar eine besonders wirkungsvolle menschliche Beteiligung am Erhalt des universalen Ordnungsgefüges. Die (kollektiven) Klagen in ihrem sozialen und sakralen Kontext fordern Gottheiten (und Gotteskräfte) auf, ihre Verpflichtungen gegenüber dem Ganzen wahrzunehmen. So leisten auch sie einen Beitrag zur Existenzsicherung.

Viele Fragen sind aber noch offen: In welchen sozialen Milieus und in welchem rituellen oder sonstwie institutionalisierten Rahmen sind die Kreativfunktionen des Preisens realisiert worden? Die in Kap. 6 hier und da geäußerten Vermutungen reichen nicht aus. Weiter ist genauer zu bestimmen, auf welche Weise das zà-mí-Lob in das Spiel der göttlichen Potenzen eingreifen kann. Und schließlich stellt sich die theologi-

---

[175] Die Faszination des Göttlichen oder Umgreifenden ist selbstverständlich ein dritter Anreiz, sich dem Großen und Ganzen zu nähern, vgl. Rudolf Otto, Das Heilige (1917), Gotha [14]1926, 43–54. Die Aspekte des *tremendum* und *sanctum* oder *majestaeticum* sind dabei parallel zu beachten.

[176] Alle geisteswissenschaftlichen und manche naturwissenschaftlichen Disziplinen sind zur Grundlegung ihrer Arbeit an einer Definition von „Wesen" und „Wirken" des Menschen interessiert, vgl. Kindlers Enzyklopädie Der Mensch, hg. von Herbert Wendt, 10 Bde., Zürich 1981; Wolfhart Pannenberg, Anthropologie in theologischer Perspektive, Göttingen 1983; Fritz Ley, Das Werden von Welt und Mensch in Mythos, Religion, Philosophie und Naturwissenschaft, ein Beitrag zur Problematik des Gottesbegriffes, Neu-Isenburg 1985; Catharina J. Halkes, Das Antlitz der Erde erneuern, Gütersloh 1990; Karl Rahner (bearbeitet von Karl-Heinz Neufeld), Der Mensch in der Schöpfung, Gesammelte Werke Bd. 8, Solothurn und Düsseldorf 1998; Heinrich Schmidinger (Hg.), Der Mensch – Ein Abbild Gottes? Geschöpf, Krone der Schöpfung, Mitschöpfer, Darmstadt 2010. Die altorientalische Forschung im Blick auf eine theologische (oder säkulare?) Anthropologie ist noch nicht sehr alt, vgl. Pettinato 1971; Klein 1990; Schellenberg 2011; Steinert 2012.

sche Frage nach dem Zusammenwirken „transzendenter" und „immanenter" (fragwürdige, überholte Begriffe!) Potenzen. Damit sind abschließend zwei Denkkreise abzuschreiten: Es geht um den „Sitz im Leben" der Hymnen und die Struktur des Universums, einschließlich der besonderen zà-mí-Kompositionen und die theologische Bewertung menschlicher Lob-Arbeit.

Die Analyse der Texte ließ vermuten, dass literarische Hinterlassenschaften in sumerischer Sprache generell in den höheren Gesellschaftsschichten gepflegt und performativ gebraucht wurden, und zwar vor allem im Dienst übergeordneter, sekundärer Gesellschaftsstrukturen.[177] Exemplarisch gilt das für die hymnische Literatur. Sie kann in ihrem Kern,[178] das heißt, in den direkt auf ein Gegenüber hin kanalisierten Lobaussagen, nur aus dem Bemühen der Verantwortlichen um die Makroordnung hervorgegangen sein. Die Eulogien lassen eine Lob darbringende Person oder Partei und einen ritualisierten Ablauf erkennen – Indiz für ein größeres Gesellschaftsgefüge. Ob Könige, Gottheiten, befugte und beamtete Sänger, Priester, Schreiber zu Wort kommen, die Abzweckung des Preis„gesanges" ist nicht die Stärkung von isolierten Einzelfaktoren, sondern das Wohlergehen des regionalen bis universalen Gemeinwesens, dem Preisende wie Gepriesene gemeinsam angehören.

Dieses Faktum kann leicht an der Sprache/Wortwahl und dem Aufbau von Hymnen aufgezeigt werden. Die Einzeltexte beginnen in der Regel mit preisenden Attributen und Handlungsaussagen, gerichtet an die Lobadresse, und laufen auf Wunsch- oder Bittformulierungen, bzw. Aufzählung der Segensgaben aus. Viele Texte aus den Gruppen 2 und 4 des ETCSL sind so komponiert, dafür einige Beispiele:

ETCSL 2.3.1 (adab to Bau for Luma = Luma A): Die Göttin Bau, Gemahlin des Ninĝirsu, ist von An und Enlil eingesetzt (Z.1–11); sie bestimmt das Schicksal von Lagaš und das seines Königs Luma (Z.12–21,22–57).

ETCSL 2.4.1.2 (tigi to Enlil for Ur-Namma = Ur-Namma B): Enlil hat Urnamma erwählt und den prächtigen und heilvollen Tempel Ekur begründet (Z.1–38). Weil der König von Ur die Tempelkonstruktion in Nippur ausgeführt hat, bekommt er Segensspruch und Verheißungszusagen für sein Reich (Z.40–71: Schlusszeile: „There is now joy and abundance in Urim because [?] of Ur-Namma.").

ETCSL 2.4.2.01 (praise poem of Šulgi = Šulgi A): Der Selbstruhm des Šulgi mit Eigenvergöttlichung durchzieht das ganze Lied (Z.1–94), immer zu Nutzen des Reiches, wie sich im Schlussabsatz zeigt (Z.95–101).

ETCSL 2.4.2.20 (tigi to Ninurta for Šulgi = Šulgi T): Šulgi T bringt traditionell: Lob Ninurtas wegen seiner überragenden Macht (Z.1–26) und Bitte um langes Leben für den König (Z.29).

ETCSL 2.4.4.4 (tigi to Ninurta for Šu-Suen = Šu-Suen D): Ninurta wird gepriesen (Z.1–4), seine Hilfe möge Šu-Suen zugute kommen (Z.6–43), während der König Ninurta vertrauen soll (Z.52–62).

ETCSL 2.5.7.1 (adab to Ninurta for Būr-Suen = Būr-Suen A): Ninurta gilt der Lobgesang (Z.1–24), aber schon recht bald kommt die Fürbitte für Būr-Suen hinein (Z.23,26).

ETCSL 2.6.9.1 (Prayer to Enlil for Rīm-Sîn = Rīm-Sîn A): Der kurze, unvollständige Text lobt Enlil in wenigen Eingangssätzen (Z.1–2) und geht dann gleich in Fürbitten für Rīm-Sîn über (Z.5–25).

[177] Die Begriffe a) „primär" und b) „sekundär" im gesellschaftlichen Sinn meinen a) „natürlich" gewachsene Kleingruppen (Verwandtschafts- und Nachbarschaftsverhältnisse) und b) durch Einsatz von politischer und ökonomischer Macht zustande gekommene, anonyme Großgesellschaften.

[178] Über Ausnahmen und Randerscheinungen des Lobpreises vgl. z.B. o. Kap. 6.2.2.3 und 6.2.2.7.

ETCSL 4.07.5 (t i g i to Inana = Inana E): Die Preisung der Inana (Z.1–8) wechselt zur Beschreibung ihrer Zuneigung und Hilfe für den Geliebten Ama-ušumgal-ana (Dumuzi), der möglicherweise den regierenden Monarchen symbolisiert (Z.9–53).

ETCSL 4.13.01 (b a l b a l e to Suen = Nanna A): Nanna (Suen) ist der große Herr der unentbehrlichen Rinder (Z.1–49); er wird von Enlil begünstigt und teilt seinen Segen der Stadt Ur mit (Z.50–60).

ETCSL 4.26.1 (t i g i to Nintur = Nintur A): Nintur (Ninḫursaĝa) war die große Muttergottheit: Sie empfängt starkes Lob (Z.1–35), und gibt Fruchtbarkeit zurück (Z.36–43).

ETCSL 4.17.1 (b a l b a l e to Ninazu = Ninazu A): Ninazu ist der „Hirte" seiner Stadt (Ur), darum wird er überschwänglich gepriesen (Z.1–29), und das soll der Stadt nützen (Z.30).

Die angezogenen Belege lassen sich vermehren. Sie sind in Sprache und Struktur keineswegs einförmig, sondern präsentieren eine Fülle von Modalitäten. Dennoch lässt sich das Gefälle vom aufbauenden Lob am Anfang, dem in der Folge immer wieder durchscheinenden Bezug auf die Sozietät, die hinter der hymnischen Veranstaltung steht, bis zum Verlangen nach Segen und Wohlergehen deutlich erkennen. Die Lob-Aufführung verbleibt im großgesellschaftlichen Rahmen. Das Schicksal der Einzelnen wird nicht thematisiert, es sei denn *pars pro toto* in der Fokussierung auf den regierenden König. Doch partizipieren alle Landesbewohner am Gemeinwohl: Das „Volk" (s.u. Kap. 10) personifiziert neben dem Monarchen das Gegenüber der Gottheiten und ist mit das Ziel der göttlichen Wohltaten.

Bei der Akkumulation von Lob spielen alle Redeformen, die den Preisvorgang bezeichnen, eine Rolle, z à - m í vertritt am Deutlichsten die göttliche Kraft. Ausdrückliche Hinweise auf kultisches Lobsingen sind, wie im 6. Kap. hervorgehoben, an der Textgestalt erkennbar (Rubriken!), aus den Sprachformen ableitbar (gemessene, liturgische Sätze; litaneiartige Wiederholungen; gehobene Wortwahl; Strophenbildung; gelegentliche Verwendung von Emesal usw.),[179] und durch explizite Hinweise auf die relevanten rituellen Prozesse und Tempelsituationen evident. Diesen letzteren Indizien gilt die besondere Aufmerksamkeit, denn textliche „Selbstverweise" sind kein literarisches Phänomen. Sie geben absichtslos und gattungsgemäß den Sitz im Leben preis.

Die Bezugnahme auf Tempelkult und rituelle Einbettung der Hymnen ist in den Einzelanalysen von Kap. 6 mehrmals aufgefallen. Konkret sind die Erwähnungen von professionellen Sängern, Priestern und ähnlichem Personal wichtig, außerdem die Klassifizierungen und Rubrizierungen der Hymnentexte, die sich leider unserem direkten Verständnis entziehen.[180] Erwähnungen von liturgischer Konzipierung und Aufführung eines Hymnus sollten ernst genommen werden. Das Šulgi-Selbstlob (Šulgi E) und seine Hervorhebung der Hymnenkomposition wurde schon gewürdigt (Kap. 6.3.1.6), ebenso Inana B, „The exaltation of Inana" (Kap. 6.2.2.4) mit ihrem dezidierten Vermerk von Hymnendichtung und -vortrag. Gibt es weitere handfeste Belege für den praktischen, gottesdienstlichen Gebrauch von Hymnen? Mir scheint, dass alle Hinweise auf das *Singen* von Hymnen und die *Begleitmusik* kräftige Indizien für eine kultisch-zeremonielle Verankerung der betreffenden Texte sind. Denn in der sumerischen Antike sind Volksbelustigungen mancher Art zwar bekannt, aber ihre Terminologie und Narratologie unterscheidet sich doch erheblich von der tempelgebundenen, streng religiösen

---

[179] Wilcke 1974.

[180] Die für uns kryptischen Bezeichnungen zweifellos liturgischer Provenienz sind mehrfach untersucht worden, vgl. Hallo 1970; Wilcke 1974, 252–292 (= Kap. 11: „Unterschriften und Rubriken"); Shehata 2009, 247–306 und 337–360 (= Kap. 12: „Sumerische Liedgattungen" und Kap. 14: „Angaben zur Vortragspraxis").

Diktion, mit der heilige Riten dargestellt werden.[181] Die Darbringung von Opfern andererseits, die in den rituellen Kalendern eine große Rolle spielt, fehlt im Umfeld von Hymnenaufführungen! Das ist merkwürdig. Ist diese Lücke getrennten schriftlichen Überlieferungen geschuldet? Oder zielt der Opferkult auf die Erhaltung der physischen und die Hymnik der spirituellen Existenz der Gottheiten? Die Einrichtung und Fortführung von Hymnen-*Rezitationen* und der Gebrauch des Terminus ĝarza („Ritus") sind weitere Merkmale einer festen Verankerung der relevanten Texte in Tempelliturgien.

Das sumerische Vokabular für „Singen", „Gesang", „Musik", „heilige Instrumente" zeigt sich – wie mehrfach angedeutet – in der „Hymnenliteratur" eindrucksvoll präsent.[182] Der „Sänger", „Musiker" (nar) ist feste Berufsbezeichnung (s. o. Kap. 6.2.1 und 6.3.1.6); das heilige „Lied" (šìr)[183] genießt hohe Achtung. Der musikalische Vortrag, einschließlich der Rezitation von Texten wird oft durch du_{11}, dug_4, wiedergegeben. Musik, Sprache und Ritus konstituieren seit archaischen Zeiten die Welt.[184] ĝarza fasste im alten Mesopotamien das ganze Ritualwesen zusammen: die heiligen, von den Göttern geschenkten, überwachten zeremoniellen Vorgänge und Inszenierungen, welche für den Erhalt der Grundordnungen der Lebenswelt in Natur und Gesellschaft unerlässlich waren. Das alles stand auf dem Boden eines allgemeinen Bewusstseins, das sich nicht nur als Objekt der übermenschlichen Kräfte erfuhr, sondern beim Aufbau der Kultur zeremoniell mitwirken wollte.[185]

Trotz aller Unterschiede scheinen die menschlichen Einstellungen und Handlungsmodelle gegenüber dem „Göttlichen" in der sumerischen Antike und der „Moderne" – wie sie in „Lob" (Zustimmung; Akzeptanz; Kooperationsbereitschaft) und „Klage" (Leidensdruck; Aufbegehren; Veränderungswille) zum Ausdruck kommen – nicht grundsätzlich verschieden zu sein. *Mutatis mutandis* sind auch heute an vielen Stellen unseres Gesellschaftsgefüges Lob- und Zustimmungsaktionen von eher Machtfernen erforderlich, damit alles seinen geordneten Gang gehen kann. Die Welt der Naturwis-

---

[181] Im Alltag und Festtagsgeschehen der Bevölkerung geht es tatsächlich oft um „Entertainment", während allein schon die geweihten Instrumente (vgl. Selz 1997) – um von heiligen Personen und Zeremonien noch nicht zu reden – aus dem Alltagsleben weit herausgehoben sind.

[182] Umfassendere Studien der altorientalischen Musik sind u. a. Francis W. Galpin, The Music of the Sumerians and their Immediate Sucessors the Babylonians and Assyrians (1936), Straßburg ²1955, Nachdruck Baden-Baden 1972; Wilhelm Stauder, Die Musik der Sumerer, Babylonier und Assyrer, HdO 1, Erg. Bd. 4, Leiden 1970, 171–243; Schmidt-Colinet 1981; dies., Sänger, Sängerin. B. In der Bildkunst, in: RlA 11, 2008, 503–506; Pruzsinszky 2007; Ziegler 2007; Subhi Anwar Rashid, Mesopotamien, Musikgeschichte in Bildern, Leipzig 1984; ders., Die Musik der Keilschriftkulturen, in: A. Rietmüller und F. Zaminer (Hg.), Die Musik des Altertums, Bd. 1, Laaber 1989, 1–30: Krispijn 1990; Kilmer 1993–1997; C. Ambos, Sänger, Sängerin. A. Philologisch, in: RlA 11, 2008, 499–503; Shehata 2009. Die im Internet zugängliche Zusammenstellung von Literatur zur mesopotamischen Musikarchäologie und Theorie von Karin St. Schmidt (o.J., 2004? s. Bibliographie) geht auf sumerische Hymnen und Kultsänger bewusst nicht ein (a.a.O., 3), wird aber in der Zeitschrift NABU fortgesetzt. Der Verein für „Near and Middle Eastern Archaeomusicology" (London) unterhält eine informative website (http://www.iconea.org) und ein online-Journal (NEMO online), vgl. o. Anm. B 86.

[183] Der Sänger gehört zum Kultpersonal; das Lied ist wirkmächtiger Teil einer Liturgie.

[184] Das ist eine in unseren Tagen vielfach verhandelte Einsicht, vgl. C. Maurice Bowra, Primitive Song, New York 1962; Gladys A. Reichard, Navaho Religion. A Study of Symbolism, Princeton 1950 (reprint 1990); Heidelberger Sonderforschungsbereich 619 („Ritual Dynamics"); Berliner Sonderforschungsbereich 447 („Kulturen des Performativen"); Team Islamwissenschaft des CNMS, Marburg: Ritualforschung, Performanz (Musik; Tanz; Theater) usw.

[185] Vgl. Theodor H. Gaster, Seasonal Ceremonies in: EncRel 13, 1987, 148–151; Zuesse 1987, 405–422.

senschaft und Technik ist dabei möglicher Weise autonomer, obwohl auch sie von gesellschaftlicher bzw. „privater" Finanzierung lebt und ihre eigenen Vorstellungen von der Beherrschung der Naturkräfte entwickelt hat (Erforschung von Gesetzmäßigkeiten, um sie in Eigenregie nachvollziehen zu können). Militär- und Wirtschaftskreise können sich oft der politischen oder gesellschaftlichen Kontrolle entziehen. Im Blick auf die Machtbalancen aber erweisen sich öffentliche, ostentative Huldigungen und Förderungen oft als entscheidend wichtig.

In subalternen[186] Gesellschaften wird die Pflege der Gottheiten von den Herrschenden usurpiert (Staatskult), die vorgeben, man müsse mit den „Mächten" „auf gleicher Augenhöhe" verkehren. Die altsumerischen Gesellschaften waren nicht in dieser Weise autoritär. Es ist auch fraglich, ob die illiterate Bevölkerung derart subaltern dachte. In den hymnischen Texten kommt zwar die Elite zu Wort, und die Lieder haben staatliche Kultriten zum performativen Hintergrund. Andererseits gehörte der „Lobpreis" nicht ausschließlich der Oberschicht. Jede gesellschaftliche Formation hatte in ihren Ritualen Anteil an der „Lobarbeit", die zur Bewahrung der guten Ordnung geleistet werden muss. Die „unteren" Gesellschaftsklassen waren im alten Sumer besonders durch Beschwörungsrituale (gegen Dämonen, Schadkräfte usw.) an welterhaltenden Eulogien beteiligt (s.u. Exkurs „Sanierung"). Ihr Horizont ist nicht unbedingt universal, wenngleich das lokale Eigeninteresse sich in das Gesamtbild von Welt einfügen sollte. Die große Frage ist, wie gesellschaftliche Mikro- und Makrowelt bzw. Unter- und Oberschichten ineinander verschränkt waren und miteinander funktionierten. Die Theodizeediskussionen aller Zeiten zeigen, dass unterschiedliche Kräfte und Erwartungen in der komplexen Welt am Werk sind. Das entspricht Erfahrungen, nach denen im mitmenschlichen Bereich das Kulturerbe, welches gedeihliches Zusammenleben ermöglicht, offenbar anders und möglicherweise stärker verinnerlicht ist und etwa in der Sensibilisierung für gegenseitige Solidarität realisiert wird als in anonymen Großgesellschaften. Anders gesagt: Die über lange Zeiträume gewordenen Gesellschaftsformationen haben schon in der Antike auch eigene ethische Profile hervorgebracht.[187] Das „Liebesgebot" ist bis heute stark in den elementaren Sozialgruppierungen verankert. Vermutlich hat die menschheitsgeschichtlich erst sehr spät beginnende Formation von Makroverbänden jeder Art die Ausbildung von weiter reichenden Verantwortungsantennen noch nicht zugelassen[188] – wenn man nicht pessimistisch und deterministisch davon ausgehen will, dass der Mensch für eine vernünftige Konstruktion von

[186] Der Begriff ist in der postkolonialen Diskussion vor allem durch Gayati Chakravorty Spivak („Can the Subaltern Speak?" in: C. Nelson und L. Grossberg, Marxism and the Interpretation of Culture, Basingstoke 1988, 271–313) geprägt worden.

[187] Vgl. Gerstenberger 2001a.

[188] Vgl. Darcy Ribeiro, Der zivilisatorische Prozeß (1968), Frankfurt 1971. Die Gesellschaftskonstruktion kommt in den heutigen Varianten häufig zur Sprache, vgl. Hans Jonas, Das Prinzip Verantwortung. Versuch einer Ethik für die technologische Zivilisation, Frankfurt 1979; Amitai Etzioni, Die Verantwortungsgesellschaft. Individualismus und Moral in der heutigen Demokratie, Frankfurt 1997; ders., From Empire to Community, New York 2004; Ludger Heidbrink und Alfred Hirsch, Verantwortung in der Zivilgesellschaft. Zur Konjunktur eines widersprüchlichen Prinzips, Frankfurt 2006.

Staaten- oder Weltgemeinschaften schlechterdings nicht ausgestattet ist.[189] Frühere Generationen waren z.T. erheblich optimistischer, was Lernfähigkeit und Fortschritt der Menschheit angeht. Haben die sumerischen Theologen eine Ahnung davon gehabt, dass es bei Lob und Klage auf den mehreren sozialen Ebenen um spezifische, durch das Sozialspektrum gegebene Möglichkeiten ging, die Weltordnung mit zu gestalten?

Exkurs: Sanierung durch Heilung

Die verschiedenen altmesopotamischen Klageliedgattungen, die wiederum zu bestimmten Beschwörungszeremonien gehören, sind ohne Lobeinlagen nicht denkbar.[190] Es geht nicht allein – wie früher vermutet – um die Einstimmung der Gottheiten auf die zwangsläufig folgende Bitte um Hilfeleistung oder Rettung, sondern wesensmäßig auch um die Stärkung der Himmlischen bei ihrem Einsatz zugunsten der Bittsteller, genau wie bei hochkarätigen Staatszeremonien.[191] Für die einheitliche Auffassung von Preis und Klage ohne Rücksicht auf den sozialen Sitz im Leben sprechen einige Momente: Man wird sich die Entstehung der hymnischen und lamentierenden Gattungen im Gefolge der Ausdifferenzierung gesellschaftlicher Organisationen vorstellen dürfen. Das Loben der helfenden und Segen spendenden Mächte hat eine gemeinsame Wurzel. Religions- und liturgiegeschichtlich ist es dann wahrscheinlich, dass z.B. königliche Hymnen aus älteren kommunalen und lokalen Tempelkulten entstanden sind. Man kann mit vormonarchischen Prototypen des sakralen Lobgesanges oder anderer Eulogien rechnen. Wenn es auch im alten Sumer (wie deutlich sichtbar in den Freiluftheiligtümern der alten, biblischen Stammesreligionen) Vorstufen der Tempelkultur gegeben hat, dann ist auch dort eine hymnische Praxis anzunehmen. – Denkbar, wenn auch weniger wahrscheinlich, ist aber auch eine andere Entwicklung. Das strikte Gotteslob könnte in seiner Qualität als Machtübertragung original in den Zeremonien der höheren Gesellschaftsschichten gepflegt worden sein und sekundär auf „bürgerliche" Riten der Klage und Bitte abgefärbt haben. Dass zwischen den Kulthandlungen der verschiedenen sozialen Ebenen ein Austausch bestand, ist auch aus der Kooperation der persönlichen Schutzgottheiten mit den a n u n a -Gottheiten zu erkennen, darüber sogleich mehr.

---

[189] Die Debatte um Wesen und Bestimmung des Menschen wird breit geführt, nicht nur in der Philosophie und Theologie, sondern auch in zahlreichen anderen Fachwissenschaften. Grundlegende Analysen lieferten z.B. Reinhold Niebuhr, Moral Man and Immoral Society, New York 1932; ders., The Nature and Destiny of Man. A Christian Interpretation, New York 1941; Karl Mannheim, Mensch und Gesellschaft im Zeitalter des Umbaus (engl. 1940), Darmstadt 1958; Erich Fromm, Der moderne Mensch und seine Zukunft: Eine sozialpsychologische Untersuchung (engl. Original: The Sane Society 1955), Frankfurt [8]1977; Kindlers Enzyklopädie: Der Mensch 1981 (s.o. Anm. 176); Walter Hollitscher, Mensch und Gesellschaft, Wien 1985; Edmund Braun, Der Mensch vor seinem eigenen Anspruch: Moral als kritisch-normative Orientierungskraft im Zeitalter der posttraditionalen Gesellschaft, Würzburg 2002; vgl. auch Spezialuntersuchungen wie Paula-Irene Villa, Sexy Bodies: eine soziologische Reise durch den Geschlechtskörper, Opladen, [2]2001; Werner Lachmann, Wirtschaft und Ethik: Maßstäbe wirtschaftlichen Handelns aus biblischer und ökonomischer Sicht, Münster [2]2009; Hans-H. Ziegler, Der Mensch und sein Universum. Wissen und Wirklichkeit, eine kritische Betrachtung, Baden-Baden 2009.

[190] Vgl. z.B. Maul 1988; ders. 1994; Cunningham 1997 23–35, 79–88; Abusch 2003; ders. 2005; Zgoll 2003, 34–36; dies. 2003, 205–222; Lenzi 2011, 8–35, 56–60. Die hymnischen Teile in Klage- und Bittgebeten werden kaum thematisiert; es überwiegen Zweckangaben wie: zur „Vorbereitung der Bitte", „Vergegenwärtigung der Gottheit", „Besänftigung der Gottheit". Vgl. Gerstenberger 2008.

[191] Vgl. Gerstenberger 1980, 74–77, 93–98, 128–130. „... die rühmenden Worte, welche Überlegenheit, Gerechtigkeit, Barmherzigkeit des Bittempfängers aussprechen und damit diese Eigenschaften auch schaffen und bewahren helfen" (a.a. O. 27).

Im 1. Jt. v.u.Z. sind zahlreiche hymnische Elemente in den überwiegend akkadisch und für den allgemeinen Nutzen verfassten šu-íl-la und nam-búr-bi -Beschwörungen[192] nachzuweisen. Das meist am Anfang des Bittgebetes stehende Lob (zu unterscheiden vom Lobversprechen am Schluss eines Klagegebetes) hat eine ähnliche Funktion wie in den sumerischen Hymnen: Es stärkt die angerufenenen Gottheiten. Erstaunlicher Weise sind es oft die hohen Numina,[193] an die sich Notleidende wenden. Die Ritualgebete verlagern den Schauplatz der Handlung in den himmlischen Raum; sie rufen übergeordnete Instanzen an, oft durch Vermittlung der persönlichen Gottheiten oder nachdem sie im häuslich-lokalen Bereich keine Hilfe gefunden haben. Die hohen Götter/Göttinnen sollen die persönlichen Schutzgottheiten zur Räson bringen („Meinen Gott und meine Göttin, die zornig, verärgert und grollend sind, / [und] deine große Gottheit stimme wieder freundlich zu mir")[194]. Die persönlichen Gebete reichen in den Himmelsraum hinein, wollen von dort aus die Welt der täglichen Bedrohungen und Entgleisungen in Ordnung bringen.

Vielleicht ist die Tatsache signifikant, dass die Lobformel GN zà-mí zwar in manchen mehr auf den individuellen Gebrauch abzielenden Textgattungen (Weisheitstexten; Disputationsworten etc.) vorkommt, nicht aber in rituellen Bittgebeten. Das könnte bedeuten: In den Beschwörungszusammenhängen braucht man die Preiskategorie bei der Ansprache an die höchsten Gottheiten, doch hat sie in diesem Kontext nicht die Qualität einer auf die gesamtgemeinschaftliche oder gar universale Ordnung hin angelegten Lobhymne. Im Gegenbeispiel, den kollektiven Untergangsklagen, spielt der Einzelne mit seinem tragischen Geschick ebenfalls eine Rolle. Sein Leiden und seine Verzweiflung sind der Katastrophe für Stadt und Land eingeordnet, die thematisch im Vordergrund steht. Es geht also um die Störung oder Zerstörung der Makroordnung, die natürlich das Mikrogefüge in Mitleidenschaft zieht. Doch sind die beiden Aspekte trotz ihrer Verbundenheit klar zu unterscheiden. Die Zellstruktur der Gesellschaft und ihr Gesamtkorpus haben je eigene Funktionen. Darum brauchen sie auch spezifische rituelle Vorsorge und – im Störfall – Behandlung.

Der ritualgeschichtliche und sozial bestimmte Vorbehalt gilt auch im Blick auf das speziell ausgebildete Personal, welches Lobpreis-Literatur verfasst und verwaltet. In der Religionsgeschichte ist schon in vorliterarischer Zeit (analog zu heutigen Stammesgesellschaften) mit einer Ausdifferenzierung religiöser Funktionen zu rechnen. Schamanistische Mittler versorgen familial organisierte und akephale Gesellschaften mit fachlicher Hilfe besonders in Krankheitssituationen. Priester an Lokalheiligtümern übernehmen den Opferdienst und die Mittlerfunktionen für fester gefügte, größere und damit anonymere Gemeinschaften.[195] Erst mit der Zentralisierung in monarchischen Strukturen greift die Staatsgewalt in die Mensch-Gott-Beziehungen ein. Sie tut es im Namen von und für die Großgemeinschaft und deren dynastische Spitze, die sich nur zu gern mit dem ganzen Volk und dem ganzen Land identifiziert. Die schon genannten „geistlichen" Berufe (Heiler; Priester) auf den genannten Ebenen der antiken Gesellschaft inszenierten den Lobpreis der großen Anuna auf traditionelle, schichtenspezifische Weise, mit Pomp und Gloria.[196] Aber die traditionelle Eigenständigkeit der Volkstempel und „privater" Heilpraxis war damit nicht verschwunden.[197]

---

[192] Vgl. Mayer 1976, 307–349 (er konzentriert sich auf das Lobgelübde am Ende der Gebete und ignoriert die mit der Anrede an die Gottheit verbundenen Preisungen, vgl. a.a.O., 35, 439–541); Gerstenberger 1980, 93–97; Cunningham, 1997, 116–127; Lenzi 2011, 8–35, 56–60; Maul 1994, 67–71; Zernecke 2011.

[193] Vgl. die Zusammenstellung der Gebete bei Mayer, a.a.O., 378–432. Die „Gebete an Kultgegenstände" können in diesem Zusammenhang vernachlässigt werden; Lenzi 2011; Frechette 2012.

[194] Gebet an Sîn, nach Mayer 1976, 501.

[195] Ob der „Beschwörungspriester" mašmaššu Tempelbediensteter war oder auch als Freiberufler wirken konnte, ist schlecht zu erkennen, vgl. Sallaberger 2005, 617–640.

[196] Die umfangreichste Darstellung eines zentralisierten Kultes ist die Arbeit von Sallaberger 1993; doch vgl. auch Menzel 1976; Driel 1969.

[197] Vgl. Schrakamp 2009, er plädiert für die relative Autonomie der sumerischen Tempel.

Die relevanten literarischen Lobtexte aus dem 3. und frühen 2. Jt. v.u.Z. verraten zu einem erheblichen Teil ihre Herkunft aus dem höheren gesellschaftlichen Milieu, dort, wo der königliche Hof oder die der Dynastie zugeordnete staatliche Gottesverehrung zu Hause waren. Palast und Tempel waren Haftpunkte für literarische Werke und ihren performativen Gebrauch. Der Gedanke liegt nahe: Bis zum Erweis des Gegenteils müssen heutige Forscherinnen und Forscher davon ausgehen, dass die Lobliteratur (hier: vor allem die zà-mí-Texte) im höfischen oder Tempel-Bereich angesiedelt war und in ihrer rituellen und zeremoniellen Verwendung der Gesamtgesellschaft zu Gute kommen sollte. Das Lob der staatstragenden Schichten spiegelt sich in den religiösen Zeremonien der unteren Klassen (z.B. Lob als Einleitung von Klagegebeten), wobei die gleichen Eulogien – z.B. „Enlil ist groß, mächtig, überlegen“ etc. – kontextuell eine spezifische Bedeutung annehmen.

Fazit: Textbefunde und traditionsgeschichtliche Überlegungen sprechen dafür, dass während der Zeit, in der sumerische Hymnen sowie andere Eulogien aktiv gebraucht und ständig neue verfasst wurden, trotz gravierender sozialer Missstände kein ideologischer Unterschied zwischen König und Normalmensch, Herrschafts- und Volksinteressen bestand. Beide Seiten gehörten in engem Verbund zu einem Ordnungssystem, das ein starkes soziales und ökonomisches Gefälle aufweist, aber als ein gegliedertes Ganzes funktionierte. Zwar wurden einige Monarchen (in Nachahmung des akkadischen Herrschers Narām-Sîn und des neusumerischen Königs Šulgi) epigraphisch und real-kultisch vergöttlicht,[198] zwar ist die sumerische Standardbezeichnung für den obersten Fürsten seit jeher lú-gal = „Großmensch“, zwar ist die göttliche Hierarchie nach unten und die menschliche Standesordnung nach oben, in den Bereich des Numinosen hinein, offen, zwar erreichen besonders die mythischen, aber auch halb historischen Figuren der Frühzeit (Gilgameš, Lugalbanda u.a.) einen göttlichen Status – aber trotz aller dieser „Grenzüberschreitungen“ nach oben hin bleiben den sumerischen Theologen relative, vor allem funktionale Unterschiede zwischen den kontextuellen Lobgesängen und fundamentalere Differenzen zwischen Menschheit und Gottheit bewusst. Sie sind quantitativ zu erfassen, sie liegen im Bereich der tatsächlich ausgeübten Macht, sie drücken sich im verschiedenen Wissensstand aus und sind in der unvergleichbaren Lebensdauer von Mensch und Gottheit evident. Das Gott-Mensch-Verhältnis mag im Vergleich zur protestantischen Dialektik die Unterschiede zwischen Menschlichem und Göttlichem „nur“ graduell gezeichnet haben. Immerhin spielten beide Entitäten für die antiken Gläubigen in unterschiedlichen Ligen. Der Unterschied war nicht zu übersehen, wenn auch Analogien zwischen denen droben und drunten Berührungen, Kommunikation, Verwandlungen, Aufstiege und Abstiege möglich machten. Die Könige gehörten als Sterbliche, begrenzt Wissende, an Macht Inferiore in die Menschenliga (nach ihrem Tod zur göttlichen Sphäre?), die Gottheiten aber spielten unter sich, bevor sie sich der kreatürlichen Welt zuwendeten. Die zu ziehende

[198] Die offene „Vergöttlichung“ orientalischer Fürsten ist aus christlicher Sicht eine besonders schwere Verfehlung (vgl. Gen 3,5; 11,1–6; Ez 28,2–5); sie wurde auch in der Wissenschaft oft zum Todsündhaften hin überzeichnet. Dagegen wenden sich in der neueren Forschung nicht nur Altorientalisten, sondern auch Bibelexegeten, vgl. schon Wolfgang Röllig, Zum ‚Sakralen Königtum‘ im Alten Testament, in: B. Gladigow (Hg.), Staat und Religion, Düsseldorf 1981, 114–125; Brisch 2008.

Konsequenz ist: Königliches Gotteslob mag als besonders einflussreich gewertet und vorrangig für den Erhalt der Makro- und Mikro-Ordnung gebraucht worden sein, es war aber qualitativ nicht anders zu bewerten als menschlicher Lobpreis überhaupt. Das heißt: Elite und Volk saßen bei den Sumerern in einem Boot. Das Loben hatte auf allen sozialen Ebenen eine gleichartige Funktion. Aber es berührte die Weltordnung an verschiedenen Stellen. „Der Mensch" tritt nach dem Verständnis der alten Mesopotamier in unterschiedlichen gesellschaftlichen Kontexten mit seinem Lob vor die Gottheit und versucht, „Weltordnung" an den ihm zugänglichen, existenziell bedrängenden Stellen zu schaffen, zu stärken und zu stabilisieren. Die überlieferte hymnische Lobarbeit geschieht vorwiegend auf der staatlichen Ebene. Die Götter verachten aber nicht das Lob der Geringen, wie die zahlreichen Lobelemente in den Klagegebeten einzelner Leidender lebhaft bestätigen.

Wie vollzog sich nach den Vorstellungen der alten Mesopotamier die preisende Konstruktion von Wirklichkeit? In welchen Kontext sah sich der Lobende gestellt, und auf welche Weise konnte er sein Ziel erreichen? Was bewirkte das Kraftpotenzial des Lobens? Bei Klage und Bitte, sowohl im privaten wie im öffentlichen Umfeld,[199] gehen die Texte von einem gestörten Gottesverhältnis mit den daraus folgenden Turbulenzen in Natur und Gesellschaft aus. Die Primärursache muss nach genauer Analyse der Schuld- oder Verantwortungsverhältnisse und aller sonst relevanten Faktoren durch geeignete Sühne- und Versöhnungsriten und Gebete geheilt werden, auch, wie gehabt, unter Verwendung von Preis-Elementen. Hier kommt das Problem des „Bösen" ins Spiel (s.u. Kap. 11.2). Der „reine" sumerische, herrscherliche Lobpreis kann ebenfalls eine Unordnung zum Hintergrund haben, aber in der Regel ist eine derartige Motivation nicht erkennbar. Vielmehr gehen die hier zu bedenkenden Lobpreisungen von geordneten Verhältnissen aus, blicken allerdings in eine ungesicherte Zukunft, die eben durch das Loben mitgestaltet werden soll. Klage und Schuldbekenntnis sind darum in diesem Zusammenhang unerheblich. Die „bösen", zerstörerischen Kräfte stehen nicht im Vordergrund. Erinnerung an die Vergangenheit dient der Aktivierung guter Kräfte. Der Blick richtet sich nach vorn, individuell oder kollektiv. Als Vorbedingung für alle menschlichen Versuche, die gute Ordnung zu reparieren oder vorbeugend zu stabilisieren, müssen Denkfiguren der Unbeständigkeit alles Seins angenommen werden. Die Sumerer rechneten offenbar an keiner Stelle (s.o. Kap. 8) mit ewi-

---

[199] Zur Erinnerung: Für das erstere (Lob) sind (leider erst aus dem 2. und 1. Jt. erhaltene) Omina und Diagnosetexte, vor allem die Beschwörungen zu Heilung, Rehabilitation und Unheilsvermeidung charakteristisch, für das zweite Phänomen (Klage) sind es hauptsächlich die Untergangsklagen, s.o. Anm. 146. Weil babylonische Klagegebete oft mit einem hymnischen Element beginnen, haben Alttestamentler wie Joachim Begrich die altorientalische Art des Betens als „Lobhudelei" abgetan, der das nüchterne und tief empfundene Vertrauensbekenntis der hebräischen Psalmen gegenüberzustellen sei, vgl. Joachim Begrich, Die Vertrauensäußerung im israelitischen Klagelied des Einzelnen und in seinem babylonischen Gegenstück, ZAW 46, 1928, 221–26, besonders 229–248. Durch seine „Schmeichelei" wolle der Beter die Hilfe der Gottheit erwirken (233–235). Begrich setzt sich von der magischen Interpretation des Phänomens durch Walther Schrank, Babylonische Sühneriten, besonders mit Rücksicht auf Priester und Bücher untersucht, LSS 3, Heft 1, 1908 ab (Schrank, a.a.O., 25f: „Anrufung und Lobpreis des Gottes genügen im ganzen zu effektvollem Exorzismus", bei Begrich, a.a.O., 234). Vgl. Zgoll 2003, 265–282.

gen, unveränderlichen Seinsweisen oder Weltkräften, auch nicht in den göttlichen Sphären. Vielmehr war allem Seienden sein eigenes „Verfallsdatum" gesetzt. Und wenn die Metapher des „Datums" nicht passt, dann evtl. die Vermutung: Die geistigen Vorfahren sahen die Welt in stetem Fluss und erlebten hautnah den Schwund an Kräften und Potenzen. Gottheiten wie Menschen und alles andere, was existierte, mussten Minderungen ihrer Mächtigkeit hinnehmen, drastisch dargestellt in Unterweltsmythen, aber unspektakulär präsent in den Bemühungen um wiederholte Schicksalsbestimmungen und Segensgaben. Darum war der Verlust von Gestaltungsmöglichkeiten für sie ein „natürlicher" Vorgang, der auch ohne eine Analyse des Zerstörerischen und Bösen nachvollziehbar war. Selbst in der Untergangsklage kann achselzuckend oder tröstend auf diesen allgemeinen Kräfteverfall verwiesen werden: „Bau, as if she were human, also reached the end of her time" (ETCSL 2.2.3, Z.174). Enlil zu seinem Sohn Suen: „who has ever seen a reign of kingship that would take precedence for ever?[200] The reign of its [i.e. die Stadt Ur] kingship had been long indeed but had to exhaust itself" (ETCSL 2.2.3, Z.368f.).

Vor diesem Hintergrund ist weiter zu erwägen, was im kollektiven Akt des Lobpreisens, insbesondere bei den zà-mí-Hymnen, spirituell und theologisch geschah. Die Akteure befanden sich im Verbundsystem der die Welt durchdringenden und formenden Kräfte. Sie fühlten sich offenbar – im Gegensatz zu manchen christlichen Welt-Konzeptionen – weder als Außenseiter noch als Zuschauer. Sie betraten die Bühne, auf der Schicksale und Gotteskräfte wirkten, wo Entscheidungen getroffen, Pläne ventiliert und mögliche Widerstände abgewehrt wurden. Anders ist die Distanzlosigkeit des Preisens nicht zu verstehen, das meistens in direkter, nicht zeremoniell angebahnter Anrede auf die göttlichen Partner oder Partnerinnen zugehen. Boten oder Zwischenstationen in der Kommunikation sind nicht vorhanden. Die Rede, bzw. der kultische Gesang, richtet sich an die hohen Gottheiten, die allein ansprechbar und aus menschlicher Sicht für das Ganze verantwortlich sind. Aber die unpersönlichen Kräfte sind voll mit eingeschlossen: Die hohen Gottheiten, auch die Tempel, besitzen und verwalten die unpersönlichen Mächte (s.o. Kap. 8, Exkurs zu me). Der menschliche Lobpreis hilft ihnen, die gute Ordnung zu wahren, denn die Balance der Welt muss ständig im Großen und im Kleinen erhalten oder wieder hergestellt werden. Der Wirkungsmechanismus des Lobpreises ist ein magischer. Das rezitierte Wort geht, oft dativisch konnotiert und rituell eingekleidet, an die zu Stärkenden. Es produziert in seiner Performance das, was es sagt: Es bringt Macht an seinen Bestimmungsort oder verstärkt die dort vorhandenen Potenzen.[201] Das rituelle Wort ist eine hervorragende

[200] Das Adjektiv „ewig", „unermessliche Zeit" (da-rí) erscheint 53 Mal im ETCSL, davon 32 Mal in der zweiten Textgruppe „royal praise poetry". Hier ist der Wunsch nach unbegrenztem Machterhalt vorherrschend: „May his kingship exist forever in your presence" (Fürbitte für Rīm-Sîn im ETCSL 2.6.9.5, Z.27).

[201] Im Grunde ist diese „magische" Verwendung des Wortes Allgemeingut menschlichen Handelns, auch wenn sie nicht mit dem christlich verpönten Begriff bezeichnet wird, vgl. z.B. Antonio Tabucchi: „Die Stimme ist Leben, das Schweigen ist gar nichts" (ders., Tristano stirbt, München 2005); Anagarika Govinda, Die Magie des Wortes und die Macht der Sprache (www.gleichsatz.de/b-u-t/spdk/vinda.html); Giuseppe Veltri, Magie und Halakha. Ansätze zu einem empirischen Wissenschaftsbegriff im spätantiken und frühmittelalterlichen Judentum, Tübingen 1997. Die erwähnte

Kraft, die menschlicherseits im Drama der Weltlenkung und Weltordnung eingesetzt werden kann. Der in mesopotamischen Mythen beschriebene physische „Gottesdienst“ (manuelle Arbeit für hohe Gottheiten)[202] findet im obligatorischen, weniger schweißtreibenden Lobgesang seine Ergänzung. Der preisende Gesang transportiert Energie an die göttlichen Akteure, Energie, welche offenbar aus dem Vorrat der lobenden Gemeinde kommt. Dieser Gedanke wäre tributären Vorstellungen verpflichtet.

Eine solche direkte Partizipation der Menschen an der Grundsicherung des Lebens ist für christliches Denken (zumal im Protestantismus, der gerne die Unfähigkeit „zu allem guten Werk“ beschwört) geradezu unmöglich. Die synergetische Leistung erstreckte sich in Sumer auf alle Grundbereiche des Daseins (Ablauf der Jahreszeiten, Fruchtbarkeit der Felder und Herden usw.) und das gesamte kulturelle und zivilisatorische Leben (soziale Gerechtigkeit und Frieden; technische Errungenschaften; wirtschaftliche und außenpolitische Erfolge; Gesundheit und Wohlstand). Für jeden Bereich lassen sich Beispiele aus dem Hymnenkorpus erbringen (s.o. Kap. 6.2.2–3).

Vor einem erweiterten Hintergrund sieht das anthropologische Problem so aus: Sumerische Quellen setzen einen „Anfang“ der Welt und der (Kultur-)Geschichte voraus; jedoch keinen Beginn aus dem „Nichts“ (*creatio ex nihilo*), den spätere christliche Theologen, beflügelt durch griechische Philosophie, in Gen 1 hinein deuteten. Die „Nichtexistenz“ findet im mesopotamischen Denken keine Beachtung (so wenig wie die 0 in der Mathematik), wohl aber die Entstehung einer Ordnung und Gesittung auf dieser Erde (vgl. z.B. Enki und die Weltordnung, ETCSL 1.1.3, o. Kap. 6.2.3.7). Schöpfung ist uranfängliche, göttliche Herkulesarbeit einer Chaoszähmung und Einrichtung eines geregelten Soziallebens. Erst in der geordneten Welt kann die Zivilisation entstehen, und an dieser Errungenschaft ist der Mensch nach sumerischer Auffassung beteiligt.[203] Mythische Erzählungen schreiben zwar den Gottheiten das Ur-Wissen zu. Sie geben den Anstoß zum Aufbau der Zivilisation. Aber selbst sie sind nicht von Anfang an vorhanden, sondern müssen „geboren“ werden (vgl. Enki und Ninḫursaĝa, ETCSL 1.1.1). In den „Prologen“ zu mythischen Kompositionen heißt es

---

Sprechakttheorie von John L. Austin und John R. Searle unterstreicht auf ganz unmagische Weise diese Theorie: „Worte bewirken, was sie sagen“ (Austin: „performative utterances“, s.o. Anm. B 32. Vgl. Jacobsen 1987, XIII: „The praise hymns appear to have their roots in spells meant to call up in, or lay into, the thing or person praised the innate and needed powers for proper effective functioning.“ Ähnlich Sallaberger 2003, 2 (Hinweis A. Zgoll).

[202] Atramḫasis gibt das bekannteste Beispiel für die „Sklavenarbeit“, die der Mensch für die Gottheiten leisten muss; das Motiv kommt aber schon in sumerischen Mythen vor (vgl. Enki und Ninmah, ETCSL 1.1.2, Z.1–43). Die niedrigen Gottheiten stöhnen unter der Fron, Enki verspricht Entlastung und lässt die Menschen erschaffen. Leider fehlen in der Geschichte die Zeilen 38–42, welche die Namengebung für das neue Geschöpf enthalten haben müssen, vgl. Streck 2002, 249f.

[203] Das gilt auch, wenn der Gottheit eine Art „Allwirksamkeit“ zugeschrieben wird, wie z.B. in „Enki and the World Order“, ETCSL 1.1.3, Z.1–60, vgl. Z.32: „Your word fills the young man’s heart with vigour“, Z.34: „Your word bestows loveliness on the young woman’s head.“ Hymnische Sprache legt nicht dogmatisch fest, sondern kreiert *power*. Oder in „How Grain came to Sumer“: „Men used to eat grass with their mouths like sheep. In those days they did not know grain, barley or flax. An brought these down from the interior of heaven” (ETCSL 1.7.6, Z.1–3).

oft ganz unpersönlich: „Es gab noch keine Ordnung und Kultur auf der Erde“[204]. Beide Phänomene sind eigentlich erst mit dem Erscheinen der Menschen aufgekommen.[205] Und den Menschen wird die Handhabung des nötigen Wissens und der technischen Fertigkeiten aufgetragen. So sagt Enki in den erhaltenen Zeilen des sumerischen Flutberichtes: „Let them build many cities, so that I can refresh myself in their shade“ (ETCSL 1.7.4, Fragment A, Z.5). Die Erschaffung des Menschen bringt den Gottheiten Nutzen, und die angestoßene Kulturentwicklung wird von den Menschen eigenverantwortlich weitergeführt. Schon in der Frühzeit agieren sagenhafte Gestalten auf gleicher Ebene mit den Göttern, und nicht immer zu deren Erbauung.[206] Die Disputationsliteratur würdigt auch die Selbstmächtigkeit heiliger Geräte, die Tempelhymnen geben den Gotteswohnungen Raum zur Kraftentfaltung (s.o. das „Hackenlied“, ETCSL 5.5.4, hier Kap. 6.3.2.4; die Keš-Tempelhymne, ETCSL 4.80.2, hier Kap. 6.3.2.3 sowie Kap. 8). Geschichtliche Könige rühmen sich ihrer Vizeregentschaft. Sie sind kraft vorherrschender Ideologie die Vollstrecker göttlicher und „natürlicher“ Pläne und Strukturen. Die menschliche Kooperationsfähigkeit mit den kosmischen Ordnungsmächten liegt klar auf der Hand. Von Gottebenbildlichkeit ist explizit nicht die Rede, der Begriff taucht anscheinend erst in der (späten) priesterschriftlichen Erzählung Gen 1,26–28 auf. Der Sache nach ist aber auch den mesopotamischen Quellen die Vorstellung eigen, Menschen seien aus der Menge der Kreaturen herausgehoben und mit einem besonderen Kulturauftrag begnadet.[207] Dieser Auftrag durchzieht die ganze menschliche Gesellschaft, von der Spitze bis hinunter in die Familien: „You should not question the words of your mother and your personal god“ (256: inim ama-za inim diĝir-za ka-šè nam-bí-ib-díb-bé-en) „The father is like a god: his words are reliable. The instructions of the father should be complied with“ (259: ab-ba diĝir-àm ⌜inim⌝-ma-ni zid-da 260: na de$_5$ ab-ba-šè ĝizzal ḫé-em-ši-ia-ak, ETCSL 5.6.1, Z.259f.). Die von den Vätern oder Müttern übermittelten Fertigkeiten werden von den Nachkommen weiter entwickelt. So rühmt die Hymne an Ninisina deren überragende medizinische Kenntnisse und Fähigkeiten, die sie an ihren Sohn Damu weitergibt (ETCSL 4.22.1) – ein aus menschlicher Erfahrung gedachter Vorgang, der die Realität von Wissensvermittlung und -akkumulation spiegelt. Offenbar verbindet Gottheiten und Menschen die (gedachte, konstruierte) gemeinsame Sprachfähigkeit, die indessen fiktiv auch anderen Wesen zugesprochen wird. Sie begründet die rituelle Potenz. Beide Akteure wohnen miteinander in einem

---

[204] Die in den Prologen zu bemerkende Zurückhaltung, personhafte Numina direkt und konsequent als Schöpferinnen und Schöpfer zu bezeichnen, ist bemerkenswert (vgl. z.B. ETCSL 1.1.1, Z.1–28; 1.1.2, Z.1–7; Streck 2002, 233–251: „das Fehlen von Natur- und Kultureinrichtungen“).

[205] Daran ändert die Reihenfolge kaum etwas, in welcher Ordnung in die Welt gebracht wird (z.B. „Seinsweisen-Überfluss-Menschen“ in Enki's Journey to Nibru, ETCSL 1.1.4, Z.1–3; Streck 2002, 234), weil eine chronologische Aufreihung in den Vorspannen nicht intendiert ist.

[206] Vgl. „Lugalbanda und der Herr von Aratta“ (Vanstiphout 2003), „Enmerkar“ (Mittermayer 2009) oder die Gilgameš-Erzählungen (vgl. George 1999; Vanstiphout 1987/1986).

[207] Menschen- und Tierschöpfung sind z.B. zwei getrennte Akte (ETCSL 1.7.4, Fragm. A, Z.11–14). – Göttliche Substanz (z.B. Blut) ist im Menschen „verarbeitet“ (vgl. die mythischen Epen Enki und Ninmah und Atram-hasis; Hinweis von A. Zgoll; vgl. dies. 2012a: Untertitel: „Wesen im Menschen und Wesen des Menschen“!).

Kommunikationsraum. Der wird auf der Erde durch Gebet und Lied (und Opfer?) konstituiert und vom Himmel aus sanktioniert.

Gottheiten und Menschen sind nicht der Anfang der Welt. Beide kamen (nach der Chaosphase!) durch Geburten bzw. Schöpfungsakte in ein bestehendes, noch unzivilisiertes Universum und übernahmen die Aufgabe, das Existierende zu ordnen. Geschaffen oder gezeugt werden bedeutet keinen qualitativen Unterschied, aber göttliche Kapazitäten sind den menschlichen weit überlegen. Gotteszeit und Gotteskraft übersteigen humane Dimensionen gewaltig. Menschen sind trotzdem nicht die Marionetten der Götter und Göttinnen; es gibt in der alten sumerischen Theologie keine Begriffe für heutige Konzepte von Allmacht, Ewigkeit oder Allwissenheit und darum keinen abgrundtiefen Graben zwischen Göttlichem und Menschlichem. Dasselbe gilt übrigens auch von den hebräischen Schriften der Bibel: Wo man von der „Ebenbildlichkeit" des Menschen zu Gott redet, kann man nicht gleichzeitig die absolute Verschiedenheit beider Wesenheiten postulieren, wie das christliche Theologie häufig getan hat.

Die Argumentation läuft also darauf hinaus, bei der Konstruktion und Erhaltung (die Konzepte lagen in Altmesopotamien nahe beieinander denn es gab keine schlagartig vollendete Schöpfung) der Kulturwelt Gottheiten und Menschen in ihrem Zusammenwirken zu begreifen. Besonders die protestantische Theologie verurteilt in der Regel jeden „Synergismus" des Geschöpfs mit seinem Schöpfer, weil das (individuell und geistig bis überweltlich vorgestellte) Heil nur von Gott ausgehen und verwirklicht werden könne.[208] Dass die real existierende Welt einer ständigen Überholung und Neuschaffung bedarf, ein Prozess, in den Menschen eingebunden sind, haben sumerische Theologen immer, christliche dagegen weniger klar gesehen. Dabei sind die antiken Kollegen nicht in den Fehler der westlichen Aufklärung verfallen, dem selbsternannten irdischen Vizeregenten die alleinige Verantwortung für die Welt aufzubürden. Sie wussten sich bis zu den royalen Eliten, einschließlich der sich selbst vergötternden Herrscher, von umfassenderen Mächten abhängig. Der Staatskult lieferte neben den obligatorischen Opfern[209] m.E. im zeremoniellen Hymnengesang die von ihnen erwartete Unterstützung und den Kräftetribut an die zuständigen Lokal- und Imperialgottheiten. Der spirituellen Gabe an die universale Ordnung kommt damit ein ähnlicher Rang zu wie der Opferpraxis. Leider ist das Verhältnis beider Kooperationen zur gött-

[208] Luthers Grundprinzip einer „Rechtfertigung allein aus dem Glauben, ohne des Gesetzes Werke" hat in der Neuzeit besonders der Reformierte Karl Barth aufgenommen und ebenso eloquent wie kompromisslos verteidigt, vgl. ders., Kirchliche Dogmatik, Bd. III/3, Zollikon 1950, 149–171. Der gerechtfertigte Christ kann dann aber (ohne Verdienstansprüche) sich an die Seite Gottes stellen und mit ihm kooperieren, vgl. ders., Bd. IV/1, 102–129 u.ö.

[209] Die Opferkultur der Sumerer ist ein eigenes Kapitel, das als Hintergrund oder Supplement des Hymnengesangs große Bedeutung hat, vgl. Sallaberger 1993, z.B. 69–96, 311–314. Die von Sallaberger untersuchten Kultfeste sind äußerst komplex. Sie schließen neben ganz unterschiedlichen Opfern „an Götter, Kultgegenstände und vergöttlichte Könige" (a.a.O., 313) Reinigungen, Weihungen, Klagen (!), Baden und Besuchsfahrten der Gottheiten (a.a.O., 314) ein. Die „Hymnenrezitation" bei derartigen Festen hält Sallaberger mit „musikalische(n) Darbietungen, ... Streitgespräche(n), Auftritte(n) von Gauklern, Ring- und Faustkämpfern zur Ehre der Götter" für nicht-kultische, volkstümliche Begleitveranstaltungen (a.a.O., 314).

lichen Welt keineswegs geklärt.[210] Fest steht, dass Hymnenzeremoniell und Opferpraxis von Funktionären im Tempelbereich durchgeführt wurden. Die Hymnenliteratur weist kaum auf begleitende Opferhandlungen hin (s.u. Anm. 238). Das eigenständige Ziel von Preisgesängen war die Stärkung der göttlichen Macht; Opfer und Begleitriten dienten dem „physischen" Wohlergehen der Gottheiten.

Zurück zur Dynamik des Preisens allgemein: Die im Lobgesang durchscheinenden Probleme der Antike sollten auch der Moderne nicht fremd sein. Wir versuchen nur bedingt (andere Arten der Machtausübung sind populärer) Ordnungssicherung oder Erfolgsmaximierung durch „Hymnengesang" zu gewährleisten. Aber (öffentliche) Lobhudeleien aller Art – die säkulare Form des Preisens in Politik, Wirtschaft, Kirchen – fördern bestimmte Ideen, Bewegungen und Persönlichkeiten. Institutionen, die von Massenveranstaltungen leben, wie manche Sportarten, Pop- und Rockfestivals und Evangelisationen, nutzen systematisch die aufbauenden Effekte der Jubelszenerie. Nicht umsonst spricht man vom entscheidenden „Heimvorteil" bei Sportmannschaften oder Lokalmatadoren, auch wenn der nicht immer funktioniert. Und es gibt neben den heute wie damals kriegerischen Sicherungsbemühungen gegen Gefahren von außen auch „humanitäre", beklatschte Handlungen mitsamt gebührender Propagierung und Vermarktung. Beide brauchen ausgeklügelte *public-relations*-Anstrengungen, wenn sie Erfolg haben wollen. Einschaltquoten in der Medienwelt bestimmen über die Viabilität von TV-Programmen; Politiker und Parteien beobachten gebannt die Trendmeldungen von Meinungsumfragen; Börsen, Volkswirtschaften und gar das globale Wirtschaftssystem hängen von Lust und Launen der „Anleger" ab. Das uralte System des öffentlichen „Lobens" oder der „Jubelchöre" (gesteuerte Aufmärsche zentralistischer Regime), der Zustimmung und Stärkung von Akteuren und Massen, ist also in breitem Maße, wenn auch in veränderter Gestalt und in anderem Kontext, noch heute aktuell. Die Kraftzufuhr, welche aus kollektiver Zustimmung und preisender Erhöhung fließt, wollen die Spitzen der Gesellschaft und die Sterne der Unterhaltungsindustrie, am wenigsten autokratisch Handelnde, nicht missen.

Es liegt auf der Hand, dass sich die Parameter der erstrebten Ordnung seit den Tagen der Sumerer verschoben haben. In den antiken Lobtexten steht das staatliche, durch den Herrscher kanalisierte Gemeinwohl unangefochten auf dem ersten Platz der angepeilten Ziele. In den Klageliedern für Notleidende war das Einzelschicksal im Rahmen der Primärgruppe der Fokalpunkt. Kollektive Trauer mit Lobeinlage wollte das allgemeine Leid wenden. Heutige Akklamationsfeiern dienen oft den Interessen und dem Geldbeutel von Individuen oder Machteliten. Die Glorifizierung von Einzelfiguren liegt im Trend der Wertschätzung jedes nur sich selbst verantwortlichen menschlichen Unikats. Die Menschenrechte reflektieren nicht über Zugehörigkeit zu und Solidarität mit Anderen. Sumerische Vision war es, durch Lob und rituelle Aktion das Wohlergehen einer städtisch-staatlichen Gemeinschaft zu fördern, in der Bürger und Eliten ihren sicheren Platz finden konnten.

---

[210] Walter Burkert, Wilder Ursprung: Opfer und Mythos bei den Griechen, Berlin 1990; Heidemarie Koch, Die religiösen Verhältnisse zur Dareios-Zeit. Untersuchungen anhand der elamischen Persepolis-Täfelchen, Iranica 4, Wiesbaden 1970 („von Magiern gesungenen Theogonien", a.a.O., 152).

10. Ich-Bewusstsein, Gemeinschaft (Identifikation)

Wer Geschichte und Religion in ihrem gesellschaftlichen Kontext interpretieren will, muss notwendig nach den erfassbaren Autoren, Performern, Protagonisten und den zugehörigen sozialen Strukturen fragen. Dieser „Sitz im Leben“ war Referenzpunkt der literarischen Untersuchungen; der Lobpreis wurde in unterschiedlichen Gesellschaftsschichten mit ihren Fachleuten für Verschriftung und Ritualpraxis fest gemacht. Es gilt jetzt, die in Hymnentexten erscheinenden Sprecher, Akteure, Gruppierungen abschließend zu betrachten.

Drei Hauptebenen sozialer, religiös ausgerichteter Aktivität lassen sich unterscheiden: a) die breite Masse der in der staatlichen Hymnendichtung meist als ù ĝ, „Volk, Bevölkerung, Menschheit“ bezeichneten Zielgruppe, b) die konkret hinter einer hymnischen Aufführung stehende Gemeinschaft, sei es Tempelgemeinde, Priesterschaft, höfische Auftraggeber, c) die (meist anonymen) Liturgen, die (mit)verantwortlich für Textgestaltung und Aufführung eines Hymnus waren. Darin sind eingeschlossen die explizit genannten Sprecher bzw. Sänger von Preistexten, seien es auch Könige oder Gottheiten. Deren Reden im Ich-Stil wurden von Professionellen übernommen.[211]

Der dominante Ausdruck für die anonyme Masse des „Volkes“ (ù ĝ)[212] kommt im ETCSL überraschend häufig vor, nämlich 415 Mal, davon insgesamt 328 Mal in den beiden Subkorpora 2 und 4, die das Gros der Hymnen an Könige und Götter enthalten.[213] Die übrigen 87 Vorkommen verteilen sich auf die Teile 1, 3, 5 und 6 des ETCSL. Der Befund spricht Bände: Es kommt bei den hymnischen Texten der staatstragenden Schicht offenbar in nicht geringem Maß auf die Menschen an, die oft als Nutznießer der Lobanstrengungen verantwortlicher Fachleute oder Regierender erscheinen. Dieses „Volk“ scheint eine relativ stumme Größe zu sein, die selten direkt oder durch Vertreter zu Wort kommt. Das ETCSL hat nur ganz wenige Passagen, in denen die 1. P. Pl. gebraucht wird, also rhetorisch ein Kollektiv spricht: ETCSL 1.2.1, Z.1–3 (Vorspruch von „Enlil and Ninlil“); ETCSL 2.2.3, Z.225–242 (Wir-Klage in „Lament for Sumer and Urim“); ETCSL 4.07.9, Z.22–25; 2.4.4.3, Z.18–20;[214] eventuell in einer Hymne an Bau: ETCSL 4.02.1, Segm. B, Z.8, Segm. C Z.4, 10.[215]

[211] Das redende Ich der Hymnenliteratur ist ein Problem, vgl. William P. Brown, Psalms, Nashville 2010, 52–55; 62–67; 138–140; ders., The Psalms and „I“, in: Claudia V. Camp u.a. (Hg.), Diachronic and Synchronic, London 2007, 26–44; die Rollen des g a l a -Priesters (Shehata 2009, 88–93).

[212] Andere Ausdrücke für eine anonyme Menge von Menschen sind: n a m - l ú - ù l u , „Menschheit“, „Bevölkerung“ (ETCSL = 110 Mal; vgl. ETCSL 3.1.17, Z.36), z i - ĝ á l , „Lebewesen“ (ETCSL = 22 Mal, vgl. ETCSL 2.6.9.5, Z.6: „lebende Menschen“).

[213] Von den 328 für ù ĝ in den Abschnitten 2 und 4 aufgelisteten Stellen gehören 93 zu den Untergangsklagen (ETCSL 2.1.5; 2.2.2; 2.2.3; 2.2.4; 2.2.5; 2.2.6), in denen das „Volk“ wegen seiner Leiden eine bedeutende Rolle spielt. Man vergleiche die Litanei in der Ur-Klage (ETCSL 2.2.2, Z.172–196), wo der Refrain „Die Menschen/Bürger stöhnen“ (ù ĝ š e š a$_4$) 15 Mal erscheint.

[214] Die Texte sind singulär; sie figurieren eine betende oder singende Gemeinschaft! ETCSL 4.07.9, Z.22–25 (22: in-ĝá-e-re$_7$-dè-en in-ĝá-[e-re$_7$-dè-en] 23: me-en-dè šùd-dè in-ĝá-[e-re$_7$-dè-en] 24: šùd ⌜ù-mu-un⌝-[na-šè] <in-ĝá-e-re$_7$-dè-en> 25: šùd lugal-la-šè <in-ĝá-e-re$_7$-dè-en> = „We shall go! We shall go! / We shall go in supplication! / We shall go for the supplication of the Lord! / We shall go for the supplication of

Exkurs: Volk, Gemeinschaft

Ich gebe einige Beispiele für diese Bewertung, die zugleich kritisch hinterfragt werden muss: Der Begriff ù ĝ ist weit gefasst („Volk"; „Leute", „Menschen"; die Lesung k a l a m, „Land [Sumer]" ist je nach Kontext möglich). Die unübersehbare Vielzahl von Individuen ist in ihm angelegt (vgl. ù ĝ š á r - a, „viele Menschen", ETCSL 2.6.6.5, Z.24,51; ù ĝ l u - a, „Menschenmenge", ETCSL 2.8.3.2, Z.13; ù ĝ d a ĝ a l, „weit verbreitetes Volk", ETCSL 2.5.8.1, Z.11); er wird durch Attribute, Pronominalsuffixe oder Genetivkonstruktionen präzisiert, wenn ein Ausschnitt aus der anonymen Masse gemeint ist: Besonders in den Städteklagen ist das „Volk" oft die Sozietät, die von der Katastrophe betroffen ist, sei es in Ur, Uruk, Nippur oder im Land Sumer („its people", ETCSL 2.4.1.1, Vers. 1, Z.5; 2.2.2, Z.141,148,158,163; 2.2.5, Segm. D, Z.20 u.ö.). Auch im gottesdienstlichen Kontext wird die spezifische Anbetergemeinde appositionell gekennzeichnet: „May the people of Lagaš spread on your pure table everything you need" (ETCSL 4.15.3, Segm. A, Z.23f.,28f.). Das theologische Pendant dazu sind Aussagen, welche die Menschen in eine direkte Beziehung zu einer Gottheit bringen: Die Wendungen „mein Volk", bzw. „dein" oder „sein Volk", bezogen auf ein persönliches höchstes Numen muten wie Erwählungs- oder Schutzaussagen an. (Inana:) „My people shall utter my praise" (ETCSL 1.3.1, Segm. H, Z.248);[216] (Enlil zu Ninurta:) "My people will deservedly praise your power" (ETCSL 1.6.2, Z.232); (Lugalbanda zu Inana:) "My mighty people ...", ETCSL 1.8.2.1, Segm. A, Z.187);[217] (an Nanna-Suen:) „O Nanna! O your city! O your house! O your people!" (ETCSL 2.2.3, Z.518).[218] „Your numerous people pass before your ..." (zu Inana gesagt, ETCSL 4.07.3, Z.212). Die Possessivsuffixe deuten in jedem Fall eine enge Beziehung zwischen Volk und Gottheit an. Sie kann durch das Bild der königlichen Leitung, einschließlich der Zepter- und Hirten-Metaphorik (vgl. ETCSL 4.06.1, Z.11; 4.17.1, Z.1–3 = u n u d, „herdsman"; ETCSL 4.05.1, Z.93,154; 4.13.01, Z.59; 4.22.1, Z.85; 4.29.2, Z.7 = s i p a d, „shepherd")[219] ausgedrückt werden, es findet sich aber auch die

---

the king!" ETCSL 2.4.4.3, Z.18–20: „You are our lord, you are our lord / of silver and lapis lazuli, you are our lord. / You are our farmer who brings superb grain" (an Šu-Suen gerichtet).

[215] Die Bearbeiter im ETCSL versehen ihre Übersetzung von Bau A an diesen Stellen mit Fragezeichen. Die dreimalig auftretende Verbalform g a - m u - e - i - i - d è - e n könnte auch als 1. P. Sing. gedeutet werden, vgl. Sjöberg, JCS 26, 1974, 158–177; Brian B. Sullivan, Sumerian and Akkadian Sentence Structure in Old Babylonian Literary Bilingual Texts, Diss. 8011067, Ann Arbor 1979. Ein weiterer Beleg für die 1. P. Pl. könnte sein: ETCSL 2.4.2.14, Z.49–51 („lullaby for Šulgi's son"): „May the lullaby (?) make us flourish! ..." (a.a.O., Z.49). Vgl. Jagersma 2012, Nr. 8.2 und 14.6: Ein unabhängiges Personalpronomen der 1. P. Pl. ist nicht bekannt; als Suffix (-e n d e n) selten.

[216] Der leider nur bruchstückhaft erhaltene Abschnitt Segm. H, Z.218–256 besingt den glorreichen Einzug Inanas mit ihrem Himmelsschiff und den von Enki „entwendeten" bzw. „gestifteten" m e in Uruk. Die Bevölkerung feiert bewundernd und applaudierend Inanas Ankunft. „Freude", „Fest" und „Musik" sind Hauptstichworte für das dynamisierende Geschehen.

[217] Die unvollständige Zeile spielt wohl auf die militärische Durchschlagskraft an. In einem Brief des Ibbi-Suen an Puzur-Šulgi ist diese Bedeutung durch Textvarianten gesichert, vgl. ETCSL 3.1.20, Version 1, Z.5. In der Neubearbeitung dieses Briefes durch Michalowski 2011, 463–482 (hier an „Puzur-Numušda") verzeichnet der Herausgeber für die kürzere Fassung in Z.5 zweimal die Variante k a l a m - m a, „Land", statt é r i n - z u, „deine Truppe". Die Lesung ù ĝ für k a l a m ist naheliegend, vgl. Borger 2004, 354.

[218] Der Schlussabschnitt dieser „Klage über Sumer und Ur" (ETCSL 2.2.3, Z.493–518) ist ein einziger dringender Gebetswunsch für die Restauration der verwüsteten Gebiete; das Wohlergehen der Bevölkerung spielt darin eine große Rolle (vgl. Z.513: „That cities should be rebuilt, that people should be numerous, that in the whole universe the people should be cared for"). In Z.518 ist statt des häufigeren ù ĝ der Ausdruck n a m - l ú - ù l u synonym verwendet.

[219] Der Terminus s i p a d, „Schafhirte" ist in den sumerischen Texten der bei weitem Gebäuchlichere. Nach ePSD gibt es mehr als 2.400 Belege, ganz überwiegend aus dem 3. Jt. v.u.Z. Er ist zu-

Vater-Analogie: „For the settled people you are their lord and father [24: ùĝ ĝar-ĝar-ra-bi en a-a-bi-me-en], ... you are their shepherd [sipad] who seeks out food for them. You speak to them, as if you were their father and mother [26: ama a-a-bi-gin$_7$ mu-ne-dug$_4$ ...], you satiate the people with food and drink" (ETCSL 2.5.4.24, Z.24–26).[220] Eine Aufspaltung der Menschen nach dem Freund-Feindschema lässt sich problemlos mit ùĝ und entsprechenden Qualifizierungen leisten („Volk der anderen Seite" [ùĝ gú-re-a]: ETCSL 2.8.3.1, Z.13; „Feindvolk" [ùĝ érim]: ETCSL 4.28.1, Z.1). Nach dem Motto: Auch die Gegner sind Menschen! (es gibt aber auch Barbaren-Denunziationen) ist es leicht, die Anderen einzubeziehen: „All foreign lands rested constantly, and their people experienced happiness" (ETCSL 2.1.5, Version 1, Z.38f.). Das Wort ùĝ kann darum in unterschiedlichen Zusammenhängen besondere, partikulare Gruppierungen bezeichnen, und doch steckt in ihm die generalisierende Bedeutung „Menschsein", „Menschheit". So wird es regelmäßig in Urzeit- und Schöpfungskontexten verwendet, die übrigens noch einmal ein Licht auf die komplexen Anschauungen von den „Anfängen" der „Weltgeschichte" werfen. Ein uralter heiliger Ort galt manchen Sumerern als Schöpfungsschauplatz der Menschheit: „Nibru – the city where the seed (numun) of the numerous people came forth and where life and birth came into existence" (ETCSL 2.5.4.19, Z.10; vgl. 2.5.4.23, Segm. A, Z.22). Ohne Lokalisierung, aber ebenso universell und mit speziellem Bezug auf den Schöpfergott (!) An heißt es: he who „caused human seed to come forth and who placed all mankind (ùĝ) on earth" (ETCSL 2.5.6.2. Segm. A, Z.6, vgl. Z.18). Einen seltenen Hinweis auf die Geburt der Menschheit aus der Erde bietet ETCSL 1.1.4, Z.3: „people broke through the earth like green plants." Insgesamt bringt ùĝ häufig die allgemein menschliche Komponente seiner Bedeutung zum Tragen. „The whole universe, the well-guarded people" (ùĝ saĝ sig$_{10}$-ga ETCSL 1.8.2.3, Z.145; 2.2.3, Z.513) spiegeln sich auch in partikularen Gruppen. Die Hymnen der sumerischen Elite strahlen mithin das Selbstbewusstsein von global denkenden und handelnden Regierungen aus. Die „Schwarzköpfigen" (ùĝ saĝ gíg-ga, ETCSL 2.1.2, Z.5; 2.2.2, Z.357,410; 2.2.3, Segm. A, Z.41; 2.2.4, Segm. C, Z.73; 2.4.2.01, Z.47 etc.) sind repräsentativ für die Menschheit. Das fremde Bergland hat sich ihnen unterzuordnen. Der Herrscherauftrag an die Dynasten des Zweistromlandes gilt für „alle Menschen", eben das „große, weit gestreute, sich stark vermehrende Volk". Am deutlichsten sprechen „vergöttlichte" Könige derartige Vorstellungen aus (vgl. Lipit-Eštar in ETCSL 2.5.5.1, Z.20,94; 2.5.5.2. Z.5,29,32).[221]

Das bisher Gesagte ist nur eine Außenansicht von höherer gesellschaftlicher Warte. Wie die „Leute" selbst dachten und was sie taten, bleibt ungesagt. Sie sind Objekte, über die berichtet wird. Aus den wenigen, spärlich reflektierten Referenzen auf das Volksleben sind aber Realitäten zu erschließen. Immerhin hat das Wohlergehen bzw. das Leiden des gemeinen Mannes Spuren hinterlassen, wie wahrscheinlich auch in jeder modernen Geschichtsschreibung. „People would throng the places of celebration"(ETCSL 2.1.5, Version 1, Z.17), Bürger essen und trinken reichlich, wenn es ihnen gut

---

gleich metaphorischer Gottestitel (vgl. Hartmut Waetzoldt, Hirte, in: RlA 4, 1975, 424) und gängiges Königsprädikat, weil der Monarch die Aufseherfunktion auf der Erde ausübt, vgl. z.B. Rīm-Sîn C und E (ETCSL 2.6.9.3 und 2.6.9.5) u.a. Hymnen.

[220] ETCSL übernimmt von Kramer 1989 die Bezeichnung „Hymn to Enki (?) for Išme-Dagan", obwohl beider Namen nicht im erhaltenen Text erscheinen. Die Zuordnung zu Išme-Dagan ist aber zweifelhafter als die zu Enki, auf den die gerühmte Schöpfer- und Erfinderkraft hinweist. Die Partikularität der Aussagen steht ebenfalls zur Debatte. Der erhaltene Text gibt sich universalistisch.

[221] Vgl. Römer 1965. Die beiden Hymnen enthalten manche klärungsbedürftigen Sätze des Königs oder über ihn. „I am a human god, the lord of the numerous people" (diĝir nam-lú-ùlu nir-ĝál ùĝ šár-ra-me-en, ETCSL 2.5.5.1, Z.20); he „who never tires of discussion, wise one whose decisions guide the people" (inim-ma nu-kúš-ù gal-zu ka-aš bar ùĝ-e si sá, ETCSL 2.5.5.2, Z.29); „You recognize true and false even in people's thought" (inim šag$_4$-ga ĝál-la lul zid-bi mu-e-zu, ETCSL 2.5.5.2 Z.32). Die einzelnen Erklärungen oder auch deren Übersetzung scheinen wenig plausibel. Ein „menschlicher Gott"? „Der gern diskutiert"? Und der „die Gedanken der Leute lesen kann"?

geht (vgl. a.a.O., Z.14f.; 1.1.3, Z.260; 2.5.3.2, Z.10; 4.05.1, Z.73; 5.3.6, Segm. D, Z.3,11). Sie bestaunen die Gottheiten, die evtl. in einer Prozession vorbeiziehen (vgl. ETCSL 1.1.3, Z.46; 4.07.3, Z.212; 4.13.10, Z.27). Sie jubeln und sind glücklich (vgl. ETCSL 2.1.5. Version 1, Z.39; 2.6.9.2, Segm. A, Z.41). Sie haben Angst vor Katastrophen (ETCSL 2.2.3, Segm. A, Z.58; 2.2.5, Segm. D, Z.20). Ein Abschnitt aus dem „Fluch über Akkad“ gibt eine Übersicht über das gute, erstrebenswerte Leben des Volkes: Inana sorgt dafür, „that its people would eat splendid food; that its people would drink splendid beverages; that those bathed for holidays would rejoice in the courtyards; that the people would throng the places of celebration; that acquaintances would dine together; that foreigners would cruise about like unusual birds in the sky“ (ETCSL 2.1.5, Version 1, Z.14–19). Kurz: Die *conditio humana* (einschließlich des Leids) war mit im Blick, wenn in sumerischen Tempeln gesungen und gebetet wurde, vielleicht intensiver als in manchen demokratischen, aber elitär eingeengten Gesellschaften, welche die Sorge um „den Menschen“ wie Werbeslogans vor sich her tragen.

Aus der Tatsache, dass in den Elitetexten das Volk als wichtige Bezugsgröße genannt wird – es herrscht also kein Kastensystem –, ergeben sich Wertschätzung und zeremonielle Bedeutung der Bevölkerung. Der König, ungeachtet mancher Deifizierungen, ist qualitativ Mensch. Nach der Königsliste kam das *Königtum* vom Himmel, es waren nicht die ersten Herrscher in Person. Einige Texte reden vielmehr davon, dass Monarchen von einer Gottheit aus der Menge ausgesucht wurden. (Enlil) „looked around among the people, the Great Mountain chose Ur-Namma ... from the multitude of people.“ (ETCSL 2.4.1.2, Segm. A, Z.4–5; vgl. 4.08.16, Segm. A, Z.22); „he made him the first among the people“ (a.a.O., Z.11). Die Menschen brauchen und bekommen erstklassige Lebensorientierung (Bildung!): „The house of the Anuna gods possessing great power, which gives wisdom to the people“ (ETCSL 4.80.1, Z.580). Die erwählten Regierenden wissen sich von der Zustimmung der Menge abhängig (vgl. ETCSL 2.5.4.01, Segm. A, Z.272), diese hat eine Verpflichtung zur Dienstleistung (vgl. ETCSL 2.1.2, Z.32–37), und ihre Lobdarbringung (vom Opferdienst des Volkes ist offiziell nicht die Rede, er obliegt den Offiziellen) ist wichtig (ETCSL 1.3.1, Segm. H, Z.247f.;[222] 1.6.2, Z.232). Auch als Bittsteller an die Götter sind die Menschen potent: Ohne Klientel kann eine Gottheit nicht leben (vgl. ETCSL 2.5.4.01, Segm. A, Z.227; 2.6.9.2, Segm. A, Z.41; 2.8.3.3, Z.19–22; 4.13.01, Z.35). Die Göttin Nintinuga – so ein Gottesbrief – „liebt an sie gerichtete Bittgebete“ (ETCSL 3.3.10, Z.5); sie praktiziert heilende Rituale für ihre Anrufer (a.a.O., Z.3f.). Das „Volk“ war für die Sumerer als dynamische Größe in das Beziehungsgeflecht der weltgestaltenden Mächte einbezogen. Seine Beteiligung an Festen, Prozessionen, Schaustellungen und Lobpreisungen steht außer Zweifel.[223]

Darauf könnten außerdem zwei erratische Wortverbindungen deuten, die bisher kaum Beachtung gefunden haben: Was bedeutet das „versammelte Volk“ (u ĝ saĝ/gú si-a), und wie steht es um das „heilige Volk“ (u ĝ kug)? Beide Ausdrücke kommen nur ganz selten vor. Im ersten Fall heißt es von „Vater Enki“: „You are the king of the assembled people“ (u ĝ saĝ si-a-ba lugal-bi za-e-me-en, ETCSL 1.1.3, Z.20). Das Kompositverb saĝ si tritt nur an dieser Stelle auf. Fünf weitere Passagen benutzen stattdessen die Kombination gú si, „(sich) versammeln“.[224] Das „versammelte Volk“ hat überall, wo es apostrophiert wird, eine besondere Bedeutung. In der Hymne an Ninsiana (Iddin-Dagan A) können Kultfeiern erst beginnen, wenn sich das „Volk“ eingefunden hat; einmal ist

[222] Vgl. Gertrud Farber, Inana and Enki, in: Hallo 2003, Bd. 1, 522–526; Bendt Alster, On the Interpretation of the Sumerian Myth ‚Inana and Enki‘, ZA 64, 1974, 20–34.

[223] Feiern gehört im alten Orient ganz wesentlich zum Leben, und das nicht nur als konsumierende, sondern auch als kreative Veranstaltung, vgl. Alfred O. Haldar, Fest, in: RlA 3, 1971, 40–43; Gaster, Seasonal Ceremonies, in: EncRel 13, 1987, 148–151; Zuesse 1987, 405–422. Der Festjubel hat eine Funktion im Gesamtablauf der Welt, er dient der Stärkung aller guten Kräfte. Heutige Ritualtheorien erkennen dieses Faktum besser als frühere Analysen, vgl. Ursula Rao, Ritual als Performanz, ZRGG 59, 2007, 351–370.

[224] ETCSL 2.4.2.21, Z.12; 2.5.3.1, Z.116,170; 4.15.3, Z.12; 4.80.1, Z.180. Das ePSD nennt nur 3 Vorkommen dieses zusammengesetzten Verbs. Beide Versionen arbeiten offenbar mit den typischen menschlichen Individuationen „Kopf“ und „Nacken“, die „in Fülle“ (si = füllen) auftreten.

der „Palast“ als Festort angegeben.[225] Der andere geschilderte Ritus scheint eine Gerichtssitzung oder Rechtssetzung zur Erntezeit zu implizieren, auch dort muss das Volk präsent sein.[226] In Šulgi U, einer Hymne an den Gott Nergal, stehen dagegen dynastische Interessen im Vordergrund. Das „Volk“ versammelt sich zu Füßen des Potentaten (ETCSL 2.4.2.21, Z.12), das ist offenkundig ein Herrschaftstraum. Die Hymne Nergal C wiederum (ETCSL 4.15.3, Z.12) referiert nur die Übergabe der Macht durch Enlil an den (späteren?) Unterweltsgott.[227] In der Sammlung von Tempelhymnen schließlich gilt der Tempel von Enegir, errichtet zur Verehrung des Unterweltgottes Ninazu, als Eingang zum Totenreich. Dort versammelt sich die ganze Menschheit (ETCSL 4.80.1, Z.180: gú si-a nam-lú-ùlu).

Die andere Wendung, ùĝ kug, „heiliges Volk“, ist noch rätselhafter. Sie ist im ETCSL singulär, und die Übersetzung mit „holy people“ ist in der Hymne an Iškur zu Recht mit einem Fragezeichen versehen (Ur-Ninurta F, ETCSL 2.5.6.6, Segm. B, Z.14,15: en kù-ĝál an ki ùĝ kug zi šúm, „Holy lord of heaven and earth who gives life to the holy people [? Kann auch kalam gelesen werden!]“). Das Wort kug ist im ETCSL 1255 Mal vorhanden, seine Grundbedeutung ist „glänzen“, „strahlen“ (auch von Edelmetall).[228] Der visuelle Eindruck von einem auffällig hellen Objekt dürfte grundlegend sein. Unser Begriff „heilig“ dagegen entstammt nach vorherrschender Deutung dem räumlich-rechtlich-ethischen Bereich oder der psychisch-emotionalen Wirklichkeit.[229] Bei dieser Bandbreite von semantischen Gehalten ist es schwer, adäquate Wortentsprechungen zu finden. Welche „Heiligkeit“ ist in dem singulären, auf eine Menschengruppe bezogenen sumerischen Text gemeint? Oder bezieht sie sich auf das Land? Die zahlreichen Gegenstände und Personen, geographischen Größen und Numina, welche in der sumerischen Literatur mit kug klassifiziert werden, fallen für uns nicht immer unter die Rubrik „Heiligkeit“. Vermutlich meint kug in seiner Beziehung auf die Menschenmenge deren psycho-soziale Kraft, die sich besonders im Festzeremoniell auswirken kann. Wo viele Menschen sich sammeln – und das war offenbar bei den saisonalen oder *ad hoc* anberaumten Fest- oder Trauertagen der Fall –, da kann die Stimme der Masse entscheidend ins Gewicht fallen. Dann zeigt das „Volk“ seine Strahlkraft und seine politische wie religiöse Potenz.

Vom sumerischen „Volk“ gibt es nur doppelt gebrochene Informationen. Nicht nur steht das Literatur gewordene Dokument zwischen Forschenden und der antiken Lebenswirklichkeit: Das Schriftzeugnis ist auch noch von Menschen verfasst, die dezidiert nicht zur anonymen Masse gehörten, sondern zur selbstbewussten Elite. Das ist allerdings die menschheitlich normale Situation. Schreibende „Klassen“ haben in der

---

[225] ETCSL 2.5.3.1, Z.116, 170. Beide Stellen beschreiben ausführlich die zeremoniellen Prozeduren, vgl. a.a.O., Z.112–121 und 169–180. Im letzteren Fall steht das Neujahrsfest zur Debatte: „When the black-headed people have assembled in the palace, ... a dais is set up for Ninegala“ (a.a.O., Z.170f.). Dann werden die Vorbereitungen zur heiligen Hochzeit beschrieben (Z.171–180).

[226] ETCSL 2.5.3.1, Z.112–121. „After the storehouses of the land have been filled with fine foods, and all the lands and the black-headed people have assembled ...“ (a.a.O., Z.115f.), kommt das Volk mit seinen Streitfällen zur Göttin Ninsiana. Sie spricht Recht (Z.117–121). Bemerkenswert ist, dass der Gerichtstag vor einer universalen Kulisse stattfindet! Vgl. ETCSL 2.5.4.11, Z.33.

[227] „Enlil bestowed on you the mountain of the earth and all of the people“ (ETCSL 4.15.3, Z.12f.; die englische Übersetzung unterschlägt das Verb gú si).

[228] ePSD hat für das Adjektiv die Bedeutung „pure“ und zählt 1342 Belege; das Substantiv kug, „Edelmetall“, speziell „Silber“, kommt nach ePSD mehr als 3000 Mal vor. Vgl. Zgoll 1997, 75–81.

[229] Vgl. Günter Lanczkowski, Heiligkeit I, religionsgeschichtlich, TRE 14, 1986, 695–697, der den Sinn aus dem Altnordischen „zu eigen sein“, „Gott gehören“ herleitet; er soll mit dem Bedeutungsfeld des lateinischen „*sanctus*“ = „ausgegrenzt“ verschmolzen worden sein. Die gefühlsorientierte Interpretation beginnt eigentlich mit Friedrich Schleiermacher und hat in Rudolf Otto einen starken Vertreter (vgl. ders., Das Heilige [1917], Gotha [14]1926).

Regel nichts mit dem gemeinen Mann oder der Durchschnittsfrau zu tun. Sie beobachten mehr oder weniger sympathisierend das Allgemeingeschehen in ihrer Gesellschaft. „Wir sind das Volk"-Bewegungen hat es sicher in der Menschheitsgeschichte immer wieder gegeben, aber erst in der Neuzeit fanden sie die publizistischen Mittel, sich selbst dauerhafter zu artikulieren. Die schreibenden Schichten haben sich oft genug voller Misstrauen von Massenbewegungen abgesetzt und sie kritisch heruntergestuft.[230] Selbst in der grundsätzlich Volksbewegungen sehr positiv gegenüberstehenden lateinamerikanischen Befreiungstheologie hat es Vorbehalte gegen unkontrollierbare Aufbrüche im Volk gegeben,[231] ganz zu schweigen von der marxistischen Philosophie und Politologie.[232] Sumerische Texte scheinen lediglich gegen fremde Volksgruppierungen, die eine von außen kommende Gefahr darstellen, zu polemisieren (vgl. ETCSL 2.8.3.1, Z.13; 4.28.1, Z.1), nach innen aber das „Volk" stets positiv zu bewerten. Ù ĝ ist den damaligen Intellektuellen die Menschheit schlechthin, die im Selbstverständnis der Regierenden die einzig „legitime" Macht anerkennen und für göttliche und menschliche Autoritäten Verantwortung zu übernehmen haben. Es ist ferner das Bürger- oder Staatsvolk, das direkt staatstragend durch lauten Applaus in Kultzeremonien eingreifen kann und dessen Präsenz an besonderen Festtagen erforderlich ist. Wenn die Details solcher Vorgänge auch nicht überliefert sind und die Innenansicht der lobenden Massen fehlt, reichen die Zeugnisse doch aus zu der Feststellung: Sumerische Theologen haben die geistige, geistliche und politische Macht der Nicht-Organisierten bewusst in ihr Kalkül einbezogen. Die Zustimmung des Volkes zu Staatsgottheit bzw. Dynastie war den Eliten wichtig (vgl. ETCSL 1.3.5, Segm. D, Z.54; 2.4.2.22, Z.11; 2.5.3.2, Z.58f; 2.5.4.01, Segm. A, Z.272; 2.5.4.13, Version 1, Segm. B, Z.12; 2.5.4.17, Segm. B, Z.17–24[233]), Aufsässigkeit gegen Gottheit und Regierung wurde bestraft (ùĝ lú nu-še-ga-ni-ir, „ungehorsames Volk", ETCSL 4.07.3, Z.18; vgl. 4.07.2, Z.45)[234]. Überwiegend erwähnen die Lobtexte die willfährige Kooperation des Volkes mit den Obrigkeiten. Das Thema des „rebellischen Menschen" ist latent vorhanden (vgl. ETCSL 2.1.2, Z.32–37), wird aber in den Preisungen nicht thematisiert, im Unterschied etwa zu alttestamentlichen Psalmen, die ein histori-

[230] Vgl. José Ortega y Gasset, Der Aufstand der Massen (1930), Hamburg 1956 (die „Kehrseite" des „Aufstands der Massen": die „sittliche Entartung der Menschheit", a.a.O., 93); Elias Canetti, Masse und Macht, Hamburg 1960.

[231] Vgl. Juan Luis Segundo, Massas e minorias, São Paulo 1975.

[232] Vgl. Wladimir Iljitsch Lenin, Staat und Revolution (1918ff.), in: Lenin, Gesammelte Werke Bd. 25, Berlin 1972.

[233] Der letztgenannte Hymnus an Nuska (Išme-Dagan Q) bietet, obwohl nur fragmentarisch erhalten, ein exzellentes Beispiel für das Zusammenspiel von göttlicher Autorisierung, monarchischem Lenkungsauftrag und bürgerlicher Zustimmung. Die Protagonisten sind Nuska, Išme-Dagan und das Volk: 17:„When he greets them in prayer and supplication, may they look favourably upon him! 18: Assign him a good life, a good reign, and years of joy! 19: May he be elevated to be prince of all the great lords of the south and the uplands! 20: May he exercise forever the leadership of the living of all lands, the numerous people! 21: May they look favourably upon Išme-Dagan, son of Enlil!" (ETCSL 2.5.4.17, Segm. B, Z.17–21).

[234] Das Thema „Führung", „Gehorsam", „Unterweisung" der Menge ist in verschiedenen Textgattungen präsent, vgl. ETCSL 2.6.9.2, Segm. A, Z.42; 2.6.9.5, Z.6,65; 2.6.9.a, Z.9; 2.8.3.3, Z.19–22; 3.1.02, Z.7; 4.17.1, Z.14. – Vgl. Zgoll 1997, 138–169.

sches Schuldbewusstsein der Religionsgemeinschaft pflegen (vgl. Ps 78; 106). Sumerische Theologen wussten, dass trotz aller menschlichen Irrungen und eigensinniger Ansprüche die tatsächliche Teilhabe an der Erhaltung der Welt zum Gesamtkonzept des Lebens gehörte. Die anonyme Großgesellschaft spielte eine aktive Rolle.

Wie steht es zweitens um andere Gruppierungen in der hymnisch-literarischen Hinterlassenschaft der ersten Schriftkultur? Setzen die relevanten Texte bei ihrer Aufführung eine limitierte Zuhörerschaft, ein ansprechbares und eventuell interagierendes Auditorium voraus? Waren Hymnengesänge Bestandteil ritueller Aufführungen einer wie immer strukturierten „Gemeinde" oder eines Ensembles am heiligen Ort? Die Loblieder wurden von (Ritual-)Experten oder Expertinnen, d.h. von ausgebildeten Fachleuten vorgetragen. Sprecher, Sänger und Instrumentalisten sind schon erwähnt worden (vgl. Kap. 6.2.1; 6.2.2.1; 6.3.1.6; 6.3.2.1). Sie sind abschließend zu bewerten, ihr Selbstverständnis steht zur Debatte.

Manche Indizien sprechen für „halböffentliche" Aufführungen der psalmenartigen Lobtexte, wobei keine strenge Unterscheidung zwischen erzählenden, epischen und liturgischen Kompositionen gemacht werden kann (vgl. Lugalbanda). Halböffentlich bedeutet: Das „Volk" in seiner anonymen Masse (unbegrenzte Öffentlichkeit) war nur ausnahmsweise bei Ritualen präsent, etwa als Wallfahrer in Prozessionen oder Zuschauer am Wegrand (Passage von Statuen; Schnelllauf von Königen usw.). Doch die Anwesenheit einer partizipierenden Zuhörerschaft, repräsentiert durch Kultfunktionäre, Chöre etc., erscheint plausibel. Direkt anredende (Du-Ihr-Allokution) und objektive Rühmtexte (er/sie-Bezüge auf die Lobobjekte) haben gegenüber rein erzählenden Kompositionen den ersten Anspruch, als performative Publikums-„Hymnen" zu gelten. Ihr poetischer Schwung, ihre Emotionalität, die Dramatik mancher Passagen rufen nach einem responsiven Korpus. Sie setzen oft ein mit einem *crescendo* von erhebenden Aussagen über das zu lobende Gegenüber. Allein dieser Auftakt stellt das gesprochene Wort in einer plakativen Weise zur Schau, die auf gruppale Resonanz baut. Es fielen im Zuge der Textanalysen weiter auf: Wiederholungen in gebundener Form; Erwähnungen von Musikbegleitung; Rubriken und klassifizierende Gattungsbezeichnungen; Gebete, Segenswünsche, Rufe, mythische Dialoge usw. Die Deklamation von Preisliedern verlangt nach einem hörenden und partizipierenden Kollektiv. Das kann kaum als zufällige Öffentlichkeit gedacht werden, wohl aber als organisierte Gruppe (Tempelpersonal?). Ein Widerhall vorgetragener Liturgien in einem „Auditorium" gehört für Anthropologen und Ritualwissenschaftler zur Grundausstattung performativer Ausdrucksweise.[235] Aus Hinweisen sumerischer Texte und aus analogen kultischen Begehungen in der Kulturgeschichte lässt sich auf eine Gruppenbeteiligung bei Lobdarbietungen schließen. Preis braucht einen Resonanzboden! Die Ritualwissenschaften

[235] In der jüdisch-christlichen Tradition nehmen z.B. Chöre die Rolle des gemeindlichen Resonanzbodens wahr, vgl. Eduard Emil Koch, Geschichte des Kirchenlieds und Kirchengesangs der christlichen, insbesondere der deutschen Evangelischen Kirche, Bd. 1, Stuttgart ^{3}1866; Walter Blankenburg, Choral/Choralgesang, TRE 8, 1981, 4–9; Anton Bierl, Der Chor in der alten Komödie. Ritual und Performativität, München/Leipzig 2001. Sie sind auch in der griechischen Tragödie und Komödie beheimatet. Vgl. außerdem Elfie Miklautz, Feste: Szenarien der Konstruktion kollektiver Identität, in: Kopperschmidt 1999, 193–206.

liefern zusätzliche Argumente:[236] Wenn heute beobachtbare Lobrituale in verschiedenen Kulturen von Liturgen, Musikern und respondierenden Chören (Teilnehmern) ausgeführt werden, kann dieses Modell auch für antike Aufführungen gelten.

Kann man darüber hinaus noch etwas über die Feinstruktur mitwirkender Gruppen erkennen? Welchen Aktionsradius hatten sie? Wie hat das, was man „Gemeinde" nennen mag, funktioniert? Es gibt, anders als in der Hebräischen Bibel, wenig Hinweise auf die Gottesdienstversammlung, die für Lobgesänge empfänglich und bestimmt war. Die großen Feste sind ein Anhaltspunkt (obwohl Sallaberger keinen passenden Ort für den Hymnengesang findet! S.o. Anm. 209). Denn hier wurde unter Beteiligung des „Volkes" Wesentliches für die Erhaltung der Ordnung getan. Hauptfunktionen eines Tempels ergeben sich aus seinem Charakter als göttliche Wohnung: Die residierenden Gottheiten müssen vom Tempelpersonal versorgt werden. Opfer sind zu allererst Mahlzeiten, dann erst Sühne- und Versöhnungsgaben.[237] Möglicherweise waren hymnische Veranstaltungen vom Opferdienst abgekoppelt, aber sie gehörten zum Kultbetrieb. Hinweise auf Gabendarbringung sind in den hymnischen Texten selten.[238] Die angeführten Stellen schildern Götterbankette als opulente Mahlzeiten, prototypisch für Opferdarbringungen (z.B. ETCSL 1.1.4, Z.104–116). Hymnengesang hat ein eigenes Recht in diesem selben Kontext: ETCSL 1.1.4, Z.94f. (ala und ub Trommeln werden installiert), Z.125f. („a house which tunes the seven tigi drums properly and provides incantations / where holy songs make all the house a lovely place." é tigi 7-e si sá-e nam-šub šúm-ma / šìr kug téš é ki al-dùg-ga). Die alte Keš-Hymne nennt den Tempel eine Orakel- und Opferstätte, in der auch der Sänger zum Klang der ala-Trommel seine Lieder singt (ETCSL 4.80.2, Z.61–65). In den Gudea-Zylindern

236 Vgl. Bell 1997, 72–83; Ronald L. Grimes, Ritual Criticism: Case Studies in its Practice, Essays in its Theory, Columbia 1990; ders., Religion, Ritual und Performance, in: Lance Gharavi (Hg.), Religion, Ritual und Performance, Akte des Glaubens, New York 2012, 27–41; Pierre Bourdieu, The Logic of Practice, Stanford 1992; deutsch: Entwurf einer Theorie der Praxis, Frankfurt 1976.

237 S.o. Kap. 6.2.1; 6.2.2.1; 6.2.2.4; 6.2.2.6; 6.3.1.4; 6.3.2.3. Die Spezialliteratur zu Tempelfunktionen und aktivem Tempelpersonal geht meistens nicht auf die kollektiven zeremoniellen Aktivitäten ein, stattdessen aber auf die reich belegbaren wirtschaftlichen und administrativen Funktionen der Tempelanlagen, vgl. Volkmar Fritz, Tempel II (Alter Orient und Altes Testament), TRE 33, 2002, 46–54; Wolfgang Zwickel, Der Tempelkult in Kanaan und Israel, FAT 10, Tübingen 1994; Sallaberger 2005; Kleber 2008 (die religiösen Beziehungen zwischen Palast und Tempel: a.a.O., Kap. 6, 255–310); Shehata 2009; Stefan M. Maul, Den Gott ernähren. Überlegungen zum regelmäßigen Opfer in altorientalischen Tempeln, in: E. Stavrianopoulou u.a. (Hg.), Transformations in Sacrificial Practices, Berlin/Münster 2008, 75–86 Der assyrische Hof zog bewusst alle Reichsprovinzen zur Lieferung der täglichen Götterversorgung heran. „Die identitätsstiftende Kraft, die der Vorstellung des Opfers als einer Gabe der die Gesellschaftsschichten umfassenden Gemeinschaft innewohnt, sollte nicht unterschätzt werden. Aus Herren und Untertanen wird so ein Gottesvolk", a.a.O., 82; Kaniuth 2013. Beim späteren akiti-Fest war das „Volk" beteiligt!

238 Termini für Tieropfer sind: gud – gaz („Rinder schlachten"; 67 Mal in ETCSL. Auflistung fehlt im Glossar!); udu – šár („Schafe opfern"; 9 Mal in ETCSL, davon 5 Mal dieselbe Doppelformel: ^{d}en-ki-ke$_4$ gud im-ma-ab-gaz-e udu im-ma-ab-šár-re, ETCSL 1.1.4, Z.93; vgl. 1.3.1, Z.243; 2.4.1.1 Version 1, Z.81; 2.4.2.01, Z.52; 5.3.1, Z.25, einmal gud du$_7$ máš du$_7$ šár, „fehllose Rinder, fehllose Böcke opfern"); ePSD verzeichnet 402 Vorkommen von gaz = „to kill", „to slaughter", bietet auch sieben Redewendungen, geht auf die Opferterminologie nicht ein.

ist viel von Opfertieren, Brot und Wassergaben und dem Gebet am Tempel die Rede (vgl. ETCSL 2.1.7, Z.14,54,56,202–206,207–208[239] u.ö.). Die Rhetorik des Opfers und des Lobpreises scheinen nebeneinander zu bestehen und getrennte, doch zusammengehörige Rituale, am heiligen Ort, anzudeuten. Die „Heiligkeit" des Schauplatzes macht den allgemeinen Zugang unmöglich (vgl. ETCSL 1.1.4, Z.193: „heiliger Ort, den keiner betreten darf", ki sikil lú nu-ku$_4$-ku$_4$-da[240]). Auch von daher ist die Volksbeteiligung an Tempelritualen eingeschränkt. Die Erwähnung der spezifischen Musikgeräte und Priesterklassen verstärkt den elitären Charakter der kultischen Handlungen. Generell gilt wohl: Mit Ausnahme von großen Festen, bei denen „das Volk" offiziell an Zeremonien beteiligt war, fanden Lobpreisungen im Tempelbereich mit und vor ausgewähltem, durch die Institutionen „Tempel" und/oder „Palast" vorgegebenen Personal statt. Zuschauertribünen sind für die Zeit und die Art der *performance* unwahrscheinlich.[241]

Struktur und Realität der „Gottesdienstgemeinde" reduzieren sich also auf Hofstaat, Priesterschaft, evtl. frei praktizierende Experten für Hymnengesang, Musikbegleitung, liturgische Inzenierungen. Die Hinweise auf Hymnenvortrag etwa in Šulgi E (ETCSL 2.4.2.05, Z.53–62, s.o. Kap. 6.3.1.6) zeigen den König in voller liturgischer Aktion; die Hymnen – 10 Gattungen sind ausdrücklich benannt – werden nach einem Appell an „alle" Kultteilnehmer vor dem sitzenden Paar Enlil und Ninlil (Standbilder?!) dargebracht. Es ist kaum denkbar, dass der König nur mit wenigen Assistenten agiert. Analysen des Tempelpersonals[242] erbringen nicht viel, weil die Spezialisten nicht in ihrer Zusammenarbeit geschildert werden. Einige Indizien deuten mindestens für hohe Festtage auf personalstarke Rituale. Vielleicht sind Hymnen bei anderen Gelegenheiten ohne „Zuhörerschaft" aufgeführt worden. Arkandisziplin, verstärkt durch Heiligkeitsanforderungen innerhalb der Tempelräume könnten Außenstehende ferngehalten haben. Dann fungierten die teilnehmenden Fachleute in Mindestbesetzung auch als

---

[239] In Z.207 betet Gudea im/mit dem/für das Volk!

[240] Vgl weiter ETCSL 2.1.4, Segm. B, Z.42 (Sargon und Ur-Zababa); 4.14.1, Z.101–104,128 (Nanše A: Prüfung des Tempelpersonals).

[241] Belege für gemeinschaftliche Zeremonien sind schwer zu finden. Sallaberger zieht einen Text bei, nach dem Frauen von einer Gesangsveranstaltung im Palast des Königs von Ur zurückkommen (Sallaberger 1993, 68): „Ein einziger Text zeigt die Teilnahme von zehn Frauen bei musikalischen Darbietungen zum Neulichtfest: TRU 41, viii Š 41: ‚10 PNf, zurückgekehrt vom Gesang bei der e. -Feier zum Neulichtag (nar-ta gur-ra èš-èš u$_4$-sakar-ka), hat PN, der Aufseher der Weber übernommen.' Literarische Texte bestätigen das gewonnene Bild, wobei v. a. Sulgi-Hymnen heranzuziehen sind: der König selbst führt die Riten besonders zum Neulichttag durch, einem Tag großer Festesfreude und des erwachenden Lebens nach dem Schwarzmond: er opfert Tiere, libiert Bier, führt Waschungen durch und erweist den Göttern seine Reverenz. Ebenso gehört das Spielen von Instrumenten und Singen von Hymnen zu diesem Fest." Gemeint ist das èš-èš-Fest, das im ETCSL viermal genannt wird: ETCSL 2.1.7, Z.52 (Gudea betet am èš-èš-Tag zu Ĝatumdug); 2.4.2.01, Z.78 (Šulgi feiert èš-èš am selben Tag in Nippur und Ur); 2.4.2.05, Z.61 (Šulgi fordert beständige Aufführungen seiner Hymnen am èš-èš-Fest, und redet offenbar eine Mehrzahl von Vortragenden an: Die Lieder „sollen nicht aus dem Gedächtnis oder aus dem Mund verschwinden", a.a.O., Z.57; als Darbieter der vielen Hymnentypen werden Enlil und Ninlil persönlich genannt, vertreten wohl durch ihr Personal, a.a.O., Z.53–61). Vgl. aber das akkadische Lied auf Bazi, Zgoll 2014c, 68–73.

[242] Vgl. Renger 1967/1968; Shehata 2009, 13–116; Sallaberger 2005, 617–640.

Resonanzboden für das preisende Lob. Explizit findet sich nichts von Chören, Responsorien, Kollektivhandlungen. Aber litaneiartige Gesänge und Refrains sind vorhanden: Sie lassen gemeinschaftliche liturgische Aktion erahnen (vgl. ETCSL 1.4.3, Z.89–150; 2.5.3.1, Z.35–81; 4.08.01; 4.80.2). Die gelegentlich auftauchenden Rubriken (Beispiele: ETCSL 2.5.2.1; 2.5.3.1; 2.5.4.02; 2.5.5.3; 2.5.6.2; 4.26.1; 4.32.e) könnten Hinweise für das Aufführungspersonal enthalten. Aber sie bilden keine „Zuhörerschaft" ab. Auch die wenigen Wir-Stellen (s.o. Kap. 10 mit Anm. 210) sind keine Garanten für ein echtes Gemeindegegenüber. Immerhin bezieht ein Rezitator andere seinesgleichen (?) mit in den Sprechakt ein.

Das bringt nun drittens die Frage nach den Vortragenden auf den Tisch. Wer redet in den sumerischen Lobliedern, und mit welchen Ansprüchen und Erwartungen? Häufig geben die Texte keine explizite Antwort. Sie verstecken die redende Person und richten sich lediglich an das zu preisende Gegenüber, entweder in direkter oder in neutrischer Anrede. „You are lord! You are king!" (ETCSL 1.2.1, Z.154) ist direkter Anredestil. „The lord has burnished (?) the heavens; he has embellished the night ....!" (ETCSL 4.13.06, Z.1) geht wohl ebenso direkt an die Gottheit, präsentiert sie indessen gleichzeitig anderen Adoranten. In beiden Fällen bleiben Sprecher oder Sprecherin undesigniert. Wo innerhalb eines Textes – und das geschieht sehr häufig – ein Protagonist anonym oder mehr oder weniger ostentativ in die Ich-Rede verfällt (etwa ETCSL 2.5.3.1, Z.1–16; 2.5.6.2, Z.1–5; 4.07.3, Z.219–271), ist ebenfalls ein liturgischer Sprecher, eine liturgische Sprecherin als ausführendes Organ zu denken. Er oder sie kann den König, die Gottheit, das Volk, die Stadt, den Tempel als redendes Ich vertreten.[243] Die namentliche Nennung ist zweitrangig. Welche Potenz stellt dieses Ich dar? Es gibt sich als Initiator und Performer des Lobgesangs. „Ich will singen ...", „ich will Glück wünschen ..."[244]. Das Ich steht einem gewaltigen Du gegenüber; sein – menschliches – Bewusstsein ist allerdings nicht eingeschnürt. Bezeugungen von „alleruntertänigster" Demut fehlen. Vergleiche der großartigen Majestät mit der nichtigen Existenz des Lobenden – häufig in christlicher Poesie – finden nicht statt. Das Du hat nach dem Verständnis der sumerischen Sänger ungeheure, aber keineswegs grenzenlose Macht. Es bedarf vielmehr der lobenden Unterstützung durch den oder die Vortragenden. Das bedeutet andersherum: Das sprechende, singende Ich hat Anteil an dem universalen bzw. regionalen Machtgefüge. Es ist in die *balance of power* integriert und steuert seinen Anteil an verantwortlicher Weltgestaltung im Lied bei. Preislieder sind in sich ein Kraftelement, ein Stück Dynamik im Weltgeschehen. Sie können von den

[243] Beispiel für die Ich-Rede der Stadt Nippur ist etwa ETCSL 2.2.4, Z.117–135; eine Wir-Klage der Menschen finden wir z.B. in ETCSL 2.2.3, Z.225–242 (s.o. Anm. 213).

[244] Gebräuchliche Redeformen sind: me-teš i-i (in der 1. P. Sing. ETCSL 1.3.2, Z.24; 2.4.5.2, Segm. A, Z.18f.; 2.5.6.2, Z.5; 4.02.1, Segm. B, Z.1, Segm. C, Z.4,10; 4.29.2, Z.4–6); „preisen"; silim dug₄, „grüßen, Glück wünschen" (in der 1. P. Sing. ETCSL 1.8.1.5, Z.22; 1.8.2.1, Segm. A, Z.151f.; 1.8.2.2, Z.131; 2.5.3.1, Z.1–68 = 11 Mal refrainartig; 4.07.2, Z.83 = silim als Variante zu di-zu); mí dug₄ „Angenehmes sagen, wohlwollend/fürsorglich handeln, loben" (ETCSL 2.4.2b, Segm B, Z.3,6,7,8,11 u.ö.; vgl. Attinger, ELS Nr. 5.3.119 = 603–619). Verkürzungen und Abwandlungen der o.g. Formeln finden sich z.B. in ETCSL 2.4.5.2, Segm. A, Z.15; 2.6.9.2, Segm. A, Z.29; 2.4.1.6, Z.25–27. Der Gottkönig sagt: „I, Šulgi, intend to be praised in my prayers and songs" (ETCSL 2.4.2.05, Z.15). Zum Problem des „Ichs" in der Psalmeninterpretation vgl. o. Anm. 211.

berufenen Fachleuten aktiviert oder aber vernachlässigt werden. Im letzteren Fall handelt es sich um eine grobe Pflichtverletzung der gutwilligen und verantwortungsbereiten Menschen, bzw. ihrer Regierung oder der Gesamtgemeinschaft. Die „Untergangsklagen" spielen gelegentlich auf das vielfältige Zeremoniell an, welches nach der Zerstörung der Tempel fehlt, dessen Wiederherstellung man sich wünscht, denn die Gottheiten können weder ohne leibliche Versorgung noch ohne rituelle Stärkung leben (vgl. ETCSL 2.2.2, Z.68,116, 348–360, 421f.; 2.2.3, Z.435–448; 2.2.4, Z.14f.,53–57,83,167–177,216f.; 2.2.5, Segm. H, Z.16–19; 2.2.6, Version von Nippur, Segm. A, Z.17,58–65 [fragmentarisch]). Gestiftete Riten müssen kontinuierlich weitergeführt werden, weil sie die Kraft zur Erhaltung der Ordnung generieren.

Das zelebrierende „Ich" ist nicht so individualistisch abgehoben zu denken, wie es nach heutigem Sprachgebrauch und Wertesystem scheint. Die Rede in der ersten Person des Rezitators drückt das komplexe Geschehen aus, sie repräsentiert die korporative Zeremonie, wahrscheinlich auch in sachgerechter Rollenverteilung. An der Anonymität der Sprecher ändert auch nichts die seltene Nennung eines Individuums, das angeblich die lobenden Worte intoniert. „I am Enḫeduana, the high priestess of the moon-god …" (ETCSL 4.07.3, Z.219). Die Autorschaft der Sargonstochter wird angezweifelt, klar ist die Intention der Überlieferer, diese literarisch berühmte Frau ins rechte Licht zu setzen. Auch sie steht aber deutlich für die Interessen einer politischen Macht und ist keine in sich ruhende Einzelpersönlichkeit. Ein Blick auf die zahlreichen Šulgi-Hymnen, von denen man weitere Lobaussagen für die großen Gottheiten in der 1. P. Sing. erwarten könnte, belehrt eines Besseren. Die fünf umfangreichsten Texte (Šulgi A, B, C, D, E = ETCSL 2.4.2.01; 2.4.2.02; 2.4.2.03; 2.4.2.04; 2.4.2.05) enthalten keinen einzigen an eine Gottheit gerichteten Satz aus dem Mund des Königs.[245] Alleiniges Ziel der „Ich-Aussagen" ist die eigene Machtsicherung. „My singers praised me with songs accompanied by seven t i g i drums" (ETCSL 2.4.2.01, Z.81); „Inana … has perfected the songs of my might!" (ETCSL 2.4.2.02, Z.380f); „he praises his own power in song" (ETCSL 2.4.2.02, Z.10); „let me boast of what I have done" (ETCSL 2.4.2.02, Z.52,77,114,150[246]). In der Tat bestehen die auf das eigene Ich gerichteten Hymnen in der Hauptsache aus Schilderungen fabelhafter Erfolge, Leistungen und Fähigkeiten des von den Göttern geliebten Herrschers (zu Šulgi E vgl. o. Kap. 6.3.1.6; Šulgi A o. Kap. 6.2.2.5). Für die Ich-Äußerungen in Lobzusammenhängen sind die angezogenen Hymnen trotzdem aussagekräftig. Ein vom redenden Ich gesteuertes Preislied kreiert Macht. Das Selbstbewusstsein, das sich in der Schaffung

[245] Auch in den übrigen, teilweise nur fragmentarisch erhaltenen 16 Šulgi zugeordneten Gesängen im ETCSL ist das Lob im Munde oder Auftrag des Königs an sein Pantheon nur gering ausgebildet. So bietet ETCSL 2.4.2.07 (Šulgi G) den Bericht über die Zeugung des Monarchen durch Enlil (mit einer e n -Priesterin) und ein Lob des Sohnes an seinen Vater (a.a.O., Z.15–20,30). Ein anonymer Sprecher steuert Segenswünsche an den von Enlil Patronisierten bei (a.a.O., Z.35–48). Dankbares Lob ergeht auch an die Göttin Ninlil (ETCSL 2.4.2.25, Z.7–10). – Šulgi „praised his brother and friend, Lord Gilgameš …" (ETCSL 2.4.2.15, Segm. A, Z.49f.,85f.), und er bringt den Gottheiten Opfer dar (ETCSL 2.4.2.18, Z.66f.). Insgesamt aber dominiert die Selbstbezogenheit: „Let praise be sung for me" (m í d u g$_4$; ETCSL 2.4.2.b, Segm. A, Z.1; Segm. B, Z.3,6,7,8,11).

[246] Die sumerische Formel lautet: n í ĝ a k - a - ĝ á n í - b i g a - b u l u ĝ$_5$, „ich will meine Leistungen aus sich selbst hervortreten lassen" (b u l u ĝ$_5$ = „to flourish", 61 Mal im ETCSL).

von politischer und kultureller Potenz spiegelt, ist in hohem Maß auf Alleingestaltung der von den Gottheiten an den König übereigneten Welt aus. Eine derartige Geisteshaltung ist für die Ur III-Epoche typisch, sie wird auch in der ersten Dynastie von Isin (Išme-Dagan, Iddin-Dagan, Lipit-Eštar) gelebt, fällt aber nicht grundsätzlich aus dem sumerischen Weltverständnis heraus.[247]

Das sprechende Ich verkörpert sich, nimmt literarische Gestalt an, in unterschiedlichen Masken. Es ist anonymer Liturg und benamter Protagonist, sei es Gottheit oder König. Es pflegt enge Verbindung zu den mächtigen Numina und schlüpft gelegentlich in ihr Bild. Es lebt aus Vollmacht, Beauftragung und Verantwortung für das Ganze. Sein Horizont ist durch die aktuellen gesellschaftlichen und politischen Verhältnisse bestimmt, vom Stadtstaat bis zum „Welt"reich. Deren existentielle Interessen nimmt die Lob spendende Stimme wahr. Vor allem ist die personalistische Weltdeutung, in vorgeschichtlicher Zeit angelegt, durch die sumerische Theologie ausgebaut und zu einer – in späteren Traditionen zur grundlegenden – Komponente von Glaubenstheorien geworden. Menschliche Vorstellungskraft hat immer die unpersönlichen Wirkungskräfte erkannt und versucht, sie durch magische Rituale zu beeinflussen. Das ist in Altmesopotamien nicht anders gewesen. Sumerische Theologie hat sich kategorisierend mit ihnen beschäftigt (vgl. o. Kap. 8). Der Nachdruck der lobenden Theologie sumerischer Provenienz liegt aber auf der Wortkommunikation mit persönlich gedachten Numina. Sie setzt ein Ich-Du-Verhältnis voraus, welches beiderseitiger Pflege bedarf: Numina haben ihre Verantwortung gegenüber den Menschen zu erfüllen, Menschen (re)agieren klagend, bittend und lobend, also „regulierend", in dem großen Lebens- und Konfliktraum ihrer mit zeitgenössischen Denkmitteln konstruierten Welt.

Die unterschiedlichen Rollen machen das sprechende oder singende Ich zu einem Irrwisch. Dramatisierungen der Texte, d.h. multiple Darsteller, sind nicht auszuschließen. Auch Stadt und Tempel können eine Stimme haben (vgl. ETCSL 2.2.4, Z.117–135). Wesentlich aber ist die Verkörperung der Gemeinschaft durch Rezitatorinnen und Rezitatoren. Sie stellt sich in den „staatlichen" Lobliedern nach innen und außen selbstbewusst und herrschwillig dar. Gilt das auch für die Verfasser der Texte? Nein, über sie ist nur sporadisch zu erfahren, dass sie im Auftrag handelten (vgl. ETCSL 2.4.2.05, Z.20–22). In den literarischen Produktionszentren, den „Schulen" (é-dub-ba-a, s. Exkurs in Kap. 6.2.1), arbeiteten begabte Texter nach den Vorgaben der Staatslenkung und der Gesellschaft. Sie schufen die Gottes- und Königspreisungen im Interesse der Dynasten und des Volkes.

Die literarischen Lobtexte des 3. und 2. Jts. v.u.Z. lassen einen religiösen Glauben durchscheinen, der Grundsteine zur heute gelebten Religiosität gelegt hat. Wesentliche Konzeptionen des Weltverstehens und Weltgestaltens sind über die Jahrtausende und durch Vermittlung nahöstlich geprägter Traditionen (Bibel; Talmud; Koran) konstant geblieben. Die Welt ist als komplexes Gebilde von widerstreitenden Kräften in der Anfangszeit durch Gottheiten, unpersönliche Kräfte, Menschen geschaffen und einge-

[247] Zur Diskussion um die geistige Welt besonders der Ur III-Zeit, vgl. Sallaberger 1999, 152–156; Stephen J. Garfinkle, Was the Ur III State Bureaucratic?, in: ders. 2008, 55–61; Michalowski 2011, 3–13 („The person of the king … was represented in a manner that meant to portray the monarch as the focal axis of the state and of the universe as well" (a.a.O., 6); Ludwig 2009.

richtet worden. Sie ist zur Zukunft hin offen und muss kultiviert werden. Den Menschen kommt ihren zugemessenen Kräften entsprechend und unter Aufsicht von Gottheiten und Potenzen eine wichtige Rolle im Ganzen zu. Die Sumerer erreichten in ihren spirituellen Konzeptionen ein gewisses, wenn auch prekäres Gleichgewicht der Kräfte. Menschen, persönliche Gottheiten, anonyme Gewalten oder Mächte wirkten nach Maßgabe der konstituierten Gemeinschaftsformen. Sie agierten mit- und gegeneinander. Worauf lief die Interaktion hinaus?

11. Geschichte, Gesellschaft (Motivation)

Die sumerische Theologie des Lobens hat eine Handlungsperspektive, die sich an den Wunschvorstellungen für eine „gute" oder „bessere" Welt ablesen lässt. Welche Leitbilder, welche Ordnungen sind anvisiert? Wie stellten sich die antiken Theologen den erstrebten Idealzustand vor? Was konnten Menschen (außer dem Lobdienst für die Gottheiten) in ihren verschiedenen gesellschaftlichen Positionen dazu beitragen, d.h. welche ethischen Anreize motivierten sie? Wo fand man Orientierungslinien für das Leben? Sind innere Einstellungen der Beteiligten angesprochen, aufgerufen oder impliziert? In welchen Zeitrahmen passt die geforderte Weltgestaltung?[248]

Um mit dem Letzteren zu beginnen: In Kap. 8 war schon von den sumerischen Zeitkoordinaten die Rede: Die Vergangenheit lag anscheinend vor dem Betrachter, die Zukunft hinter ihm. Die Moderne ist entgegengesetzt gepolt. Das Vergangene gilt als „veraltet" und alles Heil wird „von vorne", von der Zukunft und „nach vorne" hin, erwartet. Folgt daraus, dass Zukunft für die antiken Menschen eine unbekannte und bedeutungslose Dimension war?

So sehr in den sumerischen literarischen Zeugnissen die Vergangenheit auch Gehalt, Muster und Potenz des zu Erwartenden oder Realisierenden bestimmen mag, so sind doch auch die Hoffnung auf eine neue Entfaltung guter Gaben, oder die Angst vor künftigen Gefahren und Katastrophen unverkennbar. Die Untersuchung des Begriffs n a m - t a r (s.o. Kap. 8, Exkurs „Schicksalsbestimmung") hat das deutlich gezeigt. Zwar bietet das sumerische Vokabular nicht allzu viele Ausdrucksmöglichkeiten für „neu", „frisch", „unerwartet", „nahend", „innovativ" o.ä. Sachverhalte.[249] Viel häufiger scheinen Lexeme zu sein, welche die Restauration von guten Zuständen und Bedingungen zum Inhalt haben. „wieder herstellen", „stabilisieren = fest stellen",[250] „zyklisch erneuern". Das gilt von der saisonal wieder auflebenden Vegetation bis zum

[248] Ethische Konsequenzen von Welterklärungen sind unserem Kulturkreis eingeschrieben. Mesopotamische Weisheitsliteratur verrät ein ähnliches Problembewusstsein, wenngleich die Verbindung zur Theologie kaum explizit hergestellt wird, vgl. z.B. ETCSL 5.6.1, „The Instructions of Šuruppag" und ETCSL 6, „Proverbs" sowie die Sekundärliteratur zur altorientalischen Weisheit, z.B. Lambert 1960; Alster 2005; Lämmerhirt 2010, 177–251, 589–647 (s i s á = Gerechtigkeit; Rechttun).

[249] Die Verben g i$_4$, „to return", „renew" (ETCSL = 924 Mal), g u b, „to stand", „stabilize" (ETCSL = 1029 Mal), g i b i l, „to be new", „repeat" (ETCSL = 44 Mal) sind in diesem Zusammenhang wichtig und selektiv zu beachten, besonders adjektivische und adverbiale Ausdrücke im Blick auf das Zeitverständnis: ì - n e - e š, „now" (ETCSL 67 Mal); d a - r í, „eternal" (ETCSL 53 Mal).

[250] Vgl. z.B. Lämmerhirt 2010, 101–176.

Neubau von Häusern und Tempeln.[251] Auf der anderen Seite hatten die Sumerer eine Vorstellung von „Zukunft", die noch nicht Gegenwart war und die sich potentiell nicht wiederholen würde. Sie standen nicht nur mit dem Rücken zu den „herankommenden" Ereignissen, sondern blickten auch auf „andauernde Tage"[252] der noch zu realisierenden Geschichte. Schließlich wünschte man sich ein „langes Leben" (zi sù-ud-ĝál; ETCSL 1.5.1, Z.339,348 und noch 10 Mal). Wie im Einzelnen die Konzepte des Futurischen gefüllt waren, bleibe dahingestellt. Fest steht: Es gab nicht nur in der Vorgeschichte Anfangspunkte, als vorher Unbekanntes in die Welt trat, Neustarts sozusagen. Auch im aktuellen Geschehen ereigneten sich Neuanfänge, zum „ersten Mal" (gibil-bi, ETCSL 2.1.5, Version 1, Z.10f.). Man ersehnt sich z.B. eine Friedenszeit, in der Waffen zerbrochen werden (ETCSL 1.8.2.1, Z.320f.) und einer zerstörten Landschaft paradiesische Fülle beschert wird (ETCSL 2.2.3, Z.505–518). Ein Zukunftsgemälde dieser Art hellt die „Klage über Nippur" auf: „Father Enlil ... has fixed among the black-headed people, and commanded for their benefit, a time when no one is to speak hostile words to another ..." (294: a-a ^{d}en-líl ... 295: uĝ$_{3}$ saĝ gíg-ga bí-in-gub-ba-àm sag$_{9}$-ge-ba bí-in-dug$_{4}$-ga 284: ud lú-ù lú-ra inim kúr nu-di dumu a-a-ni-ir ní tèĝ-ĝe$_{26}$-e, ETCSL 2.2.4, Z.294f.+284, vgl. Z.284–295 insgesamt mit 10 Ankündigungen „guter Tage"). Oder: Man unterscheidet genau zwischen der Wiederherstellung eines guten, früheren Zustandes und einer innovativen Veränderung: Lugalbanda wird nach langer Bittprozedur wieder gesund (ETCSL 1.8.2.1, Z.71–275) und gewinnt dann in nicht minder umständlicher Prozedur ungeahnte neue und einmalige Läuferqualitäten (ETCSL 1.8.2.1, Z.167–202). Šulgi ist in seinen Hymnen, wie gezeigt, besorgt um den Weiterbestand seines Kultus, den Vortrag der ihn rühmenden Lieder. Er spricht auch von zukünftigen Herrschern, die sich an ihn erinnern sollen, vgl. ETCSL 2.4.2.02, Z.194f.: „Until the distant future may this song bless the name of me, the king, with a life of long days" [194: ud tìl-la sù-rá-šè, „lange Lebenstage"] (vgl. a.a.O., Z.283–288).

11.1 Königtum

Unter den Leitmotiven der guten Ordnung nimmt – mindestens in den hymnischen Texten, die einen Monarchen namentlich nennen – das Königtum die zentrale Stellung ein. Hymnen, die an der Textoberfläche nur an Gottheiten gerichtet sind, mögen unterschwellig auch auf die dynastischen Verwalter der göttlichen Macht bezogen sein. Das ist kein Wunder, sollen doch gerade die Lobveranstaltungen auf der Regierungsebene die Macht der himmlischen Institution „Königtum" (nam-lugal) erhalten. Die Eulo-

[251] Vgl. ETCSL 1.2.2, Version 1, Segm. A, Z.161: „prime new flax", „prime new grain"; ETCSL 2.1.7, Z.657: „new moon" (ud-sakar gibil); a.a.O., Z.864: „new year" (mu gibil); a.a.O., Z.1322: „renewed sheepfolds"; a.a.O., Z.532,1258: „new house", auch ETCSL 2.4.1.1 Version 1, Z.149 (Flückiger-Hawker 1999, 176 hält mit Michalowski é-gal-gibil für den offiziellen Namen des „Neuen" Palastes). Vgl. auch die „neue Peitsche" für den Pflüger in ETCSL 5.6.3, Z.16. Zur Sache vgl. Berlejung 2009.

[252] Der Begriff „ferne Tage" (ud re-a; ud sù-ra) wird nicht nur im Blick auf die Urzeit gebraucht, vgl. Streck 2002, 231 u.ö. Zukunftsperspektiven benutzen gern den Ausdruck ud ul, „always", vgl. ETCSL 1.6.1, Z.189.

gien richten sich häufig zunächst an die Hauptgottheit eines Staats-Pantheons, preisen ihre überragende Kraft und bitten dann darum, den regierenden König für seinen Amtsauftrag, die Lebensordnung zu verwirklichen, gebührend auszustatten und ihn zu unterstützen. Exemplarisch zeigt das ETCSL 2.3.1, eine Hymne an die Göttin Bau von Lagaš zugunsten des Königs Luma: Die Zeilen 1–21 feiern Bau, Tochter Ans, in ihrer Vollmacht, und lenken dann (Z.22–57) subtil das Wohlwollen und die tatkräftige Hilfe der Göttin, vorgestellt als ständiger Zuspruch, Planvorgaben, Schicksalsentscheidungen, auf den Monarchen. Das Medium „Wort" ist der Kraftstrom: ^{d}ba-ú inim kug-zu <diĝir-ra ša-mu-un-na-ĝál> / lugal lum-ma-ra ud-dè-eš-e <mu-un-è> „Bau, your holy words are devoted to the god, they are as clear as daylight to the king, Luma" (ETCSL 2.3.1, Z.41–42).[253]

Verschiedene Redeformen führen die Segensübertragung an den König aus: Wörtlich zitierte *Gottesorakel* (vgl. Enlil an Ur-Namma ETCSL 2.4.1.2, Z.40–51; Inana an Šu-Suen ETCSL 2.4.4.2; Enlil an Išme-Dagan 2.5.4.02, Z.43–54; An an Lipit-Eštar 2.5.5.3, Z.33–52; Enlil an Lipit-Eštar 2.5.5.5, Z.17–24; An an Ur-Ninurta 2.5.6.5, Z.27–44; Inana, Utu, Ninazu, Suen an Šulgi 2.4.2.24, Z.49–140), *Gebetswünsche* in direkter oder indirekter Anrede (2.4.4.4, Z.40–43,50–55; 2.5.3.2, Z.60–70; 2.6.9.3, Z.11–28; 2.6.9.4; 2.6.9.7) oder *Fürbitten* des Liturgen (ETCSL 2.4.4.4, Z.22–28; 2.5.2.1, Z.30–35,54–62; 2.5.3.4, Z.44–85; 2.5.6.2, Z.36–47; 2.6.9.1, Z.1–13; 2.6.9.2, Z.29–57; 2.6.9.5) bzw. dritter Wesenheiten (ETCSL 2.4.5.1, Z.24–29: die me des Königs sollen preisen!), erzählerisch dargestellte *Qualitäten* und *Großtaten* des Königs (ETCSL 2.4.1.2, Z.52–71; 2.5.3.2; 2.5.5.2; 2.5.8.1; 2.4.2.04, Z.1–149)[254] sind kunstvoll und liturgisch effektiv in jedem Text spezifisch verwendet. Aus diesen Passagen entsteht das Bild des königlichen Amtes, das einen Menschen umkleidet (vgl. die umgekehrte Vorstellung: „Er bekleidet ein Amt"). Der Monarch erscheint als glänzender Held, unbestechlicher Richter und gerechter Anführer (häufig: sipad zid, „guter Hirte"). Es fehlt nur noch die Zuerkennung des göttlichen „Schreckensglanzes" (me-lem, nír), so in ETCSL 2.5.6.5, Z.29: „May there be shame at your awe inspiring splendor [ní me-lem$_4$-za]." Noch im Alten Testament scheint der göttliche Strahlenkranz auf, der sich um den Monarchen legt (vgl. Ps 45,3–8), und die Sorge um Gerechtigkeit prägt weiter das Bild des wahren Erwählten (vgl. Ps 72). Das Hirtenbild des Gottes/Königs ist bis heute lebendig (Ps 23; Joh 10).[255] Eine alles Positive einschließende und fördernde Lichtgestalt also, dieses sumerische Königsideal! Das Königtum ist in den höfischen Hymnen und Zeremonien offenbar das zentrale Kraftzentrum, durch das die göttlichen Einwirkungen kanalisiert und ins Werk gesetzt werden. Von ihm gehen die Impulse aus, welche das ganze Leben durchwirken. „You

[253] Eine ganz ähnliche Konzeption zeigen z.B. ETCSL 2.3.2 (Bau und Gudea); 2.4.1.5 und 2.4.1.6 (Tempel Ekišnuĝal und Ur-Namma); 2.4.5.3, Z.1–40,42–64 (Suen u.a. und Ibbi-Suen); 2.5.1.3 (Nanaja und Išbi-Erra); 2.5.1.4 (Ninisina und Išbi-Erra); 2.5.3.1 (Ninsiana = Inana und Iddin-Dagan); 2.5.4.11 (Inana und Išme-Dagan); 2.5.5.3 (An und Lipit-Eštar); 2.5.5.4 (Ninurta und Lipit-Eštar); 2.5.6.2 (Enki und Ur-Ninurta); 2.5.6.3 (Ninurta und Ur-Ninurta); 2.6.6.5 (Iškur und Sîn-Iddinam); 2.6.7.1 (Numušda und Sîn-Iqišam); 2.4.2.07 (Enlil und Šulgi).

[254] Das Selbstlob der „vergöttlichten" Könige (vgl. ETCSL 2.4.2.01; 2.5.5.1 etc.) ist hier nicht berücksichtigt, s.o. Kap. 6.2.2.5; 6.3.1.6 usw.

[255] Vgl. J.G. Westenholz 2004, 281–310.

are the farmer who brings superb grain!" sagt ein Chor von Stimmen dem gottgleichen Šu-Suen zu (ETCSL 2.4.4.3, Z.20). Im außenpolitischen Raum erweisen sich parallel dazu Glanz und kreative Kraft in immer weiteren Machtansprüchen, bis hin zur globalen Herrschaftsvision.

Exkurs: Reichsideologien[256]

Für die Sumerer war das „Königtum" die selbstverständlichste Regierungsform. Es war in der Urzeit vom „Himmel gekommen" und sukzessiv in sumerischen Städten wie Eridu, Bad-tibira, Larak, Sippar, Šuruppak („vor der Flut") und Kiš, Uruk, Ur („nach der Flut") sozusagen vor Anker gegangen.[257] Das Konzept der „Königsliste" (ähnlich in den „Tempelhymnen") war also gesamtsumerisch; es stand gegen die Realität der konkurrierenden Stadtstaaten. Häufig wurden die Haupttitel für den Regierenden, lugal („Großmensch") und énsi („Herrscher", „Gouverneur", vielleicht: „Priesterfürst")[258] frühdynastisch, aber auch neusumerisch, im Blick auf die Stadtherrschaft vergeben, so bei Ur-Nanše von Lagaš oder Lugalzagesi von Uruk/Ur und Gudea von Lagaš.[259] Siegreich bestandene Auseinandersetzungen bescherten dem einen oder anderen der frühen Herrscher zusätzliche Einzeltitel.[260] Dann kamen regional übergreifende Bezeichnungen hinzu. So wurde Lugalzagesi zum lugal-kalam-ma, „König des Landes" d.h. Sumers.[261] Schließlich verraten die Designationen weiter gehende Herrschaftsansprüche, und das Konzept von „Heimatland" (kalam) und „Ausland" (kur-kur) tritt immer schärfer hervor.

Der ideologische und theologische Hintergrund der Königstitulaturen ist außerordentlich wichtig. Stadtstaaten hatten je ihr eigenes Pantheon (was die Sonderexistenz von „heiligen Städten" ohne politische Machtstruktur nicht ausschloss). Wenn einzelne Städte an Ansehen und politischer Macht gewannen, stiegen ihre Hauptgottheiten zu höheren Positionen auf. Die Potenz menschlicher Herrscher beförderte auch die Bedeutung ihrer Gottheiten – beide Kräftezentren waren verzahnt. So wur-

---

[256] Vgl. Gerstenberger 2001b. Die hier übersetzte und aktualisierte Passage des Aufsatzes wurde bei der Veröffentlichung (a.a.O., 200–202) stark gekürzt.

[257] Die sogenannte „Sumerische Königsliste" ist am Ende des 3. Jts. v.u.Z. aus älteren Materialien zusammengestellt worden, vgl. Jacobsen 1939; Dietz O. Edzard, Königslisten und Chroniken. A. Sumerisch, RlA 6, 1980, 77–86; Wilcke 1988; Glassner 2004; Steinkeller 2003.

[258] Die Debatte um die komplexe Geschichte der Königstitulaturen dauert an; nach Hallo 1957, 45; bedeutete der archaische Titel en bis zur Akkad-Zeit etwa „overlord", „Großkönig". Vgl. weiter: Wilcke 1974; Marie-Joseph Seux u.a. Königtum, in RlA 6, 1980, 140–173; Franke 1995; Sallaberger 1999, 178–181; Heimpel 1992.

[259] Seit Ur-Nanše nennen sich z.B. die Herrscher von Lagaš vorwiegend „king of Lagaš", vgl. Cooper 1986, 22–85; Steible 1982, 77–358; Behrens 1984; Franke 1995, 42–48, 72–79.

[260] Eannatum wird z.B. „énsi von Lagaš und lugal von Kiš" genannt, cf. Cooper 1986, 42 (Text La 3.5): „To Eanatum, ruler of Lagash, Inana, because she loved him so, gave him the kingship of Kish, in addition to the rulership of Lagash." Vgl. Franke 1995, 55; Frayne 2008.

[261] Vgl. z.B. Steible 1982, 315ff., Luzag 1: „Enlil, der Herr aller Länder: Lugalzagesi, dem König von Uruk, dem König des Landes [Sumer] ..." (Kol. I,1–5). Die Reichweite seiner Macht wird in den folgenden Zeilen beschrieben: „Als Enlil, der Herr aller Länder, (dem) Lugalzagese das Königtum über das Land [Sumer] verliehen, die Augen des Landes [Sumer] auf ihn gerichtet, alle Fremdländer ihm zu Füßen geworfen (und sie) von Sonnenaufgang bis Sonnenuntergang untertan gemacht hatte, da hat er vom Unteren Meer an Tigris und Euphrat bis zum Oberen Meer für ihn ihren [der Länder] Weg in Ordnung gebracht. Von Sonnenaufgang bis Sonnenuntergang ließ Enlil (ihn) keinen [Geg]ner haben: Alle Fremdländer liegen unter ihm auf üppiger Weide. Das Land [und Volk Sumer(s)] spielt unter ihm froh" (Kol. I,36 – II,20).

de der große Gott Enlil von Nippur schon vor der Akkad-Zeit zum lugal kur-kur-ra, dem „Herrn der Fremdländer" und überschritt damit die Grenzen Sumers.

Eine solche Ausdehnung des göttlichen Machtbereiches war sicherlich Folge sumerischer Ansprüche oder Eroberungen im feindlichen Gebirgsland nördlich und östlich des Stammgebietes. Eannatum (ca. 2480 v.u.Z.) soll „alle Fremdländer [Ninĝirsu] untertan" gemacht haben,[262] während Lugalzagesi von Enlil, dem „Herrn der Fremdländer" weitreichende Vollmachten jenseits der Grenzen Sumers zugesprochen bekommt.[263] Das alles bedeutet: Schon in der vorsargonischen Periode schickten sich sumerische Stadtstaaten an, ihren Einfluss auf die Peripherien auszudehnen. Sie legitimierten, wie gehabt, ihre Ansprüche auf Vorherrschaft theologisch, indem sie die überlegene Autorität ihrer Gottheiten ins Feld führten. Welche politischen Systeme tatsächlich eingeführt wurden, ist nicht immer klar erkennbar, auch die mentalen Konzeptionen der sumerischen Herrscher bleiben undeutlich. Klar genug ist, dass mächtige Stadtstaaten versuchten, ihren Einflussbereich über die Flussebenen hinaus auszuweiten. Zahlreiche Konflikte und Kriege sind schriftlich und ikonographisch bezeugt. Die jeweilige Hauptstadt und ihr Zentraltempel wurden im Bewusstsein der Sieger zum Mittelpunkt der Welt, und zwar politisch, wirtschaftlich und militärisch. An eine religiöse Bevormundung haben die Sumerer anscheinend nicht gedacht.[264]

Das von Sargon ca. 2350 v.u.Z. begründete Reich von Akkad entwickelte die imperiale Idee weiter. Zwar wurde es von semitisch sprechenden Volksgruppen getragen, aber Herrschende und Bevölkerung waren auch mit der sumerischen Kultur tief verbunden. In Wissenschaft und Religion gebrauchte man die sumerische Sprache. Sargon, lugal a-kà-dè^{ki} („König von Akkad"), propagiert in großen Inschriften seine Siege und die eroberten Städte und Länder.[265] Ähnlich verherrlichen seine Nachfolger ihre Taten, vor allem Narām-Sîn. Eine Inschrift verkündet, nachdem sie die Feldzüge aufgezählt hat, seine „Vergöttlichung": „... through the love which the goddess Aštar showed him he was victorious in nine battles in one year, and the kings whom they (the rebels [?]) had raised (against him), he captured."[266] Die im Akkad-Reich gebräuchlichen Königstitel werfen Licht auf die politischen und mythischen Vorstellungshorizonte der Zeit: lugal kiš, „König [der Stadt] Kiš". Das wurde später akkadisch als *šar kiššatim*, „König der Ganzheit" verstanden. Die analoge Bezeichnung

[262] Franke 1995, 52–53; die Autorin bezieht sich auf Ean. 5 and 8, herausgegeben und kommentiert von Steible 1982, Bd. 2. Vgl. dieselben Texte in Cooper 1986, 37, 40, La 3,1 und 3,2; Frayne 2008.

[263] Vgl. Franke 1995, 74–75. Die Übersetzung „Herr *aller Länder*" (lugal kur-kur-ra, a.a.O., 73; 74 etc.) mag nicht ganz zutreffen, auch wenn die Reduplikation eines sumerischen Wortes die komplexe Summe einer Sache bedeuten kann. Unser Vorurteil, ein Weltreich müsse einheitlich und universal konstruiert sein, könnte das sumerische Konzept von Pluralität überlagern. Vgl. Thomsen 2001, 59–63 (§§ 65–78): „... reduplication means probably a totality" save in „post-Sumerian times" (61); Jagersma 2010, § 6.3 und 6.4, S. 105–116 („... a reduplicated noun refers to multiple entities while emphasizing the separateness of each individual entity", a.a.O., 115). Aber unsere (deutsche? westliche?) Totalität ist in einer Weise „inklusiv" und „exklusiv" die der sumerischen Weltsicht nicht entspricht. Dieselbe Absolutheit der Anschauungen kommt zum Ausdruck, wenn wir von Gottesepitheta wie „allwissend", „allmächtig", „einzig" usw. sprechen.

[264] Vgl. die später ausgereifte Idee vom metropolitanen Zentrum: Stefan M. Maul, „Die altorientalische Hauptstadt – Abbild und Nabel der Welt", in: Wilhelm 1997, 109–124; A.R. George, „‚Bond of the Lands': Babylon, the Cosmic Capital", a.a.O., 125–145.

[265] Vgl. Frayne 1993, 10–12 (Sargon 1); Gelb und Kienast 1990, 157–160 (Sargon C 1): Sargon „conquered the city of Uruk and destroyed its walls. He was [victorious] over Uruk in battle, [conquered the city], captured [Lugal-z]age-si, king of [Ur]uk, in battle and led him off to the gate of the god Enlil in a neck stock." (Frayne, a.a.O., 10 = Sargon 1, Z.12–31); zusammenfassend: „Sargon ... was victorious (in) 34 battles. He destroyed their (city) walls as far as the sea" (Frayne, a.a.O., 28 = Sargon 11, Z.1–8).

[266] Frayne 1993, 113 = Narām-Sîn 10, Z.10–19. Vgl. Winter 1992.

ist *šar kibrātim arba'im* (sum.: lugal an-ub-da limmu-ba), „König der vier Weltenden“.[267] Solche Etikettierungen suggerieren die weltweite Geltung eines Herrschers. Die Könige Mesopotamiens haben sich immer als Vizeregenten einer höchsten Gottheit verstanden, sei es An, Enlil, Ištar, Suen, Ninĝirsu, Ninurta o.a. Die doppelte Herrschaftslegitimation – innen- sowie außenpolitisch – beginnt früh und ist eventuell bei Lugalzagesi von Umma erstmalig zu fassen; er wurde von seinem Zeitgenossen Sargon von Akkad besiegt.[268] Die Frage bleibt offen: Wann wurde die Idee eines umfassenden Weltreichs geboren? In der Sumerologie scheut man Festlegungen. Das Reich von Akkad und die dritte Dynastie von Ur kommen aber als Erfinder „globaler“ Machtausübung in Frage.[269]

Ein wenig Vorsicht ist indessen ratsam. Spätere Leser der Keilschrifttexte, vor allem im „modernen“ Westen, arbeiten fortwährend mit Konzepten wie „Geschichtsperioden“ und „Universalgeschichte“ und projizieren derartige Vorstellungen gerne in die Antike hinein. Die sumerischen Quellen bieten noch keine expliziten Geschichtsphilosophien. Spätere avestische, hellenistische, spätjüdische und christliche Zeugnisse quellen über von eschatologischen und apokalyptischen Spekulationen und anderen teleologischen Deutungen. Immerhin vermitteln uns die sumerischen Königsinschriften und sonstige zeitgenössische Texte (z.B. Korrespondenzen, Epen, Jahresnamen, Verwaltungs-, Geschäfts-, Gerichtsurkunden), wie mesopotamische Stadtfürsten und Könige ihre Einflusssphären einschätzten. Sie fühlten sich im Zentrum ihrer Welt, behaupteten gelegentlich gar, den Mittelpunkt der Erde zu besitzen. Ob sie dabei wirklich den ganzen Erdkreis einschlossen und jede nennenswerte Macht außerhalb ihrer eigenen Grenzen negierten, ist nicht leicht auszumachen. Handelsverbindungen mit weit entfernten Ländern bewiesen schon damals eine andere Realität. Konkurrierende Machtzentren wie Aratta, Elam, Mari, Ebla usw. sind textlich und archäologisch für das 3. Jt. bezeugt. Dennoch ist die zentralistische Sicht der Welt keimhaft vorhanden. „König der vier Weltenden“ und „König des Ganzen [Territoriums]“ kann man sich nur nennen, wenn man von umfassender Geltung träumt. Die Herrschaft über die mesopotamischen Stammländer und einige angrenzende Staaten reichte dann offensichtlich aus, den global-imperialen Anspruch in den Köpfen und Herzen der Regierenden entstehen zu lassen. Das alles ist sehr menschlich und hat viele Parallelen in anderen Kulturen, in denen irgendwann Machtballungen vorgekommen sind.

Die Fülle von relevanten Dokumenten, besonders der Ur III-Periode – Königstitel sind nur ein winziger Ausschnitt –, gestattet Rückschlüsse auf die Geisteshaltung der Regierenden und Eliten und die spirituelle Bedeutung der Institution „Königtum“. Es lässt sich in etwa rekonstruieren, welche idealen Vorstellungen die Oberschicht motivierten. Dagegen ist aus offiziellen Verlautbarungen kaum abzulesen, wie weit solche

---

[267] Vgl. Franke 1995, 94–101, 160–164 und o. Anm. 261.

[268] Vgl. Lugalzagesis Behauptung, Enlil „put under his feet the foreign lands from Sunrise to Sunset“ ([en-líl] kur-kur ĝìri-na, e-ni-sè-ga-a, utu-è-ta, utu-šú-šè, gú e-na-gar-ra-a, Luzag. I, 1:44 – 2:2 bei Steible oder Cooper; vgl. auch Frayne 2008), oder die Aussage, sein Hauptgott „does not not let him have any equal any more“ ([[d]e]n-líl-le [gaba-šu-ĝar, [n]u-mu-ni-tuku, Luzag. I, 2:12–16). Diese letztere Formel wird von den Akkad-Herrschern aufgenommen, so von Sargon: [d]en-líl ma-ḫi-ra la i-dì-śum (Frayne 1993, 11 = Sargon 1, Z.70–72, akkad. Spalte).

[269] Vgl. Edzard 2004, 94: „Das Reich von Akkade hat die Idee der ‚vier (Welt-)Ufer‘ hervorgebracht …“; Michalowski 2011, 11: Šulgi „… created a world-class empire.“ Doch ist auch Michalowskis Warnung zu hören: Wir Heutigen sind vor allem von der Machtpolitik fasziniert und überbewerten leicht die „centralization of authority“, die im alten Vorderen Orient höchstens 250 von 2000 Jahren praktiziert wurde (a.a.O., 12: „centralization is the anomaly rather than the norm“). Zu bedenken sind auch die empirischen, geographischen Erfahrungen der Sumerer, die sich aus belegten Ortsnamen in sumerischen Quellen erheben lassen, vgl. Ingo Schrakamp, Geographical Horizons of the Presargonic and Sargonic Periods, in: Sallaberger 2015, 197–270. Machtträume sind aber in der Regel durch die Empirie nicht auszubremsen.

Leitbilder in die Bevölkerung hineinsickerten, d.h., in welchem Grad der „Mensch auf der Straße" sich mit den Zielen der Dynasten und ihres Palast- und Tempelpersonals, einschließlich der Armeeführung und der Provinzregierungen, identifizierten. Für die Elite ist (bei allem Hang zu Kritik und Disloyalität) ein gewisses Maß an Solidarität anzunehmen, zumal – wiederum in Ur III gut belegbar – die Regierenden bei der Besetzung hoher Leitungsämter gern auf ihre großen Familien zurück griffen.[270] Vermutlich hatten sie jeweils eine erhebliche Gefolgschaft, die das Bild des starken und gerechten Königs, der seine Feinde besiegt, mit den Gottheiten per Du ist, ihnen unermüdlich Tempel baut und Opfer bringt, die Segnungen für die Landwirtschaft vermittelt, Kunst und Literatur fördert, Streit schlichtet und Verbrechen bekämpft und alles tut, um dem „Land (der Schwarzköpfigen)" Frieden und Wohlstand zu sichern, internalisierte und in politische Unterstützung umsetzte, eben auch durch Huldigungen aller Art. Kein Wunder, dass in späten Hymnen sich manchmal eine Stimme an den König direkt wendet: „Mein König …".[271] Die Figur des Herrschers, besser: die Idee des „Königtums" (n a m - l u g a l)[272], war – wie in traditionellen Ethnien bis heute – sakrosankt; sie hatte hohe Symbolkraft, und ohne sie konnte im sumerischen System der Weltgestaltung nichts Entscheidendes geschehen. Ein Blick auf die Lobelemente der persönlichen Bittgebete in den Beschwörungen zeigt allerdings, dass die mediale Funktion des Königs dort nicht gebraucht wurde. Das Königtum bildete in jedem Fall für die Elite und die Großgesellschaft ein unentbehrliches Kraftzentrum. Wie weit das Konzept immer und überall auf Erweiterung der Macht angelegt, also expansiv bestimmt war, müssten Einzeluntersuchungen ergeben. Mit Sicherheit lässt sich sagen, dass Macht steigernde Konnotationen von „Welt"-Herrschaft zum Potenzial menschlicher Potentaten aller Zeiten und aller Schattierungen gehören.

Gibt es in der Gegenwart vergleichbare Konstruktionen von Werten und Machthierarchien? Das Königtum von „Gottes Gnaden" hat in der Geistes- und Politikgeschichte Europas seit der Erklärung der Menschenrechte in den USA (1776) und der französischen Revolution (1789) eigentlich abgedankt. Theoretisch ist von diesen Eckdaten

---

[270] Vgl. Michalowski 2011, 10f. Der Verfasser weist auf die Legitimationsarbeit der Fürsten hin, der auch hymnische Texte dienen. Die Herrscher inszenierten „the pomp and circumstance of public ceremony, the constant banquets, royal progresses, and ceremonial events …" (a.a.O., 10). Königsnamen können ebenfalls Hinweise auf die herrschende Ideologie geben (vgl. Andersson 2012).

[271] Vgl. z.B. ETCSL 2.4.1.2, Z.52; 2.4.1.7, Z.16–27; 2.4.2.04, Z.1–13; 2.4.2a (ganzer Text); 2.4.4.4, Z.38; 2.6.9.1 (5 Mal in 25 Zeilen; in Z.18: „Nur Rīm-Sîn ist mein König!", d i l i - à m ^{d}r i - i m - ^{d}s u e n l u g a l - [ĝ u $_{10}$]. Die Herausgeber sind unsicher bei der Übersetzung von d i l i - à m). Einige Hymnen enden mit dem Huldigungsruf: „[Name] Du bist mein König!" Vgl. ETCSL 2.6.9.3, Z.28; 2.6.9.4, Z.48; 2.6.9.5, Z.85; 2.6.9.6, Z.46; 2.6.9.7, Z.51; 2.8.2.2, Z.13; 2.8.3.2, Z.39; 2.8.3.3, Z.40; 2.8.3.5, Z.46.

[272] Der Begriff ist im ETCSL häufig anzutreffen: 230 Mal. Er kann sich auf Gottheiten und Monarchen beziehen. Allein in der „Königsliste" (ETCSL 2.1.1) wird die Monarchie (jeweils mit Possessiv-Suffix auf eine Stadt bezogen) 25 Mal („ihr Königtum") von Ort zu Ort übertragen. Sallaberger betont, dass bei Aussagen über den König „nicht die jeweilige Person" … „sondern das Amt" im Vordergrund steht (ders. 1999, 154. Vgl. Postgate 1995; Gebhard J. Selz, Über mesopotamische Herrschaftskonzepte, in: Dietrich 1998a, 281–344; Irene J. Winter, Touched by the Gods: Visual Evidence for the Divine Status of Rulers in the Ancient Near East, in: Brisch 2008, 75–101; Jerrold S. Cooper, Divine Kingship in Mesopotamia, A Fleeting Phenomenon, in: Brisch 2008, 261–265.

der modernen westlichen Philosophie aus ein anderes Weltmodell zur Grundlage des Seins erklärt worden: Das Individuum ist der absolute Wert für alle Gesellschaftsentwürfe, und die Demokratie die ausschließliche Basis aller Machtkonstruktionen. Natürlich sind die politischen und ökonomischen Realitäten bis heute weit vom Traum menschlicher, individueller Freiheit und guter, kontrollierter Ausübung der Macht durch Volksvertreter entfernt. Aber das westliche Ideal der Weltordnung ist in der angegebenen Richtung programmiert. Welterklärung und Weltgestaltung sollen durch das Medium der Menschenwürde und der demokratischen Verfassungen („Alle Staatsgewalt geht vom Volke aus", GgBRD Art. 20, Abs. 2) kanalisiert werden. Wie im alten Sumer hinsichtlich des Königtums, so sind in der modernen Welt Wertordnung und Machtzentrum benannt, welche den gesamten Lebensverlauf bestimmen sollen. Wie weit beide kompatibel, vergleichbar, austauschbar, entwicklungsgeschichtlich verbandelt sind, ist hier nicht zu entscheiden. Es geht nur darum, die analogen Funktionen der geschilderten Verhältnisse zu erkennen. Demokratie und Menschenwürde sind die fundamentalen Parameter unserer Existenz. Ohne ihr Plazet geht schlechterdings nichts in unserer Welt, jedenfalls solange die Soll-Dimensionen gelten. Alles, was geschieht, muss den Doppelstempel „Menschlich" und „Demokratisch" tragen. Die Kräfte, die zur Gestaltung der Lebensverhältnisse beitragen, gehen durch dieses Machtzentrum hindurch und müssen sich vor ihm legitimieren. Die Analogie zur Weltgestaltung der Sumerer ist klar: Dort waren es das Königtum und der Wille der Gottheiten, welche Richtung und Inhalte der guten Ordnungen vorgaben.

11.2 Lebensbereiche

Weil alle formativen Kräfte in der Welt miteinander zusammen hängen und weil die königlichen Potenzen in den Regierungshymnen ein Durchgangsreservoir sind, kann man die anderen genannten Bereiche, in denen sich eine gute Ordnung bewähren musste – Natur, Einzelleben, Gesellschaft –, unmittelbar anschließen; sie entsprechen den heutigen Weltvorstellungen eher als das hierarchisch begründete Königtum.[273] Die Auseinandersetzung mit den Naturkräften, das Leben in primären und sekundären Gesellschaftseinheiten waren im sumerischen Bewusstsein intensiver und anders miteinander verwoben, als heute vorstellbar. Unsere geistigen Bau- und Werkzeugkästen (wie könnte das auch anders sein?) gestatten hoffentlich eine annähernde Rekonstruktions des antiken Verständnisses. Wie funktionierte damals ein geregelter Naturkreislauf? Mond, Sonne, Gestirne mussten auf ihren Pfaden bleiben, Wind, Wasser, Erde hatten die vorbestimmten Aufgaben zu erfüllen, sie sollten in Balance zueinander agieren. Das Feuer, eins der später klassischen Elemente, scheint vorwiegend eine destruktive Komponente gewesen zu sein.[274] Als Resultat aller kooperativen Anstrengungen der natürlichen Mächte, der dirigierenden Gottheiten und ritueller Einwirkungen wünschte man sich reichliche Ernten, gesundes Wachstum der Herden und ein elementares Wohlergehen für alle Menschen. In den Kontrastaussagen der großen

---

[273] Die drei Bereiche sind natürlich subjektiv definiert, aber sie sollen ein Stück weit der antiken Situation Rechnung tragen.

[274] Feuer, sum. i z i, kommt im ETCSL Glossar 108 Mal vor. In der Mythologie besteht eine Verbindung zu den Gottheiten Gibil, Išum und Nusku, die nicht zur höchsten Götterklasse gehören.

Klage- und Untergangslieder und den Segenswünschen vieler Hymnen kommt das Verlangen nach einer ausreichenden materiellen Lebensgrundlage immer wieder klar zum Ausdruck. Die motivierenden Leitbilder der Hymnensänger im Blick auf die außermenschliche Natur waren also paradiesischer Art: Man wollte das harmonische Zusammenspiel der Naturgewalten zum Nutzen der Menschen/Sumers fördern.

Die Fruchtbarkeit des Bodens und der Herden, Teilaspekt der Naturkräfte, ist ein in der Hymnenliteratur breit angesprochenes Thema und ein zum Handeln herausforderndes Motiv. Am hintergründigsten und zugleich eindrücklichsten tritt es im Zusammenhang der 25 ganz oder teilweise erhaltenen Lieder des Dumuzi-Inana-Zyklus auf, der in der Wissenschaft schon viel Aufmerksamkeit gefunden hat.[275] Denn hier wird die göttliche Hochzeit und damit die Sexualität schlechthin durchsichtig auf elementares irdisches Geschehen.[276] Die beiden göttlichen Akteure stehen für die grundsätzliche Bedeutung der liebenden Vereinigung im Blick auf alle Lebensvollzüge. Ohne Befruchtung und Empfängnis gibt es weder einen Fortbestand von Pflanzen-, Tier- und Menschengattungen, noch ein kulturelles und politisches Leben. Ob die sogenannte „Heilige Hochzeit", die rituelle Vereinigung des Monarchen mit der durch eine Priesterin vertretenen Göttin regelmäßiger Bestandteil der mesopotamischen Festkalender gewesen ist, bleibe dahingestellt (s.o. Kap. 8, Exkurs „Schicksalsbestimmung"). Mindestens phasenweise und sicherlich zeremoniell-symbolisch hat es die Paarung von Göttin und männlichem Repräsentanten gegeben. Zahlreiche Hymnen auch außerhalb des Dumuzi-Inana-Kreises sprechen von den Vorbereitungen und dem Vollzug der Hochzeit (z.B. ETCSL 2.5.6.4, Z.13–21,36; 2.5.6.1, Z.78–87; 2.5.1.3, Z.40f.; 2.5.4.01, Z.100–111; 2.5.3.1, Z.181–194; 4.07.4, Z.66–68). Entscheidend ist der sumerische Glaube, durch die vorbildhafte sexuelle, und sei es nur symbolisch und rezitativ zelebrierte Vereinigung werde das Naturleben im saisonalen Frühlingserwachen oder auch sonst im Laufe des Jahres stimuliert und mit der nötigen Potenz zur Fruchtbarkeit ausgestattet. Nach außen sind die Dumuzi-Inana-Lieder Liebeslyrik mit lebhaften Reden an Partner oder Partnerin, wie sie das Alte Testament im Hohenlied zeigt und wie aus arabischen Volksliteraturen bekannt. Die Traditionsgeschichte solcher Liebespoesie ist längst noch nicht voll aufgeklärt. Dass ursprünglich volkstümliche Hochzeitsbräuche hinter der staatlich-monarchischen Inana-Dumuzi-Lyrik stehen, ist durchaus möglich. Ihre zeremonielle Qualität erweist sich an Sprache, Stil, Metaphorik. „May you be barley in the furrows" (ETCSL 4.08.15, Z.9). „My genitals .....

[275] Vgl. Krystyna Szarzyńska, The Cult of the Goddess Inana in Archaic Uruk, Nin 1, 2000, 63–74; Jeffrey L. Cooley, Early Mesopotamian Astral Science and Divination in the Myth of Inana and Sukaletuda, JANER 8/1, 2008, 75–98; Philip Jones, Embracing Inana: Legitimation and Mediation in the Ancient Mesopotamian Sacred Marriage Hymn Iddin-Dagan A, JAOS 123, 2003, 291–302; Black 1985; Selz, 2001; Kramer 1969; Wolkstein 1984, Dina Katz, How Dumuzi became Inana's Victim, Acta Sumerologica 18, 1996, 93–102; Gonzalo Rubio, Inana and Dumuzi, A Sumerian Love-Story. Review of Sefati 1998, JAOS 121/2, 2001, 268–274; Johannes Renger, Heilige Hochzeit, A. Philologisch, in: RlA 4, 1975, 251–259; Jerrold S. Cooper, Heilige Hochzeit, B. Archäologisch, in: RlA 4, 1975, 259–269; Lapinkivi 2004 (vgl. 14–27 die Problematik des Konzepts); Fritz 2003; Zgoll 2006a.

[276] Bekanntlich hat christliche Lehre im Schlepptau hellenistischer leibfeindlicher Philosophien die Sexualität aus der religiösen Weltdeutung bewusst und fast fanatisch auszuschließen versucht.

who will be their ploughman?[277] … Plough in my genitals, man of my heart!“ (ETCSL 4.08.16, Segm. B, Z.18,26,31). „As she rises from king’s embrace, the flax rises up with her, the barley rises up with her, the desert is filled with a glorious garden“ (a.a.O., Segm. C, Z.9–11). Der bloße Vergleich geht über in eine nach sumerischer Anschauung handfeste Realitätsbeschreibung. Liebesakt, Samenerguss, Zeugung sind im Horizont der antiken Welterklärung wirkliche Impulse, synergetische Effekte zur Belebung aller Lebensvorgänge auf der Erde. Allerdings ist auch hier daran zu erinnern, dass die Dumuzi-Inana-Texte aus der hochrangigen Ritualpraktik von Städten, königlichen Höfen bzw. ihren Tempelanlagen kommen. Von dieser hohen gesellschaftlichen Ebene waren jedoch die Bedürfnisse der Menschen im Lande sehr wohl im Blick (s.o. Kap. 10). Die Fruchtbarkeit von Feldern und Weiden, Herden und Menschen musste im Interesse Aller liegen. Von diesem zentralen Punkt aus werden die Bemühungen um Etablierung und Erhaltung grundlegender Ordnungen und Institutionen noch einmal verständlich (vgl. die oben herangezogenen Lieder ETCSL 4.22.1; 4.27.01 und viele andere).[278]

Der zweite Existenzkreis ist das individuelle Leben mit seinen Brüchen und Freuden. Primäre Sozialgruppierungen (Familie; Clan; Nachbarschaft) rangierten im Alten Orient vor Individuum oder Staat. Manche Hymnen der Oberschicht haben (aus ethischer Verantwortung?) das persönliche Wohlergehen einfacher Menschen zum Hauptgegenstand gemacht, wie z.B. der Gesang an Ninisina und ihren Sohn Damu (s.o. Kap. 6.2.2.2) oder die „Bauernbelehrung“ (ETCSL 5.6.3). Zwei banale Gründe lassen sich für diese starke Beachtung des Normalbürgers anführen: Einmal sind auch die Angehörigen der Eliten den nicht immer wohlgesinnten Mächten unterworfen, d.h. sie sind auch Menschen, und zweitens steht das Wohl der „Bürger“ – wie oben Kap. 10 der Exkurs ù ĝ, „Volk“, zeigt – kraft göttlicher Beauftragung der Herrschenden und hoffentlich nicht nur rhetorisch im Blickpunkt der Loblieder.[279] So kommt die Gesamtbevölkerung mit ihren Alltagssorgen ins Spiel, und in ihr sind es vor allem „Witwen, Waisen und Recht Suchende“. Das Wohlbefinden der Masse realisierte sich also nicht isoliert von der Oberschicht, sondern im Rahmen der Gruppen, denen ein Mensch „natürlich“ zugehörte: Familie, Großverwandtschaft, Nachbarschaft, die zusammen das Staatsvolk darstellten. Hier mussten die Verhältnisse stimmen, wenn ein gedeihliches Leben aller an ihren sozialen Orten gelingen sollte. Menschliches Leben war optimal, wenn es im kleinen Kreis friedlich und gerecht zuging. Das trug nach den Weisheitslehren der Alten Welt Früchte. Nebenbei bemerkt: Leitbilder von Spitzenleistungen, welche an göttliche Standards heranreichen (vgl. Šulgi, o. Kap. 6.2.2.5 und

[277] „To plough“ (u r $_{11}$ - r u, 47 Mal im ETCSL) ist über die Inana-Dumuzi-Literatur hinaus gängige Bezeichnung für den Sexualverkehr (vgl. ETCSL 4.07.8, Version 1, Z.22; 4.22.1, Z.69).

[278] Es versteht sich von selbst, dass die Gewährung von Fruchtbarkeit auch als das alleinige Werk der Gottheiten bzw. ihrer legitimierten Herrscher angesehen werden kann, vgl. ETCSL 4.27.06 = Ninurta D (Tiere gebären, Pflanzen wachsen durch Ninurta); 4.13.01; 4.13.04; 4.13.06; 4.13.09 (Nanna-Suen ist der große Schaf- und Rindförderer); 4.13.10, Z.28–32 (Korrespondenz zwischen Tieren und Menschen); 2.4.1.6 (Ur-Namma G; der König als „faithful farmer“ = e n g a r z i d).

[279] Die seltenen Aussagen über schlechte Herrscher wie im „Fluch über Akkad“ (Narām-Sîn; ETCSL 2.1.5) kommen offensichtlich von Opponenten oder späteren Eroberern.

6.3.1.6),[280] sind außergewöhnlich, zeigen aber, dass auch der sumerischen Anthropologie ein Hang zur „Gottebenbildlichkeit" inhärent war. Die Sehnsucht nach übermenschlichen Qualitäten führte aber nicht zu einer scharfen Abtrennung von anderer belebter und unbelebter Kreatur. Der Mensch hatte die Aufgabe, für sein eigenes Dasein im Verbund mit seiner sozialen Gruppe Verantwortung zu übernehmen. Der wörtlich zu nehmende „Gottes-Dienst" war in der hochentwickelten sumerischen Gesellschaft nur die organisierte und an spezialisierte Berufsgruppen delegierte Form einer religiösen Dienstleistung. Haus- und Lokalkulte dienten Gerechtigkeit und Frieden im sozialen Mikrogefüge. Sozialethische Forderungen in „Gesetzes"texten[281], der Weisheitsliteratur und in einigen Hymnen (z.B. ETCSL 4.28.1, Nungal A) thematisierten den Bedarf an Ordnung und Balance im „Volk". Damit gehören die mitmenschlichen Verpflichtungen von Jedermann und Jederfrau in ihren sozialen Kontexten und die Vision von ihrer Erfüllung zu den Hauptutopien der hymnischen Weltverbesserung.

Einige zusätzliche markante Lob-Beispiele mit Bezug zum Kleingruppenbereich sollen das Bemühen um das Ordnungsgefüge „Welt" weiter verdeutlichen. Das Wohlergehen aller „Schwarzköpfigen"ist das Ziel des Liedes Ḫendursaĝa A (ETCSL 4.06.1),[282] von dem drei Bruchstücke erhalten sind. Sie zeigen eine ausgeprägte Fürsorge für den einfachen Bürger, der einen persönlichen Schutzgott (d i ĝ i r l ú - ù l u) braucht. Ḫendursaĝa, der Wächter- und Unterweltsgott, ist den Menschen nahe: „A man's personal god stands by at your behest for eating and drinking" (a.a.O., Segm. A, Z.42f.). Im Segment B, Z.14–46 verwalten sieben namenlose Söhne Enkis die Ressourcen an Lebensmitteln offenbar zugunsten ihrer Schutzbefohlenen. Segment C, Z.1–14, steuert zunächst die Schilderung des Unglücklichen bei, der ohne Schutzgott leben muss und dem alles misslingt, um dann in Z.15–28 den Seligen vorzuführen, der einen göttlichen Begleiter hat. Der menschennahe Ḫendursaĝa berät dann den kaum im Detail informierten Sonnengott Utu (Segm. C, Z.29–55), wie er sich zu einzelnen menschlichen Bittstellern verhalten soll. Am Ende des Liedes zeigt sich, dass das tägliche Leben der Einzelpersonen in einem Geflecht von Zuständigkeiten abläuft. Persönliche Schutzgottheiten betreuen im Verein mit Ḫendursaĝa, Enki und Utu einen Menschen und seine Familie. Der hat seine Patrone natürlich wahrzunehmen, sie zu ehren und seinen ganz profanen Arbeitsbeitrag zum Gelingen des Lebens zu leisten. Die Hymne ist an eine „mittlere" Gottheit gerichtet, lokal begrenzt und mit der Unterwelt vertraut, die aber entscheidende Wächterfunktionen für die Bürger einer Stadt ausübt. Vielleicht ist Ḫendursaĝa eine *figura divina*, die aus der weniger stark politisch organisierten Epoche bzw. aus kleineren sozialen Gruppierungen stammt. Der hymnische Schlussappell „GN z à - m í" ist nur in Segment C enthalten (ETCSL 4.06.1, Segm. C, Z.69f.) und richtet sich lediglich an Utu und Enki, die „Ḫendursaĝa beige-

[280] Sallaberger deutet die ins Göttliche gesteigerten Taten und Fähigkeiten so: Wie der König in seinen Siegesinschriften nur sich selbst als Kriegsheros nennt, ist auch sein sonstiger Selbstruhm nicht persönlich, sondern kollektiv zu verstehen. „Man könnte daran denken, dass der König als Spitze und damit als Spiegel des gesamten Landes dessen gesamte geistigen Fähigkeiten in sich versammelt …" (Sallaberger 1999, 181).

[281] Vgl. Roth 1995; Wilcke 2007.

[282] Edzard 1976; Leick 1991, 100; Dietz Otto Edzard, Ḫendursanga, in: RlA 4, 1975, 324f.

standen haben".[283] Die Verzahnung mit der höheren sozialen Organisation wird damit deutlich. Die lobende Gemeinschaft braucht ihre „Kraft" nur den höchsten Machtverwaltern zuzurufen. – Der Gott Asarluḫi, wohl bekannt aus zahlreichen sumerischen Beschwörungen, hatte ähnlich menschennahe Funktionen (vgl. ETCSL 4.01.1) in seiner Fürsorge für Menschen in ihrer Intimgruppe. – Hymnen, die sich stark auf die medizinische Wissenschaft (ETCSL 4.22.1 an Ninisina, s.o. Kap. 6.2.2.2) und die Rechtsinstitutionen (ETCSL 4.28.1 an Nungal) oder die sozialen Fragen (ETCSL 4.14.1: Mutter Nanše) konzentrieren, mögen ebenfalls in spezifischen, auf das allgemeine Publikum ausgerichteten Berufsliteraturen entstanden sein.

Aus der Perspektive der regierenden Eliten schließlich erschien die Welt als eine große Baustelle. Geschichte und Natur (unsere Hauptkriterien) waren – weil von unterschiedlichsten Kräften beseelt – in ständiger, konkurrierender Bewegung, sind. Die Texte vermitteln den Eindruck, dass ruhige Zeiten, in denen Ordnung und Gesetz herrschten, eher die Ausnahme waren. Intern mussten die Herrschenden mit Unzufriedenheit und Widerstand von Untertanen und rivalisierenden Gottheiten rechnen. Von außen drohten Fremdvölker. Die Jahresbezeichnungen[284] lesen sich streckenweise wie Protokollnotizen unablässig mit Kriegszügen oder Bauprojekten beschäftigter Könige. Šulgi will unter dem Mantel seines göttlichen Amtes übermenschliche Leistungen auf allen Gebieten erbracht haben (vgl. nur ETCSL 2.4.2.01 und 2.4.2.02, und o. Kap. 6.2.2.5; 6.3.1.6). Die periodische Sorge um günstige Schicksalsprognosen, die ständige Wachsamkeit in Bezug auf politische Unruhen, mögliche Naturkatastrophen (Überschwemmungen; Epidemien usw.) belasteten manche Regierungen. Von ruhigen oder gar paradiesischen Verhältnissen ist keine Rede. Kontemplation gehörte nicht zum Regierungsprogramm. Gelehrter auf dem Königsthron war vielleicht erst Assurbanipal (668–630 v.u.Z.). Aber auch er hat zahlreiche Kriege geführt.

In allen drei Lebenskreisen/Sozialsphären sahen sumerische Theologen Möglichkeiten für den Menschen, in die komplexen Machtspiele bekannter und unbekannter, persönlicher und anonymer Kräfte einzugreifen. Ideale Leitbilder waren in allen Bereichen vorhanden; auf die Verwirklichung der imaginierten Ziele verwendete man viel Energie. Die in den Hymnen greifbaren Spuren menschlicher Aktivität bestehen in erster Linie in der Stärkung der guten, Leben erhaltenden und Ordnung stiftenden Potenz der (freundlichen) Himmelsgottheiten und des durch sie begründeten Königtums. Im gleichen Atemzug drängen die Lieder auf menschliche Erfüllung der positiven Lebensmodelle. Gottheiten belohnen den „Gerechten" und bestrafen die „Übeltäter".[285] In dieser Ausprägung ist das „Loben" gleichzeitig Abwehr und Bekämpfung der zerstörerischen oder bösen Kräfte. Das Ringen um gute Ordnung hatte eben auch negative Seiten. Was war für die Sumerer das Destruktive, das sie ständig zurückdrän-

[283] Die Schlussstrophe (Segm. C, Z.60–70) zeigt die komplexe Struktur der gedachten Machtverhältnisse. Hendursaĝa wird in allen Belangen als der „Held" und „Herold" apostrophiert. Ihm gelingen dank der Unterstützung der hohen Gottheiten Utu und Enki große Taten; von den persönlichen Schutzgottheiten der untersten göttlichen Machtpyramide ist nicht mehr die Rede.

[284] Für die Ur III-Zeit geht Sallaberger 1999, 131–178 (Abriss der Geschichte) immer wieder auf diese „Jahresdaten" ein, z.B. a.a.O., 131, 140–145, 163f., 168f., 173f.

[285] Vgl. diese auch im AT gepflegte Polarisierung unten im Exkurs: „Böses und Zerstörerisches".

gen, überwinden, neutralisieren mussten? Die damaligen Theologen standen offenbar nicht in der Versuchung späterer Religionen, das Böse auf eine bestimmte mythische Figur oder konkrete Verhaltensweisen zu fokussieren. Der Satan war noch nicht erfunden. Stattdessen ist nach sumerischer Auffassung das Zerstörerische unerklärter Weise im Sein selbst angelegt. Jede Gottheit und jede Kraft kann zum Negativen hin ausschlagen. Zwar gibt es mythische Gewalten, die einen stärkeren Anteil an „krimineller Energie" aufweisen, wie Huwawa, Imdugud/Anzû, Asag, gud ana (Himmelsstier) u.a.[286] Es kommen auch Heerscharen von Dämonen und Monstern vor.[287] Sie sind aber nicht wesenhaft böse, sondern vertreten widerstreitende Interessen, die den Protagonisten der literarischen Texte schaden. Darüber hinaus nehmen sie sinnvolle Funktionen wahr. Das gilt, obwohl in zahlreichen Mythen das Böse in „abartigen" Figuren vor- und in einer Fülle von ikonographischen Szenen auch dargestellt wird. Die Tötung von Huwawa durch den Heros Gilgameš ist z.B. ein beliebtes Rollsiegelmotiv.[288]

Exkurs: Böses und Zerstörerisches

Sprachliche Ausdrücke für „Böses tun", „böse sein" sind häufig mit dem Verb ḫul und einigen Synonyma[289] verknüpft. Es hat im ETCSL eine Frequenz von 286.[290] Eine klassische Definition des „Untüchtigen" kommt im literarischen Kontext von der Göttin Ninmaḫ, die im Wettstreit mit Enki lebens-untüchtige Menschen schafft: „Man's body can be either good or bad and whether I make a fate good or bad depends on my will." (54: me-dím na-áĝ-lú-ùlu-ta sag$_9$-ge ḫul ma-al-la-a-kam 55: ki šag$_4$ gi$_4$-a-ĝu$_{10}$ na-áĝ-tar bí-ib-sig$_{10}$-ge bí-ib-ḫul-e, ETCSL 1.1.2, Z.54f.). Eine vorgegebene Wesenheit wird durch momentanen, akzidentiellen Beschluss gut oder böse, hier im Sinne von sozialer Fitness oder sozialem Versagen. Der Narrativ im

[286] Vgl. die relevanten Artikel im RlA; der „Himmelsstier" ist eine eigens für Inana geschaffene Macht, die Gilgameš und Uruk zerstören soll (ETCSL 1.8.1.2). Die (bösen) „Dämonen" (maškim, „administrator, demon", z.B. gal$_5$-lá) sind am ehesten als Schadenstifter klassifiziert, vgl. ETCSL 1.4.1.1, Z.52: They „are never kind, they do not know good from evil" (šu ĝar sag$_9$-ga nu-tuku-me-eš sag$_9$-ga ḫul nu-zu-me-eš, wörtlich: sie „führen Gutes nicht aus, sie wissen Böses und Gutes nicht [zu unterscheiden])." Trotzdem werden sie gegebenenfalls mit dem Adjektiv „böse" qualifiziert (vgl. ETCSL 1.7.3, Z.20,50; 2.4.1.1, Vers. 1, Z.233; 3.3.39, Segm. B, Z.7; 4.0.7.4, Z.190; 4.22.1, Z.46). Lamaštu (Schadensdämonin) und Pazuzu (teils Schad-, teils Schutzdämon) spielen im 2. Jt. v.u.Z. noch eine Sonderrolle, vgl. Farber 2007; ders., 2012; ders. 2014.

[287] Vgl. Black 1992, 63: Die Autoren differenzieren fünf Entwicklungsstufen der Dämonologie im Alten Mesopotamien. Als Beispiel für die Vielfalt der Dämonenwelt diene ETCSL 4.22.1, Z.46–49: Hier werden allein sieben solcher (aus unserer Perspektive) „Un-Wesen" namentlich genannt: Udug, Lamma, Dimmu, Dimmea, Namtar, Asag, Galla. Sie haben spezifische Wirkungsweisen und -felder, sind aber trotz überwiegend negativer Konnotationen nicht mit dem absolut Bösen gleich zu setzen.

[288] Vgl. Steymans 2010, besonders die in diesem Band enthaltenen Abbildungen.

[289] Beispiele: gul, „destroy" (ETCSL = 351 Mal, oft als nominalisierte, attributive Form); gig, „to be ill" (ETCSL = 296 Mal); ḫuš, „reddish", „terrifying", ETCSL 197 Mal); níĝ érim, „fraudulent action", „evil" (ETCSL = 52 Mal); érim, „enemy" (ETCSL 59 Mal); érim-du, „wicked" (ETCSL 22 Mal); érim-ĝál, „evil" (ETCSL = 15 Mal); ḫul-du, „wicked" (ETCSL 13 Mal); ḫul-ĝál, „evil" (ETCSL 47 Mal); lul, „to be false" (ETCSL 124 Mal; vgl. die Begriffsstudie von Lämmerhirt 2010, 253–291).

[290] Das ePSD nennt die Grundform ḫulu mit dem Bedeutungsspektrum „destroy, bad-smelling, bad/evil, slight/lightweight, false, criminal/dishonest, enemy, raid, strike the eyes, blinker/winker/one with vision problems" und gibt 11 akkadische Äquivalente an.

angegebenen Text zeigt, dass diese *ad-hoc*-Bestimmung in beiden Richtungen wirken kann und der Revision unterliegt. Die Erscheinungsformen von Gut und Böse sind ambivalent: „Fair fortune may conceal foul: it is indeed so“ (ETCSL 1.8.2.2, Z.216) erkennt der große Anzu-Vogel in seinem Rat an Lugalbanda.[291] Noch schlimmer: Die gute Handlung kann als Tarnung dienen! „His good deeds aim at evil“ (sag₉-ga-ni ḫul-šè ba-da-ĝál, ETCSL 6.2.3, UET 6/2, 289, Z.3). Hier ist die voluntative Dimension des Bösen angesprochen. Dass jedes Urteil über Gut und Böse auch von den unterschiedlichen und oft entgegengesetzten Interessen abhängt, kann man sehr pragmatisch feststellen: „the enemies who do not know good from evil have cut off all good things“ (ETCSL 2.2.4, Z.64: lú-kúr-ra sag₉ ḫul nu-zu-ne níĝ dùg bí-ib-ku₅-ru-uš-a-aš). Das Gegensatzpaar sag₉ ḫul wird formelhaft gebraucht; es steht für die Totalität der Lebenserfahrung.[292] Die Unterweisung von Šuruppak ventiliert Vor- und Nachteile einer gekauften Sklavin: „The good is in the hands, the evil is in the heart“ (ETCSL 5.6.1, Z.195, vgl. Z.193–201). Die Hände verursachen aber gleicherweise Gutes und Böses (ETCSL 6.1.22, Z.62f. = 6.2.3, UET 6/2, 259, Z.1–3).

Untergangsklagen müssen sich besonders intensiv mit dem Bösen auseinandersetzen. Kräfte oder Wesenheiten, die eine zerstörerische Gewalt entfalten, sollen jetzt im Fokus sein, also nicht die häufigen Redewendungen, in denen ḫul einfach ein geschädigtes oder zerstörtes Objekt[293] bezeichnet. Verheerend wirken z.B. ud ḫul, „böser Sturm“ (ETCSL 2.2.2, Z.435, vgl. 2.2.2, Z.402–410; 2.2.3, Z.163,483–492; zuletzt eine Bittlitanei gegen den Sturm), der wie eine Feuersbrunst daherkommt (ETCSL 2.2.3, Z.171) und alles niederwirft (ETCSL 2.2.2, Z.402–410)[294], aber auch das „böse Auge“ (igi ḫul, ETCSL 2.2.3, Z.73–74), das „böse Wort“ (inim ḫul, ETCSL 1.8.1.5, Z.177) und eventuell die „böse Hand“ (šu ḫul, in dem zusammengesetzten Verb šu ḫul dug₄, „entweihen“, ETCSL 2.2.4, Z.263,299). Es gibt ú ḫul, „bad weeds“ (ETCSL 2.2.3, Z.38) und ḫul mú-a, „übles Gewächs“ (ETCSL 2.2.4, Z.289), welche kultivierte Flächen verseuchen. Von Rebellenländern geht Feindschaft und zerstörerische Potenz aus (ki-bal ḫul gig, ETCSL 1.8.2.1, Segm. A, Z.404; 4.07.2, Z.93). Hier steigert sich das Böse um das Sinnelement des Krankhaften (gig).[295] Die großen Gottheiten „hassen (ḫul gig) das Böse (níĝ erím)“, so in ETCSL 1.8.2.1, Segm. A, Z.217f., (vgl. Z.215–225); 2.4.5.2, Segm. A, Z.42. Besonders dem Sonnengott Utu ist das níĝ-erím („evil; injustice“) zuwider, weil seiner Funktion als Gesetzgeber und Ordnungshüter entgegengesetzt, und ihm die níĝ-gen-na („Gerechtigkeit“) anvertraut ist (vgl. ETCSL 6.2.3, UET 6/2, 289, Z.6f.; 6.2.5; Alster 1997, 334, Z.1–3). Das „Böse, Ordnungsfeindliche“ ist eine Schande (níĝ gig)[296] in seinen

[291] In meisterhafter Kürze ist das Dilemma der Doppeldeutigkeit von Gut und Böse in ETCSL 6.1.02, Segm. A, Z.204f. ausgedrückt: sag₉-ga-ne-ne ḫul-ne-ne / ḫul-ne-ne sag₉-ga-ne-ne, „Their pleasure – their discomfort;/ their discomfort, their pleasure.“

[292] Das Gute, sag₉, ist mit 589 Vorkommen eine stark benutzte Vokabel im ETCSL. Es verbindet sich literarisch mit ḫul aber nur siebenmal, z.B. ETCSL 2.2.4, Z.64; 5.6.1, Z.47; 6.1.02, Segm. A, Z.199; 6.1.02, Segm. A, Z. 204f., vgl. 5.6.1, Z.193–201 (das Gute und Schlechte bei einer Sklavin).

[293] So é ḫul-a, „Tempelruine“ (ETCSL 2.2.2, Z.76,84,313,316,319, vgl. Z.118,255,256,324).

[294] Doch ist er auch blind neutral: Es ist „a storm which possesses neither kindness nor malice, does not distinguish between good and evil“ (ETCSL 2.2.6, Version 1, Segm. A, Z.20).

[295] Das Wort kommt im ETCSL 296 Mal vor, davon 46 Stellen, in denen gig als Verb oder Adjektiv mit ḫul gepaart ist. Die erstere Kombination (als Verb) hat die Bedeutung „hassen“; beim Adjektiv muss man nicht immer – wie durchgehend im ETCSL – mit „hateful“ übersetzen. Vielmehr scheint mindestens in einigen Fällen eine intensivere Bösartigkeit gemeint zu sein: „sehr schlimm“, „grausam zerstörend“ (vgl. noch ETCSL 2.2.2 Z.202,326,408 u.ö.). Auch die Sequenz ḫul und ḫuš kann eine Steigerung ausdrücken (vgl. ETCSL 1.8.2.1, Segm. A, Z.162; 5.6.1, Z.266).

[296] Parallelstellen sind ETCSL 6.1.13, Z.101; 6.2.5, YBC 7351, Z.1–3 und 6.2.3, UET 6/2, 259, Z.1–3. Der Begriff „Schande“, im Blick auf Utu und Ninurta ausgesagt, hat wahrscheinlich auch kultische Ober- und Untertöne; er kommt 82 Mal im ETCSL vor, auch in Verbindung mit dem sakralen Raum (vgl. ETCSL 2.2.4, Z.89,94,107; 2.2.6, Version 1, Segm. C, Z.18). Aber auch ethisches

Augen (ETCSL 6.2.5, Alster 1997, 334, Z.3). Aber die Gottheiten können gut und gerne selbst die Zerstörung ihrer Domänen verursachen. Denn nicht nur Feinde und Bösewichte könnnen Täter sein (vgl. ETCSL 2.2.6, Version 2, Segm. A, Z.5), sondern auch die höchsten Machtträger, und der Grund wird nicht einmal genannt. Enlil höchstpersönlich hat in der Klage über Eridu diese seine Stadt und seinen Tempel zerstört. „He looked maliciously at Sumer. He demolished it" (ETCSL 2.2.6, Version 1, Segm. C, Z.4). Andererseits können die guten Absichten der Gottheiten unversehens durchkreuzt werden: „When battle approaches, when war arises, the plans of the gods, beloved by the gods are destroyed [ba-an-ḫul]" (ETCSL 6.2.3, UET 6/2, 350, Z.1–9, bes. Z.6f.). Gelegentlich bleibt die Frage der Täterschaft auch offen (vgl. ETCSL 2.2.5, Segm. A, Z.24): „Who desecrated (šu ḫul dug$_4$) the fearsome radiance (ní me-lem$_4$)?" Das Böse ist wie eine zusammenhängende Masse, ein Kraft-Kontinuum, das wachsen und schrumpfen kann. „As long as you live you should not increase evil by telling lies, for if you do, to succumb will be your lot." (ETCSL 6.1.03, Segm. A, Z.114f., sehr ähnlich 6.1.07, Segm. B, Z.55f.; 6.1.11, Segm. A, Z.6f.).

Die weisheitlich gestimmte Literatur setzt sich besonders gern mit dem Abträglichen, Widerwärtigen, Lebensfeindlichen auseinander, und das stark von der hedonistischen Seite her. Häufig sind es mitmenschliche Reibereien, also Missgunst, Feindschaft, böse Nachrede, Unehrlichkeit usw., die aus der Sicht des Sprechers denunziert werden. „Man and his God" (ETCSL 5.2.4, z.B. Z.35–45) enthält eine ganze Palette von Vorwürfen der Art: „My companion does not say a true word to me. My friend falsifies my truthfully spoken words." (Z.37f.). Das Böse nistet also im Einzelnen und im sozialen Gefüge: Art und Ursache bleiben unerklärt, aber es äußert sich als gegen den Sprecher gerichtete Attacke. Er kann ihr nicht ausweichen, er kann sie auch nicht diagnostizieren, schon gar nicht in gelassener Neutralität. Der Sprecher ist Opfer. Diese Position ermöglicht es ihm, gegen die oder den Übeltäter (ḫul-ĝál-e, „der Böses platziert", ETCSL 5.2.4, Z.42)[297] zu agieren. In den Streitgesprächen stellen die Kontrahenten den Widersacher möglichst negativ dar, sei es im Blick auf seine Utilität oder auch in ethischer Hinsicht. So entwickelt sich eine regelrechte Schlammschlacht zwischen Vogel und Fisch (vgl. z.B. ETCSL 5.3.5, Z.29–40) mit Aussagen wie: „your heart is dripping with evil" (Z.31: šag$_4$-za ḫul-bi sur-sur). Auffällig oft ist von „böser Rede", „bösem Mund" „bösem Herzen" (= Wille, Absicht, vgl. ETCSL 5.4.12, Z.8–9,45; 5.5.2, Z.22) die Rede. An welcher Stelle die schlimme Wirkung des Willens entsteht, ist eine offene Frage. Ein Sprichwort sagt: „A heart never created hatred (ḫul gig), speech created hatred" (ETCSL 6.1.01, Segm. B, Z.71f.). Das Herz soll geneigt sein, am Guten fest zu halten (ETCSL 6.1.22, Z.64–66), es ist anscheinend die beständigere Kraft, die Leben erhält, während das undefinierbare Böse lebenshindernd wirkt (vgl. ETCSL 6.1.22, Z.67). Man wünscht, es könnte auf ein Schiff geladen und versenkt werden (ETCSL 6.1.22, Z.68). Abneigung oder Aufsässigkeit gegen die Eltern, Zwist in der Familie sind destruktive Erscheinungen (ETCSL 5.6.1, Z.255–260). Der soziale Raum, in dem Sitte und Moral vermittelt werden, ist bezeichnender Weise die Mikrogesellschaft, also Familie und Nachbarschaft, so weit die persönliche Bekanntschaft reicht und das gesprochene Wort seine Wirkung, gerade die böse, entfalten kann. Beispiele für den Zerfall der guten Mikroordnung wegen böser Einflüsse oder Entwicklungen gibt es viele: ETCSL 4.06.1, Segm. C, Z.1–28; 4.07.2. Z.91–108; 4.14.1, Z.212–221. Grundregeln menschlichen Zusammenlebens, d.h. mitmenschlicher Solidarität sind gestört. Die Mutter hat das Kind nicht versorgt (ETCSL 4.14.1, Z.193f.,212f.),[298] ein Fremder wird schlecht behandelt (ETCSL

Missverhalten wie die Drangsalierung eines Fremden können das Urteil „schändlich" hervorrufen (ETCSL 6.1.13, Z.99,101).

[297] Der Widersacher kann auch einfach als ḫul („Feind", ETCSL 6.1.11, Segm. E, Z.4) oder lú ḫul dím-ma-ĝu$_{10}$ („einer der mir Böses zufügt", ETCSL 6.1.12, Segm. A, Z.30) bezeichnet werden. Dem Letzteren ist der „Wohltäter" (sag$_9$-ga-ĝu$_{10}$, ETCSL 6.1.12, Segm. A, Z.30) entgegengesetzt. Ob dieser Spruch bedeutet „my well-wisher *is* my malefactor" (ETCSL = „line unclear") – man vergleiche ETCSL 5.2.4, Z.37f. – sei dahingestellt.

[298] Der Kontext der Hymne Nanše A = ETCSL 4.14.1, Z.212–221 gibt sich als Gerichtsentscheidung im typischen Konditionalgefüge: „Wenn eine Mutter ...".

6.1.13, Z.99), man fühlt sich von Dämonen besessen (ETCSL 5.2.4, Z.74), das Vertrauen untereinander ist zerbrochen (ETCSL 5.2.4, Z.35–45), der Familienfrieden dahin (ETCSL 5.6.1, Z.255–260), kurz: richtiges, gutes Verhalten untereinander hat sich ins Gegenteil verkehrt (ETCSL 2.4.3.1, Segm. B, Z.8: „to do evil was good“ = níĝ erím ak-ak sag₉-ga), soziale Zerrüttung überall!

Das Böse ist also in der sumerischen Theologie diffus, wie in anderen Religionen auch. Personifizierungen und Vereinheitlichung zerstörerischer Macht bis hin zu einer zoroastrisch-hellenistisch-christlichen Satansfigur haben nie verdecken können, dass auch die Probleme einer Konzeptualisierung des Widergöttlichen in der Religionsgeschichte nie richtig gelöst wurden. In der sumerischen Religion sind die Mächte, die Unordnung stiften, weit verbreitet, sie stecken im Willen der Einzelnen, ob Menschen, Dämonen oder Gottheiten, sie hausen in Naturgewalten, ob Sturm, Sterne oder Fluten, sie resultieren aus kollidierenden Interessen, Machtgelüsten, Irrtümern. Insgesamt ergibt sich ein breites, aber sehr realistisches Spektrum von schlechten Potenzen, in dem man sich zurechtfinden muss. Das kann nur gelingen durch die Stärkung der positiven Kräfte in der Welt.

11.3 Tun und Machen

Die konstruktiven Gedanken der Hymnenliteratur müssen zusammengefasst werden. Worauf richtete sich das Denken und Trachten sumerischer Theologen? Welche Leitbilder motivierten das religiöse und politische Handeln der Verantwortlichen? Das Vokabular für „machen, schaffen, aufrichten, wiederherstellen“ etc. ist breit und schwer zu überschauen. Ein allgemeiner Ausdruck ist ak, „machen“,[299] der mit einer großen Zahl von Objekten gebraucht werden kann. Andere weitflächige Verben sind dím, „to create“ (ETCSL 159 Mal); i, „to bring out“ (125), (vgl. è, „to go out or in“, 1127); dù, „to erect“ (meist architektonisch; 612); dub, „heap up“ (99); ĝar, „legen“, „gründen“ (1622); ri, „direct,“ „place“, „put“ (354), usw. Hier wären einige spezifische Wendungen, die Einrichtung und Pflege der Lebensgrundlagen betreffend, zu besprechen, z.B. silim ĝar, „Wohlbefinden schaffen“, si-sá „gerade machen“, ḫé-ĝál ĝen, „Fülle hervorgehen (lassen)“.

Um nicht in der Vielzahl möglicher Belege unterzugehen, scheint es am geschicktesten, menschliche Handlungsfelder exemplarisch ins Auge zu fassen (ohne die oben angesprochenen Erfahrungsbereiche erneut zu thematisieren) und einige signifikante Aussagen zu prüfen. Das Leben im alten Sumer beruhte auf der Landwirtschaft, diese wiederum wurde unter den gegebenen Verhältnissen nur durch eine hochentwickelte Bewässerungstechnik ermöglicht. Der agro-technische Bereich war darum die Basis für alles weitere Tun, für jede kulturelle Entwicklung. Abhandlungen über den Ackerbau, wie z.B. die Debatte zwischen den Hauptarbeitsgeräten Hacke und Pflug (ETCSL 5.3.1), das Loblied auf die Hacke (ETCSL 5.5.4), der Mythos von Getreide und Flachs (ETCSL 1.7.6) oder die Unterweisung von Jungbauern (ETCSL 5.6.3) und Texte über den Kanalbau[300] können uns einen Eindruck von den damaligen Einstellungen und Erwartungen verschaffen.[301]

Das Streitgespräch zwischen Hacke und Pflug erweist die erstere als das vielseitigere, produktivere Gerät; es endet mit einem zà-mí-Ruf auf Nisaba, die Patronin der Hacke. Der Pflug mag elitärer sein und kurzfristige Achtungserfolge bei der Nah-

[299] Vgl. Attinger 2005; das ETCSL-Glossar weist 1122 Stellen aus.
[300] Vgl. Zgoll 2013 und ETCSL 2.4.1.4.
[301] Vgl. Civil 1994; Claus Wilcke, Hacke, RlA 4, 1972, 33–38 (s.o. Kap. 6.3.2.4).

rungsversorgung haben, er reicht nicht an das traditionsgeheiligte Urwerkzeug heran. Das „Hackenlied“ (vgl. oben Kap. 6.3.2.4) feiert denn auch überschwenglich das von Enlil erfundene Utensil. Menschliche Kulturleistung mit einem von den Göttern geschenkten Werkzeug ist ein Beitrag zur Erhaltung der Welt. Er misst sich an den Erfolgen und kann vergleichend auf die Waagschale gelegt werden. Der Vorzug der Hacke besteht u.a. auch darin, dass sie an den Arbeiten zur Wasserversorgung maßgeblich beteiligt ist (ETCSL 5,3.1, Z.142–158). „When a well has been dug, a water lift constructed and a water-hoist hung, I straighten the plots. I am the one who puts water in the plots“ (Z.145–147). Die hier verwendeten Verben für konstruktive, wasserökonomische Arbeiten sind ba-al, „to dig“, dù (zweimal), „to erect“, si sá, „to straighten“, sig$_{10}$, „to put“. Das „Ausgraben“ und „Anlegen“ (ba-al) von Wasserläufen ist dabei grundlegend. Ur-Namma von Ur ist als fleißiger Kanalbauer in die Geschichte eingegangen. Seine Bauwut wurde in Hymnen verewigt (vgl. ETCSL 2.4.1.4, =Ur-Namma D/Ur-Namma, „the canal digger“).[302] Der König rühmt sich seiner Berufung zum Herrscher der Sumerer und preist sein Werk. Die von ihm geschaffenen Wasserwege bringen – so die erhaltenen Zeilen – eine reiche Fisch- und Vogelwelt hervor und ermöglichen üppigen Pflanzenwuchs. Von der Felderbewässerung ist im Text nicht die Rede, sie taucht aber in anderen Liedern Ur-Nammas auf (vgl. ETCSL 2.4.1.1, Nippur Version, Z.22–30; 2.4.1.3, Z.79–85; 2.4.1.7, Z.7–23).[303] Der Kanalbau gehörte zu den Pflichten südmesopotamischer Monarchen. Erhaltung und Pflege der bestehenden Wasserwege erforderten enormen Energie- und Finanzaufwand. Sie waren für das Überleben fundamental wichtig. Technisch, aber auch geistig-religiös, weil von den Göttern verordnet, stellte das Kanalsystem eine große Herausforderung dar. In Mythos und Religion war darum die Wasserregulierung eine heilige Aufgabe. Enki soll die Flüsse mit seinem Samenerguss initiiert haben (ETCSL 1.1.3, Z.250–266). Er setzte den Gott Enbilulu zum Inspektor der Wasserwege ein (a.a.O., Z.267–273), „him who with glorious mouth submits to verification the devouring force of the Tigris and Euphrates while prosperity pours forth from the palace like oil“ (a.a.O., Z.268–270). Chaosgefahr bei Überschwemmungen und Fruchtbarkeit des Flusswassers stehen als Erfahrungswerte im Hintergrund. Das Wasser war im alten Sumer religiöse Chefsache, und die Monarchen waren direkt, Eliten und Bürger mittelbar eingebunden in den heiligen Dienst an den Kanälen.

Das Engagement in Lob, Dank, evtl. auch Klage und Bitte für die gute Ordnung muss Rückwirkungen auf die Akteure haben. Für die Regierenden ist das eine Selbstverständlichkeit. Ihnen wird neben den Gottheiten die Hauptverantwortung für die Erhaltung der Welt zugeschrieben. Die Pflicht realisiert sich im jahreszeitlichen Zyklus der Landwirtschaft, dem Alltagsleben zwischen Zeugung und Empfängnis, Geburt, Aufwachsen, Vollmensch sein und Sterben und der sozio-ökonomischen Welt mitsamt den politischen Problemen der Städte- bzw. Reichsorganisation.

---

[302] Der Text is bruchstückhaft in mindestens zwei verschiedenen Versionen (aus Nippur und Ur) überliefert, vgl. Flückiger-Hawker 1999, 228–259, Tinney 1999. Auch andere Texte des Gründers der Ur III-Dynastie haben Kanalbauten zum Thema, wie z.B. eine Urnamma-Stele (vgl. Canby 2001; Panitschek 2008, 327; Flückiger-Hawker 1999, 78–85).

[303] Zuletzt ein Segen Enlils über Felder, Ernten und Kanäle. Vgl. Zgoll 2012b; dies. 2013.

Um vor allem auf die letztgenannte Sphäre einzugehen: Nach innen fordern die Hymnen sozialgeschichtlich betrachtet eine im ganzen Alten Orient gepflegte, zeitlich und örtlich variierende soziale Gerechtigkeit, die auf einer klassenmäßig strukturierten Gesellschaft basiert (welche wiederum auf älteren patriarchalen Sippenformationen ruht) und einen monarchischen Überbau hat. Das geistige Klima nimmt die von den Gottheiten eingesetzten Machtverwalter, aber auch die Himmelsgötter selbst in die Pflicht, die ausgleichende Gerechtigkeit zu installieren und zu wahren. Nach außen hin ist das kulturelle (nicht: religiöse!) Selbst- und Sendungsbewusstsein sumerischer Städte und Staaten zu spüren. Hatte schon im 4. Jt. die Stadt Uruk einen über das Zweistromland hinaus reichenden Einfluss ausgeübt,[304] so sind im 3. Jt. v.u.Z. größere und perfektere politische Organisationen entstanden.[305] Sie haben sich ideologisch (mit einer durch die Schriftkultur ermöglichten Bürokratisierung) zu „Weltreichen" entwickelt (das semitische Reich von Akkad und das neusumerische Ur III-Reich, s.o. Kap 11.1, Exkurs „Reichsideologien").

Gründung, Aufbau, Erhalt von Städten und Handelswegen gehörten darum zum Aufgabenkatalog der Regierungen. An vorderster Stelle stand bei Einzelprojekten der Tempelbau. Die lange Gudea-Inschrift auf zwei Zylindern mit insgesamt 1363 Zeilen (ETCSL 2.1.7) kann beispielhaft für das besondere Gewicht dieser religiösen Pflicht stehen. Ohne eine gute, funktionsfähige, von den Gottheiten legitimierte – oft ist der Tempelbau als ureigenstes Unternehmen der Gottheit geschildert! – Tempelanlage ist ein menschliches Gemeinwesen nicht lebensfähig (vgl. o. Kap. 6.3.2.3). Hinzu kommt: Der Tempel ist für Stadt, Staat und Reich Motivationsquelle im Blick auf die kollektive Weltgestaltung. Noch im Alten Testament rügt ein Prophet die Vernachlässigung (wegen wirtschaftlicher Not) des prioritären Tempelaufbaus (Hag 1,2–11). Wenn der Tempel Ruine bleibt, gibt es Dürre und Hungersnot (a.a.O., V.9–11). Ein richtig funktionierender Tempel garantierte den regelrechten, saisonalen Wetterablauf und allgemeine Fruchtbarkeit. Diese kausale Verknüpfung ist altorientalisch völlig logisch: Wo göttliche Gegenwart und Segen fehlen, gibt es keine Lebenskraft. Ein Tempel mit Opferdienst und Lobeshymnen hatte absolute Priorität; dieses Bewusstsein trieb z.B. Gudea zu Höchstanstrengungen. Sumerische Architektur und Ökonomie wird ideologisch um den Tempel herum aufgebaut, mögen die Realitäten des praktischen Lebens auch andere gewesen sein. Palast, Bürgerhäuser und Stadtmauer dienten dem Schutz des Tempels, und Handelsverkehr nebst Landbesitz sicherten seine wirtschaftliche Existenz. Das Hauptverbum für die Bautätigkeit beschreibt, ist dù, „bauen", „errichten".[306] Bauvorhaben sind in den Hymnen fast ausschließlich Tempelanlagen, sei es

[304] Vgl. Edzard 2004, 22–36; Bauer 1998.

[305] Die im 3. Jt. beginnende literarische Hinterlassenschaft gestattet erstmalig einen Blick auf die ideologischen Motivationen der Stadt- und Reichsorganisationen, vgl. Bauer 1998, 429–564; Sallaberger 1999; Garfinkle 2008. Königsinschriften und königliche Korrespondenzen sind wichtig für die Beurteilung der Sachverhalte, vgl. Cooper 1986; Edzard 1997; Frayne 1993; ders. 1997; Michalowski 2011 usw.

[306] Im ETCSL ist das Verb 612 Mal verzeichnet, es beherrscht vor allem die zahlreichen Bauinschriften: vgl. Steible 1982 und 1989. Das Innere altmesopotamischer Tempel beschreibt Dietz Otto Edzard, Die Einrichtung eines Tempels im älteren Babylonien, in: Donzel 1975, 156–163; vgl. auch Heinrich 1982.

ihre Neuausführung oder ihre Restauration.[307] Innerhalb des Sakralkomplexes kommt einzelnen Räumen, wie z.B. dem ĝi$_6$-par$_4$ („cloister", „Priesterwohnung ")[308] und dem Thronsitz (barag, „dais", ETCSL = 249 Mal) besondere Bedeutung zu. Insgesamt steht die Ideologie der Gegenwart Gottes als Antriebskraft hinter den Tempelbaupreisungen (vgl. ETCSL 4.80.1; 4.80.2; 4.80.4 usw.; s.o. Kap. 6.3.2.3).

Die lebensfördernden Aktivitäten von Gottheiten und Monarchen richten sich ferner auf Wohlbefinden und Gesundheit, Schutz und Sicherheit der mesopotamischen Menschen, auf kulturellen „Fortschritt", technische und literarische Bildung, ehrenhaftes Andenken. Impliziert sind die sozialen Institutionen durch alle Organisationsebenen hindurch. Das gilt auch für die sakralen Instanzen, Ämter und Privilegien, einschließlich des Königtums. Das klingt modern, ist es im Grunde auch, weil hier viele anthropologische Konstanten berührt werden. Die typisch menschlichen Sehnsüchte und Ängste werden jeweils im zeitgenössisch-kontextuellen Referenzsystem gelebt und ausgedrückt; das führt zu unterschiedliche Bewertungen und Verhaltensweisen.

Den hymnischen Texten liegen aber nicht nur die fundamentalen Strukturen der Welt am Herzen, sie kümmern sich auch, über vorgeschichtliche Dispositionen hinaus, um die Entwicklung der Menschheit.[309] Kulturelle Leistungen wie die Erfindung der Schrift und die Entfaltung von Literatur und Wissenschaften, technische und politische Erfolge wie die Etablierung von zivilisatorisch hochstehenden Staaten und Stadtanlagen, militärische Macht und, darin eingeschlossen, tributarische Effektivität gehören zu den Themen, die in hymnischer Form dem Überlegenheitsgefühl der Zweistromlandbewohner Ausdruck geben und vollen Einsatz für Stärkung und Vermehrung des Erreichten herausfordern. Mythische Texte feiern z.B. ausgiebig die „unübertreffliche" Macht[310] der jeweils angerufenen Stadt- oder Staatsgottheiten, man vergleiche nur ETCSL 4.27.01, Segm. A, Z.1–8: Ninurta, Sohn Enlils, Hauptgott in Nippur, ist ein gewaltiger „Stier", der die „Rebellenländer niedertritt" – das bedeutet außenpolitische Machtentfaltung (vgl. ETCSL 4.27.04, Kriegerqualitäten Ninurtas; 4.27.07, Herrschaft über Fremdländer und Bodenschätze; 4.27.02, Ninurta holt Kraft in Eridu/Abzu). Vgl. ferner ETCSL 4.07.1: Inana ist die große Schlachtenlenkerin (vgl. 4.07.3, Z.18–72; 4.07.5, Z.30–37; 4.07.6, Z.4–13; 4.07.9, Z.1–15). Oder: ETCSL 4.32e: Šerida, Gemahlin Utus, ist „leader in battle" (Z.6,16). Der Siegesruhm für Gottheiten kommt potenziert in den Königshymnen zum Tragen. Das Lied „An Ninurta für Ur-Ninurta" (ETCSL 2.5.6.3) strotzt z.B. vor Triumphrhetorik.

> „You who treat as hostile the cities as well as the unsettled areas, the rebel lands – Ninurta, as you pass by, like a terrifying fierce lion (?) you make heaven and earth tremble from east to

---

[307] Beispielhafte „Bau"-Hymne von einem namentlich genannten König ist neben Gudea A+B (ETCSL 2.1.7) das Lied Urnamma B (ETCSL 2.4.1.2, Z.1–45); vgl. auch die zahlreichen Bau- und Weihinschriften des 3. Jts. v.u.Z. (etwa: Steible 1982).

[308] Vgl. R. Harris, Gipar, RlA 3, 1971, 377–379 („official residence of the enu-priest or the entu-priestess" a.a.O., 377; archäologisch nachgewiesen z.B. in Ur, a.a.O., 378).

[309] Die Sumerer tendierten dahin, die Entwicklung mit den Menschen beginnen zu lassen, während seit Darwin die Phylogenese weit hinter die Hominiden zurück verfolgt wird.

[310] Interessant, dass häufig vergleichende bis Suprematsaussagen über den eigenen Stadt- bzw. Staatsgott gemacht werden, etwa ETCSL 4.13.05, Z.20; 4.13.15, Z.13–20; 4.05.1, Z.100–108; 4.07.3, Z.11–17; 4.07.4, Z.9,20,37; 4.07.6; 4.15.2, Z.37.

west. 9–10: When in judgment, like a hero possessing great strength, you batter a rebel land, by day you thrust, by night you rear up, and you leave the rebel land lying prone. (9–10: di-kud nir-ĝal$_2$ usu maḫ tuku-gin$_7$ ki-bal du$_7$-du$_7$-zu ud ì-du$_7$ ĝi$_6$ ù-na ši-im-ma-zìg ki-bal-e ši-im-nú-e) 11: If you merely lift your gaze, you make the great hills tremble (?) together" (ETCSL 2.5.6.3, Z.6–11).

Die machtstrategischen und kriegerischen Qualitäten des Numens, d.h. seine außenpolitischen Erfolge sind zentral: Enlil gibt Ur-Namma (nach dessen Tempelbau, ETCSL 2.4.1.2, Z.7–38) unumschränkte Macht über die Nachbarländer (Z.46–65); Šu-Suen wird in einer Hymne (ETCSL 2.4.4.a) geradezu in den Himmel gehoben; seine Macht soll den göttlichen Gewalten gleichen (vgl. auch ETCSL 2.4.5.2, für Ibbi-Suen). Das Loblied ETCSL 2.5.3.4 geht an die Göttin Ninisina (Z.1–56), aber Iddin-Dagans Wirkung als König von ihren Gnaden ist im Fokus. In ETCSL 2.5.5.4, Z.28–49 unterstützt der gewaltige Ninurta den König Lipit-Eštar von Isin und wirkt zugleich durch ihn, vgl. auch ETCSL 2.5.5.5, Z.17–30. Ninurta bekommt von Enlil den Beinamen Uta-ulu (u$_4$-ta-u$_{18}$-lu; 16 Mal im ETCSL, davon 9 Mal in Texten Išme-Dagans und Lipit-Eštars).[311] Die monarchischen Stellvertreter der göttlichen Regierung ziehen im politischen Tagesgeschäft alle Register, um Widerstände gegen die geheiligten, „göttlich sanktionierten" Strukturen mit Hilfe der Staatsgottheiten auszurotten. Die Himmlischen setzen ihre überragenden Kräfte parteiisch für die Lob spendende Regierung gegen „Rebellen-" oder Fremdländer ein. Herrschaftsgelüste und Friedenssehnsüchte spielen gleichermaßen eine Rolle. Offiziell lassen die Staatsgottheiten den erwählten König zur Eroberung der Fremdländer ausziehen. Sie müssen den Sieg auf dem Schlachtfeld herbeiführen, damit die gute Ordnung unter sumerischer Oberaufsicht hergestellt werden kann. Jeder Widerstand ist, weil die Götter schon mehr oder weniger global gedacht werden, eine Auflehnung gegen die göttliche Vorherbestimmung. Bis heute werden Weltmachtansprüche nach ähnlichen Mustern begründet.

Innenpolitisch vertrauen die Gottheiten ihren Königen ebenfalls Ordnungsmächte an und verlangen deren Pflege und Fortbildung (s.o. Kap. 8, Exkurs me). Einige Beispiele sollen das veranschaulichen. In der Hymne an die Göttin Bau für Luma von Lagaš (ETCSL 2.3.1) ist die Vermittlung der Worte, Aufträge, Kräfte an den Monarchen gut zu erkennen: „Bau, what you say is firmly grounded. It makes the king ruling in the land of Lagaš in your holy dwelling place of the pure divine powers, extremely happy" (ETCSL 2.3.1, Z.23–25). Die Sprüche der Bau, auf die in Z.23 hingewiesen wird, sind nichts anderes als Rechtssetzungen und Verordnungen der Göttin, wie in Z.12–21 ausgiebig geschildert (vgl. auch ETCSL 2.3.2). – Die Hymne Ur-Namma C (ETCSL 2.4.1.3) zeichnet sich durch ein langes Selbstlob des Königs aus: Er ist der Garant des äußeren Friedens. Vor allem aber ist es sein Kanal, durch den die göttliche Segensfülle den Sumerern zuteil wird, so Z.17–115 („An opens his holy mouth, and because of me rain is produced. He directs it downward into the earth, and abundance is brought for me", a.a.O., Z.20f.). – ETCSL 2.5.3.2: Iddin-Dagan wird insbesondere von Enlil unterstützt; der König wird direkt angeredet, z.B. „Your kingship is good for the people. After your shepherdship had pleased the heart, the people became numer-

[311] Vgl. ferner ETCSL 2.5.5.3, Z.33–52; 2.8.3.5, Z.30–38; 2.5.4.11, Z.7–18; 2.4.4.4, Z.1–43; 2.4.5.2; 2.5.2.1; 2.5.3.3, Segm. A; 2.5.6.1, Z.1–42; 2.5.6.3; 2.5.7.1; 2.6.7.1.

ous under you, the people spread wide under you" (a.a.O., Z.53–55). – Ein nur teilweise erhaltenes Lied auf die Macht Enlils spricht in einer „Zwischenzeile" seine Abzweckung deutlich aus: „Enlil, through you may the term of kingship of Išme-Dagan, your beloved son, be enduring!" (ETCSL 2.5.4.08, Z.20). – Enki ist in ETCSL 2.5.4.24, Z.24–41 der weise und fürsorgliche Gott, der seinem „sesshaften Volk" (ù ĝ ĝar-ĝar) Speise gibt und zu ihm „wie eine Mutter und ein Vater redet" (Z.24,26). Die Hymne wird mit Išme-Dagan in Verbindung gebracht, obwohl sein Name im Text nicht erscheint. – Lipit-Eštar A (ETCSL 2.5.5.1) ist durchweg als Selbstlob des Königs in der 1. P. Sing. gehalten, ganz auf der Linie ähnlicher Lieder Šulgis (vgl. z.B: ETCSL 2.4.2.02) und Išme-Dagans (vgl. z.B: ETCSL 2.5.4.01, Segm. A, Z.133–399). Die Gattung stellt, wie gehabt, die Qualitäten des Sich-selbst-Preisenden in den Vordergrund. Gleichzeitig scheinen die „Emanationen" der göttlichen Kräfte für die reale Welt deutlich durch. Im vorliegenden Lied sorgt der König für reiche Ernten und volle Versorgung des Landes (Z.43–50). Er präsentiert sich als treuer Kult- und Tempeldiener der Staatsgottheiten (Z.51–70) und, nach einem außenpolitischen Einschub (Herrscher über Fremdländer, Z.71–81), schlussendlich als Hüter von Weisheit, Wahrheit und Gerechtigkeit, die Säulen der Gesellschaft (Z.82–92). – Schließlich lautet eine zentrale Fürbitte (ETCSL 2.6.9.5, Z.27–37,53–85, der Text tritt als Gebet an Nanna-Suen für „meinen König" Rīm-Sîn auf): „May he create heart's joy for the population and be a good provider for their days" (Z.34f.); am Ende des Gebets (Z.77–84) ist jede Bitte zuerst auf den Erfolg des Herrschers bezogen („May his canals bring water for him …", Z.78). Ganz ähnlich in Inhalt und Aufbau ist ETCSL 2.6.9.7.[312]

Beide Aufgaben, die innen- wie die außenpolitische, setzen, wie mehrfach betont, die Legitimation des Herrschers voraus, zudem seine (übermenschlichen?) Fähigkeiten, solche Regierungsgeschäfte wahr zu nehmen, und seine Verantwortung für das grundlegende Gottesverhältnis, wie die Sorge um die Reinerhaltung der Tempelriten, die Darbringung ausreichender und geigneter Opfergaben und eben auch die Pflege der zeremoniellen Hymnologie. Sie hat ihren Platz im Ritualgeschehen, wie schon der stereotype Schlusssatz unter einigen Hymnen anzeigt: „Nibru, your holy songs are exceptionally precious, surpassing all praise. I, Išme-Dagan, have put them in everyone's mouth for all time" (ETCSL 2.5.4.23, Segm. C, Z.17f.).[313] Aber die Motivationen zur Herstellung auch der „inneren Ordnung" gehen deutlich über das Interesse am Dynasten und seinem Clan hinaus. Die Lebensbedürfnisse der Bürger, des „Volkes" (s.o. Exkurs „Volk, Gemeinschaft") und die notwendigen Normierungen der Gesellschaft, ohne die es kein gedeihliches Miteinander gibt, sind eingeschlossen. Zum Abschluss sollen einige Beispiele noch einmal die Sehnsucht nach der guten, heilen, erstrebenswerten Welt aufzeigen.

Beschreibungen des ersehnten, evtl. idealen Zustandes verraten das Ziel der Anstrengungen seitens der gedachten Numina und ihrer monarchischen Agenten. Sie

[312] Im Übrigen vgl. ETCSL 2.3.2; 2.4.1.5, Z.25–40; 2.4.1.6, Z.25–51; 2.4.1.7, Z.8–27; 2.5.1.3, Z.24–41; 2.5.4.02; 2.5.4.04, Segm. B, Z.12–27; 2.5.4.17, Segm. B, Z.17–27; 2.5.6.1, Z.44–66; 2.5.6.2, Z.36–47; 2.5.6.5; 2.5.8.1, Z.28–91,112–168; 2.6.6.5; 2.6.9.2; 2.6.9.3, Z.11–28; 2.6.9.4; 2.6.9.7; 2.4.2.01, Z.26–35.

[313] Wortgleich in ETCSL 2.5.4.29, Segm. B, Z.1–5; 2.5.4.b, Z.11f.

können in nostalgischen Rückblicken auf goldene Zeiten, in Segenszusagen für die Zukunft oder auch in Bitten um Wendung der Not und Herbeiführung des Friedenszustandes wie in Preisungen aller Art enthalten sein. Opferlisten lassen auf Art und Umfang der von den Gottheiten und den arbeitenden Landbewohnern gewährten und erwirtschafteten Ressourcen schließen.

Wasser ist im Nahen und Mittleren Osten das Grundproblem des Lebens. Weil die Regenmengen im unteren Zweistromland, dem sumerischen Kerngebiet, für die Feldbestellung nicht ausreichten, hing der Ertrag von Feldern und Herden vom Flusswasser und einem ausgeklügelten Kanalsystem ab. Könige, Gouverneure, Stammesführer, Bauern und Bürger hatten die diffizile Wasserversorgung stets existentiell vor Augen. Sie waren je an ihrer Stelle mit verantwortlich. Wenn (hydrologische Beobachtungen legen das nahe) lange bebauter Boden unter der Sonneneinwirkung versalzte,[314] war eine Siedlung nicht zu halten; die Menschen mussten umsiedeln. Umso glücklicher waren sie über gute Ergebnisse in Ackerbau und Viehzucht. Von der Schöpferkraft des Wassers heißt es (Enki und Ninḫursaĝa, ETCSL 1.1.1): Die Kultur beginnt im mythischen Land Dilmun. Alle Dinge sind da, aber nichts erfüllt schon seine Funktionen, vgl. Z.11–28: Kein Rabe krächzt, kein Löwe tötet, keine Taube gurrt, keine alte Frau, kein alter Mann erkennt: Ich bin alt! Keine Krankheit wütet, kein Klagelied wird laut. Da spendet das Wasser erstes Leben (Z.40–49):

> 40: [^{d}utu an-na gub-bé-e] 41: [gir$_{16}$ DU-a gaba EZEN^{ki}-na-ta] 42: [é-suḫur si ^{d}nanna-a-ta] 43: [ka a ki-a DU.DU-ta a dùg ki-ta … DU] 44: ĝiri-ma-an gal-la-za a ḫé-em-ta-èd-dè (40: „When Utu steps up into heaven, 41: fresh waters shall run out of the ground for you from the standing vessels (?) on Ezen's (?) shore, 42: from Nanna's radiant high temple, 43: from the mouth of the waters running underground. 44: May the waters rise up from it into your great basins.")

Weiter (Enki and the World Order, ETCSL 1.1.3): Nachdem Enki durch seine Ejakulation die Flüsse Euphrat und Tigris geschaffen hat (Z.250–254), beweist das Land seine Fruchtbarkeit: „It brought water, flowing water indeed: its wine will be sweet. It brought barley, mottled barley indeed: the people will eat it" (Z.259–261). Die beiden Hauptgewächse, Wein und Gerste, stehen für umfassende Fruchtbarkeit.[315] – Und:

---

[314] Vgl. Michael P. Streck, Salz, Versalzung, RlA 11, 2008, 592–599, bes. 597–598. Streck verweist auf die nach seiner Meinung nicht überzeugende, von W. Nützel vorgetragene Hypothese: „Die Bodenversalzung als mögliche Ursache für die Schwerpunktverlagerung von Südmesopotamien über Babylonien nach Assyrien", MDOG 124, 1992, 79–86. Nützel zitiert zustimmend R. M. Adams (1958): „… dass die ansteigende Bodenversalzung eine ausschlaggebende Rolle beim Zusammenbruch der sumerischen Zivilisation gespielt hat, scheint außer Frage zu stehen" (Nützel, a.a.O., 83).

[315] Listen von Opfergaben und Beschreibungen der Segensfülle, die das Land erfährt, geben eine Ahnung von der Diversität der angebauten Nutzpflanzen, vgl. z.B. ETCSL 4.29.1, Segm. D, Z.2–5: „speckled barley, grain pile, granary …"; 2.5.4.02, Z.45–49: „The Tigris and the Euphrates shall bring abundance, carp-filled waters for you, … Their banks shall grow vegetation for you, they shall bring (?) you rejoicing. The irrigated orchards shall yield (?) syrup and wine for you. The fertile arable tracts shall grow dappled grain for you; grain piles shall be heaped up for you. Cattle-pens shall be built, sheepfolds shall be enlarged for you." Die tierischen und mineralischen Ressourcen sind das andere weite Feld, auf dem sich göttliche Fürsorge und menschlicher Fleiß bewähren, vgl. ETCSL 2.4.5.4, Segm. A, Z.20: das Land „shall have an abundance of butter, fish, birds, births,

Ninurta (Ninurtas exploits, ETCSL 1.6.2) gibt der Urmutter den neuen Namen Ninḫursaĝa und verheißt ihr blühende Bergregionen:

> 401: ḫur-saĝ-e ir nam-diĝir-ra ḫu-mu-ra-an-[gu]-ul-gú?-e 402: kug-sig$_{17}$ kug-babbar ḫu-mu-ra-ab-bal-e ḪI.IB.LÀL ḫu-mu-ra-ab-ak 403: urud nagga ḫu-mu-ra-ab-zal-le gún-bi ḫu-mu-ra-an-ak 404: kur-[re] máš-anše ḫa-ra-ab-lu-e 405: ḫur-saĝ-e níĝ-úr-4-e numun ḫa-ra-ni-ib-i-i (401: „Let the mountain supply you richly with divine perfumes. 402: Let it mine gold and silver for you, make … for you. 403: Let it smelt copper and tin for you, make its tribute for you. 404: Let the mountains make wild animals teem for you. 405: Let the mountain increase the fecundity of quadrupeds for you.")

Interessant, dass andere Lebenselemente wie Sonne, Hitze, Feuer, Wind, Regen (minimale Niederschläge) im Vorstellungsrahmen der Sumerer als Handlungsmedien kaum eine positive Rolle spielen. Die Luftbewegung z.B. wird hauptsächlich in ihrer zerstörerischen Wirkung wahrgenommen,[316] das Wasser kommt negativ als Chaosflut in den Blick. Es hat aber meist positive Konnotationen.[317] Die ambivalente Erfahrung der Menschen im Schwemmland der großen Flüsse steht im Hintergrund. Rasche Schneeschmelzen in den Randgebirgen schicken Wassermassen zu Tal; Dammbrüche gehören zur Bergwelt. In der Ebene wird das Wasser gefährlich, wenn der Sturm hinzukommt. Positiv heißt das: Bei geregelten Stromverhältnissen ist das ruhige, gut versorgte Leben gewährleistet. Zum idealen Zustand gehört die ausreichende, maßvolle und regelmäßige Wasserversorgung. Trockenheit betrifft die Steppe, das unbe-

---

copper and gold!" Im Selbstlob Lipit-Eštars heißt es umfassend: „I am he who makes an abundant crop grow, the life of the Land. I am a farmer, piling up his grain piles. I am a shepherd making butter and milk abundant in the cow-pen. I am he who makes the fish and birds grow bigger in the marshes. I am a river of plenty, bringing flowing water" (ETCSL 2.5.5.1, Z.43–47).

[316] Der „Sturm" ist im sumerischen Vokabular vielfach und nuancenreich vertreten: ud, ud gal, ud maḫ, tum$_9$, tum$_9$-dal, im, im-ḫul, a-ma-ru u.a. Einzelstudien würden hier zu weit führen, vgl. Schwemer 2001, 129–196. Wasser (sumerisch: a = 850 Mal) ist vor allem in den Urgeschichten eine Chaosmacht, vgl. die Flutgeschichte ETCSL 1.7.4: Der fragmentarisch erhaltene Text hat nur in Segm. D, Z.1–5 eine Beschreibung der Urgewalt: „All the windstorms and gales arose together, and the flood swept over the … After the flood had swept over the land, and waves and windstorms had rocked the huge boat for seven days and seven nights … ." Wieder ist der Sturm (im-ḫul) die Hauptmacht; er treibt das Wasser (a-ma-ru = Flut, 77 Mal, a gal = großes Wasser, nur wenige Belege) vor sich her. Synonym zu a gal werden a maḫ (vgl. ETCSL 1.3.2, Z.178; 1.6.1, Z.119; 1.8.2.1, Segm. A, Z.469; 1.8.2.3, Z.469,565; 2.1.7, Z.336; 2.2.3, Z.405), a zìg (vgl. ETCSL 1.3.2, Z.179) und a-ma-ru (vgl. ETCSL1.6.1, Z.73–75; 1.6.2, Z.3; 1.8.2.3, Z.572; 2.2.5, Segm. E, Z.13) verwendet. „Sturm" und „Flut" können Epitheta von Gottheiten sein (vgl. 1.1.3; Z.69; 1.6.2, Z.3; 1.7.4, Segm. D, Z.5). Bemerkenswert ist das Sturm- und Wasserportrait in ETCSL 2.2.2, Z.180–183: „He [Enlil] called the great storm [ud gal] of heaven- the people groan. The great storm [ud gal] howls above - the people groan. The storm that annihilates the Land [ud kalam til-til] roars below - the people groan. The evil wind [im-ḫul], like a rushing torrent [a maḫ], cannot be restrained." Die vier Zeilen lassen eine Steigerung der Gewalt bis zum „bösen Orkan", im ḫul, erkennen. Die primär destruktive Macht ist der Sturm; dafür spricht auch der häufig nur mit Vergleichspartikel hergestellte, auf das Wassergetöse konzentrierte Bezug („… wie eine Flut …").

[317] Wasser kann förmlich als „Lebensspender" (a nam-tìl, vgl. ETCSL 1.4.1, Z.226A) oder als „Frischwasser", „gutes Wasser" (a dùg; vgl. ETCSL 1.6.1, Z.171) apostrophiert werden. Euphrat und Tigris sind die vornehmlichen Garanten der Wasserversorgung (vgl. ETCSL 1.1.3, Z.251,254).

wohnbare Land. Die Menschen an Kanälen und natürlichen Wasserläufen haben es gut. Der Traum vom erfüllten Dasein beginnt mit den reichen Erträgen der Felder und Weiden an den Wassern des Zweistromlandes.

Alles das, was wir zivilisiertes und kultiviertes Dasein nennen, baut auf den Grundversorgungen auf. Aber nach den Anfängen der Kultur beginnen die Probleme der menschlichen Organisation und Gesittung (vgl. Gen 4; 11). Wie nahe sumerische Lebenswirklichkeit unseren eigenen Erfahrungen steht, können wir auf Schritt und Tritt im Vergleich ermessen. Wo legt sumerische Gedankenwelt Schwerpunkte mitmenschlicher Herausforderungen? Nicht nur, wie zu erwarten, im politischen Bereich, viel mehr auch auf den mitmenschlichen Beziehungsebenen. Zwar schlagen sich die großen Konflikte in literarischen Zeugnissen nieder, wie z.B. der Generationen lange Streit Ummas mit Lagaš,[318] oder die vorgeschichtlichen Spannungen zwischen Aratta und Uruk.[319] Die hymnischen Texte tragen der zwischenstaatlichen Konkurrenz dadurch Rechnung, dass sie dem Regenten unüberwindliche Machtfülle, langes Leben und Ausweitung seiner Einflusszone wünschen. Der von der Regierung mit zu verantwortende Glückszustand quillt auf die Menschen über: „May [the king] create heart's joy [šag$_4$ ḫúl] for the population and be a good provider for their days" (ETCSL 2.6.9.5, Z.40). Erstaunlich sind indessen die häufigen Hinweise auf primäre zwischenmenschliche Verhältnisse, welche einen idealen Zustand erreichen sollen und dann prototypisch für die erstrebte gute Ordnung stehen.

> 332: ama-a dumu-da gù nu-ma-da-dé 333: dumu-ù ama-ni-ra ka dù-a 334: nu-ma-na-dug$_4$ 335: arád á ĝiš tag tuku-ra 336: lugal-a-ni saĝ nu-ma-da-dúb 337: géme lú nam-rá ḫul mu-na-ak 338: nin-a-ni igi-na níĝ nu-mu-na-ni-ra (332: „No mother shouted at her child. 333f.: No child answered its mother back. 335f.: No slave who … was hit on the head by his master, 337f.: no misbehaving slave girl was slapped on the face by her mistress," ETCSL 2.1.7, Z.332–338)[320]

Die Harmonie im engsten menschlichen Miteinander ergibt sich aus Gudeas frommer und inspirierter *gouvernance*. Gewalt und Anklage sind aus dem Umgang von Mutter und Kind, Besitzer und Sklave verbannt.[321] Dieses M otiv taucht mehrfach mit leichten Abwandlungen auf. In Šulgi X (ETCSL 2.4.2.24, Z.141–150) werden die Rechtsentscheidungen des Monarchen gewürdigt. Ziel soll sein, dass „the strong not abuse the weak", the „mother speaks tenderly with her child and the child answers truthfully to

[318] Die Inschrift Eanatums auf der sog. „Geierstele" gibt Auskunft über den Konflikt, vgl. Steible 1982, 120–145; Römer 1982ff.; Cooper 1986; Bauer 1998, 429–585; Frayne 2008.

[319] Vgl. besonders Enmerkar and the Lord of Aratta, ETCSL 1.8.2.3, sowie andere mythische Erzählungen. Weitere Beispiele: ETCSL 2.1.6 besingt den „Sieg Utuḫeĝals über die Gutäer", und hinter den „Städteklagen" stecken kollektive Erinnerungen an Kriege und Invasionen.

[320] Die Passage rühmt die großen Ordnungsfähigkeiten Gudeas von Lagaš. Nach einer Traumvision, in der ihm Ninĝirsu erscheint, bringt der Herrscher seine Hauptstadt auf Vordermann. Die Bürger führen einhellig seine Anweisungen aus, „like children of one mother" (a.a.O., Z.323–364; Zitat Z.326). So ordnet er klug und menschlich das Rechtssystem (Z.327–329), macht die Stadt rituell rein (Z.341–344,353–356) und lässt Tag und Nacht Gebete sprechen (Z.357f.).

[321] Das Gegenstück sind mangelnde Fürsorge oder Achtung voreinander, d.h. die Verkehrung der menschlichen Grundordnung, die Grundlage für alle Gemeinwesen ist, vgl. ETCSL 4.14.1, Z.212–221; 5.6.1. Zum Familienfrieden vgl. ETCSL 2.5.4.1, Segm. C, Z.5–9.

his father“ (145: á-tuku sig$_9$-ga ša-ĝá-aš-šè la-ba-an-LAGAB-e 146: ama dumu-ni-ir sag$_9$-ga mu-na-ab-bé 147: dumu a-a-ni-ir níĝ-gen$_6$-na mu-na-ni-íb-gi$_4$-gi$_4$, ETCSL 2.4.2.24, Z.145–147). Ein Fragment rühmt Išme-Dagan für seine Sozialpolitik:

> 5: a-a-ra ní tèĝ-ĝe$_{26}$-e ama-ra ní su$_4$-né 6: dumu ab-ba-ra inim-ma-né-eš dúr-ù 7: arḫuš šag$_4$-tùr šag$_4$-ne-ša$_4$ gur-ru 8: ad-da a-a-na an-gu$_7$ ama a-a-na an-naĝ 9: ki-en-gi ki-uri-a mi-ni-in-ĝar (5: „That fathers should be feared and mothers respected, 6: that sons should pay heed to the words of their fathers, 7: and that mercy, compassion and pity should be shown, 8: that one should provide even one's paternal grandparents with food and drink – 9: all this he established in Sumer and Akkad“) (ETCSL 2.5.4.a, Segm. C, Z.5–9)

Von Seiten der Gottheiten, so sumerische Hymnenverfasser, ist nicht nur Zurechtweisung und Strafe zu erwarten, sondern auch familiäre, mitmenschliche Güte und Barmherzigkeit. „Mercy and compassion are mine, I frighten no one“ (75: arḫuš šag$_4$-ne-ša$_4$ ĝá-a-kam); „I hold the tablet of life in my hand, and I register the just ones [zid] on it“ (77: im nam-tìl-la šu-ĝá mu-un-ĝál lú zid bí-in-gub-bé-en). „I am a compassionate mother. I cool down even the angriest heart, sprinkling it with cool water. I calm down the wounded heart“ (80: ... ama arḫuš-a-me-en 81: šag$_4$ mir-mir-ra im-sed$_4$-sed$_4$-dè a sed$_4$ im-sù-ud 82: šag$_4$ ḫul mu-sed$_4$ ...),[322] heißt es von Nungal, der – obschon sie häufig als Unterweltsgöttin auftritt – die Wahrung des Rechts auf der Erde anvertraut ist. Auch solche theologischen Erkenntnisse sind nicht aus der Staatsraison geboren, sie verraten vielmehr eine besondere Affinität zu populären Denkhorizonten.

Wie bei der Untersuchung des „Volks“-Begriffes (ùĝ; s.o. Kap. 10) angezeigt, spielt die untere Ebene der menschlichen Gesellschaft für die Regierenden eine bedeutende Rolle. Das Leitbild der guten sozialen Ordnung ist wesentlich von den Beziehungen geprägt, die seit Jahrtausenden von der sich ausbreitenden Menschheit in Primärgruppen (Großfamilie; Horde) als überlebenswichtig eingeübt worden sind. Familiäre Solidarität ist der Angelpunkt. Gegenüber den städtischen oder nationalen „Tugenden“, die frühestens seit dem Übergang zum Ackerbau im 10. Jt. v.u.Z. ausgebildet wurden, erscheinen die Familiennormen lebendiger und emotionaler. Komunitäres Bürgerrecht reguliert Schäden. Das Verhalten gegenüber politischen Obrigkeiten ist auf Gehorsam, Steuer-, Fron- und Militärpflicht ausgerichtet. Durchsetzung und Erhaltung der Macht der von Gottes Gnaden Regierenden ist oberstes Anliegen. Ihm stellt sich in offiziellen Verlautbarungen die heilige Pflicht der Regenten an die Seite, nach Kräften für Gerechtigkeit und Wohlbefinden der Bürger zu sorgen. Diese Perspektive schließt die göttliche Forderung nach Pflege der Tempel, Riten und Versorgung der Gottheiten ein. Die Motivation zur Mitgestaltung der Welt ist auf der Regierungsebene durch die realen Machtverhältnisse und Befehlsstrukturen gegeben. Die Verweise auf Mitmenschlichkeit im innersten Beziehungsgeflecht klingen aber, als sei auch des Staatsethos im elementaren Sozialbereich verankert. Grundannahme ist offenbar, richtiges Sozialverhalten müsse im Familienmilieu eingeübt werden und gelte unbesehen in allen Gruppierungen. Hat sich dieses Missverständnis bis heute gehalten? Jedenfalls

---

[322] Zitate aus Nungal A (ETCSL 4.28.1, Z.75,77,80–82).

ruht das komplexe Erwartungsmodell von „Ordnung“ in den sumerischen Hymnen auf dem Fundament von harmonischen zwischenmenschlichen Beziehungen. Nur Kleingruppenverhältnisse werden in derart apodiktischen Aussagen von Gewaltlosigkeit, Achtung voreinander und Menschenwürde geschildert. Anweisungen für das Verhalten in Großgesellschaften fehlen. Mögen in diplomatischen Dokumenten[323] auch bruderschaftliche Verhältnisse zwischen gleichrangigen Potentaten beschworen werden: Die Tatsache allein beweist, wie grundlegend das ideale Beziehungsmodell der elementaren Sozialgruppierung für die große Politik geworden (und geblieben) ist. – Insgesamt geben die Utopien friedlichen und üppigen Daseins auf allen zeremoniellen Ebenen der hymnischen Weltgestaltung die entscheidenden Handlungsimpulse.

Die heutige Situation der Menschen unterscheidet sich von der antiken an vielen Punkten. Statt des hierarchisch von oben nach unten gegliederten Universums leben wir in einer global vernetzten, planetarisch isolierten Erdgesellschaft, die versucht, sich ihre *gouvernance* von der Basis her aufzubauen. Die Lebensbereiche, in denen wir tätig werden können, sind jedoch weithin die gleichen geblieben wie zu sumerischen Zeiten. Gewiss, es stehen uns andere Interpretationsmittel und Koordinatensysteme zur Verfügung, wenn es gilt, die Naturmächte, die Mikro- und Makromechanismen der Welt zu begreifen und zu manipulieren. Die Mächte, die zusehends das Erdgeschehen formen, werden meist unpersönlich definiert (z.B. „Die Märkte“), man versucht, sie statistisch und gesetzgeberisch in den Griff zu bekommen. Mythische Erklärungsversuche sind im Allgemeinen durch naturwissenschaftliche Theorien ersetzt. Dennoch ist es frappierend zu beobachten, wie nahe Leitbilder und Handlungsziele der Moderne denen des 3. Jts. v.u.Z. sind. Es geht um Abwehr zerstörerischer Kräfte in Natur und Gesellschaft. Es geht um Förderung des guten Lebens, in erster Linie des „königlichen“, verabsolutierten Individuums und danach auch der sozialen Gerechtigkeit. Es geht um Frieden und Bewahrung des natürlichen Lebensraumes. Nach meiner Überzeugung sind die sumerischen Versuche, die gute oder bessere Welt im Hymnengesang mit zu schaffen, durchaus lehrreich auch für die heutige rationalisierte und immer mehr frustrierte Menschheit.

12. Schluss

Ausgangspunkt der Untersuchung war ein archaisch anmutender, an eine namentlich genannte Gottheit gerichteter Lobruf: GN zà-mí („Heil dem GN“). Er findet sich in der sumerischen Literatur häufig als Schlusszeile verschiedener Dichtungen/Lieder, ohne je zu einer Gattungsbezeichnung zu werden. Vielmehr hält der Ausdruck die Erinnerung an wirkmächtige, zeremonielle Exklamationen fest, die den angerufenen Gottheiten Macht und Durchsetzungskraft zugunsten von Wohlbefinden und Gerech-

[323] Erste Briefe sind bisher aus Ebla (akkad.) und Girsu (sum.) bekannt, vgl. Michalowski 2011, 14–34. Bis ins 2. Jt. schwillt die Zahl der Brieftexte stark an und schließt (besonders durch den Fund des ägyptischen Amarna-Archivs) die auswärtigen Korrespondenzen ein (vgl. William F. Moran, The Amarna Letters, Edited and Translated, Baltimore 1992). Die in Schreiberschulen kopierten literarischen Briefe hat Kleinerman 2011 ediert.

tigkeit in der Gesellschaft übermitteln sollten. Sie, die großen Anuna-Gottheiten, wie auch ihre Vizeregenten, die sumerischen Könige, befanden sich nach sumerischer Erkenntnis in einer ständigen Auseinandersetzung mit destruktiven Kräften in Natur und Geschichte und brauchten neben der stetigen Versorgung mit Opfern auch die vokale und instrumentale Aufmunterung.

In der kultischen Tradition des 3. Jts. und darüber hinaus übernahmen zahlreiche liturgische und literarische Gattungen die Funktion des stärkenden Lobens. Viele hymnische Texte nennen die Dichtwerke bei ihren sumerischen, schwer deutbaren Namen. Sie verraten ihre Aufführung in gottesdienstlichem Rahmen. Daraus ist die Bedeutung der Lieder und Preisgesänge ableitbar. Ihre fortwährende Darbietung in den Tempeln Sumers war die heilige Pflicht von Regierungen und Priesterschaften. Der Lobgesang durfte (wie der Opferdienst) nicht abreißen, wenn es den Menschen gut gehen sollte. Das zà-mí-Loben gehörte in diesem Sinne zu den „Riten" (ĝarza), die unbedingt und kontinuierlich ausgeführt werden mussten, und zwar regelrecht und gewissenhaft.

Preislieder waren im alten Sumer weder ästhetische noch Luxus-Veranstaltungen. Sie gehörten mit anderen Gattungen religiöser Lyrik, z.B. Klage, Bitte, Beschwörung, zu den Mitteln im Kampf um Etablierung und Erhaltung einer guten, lebensfördernden Weltordnung. Jubelchöre, welche den hohen Gottheiten ihre zà-mí-Lieder darbrachten, standen in vorderster Front bei der Abwehr und Überwindung destruktiver Gewalten. Sie wandten sich an die personhaften Numina des sumerischen Pantheons, schlossen aber die Stärkung der unpersönlichen göttlichen Wesenheiten mit ein, weil auch sie tragende Rollen in der Durchsetzung des Guten und Gerechten spielten.

Dass die ständig notwendige Auseinandersetzung mit lebensfeindlichen Kräften für die sumerischen Theologen und Theologinnen, Liturginnen und Liturgen die politischen und sozialen Interessen berührte und durchdrang, dürfte nicht verwundern. Die „gute" oder „bessere" Welt wird immer zugunsten von bestimmten Gruppierungen gestaltet, die sich typisch menschlich durch Ab- und Ausgrenzung von anderen sozialen oder ethnischen Gebilden konstituieren. Bemerkenswert ist allerdings, in welchem hohen Maß die hymnischen Texte neben den „Schwarzköpfigen", die sich von den Bewohnern der „Fremdländer" absetzen, auch allgemein den „Menschen" und die „Menschheit" zu Geltung kommen lassen. Häufig ist die Machtpolitik der jeweiligen Herrscherdynastie Orientierungspunkt für den Lobgesang. Das schließt die Einbeziehung namentlich genannter Monarchen und ihre aktive Teilnahme am Kultgeschehen ein. Sie waren in einer Person die designierten Vollstrecker göttlichen Willens und anscheinend auch Vertreter ihres Volkes gegenüber den Gottheiten. Der Wille zur positiven Gestaltung der Lebenswelt deckt sich mithin weitgehend mit den Eigeninteressen derer, die ein Loblied anstimmen.

Aktuelles Interesse haben die sumerischen Hymnen aus mindestens zwei Gründen: Einmal stehen sie wegen der allgemeinen Quellenlage am Anfang einer mittelöstlichen Lied- und Gottesdienst-Tradition, die sich über babylonisch-assyrisch-persisch-griechische Kulturphasen in die jüdisch-christliche Bibel ergießt. Die alttestamentlichen Psalmen beispielsweise sind (neben vielen verwandten Liedsammlungen) integraler Teil der altorientalischen Überlieferung und sollten in diesem Kontext interpretiert werden. Zweitens merkt man bei der Lektüre der uralten Poesien auf Schritt und Tritt, dass die Menschheit in den Grundfragen der Welterklärung und Weltkonstruktion bei allen durchlebten Veränderungen auf ähnlichen oder doch vergleichbaren Positionen verharrt. Nach vielen Jahrtausenden der Einmischung in vorgefundene (retrospektiv konstruierte) Ordnungen scheint die Menschheit heute vor einer generellen Bankrotterklärung zu stehen. Allen Bemühungen zum Trotz gelingt es immer weniger, die auf dieser Erde losgelassenen divergierenden Kräfte auf einen vernünftigen Nenner zu bringen. Alle Versuche, gute wissenschaftlich-technische, ökonomisch-militärische Systeme nachhaltig umzusetzen, sind bisher fehlgeschlagen. In fast allen Bereichen heutiger Lebenswirklichkeit kommt es zu gefährlichen Zerreißproben und offenbar immer schärfer und tragischer verlaufenden Konflikten. Was liegt näher, als alle möglichen menschlichen, vor allem auch: religiösen! Erfahrungen in ein Grundsatzgespräch zu ziehen, das die existentiellen Probleme der Menschen als Welt-Deuter und Welt-Gestalter zu klären versucht. Die sumerischen Hymniker haben dabei ein gewichtiges Wort mitzureden, weil sie direkte geistliche Väter und Mütter unserer „westlichen" (und östlich-orthodoxen) Glaubensvorstellungen sind und die dogmatischen Verkrustungen christlicher und muslimischer Tradition noch nicht kannten.

Literaturverzeichnis

Je nach Fachgebiet sind die Abkürzungen in der Regel folgenden Verzeichnissen entnommen: Wolfram von Soden, Akkadisches Handwörterbuch (AHw), 3 Bde., Wiesbaden 1965–1981; Reallexikon der Assyriologie (RlA), Berlin/Leipzig 1932ff. (Online-Version bearbeitet von Anna Yordanova 2009); Theologische Realenzyklopädie (TRE), hg. von Siegfried Schwertner, Berlin [2]1994.

Abart, Christine (2014), Lebensfreude und Gottesjubel. Studien zu physisch erlebter Freude in den Psalmen, WMANT 142, Neukirchen-Vluyn

Abusch, Tzvi I. (1983), The Form and Meaning of a Babylonian Prayer to Marduk, JAOS 103, 3–15

ders. (2002), Mesopotamian Witchcraft. Toward a History and Understanding of Babylonian Witchcraft Beliefs and Literature, AMD 5, Leiden

ders. (2003), Blessing and Praise in Ancient Mesopotamian Incantations, in: *Sallaberger* 2003, 1–15

ders. (2005), The Promise to Praise the God in Suilla Prayers, BibOr. 48, 1–10

ders. (1990), Hg., Lingering Over Words, HSS 37, Atlanta

ders. (1998) und *Karel van der Toorn,* Hg., Mesopotamian Magic: Textual, Historic, and Interpretative Perspectives, AMD 1, Leiden

ders. (2002), Hg., Riches Hidden in Secret Places: Ancient Near Eastern Studies in Memory of Thorkild Jacobsen, Winona Lake

ders. (2010) und *Schwemer, Daniel,* Hg., Corpus of Mesopotamian Anti-Witchcraft Rituals, AMD 8/1, Leiden

Adams, Robert McC. (2006), Shepherds at Umma in the Third Dynasty of Ur, JESHO 49, 133–169

ders. (2012), Ancient Mesopotamian Urbanism and Blurred Disciplinary Boundaries, AnnuRev Anthropol 41, 1–20

AHw. (Akkadisches Handwörterbuch), s. *Soden* 1965–1981

Algaze, Guillermo (1993): The Uruk World System: the Dynamics of Expansion of Early Mesopotamian Civilization, Chicago

Alster, Bendt (1974): The Instructions of Šuruppak. A Sumerian Proverb Collection, Mes. 10, Copenhagen (additions: AulOr. 5, 1987, 199–206; ZA 80, 1990, 15–19 und NABU 1999/86–89)

ders. (1997): Proverbs of Ancient Sumer, 2 Bde., Bethesda

ders. (2005): Wisdom of Ancient Sumer, Bethesda

ders. (1987) und *Herman L.J. Vanstiphout,* Lahar and Ashnan: Presentation and Analysis of a Sumerian Disputation ASJ 9, 1–43

ders. (1989) und *C.B.F. Walker,* Some Sumerian Literary Texts in the British Museum, in: Behrens 1989, 7–19

Ambos, Claus ([2]2006) *u.a.,* Hg., Die Welt der Rituale, Darmstadt

Andersson, Jakob (2012), Kingship in the Early Mesopotamian Onomasticon 2800–2200 BCE, SSU 28, Uppsala

Angehrn, Emil (2007), Hg., Anfang und Ursprung. Die Frage nach dem Ersten in Philosophie und Kulturwissenschaft, Colloquium Rauricum 10, Berlin

Annus, Amar (2002), The God Ninurta in the Mythology and Royal Ideology of Ancient Mesopotamia, SAAS 14, Helsinki

(The) Assyrian Dictionary of the Oriental Institute of the University of Chicago (s. CAD; 1956–2011): hg. von *Ignace J. Gelb, Benno Landsberger, A. Leo Oppenheim, Erica Reiner,* Bd. 1–21, Chicago/Glückstadt

Ataç, Mehmet-Ali (2008), King of Sumer and Akkad, King of Ur: Figural Types, Astral Symbols, and Royal Titles in the Neo-Sumerian Period, in: *Biggs* 2008, 233–246

Attia, Annie (2009) und *Gilles Buisson,* Hg., Advances in Mesopotamian Medicine from Hammurapi to Hippocrates, CM 37, Leiden

Attinger, Pascal (1984), Remarques à propos de la "Malédiction d'Accad", RA 78, 99–121

ders. (1984), Enki et Nin[h]ursa[g]a, ZA 74, 1–52

ders. (1993), Eléments de linguistique sumerienne. La construction de du11/e/di „dire“ (s. ELS), Fribourg/Göttingen

ders. (1998), Inana et Ebih, ZA 88, 164–195

ders. (1999), Besprechung von *Behrens*, Ninegalla-Hymne, 1998, in: AfO 46/47, 265–267

ders. (2003), L`Hymne à Nungal, in: *Sallaberger* 2003, 15–34

ders. (2005), À propos de AK “faire”, ZA 95, 46–64, 208–275

ders. (2006), À propos d’un nouveau duplicat de Ninmešara, NABU 2006/1, n. 17 (14–15)

ders. (2007), Tableau grammatical du sumérien (problemes choisis): Text de lectures presented at the École pratique des hautes etudes, Paris, February–May, 2007. Online: http://www.arch.unibe.ch/content/e8254/e8254/e8548/e8549/index_ger.html oder http://www.arch.unibe.ch/content/ueber_uns/pascal_attinger/index_ger.html/; vereinfacht: http://www.arch.unibe.ch/attinger = Zugang zu grammatischen und lexikalischen Daten und Textübersetzungen.

ders. (2012), Compléments à l’article Literatur de *D.O. Edzard*, RlA 7, 1987, 35–48 (choix), 2012 (www.arch.unibe.ch/attinger/compl_RLA_ger.pdf)

ders. (2009) und *Catherine Mittermayer,* Un curieux duplicat de Ninmešara, NABU 2009/4, n. 71 (95)

Averbeck, Richard E. (1997), Ritual Formula, Textual Frame, and Thematic Echo in the Cylinders of Gudea, in: *Gordon D. Young, u.a.,* Hg., Crossing Boundaries and Linking Horizons, Bethesda, 37–93

ders. (2003a) *u.a.*, Hg., Life and Culture in the Ancient Near East, Bethesda

ders. (2003b), Myth, Ritual, and Order in „Enki and the World Order“: JAOS 123, 757–771

ders. (2010), Temple Building Among the Sumerians and the Akkadians (3rd Millenium), in: *Mark J. Boda u.a.,* Hg., From the Foundations to the Crenellations. Essays on Temple Building in the Ancient Near East and Hebrew Bible, AOAT 366, Münster, 3–34

Baker, Heather D. (2005), Approaching the Babylonian Economy, AOAT 330, Münster

dies. (2010) *u.a.,* Hg., Your Praise is Sweet. A Memorial Volume for J. Black, London

Banning, Edward B. (2006) und *Michael Chazan,* Hg., Domesticating Space. Construction, Community, and Cosmology in the Late Prehistoric Near East, SENEPSE 12, Berlin

Bauer, Josef (1972), Altsumerische Wirtschaftstexte aus Lagasch, Studia Pohl 9, Rom

ders. (1998), *Robert K. Englund; Manfred Krebernik,* Mesopotamien, - Annäherungen 1: Späturuk-Zeit und frühdynastische Zeit, OBO 160/1, Fribourg/Göttingen

Bauks, Michaela (2008) und *Klaus Koenen, Hg.,* Das Wissenschaftliche Bibellexikon im Internet (WiBiLex: www.Bibelwissenschaft.de/wibilex/), Stuttgart 2008ff.

BDTNS, Base de Datos de Textos Neosumerios (engl.: Database of Neo-Sumerian Texts), hg. vom Consejo Superior de Investigaciones Cientificas, Madrid durch *Manuel Molina Martos,* (http://bdtns.filol.csic.es)

Beaulieu, Paul-Alain (2003), The Pantheon of Uruk During the Neo-Babylonian Period, CM 23, Leiden/Boston

Behrens, Hermann (1978), 15 und Ninlil. Ein sumerischer Mythos aus Nippur, Studia Pohl SM 8, Rom

ders. (1998), Die Ninegalla-Hymne. Die Wohnungsnahme Inannas in Nippur in altbabylonischer Zeit, FAOS 21, Stuttgart

ders. (1989) u.a., Hg., DUMU-E2-DUB-BA-A. Studies in Honour of Åke W. Sjöberg, OPSNKF 11, Philadelphia

ders. (1984) und *Horst Steible,* Glossar zu den altsumerischen Bau- und Weihinschriften, FAOS 6, Stuttgart (s.a. *Steible* 1982)

Bell, Catherine (1992), Ritual Theory, Ritual Practice, New York/Oxford

dies. (1997), Ritual. Perspectives and Dimensions, New York/Oxford

Benito, Carlos A. (1977), „Enki and Ninmah" and „Enki and the World Order", Diss. University of Pennsylvania, Philadelphia 1969 (University Micro-Film Ann Arbor 1977)

Berlejung, Angelika (1998), Die Theologie der Bilder. Herstellung und Einweihung von Kultbildern in Mesopotamien und die alttestamentliche Bilderpolemik, OBO 162, Fribourg/Göttingen

dies. (1998), Kultische Küsse. Zu den Begegnungsformen zwischen Göttern und Menschen, WO 29, 80–97

dies. (2009), Innovation als Restauration in Uruk und Jehud. Überlegungen zu Transformationsprozessen in vorderorientalischen Gesellschaften, in: *Hans-Joachim Waschke* (Hg.), Reformen im Alten Orient und der Antike, ORA 2, Tübingen, 71–112

dies.(2012) und *Jan Dietrich; Joachim Quack,* Hg., Menschenbilder und Körperkonzepte im Alten Israel, in Ägypten und im Alten Orient, ORA 9, Tübingen

Berlin, Adele (1979), Enmerkar and Ensuḫkešdanna: A Sumerian Narrative Poem, OPBF 2, Philadelphia

Bidmead, Julye (2004), The Akitu-Festival: Religious Continuity and Royal Legitimation in Mesopotamia, Gorgias Dissertations 2, NES 2, Piscataway

Bienkowski, Piotr (2005) *u.a.,* Hg., Writing and Ancient Near Eastern Society, ISOT.S 426, London

Biggs, Robert D. (1966), The Abū Ṣalābīkh Tablets. A Preliminary Survey, JCS 20, 73–88

ders. (1971), An Archaic Sumerian Version of the Kesh Temple Hymn from Tell Abū [Ṣ]alābīkh, ZA 61, 193–207

ders. (1974), Inscriptions from Tell Abū Ṣalābīkh, OIP 99, Chicago

ders. (2003), Besprechung von Walther Sallaberger und Aage Westenholz, Mesopotamien. Annäherungen 3, OBO 160/3, in: JNES 62, 38f

ders. (2008) u.a., Hg., Proceedings of the 51st Rencontre Assyriologique Internationale, SAOC 62, Chicago

Black, Jeremy A. (1985). A-se-er Gi6-ta, a Balag of Inana, in: ASJ 7, 11–88

ders. (1993), Eme-sal Cult Songs and Prayers, in: Michalowski 1993, 23–36

ders. (1998), Reading Sumerian Poetry, London

ders. (1992) und Anthony Green, Gods, Demons and Symbols of Ancient Mesopotamia, London

ders. (1998) u.a., The Electronic Text Corpus of Sumerian Literature, Oxford 1998ff (s. ETCSL)

ders. (2004); *Graham Cunningham; Eleanor Robson; Gábor Zólyomi,* The Literature of Ancient Sumer, Oxford

ders. (2005) und Zólyomi, Gábor, Hg., Special Volume in Honor of Professor Mamoru Yoshikawa, 1. The Study of Diachronic and Synchronic Variation in Sumerian, ASJ 22, Hiroshima 2000 (erschienen 2005).

Blum, Erhard (2006) und *Rüdiger Lux,* Hg., Festtraditionen in Israel und im Alten Orient, Gütersloh

Böck, Barbara (2013), The Healing Goddess Gula. Towards an Understanding of Ancien Babylonian Medicine, Leiden

Bord, Lucien-Jean (2002) und *Remo Mugnaioni,* L'ecriture cuneiforme: syllabaire, sumérien, babylonien, assyrien, Paris

Borger, Rykle (2003), Mesopotamisches Zeichenlexikon (s. MesZL), AOAT 305, Münster

Bottéro, Jean (1985), Mythes et rites de Babylone, Paris

ders. (1992), Writing, Reasoning, and the Gods (Franz. Original 1987), Chicago

ders. (1998), Le plus vieille religion en Mésopotamie, Paris

ders. (2001), Everyday Life in Ancient Mesopotamia, Edinburgh

Braun-Holzinger, Eva Andrea (1977), Frühdynastische Beterstatuetten, ADOG 19, Berlin *dies.* (1991), Mesopotamische Weihegaben der frühdynastischen bis altbabylonischen Zeit, HSAO 3, Heidelberg

Brisch, Nicole Maria (2006), In Praise of the Kings of Larsa, in: *Michalowski* 2006, 37–45

dies. (2007), Tradition and the Poetics of Innovation. Sumerian Court Literature of the Larsa Dynasty (c. 2003–1763 BCE), AOAT 339, Münster

dies. (2012), Hg., Religion and Power. Divine Kingship in the Ancient World and Beyond, Chicago 2008, 22012

Buccellati, Giorgio (1982), The Descent of Inana as a Ritual Journey to Kutha? Malibu

Burkert, Walter (1991) und *Fritz Stolz,* Hg., Hymnen der Alten Welt im Kulturvergleich, OBO 131, Göttingen/Fribourg

CAD (Chicago Assyrian Dictionary), s. (The) Assyrian Dictionary

Cagni, Luigi (1988), Offerte sacrificali e votive ad Ebla, in: *Hartmut Waetzoldt, u.a.,* Wirtschaft und Gesellschaft von Ebla, HSAO 2, Heidelberg, 181–198

Canby, Jeanny Vorys (2001), The Ur-Nammu Stela, UMM 110, Philadelphia

Cancik, Hubert (2001) *u.a.,* Hg. (1988–2001), Handbuch religionswissenschaftlicher Grundbegriffe, HrwG 1–5, 5 Bde., Stuttgart

Cancik-Kirschbaum, Eva (2011) *u.a.*, Hg., Babylon: Wissenskultur in Orient und Okzident, Berlin

Castellino, Giorgio R. (1972), Two Šulgi-Hymns, Rom

Catagnoti, Amalia (2003) u.a., Hg., Semitic and Assyriological Studies presented to Pelio Franzaroli, Wiesbaden

CDLI, Cuneiform Digital Library Initiative, hg. von University of California, Los Angeles und Max Planck Institute for the History of Science, Berlin durch *Robert K. Englund* und *Jürgen Renn,* seit 2000 (http://cdli.ucla.edu).

Ceccarelli, Manuel (2016), Enki und Ninmah: eine mythische Erzählung in sumerischer Sprache, ORA 16, Tübingen

Charpin, Dominique (2004); *Dietz O. Edzard; Marten Stol,* Mesopotamien: Die altbabylonische Zeit. Annäherungen 4, OBO 160/4, Fribourg/Göttingen

ders. (2010), Lire et écrire à Babylone, Paris 2008 (engl.: Writing, Law, and Kingship: Essays on Old Babylonian Mesopotamia, Chicago 2010)

ders. (2015), Gods, Kings, and Merchants in Old Babylonian Mesopotamia, PIPOAC 2, Löwen

Chavalas, Mark W. (2009) *u.a.,* Hg., Current Issues and the Study of the Ancient Near East, Claremont

Chicago Assyrian Dictionary (CAD), s. Assyrian Dictionary

Civil, Miguel (1994), The Farmer's Instructions. A Sumerian Agricultural Manual, AulaOr. Suppl. 5, Barcelona

ders. (1999), "Reading Gilgamesh", AulaOr. 17–18, 1999/2000, 179–189

ders. (2000), From the Epistolary of the Edubba, in: *George* 2000, 105–118

Clercq, Geetā de (2004), Die Göttin Ninegal/Bēlet-ekallim nach den altorientalischen Quellen des 3. und 2. Jahrtausends v. Chr., Diss. Würzburg

Cohen, Mark E. (1972), An Analysis of the Balag-Compositions to the God Enlil, Diss. University of Pennsylvania

ders. (1981), Sumerian Hymnology: The Eršemma, HUC.S 2, Cincinnati

ders. (1988), The Canonical Lamentations of Ancient Mesopotamia, 2 Bde., Potomac

ders. (1993), The Cultic Calendars of the Ancient Near East, Bethesda

ders. (2015), Festivals and Calendars of the Ancient Near East, Bethesda

ders. (1993) u.a., Hg., The Tablet and the Scroll, Bethesda

Cooper, Jerrold S. (1978), The Return of Ninurta to Nippur: an-gim dím-ma, AnOr. 52, Rom

ders. (1983), The Curse of Agade, Baltimore

ders. (1986), Sumerian and Accadian Royal Inscriptions, Presargonic Inscriptions, AOS Translation Series 1, New Haven

Cornelius, Izak (2008), The Many Faces of the Goddess. The Iconography of the Syrian-Palestinian Goddesses Anat, Ashtarte, Quedeshet, and Asherah c. 1500–1000 BCE, OBO 204, Fribourg/Göttingen 2004, [2]2008

Cunningham, Graham (1997), „Deliver me from Evil". Mesopotamian Incantations 2500–1500 BC, StPohl.SM 17, Rom

ders. (1999), Religion and Magic. Approaches and Theories, Edinburgh

d'Agostino, Franco (1988), Die ersten 14 Zeilen der sog. zà-me-Texte aus Abū Ṣalabiḫ und die Bedeutung des Wortes zà-me, OrAnt. 27, 75–82

Dahl, Jacob L. (2007), The Ruling Family of Umma: A Prosopographical Analysis of an Elite Family in Southern Iraq 4000 Years ago, Leiden

Dalley, Stephanie M. (1998), Hg., The Legacy of Mesopotamia, Oxford

Deimel, Anton (1922), Die Inschriften von Fara. 1. Liste der archaischen Keilschriftzeichen, WVDOG 40, Leipzig

ders. (1928), Hg., Sumerisches Lexikon (ŠL), 6 Bde., Rom 1928–1950

Delnero, Paul (2006), Variation in Sumerian Literary Compositions: A Case Study Based on the Decad, Diss. Univ. of Pennsylvania

ders. (2010a), Sumerian Extract Tablets and Scribal Education, JCS 62, 53–70

ders. (2010b), Sumerian Literary Catalogues and the Scribal Curriculum, ZA 100, 32–55

ders. (2011), „Inana und Ebih" and the Scribal Tradition, in: Grant Frame u.a. (Hg.), A Common Cultural Heritage, Bethesda, 123–149

ders. (2012a), Memorization and the Transmission of Sumerian Literary Compositions, JNES 71, 189–208

ders. (2012b), The Textual Criticism of Sumerian Literature, JCS.Suppl 3, Boston

Diachronic Corpus of Sumerian Literature (DCSL), Oriental Institute of the University of Oxford (http://orinst.ox.ac.uk)

Dickson, Keith (2005), Enki and the Embodied World, JAOS 125, 499–515

ders. (2007), Enki and Ninhursag: The Trickster in Paradise, JNES 66, 1–32

Dietrich, Manfried (1993) und *Oswald Loretz,* Hg., Mesopotamica – Ugaritica – Biblica, AOAT 232, Kevelaer/Neukirchen-Vluyn

dies. (1998), dubsar anta-men. Studien zur Altorientalistik, AOAT 253, Münster

ders. (1998), Hg., „Und Mose schrieb dieses Lied auf", AOAT 250, Münster

Digitale Nah- und Mittelost-Studien, betreut von Walter Sommerfeld (www.uni-marburg.de/cnms/forschung/dnms/apps/…/agi/sgi/ast/abi/)

Dijk, Johannes J.A. van (1960), Sumerische Götterlieder, II. Teil, AHAW.PH 1960/1, Heidelberg

ders. (1971), Sumerische Religion, in: *Jes P. Asmussen u.a.,* Hg., Handbuch der Religionsgeschichte Bd. 1, Göttingen, 431–496

ders. (1963), Gott, RlA 3, 1971, 532–543

ders. 1976) *u.a.,* Hg., Études sur le panthéon systématique et les panthéons locaux, CRRAI 21 = Or. 45, Rom

ders. (1983), LUGAL UD ME-LÁM-bi NIR-ĜÁl: Le récit épique et didactique des Travaux de Ninurta, du Déluge et de la Nouvelle Création, vol. I+II, Leiden

ders. (2003) und *Markham J. Geller*, Ur III Incantations, TMH.NF 6, Wiesbaden

Donzel, Emeri van (1975), Hg., Le Temple et le Culte, CRRAI 20, 1972, Leiden

Dorleijn, Gillis J. (2003), *Herman L. J. Vanstiphout*, Hg., Cultural Repertoires. Structure, Function and Dynamics, Groningen Studies in Cultural Change 3, Leuven

Dossin, Georges (1967), Un panthéon d'Ur à Mari, RA 61, 97–104

Driel, Govert van (1969), The Cult of Assur, Assen

ders. (1982) *u.a.,* Hg., ZIKIR ŠUMIM: Assyriological Studies Presented to F.R. Kraus on the Occasion of His Seventieth Birthday, Leiden

Drewnowska-Rymarz, Olga (2008), Mesopotamian Goddess Nanāja, Warschau

Dubuisson, Daniel (2006), The Western Construction of Religion, Relig. 36, 119–178

Dumbrill, Richard J. (2006), The Archaeomusicology of the Ancient Near East, Victoria BC

ders. (2007), Babylonian Theonumerics and Scale Systems, JAC 22, 23–34

Dupret, Marie-Astrid (1974), Hymne au dieu Numušda avec prière en faveur de Sîniqišam de Larsa, Or. 43, 327–343

Ebeling, Jarle (2007) und *Graham Cunningham,* Hg., Analysing Literary Sumerian: Corpus-Based Approaches, London

Edzard, Dietz Otto (1983), Mesopotamien. Die Mythologie der Sumerer und Akkader, in: *H. W. Haussig* (Hg.), Wörterbuch der Mythologie I (1961), Stuttgart [2]1983, 17–140

ders. (1974), Zur sumerischen Hymne auf das Heiligtum Keš, Or. 43, 103–113

ders. (1984), Hymnen, Beschwörungen und Verwandtes aus dem Archiv L. 2769 (ARET V), Rom

ders. (1989), Das „Wort im Ekur" oder Perepetie im „Fluch über Akkade", in: *Behrens* 1989, 99–105

ders. (1990a), Literatur, in: RlA 7, 1990, 35–48

ders. (1990b), Gilgameš und Huwawa A., I. Teil: ZA 80, 165–203

ders. (1991a), Gilgameš und Huwawa A., II. Teil: ZA 81, 165–233

ders. (1991b), Sumerische und akkadische Hymnen, in: *Burkert* 1991, 19–31

ders. (1997), Gudea and His Dynasty, RIME 3/1, Toronto

ders. (1993), „Gilgameš und Huwawa". Zwei Versionen der sumerischen Zedernwaldepisode nebst einer Edition von Version "B", München

ders. (1999), Sumerisch-akkadische Listenwissenschaft und andere Aspekte altmesopotamischer Rationalität, in: Karen Gloy, Rationalitätstypen, Freiburg, 246–266

ders. (2003), Sumerian Grammar, HdO I,74, Leiden

ders. (2004a), Altbabylonische Literatur und Religion, in: *Charpin* 2004, 485–640

ders. (2004b), Geschichte Mesopotamiens. Von den Sumerern bis zu Alexander dem Großen, München

ders. (2007), Die altmesopotamischen lexikalischen Listen – verkannte Kunstwerke? in: *Wilcke* 2007, 17–26

ders. (1972), Hg., Gesellschaftsklassen im alten Zweistromland und in den angrenzenden Gebieten, CRRAI 18, München

ders. (1976) und *Claus Wilcke,* Die Ḫendursanga-Hymne, in: *Eichler* 1976, 139–176

Ehrlich, Carl S. (2009), Hg., From an Antique Land. An Introduction to Ancient Near Eastern Literature, Lanham, Boulder

Eichler, Barry L. (1976) und *Heimerdinger, Jane W.,* Cuneiform Studies in Honour of Samuel N. Kramer, AOAT 25, Kevelaer/Neukirchen-Vluyn

Eisen, Ute E. (2012) und *Christl M. Maier,* Hg., Erhard Gerstenberger: Die Hebräische Bibel als Buch der Befreiung (http://geb.uni-giessen.de/geb/volltexte/2012/8601/)

Eliade, Mircea (1987), Hg., The Encyclopedia of Religion (EncRel), 16 Bde., New York/London

Ellermeier, Friedrich (2002), z.T. unter Mitarbeit von *Margret Studt,* Sumerisches Glossar. Führer durch die neuere sumerologische Fachliteratur, Hardegsen, 10 Teile, 1979–2002

Encyclopedia of Religion, s. *Eliade* 1987

Espak, Peeter (2015), The God Enki in Sumerian Royal Ideology and Mythology, Wiesbaden

ders. (2011), Some Early Developments in Sumerian God-Lists and Pantheon, in: Kämmerer 2011, 47–58

ETCSL, The Electronic Text Corpus of Sumerian Literature (Oriental Institute of Oxford University, hg. von *Black, Jeremy u.a.,* Oxford 1998–2006 (http://etcsl.orinst.ox.ac.uk)

ETCSRI (2008), The Electronic Text Corpus of Sumerian Royal Inscriptions, University of Budapest, hg. von *Zólyomi, Gábor* (http://oracc.museum.upenn.edu/etcsri)

Fadhil, Abdulillah (2011) und *Markus Hilgert,* „Verwandelt meine Verfehlungen in Gutes!" Ein šigû-Gebet an Marduk aus dem Bestand der <Sipppar Bibliothek>, in: *Gojko Barjamowic u.a.,* Hg., Leiden, 93–109

Falkenstein, Adam (1950), Sumerische religiöse Texte 1, Drei ‚Hymnen' auf Urninurta von Isin, ZA 49, 80–150 *ders.* (1952), Sumerische religiöse Texte 2, ZA 50, 61–91

ders. (1957), Sumerische religiöse Texte 3, ZA 52, 58–75

ders. (1962), Sumerische religiöse Texte 4, ZA 55, 11–67

ders. (1964), Sumerische religiöse Texte 5, „Enki und die Weltordnung", ZA 56, 44–129

ders. (1959), Sumerische Götterlieder, I. Teil, AHAW.PH 1959/1, Heidelberg

ders. (1960) und *Johannes J.A. van Dijk,* Sumerische Götterlieder, II. Teil, AHAW.PH 1960/1, Heidelberg

ders. (1992), Die altorientalische Literatur, Zürich 1964 (abgedruckt in Kindlers Literatur Lexikon 19, 853–866)

ders. (1965), Fluch über Akkade, ZA 57, 43–124

ders. (1966), Die Inschriften Gudeas von Lagaš, Teil I: Einleitung, AnOr. 30, Rom

Falkenstein, Adam (1953) und *Wolfram von Soden,* Sumerische und akkadische Hymnen und Gebete (SAHG), Zürich

Farber, Walter (2007), Lamaštu – Agent of a Specific Disease or a Generic Destroyer of Health?, in: *Finkel* 2007, 137–145

ders. (2012), Lamaštu Beschwörungen zwischen Schulunterricht und medizinischer Praxis, CDOG 4, Wiesbaden, 225–235

ders. (2014), Lamaštu: An Edition of the Canonical Lamaštu-Incantations and Rituals and Related Texts from the Second and First Millenia B.C., Winona Lake

Farber-Flügge, Gertrud (1973), Der Mythos ‚Inanna und Enki ', StPohl.SM 10, Rom

Feliu, Lluis (2013) u.a., Time and History in the Ancient Near East, RAI 56, 2010, Winona Lake

Ferrara, Anthony J. (1973), Nanna-Suen's Journey to Nippur, StPohl.SM 2, Rom

ders. (1995), Topoi and Stock-Strophes in Sumerian Literary Tradition, Part I, JNES 54, 81–117

Figl, Johann (2003), Hg., Handbuch Religionswissenschaft: Religionen und ihre zentralen Themen, Insbruck

Finet, André (Hg. 1973), La voix de l'opposition en Mésopotamie, Brüssel

Fink, Sebastian (2015), Benjamin Whorf, die Sumerer und der Einfluss der Sprache auf das Denken, Wiesbaden

Finkel, Irving L. (1999), The Lament of Nabû-šuma-ukîn, in: *Renger* 1999, 323–342

ders. (1997) u. *Markham J.Geller,* Hg., Sumerian Gods and Their Representations, CM 7, Groningen

ders. (2007) und *Markham J. Geller,* Hg., Disease in Babylonia, CM 36, Leiden

Flückiger-Hawker, Esther (1999), Urnamma of Ur in Sumerian Literary Tradition, OBO 166, Fribourg/Göttingen

Fossey, Charles (1926), Manuel d'Assyriologie, Bd. 2: Evolution des Cunéiformes (1904), Nachdruck Paris 1926

Foster, Benjamin R. (1995), From Distant Days. Myths, Tales, and Poetry of Ancient Mesopotamia, Bethesda

ders. (2001), The Epic of Gilgamesh, New York

Franke, Sabina (1995), Königsinschriften und Königsideologie. Die Könige von Akkade zwischen Tradition und Neuerung, Altorientalistik 1, Hamburg

Frayne, Douglas R. (1981), The Historical Correlations of the Sumerian Royal Hymns (2400–1900 B.C.), Diss. Yale University

ders. (1992), The Early Dynastic List of Geographical Names, AOS 74, New Haven

ders. (1993), Royal Inscriptions of Mesopotamia, Early Periods (RIME 2): Sargonic and Gutian Periods (2334–2113 B.C.), Toronto

ders. (1997), Royal Inscriptions of Mesopotamia (RIME 3/2), Early Periods: Ur III Period (2112–2004 B.C.), Toronto

ders. (2008), Royal Inscriptions of Mesopotamia (RIME 1), Presargonic Period (2700–2350 BC), Toronto

Frechette, Christopher (2012), Mesopotamian Ritual Prayers of "Hand-lifting" (Akkadian Šuillas): An Investigation of Function in Light of the Idiomatic Meaning of the Rubric, AOAT 379, Münster

Fritz, Michael M. (2003), „... und weinten um Tammuz." Die Götter Dumuzi-Ama'ušumgal'anna und Damu, AOAT 307, Münster

Gabbay, Uri (2007), A Neo-Babylonian Catalogue of Balaĝ Tablets in the Oriental Institute of Chicago, ZA 97, 86–97

ders. (2010), The Ancient Mesopotamian Sistrum and its Reference in Cuneiform Literature: the Identification of šem and meze, ICONEA 2008 (erschienen 2010), 23–28

ders. (2013), The Performance of Emesal Prayers within the Regular Temple Cult: Content and Ritual Setting, in: Kaniuth 2013, 103–123

ders. (2014), The Balaĝ Instrument and its Role in the Cult of Ancient Mesopotamia, in: Goodnick Westenholz 2014, 129–147

ders. (2011) und Mirelman, Sam, Two Summary Tablets of Balaĝ Compositions with Performance Indications from Late-Babylonian Ur, ZA 101, 274–293

Gadotti, Alhena (2014), Gilgamesh, Enkidu, and the Netherworld and the Sumerian Gilgamesh Cycle, UAVA 10, Berlin

Gane, Roy E. (2005), Ritual Dynamic Structure, Gorgias Dissertations 14, Piscataway

ders. (2005), Cult and Character: Purification Offerings, Day of Atonement, and Theodicy, Winona Lake

Garfinkle, Stephen J. (2008) und *J. Cale Johnson,* Hg., The Growth of an Early State in Mesopotamia: Studies in Ur III Administration, BPOA 5, Madrid

ders. (2013) und Manuel Molina, Hg., From the 21st Century B.C. to the 21st Century A.D.: Proceedings of the International Conference on Neo-Sumerian Studies, Madrid 2010, Winona Lake

Gelb, Ignace J. u.a., Hg., Chicago Assyrian Dictionary (s. CAD), s. Assyrian Dictionary

ders. (1957), Hg., Materials for the Assyrian Dictionary (MAD), Bd. 1–5, Chicago 1952–1970; hier Bd. 3, 1957

ders. (1990) und *Burkhart Kienast,* Die altakkadischen Königsinschriften des Dritten Jahrtausends v.Chr., FAOS 7, Stuttgart

Geller, Markham J. (2010), Ancient Babylonian Medicine, Theory and Practice (Ancient Cultures), Chichester/Malden

ders. (2016), Healing Magic and Evil Demons: Canonical udug-hul incantations, Die babylonisch-assyrische Medizin in Texten und Untersuchungen Bd. 8, Berlin

Gemeinhardt Peter (2010) und *Annette Zgoll,* Hg., Weltkonstruktionen. Religiöse Weltdeutung zwischen Chaos und Kosmos vom Alten Orient bis zum Islam, ORA 5, Tübingen

George, Andrew R. (1999), The Epic of Gilgamesh. The Babylonian Epic Poem and Other Texts in Akkadian and Sumerian, New York

ders. (2004), House Most High. The Temples of Ancient Mesopotamia, Winona Lake ^{2}2004

ders. (2005), In Search of the é.dub.ba.a. The Ancient Mesopotamian School in Literature and Reality, in: *Sefati* 2005, 127–137

ders. (2016), Mesopotamian Incantations and Related Texts in the Schøyen Collection, CUSAS 32, Bethesda

ders. (2009), Hg., Babylonian Literary Texts in the Schøyen Collection, CUSAS 10, Bethesda

ders. (2011), Hg., Cuneiform Royal Inscriptions and Related Texts in the Schøyen Collection, CUSAS 17, Bethesda

ders. (2000) und *Irving L. Finkel,* Hg., Wisdom, Gods, and Literature. Studies in Assyriology in Honour of Wilfred G. Lambert, Winona Lake

Gerstenberger, Erhard (1980), Der bittende Mensch. Bittritual und Klagelied des Einzelnen im Alten Testament, WMANT 51, Neukirchen-Vluyn (Nachdruck: Eugene OR 2009)

ders. (1988/2001), Psalms, FOTL XIV und XV, 2 Bde., Grand Rapids

ders. (2001a), Theologien im Alten Testament, Stuttgart

ders. (2001b), „World Dominion“ in Yahweh Kingship Psalms, Horizons in Biblical Theology 23, 192–210

ders. (2006), “... der Perser keilförmische Wörter”: Georg Friedrich Grotefends spät entdeckte Pioniertat, in: Roland Borgards u.a., Hg., Kalender kleiner Innovationen. Festschrift für Günter Oesterle, Würzburg 2006, 191–197

ders. (2008), Praise in the Realm of Death. The Dynamics of Hymn-Singing in Ancient Near Eastern Lament Ceremony, in: *Nancy C. Lee und Carleen Mandolfo,* Hg., Lamentations in Ancient and Contemporary Cultural Contexts, Symposium 43, Atlanta 2008, 115–124

ders. (2016), The Power of Praise in the Psalter, in: *Robert D. Miller II,* Hg., Between Israelite Religion and Old Testament Theology, Leuven, 31–48

Gil, Sam D. (1987), Prayer, in: *Eliade* 1987, Bd. 11, 489–494

Gibson, McGuire (1993), Nippur, Sacred City of Enlil, Supreme God of Sumer and Akkad, Al-Rafidan 14, Chicago (s. http://oi.uchicago.edu/research/projects/nip/nsc.html)

Glassner, Jean-Jacques (2000), Les petits états Mésopotamiens à la fin du 4e e au course du 3e millenaire, in: *Mogen Herman Hansen,* Hg., A Comparative Study of Thirty City-State Cultures, Copenhagen, 277–293

ders. (2003), The Invention of Cuneiform Writing in Sumer, Baltimore (Original franz: L'écriture cuneiforme: syllabaire, sumérien, babylonien, assyrien, Paris 2000)

ders. (2004), Mesopotamian Chronicles, in: *Benjamin R. Foster,* Hg., Writings from the Ancient World 19, Atlanta

Goedicke, Hans (1975) und *Jimmy J.M. Roberts,* Hg., Unity and Diversity: Essays in the History, Literature and Religion of the Ancient Near East, CRRAI 33, Baltimore

Gong, Yushu (2000), Die Namen der Keilschriftzeichen, AOAT 268, Münster

Gonzalo, Rubio (2013), Time before Time: Primeval Narrative in Early Mesopotamian Literature, in: *Feliu* 2013, 3–18

Goodnick Westenholz, Joan, s. Westenholz, Joan G.

Gragg, Gene B. (1968), Syntax of the Copula in Sumerian, in: *John W.M. Verhaar,* The Verb ‚Be‘ and Its Synonyms: Philos. and Grammat. Studies 3, Dordrecht, 86–109

ders. (1969), The Keš Temple Hymn, in: *Åke W. Sjöberg u.a.,* The Collection of Sumerian Temple Hymns, TCS 3, Locust Valley, 155–188

Green, Margaret W. (1981), The Construction and Implementation oft he Cuneiform Writing System, Visible Language 15, 345–372

dies. (1987) und *Hans J. Nissen,* Zeichenliste der archaischen Texte aus Uruk, ATU 2, Berlin

Green, Tamara (1992), The City of the Moon God. Religious Traditions of Harran, Religions in the Graeco-Roman World 114, Leiden

Groneberg, Brigitte R.H. (1997), Lob der Ištar. Gebet und Ritual an die altbabylonische Venusgöttin, CM 8, Groningen

dies. (2003), Searching for Akkadian Lyrics: From Old Babylonian to the „Liederkatalog“ KAR 158, JCS 55, 55–74

dies. (2004), Die Götter des Zweistromlandes, Düsseldorf/Zürich

dies. (2007) und *Hermann Spieckermann* (Hg.), Die Welt der Götterbilder, BZAW 376, Berlin

Gunkel, Hermann (1933) und *Joachim Begrich,* Einleitung in die Psalmen. Die Gattungen der religiösen Lyrik Israels, Göttingen 1933 ([4]1985)

Hall, Mark Glenn (1985), A Study of the Sumerian Moon-God, Nanna-Suen, Diss. Philadelphia 1985

ders. (1986), A Hymn to the Moon-God, Nanna, JCS 38, 152–166

Hallo, William W. (1957), Early Mesopotamian Royal Titles, AOS 43, New Haven

ders. (1966), New Hymns to the Kings of Isin. Nanaja-Hymnus, BiOr. 23, 239–247

ders. (1970), The Cultic Setting of Sumerian Poetry, in: *André Finet,* Hg., CRRAI 17, Ham-sur-Heure, 116–134

ders. (1975), Toward a History of Sumerian Literature, in: Lieberman 1975, 181–203 *ders.* (1981), Letters, Prayers, and Letter-Prayers, in: *Israel Gutman,* Hg., Studies in the Bible and the Ancient Near East, Jerusalem, 17–27

ders. (1988), Texts, Statues and the Cult of the Divine King, in: *John A. Emerton,* Hg., Congress Jerusalem 1986, VT.S 40, Leiden, 54–66

ders. (1996), Origins. The Ancient Near Eastern Background of some Modern Western Institutions, SHCANE 6, Leiden

ders. (1998), Two Letter-Prayers to Amurru, in: *Meir Lubetski u.a.,* Hg., Boundaries of the Ancient Near Eastern World, JSOT SS 273, Sheffield, 397–410

ders. (2010), The World's Oldest Literature. Studies in Sumerian Belles Lettres, CHANE 35, Leiden

ders. (2003), Hg., The Context of Scripture, Bd. 1: Canonical Compositions from the Biblical World, Bd. 2: Monumental Inscriptions from the Biblical World, Bd. 3: Archival Documents from the Biblical World, Leiden/Boston

ders. (1968) und *Johannes J.A. van Dijk,* The Exaltation of Inanna, Yale Near Eastern Researches 3, New Haven

Harris, William V. (1989), Ancient Literacy, Cambridge

Hartenstein, Friedhelm (2013), Exklusiver und inklusiver Monotheismus, in: Alexandra Grund u.a., Hg., „Ich will dir danken unter den Völkern", Gütersloh, 194–219

Haul, Michael (2009), Stele und Legende. Untersuchungen zu den keilschriftlichen Erzählwerken über die Könige von Akkade, GBAO 4, Göttingen

Hausleiter, Arnulf (2002); *Susanne Kerner; Bernd Müller-Neuhof,* Hg., Material Culture and Mental Sphere. Rezeption archäologischer Denkrichtungen in der vorderasiatischen Altertumskunde, AOAT 293, Münster

Heeßel, Nils P. (2000), Babylonisch-assyrische Diagnostik, AOAT 43, Münster

ders. (2002), Pazuzu, AMD 4, Leiden

ders. (2007), Divinatorische Texte I, WVDOG 116, Wiesbaden

Heimpel, Wolfgang (1981), The Nanshe-Hymn, JCS 33, 65–139

ders. (1992), Herrentum und Königtum im vor- und frühgeschichtlichen Alten Orient, ZA 82, 4–21

ders. (1997), Mythologie A.I, RlA 8, 1997, 537–564

Heinrich, Ernst (1982), Die Tempel und Heiligtümer im alten Mesopotamien. Typologie, Morphologie und Geschichte, Denkmäler antiker Architektur 14, 2 Bde., Berlin

Herrmann, Sabine (2010), Vogel und Fisch — Ein sumerisches Rangstreitgespräch. Textedition und Kommentar, Hamburg

Hilgert, Markus (2011), „Verwandelt meine Verfehlungen in Gutes", Leiden (s. *Fadhil* 2011)

ders. (2002), Akkadisch in der Ur III-Zeit, IMGULA, Münster

Horowitz, Wayne (1998), Mesopotamian Cosmic Geography, Winona Lake (Ergänzungen: www.eisenbrauns.com/assets/errata/Horowitz-MesCiv8_2ndprt_changes.pdf)

Horstmannshof, H. F. J. (2004) und *Marten Stol,* Hg., Magic and Rationality in Ancient Near Eastern and Graeco-Roman Medicine, Studies in Ancient Medicine 27, Leiden

Hrouda, Barthel (1987), Hg., Isin - Išān Baḫrīyāt III: Die Ergebnisse der Ausgrabungen 1983–1984, AbhMünchen NF 84, München

ders. (2003), Hg., Der Alte Orient. Geschichte und Kultur des alten Vorderasien, München

Hruška, Blahoslav (1976), Die sumerischen Tempelhymnen und die Deutung von Urn. 49, ArOr. 44, 353–360

Huber, Irene (2005), Rituale der Seuchen- und Schadensabwehr im Vorderen Orient und Griechenland, Oriens et Occidens 10, Stuttgart

Huh, Su Kyung (2008), Studien zur Region Lagaš, AOAT 345, Münster

Jacobsen, Thorkild (1939), The Sumerian King List, AS 11, Chicago

ders. (1976), Treasures of Darkness. A History of Mesopotamian Religion, New Haven

ders. (1987), The Harps that Once –: Sumerian Poetry in Translation, New Haven

ders. (1997), The Sacred Marriage of Iddin-Dagan und Inanna, in: *Hallo* 1997, Bd. 1, 554–559

ders. (2000) und *Bendt Alster,* Ningišzida's Boat-ride to Hades, in: *George* 2000, 315–344

Jacques, Margaret (2004), Inanna et Ebih: Nouveaux textes et remarques sur le vocabulaire du combat et de la victoire, ZA 94, 202–225

dies. (2006), Le vocabulaire des sentiments dans les textes sumériens. Recherche sur le lexique sumérien et akkadien, AOAT 332, Münster

Jagersma, Bram (2010), A Descriptive Grammar of Sumerian, https://openaccess.leidenuniv.nl/handle/1887/16107

James, Edwin O. (1960), The Ancient Gods. The History and Diffusion of Religions in the Ancient Near East and The Eastern Mediterranean, London

Janowski, Bernd (2001) und *Ego, Beate,* Hg., Das biblische Weltbild und seine altorientalischen Kontexte, FAT 32, Tübingen

ders. (2009) und *Kathrin Liess,* Hg., Der Mensch im Alten Israel, HBS 59, Freiburg

ders. (2012), Hg., Der ganze Mensch. Zur Anthropologie der Antike und ihrer europäischen Nachgeschichte, Berlin

Jastrow, Morris, jr. (1905/1912), Die Religion Babyloniens und Assyriens, 2 Bde., Giessen

Jericke, Detlef (2010), Regionaler Kult und lokaler Kult (9./8. Jh. in Israel), ADPV 39, Wiesbaden

Johanning, Klaus (1988), Der Bibel-Babel-Streit. Eine forschungsgeschichtliche Studie, Frankfurt

Johnston, Sarah Iles (2004), Hg., Religions of the Ancient World, Cambridge

Jones, Adam (1999), Hg., Weltende. Beiträge zur Kultur- und Religionswissenschaft, Wiesbaden

Jonker, Gerdien (1995), The Topography of Remembrance. The Dead, Tradition and Collective Memory in Mesopotamia, Numen Book Series 68, Leiden

Kaelin, Oskar (2006), „Modell Ägypten". Adoption von Innovationen im Mesopotamien des 3. Jahrtausends v. Chr., OBO 26, Fribourg/Göttingen

Kaiser, Otto (1982) *u.a.,* Hg., Texte aus der Umwelt des Alten Testaments (s. TUAT), Gütersloh 1982ff.

Kammenhuber, Annelies (1964), Die hethitischen Vorstellungen von Seele und Leib, Herz und Leibesinnerem, Kopf und Person, ZA 56, 150–212

Kämmerer, Thomas R. (2007), Hg., Studien zu Ritual und Sozialgeschichte im Alten Orient/Studies on Ritual and Society in the Ancient Near East. Tartuer Symposien 1998–2004, BZAW 374, Berlin/New York

ders. (2011), Identities and Societies in the Ancient East-Mediterranean Regions. Comparative Approaches. Henning Graf Reventlow Memorial Volume, AOAT 290/1, Münster

ders. (2012) und *Metzler, Kai A.,* Das babylonische Weltschöpfungsepos Enūma elîš, AOAT 375, Münster

Kaniuth, Kai (2013), *Anne Löhnert u.a.,* Hg., Tempel im Alten Orient, CDOG 7, Wiesbaden

Katz, Dina (1993), Gilgamesh and Akka, LOT 1, Groningen

dies. (2003), The Image of the Netherworld in the Sumerian Sources, Bethesda

Keilschriftbibliographie, Digitale, vergil.uni-tuebingen.de/keibi/ Universität Tübingen, seit 2006

Kilmer, Anne Draffkorn (1997), Musik A. I. In Mesopotamien, RlA 8, 1997, 463–482

Kim, Sang-Kee (2007), Das Menschenbild in der biblischen Urgeschichte und in ihren altorientalischen Parallelen, Berlin

Kingsbury, Edwin C. (1963), A Seven Day Ritual in the Old Babylonian Cult at Larsa, HUCA 34, 1–34

Kleber, Kristin (2008), Tempel und Palast: Die Beziehungen zwischen dem König und dem Eanna-Tempel im spätbabylonischen Uruk, AOAT 358, Münster

Klein, Jacob (1969), Šulgi D: A Neo-Sumerian Royal Hymn, Diss. University of Pennsylvania

ders. (1981), Three Šulgi-Hymns, Ramat Gan

ders. (1981), The Royal Hymns of Shulgi, King of Ur: Man's Quest for Immortal Fame, TAPS 71/7, Philadelphia

ders. (1989), Building and Dedication Hymns in Sumerian Literature, ASJ 11, 27–62 ders. (1990), Šulgi and Išmedagan: Originality and Dependence in Sumerian Royal Hymnology, in: *Jacob Klein u.a.*, Hg., Bar-Ilan Studies in Assyriology dedicated to Pinḥas Artzi, Jerusalem, 65–136

ders. (1989), From Gudea to Šulgi: Continuity and Change in Sumerian Literary Tradition, in: *Behrens 1989, 289–301*

ders. (1990), The ‚Bane‘ of Humanity. A Lifespan of One Hundred and Twenty Years, ASJ 12, 57–70

ders. (1997), The God Martu in Sumerian Literature, in: *Finkel* 1997, 99–116

ders. (2001), The Genealogy of Nanna-Suen and its Historical Background, in: *Tzvi Abusch u.a.*, Hg., Historiography in the Cuneiform World, CRRAI 45, Bethesda

Kleinerman, Alexandra (2011), Education in Early 2nd Millennium BC Babylonia: The Sumerian Epistolary Miscellany, CM 42, Leiden

dies. (2010) und *Jack M. Sasson,* Why Should Someone Who Knows Something Conceal It?, Cuneiform Studies in Honour of David I. Owen, Bethesda

Klengel, Horst (1999) und *Johannes Renger,* Hg., Landwirtschaft im Alten Orient, Berlin

Klinkott, Hilmar (2007) *u.a.*, Hg., Geschenke und Steuern, Zölle und Tribute. Antike Abgabenformen in Anspruch und Wirklichkeit, Leiden

Koch, Ulla Susanne (2015), Mesopotamian Divination Texts: Conversing with the Gods. Sources from the First Millenium BCE, Guides to the Mesopotamian Textual Record 7, Münster

Köcher, Franz (1963), Die babylonisch-assyrische Medizin, 7 Bde., Berlin 1963–2005

Kogan, Leonid (2010) *u.a.*, Hg., Proceedings of the 53e Rencontre Assyriologique Internationale, Bd. 1: Language in the Ancient Near East, Winona Lake

Kopperschmidt, Josef (1999), Fest und Festrhetorik. Zu Theorie, Geschichte und Praxis der Epideiktik, Figuren 7, München

Koslova, Natalia V. (2000), Ur III-Texte der St. Petersburger Eremitage, SANTAG 6, Wiesbaden

*Kramer, Samuel Noah (*1959), History Begins at Sumer, Garden City

ders. (1969), The Sacred Marriage Rite, Bloomington

ders. (1971), Keš and its Fate: Laments, Blessings, and Omens, in: *Isidore D. Passow u.a.*, Hg., Gratz College Anniversary Volume, Philadelphia, 165–175

ders. (1984), BM 88318, The Ascension of Dumuzi to Heaven, RTCA 2, 5–9

ders. (1989), BM 100042: A Hymn to Šu-Sin and an Adab of Nergal, in: *Behrens* 1989, 303–313

*ders. (*1990), BM 96927: A Prime Example of Ancient Scribal Redaction, in: *Abusch* 1990, 251–269

ders. (1989), und *John Maier,* Myths of Enki, the Crafty God, New York/Oxford

Kraus, Fritz R. (1990), The Role of Temples from the Third Dynasty of Ur to the First Dynasty of Babylon, Malibu (Französ. Original: Le rôle des temples depuis la troisième dynastie d'Ur jusqu'à première dynastie de Babylone, Cahiers d'histoire mundial, Paris 1954)

Krebernik, Manfred (1984), Die Beschwörungen aus Fara und Ebla, TSO 2, Hildesheim

ders. (1986), Die Götterlisten aus Fāra, ZA 76, 161–204

ders. (1992), Mesopotamian Myths at Ebla: ARET 5,6 and ARET 5,7, in: Quaderni di Semitistica 18, , 63–149

ders. (1994), Zur Einleitung der zá-me Hymnen aus Tell Abū Ṣalābiḫ, in: *Peter Calmeyer u.a.*, Hg., Beiträge zur Altor. Archäol. und Altertumskunde, Wiesbaden, 151–157

ders. (2002), Zur Struktur und Geschichte des älteren sumerischen Onomastikons, in: *Streck* 2002, 1–74

ders. (2012), Götter und Mythen des Alten Orients, München

ders. (1994) und *Hans J. Nissen,* Die sumerisch-akkadische Keilschrift, in: *Hartmut Günther, Otto Ludwig, Hg*., Schrift und Schriftlichkeit Bd. 1, Berlin, 274–288

ders. (2002) und *Jürgen van Oorschot,* Hg., Polytheismus und Monotheismus in den Religionen des Vorderen Orients, AOAT 298, Münster

Krecher, Joachim (1966), Sumerische Kultlyrik, Wiesbaden

Krispijn, Theo J.H. (1990), Beiträge zur altorientalischen Musikforschung: 1. Šulgi und Musik, Akkadica 70, 1–27

ders. (2008), Music and Healing for Someone Far Away from Home. HS 1556, a Remarkable Ur III Incantation, Revisited, in: *Spek* 2008, 173–193

Kvanvig, Helge S. (2011), Primeval History. Babylonia, Biblical and Enochic. An Intertextual Reading, JSJ.S 148, Leiden

Labat, René (1988), Manuel d'epigraphie Akkadienne, Paris ^{3}1959; 6. erw. Aufl. hg. von Florence Malbran-Labat, Paris

ders. (1965), Un calendrier babylonien des travaux, des signes et des mois, BEHE 321, Paris

Lambert, Wilfred G. (1996), Babylonian Wisdom Literature, Oxford 1960; Nachdruck Winona Lake

ders. (1967), The Gula Hymn of Bulluṭsa-rabi, Or. 36, 105–132

ders. (1999) und *Alan R. Millard,* Atra-ḫasīs: The Babylonian Story of the Flood (1970), Nachdruck Winona-Lake

ders. (1975), The Cosmology of Sumer and Babylon, in: *Carmen Blacker und Michael Loewe,* Hg., Ancient Cosmologies, London, 42–65

ders. (1982), The Hymn to the Queen of Nippur, in: *Driel* 1982, 173–218

ders. (1990), Ancient Mesopotamian Gods: Superstition, Philosophy, Theology, RHR 207, 116–130

ders. (2016), Ancient Mesopotamian Religion and Mythology. Selected Essays (hg. von *Andrew R. George* und *Takayoshi M. Oshima*), ORA 15, Tübingen

Lämmerhirt, Kai (2010), Wahrheit und Trug. Untersuchungen zur altorientalischen Begriffsgeschichte, AOAT 348, Münster

ders. (2012), Die sumerische Königshymne Šulgi F, TMH 9, Wiesbaden

Landsberger, Benno (1965), Die Eigenbegrifflichkeit der babylonischen Welt (1926), Darmstadt (Sonderausgabe, zus. mit *von Soden* 1936)

ders. (1928), Das „gute Wort", in: *Theo Bauer, Viktor Christian,* Hg., Altorientalische Studien, MAOG 4/1–2, Leipzig 1928–1929, 294–321

ders. (1937–2004); *Miguel Civil, Erica Reiner u.a.,* (Hg.), Materialien zum sumerischen Lexikon (s. MSL), Bd. I–XV, Rom

Lapinkivi, Pirjo (2004), The Sumerian Sacred Marriage in the Light of Comparative Evidence, SAAS 15, Helsinki

Lawson, Jack N. (1994), The Concept of Fate in Ancient Mesopotamia of the First Millenium (simtu), OBC 7, Wiesbaden

Lehmann, Christian (2004), Interlinear Morphemic Glossing, in: *Geert Booij u.a.,* Hg., Morphologie. Ein internationales Handbuch zur Flexion und Wortbildung, II. Halbband, Berlin, 1834–1857

Lehmann, Reinhard G. (1989), Friedrich Delitzsch und der Babel-BibelStreit, OBO 133, Fribourg /Göttingen

Leick, Gwendolyn (1991), A Dictionary of Ancient Near Eastern Mythology, London/New York

dies. (1994), Sex and Eroticism in Mesopotamian Literature, London/New York

Lenzi, Alan (2008), Secrecy and the Gods. Secret Knowledge in Ancient Mesopotamia and Biblical Israel, SAAS 29, Helsinki

ders. (2011), *Christoph Frechette, Anna Elise Zernecke,* Hg., Reading Akkadian Prayers and Hymns. An Introduction, ANEM 3, Atlanta

Lerberghe, Karel van (1999) und *G. Voet,* Hg., Languages and Cultures in Contact: At the Crossroads of Civilizations in the Syro-Mesopotamian Realm, Orientalia Lovaniensia Analecta 96, Leuven

Lieberman, Stephen J. (1975), Hg., Sumerological Studies in Honour of Thorkild Jacobsen, AS 20, Chicago

Litke, Richard L. (1998), A Reconstruction of the Assyro-Babylonian God-Lists AN: ^{d}A-nu-um and AN: Anu šá amēli, TBC 3, New Haven

Liverani, Mario (2006), Antico Oriente. Storia, società, economia, Rom-Bari 1988, ^{10}2006

ders. (1993), Hg., Akkad. The First World Empire. Structure, Ideology, Traditions, History of the Ancient Near East 5, Padua

ders. (2006), Uruk, the First City, London

Löhnert, Anne (2009), „Wie die Sonne tritt heraus"! Eine Klage zum Auszug Enlils mit einer Untersuchung zu Komposition und Tradition sumerischer Klagelieder in altbabylonischer Zeit, AOAT 365, Münster

Loretz, Oswald (2003), Götter – Ahnen – Könige als gerechte Richter: Der „Rechtsfall" des Menschen vor Gott nach altorientalischen und biblischen Texten, AOAT 290, Münster

Ludwig, Marie-Christine (1990), Untersuchungen zu den Hymnen des Išme-Dagan von Isin, Wiesbaden

dies. (2009), Literarische Texte aus Ur: Kollationen und Kommentare zu UET 6/1–2, SANTAG 2, Berlin

Lux, Rüdiger (2002), Hg., Schau auf die Kleinen … . Das Kind in Religion, Kirche und Gesellschaft, Leipzig

Machinist, Peter (2005), Order and Disorder, in: *Shaked* 2005, 31–61

Mander, Pietro (2005a), Le religioni del Vicino Oriente antico I: La religione di Ebla (XXV/XXIV sec. a. C.), Quaderni napolitani di Assiriologia 5, Rom

ders. (2005b), Canti sumerici d'amore e morte. La vincenda della dea Inanna/Ishtar e del dio Dumuzi/Tammuz, Brescia

ders. (2005c), L'origine del cuneiforme, Quaderni Napoletani di Assiriologia 1, Rom

ders. (1995) und *Jean-Marie Durand,* Mitología y Religión del Oriente Antiguo II/1: Semitas Occidentales (Ebla, Mari), Estudios Orientales 8, Barcelona

Mankowski, Paul V. (2000), Akkadian Loanwords in Biblical Hebrew, HSS 47, Winona Lake

Marchesi, Gianni (2010), The Sumerian King List and the Early History of Mesopotamia, in: *M.G. Biga* und *M. Liverani,* ana turri gimilli, Vicino Oriente 5, Rom, 213–248

ders. (2011) und *Nicolo Marchetti,* Royal Statuary of Early Dynastic Mesopotamia, MC 14, Winona Lake (Ital. Original: La statuaria regale nella Mesop. Protodinastica, Rom 2006)

Marzahn, Joachim (2001), Ein Lobpreis Ninurtas. Eine sumerisch-babylonische Schülerübung im Vorderasiatischen Museum, in: *Simonetta Graziani,* Hg., Studi sul vicino oriente antico dedicati alla memoria di Luigi Cagni, SMDSA 61, Bd. 2, Neapel, 685–691

ders. (2008) und *Günther Schauerte,* Hg., Babylon – Mythos und Wahrheit, 2 Bde., München

Materialien zum Sumerischen Lexikon (MSL), s. *Landsberger* (1937–2004)

Matsushima, Eiko (1993), Hg., Official Cult and Popular Religion in the Ancient Near East, Heidelberg

Maul, Stefan M. (1988), ‚Herzberuhigungsklagen'. Die sumerisch-akkadischen Eršaḫunga-Gebete, Wiesbaden

ders. (1994), Zukunftsbewältigung. Eine Untersuchung altorientalischen Denkens anhand der babylonisch-assyrischen Löserituale (Namburbi), Mainz

ders. (1997), Die altorientalische Hauptstadt – Abbild und Nabel der Welt, in: *Wilhelm* 1997, 109–124

ders. (2005), Omina und Orakel. A. Mesopotamien, in: RlA 10, 2005, 45–88

ders. (2010), Die Tontafelbibliothek aus dem sogenannten „Haus des Beschwörungspriesters", in: *Stefan M. Maul,* und *Nils P. Heeßel,* Hg., Assur-Forschungen, Wiesbaden, 189–228

ders. (2012), Das Gilgamesch-Epos, München

ders. (2015), Hg., Glossare zu den Bänden „Keilschrifttexte aus Assur literarischen Inhalts 1–3", WVDOG 142, Wiesbaden

Mayer, Werner (1976), Untersuchungen zur Formensprache der babylonischen „Gebetsbeschwörungen", StPohlSM 5, Rom

Meador, Betty de Shong (2009), Princess, Priestess, Poet: the Sumerian Temple Hymns of Enḫeduana, Austin

Meinhold, Wiebke (2009), Ištar in Aššur. Untersuchung eines Lokalkultes von ca. 2500–614 v. Chr., AOAT 367, Münster

Meissner, Bruno (1925), Babylonien und Assyrien, Bd. 2, Heidelberg

Menzel, Brigitte, (1976) Assyrische Tempel, StPohl.SM 10, 2 Bde., Rom

Meyer, Jan-Waalke (2004) und *Walter Sommerfeld,* Hg., Politische, wirtschaftliche und kulturelle Entwicklung im Zeichen einer Jahrtausendwende, CDOG 3, Saarbrücken

Michalowski, Piotr (1981), Carminative Magic: Towards an Understanding of Sumerian Poetry, ZA 71, 1–18

ders. (1989), The Lamentation over the Destruction of Sumer and Ur, Winona Lake

ders. (2009), The Birth of Literature and the Death of Kings, Heidelberg

ders. (2010), Schooling, Apprenticeship, and Gender in Early Mesopotamia, in: *Pruzsinszky* 2010, 199–239

ders. (2011), The Correspondence of the Kings of Ur. An Epistolary History of an Ancient Mesopotamian Kingdom, MC 15, Winona Lake

ders. (2002) u.a., Sumer, in: Supplément au Dictionaire de la Bible XIII fasc. 72–73, Paris 1999–2002, 77–359

ders. u.a. (1993), Hg., Velles paraules: Studies in Honour of Miguel Civil, Barcelona

ders. (2006) und *Niek Veldhuis,* Hg., Approaches to Sumerian Literature: Studies in Honour of Stip (H.J.L. Vanstiphout), CM 35, Leiden

ders. (2008), Hg., On the Third Dynasty of Ur. Studies in Honor of Marcel Sigrist, JCS Suppl. 1, Boston

Mirelman, Sam (2014), The Ala-Instrument: Its Identification and Role, in: Goodnick Westenholz 2014, 148–171

ders. (2010) und *Walther Sallaberger,* The Performance of a Sumerian Wedding Song, CT 58,12, ZA 100, 177–196

Mittermayer, Catherine (2005), Die Entwicklung der Tierkopfzeichen: eine Studie zur syro mesopotamischen Keilschriftpaläographie des 3. und frühen 2. Jts. v. Chr., AOAT 319, Münster

dies. (2006), Altbabylonische Zeichenliste der sumerisch-literarischen Texte, OBO S05, Fribourg /Göttingen

dies. (2009), Enmerkara und der Herr von Arata. Ein ungleicher Wettstreit, OBO 237, Fribourg /Göttingen

dies. (2010), Gilgameš in Old Akkadian Glyptic, in: *Steymans* 2010, 135–164

Molina, Manuel (2000), La ley más antigua. Textos legales sumerios, Pliegos de oriente, textos 5, Barcelona

Moor, Johannes C. de (1993) und *Wilfried G.E. Watson,* Hg., Verse in Ancient Near Eastern Prose, AOAT 42, Kevelaer/Neukirchen-Vluyn

Moran, William L. (1976), The Keš-Hymn and the Canonical Temple List in: Eichler 1976, 335–342

Morenz, Ludwig (2007), Hg., Was ist ein Text? Alttestamentliche, ägyptologische und altorientalische Perspektiven, BZAW 362, Berlin

Mowinckel, Sigmund (1962), The Psalms in Israel's Worship, 2 Bde., New York/Nashville (orig. norwegisch: Offersang og Sangoffer, Oslo 1951)

MSL (Materialien zum Sumerischen Lexikon), s. *Landsberger u.a.* 1937–2004

Neumann, Hans (2013), Hg., Wissenskultur im Alten Orient. Weltanschauung, Wissenschaften, Techniken, Technologien, Wiesbaden

Nissen, Hans J. (2012), Geschichte Alt-Vorderasiens, München 22012

Nissinen, Martti (2008) und *Risto Uro,* Hg., Sacred Marriages. The Divine-Human Sexual Metaphor from Sumer to Early Christianity, Winona Lake

Oppenheim, A. Leo (1964), Ancient Mesopotamia. Portrait of a Dead Civilization, Chicago

ORACC 3: The Open Richly Annotated Cuneiform Corpus, University of Pennsylvania Museum, hg. von *Steve Tinney; Elanor Robson; Niek Veldhuis,* (http://oracc.museum.upenn.edu/index.html)

Oshima, Takayoshi (2011), Babylonian Prayers to Marduk, ORA 7, Tübingen

ders. (2014), Babylonian Poems of Pious Sufferers: Ludlul Bēl Nēmeqi and the Babylonian Theodicy, ORA 14, Tübingen

Ottermann, Monika (2007), As brigas divinas de Inana, Diss. Universidade Metodista, São Bernardo do Campo

Oxford Encyclopedia of Archaeology, hg. von *Eric M. Meyers,* Oxford 1996

Panaino, Antonio (2002) und *Pettinato, Giovanni*, Hg., Ideologies as Intercultural Phenomena, Melammu Symposia 3, Mailand

ders. (2004) und *Andrea Piras,* Hg., Schools of Oriental Research and the Development of Modern Historiography, Melammu Symposia 4, Mailand

Panitschek, Peter (2008), LUGAL – šarru – βασιλεύς. Formen der Monarchie im Alten Vorderasien von der Uruk-Zeit bis Ur III, Grazer Altertumskundliche Studien 9, Frankfurt

Peinado, Frederico Lara (2006), Himnos sumerios, Madrid 1988, [2]2006

(The) Pennsylvania Sumerian Dictionary (ePSD), Philadelphia (hg. von *Steve Tinney u.a.,* http://psd.museum.upenn.edu)

Petter, Donna Lee (2011), The Book of Ezekiel and Mesopotamian City Laments, OBO 246, Fribourg /Göttingen

Pettinato, Giovanni (1971), Das altorientalische Menschenbild und die sumerischen und akkadischen Mythen, Heidelberg

ders. (2002), Ideology and Nomenclature of Power in Sumer and Ebla, in: *Panaino* 2002, 197–204

Peterson, Jeremiah (2009), Godlists from Old Babylonian Nippur in the University Museum, Philadelphia, AOAT 362, Münster

ders. (2010), Sumerian Literary Fragments in the University Museum Philadelphia II und III, UF 42, 535–612

Pientka, Rosel (1998), Die spätaltbabylonische Zeit, IMGULA 2, Münster

Pomponio, Francesco (1997) und *Paolo Xella,* Les dieux d'Ebla: étude analytique des divinités éblaites à l'époque des archives royales du IIIe millenaire, AOAT 245, Münster

ders. (2014) und *Guiseppe Visicato,* Middle Sargonic Tablets Chiefly from Adab in the Cornell University Collections, CUSAS 20, Bethesda

Pongratz-Leisten, Beate (1994), *ina šulmi īrub:* Die kulttopographische und ideologische Programmatik der akītu-Prozession in Babylonien und Assyrien im 1. Jahrtausend v. Chr., BagF 16, Mainz

dies. (2001), The Other and the Enemy in the Mesopotamian Conception of the World, in: *Whiting* 2001, 195–231

dies. (2008), Sacred Marriage and the Transfer of Divine Knowledge: Alliances between the Gods and the King in Ancient Mesopotamia, in: *Nissinen* 2008, 43–74

dies. (2009a), Akkadische Literatur, in: *Heinz Ludwig Arnold,* Hg., Kindlers Literatur Lexikon (KLL), Stuttgart, Bd. 1, [3]2009 (elektronische Ausgabe ohne Seitenzahlen)

dies. (2009b), Reflections on the Translatability of the Notions of Holiness, in: *Mikko Luukko u.a.,* Hg., Of God(s), Trees, and Scholars, StOr. 106, Helsinki, 409–424

dies. (2010), Hg., Reconsidering Revolutionary Monotheism, Winona Lake

Porter, Barbara N. (2000), Hg.in, One God or Many? Concepts of Divinity in the Ancient World, Chebeague

dies. (2009), Hg.in, What is a God? Anthropomorphic and Non-Anthropomorphic Aspects of Deity in Ancient Mesopotamia, Winona Lake

Postgate, John Nicholas (1994), Early Mesopotamia: Society and Economy at the Dawn of History, London

ders. (1995), Royal Ideology and State Administration in Sumer and Akkad, in: *Sasson* 1995, 395–411

Pruzsinszky, Regine (2007), Beobachtungen zu den Ur III-zeitlichen königlichen Sängern und Sängerinnen, WZKM 97, 329–351

dies. (2010) und *Dahlia Shehata,* Hg., Musiker und Tradierung. Studien zur Rolle von Musikern bei der Verschriftlichung und Tradierung von literarischen Werken, WOO 8, Münster

Quaegebeur, Jan (1993), Hg., Ritual and Sacrifice in the Ancient Near East, OLA 55, Leuven

Radner, Karen (2005), Die Macht des Namens. Altorientalische Strategien zur Selbsterhaltung, SANTAG 8, Wiesbaden

Reallexikon der Assyriologie und Vorderasiatischen Archäologie (RlA), hg. von *Erich Ebeling; Bruno Meißner; Ernst Weidner; Wolfram von Soden; Dietz O. Edzard; Michael P. Streck,* Berlin 1932ff.

Redman, Charles L. (1978), The Rise of Civilization: From Early Farmers to Urban Society in the Ancient Near East, San Francisco

Reiner, Erica (1974), A Sumero-Akkadian Hymn of Nanâ, JNES 33, 221–236

Reisman, Daniel D. (1974), Two Neo-Sumerian Royal Hymns, Diss. Univ. of Pennsylvania, 1969; print: Philadelphia 1970; Microfilm: Ann Arbor 1974

ders. (1973), Iddin-Dagan's Sacred Marriage Hymn, JCS 25, 185–202

ders. (1976), A „Royal" Hymn of Išbi-Erra to the Goddess Nisaba, in: *Eichler* 1976, 357–365

Renger, Johannes (1967/1968), Untersuchungen zum Priestertum in der altbabylonischen Zeit, ZA 58, 110–188; ZA 59, 104–230

ders. (1999), Hg., Babylon: Focus mesopotamischer Geschichte, Wiege früher Gelehrsamkeit, Mythos in der Moderne, CDOG 2, Saarbrücken

ders. (2008), Griechenland und der Orient – der Orient und Griechenland, oder zur Frage: Ex Oriente Lux, in: *Monika Bernett u.a.,* Hg, Christian Meier zur Diskussion, Stuttgart, 1–32

Richter, Thomas (2004), Untersuchungen zu den lokalen Panthea Süd- und Mittelbabyloniens in altbabylonischer Zeit, AOAT 257, Münster 1999, 22004

Roaf, Michael (2001) und *Annete Zgoll,* Assyrian Astroglyphs: Lord Aberdeen's Black Stone and the Prisms of Esarhaddon, ZA 91, 264–293

Robson, Eleanor (2001), The Tablet House: A Scribal School in Old Babylonian Nippur, RA 95, 39–66

dies. (2002), More than Metrology: Mathematics Education in an Old Babylonian Scribal School, in: *Steele* 2002, 325–365

dies. (2010) und *Karen Radner,* Hg., Oxford Companion to Cuneiform Culture, Oxford

Rochberg, Francesca (1988), Aspects of Babylonian celestial divination: The lunar eclipse tablets of Enūma Anu Enlil, AfO Beiheft 22, Horn

dies. (2004), The Heavenly Writing: Divination, Horoscopy and Astronomy in Mesopotamian Culture, Cambridge

dies. (2009), ‚The Stars and their Likenesses': Perspectives on the Relations between Celestial Bodies and Gods in Ancient Mesopotamia, in: *Porter* 2009, 41–91

dies. (2010), In the Path of the Moon. Babylonian Celestial Divination and its Legacy, AMD 6, Leiden

dies. (2011), The Heavens and the Gods in Ancient Mesopotamia: The View from a Polytheistic Cosmology, in: *Pongratz-Leisten* 2011, 117–136

dies. (2016), Before Nature: Cuneiform Knowledge and the History of Science, Chicago

Röllig, Wolfgang (1992), Aspekte altorientalischer Religion, in: *Emma Brunner-Traut,* Die großen Religionen des Alten Orients und der Antike, Stuttgart, 47–69

ders. (1969) und *Manfried Dietrich*, Hg., *lišān mit[h]urti,* AOAT 1, Kevelaer/Neukirchen-Vluyn

ders. (1978), Hg., Altorientalische Literaturen, NHL Bd. 1, Wiesbaden

Römer, Willem H.Ph. (1965), Sumerische ‚Königshymnen' der Isin-Zeit, Leiden

ders. (1969), ‚Königshymnen' der Isin-Zeit und Königsinvestitur, ZDMG.Suppl 1/1, 130–147

ders. (1969), Einige Beobachtungen zur Göttin Nini(n)sina auf Grund von Quellen der Ur III-Zeit und der altbabylonischen Periode, in. *Röllig* 1969, 279–305.

ders. (1980), Das sumerische Kurzepos ‚Gilgamesh und Akka ', AOAT 209, Neukirchen-Vluyn

ders. (1982a), Historische Texte in sumer. Sprache, in: *Kaiser* 1982ff, Bd. 1, 297–315

ders. (1982b), Sumerische Hymnen I: Ein ÉR-ŠÈM-MA-Lied für den Gott Iškur von Karkar (??), in: *Driel* 1982, 298–317 *ders.* (1988), Sumerische Hymnen II: Eine Sammeltafel von Hymnen(fragmenten) m. B. a. Išme-dagān von Isin und Nibru, BiOr. 45, 24–60

ders. (1990), Besprechung von Thorkild Jacobsen, The Harps that Once …, BiOr. 47, 375–394

ders. (1996), Sumerische Hymnen III: Ein a-da-ab-Lied auf Ningublaga mit Bitten für König Iddin-dagān von Isin um Hilfe gegen Feinde wie etwa die Mardubeduinen, UF 28, 527–546

ders. (1988), Sumerische Hymnen IV: Eine Schicksalsentscheidung Enlils für König Lipeteštar von Isin. Teil eines šìr-nam-gala Ninisinas, in: *Dietrich* 1998, 669–683

ders. (1999), Die Sumerologie. Einführung in die Forschung und Bibliographie in Auswahl, AOAT 250, Münster ²1999

ders. (2001), Hymnen und Klagelieder in sumerischer Sprache, AOAT 276, Münster

ders. (2004), Die Klage über die Zerstörung von Ur, AOAT 309, Münster

ders. (2010), Die Zylinderinschriften von Gudea, AOAT 376, Münster

Rosch, Eleanor (1978), Principles of Categorization, in: *dies.*, und *Barbara B. Lloyd* (Hg.), Cognition and Categorization, Hillsdale, 27–48

Rosengarten, Yvonne (1967), Répertoire commenté des signes presargoniques sumériens de Lagash, Paris

dies. (1977) und *André Baer,* Sumer e le sacré. Le jeu des prescriptions (me), des dieux, et des destins, Paris

Roth, Martha T. (1995), Law Collections from Mesopotamia and Asia Minor, Writings from the Ancient World 6, Atlanta

dies. u.a. (2007), Hg., Studies Presented to Robert D. Biggs, June 4, 2004, AS 27, Chicago

Rubio, Gonzalo (2009a), Sumerische Literatur, in: *Heinz Ludwig Arnold,* Hg., Kindlers Literatur-Lexikon (KLL), Stuttgart, Bd. 16, 32009 (www.kll-online.de)

ders. (2009b), From Sumer to Babylonia: Topics in the History of an Ancient Power, in: *Chavalas* 2009, 5–51

ders. (2009c), Sumerian Literature, in: *Ehrlich* 2009, 11–76

Sallaberger, Walther (1988), Das Pantheon von Kiš und Ḫursaĝkalama, Diplomarbeit, Innsbruck

ders. (1993), Der kultische Kalender der Ur III-Zeit, 2 Bde., Berlin

ders. (1997), Nippur als religiöses Zentrum Mesopotamiens im historischen Wandel, in: *Wilhelm* 1997, 147–168.

ders. (2004a), Relative Chronologie von der späten frühdynastischen bis zur altbabylonischen Zeit, in: *Meyer* 2004, 15–43

ders. (2004b), Das Ende des Sumerischen. Tod und Nachleben einer altmesopotamischen Sprache, in: *Schrijver* 2004, 108–140

ders. (2005), Pantheon A. I. In Mesopotamien, RlA 10, 2005, 294–380

ders. (2007), Benno Landsbergers „Eigenbegrifflichkeit" in wissenschaftsgeschichtlicher Perspektive, in: *Wilcke* 2007, 63–82.

ders. (1999), und *Aage Westenholz,* Mesopotamien. Annäherungen 3: Akkade-Zeit und Ur III-Zeit, OBO 160/3, Fribourg/Göttingen

ders. (2003), *Konrad Volk* und *Annette Zgoll,* Hg., Literatur, Politik und Recht in Mesopotamien, Orientalia Biblica et Christiana 14, Wiesbaden

ders. (2005) und *Fabienne Huber-Vulliet,* Priester A.I, In Mesopotamien, RlA 10, 2005, 617–640

ders. (2015) und *Ingo Schrakamp,* Hg., Associated Regional Chronologies for the Ancient Near East and the Eastern Mediterranean. History and Philology, ARCANE 3, Turnhout

Sanders, Seth L. (2006), Hg., Margins of Writing, Origins of Cultures, Chicago

Sasson, Jack M. (2000), Hg., Civilizations of the Ancient Near East, CANE, 4 Bde., New York 1995 (reprint Peabody 2000)

Schaudig, Hanspeter (2010), Explaining Disaster: Tradition and Transformation of the „Catastrophe of Ibbi-Sin" in Babylonian Literature, AOAT 370, Münster

Schellenberg, Annette (2011), Der Mensch, das Bild Gottes? Zum Gedanken einer Sonderstellung des Menschen im Alten Testament und in weiteren altorientalischen Quellen, ATANT 101, Zürich

Schmandt-Besserat, Denise (1976), Hg., The Legacy of Sumer, BiMes. 4, Malibu

Schmidt, Karin Stella, Zur Musik Mesopotamiens. Bibliographie, o.J. (http://www.freidok.uni-freiburg.de/volltexte/2601/pdf/Zur_Musik_Mesopotamiens.pdf)

dies. (2003), Die-Kompositionen *urú-ḫul-a-ke4* an die Göttinnen Inana und Gula, zweisprachige Texte des 1. Jts. v. Chr., Diss. Freiburg i. Br., Mikrofiche

Schmidt-Colinet (1981), Constance, Die Musikinstrumente in der Kunst des Alten Orients, Bonn

Schneider, Tammi J. (2011), An Introduction to Ancient Mesopotamian Religion, Grand Rapids

Schrakamp, Ingo (2013), Die ‚sumerische Tempelstadt' heute. Die sozioökonomische Rolle eines Tempels in frühdynastischer Zeit, in: *Kaniuth* 2013, 445–466

ders. (2010), Besprechung von *Wilcke* 2007, in: ZA 100, 142–148

ders. (2010), Besprechung von *Garfinkle* 2008, in: ZA 100, 150–153

Schramm, Wolfgang (2008), Ein Compendium sumerisch-akkadischer Beschwörungen, GBAO 2, Göttingen

Schrijver, Peter (2004) und *Peter-Arnold Mumm,* Hg., Sprachtod und Sprachgeburt, Bremen

Schulze, Wolfgang (2007) und *Walther Sallaberger,* Grammatische Relationen im Sumerischen, ZA 97/2, 163–214

Schwemer, Daniel (2001), Die Wettergottgestalten Mesopotamiens und Nordsyriens im Zeitalter der Keilschriftkulturen, Wiesbaden

ders. (2007), Rituale und Beschwörungen gegen Schadenzauber, WVDOG 117; Keilschrifttexte aus Assur literarischen Inhalts, Bd. 2, Wiesbaden

Schwartz, Glenn M. (2015), Hg., Rural Archaeology in Early Urban Northern Mesopotamia: Excavations at Tell al-Raqa'I, Los Angeles

SEAL, Sources of Early Akkadian Literature (hg. von Universität Leipzig; Hebrew University Jerusalem; German Israeli Foundation durch *Michael P. Streck,* und *Nathan Wassermann,* 2005ff.: http://www.seal.uni-leipzig.de

Seibert, Ilse (1969), Hirt – Herde – König. Zur Herausbildung des Königtums in Mesopotamien, Schriften der Sektion für Altertumswissenschaft 53, Berlin

Sefati, Yitschak (1998), Love Songs in Sumerian Literature, Ramat Gan

ders. (2005) *u.a.,* Hg., „An Experienced Scribe who Neglects Nothing", Ancient Near Eastern Studies in Honour of Jacob Klein, Bethesda

Selz, Gebhard J. (1989), Die altsumerischen Wirtschaftsurkunden der Eremitage zu Leningrad, FAOS 15/1, Stuttgart

ders. (1989), Nissaba(k) „Die Herrin der Getreidezuteilungen", in: *Behrens* 1989, 491–497

ders. (1990), Studies in Early Syncretism: The Development of the Pantheon at Lagaš, ASJ 12, 111–142

ders. (1992), Enlil und Nippur nach präsargonischen Quellen, CRRAI 35, Philadelphia, 189–225

ders. (1993), Altsumerische Wirtschaftsurkunden aus amerikanischen Sammlungen, FAOS 15/2, 2 Bde., Stuttgart

ders. (1995), Untersuchungen zur Götterwelt des altsumerischen Stadtstaates von Lagaš, OPSNKF 13, Philadelphia

ders. (1997), „The Holy Drum, the Spear, and the Harp". Towards an Understanding of the Problems of Deification in Third Millennium Mesopotamia, in: *Finkel* 1997, 167–213

ders. (2000), Five Divine Ladies, NIN 1, 29–62

ders. (2001), Sex, Crime, and Politics. Zur Interpretation sumerischer Literaturwerke. Überlegungen zu Inana-k und Šukaletuda, JAC 16, 37–58.

ders. (2003), Die Spur der Objekte: Überlegungen zur Bedeutung von Objektivierungsprozessen und Objektmanipulationen in der mesopotamischen Frühgeschichte, in: *Ulrich Wenzel u.a.,* Hg., Subjekte und Gesellschaft, Weilerswist, 233–258

ders. (2005), Sumerer und Akkader, München

ders. (2010), Bemerkungen zur Erforschung altorientalischer Religionen – zu Wissensstand, Forschungsproblemen und Perspektiven, MDOG 142, 59–85

ders. (2011) und *Klaus Wagensonner,* Hg., The Empirical Dimension of Ancient Near Eastern Studies, Wiener Offene Orientalistik 6, Berlin

Seux, Marie-Joseph (1976), Hymnes et prières au dieux de Babylonia et d'Assyrie, Paris

Shaked, Shaul (2005), Hg., Genesis and Regeneration, Jerusalem

Shehata, Dahlia (2009), Musiker und ihr vokales Repertoire, GBAO 3, Göttingen

Shupp, Mike, An Uruk World System? Historical and Archaeological Aspects. (www.sumerian.org/An%20Uruk%20World-System.htm)

Sjöberg, Åke W. (1960), Der Mondgott Nanna-Suen in der sumerischen Überlieferung, Bd. I, Texte, Stockholm

ders. (1970), Hymns to Meslamtaea, Lugalgirra und Nanna-Suen in Honour of King Ibbīsuen (Ibbīsin) of Ur, OrSuec. 19/20, 1970/71, 140–178

ders. (1973a), Der Vater und sein missratener Sohn, JCS 25, 105–169

ders. (1973b), A Hymn to the Goddess Sadarnuna, JAOS 93, 352f.

ders. (1973c), Nungal in the Ekur, AfO 24, 19–46

ders. (1973d), Hymn to Numušda with a Prayer for King Sînīqišam of Larsa and a Hymn to Ninurta, OrSuec. 22, 107–121

ders. (1973e), Miscellaneous Sumerian Hymns, ZA 63, 1–55

ders. (1975), Der Examenstext A, ZA 64, 1975, 137–176

ders. (1976), Hymns to Ninurta with Prayers for Susin of Ur and Bursin of Isin, in: *Eichler* 1976, 411–426

*ders (*1977), A Blessing of King Ur-Ninurta, in: *M. de Jong Ellis,* Hg., Essays on the Ancient Near East in Memory of Jakob J. Finkelstein, Hamden 1977, 189–195

ders. (1988), A Hymn to Inanna and Her Self-Praise, JCS 40, 165–186

ders. (1969), und *Eugen Bergmann,* The Collection of Sumerian Temple-Hymns; mit *Gene B. Gragg,* The Keš Temple Hymn, TCS 3, Locust Valley

ders. (1975) und *Eugen Bergmann, in-nin šà-gur4-ra.* A Hymn to the Goddess Inanna, ZA 65, 161-253 [= Inana C, ETCSL 4.07.3]

Snell, Daniel C. (2005), Hg., A Companion to the Ancient Near East, Oxford

Soden, Wolfram von (1995), Grundriß der akkadischen Grammatik (GAG), AnOr 33, Rom 1952; 3. erg. Aufl. 1995

ders. (1965), Leistung und Grenze sumerischer und babylonischer Wissenschaft (1936), Darmstadt 1965 (Sonderausgabe, zusammen mit *Landsberger* 1926)

ders. (1965–1981), Akkadisches Handwörterbuch (AHw.), 3 Bde., Wiesbaden

ders. (1974), Sprache, Denken und Begriffsbildung im Alten Orient, Mainz

ders. (1995), Ein spät-altbabylonisches pārum-Preislied für Ištar, Or. NS 60, 1991, 339–343. Neubearbeitung in: *Ziony Zevit, u.a.,* Hg., Solving Riddles and Untying Knots, Winona Lake, 543–558

Soldt, Wilfred H. van (2005) *u.a.,* Hg., Ethnicity in Ancient Mesopotamia, Leiden

Sollberger, Edmond (1951), Miscellanea Sumerica, RA 45, 105–116

ders. (1956), Corpus des Inscriptions „Royales" Présargoniques de Lagaš, Genf

ders. (1966), The Rulers of Lagaš, JCS 20, 279–291

Sommerfeld, Walter (1982), Der Aufstieg Marduks. Die Stellung Marduks in der Religion des zweiten Jahrtausends v. Chr., AOAT 213, Kevelaer/Neukirchen-Vluyn

ders. (1993), Flüche und Fluchformeln als Quelle für die altorientalische Kulturgeschichte, in: *Dietrich* 1993, 441–463

ders. (1999), Die Texte der Akkade-Zeit, Bd. 1: Das Dijala Gebiet, Tutub, IMGULA 3/1, Münster

ders. (2000), Traumdeutung als Wissenschaft und Therapie im Alten Orient, in: *Axel Karenberg* und *Christian Leitz,* Hg., Heilkunde und Hochkultur I, Münster, 201–219

ders. (2010), Die Altorientalistik und die historische Dimension der gegenwartsbezogenen Orientforschung, MDOG 142, 137–154

Spek, Robartus J. van der (2008) u.a., Hg., Studies in Ancient Near Eastern World View and Society, Bethesda

Spencer, Allen (2015), The Splintered Divine: A Study of Ištar, Baal, and Yahweh Divine Names and Divine Multiplicity in the Ancient Near East, SANER 5; Berlin

Stackert, Jeffrey (2010) u.a., Hg., Gazing on the Deep. Ancient Near Eastern and Other Studies in Honor of Tzvi Abusch, Bethesda

Stagl, Justin (2005) und *Wolfgang Reinhard*, Hg., Grenzen des Menschseins. Probleme einer Definition des Menschlichen, Wien

Starr, Jerald J., The Great Fatted Bull (Sum. Shakespeare), http://sumerianshakespeare.can/1801.html

Steele, John M. (2002) und *Annette Imhausen*, Under One Sky. Astronomy and Mathematics in the Ancient Near East, AOAT 297, Münster

Steible, Horst (1975), Rīmsîn, mein König. Drei kultische Texte aus Ur mit der Schlußdoxologie [d]ri-im-[d]sin lugal-mu, FAOS 1, Stuttgart

ders. (1982), Die altsumerischen Bau- und Weihinschriften, Bd. 1, FAOS 5,1: Inschriften aus ‚Lagaš'; Bd. 2, FAOS 5,2: Kommentar zu den Inschriften aus ‚Lagaš', Stuttgart (s.a. *Behrens* 1984)

ders. (1989), Die Bau- und Weihinschriften der Lagaš-II- und Ur-III-Zeit; Teil 1: Inschriften der Lagaš-II-Zeit; Teil 2: Kommentar zu den Gudea-Statuen; Inschriften der Ur-III-Zeit; nicht sicher datierbare Inschriften, FAOS 9, Stuttgart

Steinert, Ulrike (2012), Aspekte des Menschseins im Alten Mesopotamien, CM 44, Leiden

Steinkeller, Piotr (2003), An Ur III Manuscript of the Sumerian King List, in: Sallaberger 2003, 267–292

Steymans, Hans Ulrich (2010), Hg., Gilgamesch. Ikonographie eines Helden – Epic and Epigraphy, OBO 245, Fribourg/Göttingen

Stol, Marten (2004), Wirtschaft und Gesellschaft in altbabylonischer Zeit, in: Charpin 2004, 643–975

ders. (1983–2005), Projekt „Babylonian Medicine" an der Freien Universität, Amsterdam

Streck, Michael P. (1999), Die Bildersprache der akkadischen Epik, AOAT 264, Münster

ders. (2001), Ninurta/Ninĝirsu, RlA 9, 2001, 512–522

ders. (2002), Die Prologe der sumerischen Epen, Or. 71, 189–266

ders. (2004), Dattelpalme und Tamariske in Mesopotamien nach dem akkadischen Streitgespräch, ZA 94, 250–290

ders. (2010), Großes Fach Altorientalistik: Der Umfang des keilschriftlichen Textkorpus, MDOG 142, 35–58

ders. (2005), Hg., Sprachen des Alten Orients, Darmstadt

ders. (2002) und *Weninger, Stefan*, Hg., Altorientalische und semitische Onomastik, AOAT 296, Münster

ders. und *Nathan Wasserman*, Hg., Sources of Early Akkadian Literature (s. SEAL)

Such-Gutierrez, Marcos (2003), Beiträge zum Pantheon von Nippur im 3. Jahrtausend, MVS 9-1/2, Rom

ders. (2005), Untersuchungen zum Pantheon von Adab im 3. Jt., AfO 51, 1–44

Sumerisches Lexikon (ŠL), s. *Deimel* 1928–1950)

Suter, Claudia E. (2000), Gudea's Temple Building. The Representation of an Early Mesopotamian Ruler in Text and Image, CM 17, Groningen

Szarzyńska, Krystyna (1997), Sumerica, Philologia Orientalis 3, Warschau

Tallqvist, Knut Leonhard (2002) und *Helmhart Kanus-Credé*, Babylonische Hymnen und Gebete, Allendorf an der Eder

Tanret, Michel (1981), Oudbabylonische "Schooltabletten" en documentaire teksten uit het huis van Ur-Utu opperklaagpriester van Anunītum te Sippar Amnānum, Diss. Gent

Texte aus der Umwelt des Alten Testaments (TUAT), s. *Kaiser* 1982

Thomsen, Marie-Louise (2001), The Sumerian Language. An Introduction to its History and Grammatical Structure, Mesopotamia 10, Copenhagen 32001

Thureau-Dangin, François (1921), Rituels Accadiens, Paris, 127–154

Tinney, Steve J. (1995), On the Poetry for King Išme-Dagan, OLZ 90, 9–14

ders. (1996), The Nippur Lament. Royal Rhetoric and Divine Legitimation in the Reign of Išme-Dagan of Isin (1953–1935 B.C.), OPSNKF 16, Philadelphia

ders. (1998), Texts, Tablets, and Teaching. Scribal Education in Nippur and Ur, Expedition 40/2, 40–50

ders. (1999), Ur-Namma, the Canal Digger. Context, Continuity and Change in Sumerian Literature, JCS 51, 31–54

ders. (1999), On the Curricular Setting of Sumerian Literature, Iraq 59, 159–172

Toorn, Karel van der (1997), Hg., The Image and the Book: Iconic Cults, Uniconism, and the Rise of the Book, Leuven

Universität Tübingen, Fachdatenbank http://www.propylaeum.de/altorientalistik/

University of Oxford, s.o. „Electronic Text Corpus of Sumerian Literature" (ETCSL)

University of Pennsylvania, http://oracc.museum.upenn.edu/doc/user/index.html/ (s. ORACC)

Vacín, Luděk (2011), Hg., u_4 du_{11}-ga-ni sá mu-ni-ib-du_{11}. Ancient Near Eastern Studies in Memory of Blahoslav Hruška, Dresden

Vanderburgh, Frederick Augustus (1908), Sumerian Hymns from Cuneiform Texts in the British Museum, New York

Vanstiphout, Herman L. J. (1978), Lipit-Eštar's Praise in the Edubba, JCS 30, 33–61

ders. (1986), Some Thoughts on Genre in Mesopotamian Literature, CRRAI 32, Berlin, 1–11

ders. (1987/1986), Towards a Reading of ‚Gilgamesh and Agga', part I, AulOr. 5, 129–141; part II, OLP 17, 33–50

ders. (1990), The Mesopotamian Debate Poems. A General Presentation (Part I), ASJ 12, 271–318

ders. (1993), „Verse Language" in Standard Sumerian Literature, in: *Moor* 1993, 305–329

ders. (1997), Why Did Enki Organize the World?, in: Finkel 1997, 117–134

ders. (1998), Helden en goden van Sumer, Nijmegen

ders. (2003), Epics of Sumerian Kings: the Matter of Aratta, Writings of the Ancient World 20, Atlanta

ders. (2004), Eduba. Hoe men leerde schrijven en lezen en het oude Babylonie, Amsterdam

ders. (2009), Die Geschöpfe des Prometheus, or How and Why Did the Sumerians Create Their Gods?, in: *Porter* 2009, *15–40*

ders., Michalowski, Piotr (2006) *u.a.*, Hg., Approaches to Sumerian Literature, CM 35, Leiden

Veenhof, Klaas R. (2008) und *Jesper Eidem,* Mesopotamia. The Old Assyrien Period. Annäherungen, OBO 160,5, Fribourg/Göttingen

Veldhuis, Niek (1997), Elementary Education at Nippur. The Lists of Trees and Wooden Objects, Diss. Groningen

ders. (1999), The Poetry of Magic, in: *Tzvi Abusch* und *Karel van der Toorn,* Hg., Ancient Magic and Divination 1: Mesopotamian Magic, Groningen, 35–48

ders. (2003), Sumerian Literature, in: *Dorleijn* 2003, 29–44

ders. (2004), Religion, Literature, and Scholarship: The Sumerian Composition Nanše and the Birds, CM 22, Leiden/Boston

ders. (2014), History of the Cuneiform Lexical Tradition, GMTR 6, Münster

Visicato, Giuseppe (2000), The Power and the Writing. The Early Scribes of Mesopotamia, Bethesda

ders., Early Dynastic and Early Sargonic Tablets from Adab in the Cornell University Collections, CUSAS 11, Potomac 2010

Vogelzang, Marianna E. (1992) und *Herman L.J. Vanstiphout,* Hg., Mesopotamian Epic Literature: Oral or Aural? Lewiston

*dieselben (*1996), Hg., Mesopotamian Poetic Language: Sumerian and Akkadian, CM 6, Groningen

Volk, Konrad (1989), Die Balaĝ-Komposition *úru àm-ma-ir-ra-bi,* FAOS 18, Stuttgart

ders. (1995), Inana und Šuḫaletuda, Wiesbaden

ders. (2000), Edubba'a und Edubba'a-Literatur: Rätsel und Lösungen, ZA 90, 1–30 *ders.* (2006), Musikalische Praxis und Theorie im Alten Orient, Geschichte der Musiktheorie 2, Darmstadt, 1–46

ders (2011), Über Bildung und Ausbildung in Babylonien am Anfang des 2. Jahrtausends v.Chr., Or. 80, 269–299

ders. (2015), Hg., Erzählungen aus dem Land Sumer, Wiesbaden

Waetzoldt, Hartmut (1988) und *Harald Hauptmann,* Hg., Wirtschaft und Gesellschaft von Ebla, HSAO 2, Heidelberg

Wang, Xianhua (2011), The Metamorphosis of Enlil in Early Mesopotamia, AOAT 385, Münster

Wasserman, Nathan (2003), Style and Form in Old-Babylonian Literary Texts, CM 27, Leiden

ders. (2005) und *Uri Gabbay,* Literatures in Contact: The Balaĝ Úru àm-ma-ir-ra-bi and its Akkadian Translation, JCS 57, 69–84

*Watanabe, Kazuko (*1984), Die literarische Überlieferung eines babylonisch-assyrischen Fluchthemas mit Anrufung des Mondgottes Sîn, ASJ 6, 99–119

ders. (1999), Hg., Priests and Officials in the Ancient Near East, Colloquium in *Mitaka* 1996, Heidelberg

Westenholz, Aage (1975), Early Cuneiform Texts in Jena, Kopenhagen

ders. (1999), Mesopotamien. Old Akkadian Period, s. *Sallaberger* 1999

ders. (2002), The Sumerian City State, in: *Herman H. Mogens,* Hg., A Comparative Study of Six City-State Cultures, Historisk-filosofiske Skrifter 27, Copenhagen, 23–42

Westenholz, Joan G. (1989), Enḫeduanna, En-Priestess, Hen of Nanna, Spouse of Nanna, in: *Behrens* 1989, 539–556

dies. (1997), Legends of the Kings of Akkade, Winona Lake

dies. (2000), The Foundation Myths of Sumerian Cities, in: *M. A. Borrás u.a.,* Hg., La fundación de la ciudad, Barcelona, 46–55

dies. (2004), The Good Shepherd, in: *Panaino* 2004, 281–310 (www.aakkl.helsinki.fi/melammu/pdf/westenholz2004.pdf)

dies. (2014), *u.a.,* Hg., Music in Antiquity. The Near East and the Mediterranean, Berlin

Whiting, Robert M. (2001), Hg., Mythology and Mythologies. Methodological Approaches to Inter-Cultural Influences, Melammu Symposia 2, Helsinki (www.aakkl.helsinki.fi/melammu/pdf)

Wiggermann, Frans (1998) und *Wim van Binsbergen*, Magic in History: A Theoretical Perspective, and its Application to Ancient Mesopotamia, in: Abusch 1998, 1–35

Wilcke, Claus (1969), Das Lugalbanda-Epos, Wiesbaden

ders. (1972), Der aktuelle Bezug der Sammlung der sumerischen Tempelhymnen und ein Fragment eines Klageliedes, ZA 62, 35–61

ders. (1974), Zum Königtum in der Ur III-Zeit, in: *Paul Garelli,* Hg., Le palais et la royauté, CRRAI 19, Paris, 177–232

ders. (1975a), Hymne. A. Nach sumerischen Quellen, RlA 4, 1975, 539–544

ders. (1975b), Formale Gesichtspunkte in der sumerischen Literatur, in: *Lieberman* 1975, 205–316

ders. (1976a), Nin-me-šara -Probleme der Interpretation, WZKM 68, 79–92

ders. (1976b), Kollationen zu den sumerischen literarischen Texten aus Nippur in der Hilprecht-Sammlung Jena, ASAW.PH 65/4, Berlin

ders. (1978), Philologische Bemerkungen zum Rat des Šuruppag und Versuch einer neuen Übersetzung, ZA 68, 196–232

ders. (1987), Die Inschriftenfunde der 7. und 8. Kampagnen (1983 und 1984), in: *Hrouda* 1987, 83–120

ders. (1988), Die sumerische Königsliste und erzählte Vergangenheit, in: *Jürgen von Ungern-Sternberg u.a.,* Hg., Vergangenheit in mündlicher Überlieferung, Colloquium 1, Stuttgart, 113–140

ders. (1995), Die Inschrift der ‚Figure aux plumes' – ein frühes Werk sumerischer Dichtkunst, in: *Uwe Finkbeiner,* Hg., Beiträge zur Kulturgeschichte Vorderasiens, Mainz, 669–674 *ders.* (1998), Zu „Gilgameš und Akka". Überlegungen zur Zeit von Entstehung und Niederschrift, wie auch zum Text des Epos mit einem Exkurs zur Überlieferung von „Šulgi A“ und von „Lugalbanda II“, in: *Dietrich* 1998, 457–485

ders. (2000), Wer las und schrieb in Babylonien und Assyrien? München

ders. (2002), Konflikte und ihre Bewältigung in Elternhaus und Schule im Alten Orient, in: *Lux* 2002, 10–31

ders. (2005a), Vom Wesen des Menschen in der altorientalischen Mythologie, in: *Stagl* 2005, 235–252

ders. (2005b), ED LÚ A und die Sprache(n) der archaischen Welt, in: *Soldt* 2005, 430–445

ders. (2006), Die Hymne auf das Heiligtum Keš. Zu Struktur und „Gattung“ einer altsumerischen Dichtung und zu ihrer Literaturtheorie, in: *Michalowski* 2006, 201–237

ders. (2007a), Early Ancient Near Eastern Law. A History of Its Beginnings (2003), erw. Neudruck Winona Lake 2007

ders. (2007b), Vom altorientalischen Blick zurück auf die Anfänge, in: *Angehrn* 2007, 3–60

ders. (2007c), Markt und Arbeit im Alten Orient am Ende des 3. Jts. v.Chr. in: *Wolfgang Reinhard* und *Justin Stagl* (Hg.), Menschen und Märkte: Studien zur historischen Wirtschaftsanthropologie, Veröffentlichungen des Instituts für Historische Anthropologie 9, Wien/Köln 2007, 71–132

ders. (2010), Sumerian: What We Know and What We Want to Know, in: *Kogan* 2010, 5–76

ders. (2012), The Sumerian Poem Enmerkar and En-suḫkeš-ana. Epic, Play, Or?, AOS Essays 11, Chicago

ders. (2007d) Hg., Das geistige Erfassen der Welt im Alten Orient. Sprache, Religion, Kultur und Gesellschaft, Wiesbaden

Wilhelm, Gernot (1997), Hg., Die orientalische Stadt: Kontinuität, Wandel, Bruch, CDOG 1, Berlin

ders. (2012), Hg., Organization, Representation, and Symbols of Power in the Ancient Near East, Winona Lake

Wilson, Karen (2012) *u.a.,* Bismaya: Recovering the Lost City of Adab, OIP 138, Chicago

Winitzer, Abraham (2017), Early Mesopotamian Divination Literature. Its Organizational Framework and Generative and Paradigmatic Characteristics, AMD 12, Leiden

Winter, Irene (1992), „Idols of the Kings“. Royal Images as Recipients of Ritual Action in Ancient Mesopotamia, Journal of Ritual Studies 6, 13–42

Das Wissenschaftliche Bibellexikon im Internet (WiBiLex), s. *Bauks* 2008

Wolkstein, Diane (1984) und *Samuel N. Kramer,* Inanna, Queen of Heaven and Earth, London

Woods, Christopher (2009), At the Edge of the World: Cosmological Conceptions of the Eastern Horizon in Mesopotamia, JANER 9, 183–239

Wullen, Moritz (2008), *Joachim Marzahn, Günther Schauerte,* Hg., Babylon. Mythos und Wahrheit, 2 Bde., München

Xella, Paolo (1988), Tradition und Innovation. Bemerkungen zum Pantheon von Ebla, in: *Waetzoldt* 1988, 349–358

Yoffee, Norman (1988) und *George L. Cowgill,* Hg., The Collapse of Ancient States and Civilizations, Tucson

Zemánek, Petr (2009) u.a., Hg., Chatreššar 2007. Electronic Corpora of Ancient Languages, Prag

Zettler, Richard L. (1992), The Ur III-Temple of Inanna at Nippur. The Operation and Organisation of Urban Religious Institutions in Mesopotamia in the Late Third Millennium B.C., BBVO 11, Berlin

ders. (2011) und *Walther Sallaberger,* Inana’s Festival at Nippur under the Third Dynasty of Ur, ZA 101, 1–71

Zernecke, Anna Elise (2011), Gott und Mensch in Klagegebeten aus Israel und Mesopotamien, AOAT 387, Münster

Zgoll, Annette (1997), Der Rechtsfall der En-ḫedu-Ana im Lied nin-me-šara, AOAT 246, Münster *dies.* (2000), Ebeh und andere Gebirge in der politischen Landschaft der Akkadezeit, in: *L. Milano u.a.,* Hg., Geography and Cultural Landscapes. History of the Ancient Near East / Monographs III/2, Padua, 83–90

dies. (2001), Sumerische Religion, in: TRE 32, 457–462

dies. (2003a), Für Sinne, Geist und Seele: Vom konkreten Ablauf mesopotamischer Rituale zu einer generellen Systematik von Ritualfunktionen, in: *Erich Zenger,* Hg., Ritual und Poesie: Formen und Orte religiöser Dichtung im Alten Orient, im Judentum und im Christentum, HBS 36, Freiburg, 25–46

dies. (2003b), Audienz. – Ein Modell zum Verständnis mesopotamischer Handerhebungsrituale, BagM 34, 181–199

dies. (2003c), Die Kunst des Betens. Form und Funktion, Theologie und Psychagogik in babylonisch-assyrischen Handerhebungsgebeten an Ištar, AOAT 308, Münster

dies. (2006a), Rezension von *Sefati* 1998, ZA 96, 109–119

dies. (2006b), Königslauf und Götterrat. Struktur und Deutung des babylonischen Neujahrsfestes, in: *Erhard Blum* und *Rüdiger Lux,* Hg., Festtraditionen in Israel und im Alten Orient, Veröffentlichungen der Wissenschaftlichen Gesellschaft für Theologie 28, Gütersloh, 11–80

dies. (2006c), Traum und Welterleben im antiken Mesopotamien, AOAT 333, Münster

dies. (2012a), Der oikomorphe Mensch. Wesen im Menschen und das Wesen des Menschen in sumerisch-akkadischer Perspektive, in: *Janowski* 2012, 83–107

dies. (2012b), Welt, Götter und Menschen in den Schöpfungsentwürfen des antiken Mesopotamiens, in: *Konrad Schmid,* Hg., Schöpfung, Tübingen, 17–70

dies. (2013), Fundamente des Lebens – Vom Potenzial altorientalischer Mythen, in: *dies.,* und *Reinhard Kratz,* Hg., Arbeit am Mythos. Leistung und Grenze des Mythos in Antike und Gegenwart, Tübingen, 79–107

dies. (2015a), Innana holt das erste Himmelshaus auf die Erde, in: TUAT, NF Bd. 8, Gütersloh, 45–54

dies. (2015b), Nin-me-šara-Mythen als argumentative Waffen in einem rituellen Lied der Hohepriesterin En-ḫe-du-Ana, in: TUAT, NF Bd. 8, Gütersloh, 55–67

dies. (2015c), Der akkadische Bazi-Mythos und seine Performanz im Ritual „Wie der Gott Bazi Königtum und Tempel erlangt", in: TUAT, NF Bd. 8, Gütersloh, 68–73

dies. (2009a) und *Kai Lämmerhirt,* Schicksals(-entscheidung), -tafel, RlA 11, 2009, 145–155

dies. (2009b) und *Kai Lämmerhirt,* Lachen und Weinen im antiken Mesopotamien. Eine funktionale Analyse, in: August Nitschke u.a., Hg., Überraschendes Lachen, gefordertes Weinen, Köln

Zgoll, Christian (2014), „... und doch sind auch Wahrheitskörner darin." Zum Verhältnis von Mythos und „Wahrheit" am Beispiel des Erechtheus-Mythos, in: *Martin Rothgangel,* Hg., Glaube und Denken 27, 153–179

Ziegler, Nele (2007), Les musiciens et la musique d'après les archives de Mari, FM 9 und Mémoires de NABU 10, Paris

Zólyomi, Gábor (2003), A Manuscript of "Ninĝišzida's Journey to the Nether World" from Kiš, Ingharra, ZA 93, 70–81

ders. (2014), Copular Clauses and Focus Marking in Sumerian, Berlin

ders. (2008) und Balint Tanos, Szilvia Sövegjártó, The Electronic Text Corpus of Sumerian Royal Inscriptions, s. ETCSRI (http://oracc.museum.upenn.edu/etcsri/index.html)

Zuesse, Evan M. (1987), Ritual, in: EncRel 12, 405–422

Register

Auswahl sumerischer Texte nach ETCSL

Sumerische Begriffe

a-a (Vater) 54, 60, 63, 86, 91, 94, 107, 115, 117, 122, 123, 128, 129, 130, 131, 151, 160, 162, 163, 164, 167, 171, 172, 183, 186, 196, 200, 201, 242, 270, 281, 304
abzu (Unterweltgewässer) 53, 61, 62, 65, 109, 123, 150, 162, 164, 166, 177, 181, 182, 240, 241
adab (Trommel, Trommellied) 21, 59, 150, 152, 153, 155, 203, 255
ak (machen) 82, 89, 98, 108, 125, 160, 170, 188, 192, 196, 204, 206, 247, 265, 278, 295, 302, 303
akiti (Neujahrsriten) 275
ama (Mutter) 60, 62, 109, 117, 173, 174, 177, 198, 201, 265, 270, 303, 304
anuna (Himmelsgottheiten) 94, 235, 259
ár (Preis, Lob) 22, 23, 53, 64, 66, 108, 129, 153, 155, 161, 172, 182, 192, 193, 200, 201, 203, 204, 205, 206

balaĝ, balag (Instrument, Liedgattung) 21, 142, 203, 247
balbale (Liedgattung) 92, 153, 155, 256

dùg (schön, gut, stark) 50, 52, 59, 60, 61, 62, 63, 64, 65, 66, 70, 73, 75, 81, 86, 89, 102, 123, 130, 131, 134, 135, 136, 138, 139, 140, 143, 146, 148, 149, 151, 152, 153, 154, 156, 157, 159, 160, 161, 162, 163, 164, 165, 167, 171, 172, 182, 186, 187, 191, 196, 200, 202, 205, 231, 233, 275, 293, 301, 302
dug4 (sprechen, Spruch) 55, 56, 57, 58, 59, 62, 63, 64, 65, 66, 70, 78, 79, 80, 81, 82, 86, 87, 88, 89, 98, 99, 102, 110, 114, 117, 119, 122, 123, 128, 129, 130, 135, 138, 146, 150, 154, 155, 156, 158, 160, 161, 162, 164, 165, 167, 168, 170, 171, 172, 173, 175, 176, 177, 178, 179, 182, 184, 186, 187, 188, 189, 190, 192, 194, 197, 198, 200, 201, 202, 203, 204, 205, 206, 229, 247, 248, 257, 270, 277, 278, 281, 293, 303

edubba, é-dub-ba-a (‘Tafelhaus’, Schule) 14, 36, 43, 64, 73, 80, 82, 83, 126, 189, 192, 193, 194, 201, 279
emesal (Ritualsprache) 28, 51, 61, 227, 228, 256
engar (Bauer) 75, 89, 123, 138, 139, 289
eninnu (Haus der Fünfzig) 244, 249
ensi (Stadtfürst, Herrscher) 221
eršemma (Klagelied) 21
eš-bar (Entschluss) 62, 63, 98, 151, 164, 173, 177, 178, 179, 186, 197, 198, 201, 203, 248

gala (Klagepriester) 37, 85, 101, 110, 268
ĝarza (Ritual) 47, 48, 98, 149, 166, 179, 193, 217, 228, 229, 233, 240, 243, 244, 248, 252, 257, 306
gigid (Liedgattung) 153, 155
ĝišgiĝal, gišgigal (liturgischer Impuls) 22, 89
ĝiš-ḫur (Plan) 151, 162, 166, 248

ḫé-ĝál (Fülle, Wohlstand) 150, 161, 166, 169, 295
ḫul (Böses) 77, 102, 103, 118, 119, 141, 186, 247, 292, 293, 294, 302, 303, 304

inim (Wort) 50, 93, 123, 149, 150, 151, 154, 157, 164, 170, 182, 187, 202, 203, 228, 229, 248, 265, 270, 281, 282, 293, 304
iri (Stadt) 161, 164, 178, 186, 239

kalam (Sumer, Heimatland) 79, 82, 108, 174, 188, 191, 206, 219, 269, 272, 283, 302
kirugu (Verbeugung? Liturgischer Absatz) 22, 144, 145
kug (heilig) 60, 99, 100, 109, 110, 114, 129, 130, 143, 146, 150, 161, 162, 164, 165, 184, 185, 186, 187, 198, 199, 201, 228, 242, 251, 271, 272, 275, 282, 302
kur (Gebirge), kur-kur (Fremdländer) 63, 65, 79, 81, 108, 110, 114, 115, 123, 131, 158, 161, 162, 166, 167, 170, 175, 177, 181,

196, 201, 206, 219, 226, 244, 283, 284, 285, 302

lugal (König) 50, 53, 61, 62, 70, 72, 81, 86, 88, 91, 92, 93, 94, 102, 123, 139, 156, 160, 162, 169, 170, 182, 186, 188, 196, 200, 201, 202, 221, 222, 226, 246, 268, 271, 283, 284, 286, 303

malgatum (ein Loblied) 59, 152, 153, 155
maš-maš (Beschwörer) 37
me (göttliche Kräfte) 47, 48, 75, 81, 97, 101, 105, 109, 110, 111, 125, 130, 149, 150, 151, 157, 158, 159, 160, 161, 162, 164, 165, 177, 179, 195, 198, 199, 217, 218, 224, 227, 228, 229, 230, 231, 232, 234, 236, 239, 240, 241, 242, 243, 244, 245, 246, 247, 248, 252, 263, 269,282, 299
me-lem4 (Schreckensglanz) 77, 78, 108, 118, 133, 228, 229, 282, 294
meteš, me-téš (Lob) 22, 23, 64, 66, 76, 77, 86, 108, 145, 150, 151, 158, 160, 161, 162, 163, 201, 202, 203, 204, 205, 206
mí (Freundlichkeit) 32, 49, 50, 55, 56, 63, 78, 80, 82, 86, 89, 107, 114, 119, 162, 163, 164, 168, 169, 171, 172, 182, 188, 189, 198, 199, 200, 201, 202, 203, 204, 277, 278

namtar, nam-tar (Schicksal) 164, 205, 228, 229, 230, 231, 232, 234, 235, 236, 237, 238, 239, 242, 248, 280
nar (Sänger) 36, 84, 85, 148, 155, 162, 201, 257, 276
ní (Furchtbarkeit) 63, 78, 93, 97, 108, 129, 133, 136, 151, 167, 205, 229, 241, 243, 248, 282, 294, 304
níĝ-erím (Betrug) 293
nin (Herr, Herrin) 50, 60, 63, 73, 75, 76, 89, 98, 108, 109, 110, 111, 116, 125, 126, 130, 146, 158, 159, 161, 162, 167, 174, 178, 243, 303

saĝara (liturgischer Impuls) 150
sipad (Hirte) 59, 89, 92, 96, 160, 164, 187, 192, 226, 269, 282
šir (Lied) 16, 22, 23, 62, 153, 168
širgida (Liedgattung: langes Lied?) 59, 155, 203
si-sá (gerade, gerecht machen) 93, 170, 191, 192, 217, 246, 295
sízkur (Gebet) 137, 164
šùdu (Gebet) 63, 109, 155, 156, 161, 197, 198, 203

tigi (Instrument, Liedgattung) 21, 59, 150, 152, 153, 155, 164, 201, 203, 245, 251, 255, 256, 275, 278

ud ḫul (böser Sturm) 293
ùĝ (Volk, Leute) 81, 96, 114, 148, 161, 171, 172, 187, 200, 206, 230, 244, 252, 268, 269, 270, 271, 272, 273, 289, 300, 304
um-mi-a (Gelehrter) 36, 154

ZAG.ME (archaisch für zami) 25, 46, 47, 48, 49
zà-mí s. Inhaltsverzeichnis
zamzam (Liedgattung) 153, 155

Sachen und Namen

Orientalische Religionen in der Antike

Ägypten, Israel, Alter Orient

Herausgegeben von
Angelika Berlejung (Leipzig)
Joachim Friedrich Quack (Heidelberg)
Annette Zgoll (Göttingen)

Die Reihe möchte dem Umstand Rechnung tragen, dass die interdisziplinäre Zusammenarbeit wie auch die Einzelforschung der Bereiche Altes Testament/Palästinawissenschaft, Assyriologie und Ägyptologie in den letzten Jahrzehnten einen großen Aufschwung erfahren haben. Sie hat zum Ziel, den religionsgeschichtlichen Fragestellungen der genannten Bereiche ein eigenes Forum zu verschaffen. Es geht dabei sowohl darum, die Verbreitung bereits anerkannter Ergebnisse zu fördern als auch innovativen Entwicklungen und Forschungsansätzen Raum zu geben. *ORA* möchte spezialisierte Einzelstudien, wie auch breiter angelegte Aufsatz- und Kongressbände zu einzelnen religionsgeschichtlichen Themen in das Gespräch der entsprechenden Fachdisziplinen einbringen.

ISSN: 1869-0513
Zitiervorschlag: ORA

Alle lieferbaren Bände finden Sie unter *www.mohrsiebeck.com/ora*

Mohr Siebeck
www.mohrsiebeck.com